事典

墓の考古学

土生田純之 編

吉川弘文館

大山古墳　大阪府堺市

加曽利貝塚　人骨が発見された住居跡　千葉市

貝塚遺跡　東京湾東岸地域に数多く存在する縄文時代中期の貝塚遺跡からは，住居跡内よりしばしば埋葬された人骨が出土する．写真は，千葉市加曽利北貝塚第29号住居跡における人骨の出土状況である．このような事例を，考古学では廃屋墓と呼ぶが，人骨個々の埋葬時期が異なる場合もあり，これを単純に同時死亡した家族の墓と捉えることは難しい．廃屋墓そのものの定義，人骨相互の関係性や住居内への埋葬理由など，検討すべき課題は多い．

甕棺墓と墳丘墓　弥生時代には集団間の戦闘＝戦争が本格的に始まった．実際，利器転用の段階を経て人体殺傷専用品が誕生している．特に中期後半の北部九州では，首級をあげられた人物の埋葬例がいくつかの遺跡で確認されている．後期になると，大型の墳丘墓＝「王墓」が各地で構築された．しかし，汎列島的に分布する前方後円墳と異なり，地域差が顕著である．西谷墳墓群にみるような四隅突出型は，山陰地方を中心に，北陸地方にも広がっている．

吉野ヶ里遺跡出土　頭骨のない人骨
佐賀県吉野ヶ里町・神埼市

西谷墳墓群　島根県出雲市

五色塚古墳　神戸市

古　墳　古墳の分布や規模は，農耕地を基盤とした権力の存在を背景にするものと考えられる．しかし，可耕地のない交通の要所等にも大型古墳が築造される例がある．五色塚古墳は，淡路島と最も接近した明石海峡を望む地に立地する中期初頭の大型古墳である．福岡や熊本の後期古墳には，横穴式石室の壁面に描かれた壁画が少なくない．王塚古墳は6世紀中葉の装飾古墳で，題材が赤・黄・黒・緑・青の五色で鮮やかに描かれている．

王塚古墳の前室後壁の復元　福岡県桂川町

威奈大村骨蔵器　四天王寺所蔵

古代の墓誌　球形の金銅製蔵骨器の蓋に刻んだ威奈大村墓誌(慶雲４年(707))は，出自・人格・歴任官職・卒地・卒年・葬年・葬地に至るまで詳細に記し，その業績をたたえて死を惜しむ．これに対し，長方形銅細板に刻んだ太安万侶墓誌(養老７年(723))は，卒時の住所・官位・卒年のみを記し，古事記編纂などの業績にふれていない．なお，安万侶の火葬骨に混じって出土した４粒の真珠は火に遭っておらず，遺骸が身につけていたものではなく副葬品である．

太安万侶墓誌　文化庁所蔵

太安万侶墓出土真珠

五輪塔と天皇陵　忍性は鎌倉極楽寺を開いた律僧で，叡尊の弟子．遺骨は遺言によって極楽寺と奈良県竹林寺，額安寺の三寺に分骨され，極楽寺では石造五輪塔内に，他は五輪塔直下に納骨された．すべて発掘調査が行われ，遺言どおりの造塔・納骨であったことが確認された．深草北陵は嘉元２年(1304)崩御の後深草天皇をはじめ，12人の天皇の遺骨を納めた納骨堂．現在の堂は二間四方瓦葺，宝形造りで南面し，元禄12年(1699)の再建．これまで幾度もの改修を受けているが，中世法華堂の雰囲気を伝える．

額安寺忍性五輪塔
奈良県大和郡山市

深草北陵　京都市

上杉家御廟所　山形県米沢市

大名家墓所　大名家墓所には，墓の上に霊屋を建てたものが多い．城下町米沢にある米沢藩主上杉家墓所は，中央奥に上杉謙信，その前に初代景勝から十一代の霊屋が横に並んでいる．初代から七代までは火葬で遺骨は高野山清浄心院に納骨されたが，八代重定からは土葬に変化した．熊本藩主細川家墓所は，国元の妙解寺，泰勝寺および江戸の妙解院にあった．国元の妙解寺にあった墓所は，初代忠利から三代，七代の菩提所であり霊屋が残っている．

細川家墓所　熊本市

掛　陵　慶尚北道慶州市

朝鮮の王陵　掛陵の被葬者は新羅第38代元聖王（在位785-798）と伝える．陵前には文人・武人像各２体が向かい合って立っており，奥には獅子像が同じく各２体向きあっている．武人像は西域の人を思わせる風貌で，新羅の国際性を現出している．また，墳丘裾の護石には十二支像のレリーフが彫りだされ墳裾をめぐっている．

掛陵護石の十二支像（午）

中国の皇帝陵　前漢の皇帝陵は，截頭方錐形の墳丘を中心にした，様々な地上・地下の施設の複合体である．なかでも，景帝の陽陵は，発掘調査が進んでおり，全貌の解明が進んでいる．そこには，陪葬墓や陵邑都市を含めた，死せる皇帝を中心とした世界の広がりが見えてくる．

陽　陵　陝西省咸陽市

序

本事典は、「日本考古学が今日まで究明してきた墓に関する成果を、一般読者にも分かりやすく解説する」という構想のもとに企画された。実際、考古学は発掘調査によって過去に営まれた墓の実態を明らかにしてきた。つまり墓の構造を追究するのに最もふさわしい学問であると断言しても差し支えないだろう。しかし、墓は単に遺骸埋葬施設ではなく、彼・彼女が生きた社会の死生観をはじめ、政治形態や社会構造など、様々な側面を反映している。したがって、考古学を中心とした事典であっても、墓に関連する多様な学問成果をうけた多角的な概観を行わなければ十分な理解は得られないであろう。こうした認識から、考古学を中心としながらも文献史学、文学、社会学、社会人類学、建築史学などの隣接分野、また諸外国の墓についての項目を収載し、幅広い視点で構成している。読者には同じ墓を扱いながらも学問の相違によって分析の視点が異なることをはじめ、研究成果に認められる共通性とともに相違についても留意していただきたいと思う。そのことによって、何が問題となっているかなど今後の研究方向を予想していただければ、墓に対する一層の理解とともに、学問対象としての墓についての興味もさらに増すものと思われる。

さて、編者は日本考古学、中でも古墳時代を専攻しており、本来このような壮大な構想のもとに事典をまとめる任にないことは誰よりも編者自身がよく知っている。幸い、本書のような成果を世に問うことができたのは、各項目の執筆に第一線の研究者の方々の協力を得て、原稿を賜ることができたことによるものである。中でも考古学分野の項目選定及び執筆者依頼等について、山田康弘（縄文時代）、森岡秀人（弥生時代）、亀田修一（古墳時代）、上原真人（古代）、狭川真一（中世）、谷川章雄（近世）各氏の尽力を得ることができ、併せて田中良之（人骨考古学）、青木祐介（建築史）、網野房子（社会人類学）各氏にも多大な協力をいただいた。

このようにして刊行することができた本書が、研究者はもとより、考古学愛好家、あるいは墓の時代ごとの変化や他界観・死生観の在り方に興味をもつ読者にとって佳き伴侶となり、それぞれの分野の水先案内の書となることができれば幸いである。

二〇一三年四月

土生田純之

凡　例

項　目

一　本事典は、墓の形態とその変遷、時代ごとの形式の特徴、葬送儀礼、著名な人物の墓などに関する一六二項目を選択し、掲載した。

二　項目は、「第Ⅰ章　原始・縄文時代」「第Ⅱ章　弥生時代」「第Ⅲ章　古墳時代」「第Ⅳ章　古代」「第Ⅴ章　中世」「第Ⅵ章　近世」「第Ⅶ章　朝鮮半島の墓」「第Ⅷ章　中国の墓」「第Ⅸ章　隣接分野からのアプローチ」「第Ⅹ章　人物墓」に分けて掲載した。各章の中では、その時代の中で大きなテーマとなる、解説分量の多い項目から順に配列した。

記　述

一　文体・用字

1　平易簡潔な文章を心がけ、敬語・敬称は省略した。

2　漢字まじりのひらがな書き口語文とし、かなづかいは、引用文をのぞき、現代かなづかいを用いた。

3　漢字は、原則として新字体を用い、歴史用語・引用史料などのほかは、なるべく常用漢字により記述した。

4　数字は漢数字を使用し、西暦などを除き十・百・千・万などの単位語を付けた。

二　年次・年号

1　年次表記は、原則として年号を用い、（　）内に西暦を付け加えた。同年号が再出する場合は、西暦を省略した。
2　明治以前の改元の年は原則として新年号を用いた。
3　太陽暦採用（明治五年、一八七二）前は、一月とはせず、正月とした。

三　記述中の地名は、原則としてその当時の名称を用いた。遺跡名には、所在地として現在地名を示した。
四　記述の最後に、基本的な参考文献となる著書・論文をあげた。
五　項目の最後に、執筆者名を（　）内に記した。
六　複数の項目に関連する用語を索引に取り、検索の便を図った。
七　記号
『　』　書名・雑誌名・叢書名などをかこむ。

「　」　引用文または引用語句、特に強調する語句、資料名および論文名などをかこむ。

（　）　注および角書・割書を一行にしてかこむ。

函　写真　多数の三角縁神獣鏡が出土した黒塚古墳石室
阿南辰秀撮影　奈良県立橿原考古学研究所提供

目　次

第X章　人物墓

執筆者一覧

［編者］
土生田純之

［編集協力］
山田康弘（縄文時代）
森岡秀人（弥生時代）
亀田修一（古墳時代）
上原真人（古代）
狭川真一（中世）
谷川章雄（近世）
田中良之（人骨考古学）

（　）は担当分野を表す。

［執筆者］
青木祐介
安里進
網野房子
綾部真雄
荒川史
石神裕之
石川健
石田慎一郎
伊藤重剛
今野春樹
上野祥史
内堀基光
内山敏行
大谷正
大庭重信
大藪由美子
小澤正人
加藤博文
河野眞知郎
来村多加史
橘田正徳
朽木量

栗山雅夫
小林克
小林義孝
設楽博己
七田忠昭
嶋根克己
庄田慎矢
鈴木信
鈴木保彦
清野孝之
関根達人
高久健二
高田貫太
高野陽子
田口哲也
田中聡一
田中則和
谷口康浩
常松幹雄
時枝務
徳田誠志
栩木真
冨島義幸

中越利夫
中島恒次郎
中山和之
乗安和二三
林部均
比田井克仁
深見奈緒子
福永伸哉
藤井整
藤澤敦
藤澤典彦
藤原秀樹
舟橋京子
堀越正行
前園実知雄
前田敬彦
増山禎之
松井一明
松原朗
松原典明
右島和夫
身﨑壽
溝口孝司

桃﨑祐輔
矢野建一
山田邦和
山本孝文
吉澤悟
吉田広
和田晴吾
渡部森哉

墓から考える

土生田純之

一　「墓」を考究する意味

私たちが普段何気なく話す、「墓参」や「墓地」などの言葉に含まれる「墓」という用語には、多くの人々にとって暗黙の了解事項(イメージ)がある。すなわち、角柱型を中心とする石造墓塔を思い浮かべることが多い。しかし、近年では球体や横長の長方形など、これまで見られなかった形態のものも多く見られるようになった。さらに墓塔を構築しない、いわゆる「自然葬」も増えており、現在は急速な変化を見せている。おそらく近い将来には、「墓」という言葉が人々に想起させるイメージも大きく変化することと思われる。しかし、歴史を紐解けば、「墓」はむしろ時代の推移に従って変貌を遂げてきた。多大な労力を用い、広大な土地を占有した古墳の時代がある反面、死者のための特別な構造物を残さず都大路やその側溝に遺棄される人々が珍しくない古代から中世のような時代もある。もちろん、古墳時代の人々すべてが古墳に葬られたのではない。また同様に、古代から中世に生きたすべての人々が死体を遺棄されたのでもない。「墓」は時代や地域あるいは身分等によって大きく変化する。そしてその背景には人々の思想(死後の世界観などのいわば宗教観、また残された人々が死者に対峙する有り様をはじめとする社会的・文化的側面)や経済力など、さまざまな条件が絡んでいるのである。

大阪府羽曳野市応神天皇陵

冒頭で述べた「墓」に対するイメージは、私たちが日常の会話の中で想起するものであるが、辞書ではどのように描かれているのだろうか。『日本国語大辞典』(小学館、一九七五年)では、「㈠遺体や遺骨を葬ってある所。つか。おくつき。墳墓。また、その上に立てた墓碑(ぼひ)の類もいう。墓標。墓石。(下略)㈡寺院のことをいう、盗人仲間の隠語。(下略)」とあって、おおむね冒頭のイメージと異ならない。ただ、墳墓という用語(漢字)には「土を高く盛り上げた塚」という意味が含まれており、若干考慮すべき点がある。ところが、諸橋轍次『大漢和辞典』(大修館書店、一九五六年)では、「墓」という漢字には「土を盛らない庶人のはか」という意味が記されている。これは中国の古典籍によるものであり、先にあげた墳墓、さらには陵など、豪族や貴族から皇帝に至る貴人墓とは、少なくとも用字の上では明瞭に区別されているのである。しかし、日本の場合は陵を天皇(追尊天皇等を含む)・皇后(皇太后等を含む)の墳墓に限定し、高位高官墓をはじめ皇子女に至る墳墓にすべて「墓」という用語を用いている。つまり、「墓」のイメージは古今東西の文化的・社会的背景によって相当に異なるのであり、逆にいえば「墓」を明らかにすることでその時代・地域に生きた人々の精神面を考究することも可能となる。また、今後の家族や社会の有り様について一考する際にも、大いに参考になる事例が見出されるものと思われるのである。

なお、日本律令の場合、喪葬令には「先皇陵」についての記述のみ記し、他の皇后陵等については記載がない。しかし、天平宝字四年(七六〇)に発布された勅によって、太皇太后宮子と光明皇太后の墓を山陵と称することになり、これ以後、皇后の墳墓も陵と称するようになった(「太皇太后「宮」皇太后御墓者自レ今以後並称ニ山陵ニ」『續日本紀』天平宝字四年十二月戊辰(十二日)条)。

二　墓のない人々

実は先に述べた「墓」(この場合は、石塔や木製の卒塔婆、一定の盛り土など、何らかの形でそこに埋葬されたことを示す指標を有するものをさす。小稿においては以下同じ意で用いるが、「墓」ではなく墓と表記する)のない人々には、㈠墓をつくれなかった人、㈡墓をつくらなかった人、という二者がある。両者は墓がないという点において共通するが、その意味するところは全く異なる。そこで、以下では両者を分けて概観したい。

墓をつくれなかった人　平安時代から中世において、都大路や側溝に犬など動物の死骸を放置することや投げ込むことは、日常茶飯であった。それどころか人間の死骸までもが放置されている。特に彼・彼女の属した共同体から離れて生活する人は、死後墓への埋葬が放棄されることを覚悟しなければならなかった。こうした状況は、奈良時代に遡上して確認することができる。

さて、大伴家持の著名な歌、

(上略)海ゆかば、みづく屍《かばね》、山ゆかば、草むす屍《かばね》、大皇《おほきみ》の、へにこそ死なめ(下略)

(『万葉集』四〇九四)

(海を行くと水に浮かぶ屍、山を行くと草むした屍となっても大君のお傍で死のう。)

は、軍事氏族として大王（天皇）に仕えてきた大伴氏の決意を表明したものである。したがって文学的修辞であり、現実に海山に死骸が放置されていた状況が奈良時代当時普遍的に見られたことをふまえた歌である、とみる必要はないとする見解もあろう。しかし、柿本人麻呂には放置された遺骸を詠んだ歌が認められる。

讃岐の狭岑《さみね》の島にして、石の中の死人を見て、柿本朝臣人麻呂の作る歌一首併せて短歌

（『同』二二〇、題詞のみ、歌省略）

（讃岐の狭岑の島（香川県坂出市沙弥島）で、磯の岩中に打ち上げられて死んでいる人を見て柿本朝臣人麻呂が作った歌一首と短歌）

柿本朝臣人麻呂、香具山の屍を見て悲しびて作る歌一首　草枕、旅の宿りに、誰《た》が夫《つま》か、国忘れたる、家待たまくに

（『同』四二六）

（柿本朝臣人麻呂が香具山にある死骸を見て悲しんで作った歌一首　旅の仮寝にいったい誰の夫であろうか、故郷も忘れて横たわっているよ。家の人はきっと待っているだろうに。）

これらの歌は一方が水死体であり、他は都（藤原京）に近い香具山中の死骸である。このような状況を歌に詠む契機、すなわち人麻呂には放置された死骸を見る機会があったということであり、そうした状況を前提として家持の歌が成立したものと考えてよいのではないだろうか。そのように見れば、以下にあげるような喪葬令や正史の記録も、現実の事態を相当忠実に踏まえたものと理解できるのである。

すなわち、旅路のような非日常の出来事ではなく、誕生以来暮らしていた社会で死去した場合ですら、上記と同様の運命が待ち受けている。そもそも喪葬令には皇都に埋葬してはならないとする規定があるにもかかわらず、平城京から平安京に至る都の空き地、道路、側溝などあらゆる空間に死体が遺棄されていたのである（「凡皇都及道路側近、並不レ得二葬埋一」（喪葬令））。平安京の場合、鴨川の河原はむしろ死体遺棄の場所として衆人に認知されていたようである（「令

神奈川県鎌倉市由比ガ浜南遺跡の人骨出土状況

レ焼二歛嶋田及鴨河原等髑髏一、惣五千五百餘頭、」『續日本後紀』承和九年(八四二)十月甲戌(十四日)条)、森浩一「古墳時代後期以降の埋葬地と葬地—古墳終末への遡及的試論として—」『論集終末期古墳』塙書房、一九七三年)。ただし、こうした現象を当時の人々は死体遺棄ではなく一種の「風葬」と考えていた。事実、平安末から鎌倉初期頃に成立した『餓鬼草紙』には一定の盛り土を行った上で卒塔婆を立てた墓が認められる一方、遺骸を覆う特別の仕様が全く認められず、「遺骸を捨てる」遺棄葬(風葬)も普遍的に存在したと思われる様が描かれている。実際には単なる死体遺棄と風葬との見分けは難しい。しかし、当時の人々は死体遺棄全般を、特別過酷なこととは考えていなかったようであり、葬送における一つの形と考えていたようである。このため、ここでは「遺棄葬」と仮称しておく。しかし、墓の有無から知られるように、一定の年齢に達しない小児(人としての資格を未だ獲得していないもの)を除いて、身分や財力のある者やその家族は相応の墓に埋葬されている。こうした事例を丹念に集めた勝田至は、死体遺棄が十三世紀前半になって急速に減少することを突き止め、その背景に共同墓地の成立がまずあり、次いで貧しい人々の死体もここに運ばれるようになったものと考えた(勝田至『死者たちの中世』吉川弘文館、二〇〇三年)。

　このような遺棄葬の無視しがたい事例は、平安京に限ったことではない。中世の鎌倉では、若宮大路やその側溝に数多くの動物の死骸が葬られていたことが発掘調査によって検出されており、中には人の遺骸も含まれている。鎌倉の発掘経験が豊かな河野眞知郎は、中世鎌倉の死体遺棄について大略以下のように述べている。すなわち、滑川西岸(報告では材木座とされている）で千体を超す人骨が出土したことをはじめとして、一の鳥居東方地点で二百体以上の人骨が大きな穴に投げ込まれ、さらに由比ガ浜南遺跡でも同様の穴が数ヵ所発見されている。これらの遺骸のうち、一部の人骨に刀傷のあることから、かつてこれらの遺骸は合戦の犠牲者のものであろうと考えられていた。しかし、そうした刀傷は一部の人骨にしか認められない。このため河野は、人骨の出土状況等から、このうちの多くの遺体が浜辺に打ち捨てられたものと理解したのである（河野眞知郎「中世都市鎌倉の環境―地形改変と都市化を考える―」『年報　人類文化研究のための非文字資料の体系化』四、二〇〇七年）。こうしたことから、鎌倉では平安京に比較して共同墓地の形成が遅れていることが想定されるのである。

さて、このような状況は近世になっても遊郭の女性たちを埋葬する、いわゆる「投げ込み寺」という形で残っている。しかし、後者の場合は職業、あるいは身分に基づく明確な差別であるのに対し、古代から中世の場合は近世ほどの差別意識に基づくものではない。つまり江戸時代になると、特定の人たちを除いて大半の人々が墓に葬られるようになるのである。これは幕藩体制維持・強化の道具として確立された檀家制度と密接に関連する。こうして、後述するような、冒頭で述べた今日の私たちが通常想起する墓が成立するのである。

古代から中世の事例は、身分や財力によるところが大きい。しかし、高位貴族の幼子女についても同様に墓をつくらず、その遺骸は空間地に打ち捨てられている。これは、当時乳幼児は未だ「人」としての資格を獲得していない、未だ「人」になっていない存在であると考えられていたことに由来する。こうしたことも含めて、根底には財力の問題があるとはいえ当該期には遺棄葬（風葬）についての受け入れ方が今日とはよほど異なっていたものと思われる。これを「文化の相違」として片づけることは安易にすぎるかもしれない。しかし、墓のあり方が、その時代を色濃く反映していることを疑う人はいないだろう。

墓をつくらなかった人　承和七年五月八日、淳和天皇（上皇）が崩御した。葬儀は遺詔（「予聞、人歿精魂皈」天、而空存二冢墓一、鬼物憑焉、終乃爲レ祟、長貽二後累一、今宜三砕レ骨爲レ粉、散二之山中一」『續日本後紀』）によって、京都西山の山頂（小塩山）において荼毘に付した遺骨を粉々に砕いたうえで散骨したのである。したがって厳密にいえば墳墓の地（陵）はないことになる。現在宮内庁によって管理されている淳和天皇陵は、小塩山山頂を上記の縁故によって指定したものである。当時は薄葬思想が盛んで淳和の兄、嵯峨天皇をはじめ薄葬を指示した例も散見される。しかし、淳和ほど徹底した薄葬が実施された例は他に見ない。ただし、こうした薄葬思想をすべて仏教の影響と考えることは正しくない。仏式であっても厚葬の例は枚挙にいとまがないからである。こうしたことから、淳和の葬儀は当時普遍的に認められる薄葬思想を基調とするもので、これに本人の個人的意志が重複したものと見て相違ないであろう。

一代で大モンゴル帝国の礎を築いたチンギス＝ハーンは、墳墓の地が判然としない。これには二つの理由がある。その一は、彼が死去したことが明るみに出れば、その虚を突いて敵国に攻め込まれる恐れがあるため、遺言によって死を伏せたと伝える。このような中で視認できる形での顕著な墳墓を構築することは、考えられないことである。この点は日本の戦国時代における武田信玄の例にも通じる。もう一つの理由にして、さらに重要なことは、チンギス＝ハーンをはじめモンゴル族が遊牧民族だということである。彼らは常に移動を繰り返し、一所に長く居を構えることはない。そうした生活スタイルからは、霊魂の存在を信じ御霊の平安を祈り子孫を守護してもらいたいという思想は生じても、顕著な墳墓を構築してそこで常に祭祀を行い末長く保守しようとする思想は生じにくいものと考えられるのである。もっとも遊牧民族の中にも墳墓をつくる例がある。したがって一概には評価できない。

上記二例は、もちろん墓をつくれなかったのではない。死者自身の思想や彼の属する文化様式に基づくものなど、原因は様々である。特に後者は文化にかかわるものであるだけに、貴賤や財力の相違に関係なく多くの人々に共有されるものである。

以上のようにみるならば、墓をつくれなかった、あるいはつくらなかったという現象は、一見正反対のように見えながら、実は両者にはその根底に共通するものが垣間見えるのである。

三　墓の諸相

上記によって、墓の形態は被葬者をはじめその後継者や地縁・血縁等に連なる人たちの政治的、社会的、経済的位相など、彼らを取り巻く環境や生活スタイル、そしてそれらに基づく思想にも大きく影響されていることが了解されるのである。そこで、以下では様々な墓の意味するところを少し考えてみたい。

墓の形態は、一般的には被葬者の希望、遺志に基づくものと考えられることが多い。しかし、今日においても喪主の裁量によって被葬者が生前にあらかじめ依頼していた葬儀・墓とは異なる形態を採用する例も少なからず認められる。このため、このような希望と異なった葬儀・墓が営まれるという不安を取り除くために、生前から自らの墳墓を用意することがある。このいわゆる寿墓は他にも多くの要因があって、それらが複雑に絡み合った結果営まれるのである。しかし、どのような墓を構築するかという採択の理由は、おおむね以下の二つに大別される。すなわち、主として被葬者の死後にかかわるものと後継者をはじめとする残された人々の今後にかかわるものである。そこで、この両者に分けて概観しておこう。

前者の事例として誰しもが思いつくことは、「死後の世界」に関することである。古墳時代は、当初弥生時代以来の伝統を引き継ぎ、死後その霊魂は鳥に憑依して、あるいは鳥の姿となって大空に飛翔するものと考えられていた。この段階においては、人々の脳裏に死者の住む明確な世界は未だ描かれていない。山口県下関市土井ヶ浜遺跡で発見された鵜を抱く女性の埋葬例は、こうした思想が確実に弥生前期にまで遡上することを示している。またヤマトタケルの白鳥伝説は、このような思想を忠実に反映したものである。しかし古墳時代後期になると、大陸起源の黄泉国思想（死者の住む世界の実在）が伝来して死後の世界観、そして墳墓の形態に大きな変化をもたらす。横穴式石室の内部におかれた食器類や壁画古墳に見られる黄泉国に至る旅路の絵画は、こうした新来の思想、つまり黄泉国思想に基づくものである。イザナキノミコトの黄泉国訪問譚は、埋葬時の実体験に基づいて死後の世界観を表現した説話である（土生田純之『黄泉国の成立』学生社　一九九八年）。このような死後の世界観によって、栄耀栄華を極めた権力者を中心に現実の世界における生活を死後も続けたいという欲求が生じ、このため、壮大な墳墓を営むことになるのである。中国の秦始皇帝陵はまさにこうした思想に基づく墳墓の代表例であるといえよう。ただし、新来の「死後の世界観」が直ちに以前の世界観を駆逐するというものではない。今日の私たちは先立った人を思うとき、時に天空に思いをはせ、またあるときには地下の世界を思い描くのである。

一方で、「復活」を信じる思想に基づけば、来る「復活」に備えて自らの遺骸を保存する必要が生じることになる。

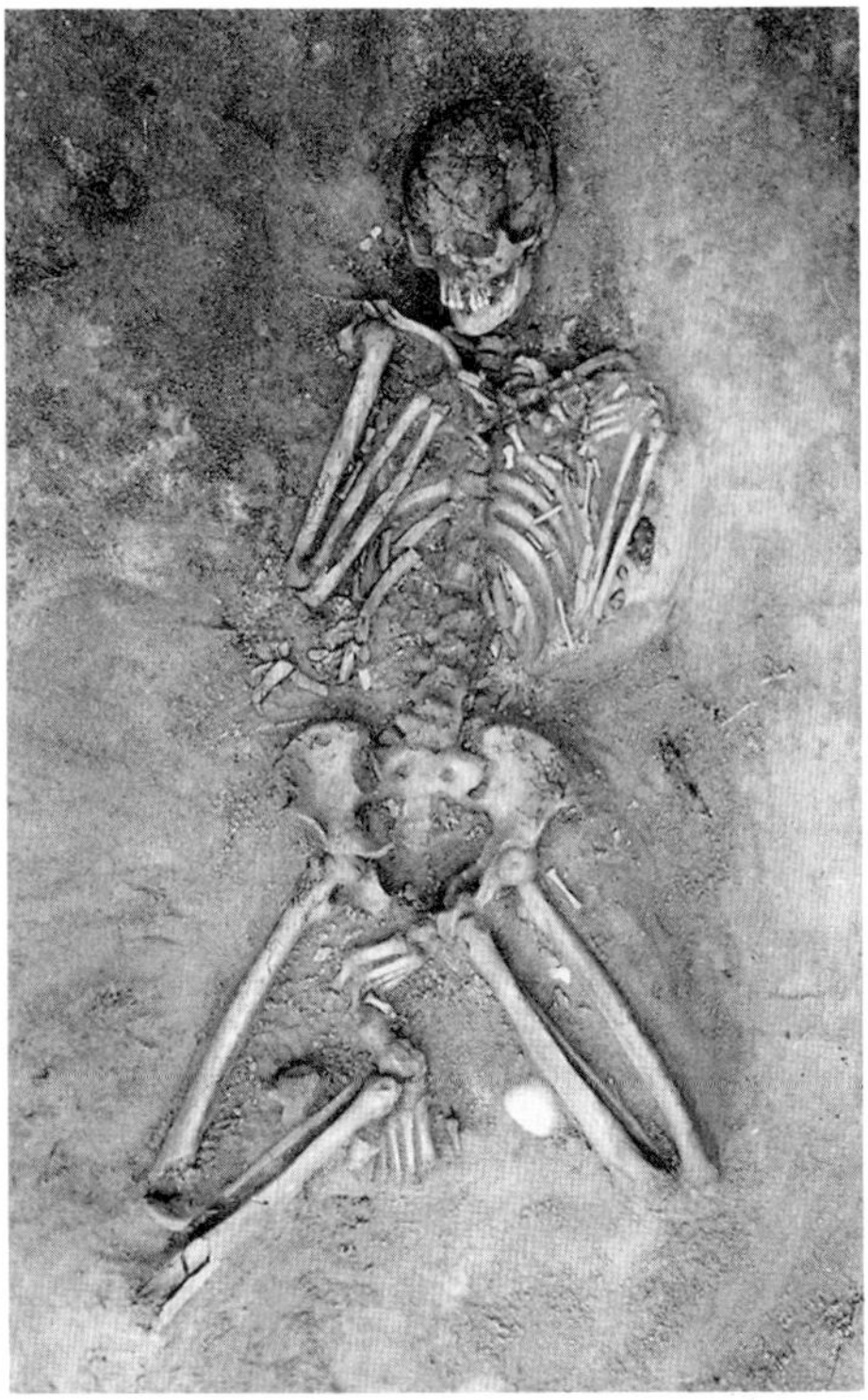
「鵜を抱く女」（山口県下関市土井ヶ浜遺跡）

この場合古代エジプトのミイラが直ちに想起されるが、イスラムにおいても同様の思想が窺えるのである。しかし、本来は土葬を採用していたキリスト教の場合、多くの国では衛生上や土地の占有面積上昇に対処するため、今日では火葬の比率が極めて高くなっている。同様に李氏朝鮮時代以来土葬を採用していた韓国でも、近年は特に人口が密集しているソウルを中心として、火葬が広がっている。こうして、現実の世界における事情から被葬者個人の希望に添えない場合もあり、やがては彼らが属した社会の思想にも大きな影響を及ぼすことになるのである。

次に主として残された人々の事情に基づく墓の形態について一考したい。

大伴の、遠つ神祖《かむおや》の、奥津城《おくつき》は、著《しる》く標《しめ》立て、人の知るべく

（『万葉集』四〇九六）

（大伴の遠い先祖の御霊屋《おたまや》（墓）には、はっきりと印を置きなさい。他氏の人が知るほどに。）

大伴家持の著名なこの歌は、遠祖の墓を氏族結集の核として意識していたことが明確に窺える。当時藤原氏の台頭に押され退潮が著しかった大伴氏の代表者たる家持が、今こそ氏人が結集する必要があることを訴えたものであり、そのためには遠祖の墓が有効であることを自覚していたに相違ない。このような事例は、古墳時代には容易に見出すことができる。前代の大型古墳を取り巻くように次代、あるいは数十年、時には百年以上の時を隔てて小型古墳が築造される例が各地で認められる。それらは擬制的なものも含めて同祖同族の確認であり、彼らの結集に重要な役割を担っていたに相違ないであろう（土生田純之『古墳』吉川弘文館、二〇一一年）。こうした事例は、やがて家が確立し氏墓から家墓に移っても根本的な思想に変化は見られなかった。近世には檀家制度の確立とともに、一般の農民・町人層にまで家墓が拡大されていくのである。

ところで、このような結束の要としての始祖墓は日本固有の、そして過去にのみ限定されるものではない。西アフリカ、現ブルキナファソに居住するモシ族の場合、対外的に認められている国家とは別に伝統的な大小様々の王国が分立しているが、共通の始祖とされるズングラナの墓は近辺の村長が代々その墓を守護する役割を担っており、彼らのアイデンティティとして重要な意味を持っている。しかし、結束の要は始祖墓だけではない。即位して三十三年経つと、王族の先祖が由来したとされる遙か南方の地、ガンバガ（ガーナ）を訪ねなければならない。このような装置が、「王国」

の存続にとって重要な役割を担っていることは言うまでもない（川田順造『無文字社会の歴史―西アフリカ・モシ族の事例を中心に―』岩波書店、一九七六年、同『サバンナの王国―ある「作られた伝統」のドキュメント―』リブロポート、一九九二年）。

一方、マダガスカルの「シハナカ」と呼ばれる人々は、彼らがシハナカと名乗ること、そして「この地に墓をつくり、すでに祖先をそこに葬ってきた事実」こそが重要である。そして「この地に定着している移入民にとっては、墓を新たにこの地に築くか否かが、その民族意識のあり方に本質的な差異を生む要因となっている」とされるのである（森山工『墓を生きる人々―マダガスカル、シハナカにおける社会的実践―』東京大学出版会、一九九六年、四九頁）。

マダガスカルの例は子孫結束の要とは異なり、自らが属する、あるいは属することを選択して許された集団を内外に表明・誇示する意味合いが強い。しかし、以上の例は総じて墓を単に埋葬地としてではなく、同じ出自に属するもの、あるいは同じ共同体に属するものたちの象徴とみなしていることが窺えるのである。

次に「政治を体現する墓」がある。

十九世紀におけるバリの「小国家群」ヌガラでは、国王の葬儀は壮大な宮廷儀礼そのものであり、「見世物の形でバリの政治思想の主題を上演した」（クリフォード＝ギアツ、小泉潤二訳『ヌガラ―一九世紀バリの劇場国家―』みすず書房、一九九〇年、一四二頁）。そして「社会全体が頂点から底辺まで果てしない錯綜した威信競争の中に組み込まれ、そうした競争がバリの生の推進力」であり、このことは「自分より高い位置の人々とのへだたりを模写することによってせばめ、自分より低い位置の人々とのへだたりを格差をつけることによって広げようとする努力」が普遍的に見られたのである（前掲書、同頁）。このバリとも共通する支配や威信確立のための儀礼競争は、東南アジア各地においても認められ、マンダラ国家と命名された（桃木至朗『歴史世界としての東南アジア』山川出版社、一九九六年）。そこでは古代以降の前近代において、権威と支配権の強化のために、宗教儀礼や宗教建築の寄進競争を激化させる。こうして王のコントロールできる資源の限界を超えた時、破綻が起きると説明されている。なお、マンダラ国家段階の認定についてに諸説あって定説はない。また身分の低いものが貴族層の葬儀を模倣する現象は、十七世紀の末から十八世紀半ばにかけてフランスのマルセイユにおいて、成功した貿易商をはじめ様々な身分のものが分相応に行った。（ミシェル＝ヴォヴェル、富樫瓔子訳『死の歴史―死はどのように受け入れられてきたのか―』創元社、一九九六年）。これらの所論では王墓についての詳細な記述を欠く。しかし、以上のような儀礼競争、下位に見られる上位階層の模倣と上位におけるその否定などは、日本列島における「古墳築造競争」にも通じる（この点については、重藤輝行・西健一郎「埋葬施設にみる古墳時代北部九州の地域性と階層性―東部の前期・中期古墳を例として―」『日本考古学』二、一九九五年、石橋充「常総地域における片岩使用の埋葬施設について」『筑波大学先史学・考古学研究』六、一九九五年等に詳しい）。そこでは、古墳時代を通じて「中央」たる「後の畿内」（以後畿内）の巨大古墳を縮小した相似形古墳が築造された。各地で築造された相似形古墳の規模の格差は、おそらく各地における有力者の実力や中央との関係の強弱によって決まったのであろう（都出比呂志『前方後円墳と社会』塙書房、二〇〇五年）。しかし、墳墓の構造や規模の差が地位の表示ともなる有り様は、近世の幕藩体制下にも認められており、あらゆる時代に内在する、墓の持つ特性の一つとみてよいであろう（谷川章雄「江戸の墓地の発掘―身分・階層の表徴としての墓―」『甦る江戸』新人物往来社、一九九一年）。また古墳築造の過程には各種儀礼が実施されており（土生田純之「古墳築造過程における儀礼―墳丘を中心として―」『黄泉国の成立』学生社、一九九八年）、秘儀と化した儀礼とともに多くの人々に見せる開かれた儀礼もあったに相違ないのである。

こうして儀礼を実施し、その記憶が古墳という記念物として残る。したがって、この記念物の規模や形態が被葬者とその後継者の身分を明示したものと見る見解も生じるのである。以上に見たように、こうした見解は故なきことではなく十分な根拠も認められるのである。ただ、墓の構築には様々な背景が複雑に錯綜しており、他の要因も合わせて考究することが肝要であろう。

一方で王位継承者にとっては、その正当性を主張するため埋葬儀礼が重要になる(メトカーフ・ハンティントン、池上良正・川村邦光訳『死の儀礼―葬送習俗の人類学的研究―』未来社、一九八五年)。こうした儀礼のうち特に王の葬列には、地域や文化体系を超えた共通性が認められるようである。

一九二五年、タイ王国ラーマ六世の葬儀が挙行された。その葬列は三尾旗二本を先頭に、様々な太鼓・ラッパ、法螺貝の楽隊、次いで数種の傘、太刀持ち(荘厳具)、それらの中に高位の僧侶や皇子、次いで霊柩車、兵士、再び様々の傘、扇、太刀など荘厳具、その間馬車、小姓等、次いで新王の一行、外国の代表者、政府高級官僚そして軍楽隊である(前掲書)。

平成元年(一九八九)二月二十四日、昭和天皇の大喪の礼が新宿御苑、武蔵野陵で実施された。このうち、新宿御苑葬場総門から葬場殿に至る葬列(大喪儀)は以下のとおりである。大喪儀委員を先頭に黄白の旛、楯・桙《ほこ》、日月の旛、大真榊、祭官の一群と御饌櫃及び御幣櫃、次いで楽師、宮内庁幹部、葱華輦《そうかれん》(天皇の棺を乗せた輿)、側近・大喪儀委員・皇宮警察儀仗、新天皇、同皇后、皇太后、侍従・女官等、皇宮警察儀仗、皇太子・東宮大夫・東宮侍従、皇族、大喪儀委員である。ところで、国事行事として新宿御苑で行われた大喪の礼(委員長・内閣総理大臣)と皇室行事たる大喪儀は、憲法上の問題から区別して実施された。もっともこれは建前上であり、両者を区別することは極めて困難で、実際は一連の行事として実施されている。

両者を比較すれば、共通するところの多いことに驚かされる。播(旗)、楯、桙、傘、扇等荘厳具の数々、楽隊(楽師)、後継者をはじめ近習の人々など。両者の葬儀に直接的関係は認められないにもかかわらず、このように近似した葬列を組んでいるのである。その意味では、一六三三年に行われたスウェーデンのグスタフ大王の葬列も本質的には何ら異なるところがない。またこの葬列は、これより数十年前のイギリスのエリザベス一世の葬列を思い出させるものであると

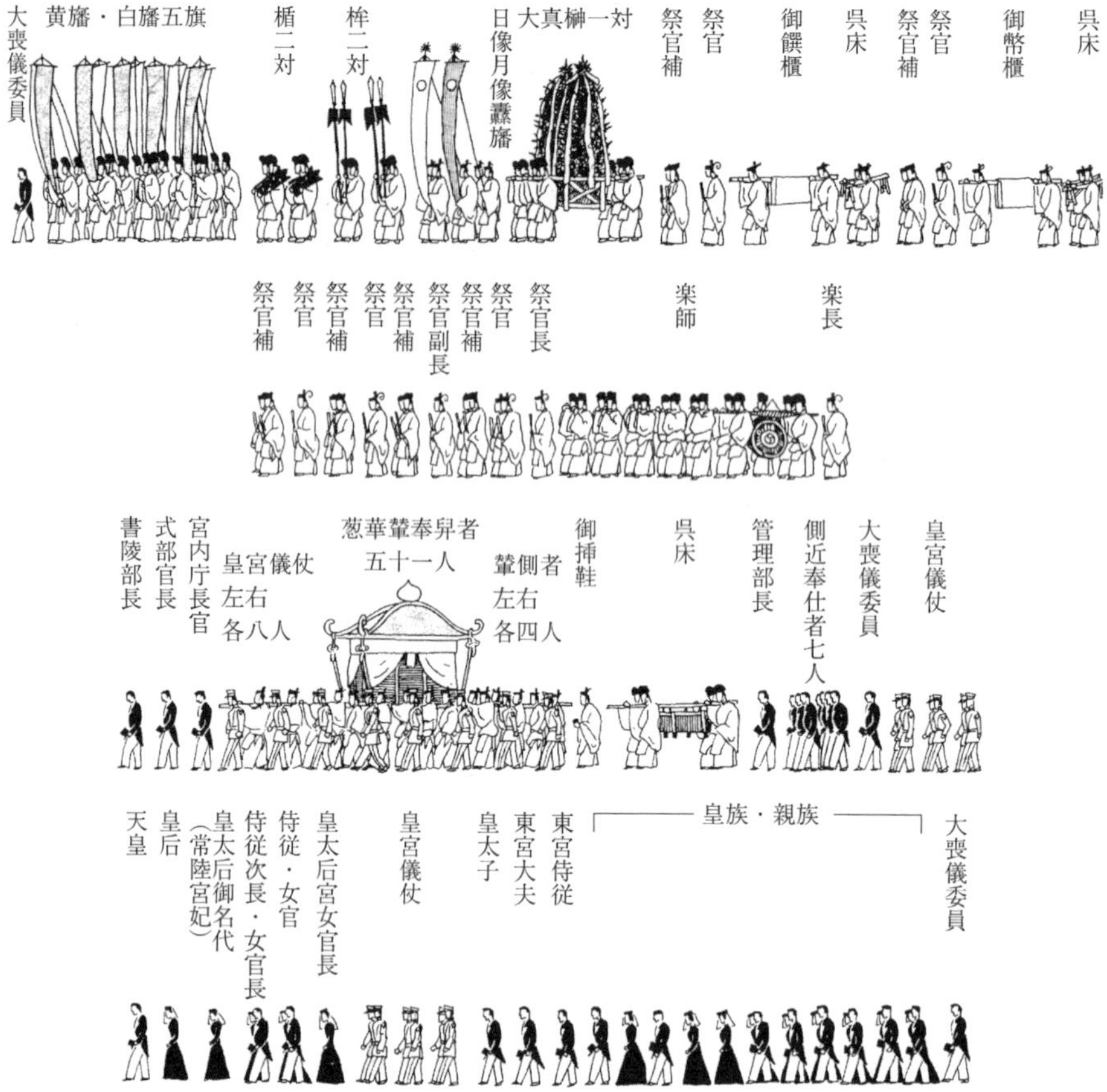

葱華輦華列図（新宿御苑葬場総門から葬場殿まで）

東京都八王子市昭和天皇陵

述べられてもいる（ミシェル＝ヴォヴェル前掲書、七五頁）。ここに葬儀、特に王者のそれが有する威厳やそれを可視化することの本質を見ることができるのである。当然、これらの墳墓の実態についても、「威厳に満ちた葬儀」に相応しいものが採用されるのである。ただし、威厳に満ちた墳墓の実態については、タイのように墓そのものに大きな意味を見出さない文化もあり、各々の文化・歴史・民族等によって異なった形態を見せることは言うまでもない。

四　日本における墓の成立と展開

人類が他の動物と異なる指標の一つとして「死の認定」がある。このことは人類最古の文化段階である旧石器時代から存在したことが立証されている。ただし、「死の認定」が直ちに墓の成立を意味するものではない。ここでいう墓とは、既述したように、何らかの形で個人が埋葬されていることを示す指標を持つものを指している。このような墓の成立までには長い経過期間を要した。上記した意味での墓の成立は、後期旧石器時代を待たねばならないのである。しかし、日本においては外部に向けた明確な指標を有する旧石器時代の墓は未だ認められていない。

日本において本格的な墓が構築されるのは縄文時代からである。縄文時代の墓は初期を除いて単独につくられることがなく、通常複数の墓が集合した墓群を形成している。墓群はその内部をさらに分割できる配置であることが多く、この意味をめぐって双分制との関係を説くものをはじめ、多様な見解が提示されているが、何らかの出自集団と関連するものと思われる。出自集団の中でも初期段階に属す半族（近親婚を避けるために設定された、同一集落内等の外婚単位。半族に関する研究の現状については飯尾秀幸『中国史のなかの家族』山川出版社、二〇〇八年を参照。）による区分が縄文社会にも存在した可能性は高いが、墓の構造や副葬品、配置状況等から、縄文時代において階層が発生したという見解が提示されている（渡辺仁『縄文式階層化社会』六興出版、一九九〇年）。ただし、階級の発生とは異なり、上位階層に属する人の選抜・決定は、個人の資質によるところが大きく、階級の発生は弥生時代をもって成立する。

さて、真の意味で支配層の墳墓といえる墓の誕生は弥生時代後期の墳丘墓を待たねばならないが、その成立に至る過程にも長い段階があった(高倉洋彰「墳墓からみた弥生時代社会の発展過程」『考古学研究』二〇ノ二、一九七三年)。この弥生時代の墳丘墓は、しかし、地方によって形態が異なっている。その意味において次代の古墳とは大きく意味を異にするのである。

弥生墳丘墓と初期古墳の境界は意外と難しく、研究者間に見解の相違があるが、奈良県桜井市箸墓古墳を画期とすることに異論はない。古墳が後の畿内の勢力を中心とした体制の象徴であることを疑う者はいないが、体制の実態についての解釈は、「連合」から「畿内を核とする統一政権」に至るまで幅広い。既述のように古墳には「威信の顕示」や「政権の内外に対する地位の明示」という意味が含まれる。このような古墳が終焉を迎えることは、そうした意義が消滅することでもある。その原因として、かつては仏教の導入が挙げられていた。しかし、仏教は六世紀末に初めて寺院(飛鳥寺)が建立され、七世紀を通じて諸地方に伝播した。これに対し古墳は、規模を縮小しながら七世紀末まで存続する。また地方によっては八世紀になってもなお「古墳」が築造された例がある。こうしたことから古墳の終焉を単に仏教の伝播・導入の結果と考えるのではなく、古墳に代わる威信明示の在り方、政権の性格の変質等、様々な要因を考究するべきであろう。

さて、火葬の実施は、文武天皇四年(七〇〇)の道昭をもって始まると記されている(「火二葬於栗原一、天下火葬従レ此而始也、」『續日本紀』文武天皇四年三月己未(十日)条)。しかし、遺骸を火力で消滅させる方法は縄文時代以降たびたび見られ、古墳時代にもカマド塚等が散見される。道昭の事例は、明確な仏教思想に基づく火葬の初現と理解されたことを示すものである。実際、八世紀には火葬が徐々に広がりつつあったことを示す実例が、各地の発掘調査によって明らかにされている。しかし、九世紀になってもなお土葬の実例が多く、一様な変化でなかったことは明白である。例として天皇の葬儀を挙げると、よく知られているように大宝三年（七〇三）の持統太上天皇の火葬が天皇を火葬に付した初例であり、以後文武、元明、元正の諸天皇が荼毘に付された。しかし聖武天皇（天平勝宝八年（七五六））以後土葬に戻っている（ただし葬礼は初めて仏式を採用）。各地における発掘調査の結果は、やや年代的な齟齬が認められるものの、九世紀にはいると再び土葬が盛行する。

この後は火葬と土葬が並立するが、次第に火葬が定着していき、平安後期以後中世においては法華堂（三昧堂）に納骨するようになる。しかし、一般の民衆が火葬を普遍的に採用するのは浄土真宗（一向宗）によるところが大きいともいわれ、ために北陸では比較的早い段階から火葬が普及している。ただし各地から報告される実例は、近世になっても火葬と土葬が並立して行われたことを示している。このような状況に根本的な変化が生じたのは、東京の中心地に対する土葬禁止（太政官による東京府に対する布達）、次いで伝染病による死者の遺体を火葬することが奨励された法令の制定（伝染病予防法明治三十年（一八九七）制定）を契機としている。現在ではほぼ一〇〇％が火葬であり、東京都及び大阪府の大部分は、条例によって土葬が禁止されている。

寺院付属墓地（神奈川県海老名市龍峰寺）

ところで、小稿の冒頭で述べたように今日われわれが一般的に想起する墓のイメージは角柱型の石造墓塔であるが、こうした石造墓塔の発生は意外と新しく江戸時代中期以降である。早く近世の石塔調査を実施した坪井良平は、十九世紀頃から角柱型が増加することや、それまでの石塔（仏像の光背のような「背光形」が中心）が一基に戒名一人であったのに対し、角柱型では一基に複数の戒名が刻まれた例の多いことを指摘した(坪井良平「山城木津惣墓墓標の研究」『考古学』一〇ノ六、一九三九年、のち『歴史考古学の研究』ビジネス教育出版社、一九八四年に再録)。角柱型石塔が汎列島的に広がるのは、その後の調査によって近世末から近代にかけてであることが判明している。岩田重則は近年の調査例をも踏まえて、現代の日本で普遍的な「〇〇家先祖代々之墓」や「〇〇家之墓」が近現代社会で形成されてきたものであると断じている(岩田重則『「お墓」の誕生—死者祭祀の民俗誌—』岩波書店、二〇〇六年)。

以上のように、日本における墓の歴史は、変転を重ねた。また地域や階層による差もあり、複雑である。近現代になって共通のイメージを喚起することになった角柱型石塔であるが、これも冒頭で述べたように現在徐々に減少している。それどころか、墓を含む葬送儀礼自体が大きく変貌しようとしているのである。そこで以下では今後の墓の有り様を推測しておきたい。

五　墓の終焉

葬式仏教といわれて久しいが、近年では自身の葬式に信仰のない仏教とかかわりを持つことを否定する動きが広がってきた。古来の四大礼式とされる冠婚葬祭(元服すなわち成人式、結婚式、葬儀、祖先祭祀)のうち、祖先祭祀は核家族化によって、大半の家庭ではもはや有名無実となっている。また成人式は、各家とは関係のない同世代によるお祭り騒ぎとなった。これに対して結婚と葬儀については、親族をはじめとする外圧がなお残存しているものの、やはり大きく変貌を見せている。結婚については信仰のないファッションとして採用された「キリスト教会」での式が多くなった。しかし、現状はさらに進み、宗教色を払拭した少人数で実施される人前結婚式が増加しつつある。

さて葬式(葬儀)については、上記したように近年の核家族化や地域共同体の崩壊によって、参加者の少人数化が進んでいる。もちろん、時に大規模な葬儀が話題となることがあるが、それは政治家をはじめ、財界のリーダーや芸能人などの著名人の場合である。彼らの場合は、既述した伝統的な葬儀そして墓の意義が今なお生き生きと脈打っているのである。しかし、大半の人々にとってこうした事例は無縁の世界であろう。そうした傾向を象徴するのが、「家族葬」である。家族葬とは故人の属した家族のみによって行われる葬儀であり、規模や有り様はいわゆる密葬に相当する。しかし、密葬の場合は多くの会葬者を想定した本葬の実施を前提とするものであるのに対し、家族葬ではそれが実施されないという点において全く異なった葬儀形態であるといえよう。もちろん、こうした葬儀に対する抵抗も強く、特に家族葬実施後、故人ゆかりの人々による猛烈な抗議を受けることもあるという。このため、葬儀とは別に「偲ぶ会」を催す例も多い。これは血縁関係を核とする家族葬に対し、故人と何らかのゆかりがある人々による、ある種の共同体としての儀礼であると評価できる。その意味で「偲ぶ会」は、伝統的な意義を担った新たな形の葬儀、さらに進んで物質的な実体を欠く「墓」であるとさえ評価できるのではないだろうか。ここに至って、葬儀、そして墓とは誰のためにあるのかという根本的な問題に立ち返ることになるのである。

社会学者の副田義也は、近世以降の日本文化に表れた死者とのつながりの代表的形態は、殉死と靖国神社に求められるという。「前者は、戦争不在の幕藩体制のなか武士階級が武士道思想の本質を維持しようとしてゆきついた極北的表現であり、後者は、侵略戦争をつづけてきた軍国時代に国家官僚たちが天皇制のための軍隊を維持するべくつくりあげた人工宗教」(副田義也「死者とのつながり」『死の社会学』岩波書店、二〇〇一年、三二三頁)であるという。そして残された人は実際に死なずとも、心の内面において死者に対する殉死を遂げてつながりを強め、それによって再生することがあると指摘した。このことを筆者なりに言い換えると、残された人は死者に対する心の殉死によって彼・彼女との過去と決別し、再生を果たして新たな人生を歩み始めるのである。

これまでに縷々述べてきたところから明らかなように、多くの人は死者とのつながりを実感する場として墓を必要としているのである。その「つながり」の中身は時代によって、地域によって、階層によって、そして現代においては何よりも個人個人によって異なっているのである。現代は社会全体を覆うパラダイム——規範を見出すことができない時代ともいえる。もちろん、社会全体が間違った規範に支配された過去に照らせば、相対的には「よい時代」といっても差し支えないだろう。しかし、この社会を貫く共通規範のなさが、よって立つ基盤を見いだせない多くの人たちに生きづらさを実感させているのかもしれない。

今日「自然葬」という言葉がよく聞かれるようになった。自然葬とは「葬送の自由をすすめる会」が提唱した造語で、その実態は散骨葬とほぼ同義である。すなわち、同会の定義によれば、「墓でなく海や山などに遺体や遺灰を還すことにより、自然の大きな循環の中に回帰していこうとする葬送の方法の総称」とされる。自然葬が少しずつ増加している背景には、共同体の崩壊が進行し家族関係さえもが希薄になったことがあげられる。そこには「死者とのつながり」をほとんど意識しない、もしくは全く意識しない人が多いものと思われる(吉澤武虎『自然葬のススメ』アスキー新書、二〇一二年)。しかし、どのような形態であれ、血のつながりを基礎とした「家族」が消滅することは今後もありえないだろう。そうなれば、人類自体が消滅することになるからである。そして、血のつながり、親子関係を軸とした「死者とのつながり」を意識する人がいる限り、墓は今後も形態を変えながら、あるいは墓に変わる何か——記念物のようなもの——に姿を変えながら営まれていくことであろう。

なお、総合的な視野で墓を理解するためには民俗学の分野を欠くことはできないが、同テーマでは近年すでに新谷尚紀・関沢まゆみ編『民俗小事典　死と葬送』(吉川弘文館、二〇〇五年)が刊行されている。読者には、ぜひ本書と併読されることをお願いする次第である。

第I章　原始・縄文時代

墓の誕生

死の意識と象徴化　生物には、やがてその命の終りが訪れる。死である。人類が他の動物と異なるのは、この生物学的な死を認識した上で、象徴化する点にある。身近なものの死は、人類以外の動物においても喪失感を引き起す。霊長類では、チンパンジーの母親が亡くなった子供の遺体を背負い続ける事例が報告されている。この行動から、近縁な関係にある個体の死にある種の喪失感のような感情を抱くことが、人類に限ったことではないことを知ることができる。しかし、チンパンジーなどでは、いつまでも亡くなった個体について思いを巡らすことはない。やがて個体の死は、忘却されてしまう。

一方、われわれ人類では、亡くなった個体の存在は、その肉体が滅びても、生物学的な死を超えて象徴化されることで、その存在が近親者や他の個体に記憶される。死を象徴化するためには、まずその個体の死を意識する必要がある。そしてその死を単にその個体の生物学的な死にとどめずに、近親者や帰属する集団の共有意識として確認する必要がある。死者の生前の存在や役割が死という場面において、他者に意識されることで、その個体の死は社会的機能をもつことになる。

他の動物には見られない人類に特有な死の象徴化は、いつ始まったのであろうか。人類史において最も古い文化段階は、旧石器時代である。旧石器時代は、人類進化において道具使用のはじまり、地球規模の生活領域の拡大、社会組織の形成、身体装飾や芸術のはじまりなど、現在を生きるわれわれ人類の文化的・社会的特質の起源と関わる段階である。旧石器時代を通じてわれわれはヒトになった。死の意識の発生、墓の出現、死にまつわる儀礼の起源についても、やはり旧石器時代の資料の中に探求していくことになる。

死の意識の発生　死の意識の発生は、人類の認知能力の進化と深く結びつく。しかし、死の意識を考古学的に確認し客観的に提示することは、容易ではない。死の意識の発生を確認するためには、生物学的な死以後に遺体に何らかの人為的な処置や加工が施された証拠を確認する必要がある。

生物であるヒトは、何らかの処置を講じない限り、生命の活動を止めた瞬間から軟組織から腐敗し、消滅してしまう。死者についての死による喪失感は強い。そこに死者に対する残された者たちの悲しみや再生への願いを含めた思いを体現したものとして、遺体に何らかの処置や加工が施される理由がある。死者に対する儀礼やその一環としての埋葬の原型の発生である。

ペチットは、南アフリカのスタークフォーティンやスペインのアタプエルカ、グラン＝ドリナなどの事例を挙げて、アウストラロピテクスからホモ＝ハイデルベルゲンシスにかけての初期人類にクロノス衝動(Cronos compulsions、遺体に対する儀礼的カニバリズム、破損行動、分割を求める衝動による行為で、二次的埋葬などの理由として挙げられる）が存在すると主張している。人骨にカットマークや人為的な切断の痕跡が認められることを根拠に、すでにこの段階に遺体に対しての特定の関心が芽生え、意図的な遺体への処置のはじまりを想定する。

ペチットは、生物学的な死が社会化する過程として、単なる遺体の放棄、特定の場への放棄（構造化された放棄）、クロノス衝動（カニバリズムを含む）、遺体の洞窟などの特定空間への隠匿、積石などの覆い、そして埋葬を経てやがては墓地の出現に至る進化的発展を想定するのである。

またファン＝ヘネップが提示するように通過儀礼の文脈で死を捉えると、死の意識の発生の確認は時代性を超えて重要となる。通過儀礼は、ヒトの一生のいくつかの段階において行われる特定のステータスから別の特定のステータスへの移行である。遺体に何らかの処置を施し、特定の景観内に配置する、これらの行動は遺体を生の世界での存在から、別の世界、つまり死の世界への存在へと変換させている。これらを通過儀礼の萌芽と見ることもできる。しかしこの解釈には、死に伴う儀礼行為の検証と深い考察が必要となる。

旧石器時代の埋葬の時間的変遷　先に見たように遺体への何らかの処置や加工が施される事例は、アウストラロピテクスやホモ＝ハイデルベルゲンシスに遡る。この後の旧石器時代における埋葬行為の変異と時間的な変遷過程について、確認しておこう。

先史人類の化石が特定の空間において発見されるようになるのは、ホモ＝ハイデルベルゲンシスから初期ホモ＝ネアンデルターレンシスの段階である。スペイン、アタプエルカのシマ＝デ＝ロス＝ウエソスからは、少なく見積もっても二十八体分のホモ＝ハイデルベルゲンシスの人骨が見つかっている。年代は四十万年前から五十万年前である。出土した下顎骨から十二体の男性と八体の女性が確認され、年齢構成は青年期から壮年期に偏る。これだけの遺体が洞窟内に集積した理由として自然に集積されたと見る見解もある。しかし、調査者たちは、洞窟内に炉跡などの生活痕跡がないことから、この洞窟は居住空間ではなく、洞窟という特定の景観を利用した埋葬行為の結果と推定している。この推定が正しいならば、洞窟が特殊な空間として認識され、遺体の配置場所として利用されたことになる。類例としては、十体を超える初期ホモ＝ネアンデルターレンシスの遺体が出土したブリテン島ウェールズのポントニューウィド洞窟が知られている。その年代は約二十二万年前で、やはり洞窟内への遺体の隠匿と推定されている。

次の段階は、十六万年前から九万年前の初期ホモ＝サピエンスの埋葬事例である。この集団は、アフリカと近東でしか確認されていない。この段階では居住空間でもある洞窟内や前庭部において男女の成人や子供の埋葬事例が発見されている。

イスラエルのスフール洞窟で発掘された約十三万年前から十万年前の埋葬遺体は、十体中三体が四才から十才の子供である。またカフゼー洞窟から出土した十万年前から九万年前の埋葬遺体では、大人が二十五体中九体に過ぎない。埋葬された遺体は、部分的に掘りくぼめた土壙に安置された事例が多く、埋葬の後に水流により遺体の位置が乱れた事例も見られる。故に明確に土壙内への埋葬を意図していたかどうかについては、議論の余地が残る。

しかし、居住空間として利用する洞窟内に埋葬されている点や、石器が副葬された事例、赤色顔料が散布され埋葬地点を識別した事例、遺体が石で覆われた事例も見られることは重要である。これらは、四万年前以降に明確化するホモ＝サピエンスに特有の現代的行動の前兆を示すものである。

八万年前から三万五千年前にかけてのホモ＝ネアンデルターレンシスの段階では、少なくとも四十七体分の埋葬事例が知られている。その内十六体は子供である。この時期の特徴は、洞窟内部への隠匿が継続してみられる一方で、明確に土壙に埋葬した事例が確認されている点である。

埋葬されている遺体には、成人の男女に加えて、フランスのラ＝フェラシー洞窟では、生後六ヵ月から七ヵ月の乳児の埋葬例も知られている。また埋葬事例の頭位に一定の方角を規定する傾向が見られるようになる。遺体に動物骨や石器が伴う事例が報告されているが、全体的に数が少なく、副葬品の発生がこの段階に遡るかどうかについては、研究者間で見解が異なる。

四万年前から三万五千年前以降のホモ＝サピエンスの段階になると、埋葬は明確となり、多様性が見られる。このため埋葬行為の複雑化がホモ＝サピエンスに特有の現代的行動の要素の一つとして注目されている。

埋葬には、単葬(単体の埋葬)以外にも合葬(複数遺体の埋葬)の事例が見られ、火葬や装身具の副葬などの儀礼行為が伴う。オーストラリアのマンゴー湖岸で発見された火葬された女性人骨は、その代表的事例として知られている。

これら死に伴う一連の行為の存在は、死が儀礼を伴い実施される社会的行為となったことを示している。さらに埋葬形態の多様化や副葬品、葬送儀礼の出現は、この段階に至って死生観が明確に出現したことを示している。

日本における旧石器時代の墓の事例　日本列島において確認されている旧石器時代に属する埋葬事例は、数少ない。わずかに北海道知内町湯の里四遺跡で確認された土坑墓、大阪府藤井寺市のはさみ山遺跡の土坑墓を挙げるにすぎない。

湯の里四遺跡で確認された墓は、細石刃文化期に属する。長軸一・一メートル、短軸〇・九メートルの大きさをもつ楕円形の土坑墓であり、〇・三メートル以上掘り込まれている。墓壙底部には、赤色顔料を散布した痕跡が見られ、カンラン岩製の垂飾と平玉、琥珀製の垂飾が見つかっている。このほか石核、細石刃、剝片、原石が出土した。これら石器類と装身具とは、遺体に伴う副葬品と見なされている。

一方、はさみ山遺跡の事例は、検出された住居跡と幅一〇メートルほどの沢を挟んだ東側に長軸二・七メートル、短軸一・六メートルの楕円形の土壙が確認された。土壙底面には、石核が二点配置されており、調査者は土坑墓と認定している。沢の反対側に住居跡が検出されていることから、沢を境に居住域と墓域とを空間的に分けた事例と見ることもできる。しかし、湯の里四遺跡のような赤色顔料も見られず、石器の出土のみから墓と断定するのは難しい。しかし、ここでは日本列島において墓の可能性をもつ数少ない事例の一つとして挙げておきたい。

日本列島における旧石器時代の墓の確認事例が少ない背景には、化石人骨の出土事例の少なさがある。また旧石器時代の洞窟遺跡の確認例が少ないことも大きい。加えて土壙に埋葬する事例のみではなく、風葬も含めて遺体を居住空間から離れた場所へ隠匿する事例も考慮する必要があろう。

特定の場所への隠匿との関係では、南西諸島における旧石器時代に帰属する人骨の出土状況が注目される。少なくとも五体の化石人骨が見つかった沖縄県八重瀬町の港川フィッシャー遺跡や那覇市の山下町第一洞穴、石垣市の白保竿根田原洞穴などの人骨出土地点は、これまで人工物との共伴関係のなさから、人為的な埋葬である可能性は、検討されてこなかった。しかしながら、先に見たように特定の自然景観が遺体の隠匿に利用さ

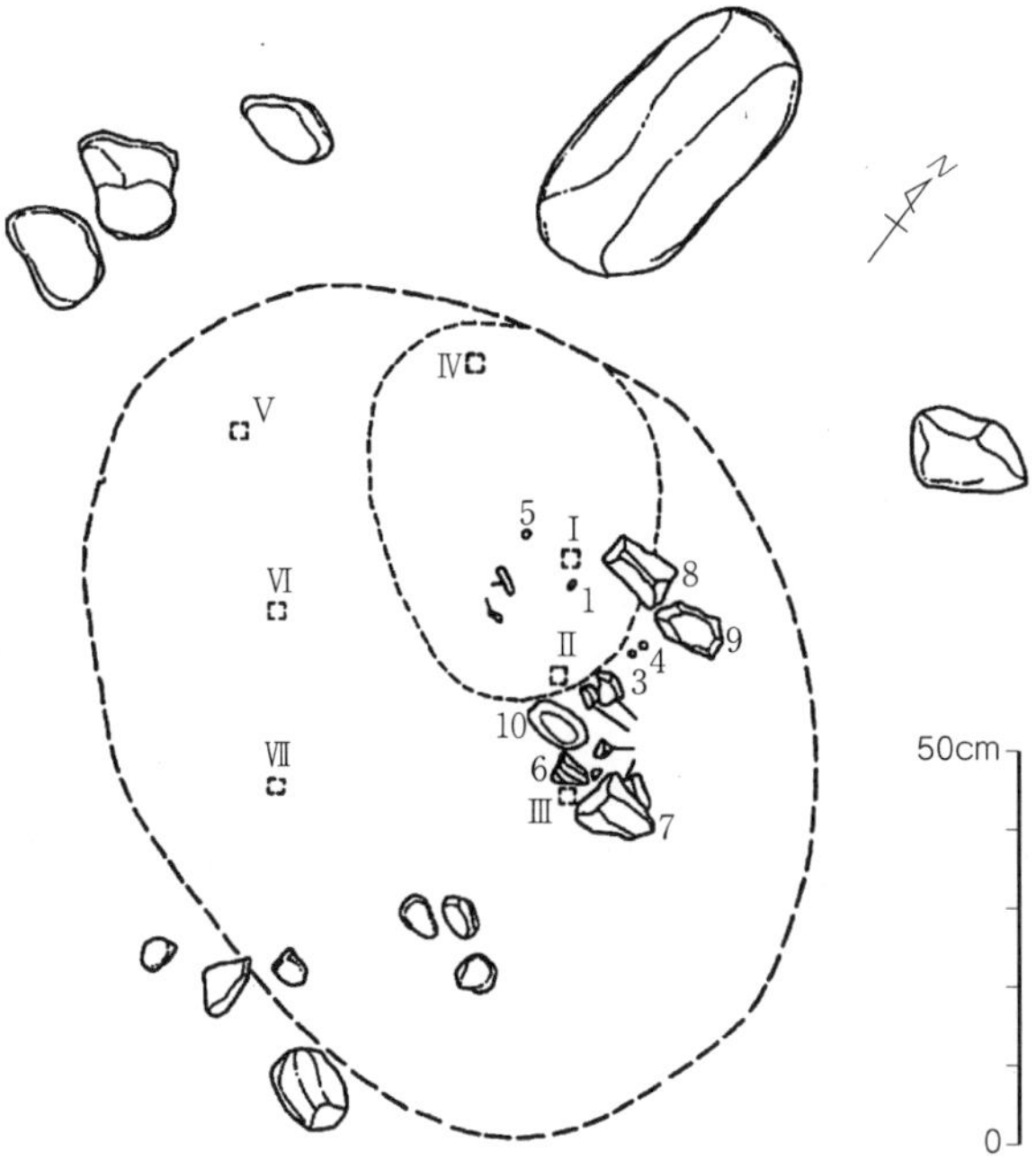

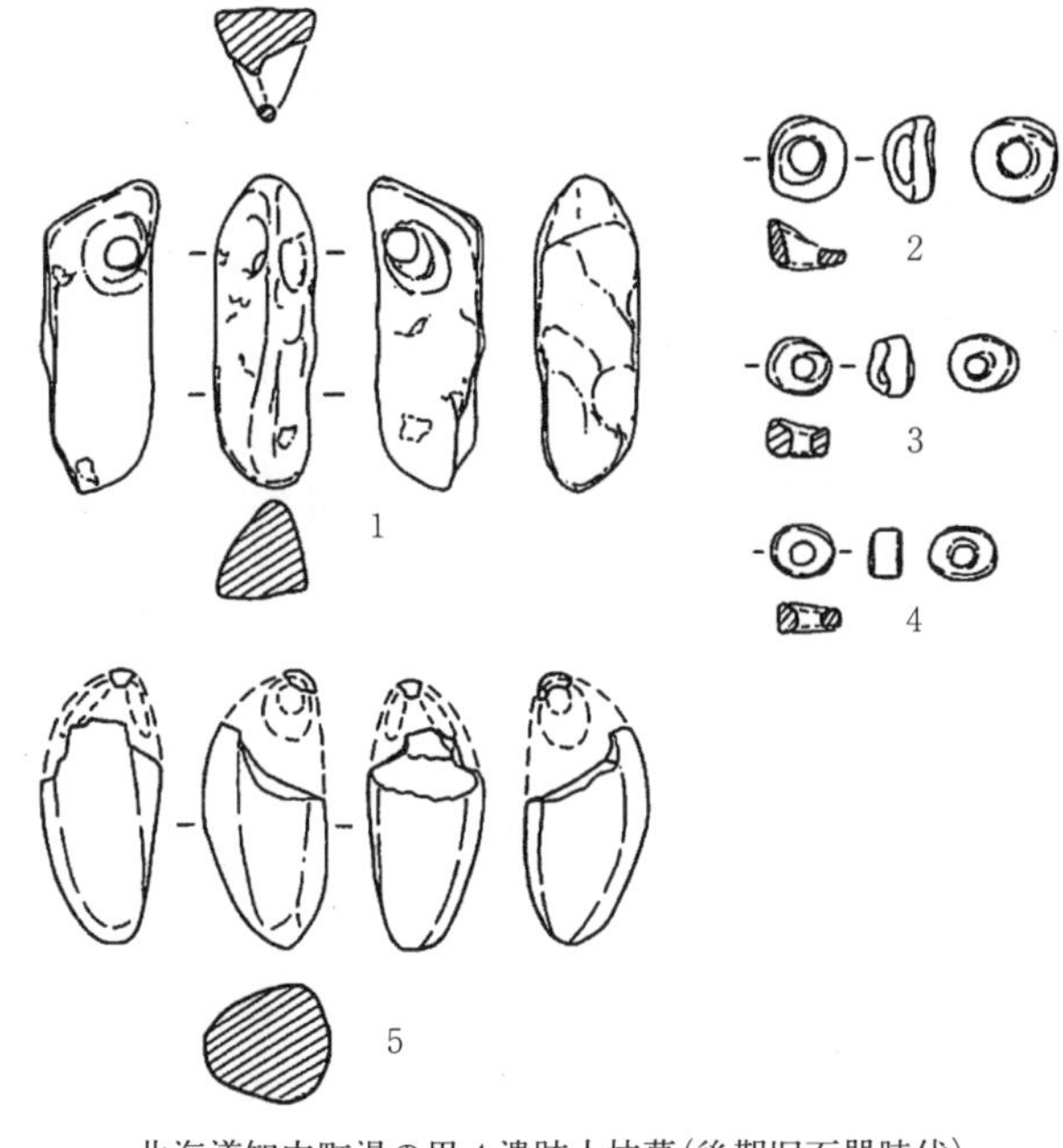

北海道知内町湯の里4遺跡土坑墓（後期旧石器時代）

れる事例が存在することも考慮すると、「構造化された放棄」や埋葬としての遺体の隠匿、つまり風葬などの可能性を今後検討していく必要がある。

墓と住居との関係　日本では、はさみ山遺跡において居住空間と埋葬空間の区分が注目された。しかし、世界的に見ると、旧石器時代に居住空間と埋葬空間とを区分した事例は少ない。むしろ居住空間と埋葬空間とが重複している事例の方が多い。日本でも湯の里四遺跡では、居住空間内に埋葬が行われている。

一般的にホモ＝ネアンデルターレンシスの埋葬は、洞窟内からの検出例が多い。これらの洞窟は、居住空間としても利用されており、このことから遺体を埋葬する空間と居住空間とが重複しているといえよう。この時期、明確に住居と認定可能な遺構の事例も少なく、集落的居住空間は出現していない。つまり、この空間の重複は、埋葬と居住の同時性を証明するものではない。季節的に偏在する資源に依存した回帰的移動生活の中で埋葬行為が行われていたと見るのが妥当であろう。

ホモ＝サピエンスの段階である後期旧石器段階になると、洞窟や岩陰以外にも構造物をもつ平地式住居や、配石遺構、竪穴住居が確認されるようになる。このような集落内に遺体の埋葬が行われる事例は、中部ヨーロッパから東ヨーロッパに多く確認されている。チェコのドルニ＝ヴェストニッツェ遺跡やプシェドモスティ遺跡、ロシアのコスチョンキ遺跡群がその代表的な事例である。

ドルニ＝ヴェストニッツェ遺跡では、約二万八千年前から二万六千年前の居住空間内に多くの埋葬事例が発見されている。その中には、二体の若い成人男性と一体の若い成人との合葬例が見られる一方で、成人男女の単独葬も見られる。このような状況から居住空間内に埋葬されたことは確かであるが、そこに規則性を見出すことは難しい。

ロシア、バイカルシベリアに位置するマリタ遺跡は、後期旧石器時代の集落遺跡として世界的に知られる遺跡である。一九二九年の調査において子供の埋葬が集落内で確認された。のちに墓は、十ヵ月から十四ヵ月の乳児と三才から四才の小児の二体の合葬であったことが明らかにされた。長くこの子供の埋葬は、集落遺跡と同時期に残されたとみなされてきた。しかし、近年の小児人骨を含む年代測定結果は、集落の継続時期と埋葬の時期との間に年代差が存在することを示唆している。墓は、人々が一旦集落を離れ、再び回帰した際にかつての集落の地に残されたものであった。

このように後期旧石器段階には、集落が形成されるようになり、その一角に墓が作られることがある。しかし、そこに空間的に居住空間と埋葬空間とを区分する規則性を見出すことはできない。墓地の出現は、後期旧石器時代以降の新たな生活様式の出現を待たねばならない。

埋葬から読み解く世界観と死生観　後期旧石器段階に入ると、埋葬の様式は多様化する。この時期に埋葬は、ある種の儀礼を伴う形へと変化した。埋葬儀礼は、死者と残された者との参加により成立する。よって遺体への加工、埋葬形態、副葬品のそれぞれの側面には、これら二者の属性や意識が反映される。故に死は、生を透視させるものであり、社会の行動を反映している。

旧石器時代で確認できる埋葬儀礼の事例としては、㈠遺体への加工と二次埋葬、㈡死生観を反映した特殊な副葬品が知られている。以下ではそれぞれの代表的な事例を提示する。

二次埋葬の事例としては、チェコのプシェドモスティ遺跡が知られる。この遺跡では、長軸四メートル、短軸二・五メートルの大型の土壙の内部に最低でも二十名の遺体が埋葬されていた。埋葬されていた遺体の年齢構成の大半を占める男性三体と女性三体は、三十才以下の成人の個体であった。このほかに三十代と四、五十代の成人男性が二体、女性と推定される青年個体が二体、十才以下の少女が七体、さらに三体の乳児を含んでいることが明らかにされている。

遺体は部分的で肋骨などの細かい骨を伴っておらず、死者の遺体は、直接埋葬されていない。一度別の場所に安置され、時間差をおいてそれぞれの遺体の一部が選択され埋葬されたものである。意図的に埋葬されたことは、いくつかの遺体には副葬品が伴い、マンモスの肩甲骨や数多くのキツネの骨が同時に埋葬されていることからも明らかである。

副葬品は、死者の生前の生活や性差、社会的地位が反映されやすい。また残された者の死生観を反映したものである。いくつかの事例では、特に死生観を反映したと思われる副葬品を見出すことができる。

ロシア、モスクワ郊外のスンギール遺跡では、二万八千年前から二万五千年前に残された集落の内外から合計九体の埋葬事例が発掘されている。中でもスンギール二号と三号は、十一才から十三才と推定される少年と、九才から十才と推定される少女の合葬である。

二体の遺体は、互いに頭頂部を付け、逆方向に足を伸ばした伸展葬で埋葬されていた。この二人の子供の墓の特異さは、その副葬品の豊富さにある。それぞれに副葬されたマンモスの牙製の槍や短剣、トナカイの指揮棒、骨製のブレスレットに加え、少年の墓には、ウマやマンモスを象ったマンモスの牙製の彫像が伴っていた。

特に注目を惹くのは、少年の遺体の上を覆う四千九百三点、少女の遺体を覆った五千二百七十四点のマンモスの牙製のビーズである。少年の腰には、さらに二百五十点のキツネの犬歯が並べられていた。これらは頭飾りや衣服に縫い付けられていた装飾と見なされているが、このような装飾度の高い衣服は、きわめて稀である。そのほかの豊富な副葬品ともあわせて、死者の生前の社会的ステータスを反映したものであろう。社会的地位が埋葬形成に反映された好例である。

一方、副葬品には、当時の人々の死生観や死者を送る側の心情を反映した資料も含まれる。

バイカルシベリアのマリタ遺跡の墓の副葬品例は、子供の墓にさらにさまざまなメッセージが込められた代表例である。副葬品には、マンモスの牙製の首飾り、帯飾りそして鳥形ペンダ

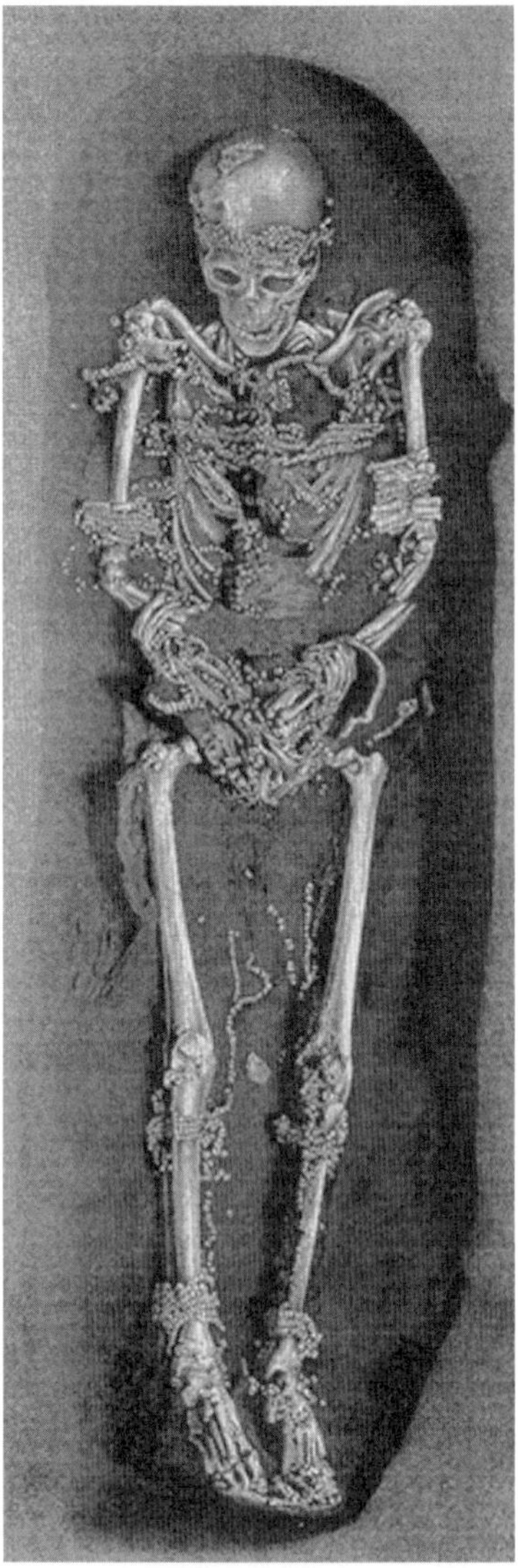
スンギール遺跡成人墓(ロシア連邦ウラジーミル市，後期旧石器時代)

ントが含まれていた。調査者のゲラシモフは、飛翔する水鳥を表現した鳥形ペンダントを白鳥と、百二十個の平玉や八個の垂飾と組み合わされた丁字型の装飾は、飛び立つ鳥を表現したと解釈した。また帯飾りは、表面に細かな線刻が波打つように描かれているが、これを不死の象徴である蛇を描いたものと推定した。これらの図像は、すべて季節的回帰性、生と死の回帰性を象徴する意味をもつ。死者の旅立ちという喪失感を前に残された者たちの生の回帰を祈念する心情が反映されている資料である。そこには、死生観の誕生を読み取ることさえ可能である。

　長い人類史の中で、死の意識の発生は、古く遡ることができる。われわれは、進化の過程において死への認識や対処も変化させてきた。死が単なる個体の消滅ではなく、社会化された行為となり、長く記憶される生きた世界の象徴となった時、墓は単なる空間から社会を構築し、再生する重要な空間へと転化したといえよう。

参考文献　北海道埋蔵文化財センター編『湯の里遺跡群』(『北海道埋蔵文化財センター調査報告』一八、一九八五)、大阪府教育委員会編『はさみ山、土師の里遺跡他発掘調査概要』(一九八七)、アルノルト＝ファン＝ヘネップ『通過儀礼』(綾部恒夫・綾部裕子訳、一九九五、弘文堂)、ピーター＝メトカーフ・リチャード＝ハンティントン『死の儀礼』(池上良正・池上富美子訳、一九九六、未来社)、スティーヴン＝ミズン『心の先史時代』(松浦俊輔・松野美佐緒訳、一九九八、青土社)、D. Biro and others: Chimpanzee mothers at Bossou, Guinea carry the mummified remains of their dead infants: Current Biology: 20(8): 2010; P. Pettitt: The Palaeolithic Origins of Human Burial, (London: Routledge: 2011)・

(加藤　博文)

縄文の墓

世界各地における多様かつ複雑な後期旧石器時代の埋葬例からも推定されるように、旧石器時代の人々は埋葬に関して、さらには墓に象徴される死に関して、非常に複雑な思考を有していたと推察される。これらの事例よりも時代的にははるかに後出する縄文時代の人々も、当然ながら死に関して複雑な思考体系を持っていたはずであり、その発現の場である墓にはさまざまな考えや祈りが込められていたと考えられる。人類史的な観点からみれば、縄文時代の人々は現代の私たちと同じホモ＝サピエンスであり、当然ながらその抽象的思考能力は、私たちと比べてなんら遜色のないものであったことだろう。多様な墓の存在は、人類史上ホモ＝サピエンスのみがなしえた多様な観念的思考の表れなのであり、これは縄文時代とて例外ではない。

墓をつくり、これを営む制度のことを墓制という。縄文時代の墓制が、地域や時期によって非常に多様な展開をしていたことは、これまでの研究によってすでに明らかにされている。基本的な生業形態が狩猟・採集・漁撈であった縄文時代においては、各地における多様な生態系に対応するために、地域ごとに多様な食料獲得方法や生活パターン、居住形態が発達した。そして各地におけるこれらの多様性は、これまた多様な精神文化を育んだはずである。このような状況が当時の葬法や墓制に反映された結果、今日において考古学的に確認できるさまざまな形態の墓がつくられたということができるだろう。

縄文時代の墓は、概して集落内あるいは集落に近接した場所につくられることが多い。また、山間部や海岸部岩礁地帯などでは、生活地点内あるいはこれに近接した洞穴や岩陰に墓がつくられることもある。東北地方太平洋側沿岸部や関東・東海地方沿岸部、瀬戸内沿岸部にはしばしば大規模な貝塚が形成されるが、これらのような貝塚内部や周辺部にも墓がつくられることは稀ではない。貝塚は、機能的には食物残渣の廃棄場所、いわゆる「ゴミ捨て場」として捉えられることが多いが、アイヌの民族誌にもみることができるように、貝塚が一種の「送り場」としての役割をあわせ持っていたと考えると、ことさら貝塚において埋葬が行われた理由を理解することが可能となる。

縄文時代において、その初期を除けば、墓一基だけが単独につくられるということはあまりなく、通常は複数の墓が近接して存在し、一つの墓群を形成していることが多い。墓群が集落内にありながらも居住施設のある場所(居住域)とは異なった場所を占地する場合、これを墓域とよぶ。墓群が集落とは切り離されて単独で存在する場合、これを墓地とよぶこともある。大規模な墓域の中には、その内部にさらに小さな墓群(分節構造)を含む場合がある。このような入れ子状の構造をした墓域において、上記のような小さな墓群のことを埋葬小群、ないしは埋葬区とよぶ。墓域の中がさらに入れ子状の構造を呈し、墓域内の埋葬小群がいくつか集まって、より大きな墓群をなす場合、これを埋葬群とよぶ。なお、墓から出土した人骨に対する歯冠計測値や頭蓋形態小変異の分析などから、埋葬小群の中には何らかの遺伝的な関係性を持っていた人々が埋葬されていたことが明らかとなっている。林謙作は、埋葬区の成立を縄文時代の後半期とし、その占守・用益の主体を世帯として理解した。また、春成秀爾は埋葬小群を二対一組で「世帯の歴史の一部」を表すものと考えているし、谷口康浩は墓域内における分節構造の内容についてリネージなどの単系出自集団を想定している。いずれにせよ、縄文時代の墓域は何らかの遺伝的な関係性を持った人々が埋葬された単独、ないしは複数の墓群からなる構造をとっている場合が多いといえよう。

　縄文時代の場合、墓として考古学的に認識できるほとんどの資料は、土坑など地面下に設けられた施設内に遺体を安置・収納する埋葬例である。土坑内に直接遺体（人骨の場合も含む）が埋葬されている墓を土坑墓とよび、平石や板石を組み合わせて棺をつくったものを石棺墓、木材によって棺をつくったものを木棺墓とよぶ。また、棺として大型の深鉢形土器が使用されていることもあり、このような事例を土器棺墓という。縄文時代の場合、青森県五所川原市五月女《そとめ》萢《やち》遺跡のように墓の上部構造が埋葬当時のまま残存していることは稀有であり、通常は地面下の下部構造によって考古学的な分類が行われる。このほか、墓の上部構造や下部構造として大型の礫を円形ないしは楕円形に置いたりするものもあり、このような事例は配石墓とよばれる。これらの分類は墓の形態によるものであるが、縄文の墓は形態によってさまざまな時期的・地域的な偏りをみせて分布している。たとえば、石棺墓は青森県平川市堀合Ⅰ遺跡や長野市宮崎遺跡のように、後期の東北地方北部や晩期の中部地方などで特徴的に発達する。また、木棺墓は数的には少ないが、確実な事例は晩期の山口県下関市御堂遺跡や大津市滋賀里遺跡において確認されている。配石墓には、概して海岸部よりも山地側に多いという傾向がある。土器棺墓に関しては、東日本の前期にその初現をみることができ、その発達には地域差と時期差が存在し、東北地方においては前期から晩期にかけて、関東地方から中部地方では中期から後期にかけて、西日本では後期から晩期にかけて事例数が多くなる。また、その被葬者は子供に限定される傾向があり、さらにその年齢層も一歳以下の事例である場合が多い。これにも時期差・地域差が存在するようで、特に東北地方の後期から晩期にかけての土器棺墓には新生児期の事例が多く、関東地方の中期から後期の土器棺墓には乳児期までの事例が埋葬されていることが多い。

　墓の形態以外にも、埋葬が行われた場所によって墓を分類することもある。いわゆる洞穴墓・岩陰墓などといわれるものがここに含まれるが、時には集落内の竪穴住居の中に埋葬が行われる事例もあり、これらなどは廃屋墓とよばれている。廃屋墓の事例はひろく日本各地に分布しているが、特に関東地方の中期を主として前期から後期にかけて確認できる。上記の形態の墓については、本書の各論を参照されたい。

　なお、土坑墓例であるが、必ずしも遺体が土坑内に直接埋葬されていたとは限らない。たとえば、東北地方北部においては、青森県八戸市是川中居遺跡例のように土壙底面に側壁部を巡るように細長いピットが穿たれているものがある。これなどは土壙側壁部に沿って板材が打ち込まれていた可能性を示唆するものであろう。事実、時期は異なるものの青森市三内丸山遺跡では、土坑の側壁部にクリの板材を巡らせる木棺状の埋葬施設が確認されている。石川県能登町真脇遺跡では、人骨が厚い板材の上に乗せられた状態で出土しているし、北海道千歳市美々四遺跡では樹皮を舟形に組んだ施設の中に遺体が入れられていた。千葉市内野第一遺跡では、漆の塗られた編布に遺体が包まれていた可能性のある事例が出土している。一般に縄文時代の墓というと土坑内に遺体が直葬されるイメージがあるが、これには一考を要するだろう。また、千葉県船橋市高根木戸貝塚五号人骨のように、土坑墓の中には遺体を納めた後にただちに土を埋め戻したとは考えにくいものも存在する。このような「埋めない埋葬」も、縄文時代にはしばしば見られたらしい。

遺体を処理し、墓に納めるさまざまな方法を総じて葬法とよぶ。葬法は概括的な概念であるため、さまざまな様相・事例区分が含まれる。たとえば、埋葬姿勢によるものや遺体数や遺体処理の回数によるもの、遺体そのものの直接的な処理にかかわるものや、遺体上への遺物の配置によるものなどである。

葬法のうち、埋葬姿勢による区分としては仰臥・側臥・俯臥といった体前面の方向によるものと、屈葬・伸展葬のように四肢の屈伸度合いによるものがある。縄文時代の埋葬姿勢としては屈葬例がしばしば取り上げられるが、実際に人骨出土例にあたってみると、屈葬という言葉からイメージされる姿勢とは異なり、膝を曲げるという点以外にはあまり統一性はうかがえない。なお、屈葬には地域差や時期差が存在することがわかっている。かつて、戦前には屈葬された理由として、「胎児の姿勢をとらせて再生を祈願した」や「四肢を強く屈して死霊を封じ込めた」などの説が提示されたが、それらについては再考の余地があるだろう。

埋葬された回数による区分としては、単葬と複葬(再葬・改葬)という概念がある。これは、埋葬行為が一回で完了した(単葬)のか、それとも遺体を掘りだすなどして、再び埋葬される(複葬)のかといった具合に、埋葬行為が一回かそれとも複数回行われたのかという点によって区分されるものである。複葬については、通常の埋葬方法よりもコスト・手間ひまがかかるものであり、特別な事情のもと行われたと理解されることが多い。縄文時代の場合、祖霊崇拝などと関連させて議論される場合もある。さらに、葬法には一つの埋葬施設に遺体を何体入れているかという区別がある。一体のみの場合を単独葬、二体以上の複数例を合葬とよぶ。茨城県取手市中妻貝塚からは、頭蓋や四肢骨が解剖学的な位置関係になくバラバラになった百体ほどの人骨が一ヵ所に埋葬された土坑墓が確認されているが、このような墓は、合葬・複葬例として把握できるものである。

このほか、遺体そのものに対する直接的な処理方法による区分としては、土葬・火葬・水葬・風葬などが挙げられる。これ

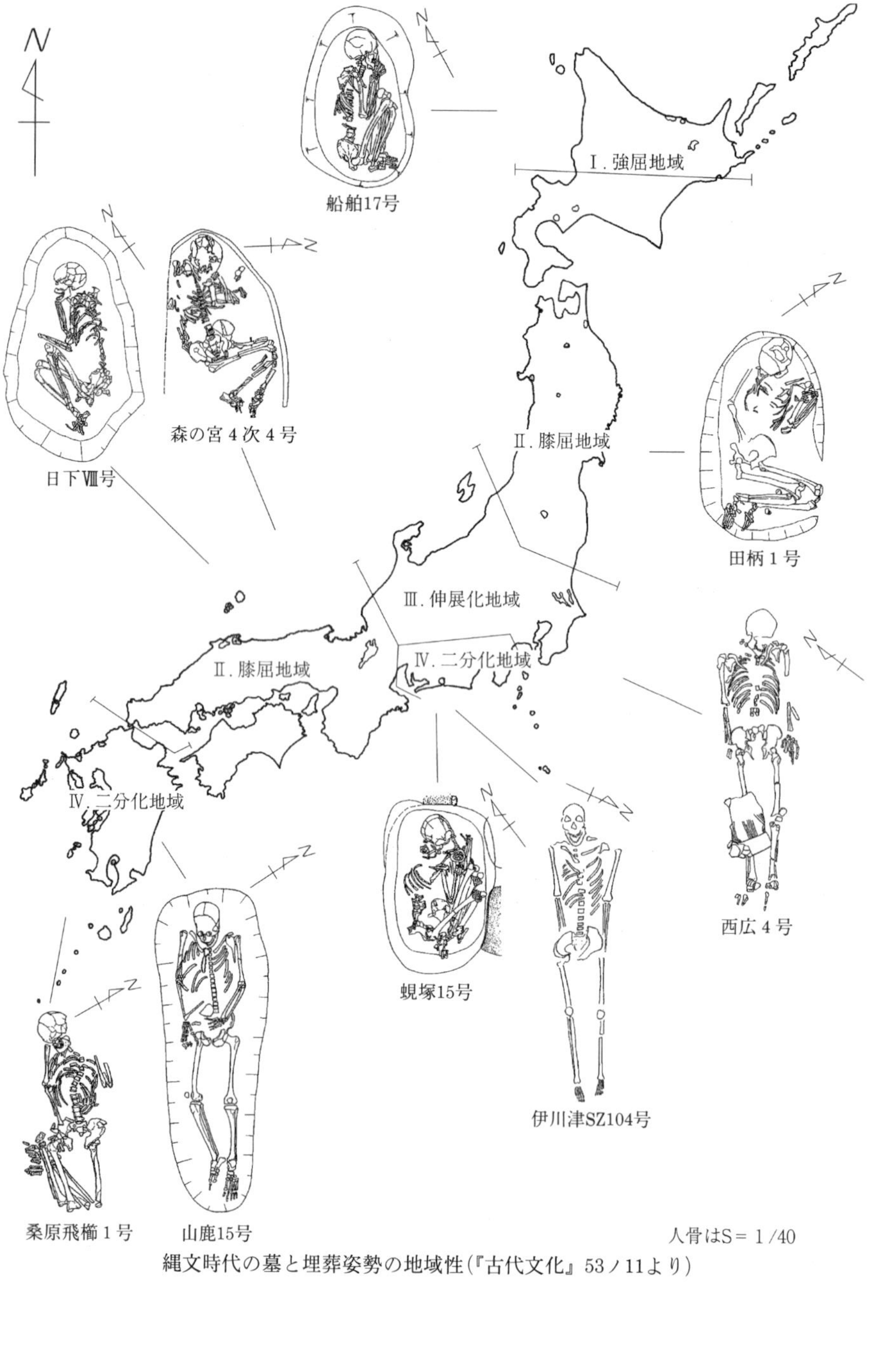

縄文時代の墓と埋葬姿勢の地域性(『古代文化』53ノ11より)

らのうち、縄文時代において主体となるのは土葬であるが、火葬した、あるいは遺体を何らかの形で火にあてたと思われる被熱人骨・焼人骨の出土事例は意外に多く、岡山市彦崎貝塚例や千葉県松戸市幸田貝塚の事例など前期以降にしばしば確認され、ことに晩期に多い。水葬や風葬については、確実な事例が確認はされていないが、前述のような合葬・複葬例の中には、人骨の損傷がきわめて少ないものも確認でき、この点から縄文時代にも風葬が存在した可能性が指摘されている。

また、副葬品とは異なった意図から遺体上への遺物の配置を行う特徴的な葬法として、頭部に土器が被せられた甕被葬《かめかぶりそう》や胸部に大型の礫が置かれた抱石葬《だきいしそう》などがある。甕被葬は、関東地方の中期加曽利ＥⅠ式期に多く、また抱石葬は近畿から北陸地方の前期に多いという傾向があるが、土器や礫を置いた意図は現在のところ解明されていない。

ここまで縄文時代の葬法について説明を行なってきたが、これらのように個々の墓(個別墓)から得ることのできる情報各種のことを、研究者は埋葬属性とよぶ。埋葬属性とは墓に意図的に付加された、あるいは墓に意図的ないしは結果的に持ち込まれた情報であり、これらは付加の契機によって分類される。たとえば、被葬者がまだ健在である時に付加された属性と、死後に葬式や殯《もがり》などが行われている時に付加された属性や、遺体埋葬時に付加された属性とでは、それぞれ意味が異なっていたはずである。このような視点から、考古学的に観察可能な埋葬属性は次のように分類されている。まず、被葬者が生きている間に付加された属性のことを生前付加属性という。通常、被葬者自身とそれ以外の他者の両方が認知をしている属性であり、視覚的なものが多い。これは大きく以下の二つに分類できる。生前付加属性一類は身体に直接行い、不可逆的なもの。抜歯・頭蓋変形・文身・傷身などの身体変工が中心となる。また、性別や年齢などの形質的な特徴もここに含めて考える場合がある。生前付加属性二類は脱着可能なものや可逆的なもの。装身具・化粧・ボディペインティングなどが挙げられる。また、被葬者が死亡してから後に付加された属性を死後付加属性とよび、以下の三つに分類される。死後付加属性一類は墓の構造そのものに付加されるもので、墓の位置、土壙の形態・規模・長軸方向、墓の上部構造、棺などがこれに相当する。死後付加属性二類は遺体そのものに付加されるもので、埋葬姿勢、頭位方向、顔の向き、遺体破損などがここに分類される。死後付加属性三類は葬送儀礼の中で付加されるもので、副葬品、土器被覆、抱石、装身具の一部、赤色顔料や剥片等の散布などである。さらに、埋葬を行う側、残された人々からの視点によっても埋葬属性を分類することは可能である。これは可視属性と不可視属性に分類される。可視属性は、埋葬が行われた後も残された人々が目にすることのできるものである。これには埋葬位置、上部構造、上部構造がある場合の頭位方向および土壙規模などがあり、遺体に対して直接付加する属性ではないものが多い。不可視属性は、埋葬後、生きている人々が目にすることができないものである。埋葬姿勢、装身具の着装、土壙内への副葬品、ベンガラ・

貝小玉・石剝片・白砂等の散布、遺体を包むもの（棺や袋等）、遺体破損など、遺体に対して直接付加されるものが多い。これらの埋葬属性は遺体の性別、年齢、死因、出自、血縁関係、地位や身分、能力によってその表現形が異なることがある。たとえば、可視属性は埋葬後もそれをみることにより、死者への記憶が反復可能であるし、それを媒介にして生きている人々の関係性を省みることもできる。したがって、一般的傾向として地位・身分・出自など、故人が有していた社会的な要素、あるいは墓制というものに付加された社会システムの維持機能などは、可視属性により強く表現される可能性が高い。たとえば愛知県豊川市稲荷山貝塚では、人骨の出土地点が抜歯型式ごとにまとまることが明らかにされている。この場合、死後付加属性一類かつ可視属性である墓の配置が、抜歯型式という生前付加属性一類と相関しているということができよう。これまでの研究によれば、抜歯型式は出自を表示するということであるから、稲荷山貝塚では死後付加属性一類かつ可視属性である埋葬位置によって帰属集団内における出自区分が表現されていた可能性が高いということになる。また、静岡県浜松市蜆塚貝塚では、男性の頭位方向が北側、女性の頭位方向が南側というように性別によっておおよその頭位方向が規定されていたことがわかっている。これなどは性別という生前付加属性一類が、可視属性かつ死後付加属性二類である頭位方向と対応していた考えることができるだろう。一般に考古学資料から社会構造を復元することはむずかしいが、もし生前付加属性かつ死後付加属性（可視属性および不可視属性）という方法論をとることができた場合、単に葬法や墓制のあり方を議論するだけではなく、その背後にある出自や階層など社会構造にまで踏み込んで検討することも可能となる。逆に、生前付加属性と可視属性が検討できないのならば、埋葬施設の格差や極端な副葬品の偏りがない限り、死後付加属性（不可視属性）のみから社会構造に言及したとしても、その蓋然性は相対的に低いものにならざるをえない。墓から当時の社会の復元を行う際には、資料的な限界性を常に意識しておく必要がある。

墓およびそれをめぐる一連の葬送儀礼というものは、必ずしも被葬者を追悼するためだけにあるのではない。葬送儀礼は、死が生じたことによる労働力の低下、知的財産の喪失、人望などの物理的・精神的損失を補塡するために、それ自体およびそれを執行するためのさまざまな要領の内に、新たな秩序を生み出す安定調節器としての機能を合わせ持っている。葬送儀礼にみることのできるこのような社会調節機能は、世界各地の民族事例においても確認できるものであり、縄文時代においても多かれ少なかれ存在したことであろう。縄文時代の人々は、墓をつくり死者をまつることによって、言い換えれば、死者を利用することによって、社会や集団の安定や紐帯強化をはかっていたのである。

参考文献　林謙作『縄文社会の考古学』（二〇〇一、同成社）、春成秀爾『縄文社会論究』（二〇〇二、塙書房）、山田康弘『人骨出土例にみる縄文の墓制と社会』（二〇〇八、同成社）

（山田　康弘）

墓域からみた縄文社会

　縄文時代の葬制の歴史のなかで、一定の墓域内に多数の埋葬を行なった集団墓が特徴的にみられるようになるのは、前期以後のことである。早期以前にも複数の墓がまとまった墓地の発見例はあるが、前期になると東日本一帯で集団墓の造営が著しい社会的現象となり、数百基もの多数の墓を密集させた大規模な墓域も一部に出現する。それと同時に、埋葬に際しての副葬行為や墓域での儀礼的行為も顕著となってくるのである。七百基以上の土壙が密集する墓域を取り囲んで二百八十基以上の集石土坑をはじめ数万点もの多量の遺物が集積していた長野県阿《あ》久《きゅう》遺跡などは、そうした動きを象徴する事例である。前期における集団墓と墓域の成立は、単に死者の遺体を埋葬する墓の意味を超えて、より社会的・組織的な行為としての葬制が発達してきたことを映し出す変化と考えてよいだろう。

　縄文前期に発現したこうした変化をもっともよく象徴するのが、墓域を中心にもつ「環状集落」である。環状集落とは、広場のような空間を中心に竪穴住居跡や掘立柱建物跡などが環状または馬蹄形に配置された形の集落である。規模は大きく、直径一〇〇～一五〇メートルに及ぶような例も珍しくない。多数の住居跡が一定の圏内に重複して環状または馬蹄形の規則的な形態を作り出すとともに、それらに囲まれた中央広場にしばしば集団墓が造営される点が、重要な特徴となっている。前期に成立した環状集落は、中期・後期にかけて、関東・中部・東北地方一帯で著しい発達をとげた。

　環状集落には強固な空間規制の存在を示す数々の証拠が認められる。特に中央の空間は、住居がはみ出して建てられることはまずなく、また土器片や貝殻などの生活廃棄物を捨てることも忌避されていたようである。そこは生きた人々の暮らしの場とは区別された一種特別な空間として意識されており、しばしば墓域として利用されているのである。しかも、こうした空間規制が、百年ないし数百年もの長い年月を通じて、世代から世代へと踏襲されていたことを示す例が少なくない。長期にわたって居住が継続した拠点的な環状集落遺跡のなかには、中央空間に密集する土坑墓群が残された例が多い。それは代々の集落成員たちによって、中央空間が墓域として明確に意識されていたことの証拠である。いわゆる環状貝塚・馬蹄形貝塚もまたそうした空間規制の産物であり、中央の特殊空間を取り囲む集落の外帯に生活廃棄物が長年にわたって堆積した結果、形成されたものにほかならない。

　環状集落のこのような空間構成には、縄文社会の姿が反映していると予測される。一九七〇年代までの初期の研究では、環状集落は「原始共同体」を象徴する存在として理解されていた。和島誠一は、広場を中心に各住居が統制的に配置されている状態を、劣弱で自立性のない家族単位が結集して大規模な共同組織を構成したものと解し、血縁で結束する氏族共同体の姿をそこに読み取った。そして、みずから調査した神奈川県南堀貝塚を例に、大規模な共同体の組織が生産力の増大を生み出し発展的上昇を実現する要因になった、と考えた。墓域を中心に位置づける環状集落の空間構成は、たしかに血縁的関係で結束する親族組織の姿を反映したものと考えてよいだろう。しかし、その後本格化した環状集落の調査研究からは、より複雑な縄文社会の構造が考えられるようになり、「原始共同体」というかつての狩猟採集民の社会像は大きく塗り替えられつつある。

　環状集落の中央に集団墓が位置づけられたのは、生きた成員と死者との強いつながりを表すものと考えてよい。祖先と子孫の間の血縁関係がよく記憶されており、それに基づく同族意識が社会統合のもっとも根本的な原理になっていたものと思われる。そこからは祖先や系譜、血縁関係を大切にする親族組織の存在が浮かび上がってくる。つまり、縄文前期における環状集落の成立は、何らかの親族集団が組織化されてきたことを表す動きであり、そこでの集団墓造営には、同族集団の社会的紐帯を強め顕示する意味があったと推定されるのである。

　環状集落の背景にあった社会組織の正体を解く手がかりとなるのが、住居群や墓群をいくつかの単位に区分する構造である。筆者はこれを「分節構造」と呼んで注目している。環状集落を大きく二分する構造(二大群)があることは、水野正好・小林達雄・丹羽佑一らによって早くから注目され、双分制との関連性が論じられてきた。この二大群はもっとも普遍的に認められる分節構造であり、その内部をさらに細分する入れ子状の構造も知られている。つまり、環状集落は単純な環ではなく、複数の分節的単位を包含し、それらを一つの環に統合する構造をもつのである。これは何らかの原理によって集団の内部または社会そのものが分節化していた状態を示唆している。

　分節構造が著しく発達するのは中期であり、それは墓域の区分にもっとも鮮明な形で現れている。中期の環状集落に伴う集団墓には、墓群全体が環状となる環状墓群が特徴的にみられ、なおかつ二単位、四単位、八単位などに明確に分節化した例が目立つ。前期の集団墓では、埋葬単位の区分はまだそれほど明瞭ではないが、中期になると分節構造の典型的な例が増加してくる。埋葬場所の区分が厳格になり、同じ区分が長期間にわたって踏襲されるあり方からは、それらの分節単位が血縁原理に基づくものであること、分節集団への帰属が世代を超えて継承されていたことが読み取れる。一つの集団墓を共有する同族集団のなかに血縁的な分節単位が内在し、その内部にさらに複数の分節単位が入れ子状に分岐するような社会構造が想定される。

　分節構造は「出自descent」の区別に基づくものであった可能性が高い。出自とは、祖先からの血縁的系譜によって個人を特定の親族集団に帰属させる文化規則である。それは生物学的な意味での血縁関係と同義ではなく、文化的・社会的な系譜関係の認知であり、父系・母系のように系譜の辿り方を定め、個人の帰属を明確に決めるものである。これにより組織される親族集団を出自集団という。中期環状集落の分節構造の特徴は、リネージまた

岩手県西田遺跡

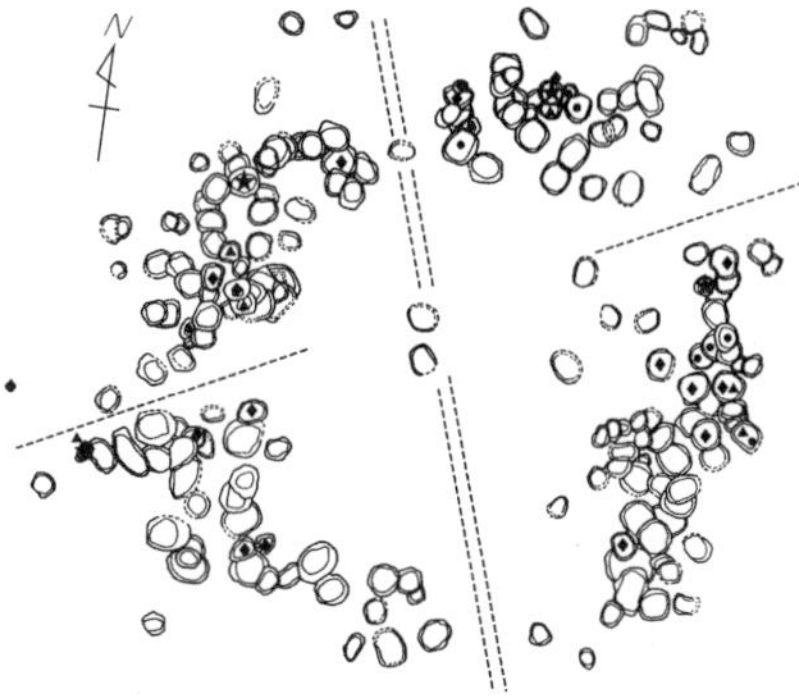

東京都多摩ニュータウンNo.107遺跡

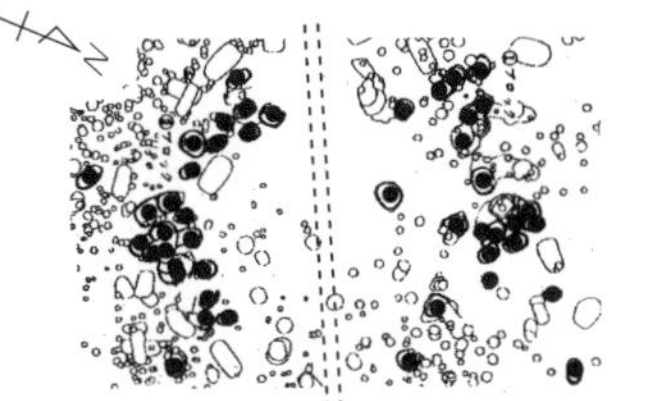

神奈川県三の丸遺跡

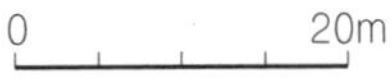

中期環状集落の集団墓にみられる分節構造

はクランのような単系出自集団を推定させるものである。二派の分節リネージやクランが居住区や墓域を二分していると解釈することにより、二大群の存在やその数量的な不均衡、大群内部の入れ子状の小群などの諸現象を合理的に説明できる。もっとも普遍的な二大群の構造は、双分制社会の集落にみられる直径的構造(C・レヴィ=ストロースによる)ときわめてよく似ており、二つの半族による区分であった可能性が濃厚である。

社会人類学者のE・R・サーヴィスは、国家形成以前の社会進化の過程をバンド社会—部族社会—首長制社会の三段階に区分する有名な仮説を提唱している。サーヴィスが重視したのは、人口密度の増大・社会規模の拡大・集団数の増大・集団機能の特殊化などによって次第にその度を深める「社会の複雑性」であった。人口密度が高まり、社会が大きく複雑なものになるにつれて、社会統合の原理・規則・制度・組織の諸形態にも適応的な変化が起るという社会進化の考え方は、縄文社会の変化を考える際にも有効である。

集団墓の造営を核に環状集落が出現、発達したことは、祖先や系譜の観念をアイデンティティーとする出自集団の出現を意味する。また中期に墓群の分節構造が顕在化したことは、系譜や出自の区分が厳格なものとなり、自他の区別意識が強まって社会内部の分節化が一層進行した状態を表す現象と考えられる。社会構造上のこうした変化も、前期に始まり中期に極限的に高まった縄文時代の人口動態を想起すれば、必然性のある動きであったといえる。海進期を境に人口密度が次第に高まるなかで、集団領域をはじめ地域全体の社会秩序を維持するには、複雑化する社会を統合しうる確固とした組織原理が必要だったのではなかろうか。遺跡分布密度が特に高い中部・関東・東北地方で環状集落が発達した理由も、そのように理解すべきであろう。サーヴィスの説に当てはめれば、環状集落の発達とは、縄文社会が低人口で移動性をもつバンド社会の段階を脱し、より複雑で大きな社会を統制しうる出自原理をもった「分節的な部族社会」へと進化したことを意味するものと考えられる。

環状集落のその後の歴史にも、縄文社会のさらなる変化が映し出されている。中期の環状墓群のなかには、全体を直径的に区分する分節構造だけでなく、内帯と外帯を区別した例がある(岩手県西田遺跡、長野県居平《いだいら》遺跡など)。環状集落の中央に造られた墓群は、集落の全員を埋葬した共同墓地にしては墓の数が限定的であることから、おそらく出自集団の祖先たちと認知され大切に扱われた者だけが埋葬される特別な墓地であったと考えられるが、中心のなかの中心ともいえる内帯の位置づけを与えられた少数の墓の主は、祖先たちのなかにも特別な存在として敬われた者が実在したことを示唆している。平等社会の原則をも崩しかねない問題であり、少数の事例とはいえ、その社会的意味は軽視できない。

また、中期に造営された集団墓の上部を覆って、聖域を区画するかのように環状列石を構築した例が知られている(神奈川県川尻中村遺跡、静岡県白岩遺跡など)。環状列石の発生形態を示す事例として注目される。過去の祖先たちが埋葬された墓域の上に石造記念物を後から構築するこうした遺跡形成のあり方は、後期の秋田県大湯環状列石や東京都田端環状積石遺構、群馬県天神原遺跡などにも共通し、祖先たちへの記憶と集団の故地を永続させようとする行為のように思える。環状墓群に埋葬された祖先たちは、同族集団にとっていわばみずからの存在の根源であり、それゆえに社会の中心的存在として意識され崇拝や祭祀の対象になっていったのではなかろうか。

こうした動きは、後期・晩期にさらに著しく拡充し、大規模な環状列石の築造だけでなく、墓や墓域を覆う配石行為や墓域での儀礼的行為が広く一般化していった。多大な労働力を投下して墓域に荘厳な聖的空間を作り出し、そこを舞台に祖先に対する集団的祭儀を継続的に催行する行為は、それ自体が同族集団のアイデンティティーを強化することにつながったにちがいない。大がかりな墓域の造営が各地に急速に広まったのは、それが集団の存在と力を顕示する意味をもち、威信・面目をかけた社会的行為であったからであろう。こうした動きの深まりとともに中期的様相の環状集落が姿を消した事実は、それまでの等質平等な分節的出自集団の社会関係のバランスが崩れ、社会内部の一層の差別化と複雑化が助長された結果であったと推測されるのである。祖先祭祀の発達は首長制社会の顕著な特徴として知られており、この問題は縄文社会の階層化にも密接に関わる重要な意味を含んでいると考えなければならない。

(谷口　康浩)

参考文献　谷口康浩『環状集落と縄文社会構造』(二〇〇五、学生社)

抜歯習俗からみた社会集団

儀礼的抜歯風習は、何らかの儀礼に伴い健康な歯牙を企画的に抜き取る風習である。古くは五〜六千年前の古人骨から近・現代に至るまで、世界各地で見られる行為である。民族誌をみると、抜歯風習は成人・婚姻・服喪やその他の社会的地位へ加わる際の加入礼などさまざまな儀礼の場面で使用されている。このような儀礼は親族集団などさまざまな社会集団単位で行われることから、儀礼の際には関連する諸社会集団の存在が浮かび上がってくる。したがって、古人骨にみられる抜歯風習に関しても、施行儀礼を復元し、葬送行為や性別などのさまざまな現象との関係を明らかにすることにより、存在したであろう社会集団の復元を行うことが可能である。研究の初期においては形質人類学者や歯科学者により民俗誌学的研究が行われその存在が認められるようになる。その後抜歯の鑑別・施行年齢の推定といった人骨そのものから得られる情報を分析した形質人類学的研究や異なる時期・地域の抜歯風習を関係づける系統論・抜歯を行う施行儀礼の推定といった考古学的研究が行われるようになる。特に、先史時代の古人骨に抜歯風習の痕跡が多く見られる日本においては、一九七〇年代以降抜歯風習から婚後居住規定や親族関係を復元するという研究が行われるようになり、社会集団の復元や先史社会の変容との関連が議論される。日本列島においては、確実な例としては縄文時代前期以降の人骨に抜歯風習の痕跡が認められ、その後弥生時代・古墳時代を通じて連綿と続けられる。ここでは縄文時代を中心に、関連する弥生時代の抜歯風習にも補足的に言及しながら抜歯習俗から見た社会について記述する。

まず、日本列島先史時代の抜歯風習の系統に関しては、渡辺誠、春成秀爾、中橋孝博、Han and Nakahashi、木下尚子などによるほとんどの研究において縄文あるいは弥生時代の抜歯風習が少なからず中国大陸の風習の影響を受けたとされており、南西諸島に関しては、金関丈夫、永井昌文、池畑耕一、峰和治により別個にその系統に関しての議論が行われている。ただし、これらの研究に関しては、㈠時間が大きく隔たっている集団を系統付けしている、㈡資料的な制約から抜歯歯種のみの比較にとどまっている、㈢抜歯歯種・施行年齢が検討されていても抜歯型式の使われ方が検討されていないという問題点が挙げられる。縄文時代の本州・九州に関しては、その出現以降後期中葉を境に抜歯歯種・施行年齢が徐々に変化しており、現時点では列島外からの影響を示唆する積極的証拠はない。列島外の抜歯風習の影響が考えられるのは後述する弥生時代中期以降である。

抜歯風習の一側面として通過儀礼がある。民族誌学的事例との比較検討を行うことにより、古人骨に見られる抜歯風習もその施行年齢・頻度から施行儀礼を推定することが可能である。通過儀礼に関する議論はそれほど多くなく、抜歯施行率の高い縄文時代晩期を中心に議論が行われてきた。縄文晩期の抜歯に関しては、長谷部言人をはじめとする形質人類学者により思春期という施行年齢が示され、民族事例との対比から集団の一員であると認められるための儀礼である成人儀礼の可能性が研究当初から指摘されてきた。その中でも、小金井良精は抜歯が十代と二十歳以降の二段階の施行である可能性を指摘し、これを発展させる形で春成の抜歯儀礼論が展開され、アジア地域における民族事例を参照した上で、上下顎抜歯の相対的な施行順序の推測から、抜歯風習を三段階の施行儀礼(成人・婚姻・服喪)によるものであると指摘し、この論を縄文時代中期・後期の抜歯施行儀礼にもあてはめている。この抜歯儀礼論が再考されることは長らくなかったが、一九九〇年代以降形質人類学的手法を用いた抜歯施行年齢の推定結果に基づき再び議論が行われるようになる。まず、形質人類学的立場から藤田尚により抜歯施行率の加齢変化に基づき既存の抜歯儀礼論の再検討が行われるが、既存の儀礼論を部分的には否定しつつも、抜歯施行年齢と抜歯施行儀礼を結びつける際の論的根拠が示されておらず、基本的には春成の三段階抜歯儀礼論を踏襲するという結果に終っている。一方で、舟橋京子は抜歯施行年齢の推定(一)十一二十歳の範囲・平均十三―十六歳、(二)二十歳以降)・抜歯と妊娠痕の関係の検討を行い、民族事例との対比を行なっている。その結果、成人儀礼に伴う抜歯と二十歳以降の社会的地位獲得のための抜歯が見られた。この晩期の抜歯風習のうち、成人儀礼に関しては西日本では少なくとも弥生時代前期までは継続して行われている。北部九州・西北九州では中期以降になると成人儀礼としての抜歯風習が姿を消すが、近接する響灘沿岸地域では様相が異なり山口県土井ヶ浜遺跡集団などで抜歯歯種は変容するものの中期にも成人儀礼として抜歯風習が行われている。

一方で、二十歳以降の抜歯風習については成人抜歯とはその消長が異なる。抜歯歯種は異なるものの、二十歳以降を中心とした抜歯風習は縄文時代前期以来連綿と見られる。前期という部族社会への移行時期に抜歯風習が出現する点、施行年齢とあわせて施行率が低い点から、何らかの社会的地位獲得のための抜歯風習であると推定されるが、特定の考古学的現象(副葬品、頭位、埋葬位置など)との相関が見られないことから社会的地位の具体像は不明である。加えて、この抜歯風習が縄文時代を通じて同じ社会的地位への加入礼に伴うものであった保証はない。このような二十歳以降の抜歯風習は古墳時代まで連綿と見られる。ただし、弥生時代中期以降に見られる二十歳以降の抜歯風習に関しては縄文晩期の抜歯風習をそのまま継承している訳ではない。弥生時代の中期以降の二十歳以降の抜歯風習に関しては上下顎切歯を中心とした一～二本の歯牙を抜歯するものである。これは連綿と古墳時代まで続いており、古墳時代の抜歯風習に関しては土肥直美・田中良之により家長権継承儀礼における服喪儀礼に伴うものであったと指摘されている。加えて、弥生・古墳時代併行期の韓半島に同様な施行年齢・施行率・抜歯歯種の服喪抜歯風習が認められる。したがって、弥生中期以降の二十歳以上の抜歯風習に関しては西日本各地域において韓半島からの抜歯風習の影響を大なり小なり受けつつ、社会の複雑化の進展とともに服喪抜歯が採用されたと考えられる。

抜歯風習のもう一つの特徴として、抜く歯種の組み合わせの違い、すなわち抜歯型式がある。ここでは、抜歯型式論の中心となった縄文時代晩期の研究を中心に紹介する。研究開始期には、長谷部ら形質人類学者により抜歯型式と性別の相関が指摘され、施術者の性別との相関が推測されていた。これは金関丈夫により、弥生時代の長崎県根獅子《ねじこ》遺跡出土人骨に見られる抜歯風習においても同様な指摘がなされている。その後抜歯事例の増加に伴い考古学者により抜歯型式と社会集団の対応が考古学的議論の中心になってくる。まず、春成が抜歯型式を婚姻時によその氏族からの婚入者を区別するために行なった氏族表示抜歯であるとし、その後婚姻時によその集落から婚入した人物を区別するための機能を持たせた集落出自表示抜歯であると自説を変更し、この論を縄文時代中期の上顎側切歯の左右差の説明にまでさかのぼらせている。これに対し民族学・社会人類学的な観点から、佐々木高明や田中良之により集落は出自集団(共通の子孫たちから構成されたものとして人々自身が理解している集団)ではないとの指摘がなされ、一方で抜歯型式が半族(双分制により二分されたそれぞれの集団で、もっとも顕著な形は外婚の単位となる場合)や胞族(ある共通の目的のために統合された二つないしはそれ以上の氏族からなる集団)と対応する可能性を指摘する意見も見られるようになる。その後、研究の進展により通過儀礼の推定から抜歯型式を形成する抜歯の契機が成人儀礼であるとの研究結果が出され、儀礼の復元および墓地分析・抜歯と性別との相関から、狭型・広型という大別抜歯型式がソダリティー(非居住集団、すなわち居住集団を横断し統合することにより機能を持つ疑似集団のことで、親族集団を含み込む親族ソダリティーとこれを横断する非親族ソダリティーがある)に対応するとされている。縄文晩期西日本および弥生前期の本州・九州で見られる大別抜歯型式に関しては性別と相関することからジェンダーを区分軸とする非親族ソダリティーに対応し、縄文晩期東海以東に関しては墓域において血縁者を多く含み込む埋葬小群と対応することから半族に対応する可能性が指摘されている。近年、窒素・炭素およびストロンチウム安定同位体比の分析結果から、愛知県稲荷山貝塚(晩期)に関しては抜歯型式が優劣の差がある生業集団(狩猟系・漁労系)と対応しており、同県吉胡《よしご》貝塚(晩期)に関しては抜歯型式が出自集団に対応するとの指摘がなされている。生業集団説に関しては㈠食性分析結果つまりは摂取していた食べ物の大まかな傾向を生業集団に直結させることの妥当性、㈡アフリカやアイヌの狩猟採集民の民族誌を縄文時代に援用することの妥当性などの問題点があり、出自集団説に関しては、これ以前すでに田中により抜歯型式は当該期のような部族社会の出自集団とするには数が少ないとされているなど検討の余地が残される。

抜歯風習から先史社会全体への言及も行われている。縄文時代の抜歯風習に関しては、坪井清足が抜歯の施行率が高くなる後期を停滞的社会であると位置づけ、停滞した社会を律するための社会構成員へのタブーが高施行頻度の抜歯であったとする

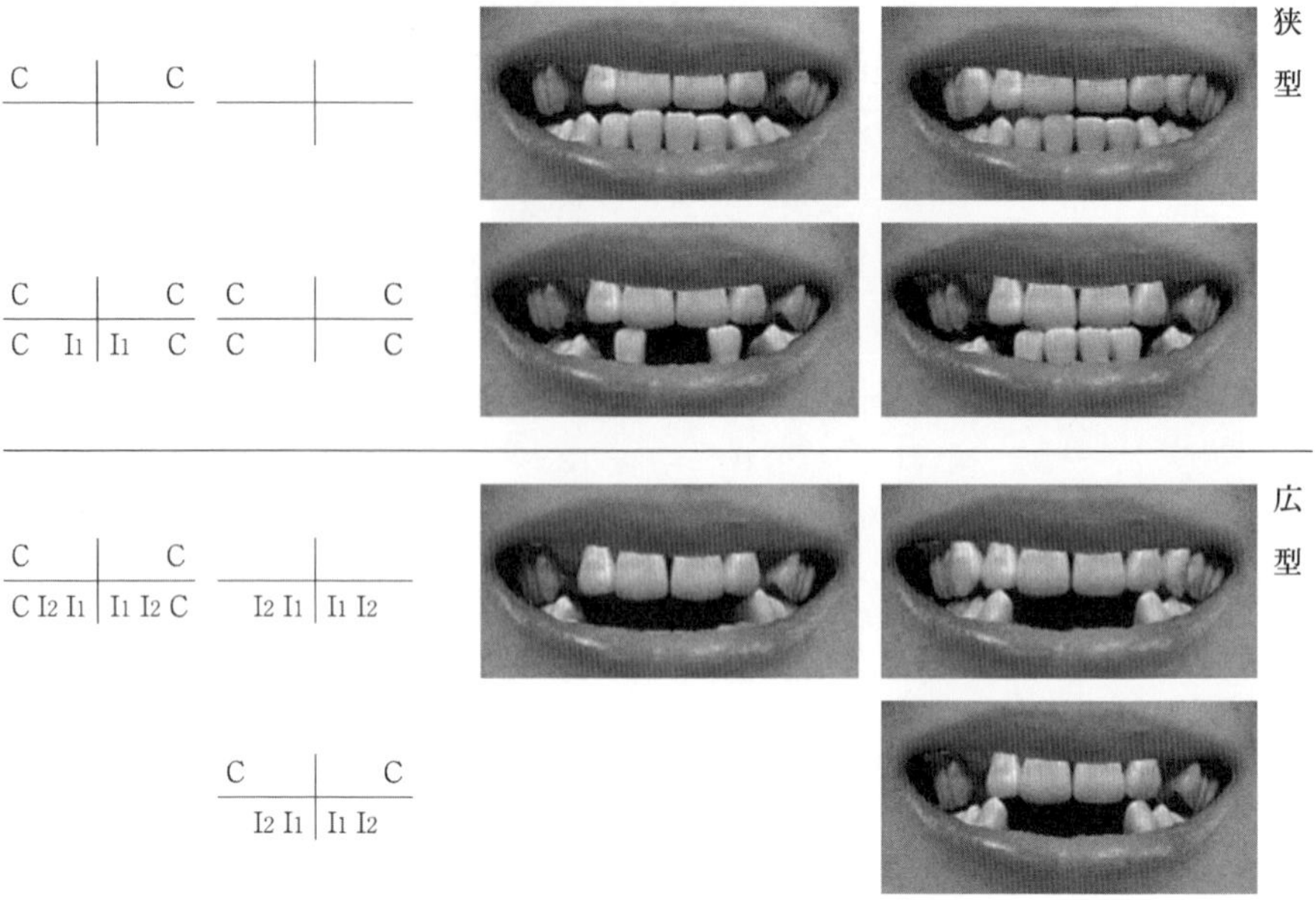

縄文時代晩期にみられる抜歯習俗の代表例　㊨復元図
㊧抜歯歯牙の歯式（C　犬歯，I_1　中切歯，I_2　側切歯）

見解を示している。渡辺誠は晩期の列島東西における抜歯歯種の違いを、「共同体」の成人儀礼に対する観念の差と解釈し「共同体の発展段階」の地域差に結びつけている。これに対し、春成は晩期の抜歯を婚姻抜歯であるとした上で型式の性的な偏りを婚後居住規定の地域差と説明している。舟橋は縄文後期以降の広域に情報・モノ・人が移動する社会において、情報伝達を可能にした部族組織の一端が抜歯風習に現れているソダリティーであったとしている。縄文晩期以来の抜歯風習を継承していた弥生社会に関しては、北部九州では中期以降服喪抜歯に繋がる抜歯風習が主流になっているのに対し、土井ヶ浜集団では中期に入っても成人抜歯を行なったり抜歯型式が社会的意味を有するなど抜歯風習の変容過程に地域差が見られる。このような抜歯風習変容の地域差は各地域社会の複雑化に伴う部族社会組織の変容と関連している可能性が考えられる。

みてきたように、抜歯習俗からは研究当初議論されていた婚後居住形態や親族関係復元は行うことはできないが、抜歯風習の施行儀礼・抜歯型式の意味を復元しその時間的・空間的変容を明らかにすることにより、社会と儀礼の関係について明らかにすることができるといえよう。なお、ここで挙げていない北海道や南西諸島に関しては資料条件から不明な点が多い。

[参考文献]　田中良之「墓地から見た親族・家族」（佐原真・都出比呂志編『女と男、家と村』所収、二〇〇〇、小学館）、春成秀爾『儀礼と習俗の考古学』（二〇〇七、塙書房）、舟橋京子『抜歯風習と社会集団』（二〇一〇、すいれん舎）

（舟橋　京子）

複葬からみた社会

　遺体を埋葬するかさらして骨にしたのち、それを再び埋葬する葬法を、民族学・民俗学では一般的に複葬という。考古学的な事象のなかに同じような葬法が認められる場合があるが、民族学・民俗学と同じ方法によってそのシステムや意味を理解できるとは限らないので、再葬という別の名で呼ぶ場合が多い。複葬の考古学的な現象形態を再葬とすれば、複葬という上位概念に再葬は包括されるとみなすこともできる。

　縄文時代の再葬では、骨を集めて再葬する集骨葬が一般的である。最古の集骨は、縄文早期中葉の大分県玖珠郡九重町二日市洞穴や同県杵築市河原田洞穴の埋葬例、あるいは愛媛県上浮穴郡久万高原町上黒岩岩陰の例が知られているが偶発的であり、単なる改葬、すなわち洞穴という限られた空間のなかで埋葬を行なっていったときに先に埋葬されていた遺骨にあたり、それらを集めた再埋葬と区別しづらい。縄文前期の長野県諏訪郡原村阿《あ》久《きゅう》遺跡からは多数の集石土坑が検出され、再葬墓だとされており、立石を中心として同族意識を高めた祖先祭祀の役割を再葬墓が演じていたと考えられているが、集石土坑から人骨が出土していないので決め手を欠く。

　普遍化した形態をとり、一定の地域にひろがることから明確に制度化した再葬だといえる集骨葬は、縄文中期終末から後期前半と晩期に認められる。前者は房総半島を中心にみられる多人数集骨葬と、東北地方北部にみられる土器を蔵骨器に用いた土器再葬であり、後者は三河地方の渥美半島の貝塚にみられる盤状集骨葬や中部高地地方を中心とした焼人骨葬などである。

　縄文中期終末から後期前半の房総半島における多人数集骨葬は、直径一〜二メートルほどの円形ないし楕円形の土坑の中に四〜五体以上の骨を配置したもので、千葉県域・茨城県域から六遺跡九例検出されている。なかには数十体、まれには茨城県取手市中妻貝塚A土壙のように百体以上に及ぶ多人数集骨もある。これらには、頭骨を土坑の壁に近い箇所に配置し、手足の長骨を束ねて置いた例がしばしば認められる。千葉県市川市権現原貝塚P六五、同県市原市根田祇園原貝塚B二一‐四三区第二例などのように、土坑の中や縁に柱穴が検出されていることからすれば、これら多人数集骨墓には目印として柱ないしは屋根が存在していたのであろう。千葉市誉田《ほんだ》高田貝塚第V発掘区七T人骨群のように、竪穴住居に近似した土坑に三十数体を埋置した例もある。

　中妻貝塚A土壙の人骨のミトコンドリアDNA分析が示す、血縁関係の強いいくつかの集団の集骨という分析結果は、多人数集骨葬には生前の血縁関係を再構築する意味があった可能性を考えさせる。さらに、権現原貝塚P六五の埋葬人骨十八体を分析した研究では、人骨があらゆる性と年齢からなっているので、集落構成員全体を一ヵ所に再葬したものであるとされる。この人骨群は、歯に現れた遺伝的特徴によって二群に大別できることから、ムラを建設した二つの集団が排他的な関係性を撤廃するために合葬したことが再葬の目的であるという見解も提示されている。関東地方の縄文中期から後期という時期は、集落の再編成にあたる時期であり、後期前半に多人数集骨葬が集中し、それらが集落の入り口や中央に設けられる場合があることから、多人数集骨墓は異なる集団が祖先の遺骨を持ち寄って築いたモニュメント的な機能をもっていたという見方も提示されている。

多人数集骨葬が発達した地域には、その直前の縄文中期中葉から後半に廃屋墓が知られている。これは、竪穴住居の床面や覆土に人骨を遺棄あるいは埋葬したものであり、一棟の竪穴住居に数体の人骨が埋葬されている。死者が出るとその住居を廃棄し、別の住居へと移り住み、かつての住人が死ぬごとにその竪穴へと安置あるいは埋葬したのであろう。時期的にも地域的にみても、あるいは多人数集骨葬の土坑に竪穴住居を模した例があることからも、廃屋葬から多人数集骨葬へ変化した流れを考えさせる。根田祇園原貝塚第一例のような、竪穴住居の形態をした土坑に置き去り状態で数体の人骨がみられ、それらの一部に動かされた痕跡があるものなどが、廃屋墓から多人数集骨墓へ変化する中間的存在と考えられている。

廃屋墓のメンバーが竪穴住居に住んでいた血縁関係を基軸にした集団であり、多人数集骨墓が廃屋墓の発展的形態であるとすれば、この段階の多人数集骨葬は血縁関係を基盤としながらも世帯の絆も併せもった合葬であり、権現原貝塚P六五例の人骨群の構成はその関係性をよく反映しているといえるであろう。

縄文中期末から後期前半の東北地方における土器再葬は、再葬土器棺墓と呼ばれている。土器の多くは頸のすぼまった広口壺というべき形態のもので、専用の蔵骨器としてつくられたものかもしれない。青森県域を中心に四十九遺跡例が知られ、その中の十四遺跡例に人骨が伴っていた。一つの土器に一体分の骨を納めるのを原則としているが、青森県三戸郡五戸町薬師前遺跡のように一つの土坑に三個の土器を納めたものもあるので、多人数集骨と同じく合葬の意図がうかがえる。この例では、三つのうち二つの土器のそれぞれに一体分の壮年男女の骨が納められていた。これらの土器は、いずれも倒立して埋置されている。

青森県平川市堀合Ⅲ号遺跡では石を組んだ石棺墓が出土し、その中には成人の散乱骨が存在していた。これが一次葬の場で、骨化したのち遺骨を取り上げ、堀合Ⅰ号やⅡ号遺跡から出土したような土器にそれを納めて再葬した、システム化した再葬制の存在を指摘する見解もある。そうであれば石組は石棺と呼ぶべきではないだろうが、棺として機能していた可能性もあるので、まだ不明な部分も残されている。

この土器再葬は、埼玉県入間市坂東山遺跡などに伝播した。ここでは縄文後期初頭の称名寺Ⅱ式土器が倒立で土坑に埋置され、その中に熟年男性の骨一体分が積み上げられていた。群馬県利根郡みなかみ町深沢遺跡の石棺墓は、中から焼けた人骨が出土した。後期中葉に、関東地方に石棺墓が広がりをみせるが、

埼玉県坂東山遺跡の人骨出土状態(埼玉県教育委員会提供)

あるいは東北地方北部の再葬墓が波及した可能性を考えてみる必要があろう。

多人数集骨葬は、縄文後期後半に広島県庄原市帝釈峡寄倉岩陰第一号、第二号埋葬人骨群や福島県相馬郡新地町三貫地貝塚番外A・番外B人骨群、縄文晩期前半に愛知県田原市伊川津貝塚六号人骨群に認められるが、房総半島の後期前半の例との間に直接つながりがあるのか否か不明である。後期中葉は多人数集骨葬に限らず再葬自体が衰退する時期であり、時間的断絶からすれば、後期後半に多人数集骨葬が復活するとみたほうがよいだろう。

三貫地貝塚例は、十数体の多人数集骨を中心としてその周辺をいくつかの単葬や少人数集骨葬が取り巻いており、埋葬の中核施設としてモニュメント的な機能をもっていたことが推測できる。伊川津貝塚六号例は十三体の再葬であり、性別がわかるのは男性二体と女性八体というように女性が圧倒的に多く、抜歯は八体が2C型という著しいかたよりをみせている。歯冠計測の結果、この再葬人骨群の遺伝的なつながりの強さが浮き彫りにされた。

縄文晩期の渥美半島には、盤状集骨という特殊な集骨葬が六遺跡十例認められる。これは長骨を井桁に組み、その中などに他の骨を集積するので盤状集積と呼ばれているが、この用語では何を集積したものか不明なので、盤状集骨と呼んだ方がわかりやすい。盤状集骨は、墓地改修に伴って偶然出土した人骨をこのように配列したものだという意見もあったが、井桁の四隅

愛知県保美貝塚の集骨

に頭骨を割って配置する例が複数あるなど規則性も認められることに加え、人骨の抜歯が2C型にかたよるなど偶然の結果の改葬とは考えがたく、意図的な再葬との見方が一般的である。ただ、何のためにこのような配置形態をとるのかについては、異常な死に対する措置といった見方もあるが判然としない。

このように縄文後期後半から晩期の集骨のあり方は、後期前半のモニュメント的機能を維持している。その一方で、伊川津貝塚六号例や盤状集骨の合葬例のように、2C型の抜歯にかたよりそれらに血縁関係が強くうかがえることからすれば、三河地方では世帯の絆から血縁的な絆を重視する方向へと再葬のメンバーシップが変貌している新たな動きも認めることができ、それはこの地方の縄文晩期の合葬が夫婦の合葬を禁忌する傾向を示すに至ったことと整合性をもつ。

これまで述べてきた集骨葬は、基本的には骨を焼いていないが、縄文時代には人骨を焼く焼人骨葬が認められる。これは遺体ではなく遺骨を焼いたものが大半であり、石組遺構に納めた例もあるので、再葬の一類型といえる。焼人骨葬が普及するのは縄文中期以降であり、特に後期後半から晩期に顕著になる。

焼人骨葬は、晩期になると長野県域を中心として新潟県域から愛知県域、奈良県域、大阪府域にまで及び、十五遺跡以上から報告されている。長野県飯田市中村中平遺跡のように数十体もの焼人骨が土坑に納められた例や、新潟県糸魚川市寺地遺跡のように配石遺構の中央の施設に十数体の焼人骨が納められた例があるので、モニュメント的な合葬例といってよい。焼人骨葬は、長野県茅野市御社宮司遺跡F七号土坑や同県木曽郡木曽町マツバリ遺跡のように晩期終末まで認めることができる。

縄文晩期には、土器に成人の骨を納めた土器再葬もある。愛知県刈谷市本刈谷貝塚や滋賀県大津市滋賀里遺跡一七二号土坑に知られている。これらは縄文後期前半の東北地方北部の土器再葬から導くことはできないので、独自に新たに生じたものであろう。長野市宮崎遺跡三号埋甕は縄文晩期終末の例であり、成人の下顎骨だけが土器の下に埋置されていた。

縄文晩期の最終末から弥生時代中期まで、南東北地方から関東地方を中心に壺を蔵骨器に多用した土器再葬が普及する。この葬墓制には、モニュメント的性格を帯びた合葬としての多人数の再葬、部分骨を土器に納め、残りを焼く焼人骨葬と組み合わさったシステム化した葬制という特徴がある。これらの三つの要素はいずれも縄文時代晩期の再葬に認められるのであり、弥生再葬墓は縄文晩期の再葬を母体としているのは明らかである。

縄文時代の再葬は、焼人骨葬が前期の終末から中期初頭に出現し、多人数集骨と土器再葬が中期末から後期前半に現れ、焼人骨葬が後期終末から晩期に普及して弥生再葬墓へと引き継がれた。この三つの再葬は、いずれも縄文時代の各時期の境界で生じた現象である。三つの時期に共通するのは、集落や竪穴住居が減少したり分散化する社会現象であり、花粉分析などによるといずれも寒冷化が進行した時期に相当することがわかっている。

縄文時代の再葬には、中期終末から後期前半に地域をこえて発達する現象と、後期中葉に断絶がありその前後で発達する現象が認められる。地域と時期を隔てた出現と展開という一見不可解な現象は、寒冷化という社会全体を繰り返して覆う共通の因子を背景にしたときに、はじめて合理的に理解することができる。

そこには血縁などを基軸とした集団結合の再確認の意味があり、累世的に再葬墓が築かれ、その中心をなす多人数集骨墓や焼人骨を集めた墓にはモニュメントとしての機能があると推定されてきた。縄文時代の再葬墓には、寒冷化などに伴う人口の減少や分散化に伴う血縁紐帯の弛緩といった社会変動に対処するための祖先祭祀の中核施設としての役割がうかがえ、それは弥生再葬墓にも引き継がれているのである。

[参考文献]　春成秀爾「埋葬の諸問題」(『伊川津貝塚』所収、一九八八、渥美町教育委員会)、渡辺新『縄文時代の人口構造』(『千葉県権現原貝塚の研究』一、一九九一)、設楽博己「縄文時代の再葬」(『国立歴史民俗博物館研究報告』四九、一九九三)、山田康弘「多数合葬例の意義」(『考古学研究』四二ノ二、一九九五)、葛西励『再葬土器棺墓の研究』(二〇〇二、「再葬土器棺墓の研究」刊行会)、春成秀爾「抜歯の意義」(『縄文社会論究』所収、二〇〇二、塙書房)

(設楽　博己)

土器棺墓

土器を埋葬棺として用いる習俗には、弥生時代の甕棺墓あるいは近世のカメを用いた埋葬などがある。以下では縄文時代の土器棺墓について述べる。

土器棺墓という場合、右の例からもわかるように土器を棺として埋葬に用いる墓のことを指す。縄文時代において棺として用いられる土器は、一般的に日常土器を二次的に転用したものである。日常土器を再利用することから、さまざまな器種の土器が棺として用いられる。深鉢形土器を棺として用いることが多いが、壺などを用いる場合もある。そのため壺棺あるいは甕棺といった語などが用いられてきた。

このように日常用土器を転用するため、内容物が不明な場合墓としての認定に困難を伴う。土器棺墓のほかに地中に日常土器を転用して埋置する現象として、埋甕や屋外に土器を埋設した土器埋設遺構などがある。これらの遺構の性格については諸説あるが、土器内部に本来納められていたであろう内容物がほとんどの場合残存せず、その用途や性格については不明な点が多い。

このように埋葬施設以外の目的で土器を地中に埋置した遺構を考慮すると、土器棺墓の認定には、土器の中から人骨が出土することが第一義的に重要となる。しかし、多くの場合本来土器棺として用いられているにもかかわらず、人骨が腐朽した結果土器内にその痕跡が認められないことも往々にしてあり、土器棺として認定できない事例も数多く生じる。そのため人骨などが土器内から出土せずその性格が不明なものについては、土器埋設遺構あるいは埋設土器などの用語を用いる場合も多い。逆に墓地遺跡などから出土する場合人骨が出土していないにもかかわらず土器棺墓という概念を用いる場合もみられる。以下では人骨が出土した事例により土器棺墓の特徴を概観する。

まず、被葬者の特徴をみておこう。これまで土器棺墓から検出されている人骨を通観すると、すでに指摘されているようにその多くは胎児や乳児(〇―一歳)の人骨である。それに対して少数例ではあるが幼児(一―六歳)の人骨や成人骨が認められる場合もある。これらについては土器の容量との関係、あるいは火葬骨が出土した事例がみられることなどから、再葬の際や火葬後に人骨あるいはその一部を土器に納めたものと考えられる。

次に土器棺墓の時間的・空間的分布の概略をみておく。土器を棺として用いた明らかな事例はこれまでの資料による限り北海道や東北地方の前期のものと考えられる。北海道南部渡島《おしま》半島八雲町コタン温泉遺跡や青森県上北郡東北町古屋敷貝塚や八戸市蟹沢遺跡など胎児から幼児を埋葬した事例が散見される。その後、中期には東北および関東地方で少数例がみられる。中期においても被葬者の年齢層の中心は胎児や乳児である。続く後期には関東地方や東北地方を中心に北海道においても少数例が認められる。数量的に多く認められる関東地方の被葬者の年齢をみると、中期までと同様に胎児から乳児の埋葬が主体であるが、幼児骨および成人骨の出土する事例も少数認められる。このように成人骨を土器棺に納める習俗は、東北地方北部に多くみられる。東北北部では後期前葉を中心に、成人の一次葬の後、ある程度骨化した段階で人骨を土器棺に収納し再度埋葬する再葬習俗が盛行するが、このような土器棺再葬墓がこの地域の後期の土器棺墓の多くを占めている。晩期に至ると、東日本で東北に多くみられるのに加え、西日本でもみられる。東海地方を中心に九州まで事例数こそ多くはないものの土器棺墓が認められる。被葬者の年齢層は胎児から乳児に加え、小児(六―十二歳)・小児から若年(十二―二十歳)や成年(二十―四十歳)を含む。

縄文時代後期の土器棺墓(千葉県下太田貝塚)

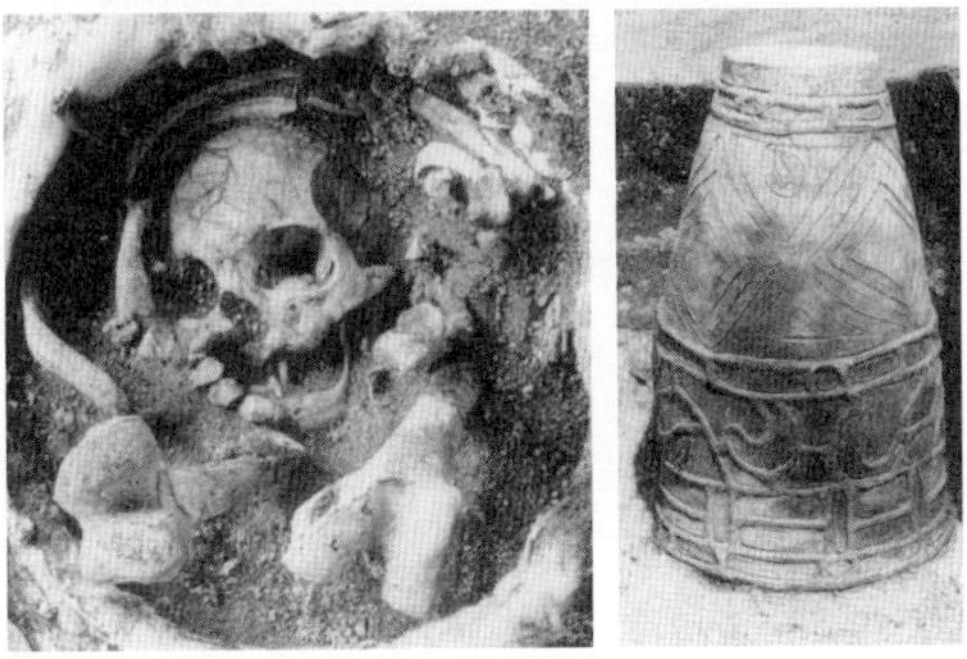

後期東北北部の土器棺再葬墓(青森県薬師前遺跡)

土器棺墓は当時の社会や葬送観念とどのような関わりをもつのだろうか。東北北部の土器棺再葬墓などをのぞくと、土器棺墓の多くは胎児や生後間もない乳児の埋葬を中心とする。このように土器を棺として用いる埋葬では被葬者が特定の年齢層に比較的限定されていることから、当時の社会成員の年齢によるカテゴリーの問題に少なからず関連していると考えることができる。しかしその一方で、胎児や乳児がすべて土器棺墓に埋葬されるわけではなく、他の成人などと同様に土坑墓に埋葬される場合もあるので、各地域・時期の様相を細かく把握した上でアプローチする必要がある。また、東北北部の後期に盛行をみる土器棺再葬墓などの葬送習俗は、これまで洗骨葬などの民俗事例を参照して検討されてきたが、人の物理的な死後どのような過程を経て最終的に社会的な死の認定がなされるのかという問題やそれに伴う儀礼の過程などの問題と関連しており、社会人類学・民俗学などの成果と比較研究を行う上で重要である。

参考文献　菊池実「甕棺葬」(加藤晋平・小林達雄・藤本強編『縄文人の精神文化』所収、一九八三、雄山閣)、葛西勵『再葬土器棺墓の研究』(二〇〇二)、雄山閣編集部編『葬墓制』(『シリーズ縄文集落の多様性』II、二〇一〇)

(石川　健)

配石墓・石棺墓

配石墓は、上部に墓標のごとき配石があり、下部に石棺状の組石をもつ土壙や単なる土壙を有するもの、あるいは上部に配石をもたなくとも、土壙内に立石などによる各種の施設を有するなど、石を使用して造られた墓の総称である。中でも墓壙内に石棺状の組石を有するものを石棺墓と呼称している。

配石墓は、東日本を中心とする広い範囲から検出されており、管見にふれただけでも遺跡数は八十三遺跡、配石墓数は千九百九基以上に及ぶ。これらは、東北、中部、関東地方に多く分布しているが、一部西日本にもみられる。このうち中部地方、関東地方のものは、敷石住居址などに代表される当該期の配石遺構の分布する範囲と一致している。この地域では同じ時期に居住・墓・祭祀などの各種の施設に石を配するものが多く出現するが、配石墓もこうした地域的・時代的な特色の一端を示すものと理解できる。また、配石墓は、一基のみが検出されることはまれであり、集落の墓域に相当する地区から群をなし集団墓地の様相を呈して検出されるのが一般的なあり方である。

時期は、まれに縄文時代早期のものもあるが、ほとんどは中期後葉から晩期までのものであり、中部・関東地方のものでは後期前半のものが多い。

配石墓上部の墓標状の配石は、文字通り石をさまざまに配置したものであり、個々の配石には多くのバラエティがある。これらには、平面的に配置するもののほかに細長い長方形の石を立てたものや、石棒などの石製品が含まれるものもある。通常これらの配石は、墓壙群の上面に群をなして構築されている。

下部の墓壙の形態は、模式図にあるように石棺状の組石をもつもの（1―4・8・10）、大形の石槨状の組石をもつもの（11）、土壙内の壁面に接して部分的に立石が配置されるもの（5―7）、土壙内の底面に石敷きの施されるもの（3・8・10・11）など土壙内になんらかのかたちで石が配置されるものなどが多い。また、側壁に木棺様施設の存在を推定させる溝を有するもの（9）、単なる土壙だけのもの、甕棺を伴うものなどもみられる。

配石墓中から人骨が検出された例は二十二遺跡にある。最も多く検出された中期後葉から後期前半の長野県北村遺跡では、全身骨格を留めるものが百十七基、百二十七体あり、二体以上の合葬が六例、二回以上にわたる重葬や集積葬が五例ある。さらに埋葬姿勢が明らかなものが百三十五体あり、屈葬百五例、伸展葬二例となる。また同じ長野県の晩期前葉の野口遺跡からは、大形の石槨状配石墓から約二十人分の人骨が検出された。

後期後葉から晩期前葉の新潟県元屋敷遺跡では、二基の配石墓から焼骨が検出されている。うち一基からは合計五七・八グラムの焼骨が出土しており、大半が人骨と鑑定されたが、ヒト以外の可能性が高い哺乳類の動物骨も数グラム存在するという。

青森県の後期の例では、改葬甕棺墓群に隣接して石棺状の配石墓群が発見されているものが多い。このことから、配石墓は

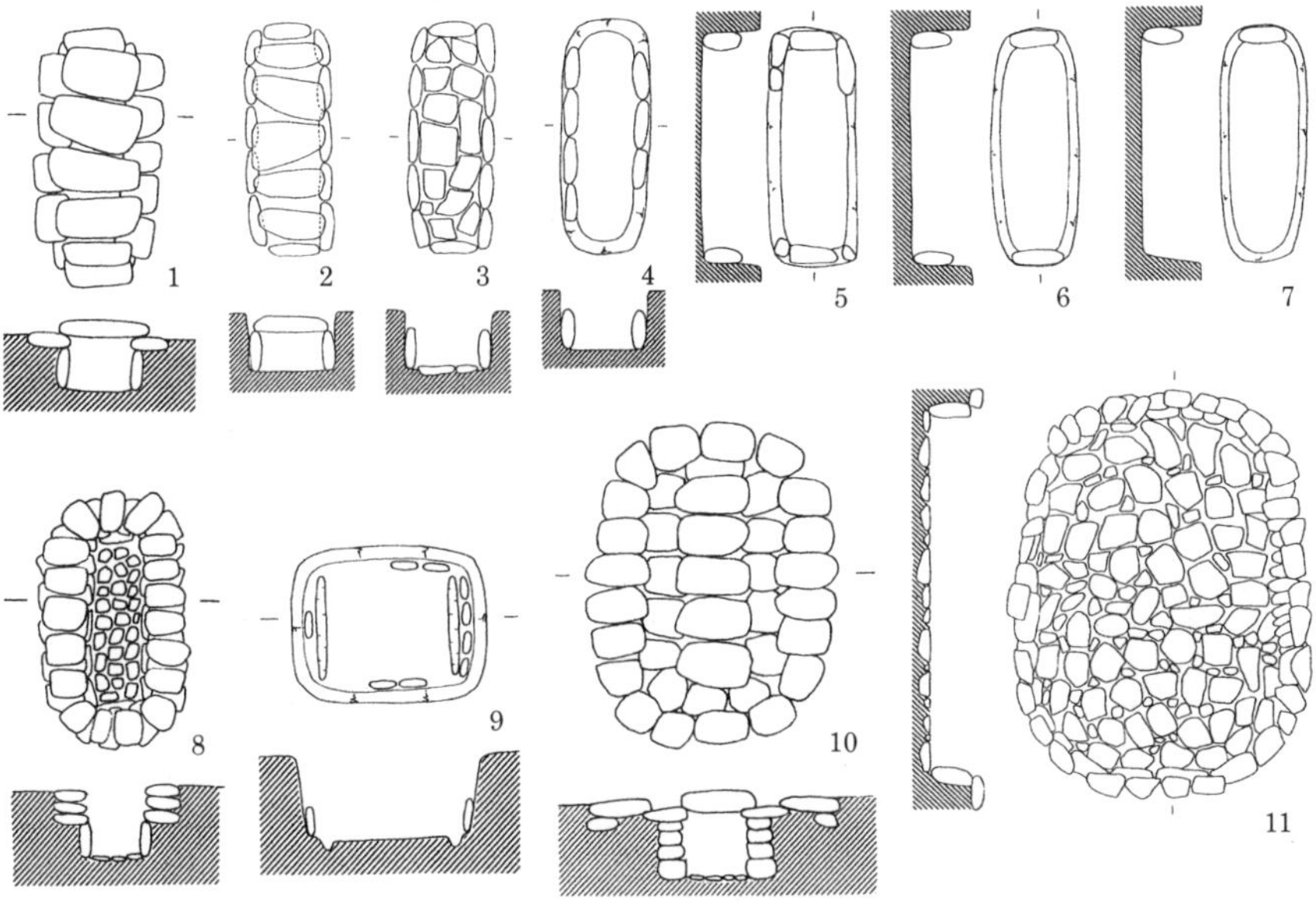

配石墓墓壙模式図

二次埋葬施設である甕棺用の一次埋葬施設という性格をもつものと、甕棺墓に再埋葬されない余剰人骨を改葬した性格をもつものとの二通りの性格があると考えられている。

このように人骨が出土した例では、一次埋葬用のものと二次埋葬施設と考えられるもの、さらに二次埋葬を前提とした一次埋葬施設と考えられるものがある。また、合葬や重葬さらに集積葬の例、あるいは焼骨を収納している例もある。また、葬法にかかわるものでは、甕被葬と考えられるものが四遺跡で二十二例、抱石葬の可能性があるものが六遺跡で二十二例ある。

遺物は、配石墓の墓壙内、墓壙上部の配石面あるいは墓域内から各種のものが出土している。墓壙内から出土した遺物は、副葬品ないし着装品と考えられるものであり、土器、土製品、装身具、石器、石製品などがある。また上部の配石面あるいは墓域内からもほぼ同様のものが出土しており、葬送儀礼にかかわる遺物と考えることもできる。

以上のように配石墓は、東日本を中心とする広い範囲に分布しており、その検出例も少なくない。さらに構築時期や葬法、出土遺物などを総合的に検討すると、地域的分布は配石遺構一般にみられるように粗密があるものの、特殊な墓制あるいは特別な人物の墓ということは考えにくく、中期後半から晩期に行われた普遍的な墓制の一つと考えることができる。

参考文献　鈴木保彦「続・配石墓の研究」(『神奈川考古』二二、一九八六)、同『縄文時代集落の研究』(二〇〇六、雄山閣)

(鈴木　保彦)

廃屋墓

大正十五年(一九二六)、千葉県市川市姥山貝塚のB9号住居跡の床面で五体の人骨が発見された。うち四体が折り重なる様は尋常ではなく、埋葬されずに放置されたものと長く信じられてきた。坂詰秀一はこれを廃屋墓の一種として分類した。

一九六〇―八〇年代の発掘件数の増加は、住居と埋葬の関係を考えさせる事例を増加させ、論考も増加していった。ところが、廃屋墓の内容が研究者によって異なり、人骨が住居跡の床面から発見される場合(床面葬)と、住居跡の覆土層から発見される場合(覆土葬)について、前者のみ・後者のみ・その両者を廃屋墓と呼ぶという混乱ぶりである。したがって、今日、誰もが同じ内容として認識する廃屋墓の定義は存在しない。

床面葬の場合、その住居は廃屋ではなく、葬った後に廃屋となったのである。一方、覆土葬の場合は、廃屋となってしばらくたってから埋葬したものである。この異なる埋葬法のどちらを廃屋墓と呼ぶべきかについて、意見がわかれているのである。確かに、廃屋を利用した墓こそ廃屋墓であるとする意見の方が理にかなっているけれども、住居を死者に明け渡して墓とし、廃屋としたという葬法に、縄文人の特別な思惟を見出すならば、こちらを特別に廃屋墓と呼ぶのが相応しいかもしれない。

廃屋を利用して墓としたものがあることに言及したのは、昭和九年(一九三四)の大場磐雄が最初であり、西村正衛も住居も埋葬と関係をもったものと考えざるをえないとした。これを踏まえ、環太平洋民族の葬制において使用されていた廃屋墓の概念を縄文時代の葬制に適用したのが坂詰秀一で、Ⅰ類は遺棄した竪穴住居址の床面上に死者を放置したもの、Ⅱ類は竪穴住居址の床面下に甕に入れて埋葬したもの、Ⅲ類は洞窟住居址に埋葬したもの、の三類に分類した。廃屋墓の定義はここに始まる。

このうち、Ⅱ類については渡辺誠が、Ⅱ・Ⅲ類については斎藤忠が、廃屋墓から除外すべきと表明するなど、全面的に受け入れられたわけではなかった。そして斎藤は、坂詰のⅠ類を拡大し、Ⅰは家屋を遺棄し、廃屋となってから、その廃屋を利用して床面上に遺骸を置くもの、Ⅱは廃屋となり、かなりの時間的な経過のあったのち、堆積した土砂に遺骸を置くもの、Ⅲは使用していた住居に死者が生じたとき、そのままにして墓場としたものという三つの異なる形態が考えられるとした。ただⅢは廃屋ではないことから廃屋墓の名前は相応しくないとし、全体を家屋墓という名称で呼びたいとしたのである。

この斎藤分類のうち、ⅠとⅢは区別が困難であり、これとⅡは明らかに異質である。住居床面と住居跡覆土層中の人骨の発見とは区別が必要であるにもかかわらず、全体を家屋墓という名称で呼んだがため、大方の賛同を得られなかったのである。

昭和四十年、渡辺は坂詰Ⅰ類として十二遺跡を挙げ、廃屋墓が埋葬法として確立したのは中期後半加曽利E式以降と考えてよく、下総台地西部がもっとも典型的に行われた地域であると

千葉県姥山貝塚Ｂ地点９号住居跡出土の５体の人骨

指摘した。少なくとも下総台地西部の貝塚地帯では、それまでの散発的な事例と違って、中期中葉も末になると、住居(跡)を埋葬地とすることが風習化する。勝坂文化の影響が色濃くなる段階である。人骨の発見場所は、大多数が住居床面か住居跡覆土層であるが、覆土の方が床面よりも数倍も多い。その違いは、原則として複数の同時死亡か否かにあった可能性が高いと思われるが、ともに居住に関係した親密の度合を重視したものであろう。これは後期前半まで続くが、後期前半に同地域で散開する土坑への合葬は、これが変化した葬法であったと考えられる。

姥山例が放置ではなく、意図的に姿勢を整えて葬られていたことが明らかとなった現在、類似例も再検討が必要である。大塚和義は、姥山例を埋めない埋葬として、家および生活用具もろとも遺骸を葬る行為がなされたとみているが、生活用具が伴った例は一つもない。残った者たちがその後も集落に居住を続けていたならば、死者と生者は同じ居住ゾーンに共存することになり、死者に対する恐怖感や穢れという観念は存在していないことになるが、居住の継続を証明することはむずかしい。

床面上の遺体が放置ではなく、姿勢を整えて葬られていたならば、唯一残っていた坂詰Ⅰ類も廃屋墓の定義から消えてしまう。住居床面に遺体の姿勢を整え、住居を墓としたものを廃屋墓と呼ぶのが、坂詰の意図に応える再定義であると思われる。

参考文献　坂詰秀一「日本石器時代墳墓の類型的研究」(『日本考古学研究』所収、一九六一、恭和印刷)、斎藤忠『墳墓』(『日本史小百科』四、一九七八、近藤出版社)

(堀越　正行)

埋甕

甕に限らず地面に穴を掘り据え置いた土器、あるいはその遺構をいう。一般的に「うめがめ」と読むが、「まいよう」とは読まない。中から人骨が出土した土器は土器棺として埋甕から除外されることが多いが、それを含めて埋設土器・土器埋設遺構という総称を用いる場合もある。甕ばかりが埋甕ではないということにこだわれば、埋設土器・土器埋設遺構の呼称は客観的で汎用性はあるが、呪術的な用途を想起させる雰囲気を伴った埋甕という名称が考古学的には定着している。

埋甕は遅くとも縄文時代中期中葉に出現するが、特に普及したのは縄文中期後半から後期前半である。弥生時代以降も土器を穴に埋める習慣はみられるが、埋甕という名称は一般的に縄文時代の事象に対して用いられ、弥生時代以降はあまり用いない。

遺跡の中で埋甕が埋置される場としては、住居の屋内と住居以外の屋外があり、それぞれ屋内埋甕、屋外埋甕と呼んでいる。埋甕の概念を屋内埋甕に限定して理解する立場もある。

屋内埋甕は縄文中期後半の中部高地、関東地方によくみられ、東北地方一円に広がる。この時期の敷石住居や柄鏡形住居の柄に相当する部分の付け根や先端、あるいは両方に埋置した場合もある。住居の壁に沿った箇所や入り口と思われる場所に埋置することもあり、一つの住居の複数の場所に埋置された例もある。竪穴住居の炉の中に土器を据えたものは埋甕炉と呼んでいるが、この場合は「まいようろ」と読む。

埋甕は完全な形の土器、あるいは一部を欠損した土器を埋めたものをさす場合が多く、底を故意に壊して打ち抜いたり、底面を穿孔した例がある。大半は器体が一周しており、破片を埋め置いたものは通常埋甕から除外される。時に蓋をしたり、同じような形と大きさの土器を合わせ口にして埋める場合がある。蓋には石のほかに鉢などの土器を用いた例や、土器の破片でました例もある。木などの有機物の蓋もあったであろう。

埋置の角度や方法に時期差や地域差がある。直立やわずかに傾けて埋置するのは東日本の縄文時代に多い。直立の場合、正位と逆位つまり倒立がある。正位直立の場合、もう一つ土器を入れ子状態にして埋置したものもある。それに対して西日本では縄文後期中から後半に四五度に近い斜位に埋置されたものが登場するが、多くは土器棺と考えられている。

屋内埋甕の用途として、食糧などの貯蔵施設であるとか住居の新築や改築の際の儀礼に伴うもの、あるいは小児用の埋葬施設であるといった説が提示されたが、具体的な内容物が伴った事例にもとづいた説ではない。小児埋葬例とされた千葉県松戸市殿平賀遺跡例は、住居内に掘り込まれた土坑に小児が埋葬され、割った土器がかぶせられたもので埋甕とは異なる。屋内埋甕から人骨が出土した例は滋賀県東近江市林・石田遺跡の事例

千葉県松戸市下水遺跡17号住居跡
埋甕1（松戸市教育委員会提供）

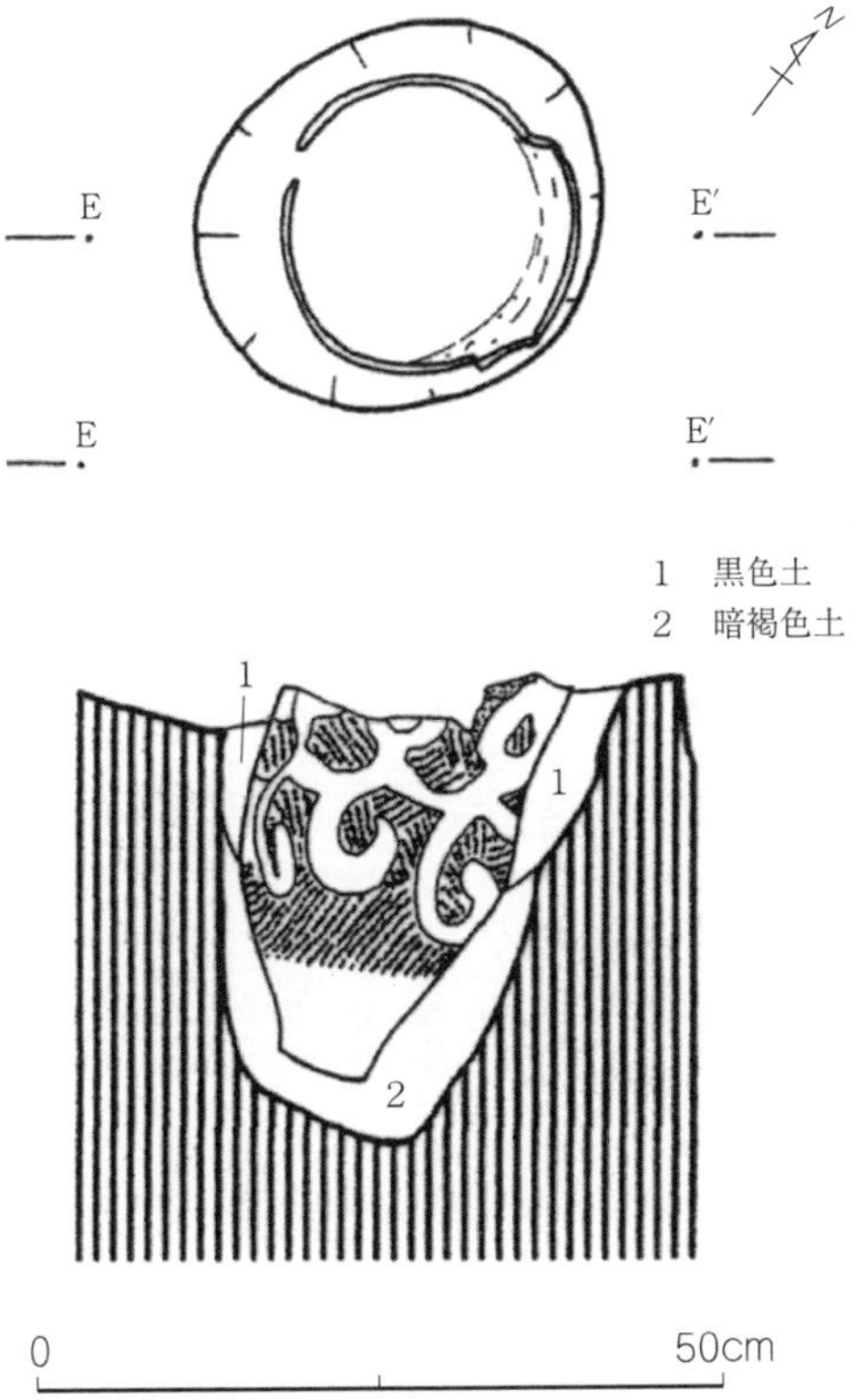

同実測図

などわずかであり、土器棺や蔵骨器とは異なる用途があったと考えざるを得ない。

住居壁際の特定の場所に埋置されている場合も多いことから、屋内埋甕には何らかの呪術的な役割が想定されてきた。柄鏡形住居跡での出土位置も、入り口付近などに集中しており、呪術的役割を埋甕に認める根拠の一つとされている。呪術の中身に具体的に踏み込んだ説もある。縄文時代の住居の入り口に埋められた埋甕は、民俗事例からの類推により胞《え》衣《な》を入れたとする見解がそれであり、ユニークな説であるが確証に欠ける。千葉県市川市権現原貝塚の竪穴住居の入り口に埋置された埋甕にイノシシの絵画が描かれていた例から、埋甕は豊穣にかかわる儀礼に用いられたと解釈するのが無難なところであろう。

参考文献　渡辺誠「埋甕考」（『信濃』二〇ノ四、一九六八）、水野正好「埋甕祭式の復原」（『同』三〇ノ四、一九七八）、木下忠『埋甕　古代の出産習俗』（『考古学選書』一八、一九八一、雄山閣出版）、桐原健「甕棺葬」（『縄文人の精神文化』所収、一九八三、雄山閣出版）

（設楽　博己）

北海道の周堤墓

円形に竪穴を掘り、その排土を周囲に盛り上げ(周堤)、竪穴内に一～二十基程度の墓壙が作られた北海道独特の墓制で、縄文時代後期後葉の堂林式期から御殿山式期にかけて構築された。当初、ストーンサークルの石の代わりに土を盛ったものと考えられ「環状土籬」と命名された。ほかに「環状周堤墓」「竪穴墓域」「竪穴墓地」と呼ぶ研究者もいる。

現在知られている周堤墓のなかで最も規模の大きい千歳市キウス周堤墓群第二号周堤墓は、外径七五メートル、内径三二メートル、竪穴から周堤頂部までの高さが五・四メートルもあり、現在でも地上にその形状をとどめる、縄文文化最大級の遺構である。

周堤墓は現在六十九基(存在が推測されるものを含めると七十三基)が確認されており、道央部・道北の内陸部・道東のオホーツク海沿岸に分布する。この内、八〇%以上の五十八基が苫小牧市・千歳市・恵庭市の石狩低地帯南部に集中している。

周堤墓の多くは河川に面した段丘上や丘陵裾の低地に立地しており、同時期の集落はより低地に営まれる傾向がある。また、二基一対となっているものが多く、千歳市キウス四遺跡・キウス周堤墓群のように存続期間が長くなる場合、二基一対が拡大再生産され、周堤墓のまとまりや盛土遺構も二分されている。

現在のところ、周堤墓の成立は堂林式古段階期のキウス周辺または石狩低地帯南部と推測される。当初は竪穴の径一〇メートル以下で掘り込みが浅く周堤も不明瞭で、墓壙数は一～三基程度であったが、次第に竪穴が大型化し、掘り込みも深く周堤も明瞭となり、墓壙数も増加する傾向がある。そして、キウス周堤墓群にみられるように、大型化がピークに達した段階で終焉した。

初現期の周堤墓は同時期の住居跡と平面形や規模・構造などが類似しており、住居をモデルとして構築されたと推測される。そして、墓壙数や子供の墓の存在から、モデルとなった一住居に住んでいた者(世帯)の墓地であったものが、次第に大型化し墓壙数が増え、二～三基程度で構成される埋葬区(世帯)が複数ある、複数世帯(ムラ・集落)の墓地となったと考えられる。

周堤墓の成立と変遷に伴い、墓壙の形状や副葬品などにもさまざまな変化が認められる。墓壙は深さ一メートル以上のものが多く、合葬がしばしばみられる。平面形は幅の狭い長円形(伸展葬)と楕円形(屈葬)の混在→長円形→楕円形と変遷し、次第に円形化する。地上標識は、初現期はないものが多く、木柱→石柱→積石へと変遷し、木柱・石柱の位置も平面形の円形化と連動し壙口内→外へと変化する。ベンガラも初現期はほとんどなく、次第に壙底部への散布例が増加し、三ッ谷式期以降では壙口部にも重複して散布されるようになる。

副葬品・供献品と考えられる壙口部の土器なども、初現期は周堤墓間で有無の差があるが、確認されないものが多い。堂林式後半期から石鏃などの剝片石器・石斧・石棒・ヒスイ玉などが副葬されるようになり、漆製品・供献品の土器もこの時期に

北海道キウス周堤墓群第１号周堤墓(北海道埋蔵文化財センター提供)

登場する。三ッ谷式期以降は二種類以上の副葬例が増え、剝片石器などのほかに礫石器・石斧原材・サメ歯や壙底部の土器が加わる。また、漆製品や供献品が増加し、ヒスイ玉は小型化し連をなす傾向がある。御殿山式期では新たに竪穴内から土偶が出土するようになる。

周堤墓が成立した後期後葉の堂林式期は寒冷化が指摘されており、集落も河川や湖沼に近い低地に営まれる傾向がある。また、キウス四遺跡では動物遺存体の分析からサケ科魚類の捕獲と消費・保存行為が集約的に行われていたとの指摘がある。

このことから、寒冷化に適応し河川漁撈を主な生業としていた集団により周堤墓が構築されたと考えられる。そして、河川漁撈や加工作業での協業、供献品の増加やキウス四遺跡盛土遺構の大量の焼土・遺物などからうかがわれる、埋葬儀礼を含む共同祭祀の執行が世帯や複数世帯間の紐帯意識を強め、この複数世帯よりも広い範囲での紐帯強化が区画の意味を失わせ、周堤墓の終焉へつながったと推測される。

なお、周堤墓は後期前葉の森町鷲ノ木遺跡の竪穴墓域や後期中葉の環状列石との関連が指摘されているが、構築時期だけでなく、分布や立地・居住域との関係も異なり、その成立と変遷からも、道央部で発生したきわめて北海道的な墓制と考えられる。

参考文献　林謙作『縄文社会の考古学』(二〇〇一、同成社)、藤原秀樹「北海道後期の周堤墓」(『死と弔い』所収、二〇〇七、同成社)

(藤原　秀樹)

東北地方の環状列石

東北地方の北部および渡島《おしま》半島南部では、縄文時代後期に大規模な環状列石が登場する。直径が四〇メートル前後に達する例を含み、その規模の大きさから従来より墓地説、祭祀場説、そして外周に居住域を認める集落説が唱えられてきた。代表的な例として、北海道森町鷲ノ木遺跡、青森市小牧野遺跡、秋田県鹿角市大湯遺跡、北秋田市伊勢堂岱《いせどうたい》遺跡などがある。

中でも昭和六年(一九三二)に発見され、同二十六年・二十七年に国の文化財保護委員会が、そして同五十九年から鹿角市教育委員会による発掘調査が続けられた大湯遺跡は万座、野中堂二つの環状列石を中心に構成され、この地方を代表する遺跡である。二つの環状列石はそれぞれ石囲炉を備えた竪穴建物跡と相似形を示す内帯・外帯の二つの帯からなる。列石の規模を示す外帯の大きさは万座で東西四九・五×南北五二・二五メートル、野中堂で東西四四×南北三八メートルであり、構成する組石の数は万座で百五基(内帯七、外帯九十八)、野中堂で五十五基以上(内帯十五、外帯四十)あり、使用された石の数はそれぞれ五千個、二千二百個である。また、二条の石列からなる出入口状施設が外帯に取り付くが、その数は万座で三ヵ所、野中堂で二ヵ所ある。

環状列石の外側には万座で千六百三十三、野中堂で六百五十三の柱穴が見つかっている。これら柱穴は直径一メートルを越えるものを含むが、方形ないし亀甲形に四〜六個が組み合い、あるいは周囲に壁柱穴列を伴って、万座外周で六十五棟、野中堂外周で十七棟の建物があったことが確認されている。

二つの環状列石以外にも野中堂東側の一本木後ロ地区には四十三基の配石遺構が弧状列石を伴ってあるほか、万座の北側を中心に十三基の環状配石遺構が、そして同じく万座の北側および西側、そして野中堂隣接地に石囲炉ないし地床炉を備えた竪穴建物跡が併せて十六棟見つかっている。

文化財保護委員会が行なった調査で環状列石を構成する組石の十四基の下部が精査され、うち十一基から径一メートル前後の楕円形ないし円形の土坑が確認された。そしてうち一基の埋土からは高濃度のリン分が検出された。さらに鹿角市教委が調査した一本木後ロ地区ではすべての配石遺構下部に土坑が発見され、土坑内からは棺と見なされる土器や副葬品と目される漆塗木製品や石鏃が見つかり、墓地としての性格が明らかにされた。また、これまで二つの環状列石周辺から、後期前葉の八基の埋設土器遺構が見つかっているが、それらは天狗岱遺跡、山野峠遺跡、薬師前遺跡など青森県内で多く見つかっている成人再葬(洗骨葬)の土器棺と共通し、その墓制が複葬を一定程度組み込んでいたことも明らかである。大湯遺跡以外にも秋田県高屋館遺跡、伊勢堂岱遺跡など、米代《よねしろ》川流域で特徴的に見られる環状列石を繞《めぐ》る建物がこうした複葬に関係する可能性がある。これら事実と想定される可能性により墓地説と祭祀場説の対立は一定の区切りが付けられるが、加えて、遺跡の墓地的性格を前提

秋田県大湯遺跡野中堂環状列石　昭和26年当時の調査(鹿角市教育委員会提供)

として、一九六〇年代からは人類学的な双分制社会論とも関わる社会組織論に発展した研究史的事実もある。

環状列石を墓地と見なす説のもともとは、英国内にある同様の遺跡の天体運行観測になぞらえた説に反対して、当該地域より北方にある北海道中央から北部のより小型の環状列石の調査から導かれた説である。それは大陸との関係性も視野に含んでいた。それらが大湯遺跡では列石内に組石として複数存在し、共同墓地としての性格を想定させた。遺跡の祭祀的側面を認めるとすれば、天体観測に関わる祭祀場説でなく、墓地としての性格に整合する複葬を含む死者儀礼の場、そしてその背景たる祖先祭祀信仰の場としての役割を想定すべきである。

なお、大湯遺跡以外の環状列石では組石の集合はなく、円形空間を区画する列として確認されているが、その場合でも伊勢堂岱遺跡の大型の不整形土坑や鷲ノ木遺跡の竪穴墓域など、墓制を示す遺構と組み合い、また、竪穴建物との相似形の関係も同じく認められる。それらは土器型式から見て、いずれも存続時期が大湯遺跡よりも短い特徴がある。大湯遺跡も元来空間区画の列としてあったものが、石の追加、組み換えによる墓地改変を示した結果の差と考えられる。

参考文献　文化財保護委員会編『大湯町環状列石』(一九五三、吉川弘文館)、林謙作「大湯環状列石の配石墓」(『よねしろ考古』七・八、一九九一・九三)、鹿角市教育委員会『特別史跡大湯環状列石』Ⅰ(二〇〇五)、小林克「縄文時代の記念物」(『遺跡学研究』七、二〇一〇)

(小林　克)

渥美半島の貝塚群

渥美半島は愛知県の南、先端を西方向に突き出す半島で、温暖な気候のうえ、北を内湾、南を太平洋に囲まれ、標高三〇〇メートル級の山、干潟が存在するなど、多様な自然環境を持つ。また、東西文化の接触地域であるこの半島には墓を伴う縄文時代後期から晩期の貝塚遺跡が多数分布する。

吉胡《よしご》貝塚(国史跡)は内湾の三河湾に注ぐ汐川河口左岸に位置する。貝塚は、縄文時代後期末から弥生時代前期まで作られ、中心となる貝塚をはじめ四ヵ所以上の地点貝塚が存在し、貝層分布面積は約五〇〇〇平方メートルにも及ぶ。大正十一年(一九二二)・十二年、清野謙次が発掘調査を行い、三百体を越える縄文人骨が出土した。昭和二十六年(一九五一)には文化財保護委員会(後藤守一、八幡一郎、山内清男、斎藤忠らが参加)が国営の最初の調査を行なった。これまでに縄文人骨は三百五十八体(土器棺内人骨含)、土器棺は五十三基が確認された。また、史跡整備が行われ、発掘された墓が埋葬人骨のレプリカとともに屋外の展示施設に再現され、資料館とともに見学することができる。

伊川津貝塚(県史跡)は砂礫堆上に立地し、神社境内を中心として南北一二〇メートル、東西一五〇メートルに広がる東海地方屈指の規模を持つ。貝塚は縄文時代後期末から晩期まで作られている。明治三十六年(一九〇三)以降十次にわたり、大野雲外、小金井良精、柴田常恵、大山柏、清野謙次、鈴木尚などの考古学者、人類学者が発掘調査を行なった。埋葬人骨も百九十一体のほか、土器棺墓も平成四年(一九九二)調査の十基をはじめ多数出土している。人種論争に活躍した「有髯土偶」、叉状研歯の頭骨の出土でも知られる。昭和五十九年の調査では、二十二基の墓、四十三体の人骨が出土し、再葬墓とそれに伴う初葬墓が確認された。この調査では盤状集骨墓、多人数集骨墓の人骨の抜歯型式、歯冠計測による埋葬された人たちの親族関係の研究など、一つの遺跡を通じて新しい視点、意欲的な墓の分析が行われた。

保美《ほび》貝塚は半島の西、三河湾に注ぐ免々田《めめだ》川の下流の西側の台地上に位置する。これまでの調査の結果から、A・B・Cの三地点の貝塚が環状に巡ることがわかっている。失われた部分もあるが貝塚の推定面積は五〇〇〇平方メートルを越える。明治三十六年に大野雲外によって紹介され、小金井良精、大山柏、柴田常恵、長谷部言人、坂詰仲男、鈴木尚などの考古学者、人類学者が発掘を行なった。文献で確認できるもので埋葬人骨は三十体以上、土器棺も確認されているが、報告がされていない調査が多く詳細は不明な点が多い。しかしB貝塚では盤状集骨墓、多人数の集骨墓などの再葬墓が集中する区域があり、渥美半島貝塚群でも最も注目される遺跡である。

この三ヵ所の貝塚のほか、埋葬人骨は清野謙次が調査したもう一つの川地(亀山)貝塚(後期)を加え六百体を越える出土が知られている。埋葬人骨の大量出土は、その出土密度から見ても、貝塚を中心とした大規模な墓地が作られていたことを示している。それぞれの遺跡間の距離は保美―伊川津間は五キロ、伊川津―吉胡間は一三キロで、ほぼ同時期に大規模な貝塚と墓地が作られていたのである。

大正時代から、出土した埋葬人骨をもとに清野謙次、小金井良精、鈴木尚などの人類学者によって、縄文人の形質や墓の研究が進められた。特に吉胡貝塚を調査し大量の人骨を発掘した清野謙次は人骨の計測結果から「原日本人」説を導き出したほか、埋葬にかかる人骨の姿勢や頭位、副葬品の報告などを行い、墓の研究の基礎資料を作った。それらをもとに、考古学者によって埋葬姿勢・頭位・分布・墓坑等の埋葬施設などの遺構、埋葬人骨に伴う着・副葬品(腕輪、腰飾、耳飾)などの遺物、そして人骨に施された抜歯・叉状研歯などの個別の分析・研究が行われたばかりでなく、春成秀爾の抜歯、装身具、埋葬形態から社会構造の研究に代表されるように、縄文時代の墓の研究に大きな影響を与えてきた。

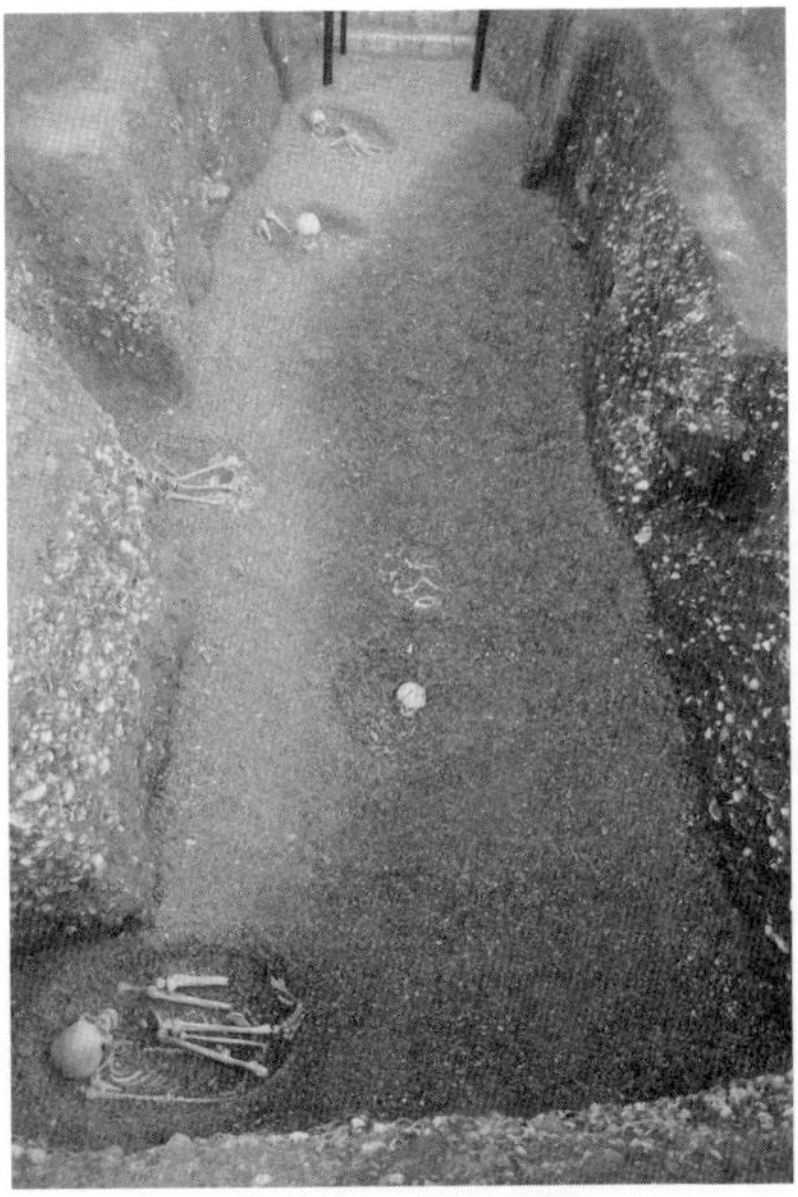
埋葬人骨の再現(愛知県吉胡貝塚史跡公園)

発見された墓には土坑墓、土器棺墓があり、埋葬姿勢では屈葬、伸展葬、座葬がある。また単独葬のほか合葬がある。盤状集骨墓、多人数集骨墓などの再葬もあり、この地域の埋葬にかかわる文化が高度に発達していることを示す。吉胡貝塚においては弥生時代前期の土器棺墓による成人の再葬例もあり、縄文時代晩期から弥生時代への墓の変遷の資料を提供している。付け加え、ヒトと同じ墓域にイヌも埋葬される。

渥美半島の墓で特に注目されるのは、清野謙次によってはじめて指摘された盤状集骨墓である。渥美半島を中心に三河湾周辺で十一例のみ確認される独特のもので、骨化した一体もしくは複数体の手足の骨を方形、多角形に組み、残りの骨をその間に納める。時には頭蓋骨を割りそれぞれの角に配置するなど、丁寧な方法で埋葬する。

このような豊富な埋葬事例を提供したのであるが、初期の発掘が人骨収集が主な目的だったため、吉胡貝塚では時期、遺構の詳細、副葬品の出土状況などの今日必要な考古学的な記録が不足している。また、貝塚に伴う住居域が確定されていないため、住居と墓の関係も不明である。

しかしながら、現在においても考古学者、人類学者双方がそれぞれの分野を越えた最新の研究対象となる重要な遺跡である。

(増山　禎之)

参考文献　清野謙次『日本民族生成論』(一九四六、日本評論社)、春成秀爾『縄文社会論究』(二〇〇二、塙書房)

帝釈峡遺跡群

広島県北東部の庄原市東城町や神石郡神石高原町一帯に広がる帝釈石灰岩地帯の洞窟や岩陰を利用した遺跡群である。昭和三十六年(一九六一)に帝釈馬渡岩陰遺跡が発見され、翌年の馬渡遺跡の本調査開始後、遺跡群の調査は継続中である。五十一の遺跡が知られ、そのうち十三遺跡の調査が行われている。

帝釈峡遺跡群は石灰岩地帯にあるため人骨の遺存状態がよく、縄文時代の埋葬人骨は、帝釈観音堂洞窟遺跡・帝釈穴神岩陰遺跡・帝釈名越《なごえ》岩陰遺跡・豊松堂面洞窟遺跡・帝釈寄倉《よせくら》岩陰遺跡・帝釈猿神岩陰遺跡の六遺跡から約七十体が検出されている。時期的には、早期三体(観音堂遺跡)、前期一体(穴神遺跡)で、ほかは後・晩期である。遺跡には通常一体から数体の一次埋葬がみられるが、特異な例として寄倉岩陰遺跡や猿神岩陰遺跡の再葬(改葬)がある。埋葬は、住居の縁辺部、特に岩陰奥部の岩壁近くに墓壙を掘り、一体ずつ屈葬されている例が多い。特徴として埋葬上部には墓標と考えられる十個前後の石灰岩角礫を置いている。再葬墓も同様に置石がみられる。

観音堂洞窟遺跡は、早期中葉の成人男性一体と小児二体、後期末の男性とみられる成人一体である。穴神岩陰遺跡は、前期前半の成人である。名越岩陰遺跡は、後期の成人女性一体、晩期後半の成人男性一体であるが、後者は人骨の形質から中・近世の可能性も指摘されている。堂面洞窟遺跡は、東西の小洞部から後期後半の十三体が検出されている。東側は成人男性三体、成人(性別不明)一体、小児四体、西側は成人男性一体、成人女性三体、不明一体である。抜歯は、東側の成人男性一体は上顎左右犬歯、西側は、男性が上顎左右犬歯、女性のうち二体は上顎左右犬歯と上・下顎左右犬歯にみられる。堂面遺跡では、東側は成人男性と小児、西側は成人女性が多く、性別や年齢により埋葬場所が区別されていた可能性がある。

再葬は、寄倉岩陰遺跡と猿神岩陰遺跡で明らかになっている。寄倉岩陰遺跡では後期後半の二つの人骨群(集骨墓)がみられる。第一号人骨群は、岩壁に接する二×一・五メートルの範囲に、頭骨と四肢骨を分離して集積している。成人二十一体、幼児一体の二十二体からなり、成人が中心である。抜歯や頭頂部に赤色顔料が付着するもの、火熱を受けたものがある。抜歯はほぼすべてにみられ、上顎左右犬歯と上・下顎左右犬歯とされる。第二号人骨群は、人骨が四段に積み重ねられている。成人が三、四体で、ほかは若年で幼児骨が多く、小児が中心である。幼児は頭骨を矢状縫合にそって二つに割り、その中に四肢骨を入れている。二十四体が確認されているが、埋葬は未調査区(保存区)に及び、総数は三十体以上と推測される。寄倉遺跡で性別などが判明している人骨は、成人男性十五体、成人女性十三体、小児十二体である。他遺跡の埋葬状況から、人骨群は、寄倉遺跡を中核とする周辺遺跡の人骨を含めた再葬と考えられる。

猿神岩陰遺跡は、寄倉遺跡の上方、約五〇メートルにある。切りあ

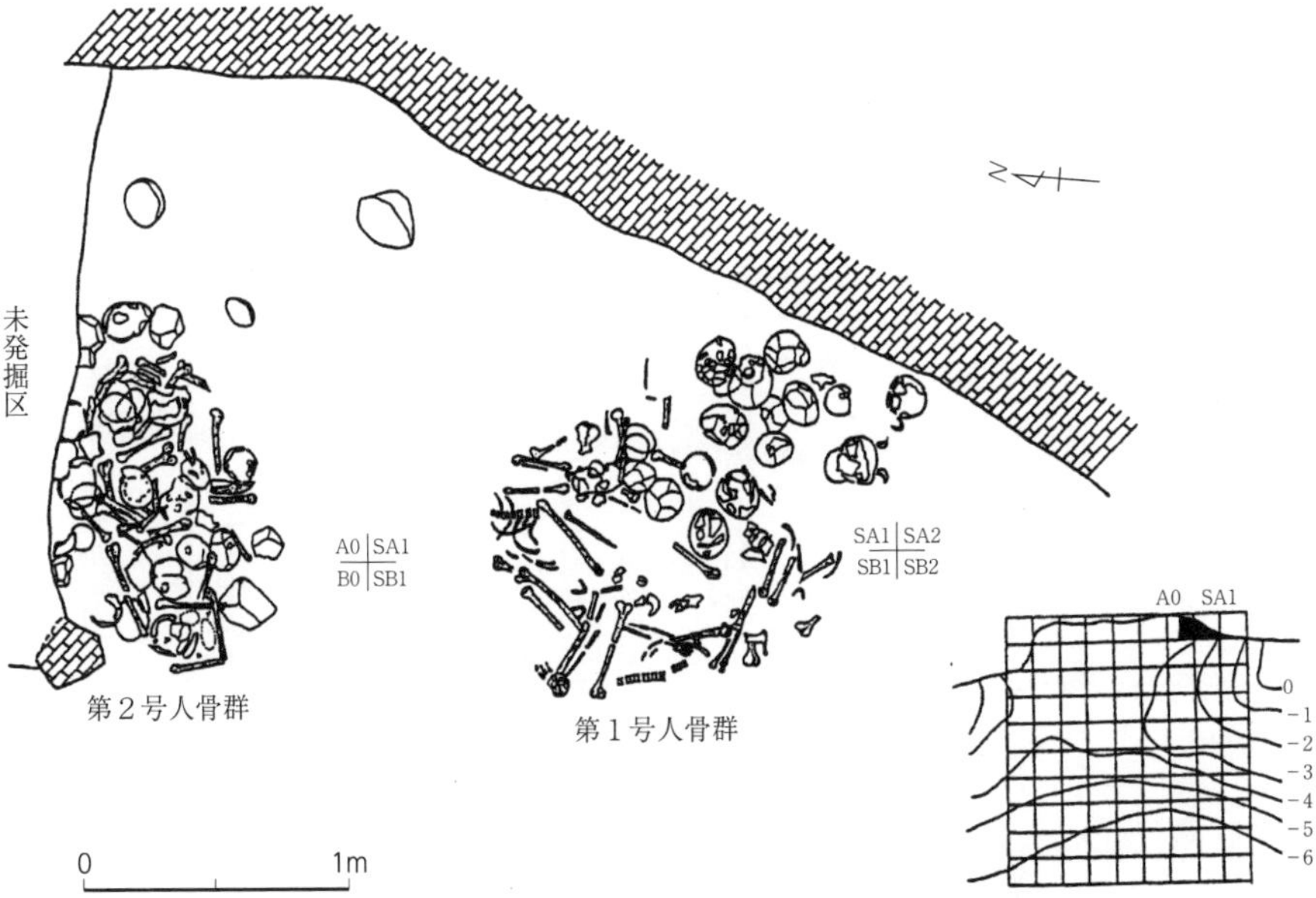

広島県帝釈寄倉岩陰遺跡埋葬人骨群(帝釈峡遺跡群発掘調査団編『帝釈峡遺跡群』より，図中の記号は調査区を示す)

う三つの墓壙があり、中央墓壙の三五×四〇チセンの範囲に、後期後半から晩期の五体の人骨がみられる。東側に成人の四肢骨と頭骨、西側に成人と小児の四肢骨を並べ、その内側に小児頭骨や成人下顎骨、他の全身骨を集積している。頭骨は方形区画の隅付近にあり、南北に四肢骨はみられないが、盤状集積墓に類似している。人骨は成人二体(男女)、小児三体であり、夫婦と子どもの家族と思われる。抜歯は成人男性は明瞭でないが、成人女性は下顎左右犬歯に施され、成人と小児一体には赤色顔料の付着がみられる。墓壙や人骨の接合状況などから、この地に埋葬された人骨を再葬したと考えられる。

遺跡群では、早・前期や後・晩期の遺跡の利用状況からすれば、一次埋葬は堂面洞窟遺跡を除き少なく、居住地以外の埋葬地が離れたところにある可能性がある。抜歯は、上顎犬歯と上・下顎左右犬歯に施され、下顎全切歯の抜歯がみられる岡山県津雲貝塚などの瀬戸内の様相とは異なり、遺跡群の地域的特徴といえる。寄倉と猿神の両岩陰遺跡の再葬は、位置的にも同じ集団のものと考えられる。猿神遺跡の成人人骨は一般的な後・晩期人骨に比較して華奢とされ、寄倉遺跡の地域集団の埋葬とは区別される特別の存在、また特殊事情にあった家族のようである。後・晩期に集団と家族の再葬習俗があったのは確かである。

[参考文献]　潮見浩『帝釈峡遺跡群』(『吉備考古ライブラリィ』三、一九九九、吉備人出版)、河瀬正利『中国山地の縄文文化　帝釈峡遺跡群』(『シリーズ「遺跡を学ぶ」』三六、二〇〇七、新泉社)

(中越　利夫)

墓から出土する装身具・副葬品

縄文時代、墓に持ち込まれた装身具には、頭飾り(櫛・笄など)・耳飾り・首飾り(勾玉・管玉などの各種玉類)・腕飾り(貝輪など)・腰飾り・足飾り(各種玉類)がある。材質には、硬玉などの石や鹿角、獣骨を用いたもののほか土製のものもあり、多様である。事例数としては腕飾りが一番多く、ついで首飾りと腰飾り・耳飾り・頭飾り・足飾りの順番で数は減少していく。このような状況には時期差・地域差も存在し、たとえば頭飾りは後期以降の東日本に多く、腕飾りは晩期の西日本、特に東海・中国地方に、腰飾りは晩期の東海地方に多いという傾向がある。また、着装された装身具の種類を男女別でみると、頭飾りや首飾りは男性の着装者が多く、腕飾りや耳飾りは女性の着装者が多いという傾向がある。ただし、いずれの装身具も男性と女性の両者に着装例が存在し、装身具一例のみから、墓に埋葬された人物の性別をただちに特定することは困難である。ちなみに、装身具にはイノシシをはじめオオカミ・クマ・ワシ・サメなどの猛獣・猛禽類の歯牙や爪を材料とするものもあるが、このような装身具の着装例は男性に多い傾向がある。なお、子供(およそ十六歳以下)の埋葬例には、玉類を主とした首飾りや貝輪による腕飾り以外ほとんど伴出せず、その意味では大人と子供では、着装を許された装身具が異なっていたと考えることもできる。

縄文時代の場合、少なくとも考古学的資料の残存状況からみる限り、遺体に装身具が着装されたまま埋葬されたり、あるいは死装束として装身具を着装させるということは、あまり一般的ではなかったといえる。これまでの研究によれば、人骨出土例全体における装身具着装例は六％ほど、人骨が確認できなかった土坑墓などの事例をあわせても大体一〇％程度であり、死後においても装身具の着装を許された人物は、全体からみればやはり少数であったと推察できるだろう。ただし、その希少性がそのまま身分差などの社会的な地位や立場を表象したのかという点については、事例ごとにさらなる検討を要する。装身具着装の理由としては、自己能力の拡張・性的魅力の向上・身体および心理的保護・地位や立場、経験の表示などさまざまなものが想定されているが、たとえば岩手県宮野貝塚出土事例のように、装身具の着装された身体的部位と人骨に残された骨病変の位置が対応するものもあり、装身具が呪術的な医療行為の一環として着装されたことも明らかにされている。興味深いのは合葬人骨に装身具着装例が多いことで、このような事例としては福岡県山鹿貝塚出土二・三・四号人骨を挙げることができる。もっとも北部九州では基本的に女性の貝輪複数着装例が多く、子供も多くはこのような女性に合葬される傾向があり、地域的な特徴をなすのかもしれない。

また、この時代の副葬品としては、土器や石器(石鏃・石匙・石槍・剝片類・石斧類・石皿・磨石類)、石製品(石棒・石刀類・

装身具着装人骨（福岡県山鹿貝塚）

石冠）などのほか、弓や漆器、鹿角製杖状製品、硬玉製大珠や耳飾り、各種玉類などの装身具類、土偶などの土製品がある。いずれも基本的には死者への供献品と考えられるものであり、ヒトや動物などの殉葬例はほとんど存在しない。これらの副葬品の多くは、墓壙底部付近ないしは配石などの上部構造より出土するが、なかには墓壙埋土の上部や中層より出土するものもある。このような場合、それらの遺物が墓への二次的な流入品であるのか、それとも本来の副葬品であるのか、判断することがむずかしい場合も多い。また、副葬品として墓に納められている装身具も存在するので、判定には注意が必要である。

なお、大型の土器が遺体頭部に被せるように置いてある場合や、大型の礫が遺体胸部に置かれているものもある。これらは、いわゆる甕被葬《かめかぶりそう》や抱石葬《だきいしそう》と呼ばれるものであるが、このような事例はあくまでも葬法の一環として遺体に接して置かれているものであり、厳密には副葬品として捉えられるべきものではない。また、しばしば石鏃などの狩猟具や石斧類は男性に、石皿や磨石類は女性に副葬されると解釈されることも多いが、実際に人骨出土例を参照してみるとそのような傾向を見いだすことはむずかしく、現状では副葬品のみから被葬者の性別・年齢といった情報を引き出すことはむずかしいと思われる。

参考文献　岡村道雄「埋葬にかかわる遺物の出土状態からみた縄文時代の墓葬礼」（坪井清足さんの古稀を祝う会編『論苑考古学』所収、一九九三、天山舎）、山田康弘『人骨出土例にみる縄文の墓制と社会』（二〇〇八、同成社）

（山田　康弘）

縄文の墓からみた階層社会

これまで、縄文時代には指導者やムラのリーダー的な人物は存在しても、そこに階級や階層といった成層的な上下関係は存在しなかったとされてきた。しかしながら一九九〇年代以降、青森県の三内丸山遺跡や小牧野遺跡、栃木県寺野東遺跡における事例のように、全国各地において大型集落・墓域の存在や環状盛土遺構などの大規模な土木工事の証拠が発見されるようになり、これを一つの契機として大型集落に住む多くの人々をまとめたり、大規模な土木工事を指揮したりするような強い指導者像が描かれ、そこから縄文時代にも何らかの恒常的な身分的格差が存在したのではないかとする見解が、主にマスメディアを通して広く喧伝されるようになってきた。

研究史的にみた場合、縄文時代にも階層化社会が存在したとする論考は、古くは一九五〇年代から発表されていた。しかしながら、「狩猟・採集経済＝生産力に限界のある発展性のない停滞的な社会」とする当時の縄文時代観とも相まって、これが社会論の主流となることはなかった。ところが、先のような大型集落・墓域、大規模土木工事の痕跡が多くの遺跡において確認されたことに加え、縄文時代における階層化社会の存在を民族学的な資料から肯定的に捉えた渡辺仁の論考『縄文式階層化社会』が刊行されたことをきっかけとして、いわゆる「縄文階層社会論」はその肯定論者数を大きく増加させた。これらの論考には、縄文時代における生業形態のあり方・経済的な位相・集落構造の検討といったいくつもの視点から状況証拠を積み上げていく多角的な分析を行うものや、墓なら墓で個別墓のあり方から細かな検討結果を積み上げていこうとする個別実証的なものなどが存在する。中には、北アメリカ大陸北西海岸先住民における民族誌を援用して、縄文時代における都市の形成や神殿・奴隷・商人の存在などを肯定的に議論するものまで登場している。これらの議論のうち、墓に関するものを取り上げてみると、たとえば秋田県大湯環状列石などの事例を上位階層の人物が埋葬された選択的な墓地であったと評価する向きや、既知の階層化社会にみることのできる「子供への投資」をモデルとして取り上げ、縄文時代の子供の埋葬例における装身具・副葬品のあり方をこれと関連付けて、階層社会の存在を主張する研究者もいる。

しかしながら、こと個別墓の検討からうかがうことのできる状況は、必ずしも当時の社会が階層化したものであったことを指し示してはいない。たとえば、個々の墓の大きさや規模、副葬品・装身具の有無・多寡などは、基本的には故人の表彰の範囲を出ていないし、また「子供への投資」とされる事例も多くは、玉類が少量確認される程度のものにすぎず、縄文時代の墓から直接的に階層性の根拠を見いだすことは困難である。

ただし、このような状況は日本列島において一律にみられるものでもないらしい。たとえば、北海道の後期にはカリンバ三

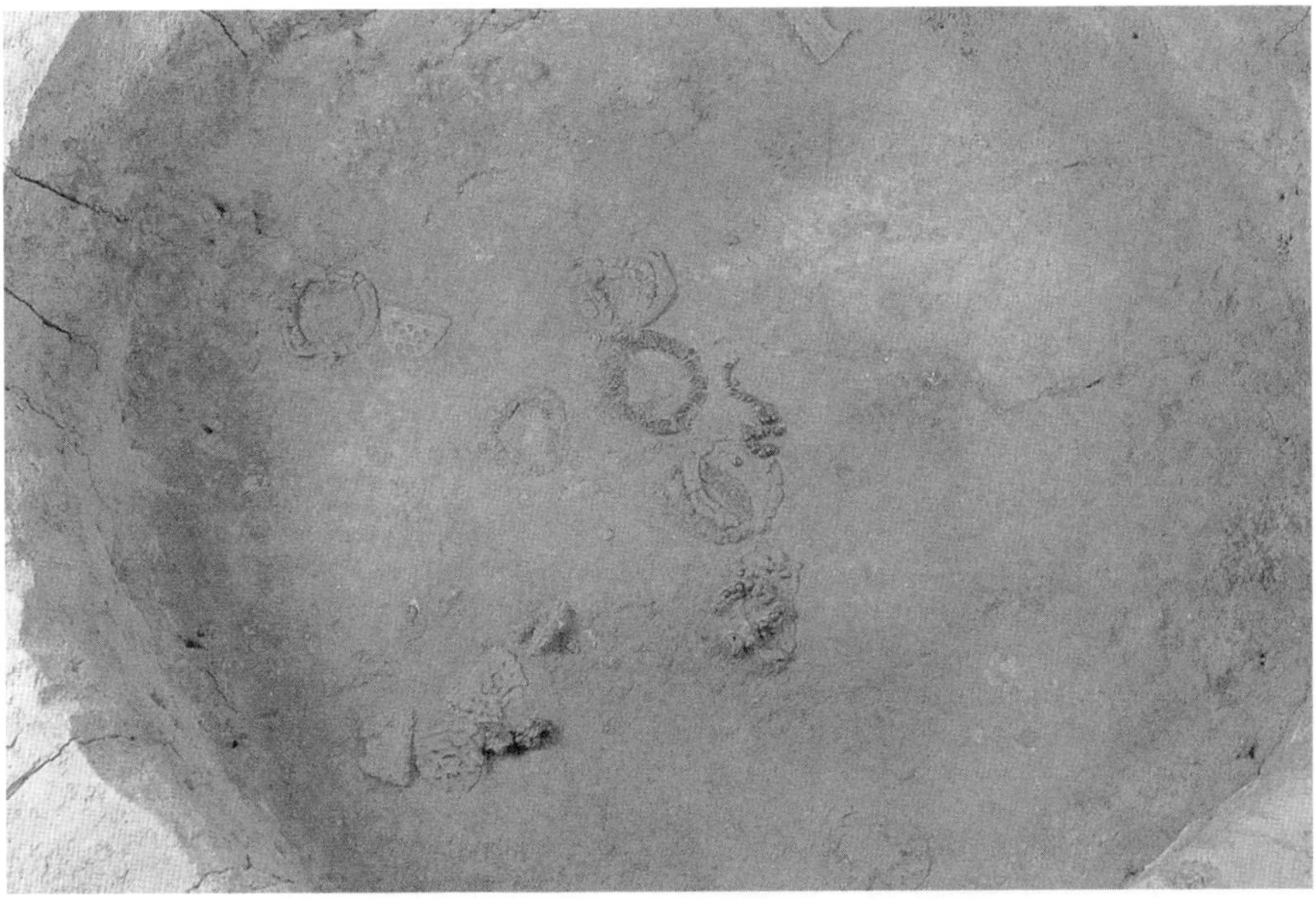

階層性の存在が疑われる墓(北海道カリンバ３遺跡)

遺跡のように、大型の土坑墓が墓域の一画に集中し、そこから多数の朱塗りの頭飾り(櫛・笄など)や腕飾り(朱塗りの腕輪)、首飾りとして使用されたコハク製小玉、硬玉製勾玉などが出土する事例がある。特定の場所にあり、規模が大きく、装身具・副葬品数が卓越する複数の墓によって確認できるこのような墓制の存在は、被葬者たちが暮らした社会において、人々が何らかの形で成層化していたことを感じさせる。はたしてその成層化が恒常的なものなのか、それとも特定の社会的場面に限定されるものであるのか今後さらなる検討が必要であるが、少なくとも縄文時代後半期の一部地域においては、「階層」の存在を前向きに考えてもよい状況が存在することには注意しておくべきであろう。今後はそのような成層化の兆候が、権力や権威・威信などといった社会的な生成要因とどのように結びついていたのか、さらなる分析を行うことが望まれる。しかしながら、北海道においてもカリンバ三遺跡のような状況はその後の晩期には継続せず、一時的なものに終ったようである。縄文時代の社会が階層化していたというよりも、時には複雑化し、時には単純化するという形で脈動しながら、全体的には次第に複雑な社会へと推移していったと捉えておくほうが、現状では無難であろう。

(山田　康弘)

参考文献　渡辺仁『縄文式階層化社会』(『人類史叢書』一一、一九九〇、六興出版)、山田康弘『人骨出土例にみる縄文の墓制と社会』(二〇〇八、同成社)

第II章　弥生時代

弥生の墓

弥生墓の種類と発達　縄文時代に引き続く弥生時代は、水稲農耕に生業の重きを置き始めた点が強調され、水田稲作を要となす農耕社会への傾斜をみせる。紀元前七世紀から五世紀ごろに地域差をもって始まり、紀元三世紀中ごろから後半には古墳時代へと移行する。すなわち、弥生時代早期・前期が区分できる地域(北部九州)と、早期と呼んでいる最古段階の時期が容認できず、前期から始まる地域との差である。したがって、弥生墓のはじまりは、玄界灘沿岸部が先に登場するなど地域によって遅早が起る。

この時代を特徴づける墓は、稲作の伝来に伴い大陸からの影響がみられるものの、受け入れ後の変容も著しい。また、構造形式や部材が多様となり、地域性とともに多くの種類に分かれる。代表的なものとして、石棺墓・甕棺墓・木棺墓・木槨墓・土坑墓・土器棺墓などがあり、それらの一部を埋葬施設とする支石墓や周溝墓、台状墓、再葬墓などがみられる。当然地域性を伴うが、短辺に比べて相対的に長辺が短い竪穴式石室も一部地域に登場している。数種を掲げた前者は、遺体を直接囲う棺の材質に注目しての呼び分けである。後者はそれらをも包括する墓制の本質により根ざした区分といえる。したがって、墓の系統分類を複合的に吟味すれば、直接埋葬施設が多種類同居することもあって、より複雑なものとなる。さらに壺形の土器棺を用いる再葬墓などは、両面性が備わったものと理解されてよい。

韓半島系の石棺墓は、西日本では北部九州や西部瀬戸内の地域に箱式となって根づき、広島県・愛媛県や岡山県へと東漸していくが、近畿地方までくると、兵庫県西部あたりで足踏みし、主体的にはならない。石棺は保存に適したためか、良好な人骨の検出例が散見される。

甕棺も土器棺の一種にほかならないが、埋葬専用の棺として独立させて呼称することを常とする。他の土器棺にも専用棺が若干みられるが、多くは日常土器の転用棺である。

周囲に溝を巡らせた周溝墓には方形や円形の別があり、墳丘を残すものも存在して、方形墳丘墓や方丘墓、円形墳丘墓や円丘墓と呼ばれる場合がある。周溝墓には、後期末ごろから前方後円形や前方後方形を呈するものが現れ、規模の大きなものも登場する。形態的にも前方後円墳や前方後方墳など古墳との関係が議論されているものであり、発達過程を念頭に置いた形態分類も進んでいる。方形系統の墓には、尾根や丘陵上に立地し、主として硬い基盤層を削り出して築造する方形台状墓と呼ばれるものがあり、その形状から卓状墓という名称を使う研究者もいる。方形台状墓は岡山県や福井県、卓状墓は京都府や兵庫県の弥生墳墓に使用例が多くみられる。さらに方形墓の範疇には、四つの隅部が局所的に発達して飛び出すものが存在し、四隅突出墓や四隅突出型方形墳丘墓と呼ばれている。島根県・鳥取県など山陰地方には、終末期に大規模なものが登場し、日本海ルートにより北陸への伝播が想定される。起源地は中国山地山間に存在する。

なお、盛土が中心となって立体的にも大型化したものを一括「弥生墳丘墓」と呼称して、古墳との違いを強調することも多い。弥生墳丘墓は形態・外部構造・埋葬施設や副葬品にも日本列島内で顕著な地域性が認められ、各地の個性的な弥生社会の発達に伴い多元的に出現するのが大きな特徴である。無論、低墳丘墓の存在を弥生時代開始期から認める立場の人もいる。

直接埋葬する施設の中で最も簡素な造りをなすのは土坑墓である。墓穴を掘って直接遺体を納めるものであるが、墓と認識することがむずかしい例も多い。全国的な分布を示し、墓の形式として最も通時的なものであり、弥生時代のみを特徴づけるものではない。また、坑内に埋置した木棺などが腐朽したものも散見され、発掘調査では木棺墓との識別にも注意を要する。

墓の大型化は、近年注目されている弥生墓の特徴である。相対的に大きい規模のものが中期後半の周溝墓・区画墓など西日本で現れるが、顕著に大きくなるものは後期後半以降に姿を現し、典型的な例としては、二方に張り出し部を有する双方中円形の岡山県倉敷市楯築《たてつき》墳丘墓は、全長八〇メートル前後を測るもので、飛躍的に巨大化している。さらに奈良県桜井市纒向石塚古墳や同市ホケノ山古墳を弥生墳丘墓と考える見解も少なからずみられ、一〇〇メートル近くの大きさを有する例も弥生時代の墓の範疇でとらえる向きもあるので、典型的な古墳との差違が問われ、論議を呼んでいる。

大陸伝来の葬法とその後の変化　葬法としては、大陸から伝来した支石墓・箱式石棺墓・木棺墓が目立つが、それぞれ定着や系譜には地域差が認められ、その出現が弥生時代のはじまりと初期農耕文化の広まりをおおむね画している。しかし、渡来が縄文時代末期に遡るものがあって、本格的な弥生時代を迎えて一斉に登場したものではない。近年、木棺墓などの一部をはじめ、すでに縄文時代に起源が認められる墓制も存在し、大型甕棺の系譜でさえ、土器棺葬としては縄文時代後期中ごろまでたどることができる。支石墓も縄文時代の普及からの伝統を引き、特にこの両者は九州北部地域で弥生時代墓制の代名詞と呼ぶにふさわしい発見数と位置を占める。支石墓からは実際に縄文人系統の人骨が確認されるものもみられ(福岡県糸島市新町遺跡など)、形質と墓制との関係も複雑な推移を示す。

支石墓は巨石を支えた石のみられる墳墓の総称であり、かつて藤田亮策が提唱した。その発現地はアジア北東部に求められ、十九世紀末ごろには、ドルメンと呼んで西ヨーロッパの新石器時代から鉄器時代初期の巨石記念物との対比も行われた。その基本形態は碁盤形と卓子式であるが、現在では多くの細分類試案が提示されている。朝鮮半島における支石墓の上石は厚みがあって大きく、内部は石室構造を採る。その中には木棺の形跡の確認例がある(慶尚南道徳川里遺跡)。典型的な支石墓の分布域は九州島内にあるものの狭い範囲である。佐賀県唐津平野や福岡県糸島平野あたりから佐賀平野、島原半島に波及し、ごく一部は九州の中部や南部にも広がっている。福岡県糸島市志登《しと》支石墓群、長崎県南島原市原山支石墓群などが著名なもので、特に早期・前期の支石墓百十八基が調査された佐賀市久保泉丸山遺跡は古いだけではなく、抜きん出た数が確認されている。木棺墓が営まれる内部構造であるが、土坑墓や甕棺墓、箱式石棺などもあって、整然とした石室をもたず多様である。支石墓の盛行期は弥生時代のスタートに集中し、九州ではその存在が明確な早期と前期初めの例が多い。そして、厳密には中期初頭まで残る。内部埋葬施設の種類の多さは一墓地内でも認められ、被葬者の階層関係も考慮する必要がある。埋葬人骨は、佐賀県大友遺跡などでも縄文形質の人骨が出土している。

北部九州における甕棺墓の隆盛　甕棺は縄文時代後期や晩期の深鉢棺の延長上に誕生したものではなく、当初小児用に大型壺が用いられており、壺の形態を変容させて次第に甕棺が成立する過程が判明している。いわば、縄文時代在来の墓制に韓半島から渡来した土器文化が複合したものである。と同時に、乳幼児と成人の埋葬方式の統合化が進んだものといえる。北部九州では甕棺の出現によって、弥生時代の成人埋葬の主たる棺が成立したのである。それは近畿地方を中心に埋葬棺の主力を占める木棺と対比すべき動きとしてとらえられる。発達した成人用の大型甕棺には、単棺と合口《あわせぐち》甕棺がみられる。前者は、蓋として鉢形土器や壺形土器、さらに石や板材が用いられる場合がみられる。新しい時期になると、埋葬専用のおおむね同型式の甕を斜位に置き、遺体を葬り、上半身を包むように別の甕を覆い、両方の甕を上甕・下甕と呼称する場合がある。後者の方式では合わせ目に粘土で目張りするものがあり、組み合わせ方法は、覆口式から接合式や挿入式に変化を遂げる。また、甕の底に小孔を開き、排水機能をもたせるものがみられる。さらに、中間に底を抜いた甕を置いて三連棺としたものも数少ないが認められる。埋葬姿勢は仰臥で膝を立てるものが一般的である。なお、成人棺とはいえ、六歳児前後以上の人間が入るので、現代的な成人の概念ではない集団成員の形成原理が甕棺墓供用地帯の弥生社会を貫いていることに注意しなければならない。

甕棺は口縁部や底部の形態変化、差違が特徴的にみられ、型式変化から時間的な流れをかなり正確に追うことができる。甕棺には豊富な副葬品を持つものがみられ、銅剣・銅矛をはじめ、前漢鏡・後漢鏡など中国文物の大陸側での変遷に対応した組成が時間的齟齬を引き起すことなく、納められている。現在、土器編年の上からも二十型式前後に分類された甕棺は、九州地方の弥生文化の内容の変化を測る物差しの役割を果たしている点が特筆されよう。さらに、王墓とも称される秀逸な副葬品(青銅器・鉄器・ガラス製管玉・璧・絹製品などの武器や装身具)が確認される大型甕棺が存在し、中国中原の文物と深く絡むものが福岡県や佐賀県から見つかっている。弥生時代中期以降の大型成人甕棺は、北部九州の遠賀《おんが》川以西に主たる分布圏を有し、福岡県西部や佐賀県東部において盛行し、熊本県北部に及んでいく。中心部では長方形大型墳丘に階層的秩序をもって配置関係や副葬構成品目を表現している。また、甕棺は数十、数百が群集し、さらに二列重帯など集団化した墓域に配列や分節小群の埋葬秩序が認められる例がある。甕棺には塗布物がみられるものも散見され、発生期は丹塗りが中心で、新しくなると、黒塗りが増える。甕棺は後期前半に陰りを見せ始め、後期後半には衰退していく。

未成人の埋葬と共同墓地　弥生時代の墓には、骨の残存度が悪いとはいえ未成人も含まれている。人骨保存状態のよい前期から中期の山口県下関市土井ヶ浜遺跡を一例にとれば、成人八割に対して、乳児、幼・小児の骨が二割を占めるものの、けっして高い比率ではない。後期後半以降の鹿児島県南種子島市広田遺跡でも約一割、前期から後期の佐賀県呼子町大友遺跡でもほぼ同様な割合を示す。これらは、未成人より成人が圧倒的に多い構成を示す代表的な遺跡であるが、幼児の年齢階梯で共同墓地利用の成員権を得たものと解釈されている。その一方、小児専用に供せられた墓地も確認されており、口縁部内径四〇センチ未満で乳・幼児が卓越する甕棺墓群や土器棺墓のみの群集墓域が各地に存在している。特に土器棺は、胎児ないしは二歳児以下の乳児と特定されており、墓域自体も集落居住域に埋没する場合が目立つ。成員になり得ない幼児以下の死亡者が墓を造ることもなく、遺棄されるケースもままみられる。対比的にみれば、両者のありようは整合しており、幼児期のある段階を境として、成年者と未成年者が分別され、さらに特定の個人墓にも幼児が葬られているため、ごく一部の系譜に対して、弥生時代後期には次代を託せる人への世襲の存在が読み取れよう。大阪府八尾市久宝寺遺跡の方形周溝墓の中央に葬られた短小な木棺の主は、不必要に広い墓域を与えられたものであり、その典型例の一つである。

付言すれば、壺棺は甕棺とは異なり、西部瀬戸内の山口県での調査事例から、甕棺とは対比的に扱われた経緯があり、小野忠熙などが先鞭をつけた研究の流れがみられる。甕棺とは異なって、列島における波及地域はすこぶる広い。

方形周溝墓の成立・展開と男女並葬をめぐって　近畿地方を中心に発達する方形周溝墓も弥生墓を代表する墓制の一つである。低い墳丘を方形ないし長方形の溝が取り巻く墓で、縄文時代からの系譜はたどれない。昭和四十年(一九六五)前後までに方形にめぐる溝状の遺構は各地で見出されていたが、これを墓と認識するに至ったのは、東京都八王子市の宇津木遺跡の発掘調査を契機とし、同三十九年に大場磐雄の「方形周溝墓」の命名により、一躍全国的な注目を集めることになった。長方形は類例が多く、少数ながら台形を呈するものも認められる。

溝は全周するものや一部ないしは四隅が途切れるものがあり、分布状態などから地域性や伝播経路の想定も試みられる。周囲の溝の途切れには内部と往きかうことのできる土橋が生じ、陸橋やブリッジという呼称も存在する。さらに稀に方台部を拡大したり、盛土を加えて肥大させたものがみられる。方形周溝墓の性格として、一定面積を占める区画の重視があり、内外・生死・階層・階級などの隔絶や芽生えが想定されている。また、学史的には古墳が成立する前段階の墓制としても評価された時期がある。

墓と認識されるようになった方形周溝墓は、その後近畿地方中枢部で弥生時代前期に遡る古いものの発見例が増すとともに、事例そのものが急速に増加し、東海・北陸地方や南関東地方にも弥生文化波及の波に乗って伝播する。その広がりは全国に及び、沖縄県・岩手県・秋田県・青森県・北海道を除く地域での分布が確認されるが、近畿中心部や南関東などは密度が高い。その後の発掘調査では、方形周溝墓が基本的には低い盛土を有することが明らかとなり、大阪市加美《かみ》遺跡のように、大型で二メートルを超えるような墳丘が顕著にあって、名称についても「方形墳丘墓」と呼ばれるケースが増えてきた。

方形周溝墓は、大阪湾沿岸地域の弥生時代前期の集落遺跡で出現したとみられ、大阪府茨木市東奈良遺跡、高槻市安満《あま》遺跡、和泉市・泉大津市池上曽根遺跡などで該当期のものが発見されている。これが安定した群在する墓域として確認されたのが兵庫県尼崎市東武庫《ひがしむこ》遺跡であり、二十二基を数える弥生時代前期の方形周溝墓がまとまって発掘されている。墳丘規模がこの段階から大小にばらつくことも明瞭となり、小さいものは一辺三メートル、大きい規模のものは一辺一三メートルを測る。周溝には重なり合うものがみられるので、築造時期の差は存在するものの、墳丘規模には階層的な格差が明瞭に認められる。このように、方形周溝墓は前期以降から群在し、築造時期に前後差がみられる。また、中期以降には列配置をなすものや、塊状のグルーピングの強まるものもみられ、各地で築造単位の分析などが詳しく行われている。墳裾を接するように密集した例や土坑墓・木棺墓と築造エリアを分かつものなどが存在し、社会的な意味合いを異にする。残存数が三百数十基を数える墓群の存在も知られており、日本列島全体で一万数千基に達する方形周溝墓が営まれている。

方形周溝墓の墳丘は、すでに削除されたものが大半で、埋葬施設がまったく不明なものも多い。そのため、東日本では、擬態の方形周溝遺構を含み込んでいる点が強く指摘されるに至っており、再検証の積み重ねが必要な点は顧慮すべきであろう。

周溝からは多数の供献土器が出土する。しばしばコーナー部や陸橋部に集中する場合がある。方形周溝墓には一定の伝播力が認められ、時期が下れば、東日本や西日本にも広く伝わっている。東海・関東では四隅切れが古いとされ、近年は近畿西辺や四国などでもまとまった数がみつかる遺跡がある。また、全周タイプの周溝は弥生時代後期から終末期にかけて増加する。方形周溝墓は古墳時代に継続し、千葉県では九世紀、東北地方では十〜十一世紀ごろまで営まれている。弥生時代に始まる墓制として注目されるが、古墳時代以降のありようも重要である。

他方、その起源に関しては、韓半島の慶尚南道徳川里など、支石墓を区画する長方形墓がみつかっており、石敷と立石により墳丘裾の区画を明確化する。忠清南道寛倉里遺跡は、日本列島の方形周溝墓群との関連性が話題となったものである。七基以上の木棺墓ないしは土坑墓が確認されている福岡県筑前町東小田峯遺跡は、北部九州における方形区画墓として早くに注目されたものであり、近畿地方の前期区画墓としての方形周溝墓との関係性については、なお比較検討の余地がみられる。

方形周溝墓は当初首長墓の位置づけも試みられたが、その後は発見数を増し、世帯共同体的な家族墓のようすがよく知られる墓制として検討されてきた。大阪府東大阪市瓜生堂《うりゅうどう》二号墓などはその典型例として紹介され、二棺並葬の夫婦の墓が三世代にわたって継続的に営まれたものと解釈されることが多かった。世帯を超えての時間的経過と血縁的な結合が家族を単位として方形周溝墓の被葬者に表現されたと理解されたわけである。しかし、最近は弥生墓に認められる男女の同棺埋葬や近葬の関係がキョウダイ関係にあるとする歯冠計測分析値などの報告が着実に蓄積され、経営年数自体も供献土器の編年研究から想定されたほど長期にわたるものでないことが明らかにされ、評価の見直しが進んでいる。キョウダイの男女が弥生時代には夫婦であるという大胆な私見の検証も含め、親族組織論、社会構造論に及ぶ被葬者の性格づけに関しては、今後墓制を超えた体系的な研究が望まれるところである。

土器棺墓の成立過程や木棺墓の基本型式　弥生時代開始期の近畿では、縄文時代晩期の土器棺墓に交じって、遠賀川式土器を用いた少数の壺棺がみつかっており、両時代移行段階の特徴的なありようを示している。奈良県桜井市大福遺跡や大阪市長原遺跡の例をその典型とする。弥生前期の墓への移行期を示すものであるが、縄文晩期の土器棺墓十五基が八〇メートル前後の範囲に広がる大阪府茨木市耳原《みのはら》遺跡もそうした時期の墓域の一例となろう。より古い様相を示唆する大津市滋賀里遺跡の土坑墓八十基余と土器棺墓二十数基は、直径二十数メートルの大きさで、幅約八メートルの環状に巡る墓群としての復元案が試みられている。

木棺は、前述した方形周溝墓の埋葬施設として普遍化する。組合せ式箱形木棺が主流となるが、一部に船形木棺や蓋と身を造る刳抜式の割竹形木棺も採用されている。いずれも寝棺として利用され、遺体と棺は原則個別に運搬される。棺材として多用された樹種はコウヤマキやヒノキであり、部材の組合せ方式はいくつか認められるが、大きく絞ると、棺小口板(両短側板)を墓坑底に埋め込むものと、棺底板に両側板を載せるものに二大別できる。近畿の木棺は年輪年代測定法に適う樹種に恵まれており、表皮や辺材部が揃い、必要年輪数が満たされた例を中心に科学的な実年代測定が行われている点は見逃せない。

再葬という習俗と蔵骨用の土器　東北南部の宮城県・山形県から関東南部・中部高地を経て、東海西部の愛知県までの地域では、前期・中期に壺棺再葬墓と呼ばれる特異な葬法が発達する。東日本を代表する弥生墓制であり、その習俗に関心がもたれてきた。縄文時代にも類似した葬法は存在したが、普及する時期や地域も限定的であり、普遍性の面では弥生時代のものと隔世する。弥生時代の実例は、現在百二十ヵ所前後に達しており、安定した墓制であることが知られるとともに、壺形土器の使用に弥生らしさの一端を感じさせる。前期から中期前半に行われた葬法であり、はじまりも衰退も地域差をみせる。再葬の墓域と居住域との関係は分断していたことが推測されている。

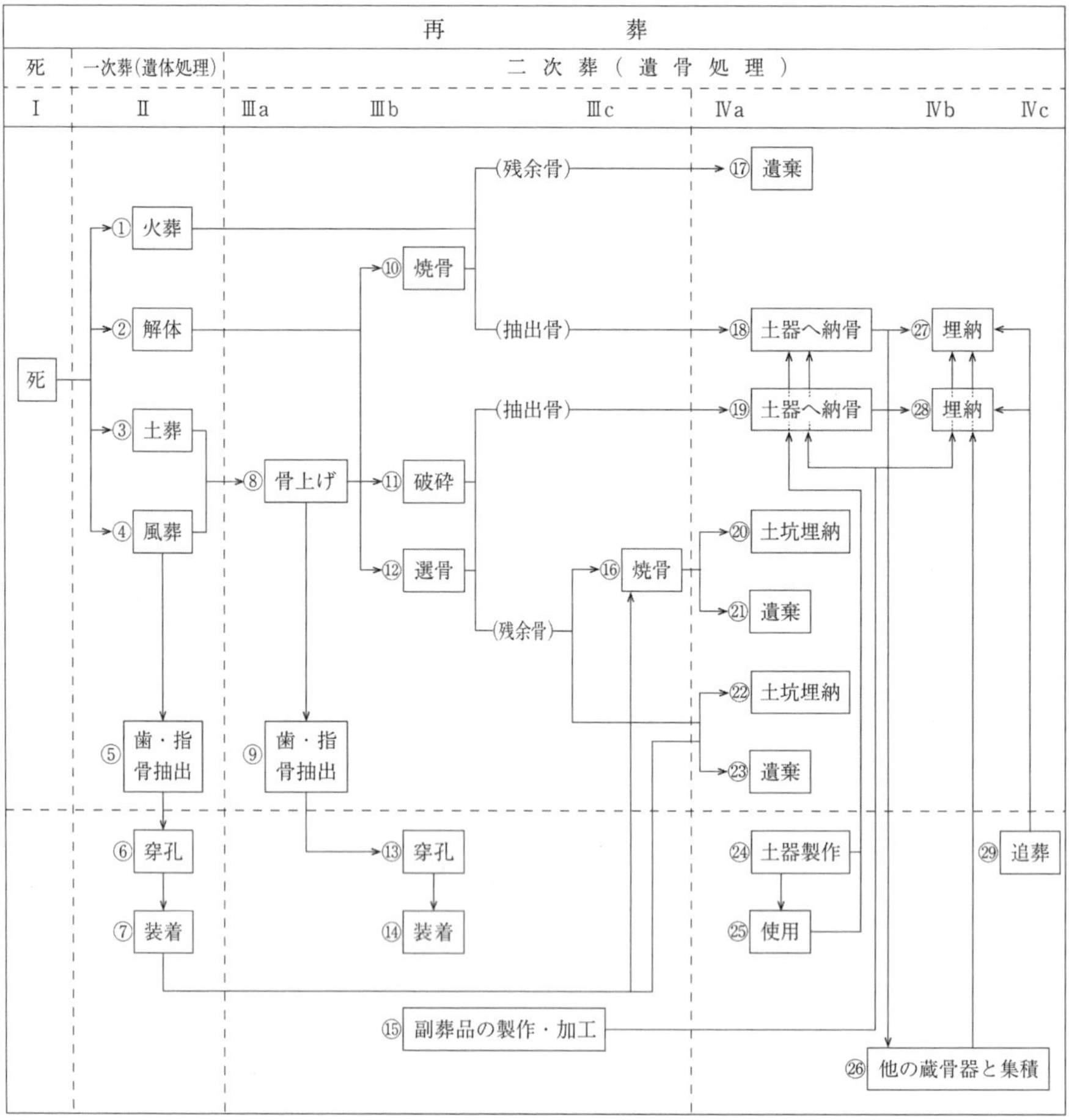

弥生再葬のプロセスモデル

千葉県や埼玉県では、伝播してきた方形周溝墓と時間的並存関係が認められ、短時日でもって、外来的な新墓制に駆逐されたとは言い難い。再葬という行為自体は、いつの時代にも起り得るものである。

　再葬とは、用字のごとく再度の埋葬を加える行為であり、基本は遺体の骨化にかかる時間を待つ。土葬や風葬が主な手段であろう。民族学での複葬に相当し、二次葬という言い方もある。したがって、これまで説明してきた墓制は基本的には単葬墓ということになるが、あえて単葬を強調することはない。壺棺は複数回の埋葬骨の収納器として用いられる。しかし、そのプロセスはかなり複雑であり、設楽博己によって復元された上図を見ても、遺跡の実情把握には発掘における実証と一定の解釈がたえず必要である。

　具体的には、岩陰や平地において骨化を促進させる一次埋葬を行い、骨を選骨・部分骨・残余骨に分ける。

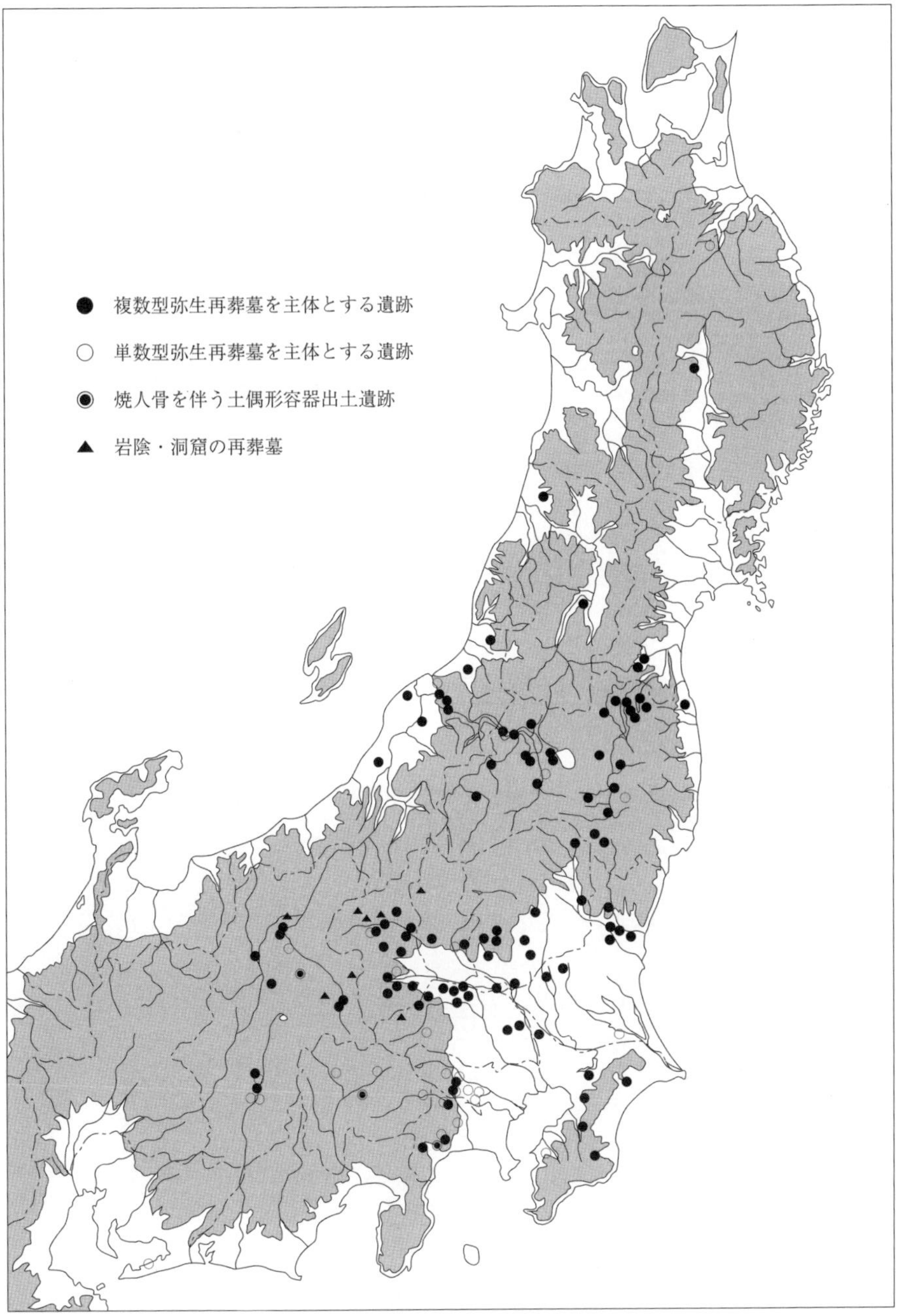

弥生再葬墓の遺跡分布図

茨城県下館市女方遺跡出土壺棺

選骨は歯骨に穿孔を施し、具体的な事例は、神奈川県から福島県にかけての地域に顕著である。群馬県吾妻町岩櫃山遺跡、栃木県佐野市出流原《いずるはら》遺跡、茨城県下館市女方《おざかた》遺跡、千葉県佐倉市天神前遺跡はその代表例として知られている。成人の遺体を仮埋めしたり、洞穴・岩陰などで白骨化させ、その一部の骨を再度弥生土器の壺に収納し、葬ったものである。認識の出発点ともなった岩櫃山の山頂付近の鷹の巣岩陰遺跡では、昭和十四年の発掘で単独的な二点の土器と三グループの土器群に分かれ、壺など十九を数える土器が出土している。女方遺跡では、四十一基の土坑から二百個体を優に超す土器が確認され、二～十一個ずつ分けて収納されていたという。土器中には被葬者を彷彿とさせる顔面を口頸部に造形したものも確認されている。

壺形土器からのまとまった人骨の発見は、天神前遺跡で認められ、肉付きの成人遺体の収納はまったく不可能で、腐った骨格を洗骨し、骨選びして再葬する葬法が東日本の地域で広く分布することが明らかとなった。拾骨で残った骨を焼く粉化処理も多くの事例が認められる。起源をたどれば、縄文時代早期の土坑再葬墓が存在し、土器への再葬例も縄文時代中期に確実な例がある。また、すべてが壺を蔵骨器としたわけではないものの、九割近くを占めており、壺棺再葬墓という呼称はこの墓制の特徴をいいあてている。

なお、文献史料にみえる再葬の風にも注意しておきたい（『魏書』東夷伝東沃沮条）。再葬は世界の先史例や民族例に多くの類例があるが、日本列島では盛行の時期と広がりが特定できる弥生時代のありようを「弥生再葬墓」と呼んで一括する場合が多い。大陸的な農耕社会とはまた異なる系譜の墓制であり、総じて東日本に偏在する点、縄文葬制の遺制を下地にしている点、方形周溝墓の伝播を受けて消滅過程をたどる点などに、異色な農耕文化と真っ向から対峙するあり方も示す。その一方、大型壺を蔵骨器として取り入れる点は、大きな刷新を特殊な葬法に加えている。

いずれにせよ、遺骨の保存と棄却、集骨や合葬とも不可分な関係にある再葬の習俗は、集団の内外での関係性の強化という役割も担っており、社会の変動や気候・環境変動などとも対応が見出せる祖先への崇拝や祖先祭祀との強い結び付きも無視できない。弥生社会の持つ部族制的な性格を示唆する墓制として、今後も出土状態の詳細な実態に目を向けていく必要があろう。

古墳へのつながりと形質人類学からの視座　弥生社会は墓制の変化や地域性、墓地構造を基に復元されることが多く、階層や出自をはじめ諸関係の表示を読み解くことが可能である。また、大陸文化の伝来地では、渡来者やその系譜を直接ひく人々の墓地を残している。居住域と墓域との関係は、一般的に区分されることが多く、環濠集落では居住施設を取り囲む濠の外側に墓域を構える例が多い。南関東の横浜市大塚・歳勝土《さいかちど》遺跡は分離状況がシンプルな事例の一つである。生活域と死者の世界は、社会的成員間において明確なものとなっている。全体を通して、弥生墓には、地域コンプレックスに基づく外来要素と内的発展の融合が複雑に絡み合った姿が投影されている。

古墳の出現により古墳時代と弥生時代は区分されている。日本考古学におけるこうした時代区分は、墓制資料の増加により、属性に基づく区別が一層不明確になっており、墳丘が大型化し、さらに突出部を付けることが発達をみせてきた弥生時代の墳丘墓と小規模なものも数多くみられる古墳との仕分け、違いの本質が多くの議論を呼んでいる。集団構成の認められる墓域から独立してくる各地の大型墳丘墓は、弥生時代の墓制の発展過程に古墳の出現をつなげていく考え方の基盤をなしており、最古の前方後円墳で取捨選択された要素を比較、再考する余地はなおあるだろう。

形質人類学と考古学の近年の協業では、歯冠近遠心径の相関関係の数値の高さなどから、血縁の近縁関係が判明してきており、弥生時代は父系・母系並列の親族関係である双系的な部族社会であった縄文時代の要素を残し(前半段階)、後半期に首長制社会に移行していくが、親族関係自体は双系を維持したととらえられている。父系夫婦墓は六世紀を待って出現するとみる考えが普遍化しつつある現状にあり、二体並列埋葬などの理解に大きな影響力を示しつつある点には、墓から社会復元を試みる際、今後も留意すべきであろう。

参考文献　春成秀爾「弥生時代畿内の親族構成」(『国立歴史民俗博物館研究報告』五、一九八五)、都出比呂志「墳墓」(近藤義郎他編『岩波講座日本考古学』四所収、一九八六、岩波書店)、石川日出志「再葬墓」(金関恕・佐原真編『弥生文化の研究』八所収、一九八七、雄山閣)、山岸良二編『関東の方形周溝墓』(一九九六、同成社)、藤井整「近畿地方の弥生土器棺墓」(『古代文化』五三ノ二、二〇〇一)、高木暢亮『北部九州における弥生時代墓制の研究』(二〇〇三、九州大学出版会)、田中良之『骨が語る古代の家族』(『歴史文化ライブラリー』二五二、二〇〇八、吉川弘文館)、乗安和二三「弥生時代における乳幼児埋葬をめぐって」(川越哲志先生退官記念事業会編『考古論集』所収、二〇〇五)、設楽博己『弥生再葬墓と社会』(二〇〇八、塙書房)

(森岡　秀人)

方形周溝墓と円形周溝墓

農耕文化をベースにした弥生時代は、土地を仕切り、加工するといった行為が極端に増える。墓づくりの面でも墓域と居住域を分離する幅数メートルの環濠などは頻繁に目にするし、個々の墓を溝などで区画することが目立ってくる。方形周溝墓と円形周溝墓の盛行は、それを表徴するものである。溝で囲まれた平面形が「方」と「円」ということで、両者は対極的に見られることが多いが、出現時期がともに前期段階にあることや墓域の中でしばしば群集状況がみられることなど、共通する点も数多くみられる。さらに、同一遺跡の墓域内で両者が互いに排他せず、共存することも少なくない。しかし、全体として見た場合、分布の地域的偏在や拡大化の傾向に大きな違いをみせており、埋葬者の社会的位置も異なるようである。

方と円の形としての関係は、他方では古墳時代の前方後円墳の後円部や前方後方墳の後方部との対比で、平面図形を超えた系統の違いとして注目されている。それぞれに起源を求める見解も多いからである。方形周溝墓も円形周溝墓も入口となる陸橋部分が切断され、徐々に発達して突出部と呼ばれる付加部分を形成し、それがやがて、独立的機能を果たす前方部に転化すると考えられている。その祖形は、方形周溝墓の場合、一辺中央部に陸橋を有するようなタイプが候補にあげられる。ただし、方形周溝墓の平面形の多くは正方形そのものではなく、溝が長方形に巡るものが多い点には留意すべきである。特に埋葬者が増えるに従い、長方形化とともに大型化する傾向が強い。大阪府加美遺跡のY一号方形墳丘墓はその典型例で、二十三にのぼる埋葬者が性別や副葬品の種類、棺槨の構造など、一定の秩序をもって一墳丘に入っている。関東地方などでは、単体埋葬の方が目立って多く、複数埋葬は中期後半でも数%前後でしかない。しかし、一部には一墓坑に二つの木棺を納めた合葬が行われたことを想定する意見もみられる。

方形周溝墓は、弥生時代前期後半から古墳時代にかけて日本列島の各地で築造され、現在、一万基に達する勢いで発掘され続けている。分布範囲は広く、九州南部から東北南部までみつかっているが、南西諸島や東北北部、北海道からは発掘例がない。特に東日本と九州は、弥生時代よりも古墳時代に入っての急増ぶりが目立っているため、この段階のものは弥生の墓としては取り扱わない。九州では、弥生時代終末段階に宮崎県で現れ、福岡県や熊本県に及ぶ。近畿の内陸部の滋賀県や伊勢湾沿岸部には前期段階に伝わり、中期中ごろに関東南部に、後期に入ると、中部高地・関東北部や東北南部に広がっていった。特に栃木県や茨城県などでは、古墳時代前期以降に盛行する。紀元前四世紀前後の古い段階のものがまとまって存在する近畿中心部が発現の地であり、その周囲への伝播力は強いものの、河川水系や海路を軸とする弥生文化の波及ルートなどとも関係しつつ、かなり変則的な速度を伴った動きを示す。太平洋側では、東海地方から相模や房総半島南部への伝導経路などが特徴的に存在する。東日本では在地的な壺棺再葬墓も方形周溝墓の進出により、消滅ないしは後退を余儀なくされた。また、方形周溝墓には特徴的なプランである周溝の四隅切れとされるものが中期後半にかけ、東日本で主体的に伝播する。それは列状配置など墓域構成にも一定のパターンをみせる。後期に入ると、それが一隅切れのタイプが多くなるように変化する。発現の地である畿内を離れると、さまざまな点で大きな変容をみせることも明らかになっている。方形周溝墓がまとまった数発見された遺跡は、愛知県清須市朝日遺跡の四百十基以上、滋賀県守山市服部遺跡の三百二十基などがあり、少ない事例でも奈良県大和郡山市八条北遺跡の五十基、大阪府東大阪市城山遺跡の百二十基、埼玉県中耕遺跡の六十八基などがあげられ、群在する数は円形周溝墓群の検出例を遥かに凌ぐ。

　弥生時代遺跡において、方形周溝状の遺構は円形周溝に比べ、比較的早くから認識されていたが、埋葬者を念頭に置いた墓としての理解へと進むには、両者ともに確実な例が加わるまで時間を要することとなった。方形周溝墓の名称が定着した契機は、昭和三十九年(一九六四)の東京都八王寺市宇津木向原遺跡の発掘調査にあり、国学院大学の大場磐雄がその提案者であり、名祖である。当初は「方形周溝特殊遺構」と呼んでおり、「方形周溝墓」と呼ばれるようになったのは、同四十年十二月になってからである。その後、大塚初重らの研究によって、古墳被葬者に繋がっていく共同体の首長墓という見方が提示され、弥生墓制と古墳との関係性が主張された。その後は発見数の著しい増加から、古墳への先駆性はいわれなくなると同時に、世帯共同体の家長とその家族の墓とする解釈が台頭してきて、その後長く定説の位置を占める。方墳など古墳と比べるとマウンドが低く、埋葬施設も一般的に低い位置にあるのが通有であるが、発掘された段階では大きく削平を受け、すでに見つからないケースも少なくない。本来は、方形低墳丘墓と呼ばれる場合があるように、埋葬施設を盛土中に営んだものが多いと考えられる。周囲に溝を掘削した分、排土を内側に積み、方台状に盛り整えることが考えられ、溝の断面にも内側からの盛土の流入が認められる例も存在する。また、溝内に埋葬を行なった実例や土坑などの構築もみられる。方形周溝墓の盛土法の一つについて、辺縁部に堤状土手を施し、その中央の窪みに土を充塡する例が時々報告される(三重県織糸遺跡、岐阜県金ヶ崎遺跡など)。

　方形周溝墓は、通常一辺七メートルから一五メートル程度のものが多いが、五メートルに満たない例や一五メートル以上の例も存在し、大きさにはかなりのバラつきが認められる。一辺一〇メートル以内のものは、単独埋葬が大半を占める。墓棺数と平面規模とは一定の相関をあらわし、関東では正方形に近いものが多くなることと、埋葬施設が少ないこととは無関係ではない。周囲には幅一～二メートル、深さ〇・五メートルから一・五メートルほどの溝がめぐり、内外を区画する。周溝と盛土は一体のものであり、溝の掘削土体積はある程度墳丘の高さに作用したと考えられる。近畿と関東を大雑把に比較すると、関東の例は墳丘盛土が五〇センチ前後の低いものが目立つ。そして、周溝内からはしばしば供献された土器類や木製品、稀に埋葬を伴う。溝掘りや墳丘構築に用いられた掘具や祭具・容器類、その後に用いられた棺材の断片や遺体の運搬道具などが周溝に遺棄されたわけである。土器には体部下半を意図的に穿孔したものが多くみられる。

最大クラスの方形周溝墓は、愛知県朝日遺跡の東墓域にあるもので、東西三五メートルに達する大きさを誇る。溝底に木製鋤三本を据え置くことが特筆される。また、東西三二・五メートル、南北二二メートルを計測する方形周溝墓は四隅に陸橋があり、周囲の溝からは鍬などの土木具が出土する。近畿にも加美遺跡Y一号墓のように長辺が二五メートルを超え、短辺も一五メートル前後あるような大型墓がみられ、中心部独占型の木槨墓を営む一方、墳丘内に多葬を行なっている。副葬品は、古墳に比べると、全体的に質量ともに見劣りするが、兵庫県田能遺跡の第二号方形周溝墓の中心施設である第十六号・十七号棺のごとく、白銅製腕輪や碧玉製管玉六百三十四個の着装がみられ、中期後半に中央部独占を行う厚葬墓も認められる。福岡県藤崎遺跡六号方形周溝墓では、三角縁神獣鏡が出土しており、弥生終末期以降には副葬品としては意外なものも含まれている。

このように、方形周溝墓は、社会階層の分化に伴って規模や埋葬施設、副葬品、着装品、赤色顔料使用の存否などに格差を生み、それらの組み合わせが集団墓地の中での階層性を少なからず反映している。多葬のものは一般的に規模が大きく、中心人物には副葬品や着装品に富む埋葬を伴っており、周囲に中小の方形周溝墓を従えるものが多い。

方形周溝墓に好んで用いられた埋葬は、板材を組み合わせた木棺であり、通常、盛土上に墓坑を掘って組み立てながら埋設される。縄文時代には一部の遺跡を除いて出現しておらず、方形周溝墓に伴って用いられるケースが多く、近畿や東海では、頻用されるものとなっていった。次いで、土坑墓や土器棺などが使用され、中期後半以降は三～四棺から五～六棺、多いものでは、二十棺以上入るものもみられる。中には、名古屋市平手町遺跡のごとく珍しい舟形木棺が採用されたものもある。また、群馬県や長野県などでは総じて、埋葬施設は、盛土が低いと地山面で検出されるケースが多くなる。この地域では、礫を多用する礫床墓が低い位置にみられる。墓坑と箱形木棺の隙間に礫を詰めた結果と考えられる。周溝出土の供献土器や葬送儀礼用土器が目立ち、壺や高杯に加え、甕・鉢・器台など種類も豊富である。属性的にみて、方形周溝墓は古墳時代社会に連続する墓制であり、もっぱら時代区分によって方墳とか方形墳と呼び換えることや墓群全体を前期群集墳と呼んでしまうことは問題があろう。

円形周溝墓は、方形周溝墓と比べ確認数自体は遥かに少なく分布も変則的であり、埋葬施設に伴う副葬品も目立ったものが少ない。また、全時期を通じて埋葬施設が単数の例が多く、埋葬者数が限られたようすを示す。被葬数が単体中心である点は、初期の方形周溝墓と似る。その起源は弥生時代前期に遡るので、方形周溝墓より遅れたものとみることはできない。現状では、讃岐や備前など瀬戸内東・中部地域が最も古く、香川県善通寺市竜川五条遺跡・同県丸亀市佐古川・窪田遺跡、岡山市百間川沢田遺跡などがその出現期のものとして知られる。備讃瀬戸の海域と深く関わる形で登場し、さらにその段階から、北四国などでは方形周溝墓を排他せずに共同墓地を構成する点は重要である。縄文時代からの系譜がたどれないため、大陸に起源を求める考え方では、両者を墳丘墓ととらえるとともに、共通点として地上式の墓として機能する一面が説かれているが、立面構造上では同じ埋葬理念の下、平面形態だけを異にして伝来した可能性は考えられてよい。朝鮮半島南西部の支石墓が方形周溝墓に影響を与えたとみる説もみられるが、まだ結論は出ていない。また、二世紀以降になると、朝鮮半島に方形周溝墓と似るものが目立ってくる点は注意されよう。

　円形周溝墓は、起源地域ではそのまま発達しない。東方への拡大を中期前半から進め、内陸部を含んだ播磨東部や淡路南部、摂津西部の一部に初期の円形周溝墓が成立する。兵庫県小野市河合中カケ田遺跡の六基、加西市土井ノ内遺跡の二基、神戸市新方遺跡の三基、南あわじ市神子曽《みこそ》遺跡の三基などが主だったものであり、播磨灘を介した導入が考えられる。中期中葉になると、播磨一円と丹波への進出をとげる。兵庫県たつの市新宮宮内遺跡の大型例は径一九㍍もあり、この時点で方形周溝墓を凌ぐものが出現してくる。中期後半には但馬や摂津にも拡大し、後期から終末期段階には分布の重心が播磨から摂津へ、さらに河内・和泉など、いわゆる摂河泉地域へと変動する。後期前半には伊予地域にまで広がり、香川県林坊城遺跡では後期前半から中ごろに周溝拡張部に張り出し状の陸橋を持つものが現れる。後期後半を迎えると、香川県森広遺跡や陵遺跡で構築され、森広遺跡ＳＴ四〇一には、通路ともいうべき陸橋部が取り付く。

　この時期以降の円形周溝墓の群集状態がよくわかる実例として、神戸市深江北町遺跡をあげることができる。墓群は大阪湾の海岸から五〇〇㍍ほどの所にあり、調査区内で十二基が確認され、東群七基、西群五基の構成を示す。規模は径一〇㍍未満にすぎず、周溝は完周せず、陸橋部を残す。連接的に構築されており、五基で単葬の埋葬施設が確認されている。箱形木棺が中心で、一部に土器棺が用いられている。三世紀初頭を前後するころに一斉に造られたものである。後期末から庄内式併行期にかけてのこの段階には、神戸・尼崎・伊丹・三田・豊中・茨木の摂津諸地域や八尾・和泉・岸和田など河内・和泉地域においても築造されており、さらに大和盆地や丹波、琵琶湖沿岸など、近畿内陸部に波及するだけでなく、庄内式段階に大規模化し(大阪府八尾市成法寺遺跡ＳＸ一)、方形周溝墓との混在状況も確認できる(滋賀県野洲市小篠原遺跡)。

　方形周溝墓と円形周溝墓はいくつかの地域で濃密に交錯するが、播磨はその実態を知ることのできる典型的な地域である。大阪湾沿岸地域に登場した方形周溝墓は、前期末に明石川水域に入り、中期初頭から前半に播磨東部の内陸部、丹波西部、淡路南部に波及する。中期中葉から後半段階にはさらに西に拡大し、播州平野全体に広がっていく。後期後半から終末には播磨

方形周溝墓と円形周溝墓(兵庫県新宮宮内遺跡)

の西部や北部に達する。畿内側から西に向けての段階的変遷が着実に進むようすが見て取れる。しかし、その築造の時間をかけた広まりにこそ、瀬戸内圏で成立した円形周溝墓からの抑制がかかっているわけで、それも興味深いことに、方形周溝墓の西への分布圏拡大に同調する形で、明石川水系→加古川水系→市川水系→揖保川水系→千種川水系への広まりをみせるのである。平面プランを異にする二つの葬制は、互いに牽制と同調を示しつつ西進している点が注目されるのである。方形周溝墓が近畿の最も西端で確認された兵庫県赤穂市有年《うね》牟礼《むれ》・山田遺跡は、両者が弥生時代最末期には近畿最西端で歩調を併せて到達したことをうかがわせる。円形周溝墓の埋葬施設は、本来あった墳丘が削平などで不明なものが多い。そして、存在する場合は、木棺墓の単葬例が一般的である。方形周溝墓の盛行期のものが多葬例が多いのと比べると、対照的なありようを示す。さらに、二基一組になるメガネ状連接墓が多い点にも関心が寄せられよう。円形周溝墓は、善光寺平とその周辺部、さらに群馬県西部などにおいて埋葬施設に礫床墓を採用する。また、九州南部の日向地域などでもまとまった群構造を呈し、日本海廻りや瀬戸内・豊後水道などを介在させた海上の伝播経路が推測される。港津の発達する摂津域が後期以降の核となる点も理解しやすいありようと考えられる。

　古墳に引き寄せて考える方向の一つに円丘径の拡大化が注目されるが、後期段階で径二〇メートル以上の実例が数基現れるとともに、径一二〜一八メートルの規模のものが二十基を超えてみられ、最終末期から古墳時代前期にかけては、最大二五メートル規模の例が出現し、円形墓内における規模格差は著しく増大する。さらに墳丘の高さの変化があげられようが、方形周溝墓も円形周溝墓もその段階的増加が見込まれることは重要であり、周溝底からの盛土高は、一般的には、数十センチ～一メートル余から二メートルを超えるまでの増大を示している。また、周溝の平面形態や深さの変化も、本来は墳丘構築の土量と連動している部分が多く、留意すべき点であろう。さらに、古墳との接近を問題とするなら、南関東などでその存在が目立つ均質な規模の方形周溝墓群から隔離して立地する大型方形周溝墓の被葬者は(大崎台遺跡B地区七号方形周溝墓・折本西原遺跡一号方形周溝墓など)、明らかにその第一歩を踏み出した位置にあるだろう。加えて、円形周溝墓は基本的に沖積地に立地し、尾根上で前方後円形墓が発達する瀬戸内のようすとは大きく異なる点も重要だ。

いずれにせよ、円形周溝墓の場合、陸橋部付近で周溝幅が計画的に拡げられ(大阪府下池田遺跡SD〇〇一・滋賀県西円寺一号墓)、一方において、条溝程度の周溝によって外界と遮蔽され、突出部の形成が認められる例も増え(滋賀県五村遺跡など)、円形墓からの離脱を図りつつあるものが各地に存在し始めることは(大阪府豊中市服部遺跡一号墓・滋賀県長浜市鴨田遺跡SX一号墓など)、前方後円墳や纒向型前方後円墳の出現過程を考える上に見逃せない状況を示していよう。

なお、最後に発掘遺構としての方形周溝墓には、重大な問題点を含んでいることを指摘しておきたい。問題の発端は、北陸地方から発せられ、関東地方では熱心な検証が進められ、周溝の内側に柱穴や炉・貯蔵穴などが確認でき、建物が復元できる実例がかなり存在する事実が明らかとなった。百基以上の方形周溝墓の群在が確認されていた東京都豊島馬場遺跡はその典型例といえ、周溝墓として誤りないものは十基前後に源数し、その他はすべて建物とみられるように変化した。実際、一辺の中央に出入り口と考えられる陸橋部が付随するものが多いし、遺構の重複も目立っている。土器は葬送用のものではなく、甕なども顕著に加わって生活臭が看取される。墓と住まいの混同は許せない相談であるが、互いに確実な例から引き算を行なって、グレーゾーンに位置する発掘例に対しては、今後も慎重な探究の心構えが必要と考えられている。

参考文献　大場磐雄「方形周溝墓」(『日本の考古学』三月報所収、一九六六、河出書房)、寺沢薫「弥生時代の円丘墓」(『古代学研究』一二三、一九九〇)、立花実「推論・方形周溝墓の立面形態」(『西相模考古』二、一九九三)、森岡秀人「定型化以前の前方後円形墓」(『季刊考古学』五二、一九九五)、山岸良二編『関東の方形周溝墓』(一九九六、同成社)、大庭重信「方形周溝墓制の埋葬原理とその変遷」(『墓制から弥生社会を考える』所収、二〇〇七、六一書房)、岸本一宏「周溝墓を中心とした播磨地域の様相」(『弥生墓からみた播磨』所収、二〇〇八、第九回播磨考古学研究集会実行委員会)、福永伸哉「大阪平野における三世紀の首長墓と地域関係」(『待兼山論叢』四二、史学篇、二〇〇八)

(森岡　秀人)

王墓とよばれるもの

　商代の金文や甲骨文に刻まれた「王」は、君主を象徴する文字であった。戦国時代になると諸侯も王と称するようになり、漢代には王族から内臣、外臣の称号として用いられた。日本において王の文字は、金印「漢委奴国王」の印文や、倭(倭人)について述べた後漢から三国時代の正史にみられる。

　一世紀中ごろ「漢委奴国王」印の「委奴国王」と三世紀中ごろ卑弥呼に下賜された「親魏倭王」印の「倭王」、二つの印章に共通する王は、後漢や魏の外臣として冊封された首長の存在を示している。

　『漢書』地理志に「楽浪海中有倭人、分為百余国、以歳時来献見云」とみえるが、倭人が登場する紀元前一世紀代は、弥生時代中期後半にあたる。ここには倭人が絶域(東方の果て)から皇帝の徳を慕って朝貢を行なっていたと記されている。この時、朝貢を主導した北部九州の首長層は、前漢鏡やガラス璧など漢代の文物を、有力層に再分配し、その大小や枚数によって威信財としての価値を付与した。副葬によって権威が継承された墓は、首長墓や有力層墓、特定集団墓などとよばれる。

　広義の王墓は、首長墓や有力層墓のなかで優れた威信財を有し、墳丘や溝によって周囲から隔絶した墓の意味で用いられる。一方、狭義の王墓は、後漢や魏の外臣として冊封された首長の墓を意味する。「漢委奴国王」印を下賜された「委奴国王」、「親魏倭王」印を下賜された「倭王」卑弥呼の墓が該当する。

　西日本では、縄文時代前期に玦状耳飾や管玉など装身具の装着や副葬が認められ、後期にはヒスイ製玉類や大珠、骨角製や貝製の装身具を有する例がみられる。これらの墓の構造・規模には、周囲の墓との隔絶性が認められないことから被葬者は、司祭者など特殊技能を保持した人物と考えられる。

　縄文時代後期から晩期にかけての北海道に分布する周堤墓は、円形の竪穴の排土を周囲に盛り上げたもので、この中には外径が七〇メートル以上で高さが五メートルをこす規模の周堤が確認された例がある。後期末には石棒や石斧、ヒスイの玉などを伴い、晩期中葉から後葉には、石鏃やコハク玉を集中副葬する多副葬墓とよばれるものが出現する。縄文時代の墓制において、装身具や副葬品を有する墓や周堤墓のような構造物を伴う事例は、集団における特別な技能やリーダー的役割を映したものとされるが、王墓という表現は用いられていない。

　弥生時代の日本列島は、稲作を基盤とした社会に、金属器や文字が加わることで、東アジアにおける歴史的背景が明確になった。副葬遺物の組合せは、早期から前期は朝鮮系磨製石剣・石鏃、中期前葉は青銅武器＋多鈕細文鏡、中期中葉は青銅武器または鉄器、中期後葉は青銅武器＋鉄製武器＋前漢鏡、後期は鉄製武器＋王莽鏡・後漢鏡と変化する。東アジアの文化の枠組みと対比すると、早期から前期前半は遼寧青銅器文化、前期後半から中期前半は朝鮮細形銅剣文化、中期後半は前漢文化、後期は新・後漢文化に対応する。

北部九州において、磨製石剣や磨製石鏃を副葬する支石墓や石槨墓などが出現する弥生早期から前期の古段階は、有力層墓の萌芽期にあたる。

弥生中期になり、朝鮮半島系の青銅器が流入すると、墓の規模や構造面で有力層墓間の重層性は顕著となる。弥生中期初頭は、銅剣・銅矛・銅戈などの武器と多鈕細文鏡の副葬が始まる段階である。

中期初頭の吉武高木遺跡(福岡市西区)の中央に位置する三号木棺墓は、墓壙の上面に花崗岩の大石が「標石《ひょうせき》」として置かれ、青銅の武器と多鈕細文鏡が副葬され、さらにヒスイ勾玉や碧玉製管玉などの装身具が伴っていた。三号木棺墓は、墓壙の大きさと標石に構造的な突出性、武器と銅鏡、玉類を質量ともに優れた威信財とすることで被葬者を隔絶した存在と位置づけ、王墓とする考えがある。

中期後葉は前漢鏡など漢代の文物が伴う段階である。須玖《すぐ》岡本遺跡D地点(福岡県春日市)と三雲南小路遺跡(同糸島市)の甕棺墓は、前漢鏡やガラス璧が集中して副葬され、墓域を区画する墳丘や溝が確認された。

金印「漢委奴国王」全景・印面

漢帝国による認知を王墓の条件とする研究者は、漢代の文物を集中副葬する須玖岡本D地点や三雲南小路を王墓の嚆矢とする。この前提では、前漢への朝貢以前の倭人社会に王墓は存在せず、吉武高木遺跡の三号木棺墓は、有力層墓の一つとみなされる。

それに対し、漢の皇帝が王侯や功臣の死にあたって下賜した葬具は、黄腸題湊《こうちょうだいそう》という木槨、玉衣、玉璧、玉器であり、三雲南小路出土の金銅四葉座金具はガラス璧と同様、郡県の中・下級官人の墓から出土することから、身分の表徴ではない、とする考えがある。この基準では三雲南小路や須玖岡本D地点は、朝貢国の首長墓という位置づけにとどまる。

金印「漢委奴国王」は、「建武中元二年(五七)、倭奴国奉貢朝賀、使人自称大夫、倭国之極南界也、光武賜以印綬」(『後漢書』倭伝)の印綬に該当する。弥生中期後葉まで倭人は、「漢帝国の周縁部の種族」で朝貢国の域を出ることはなかった。それに対して金印下賜は、「東夷の外臣」として皇帝を頂点とする秩序に組み入れられたという点で画期である。

外臣にも国王、率衆王、帰義侯、邑君などの称号が与えられたわけだが、この場合の王は必ずしも漢王朝の諸侯や列侯に準ずるものではなかったようだ。

安帝永初元年(一〇七)、『後漢書』倭伝には「倭国王帥升等」が後漢に遣使を行い、生口百六十人を献じた記事がある。生口

墓と副葬遺物の対応関係

時期区分		日常土器	甕棺の型式名	主要遺跡	副葬遺物	装身具		
I	前期前半	夜臼II式～板付IIa式	(＋) K I a	雑餉隈15次 田久松ヶ浦 新町 今川＊	有柄磨製石剣・磨製石鏃・小壺	遼寧式銅剣加工銅鑿(酒井・伊崎1981)＊	遼寧青銅器	
	前期後半	板付IIb式	伯玄式 K I a・b	伯玄社 比恵25次＊	磨製石剣・磨製石鏃・小壺	剣形木製品(田崎1991)＊	朝鮮細形銅剣	
	前期末	板付IIc式	金海式(古) K I b	藤崎 カルメル修道院＊	磨製石剣・磨製石鏃・小壺	ヒスイ勾玉 錫製腕輪(山崎1976)＊		
II	中期初頭	城ノ越式(古)	金海式(新) K I c	吉武高木 中伏遺跡＊	多鈕細文鏡・細形青銅器・小壺(3号木棺) 細形青銅器・小壺(甕棺墓)	南海産貝製腕輪・銅釧 ヒスイ・碧玉製玉類 鋳造鉄斧(山口1992)＊		
	中期前葉(古)	城ノ越式(新)	城ノ越式 K II a	本村籠58号 原田遺跡＊	多鈕細文鏡・細形青銅器・青銅製工具	南海産貝製腕輪 ヒスイ・碧玉製玉類 小銅鐸(福島1987)＊		
	中期前葉(新)	須玖I式	汲田式 K II b・c	宇木汲田 吉野ヶ里 比恵51次＊	多鈕細文鏡・細形青銅器 有柄銅剣	諸岡型貝製腕輪・銅釧 ヒスイ・碧玉製玉類 ガラス製玉類 鋳造鉄斧(白井1996)＊		文化複合
III	中期中葉	須玖II式(古)	須玖式 K III a	吉武樋渡75号	細形＋中細形青銅器・鉄器(小型)	諸岡型貝製腕輪 ヒスイ・碧玉製玉類 ガラス製玉類		
IV	中期後葉	須玖II式(中)	立岩式(古) K III b	須玖岡本D 三雲南小路 立岩10号	漢鏡2・3期・中細形青銅器・有柄銅剣・鉄器(大型)	立岩型貝製腕輪 ヒスイ・碧玉製玉類 ガラス製玉類	前漢	
	中期末葉	須玖II式(新)	立岩式(新) K III c・K IV a	丸尾台 比恵57次＊	漢鏡3期・鉄器(大型)	立岩型貝製腕輪 辰砂(長家1997)＊		
V	後期前半(古)	高三潴式(古)	(＋)・K IV b	二塚山76号 桜馬場	漢鏡4期・鉄器(大型) 巴形銅器	ヒスイ勾玉 ガラス製玉類 有鉤銅釧		
	後期前半(新)	高三潴式(新)	三津式・K IV c	三津永田104号	漢鏡4期・鉄器(大型)	ガラス製玉類	新・後漢	
	後期中頃	下大隈式(古)	(＋)	飯氏7号	漢鏡4期(四葉座内行花文鏡I式)	ガラス製玉類		
	後期後葉	下大隈式(新)	神在式・K V a	野方塚原	漢鏡6期・鉄器	ガラス製玉類		
VI	終末～古墳早期	西新式(古)	石棺墓	三雲寺口2号	漢鏡6期・鉄器	ガラス製玉類	三国	
		西新式(古)	福井・臼佐原式 K V b・c	野方中原	漢鏡7期・鉄器	ガラス製玉類		

鉄器の大型は環頭大刀では全長35cm以上を目安とする.
甕棺の型式名の下段は橋口達也の分類による(橋口1979).
銅鏡の時期区分は岡村秀典の分類にならった(岡村1984・1990・1993).
＊は基準資料の出土遺跡・出土遺物名を示す.

は戦いで捕虜になった人(戦争奴隷)や特殊技能をもつ人とされる。「倭国王帥升等」は、『翰苑』では「倭面上国王師升」、北宋版『通典』では「倭面土国王師升」など、いくつかの表記が示されている。この時、おくられた「生口百六十人」は、のちに卑弥呼や壱与が献じた生口と比べても群を抜く人数であり、金印下賜から五十年後に、より広域なつながりを代表する存在へ移行したことがうかがえる。

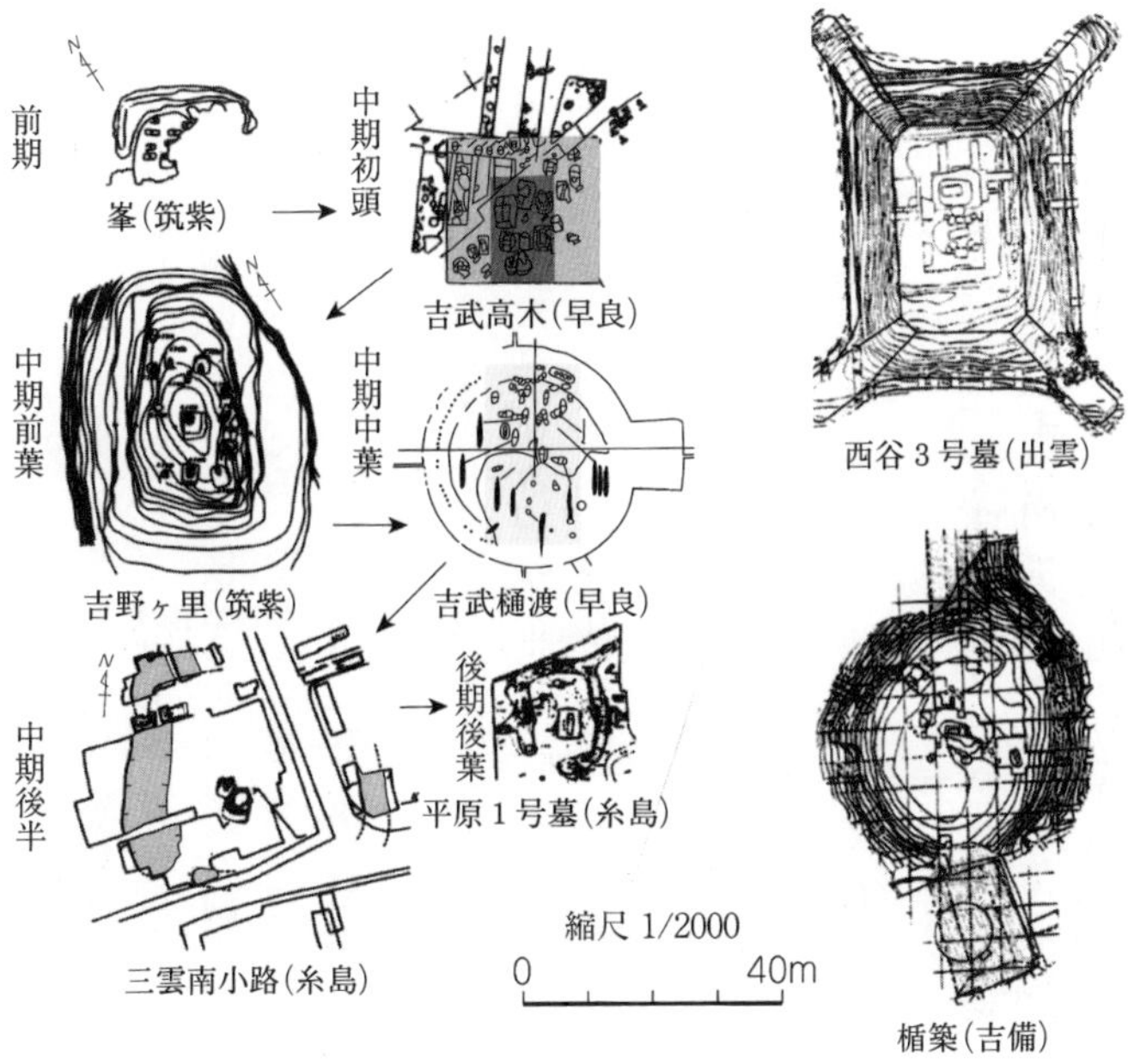

弥生時代における区画墓の比較

前一世紀代に漢との朝貢を主導した首長は、一～三世紀代には、漢や魏の外臣として冊封された存在に成長した。また倭人伝にある「世有王、皆統属女王国(世々王あるも、皆女王国に統属す)」の記述は、伊都国における王統の継承を伝えている。外臣として冊封された王は、種族(倭)を代表する盟主であり、伊都国の王は、壱岐や対馬など島嶼と連携した北部九州を基盤とする首長である。このほか卑弥呼と対立関係にある狗奴国の首長も男王と記されており、倭において「王」は、時代背景や存立条件を異にして存在したことを示している。

『魏志』倭人伝には、倭人の墓制に関する記述が二ヵ所にみられる。

一つは「其死有棺無槨、封土作冢(人が死ぬと棺はあるが(棺や副葬品をおさめるための)「槨」はなく、土盛をして墓をつくる)」の記述である。

二・三世紀代(V期後半)の吉備、出雲、伯耆、丹後、北陸にみられる大型墳丘墓は、平野や水系を単位とする盟主の伸張を背景に築造されたものである。それら墳丘墓のなかには長辺が六〇《メートル》をこえ、主体部に棺をおさめる槨をもつものもみられ、その規模や構造は同時期の玄界灘沿岸の有力層墓をゆうに凌いでいる。だが北部九州では、吉野ヶ里遺跡や吉武樋渡、須玖岡本D地点、三雲南小路遺跡のような前二～一世紀代(II期後半～IV期)に大型区画墓の段階を経ている。弥生後期の漢式鏡を集中副葬する墓は、井原鑓溝《いわらやりみぞ》と平原一号墓(福岡県糸島市)が傑出している。

井原鑓溝では、天明年間に大型壺を用いた甕棺から二十一面の王莽鏡と鉄製品、巴形銅器などが出土した。現存する銅鏡の拓本から後漢初頭にあたる弥生後期前半の銅鏡の副葬例としては、最も豊富な内容といえる。平原一号墓は、刳貫式の木棺を主体とする区画墓である。主体部の周辺から後漢鏡など四十面をこす銅鏡や大刀、豊富な装身具が出土した。井原鑓溝と平原一号墓、三雲・井原ヤリミゾ地区周辺部に継続して造営された有力層墓の在りかたは、伊都国の「世有王」の記述と整合する。渡邉義浩によれば倭人伝の「其死有棺無槨、封土作冢」の記述は、「槨」をもたない倭人の墓制を貶めているのではなく、薄葬が尊ばれた三国時代の風潮の中で倭の墓制を高く評価したものとされる。平原一号墓は埋葬主体に銅鏡を集中副葬するが区画墓としての規模は抑えられているという点で、倭人伝の記述とも矛盾しない。

もう一つは卑弥呼に関するものである。魏によって外臣に冊封された倭王卑弥呼は、呪術的権威のもとに共立された王で、三世紀中ごろに死去した。その後男王が立てられたが争乱となり、同宗の壱与が擁立されて収束した。「卑弥呼以死、大作冢、径百余歩、殉葬者奴婢百余人」の傍点部は、卑弥呼の墓についての記述である。「大作冢」は、大きな冢をつくった、とよまれる。一歩を六尺に換算すると径は一四〇《メートル》余りとなる。

前期古墳からは、卑弥呼が魏に遣使をした景初三年(二三九)や正始元年(二四〇)の年号をもつ紀年銘鏡が出土する事例があり、「倭王」卑弥呼の墓を特定するうえで重要視される。大和の初期の前方後円墳において、割竹形木棺と銅鏡を威信財とする葬制には北部九州、特殊器台・特殊壺の系譜をひく埴輪には吉備、板石を用いた竪穴式石室には四国の影響がみられる。地域連合の盟主として共立された卑弥呼の墓については、複数の地域の墓制や葬制が複合して創出されたとする説が有力である。

参考文献　梅原末治「筑前国井原発見鏡片の復原」(『史林』一六ノ三、一九三一)、青柳種信・鹿島九平太『柳園古器略考・鉾之記(復刻版)』(一九七六、文献出版)、柳田康雄編『福岡県文化財調査報告書』三雲遺跡南小路地区編、(一九八五、福岡県教育委員会)、町田章「三雲遺跡の金銅四葉座飾金具について」(『古文化談叢』二〇上、一九八八)、原田大六著・平原弥生古墳調査報告書編集委員会編『平原弥生古墳』(一九九一、葦書房)、近藤喬一「弥生時代」(『山口県史』資料編考古一所収、二〇〇〇)、柳田康雄『平原遺跡』(『前原市文化財調査報告書』七〇、二〇〇〇、前原市教育委員会)、岡村秀典「考古学からみた漢と倭」(白石太一郎編『倭国誕生』所収、二〇〇二、吉川弘文館)、白石太一郎「倭国の成立」(同所収)、江崎靖隆『三雲・井原遺跡』六(『糸島市文化財調査報告書』一、二〇一〇、糸島市教育委員会)、常松幹雄「甕棺と副葬品の変貌」(設楽博己・藤尾慎一郎・松木武彦編『弥生時代の考古学』三所収、二〇一一、同成社)、松木武彦「倭国の成立と吉備」(『邪馬台国の時代』所収、二〇一三、岡山県立博物館)、渡邉義浩『魏志倭人伝の謎を解く』(『中公新書』、二〇一二、中央公論新社)

(常松　幹雄)

墓地構造と出自

文字資料のない時代の墓を素材として、その墓地に葬られた集団や個人の姿を知ることはむずかしい。しかし、その社会がどのような組織に支えられていたのかを復元しなければ、弥生時代社会の本当の姿を理解したことにはならない。

埋葬はどのような原理に基づき、どの範囲の人々が埋葬されているのだろうか。それは夫婦なのかキョウダイなのか、婚姻に関する規定やタブーはどのようなものか、出自集団は、単系（母系・父系）なのか双系なのか。明らかにすべき課題は多岐にわたる。特に、弥生時代の場合は、各地で階層差がひろがる部族社会の段階から首長制社会への過渡期にあたっていると考えられており、それをどのように考古資料によって検証するのかが重要な研究課題の一つとなっている。

弥生時代の社会や集団の姿は、考古学が扱うことができる遺構や遺物などには直接的な痕跡を残さない。しかし、墓地にみられる墓の数や集合状況などに、社会や集団の一側面が投影されている可能性がある。たとえば、考古学的な分析は、埋葬施設の種類やそこに残された副葬品、さらに埋葬施設同士の配列や重複の関係などから被葬者の関係性を明らかにすることができる。また、墓に供えられた供献土器から、埋葬に立ち会った人々がどこから集まったのかを分析することも可能である。しかし、埋葬された人々の性別や血縁関係などについては、考古学的には明らかにすることがむずかしい。

これに対して人類学的な分析は、人骨の遺存状況がよければ埋葬された被葬者の性別や年齢、時には死因までも明らかにすることができる。また、複数の人骨が見つかれば歯冠計測法による血縁関係の分析や頭骨小変異による遺伝形質の有無、ミトコンドリアＤＮＡによって母子関係を明らかにできる場合がある。また近年では、ストロンチウム同位体分析により婚入者判別の可能性も高まっている。ただし、人骨の遺存は、地質・堆積学的な諸条件に左右されることもあり、被葬者の情報が特定の地形条件などに偏る傾向があることは否めない。

この両者の研究成果を連携させ、副葬品や着装品が、年齢・性別・階層・傷病などといった属性とどのような関係性を持っているのかを検討することにより、より深く被葬者像に迫ることが可能となる。特に、人類学によって判明した血縁関係が、同世代（キョウダイ）なのか二世代（親子）にわたる関係なのかという点については、考古学が埋葬施設の前後関係などから明らかにすることができる。大人と子供の埋葬が見つかれば、親子関係を連想しがちであるが、たとえば兄のほうが先に亡くなり成人した弟が同じ墓に埋葬されたキョウダイ埋葬という可能性も考えられるのである。両者の連携こそが出自や社会構造の解明につながるといっても過言ではない。

弥生時代の墓地として代表的なものに、北部九州を中心とした甕棺墓群で構成された墓地や、近畿地方を中心とした方形周溝墓群を中心に構成された墓地などがある。これらの墓は、ともに数多く集まって墓地(考古学でいう墓域)を形成している。墓域の中では、いくつかの墓の集合が、時に連なったり、時に離れたりといった粗密をもって分布しており、墓域の中で細分されるいくつかの分節構造＝墓群として把握することができる。考古学は、このような分節構造や墓の配置のあり方に加え、そこに含まれる男女の比率、副葬品の多寡などによる差異から、この墓群の中における個別の埋葬施設に葬られた人々の関係性や、出自などを復元してきた。

特に、北部九州や響灘周辺、近畿地方においては河内地域など一定量の人骨資料が出土する地域を中心に復元は進められてきた。前者においては被葬者の頭位方向や抜歯型式、あるいは埋葬施設の型式棺としてなどによって把握できる墓域における二分原理は、結婚によってムラに入ってきた婚入者とそのムラの在地出身者という構図で読み解かれた。

近畿地方においては、大阪府東大阪市瓜生堂《うりゅうどう》遺跡二号方形周溝墓などの調査成果から、並列して埋葬された男女ペアを夫婦とする家族墓仮説が提示された。特に、都出比呂志は、古典学説をふまえ、複数埋葬の方形周溝墓の被葬者が夫婦を中心とする「家長とその世帯」に対応すると考え、そうした方形周溝墓の集合を、家長とその兄弟や父母の世帯を含めた複合家族による世帯共同体であると評価した。

夫婦を基軸とする家族墓仮説は、方形周溝墓に小児埋葬が伴うこととも整合し、長く近畿地方の墓制研究を牽引することとなった。しかし、こうした考古学における出自の概念はムラ全体を一つの部族や部族構成の一部と評価している点に問題があるため、人類学による研究成果や用語を踏まえた再構築の必要性があることが田中良之によって指摘されており、大きな見直しを求められている。

弥生時代の人々は墓地に何を表示しようとしたのか、この問題について考える上で重要なのが子供の扱いである。集団の中にあって、子供はどの段階から集落の構成員として認められ成員権を得るのか、あるいは生まれた時から無条件に生得的地位を持つ子供は存在するのかといった問題は、社会の発展段階を知る指標の一つであり、出自が単系(母系・父系)なのか双系なのか、また、親から子供への財の継承はどのような形で行われていたのかという問題の解決が、古典学説や文献史学による研究成果を超克していく上でも重要な位置を占めている。

しかし、弥生時代を列島的に俯瞰した時、埋葬方法のあり方は実に多様である。人を埋葬するための施設としては、壺や甕などを棺として用いる土器棺墓や、木材や石材を組み合わせた木棺墓や石棺墓を使用するのが一般的だが、ただ穴を掘って埋葬するだけの土坑墓もある。また、単純に考えれば、子供の墓は小さく、大人の墓は大きいだろうと考えがちだが、弥生時代のように階層分化が進行している社会においては、その前提が通用しない場合もある。この点を正確に把握し、墓域における子供の埋葬の有無や、大人と子供の合葬例の意味についても正しく評価することが必要となる。

近畿地方における子供は、胎児や新生児は土器棺墓に葬られるが、二、三歳以上の小児は大人と同じ木棺墓や土坑墓に葬られるなど、年齢によって与えられる棺の種類が異なっていることがわかっている。遺跡から見つかる土器棺墓の数は、胎児や新生児の死亡率を考慮して考えると、検出例が非常に少なく、埋葬にあたり被葬者が選択されていることがわかる。重要なことは、未だ生まれていないのに埋葬される胎児と埋葬されない子供が存在する階層社会であったという点である。また、土器棺墓の被葬者は、弥生中期までは、胎児や新生児だけで一つの方形周溝墓が与えられることはなく、方形周溝墓の区画内で検出される場合は、必ず上位階層である複数埋葬の方形周溝墓に伴って見つかることとあわせ、複数の階層に分化していることがうかがえる。このことから、胎児や新生児については、埋葬の可否は本人ではなく親族の権利によって左右される状況にあったと考えられる。

また、二、三歳ごろに達すると大人と同じ埋葬施設である木棺墓や土坑墓に葬られるようになり、単数埋葬の方形周溝墓に埋葬されるものも現れるようになることから、この年齢に達すると集落における成員権が与えられる社会であったと考えられる。さらに複数埋葬の方形周溝墓において中心に埋葬されるようになる年齢などから、十二歳から二十歳の間には成人するような社会であったということも想定できる。こうした状況は、近畿地方では弥生前期から中期後葉まで続くが、後期から末ごろになると土器棺墓に埋葬される子供の年齢も五、六歳までと範囲が広くなり、同時に子供が複数埋葬の中心となる事例も認められるようになる。またこのころには、大きな棺に埋葬される子供と、小さな棺に埋葬される大人という逆転現象も確認できるようになる。弥生後期から末ごろには、近畿地方でも社会が大きく変化し始めていることがわかる。

一方、北部九州から響灘周辺地域では、大人との合葬例を除けば新生児の埋葬は見つかっておらず、意図的に墓域が区別されていた可能性があることが指摘されている。北部九州においては、甕棺墓に埋葬される年齢の下限は五、六歳ごろであり、このころには共同体の構成員として認知される社会であったと考えられ、近畿地方とは到達の年齢に差があることがわかっている。また、抜歯のあり方などから、思春期ごろには大人と子供の境界があったと考えられており、同じ弥生時代であっても地域によって集団の構成が異なっていたことがうかがえる。

近畿地方においては、多くの人を埋葬することが許される複数埋葬の方形周溝墓から、埋葬が許されない者まで、複雑な成層化の状況が墓域に表示されていると考えられる。上位階層においては、胎児をも埋葬することで、世襲を意図していることもうかがえるが、それが常時成功するという社会ではないことがわかる。子供の埋葬の分析は、こうした社会の成層化の状況を知る上でも重要な視点であるといえる。

北部九州においては、貝輪を伴う福岡市金隈《かねのくま》遺跡一四六号甕棺の小児の存在などから、社会の成層化の一端を確認できる。しかし一方で、豪華な副葬品をもつ厚葬墓が継続的に系譜を表

福岡市金隈遺跡出土146号甕棺（福岡市埋蔵文化財センター提供）

示しているような事例は見つかっていない。このことから、北部九州もまた、社会は成層化しつつも、それが世襲を成功させる段階には至っていないと評価できる。

以上のように近畿地方と北部九州においては、年齢などには違いもあるが、子供から大人へは、成員権の獲得や成人といった年齢による段階を経る、年齢階梯社会であったと考えられ、生まれた当初から生得的に地位が約束されるような社会には到達していなかったと考えられる。

埋葬された人々の関係性については、田中良之や清家章によって、九州から近畿までは、キョウダイを中心とした血縁者が埋葬されることが一般的であり、夫婦が埋葬されるようになるのは古墳時代を待たねばならないことが指摘されている。ただし、九州においては、佐賀県神埼郡吉野ヶ里町吉野ヶ里遺跡の事例のように、厚葬墓や区画墓の被葬者が複数の集落などから選択された非血縁集団の可能性があることが指摘されており、階層によっても埋葬原理や親族構造が異なっている可能性もあるなど、非常に複雑な様相を呈している。

墓地に埋葬された集団の出自の実像に迫るには、考古学と人類学の分析方法の長所を活かしつつ、民族学や社会学による成果も踏まえながら総合的に評価する必要がある。人類学や民族学、社会学の研究成果による仮説を、考古学はどのように検証するのか、その方法論をも含めた議論が必要とされている。

参考文献　都出比呂志「農耕社会の形成」（歴史学研究会編『講座日本歴史』原始・古代一所収、一九八四、東京大学出版会）、田中良之『骨が語る古代の家族』（『歴史文化ライブラリー』二五二、二〇〇八、吉川弘文館）、藤井整「近畿地方弥生時代の親族集団と社会構造」（『考古学研究』五六ノ三、二〇〇九）、溝口孝司「出自と居住をめぐる弥生集落論（『月刊考古学ジャーナル』六三一、二〇一二）

（藤井　整）

弥生墓の墓印

　発掘調査で見つかる弥生時代の墓の多くには、平面形の拘りと外部施設などがあって、当時から墓として認識しやすくする工夫が認められる。低い盛土に伴う石貼り、石積みなどはかなり恒久的なものであり、支石墓や積石塚ともなれば、単なる盛土のみの墳墓と比べると、構造物が後世まで残存する割合は非常に高くなる。こうした外部に残る諸施設や区画、目印も広い意味では墓標や墓印と呼んでよいが、個人墓の墓標を考える現代的な見方をあえてするなら、一体ごとの遺体の埋葬位置を地上標識として明確化するものが本来の墓標であり、その付属物である大小の供献の品々も対象が集団墓の場合と個人墓に帰属する場合とがあったであろう。死んだ者の姓名やその年月日、功績などが恒久的な願いを込めて石に彫られたり、木板などに記されたものが現代の墓標あるいは墓石として容易に連想できるが、二千年も遡る弥生時代の墓標ともなると、どの程度普遍的に存在したのかさえ不明な点が多い。

　弥生時代では、地上に目印を有する石棺墓に注意を払った金関恕の調査・研究が墓のマーキング探究の端緒をなしたといわれている。昭和三十二年(一九五七)の山口県梶栗浜遺跡の発掘によるものであり、その後、墓標石・標石・墓標配石・墓標・墓石などと呼ばれて、弥生墓の目印に関する研究は続けられており、本間元樹のごとく専論を書いた研究者も登場する。墓標は未来永劫にわたり墓地としてのその場所を記憶にとどめるようにするのが第一義であり、さらに後世に破壊されないことを前提に設けられた。また、近接地への埋葬に対する相対的配置、配列問題への配慮としての意義をもつものである。つまり、埋葬位置を客観的に示し、埋葬の範囲を正確に示して、地表構造物のない墓の存在を明示する意図を持つものである。発掘調査による検出率からすれば、墓標の存在を一般化することはできないが、性別や年齢階梯的には偏在しているわけではなく、その確認例を特殊視することはできない。骨化作用を必ず要する再葬墓などの場合は、土葬の初次埋葬の位置を知ることは不可欠であり、実利的な意義を有するが、意外と具体的に確認されたものは少ない。

　岡山県倉敷市楯築墳丘墓などは、弥生時代の墓としては、最も地上標識豊かなものの典型例であり、埋葬施設に標識をなす円礫堆や立柱石がみられる。しかし、このような例は、規模や構造に古墳への歩み寄りがみられ、弥生墓の標識の本来とはややかけ離れた存在である。一方では墓標と呼ぶには推測に足らない貧弱な例も多々みられるため、ここでは確実とみなされた実例を先行研究から取り上げつつ、具体的にどんなものが標識になっているかをみてみよう。

　墓標を置く、建てる行為は、通常は埋葬の直後に行われる。棺や遺体を入れる穴、墓坑を掘った土などで埋め戻し、その輪郭が判っている段階にその上面を覆う、あるいは囲むことによ

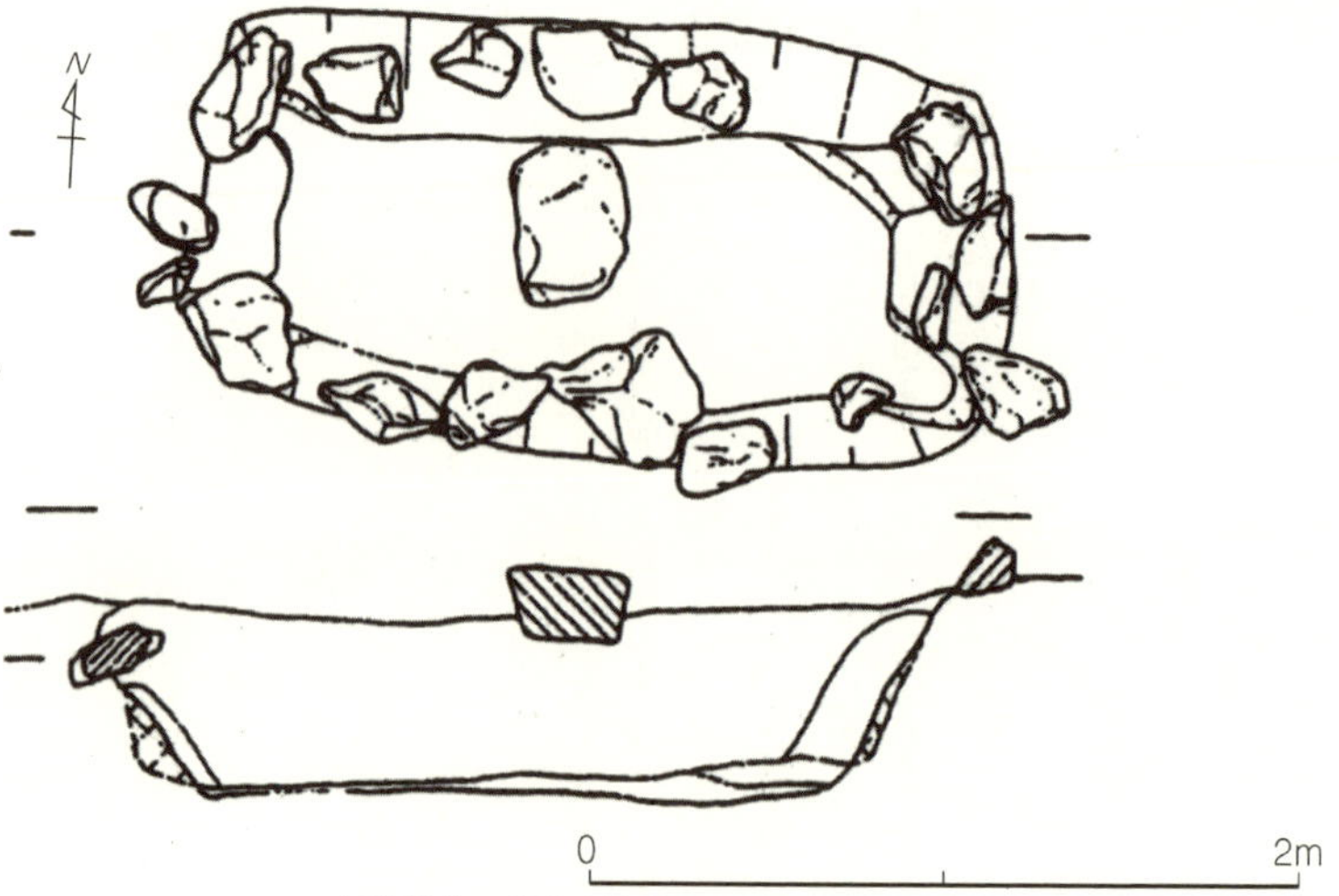

島根県友田遺跡土坑墓SK09

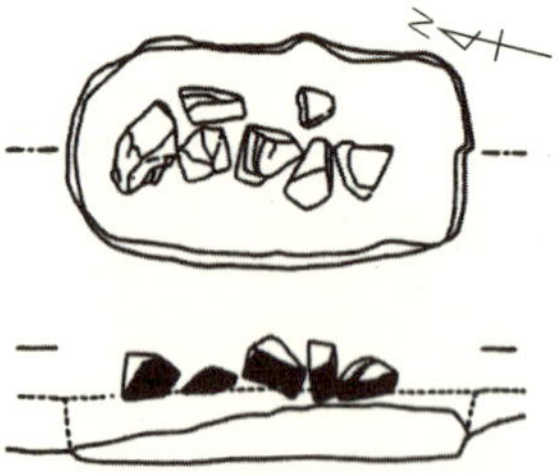

広島県藤が迫遺跡土坑墓２号墓

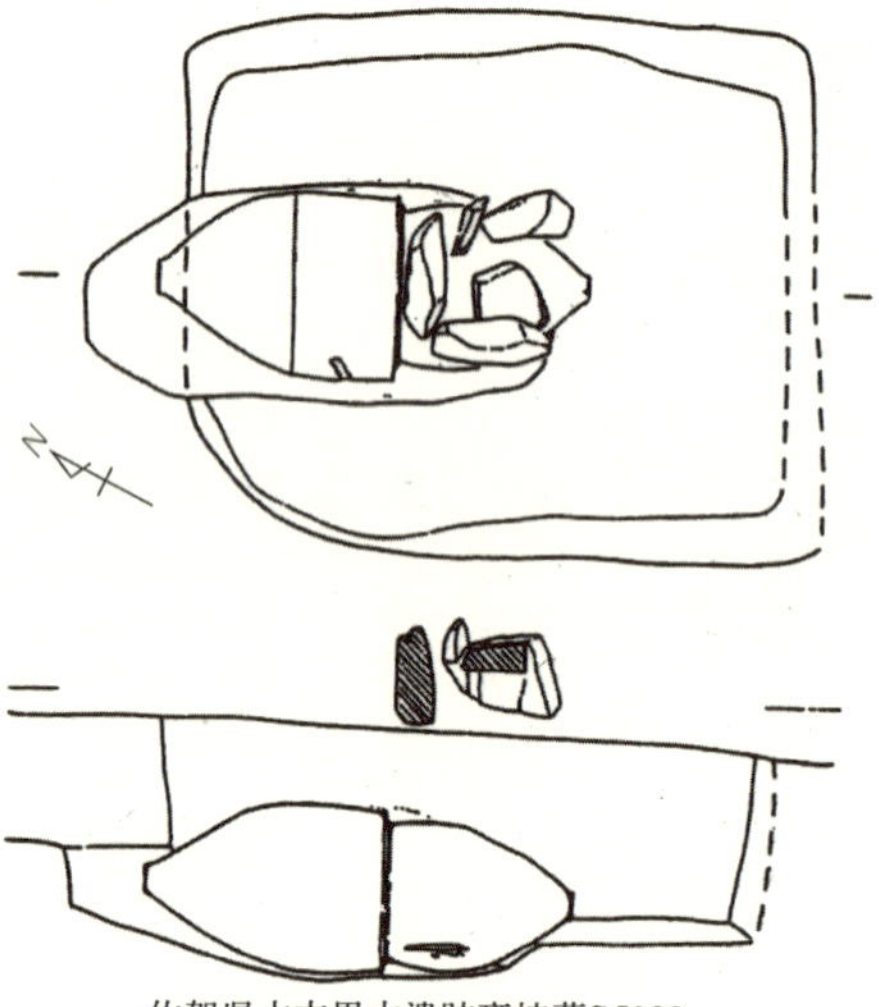

佐賀県六本黒木遺跡甕棺墓SJ032

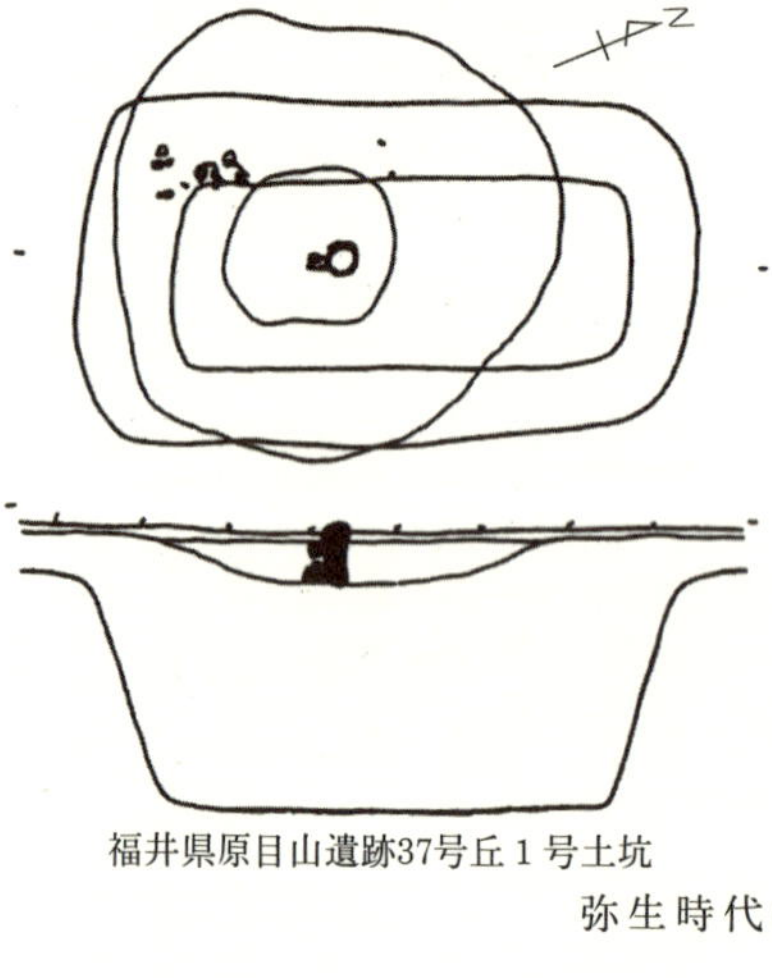

福井県原目山遺跡37号丘１号土坑

弥生時代の墓標　石材の例

って明示する。さらに墓坑の中心、墓坑の端・隅や遺体と見合う軸線、頭位の表示などが認められる。用いられるもの、方法は多様であるが、人頭大の石、拳程度の大きさの円礫・角礫や木・ピット(柱・杭)などで墓碑的なものや区域を示す例が大多数を占める。これらは地表に形跡をとどめるものも少数あるが、多くは発掘調査の過程で見出されることが多い。木製のものは腐朽して証拠を留めていないが、周溝墓などの溝で板材が確認されるものも多く、そういった目で吟味する必要があろう。方形周溝墓に木偶などが伴う場合は、祖霊崇拝など墓における信仰・儀礼との関わりによるものであろうが、それを立てる必要があった墓を明示する役割を果たしていたはずである。

墓標的施設が目立って存在するのは、中国地方と見られる。前期の広島県岡の段C地点遺跡では、百基近い墓のうち、二五%に墓印となる石材を持つ。前期後半の島根県堀部第一遺跡は五十七基の墓の多くに多様な標石が存在した。同県板屋Ⅲ遺跡・原山遺跡・沖丈遺跡も前期に属するが、配石墓のありようは、墓標的な意図が看取される。後期前半ごろの同県波来浜遺跡や友田遺跡にも各種の標石状の施設が認められる。立石で墓標の存在を示すものとしては、後期前半の大阪府巨摩遺跡J地区二号方形周溝墓の埋葬施設の一部主軸線に一個ないし少数個の標石を立てるものがみられる。

墓の位置を示す木製の柱や杭の可能性がみられる福島県一の堰B遺跡や宮城県十三塚遺跡の中期の例は、端や隅を示す意図があるようであり、埋め戻しに伴い位置が早くに忘却されやすい土坑墓などに伴うのかもしれない。木柱と思えるピットの例は、京都府奈具墳墓群の中期中ごろの木棺墓などにも類例が認められる(一号墓第二主体・二号墓第四主体・三号墓第二主体)関東地方の中期の再葬墓などでは、墓坑の上面に礫を置く程度の石標が散見される(栃木県出流原《いずるはら》遺跡、茨城県天神前遺跡)。後期末に属する福井県原目山遺跡三七号丘の場合、中心的埋葬の中央には標石が立てられ、周辺部埋葬の礫表示と区別されていた点が興味深い。中心となる埋葬の墓標は、後期初頭の広島県庄原市佐田谷墳墓群一号墳の木棺木槨構造のSK二に軸線や四隅を意識した要所に配石がみられた。墓域内での社会的地位などを示す墓標は、広島県の遺跡の例(北広島町須倉城遺跡一号調査区、東広島市藤が迫遺跡)などに顕著にあらわれているようである。九州南部や南西諸島の一部には、覆石墓と呼ばれるものが存在するが、墓標とみるより、施設の一部とみなせるものである。

なお、方形周溝墓には、墳丘の隅角部に土器を立てた例があり、何らかの表示を企図したとみていいものが認められる(大阪府東大阪市瓜生堂九号墓)。

参考文献　加藤光臣「石に固執した弥生墓の系譜」(『夢と汗』八、二〇〇〇)、本間元樹「弥生時代の墓標」(川越哲志先生退官記念事業会編『考古論集』所収、二〇〇五)

(森岡　秀人)

二列埋葬墓地

北部九州地方の弥生時代中期前半(弥生III期)を中心として、甕棺、木棺などの埋葬施設を二列に延々と配置した墓地が形成されることがあった。これを二列埋葬墓地と呼び慣らわしている。

この類型の墓地は、その形成過程と空間構造によって、いくつかの下位類型に分類される。㈠先行して存在したとおぼしき道状の空間に沿って、埋葬がそれを挟むようにその一端から他端へと基本的に順次営まれることにより形成されるもの、㈡同じく先行して存在したとおぼしき道状の空間に沿って、それを挟むように埋葬が営まれるが、それらがそれぞれの列ごとに、分割の明瞭な列状群を形成するもの。前者の典型例としては福岡県筑紫野市永岡遺跡・同県春日市門田遺跡があげられ、後者の典型例としては佐賀県鳥栖《とす》市柚比《ゆび》梅坂遺跡墓域C、同県上峰村(三養基郡上峰町)・東背振村(神埼郡吉野ヶ里町)二塚山遺跡があげられる。ちなみに佐賀県神埼郡吉野ヶ里町吉野ヶ里遺跡志波屋四ノ坪遺跡は、後者の非常に大規模な例であるが、その含意については後述する。また、㈢厳密には「二列」埋葬墓地と呼べるものではないが、埋葬の時・空間配置が列の形成を指向する多くの墓地がある。その具体像は、(1)一列配置、(2)多数列配置、(3)列状をなす埋葬小群が長軸をそろえて多数群在するもの、(4)必ずしも列を形成しないが、多数の埋葬が長軸をそろえて配置されることによって全体として「列形成指向」が明瞭なもの、など多様である。以下、典型的二列埋葬墓地(㈠・㈡)と、これら㈢を一括して、「列形成指向墓地」と呼ぶこととする。

列形成指向墓地は、縄文時代終末期後半／弥生早期にその形成が開始される、㈢(3)の一例である福岡県糸島市新町遺跡第一地点弥生前期前半グループなどを初源例として、弥生I期には、㈠に属する福岡市下月隈天神森《しもつきぐまてんじんもり》遺跡などが現れ、その後、弥生時代前期(I期)末／中期初頭(II期)から中期前半(III期)にかけて、埋葬列間の幅が三～五メートルで安定し、埋葬の時・空間的配置の様相から、二列の形成開始時、もしくは、それ以前から、「道」が存在したことが確実な㈠・㈡の存在が顕著になる。III期末になると、二列に配置された既存の埋葬個々への意図的近接配置を意図し、結果的に主軸を列に直行させる埋葬の数が増加する。III期いっぱいで、多くの二列埋葬墓地はその形成を停止するが、大規模な二列埋葬墓地においては、弥生時代中期後半(IV期)にかけて、既存の埋葬列の周辺に、新たな埋葬の既存埋葬への意図的近接配置によって形成される埋葬系列が集塊状に群在する墓地景観(「系列形成指向墓」)へと移行するものが多い(吉野ヶ里遺跡志波屋四ノ坪遺跡など)。弥生時代後期(V期)前半になると、少数の墓地で㈠・㈡の形成が復活し(福岡県小郡市狐塚遺跡など)、一部弥生時代終末期／古墳時代初頭(VI期／庄内式期)まで継続する可能性があるが、古墳時代前期までは継続しない。

その起源については、縄文時代終末期後半／弥生早期の類例に、同時期の朝鮮半島南部支石墓、またはその下部構造／関連埋葬施設、ないしはその変容型を含む類例が存在すること(糸島市新町遺跡など)、また、同時期の半島墓地の大多数の空間構造構成原理が、広義の列形成指向であることから、その発想については、水田稲作文化複合の構成要素の一つとして列島にもたらされた可能性が強い。しかし、弥生時代開始期の個々の墓地において、空間構造形成原理に多様性があり、また、一つの墓地においても、集塊状の墓群構成から列形成指向墓群形成へと移行した例(上述の新町遺跡など)が存在することなどからすると、その導入は選択的なものであったと考えられる。

また、北部九州の甕棺葬分布域のほぼ全域にわたって列形成指向が墓地空間構造構成原理の主流となる弥生II~III期前半が、水田稲作農耕文化複合の定着に促された人口増を一つの主要要因として、水田稲作適合地広域への居住域の顕著な拡大=集落分岐・拡散が起った時期でもあることは、列形成指向墓地、ことに、その理念型とも理解可能な二列埋葬墓地のになった社会的機能要件を推察する上で重要である。

佐賀県吉野ヶ里遺跡
志波屋四ノ坪遺跡

二列埋葬墓地の多くは、墓道状の帯状空間に沿って埋葬を配置することによって形成される。成人用埋葬施設に挿入される形で配置される乳幼児埋葬(多くの場合日常用甕形土器転用棺)が、大多数の場合墓道状空間内側から外側へと挿入されることは、墓道状空間が、葬送に伴うさまざまな行為の執行される場でもあったことを示す。また、墓道状空間をはさんで形成される埋葬列の外側は、しばしば、ある種の祭祀行為に使用されたと考えられる土器群が設置、ないしは放置／放棄される土坑／溝により画され、外部から象徴的に遮断される。このような空間において、もっとも自然に編成される集団的身体運動は「行列」である。行列は本質的に協調的身体運動であると同時に、それを「率いるもの」と「従うもの」という、ゆるやかな成層的関係を創発する。また、葬列が墓道状空間を進むとき、また、個別の埋葬行為が行われ人々が参集するとき、列状空間においては、すでに存在する埋葬を被覆したであろう土饅頭群が、葬送儀礼参加者の視線に自然に入る仕組みになっている。これらは、急速な分村によって困難化したと考えられる出自集団を基盤とする多様なネットワークの維持・再生産の必要性と、分村によって新たに形成された隣接集団関係が醸成する緊張関係・頻発する小規模戦闘が必要とする共／協同性感覚の高揚とそれに根ざしたリーダーシップの必要性の両者を、その空間構造が必然とする葬列編成が創発するリーダーシップと、列状に整然と配置された墓群が視覚的に強調する死者と生者との一体性、それに媒介される葬送参列者間の一体性によって、統合的に充足する装置として、機能的に適合したものと理解することができる。

このような社会的機能要件が低減した弥生Ⅳ期に、二列埋葬墓地と、列形成指向の墓地空間構造構成原理が急速に衰退したこと、また、弥生Ⅳ期末からⅤ期前半にかけての集落ネットワークの一時的かつ急速な減少と復活期に、列形成指向の墓地空間構造構成原理が復活することは、この空間構造構成原理が可能・必然とする共／協同性感覚の喚起と、これに基づくリーダーシップの創発が、社会的機能的要求に適合することによって引き起こされた現象として説明できよう。また、吉野ヶ里遺跡志波屋四ノ坪遺跡などの超大型二列埋葬墓地が、地域の中心的大型集落に付属して営まれ、それらには、その集落以外からも死者が運ばれ、埋葬された可能性が存在することは、このような機能的要件の充足が、形成途上の地域社会の統合にも貢献したことを推測させる。

また、典型的二列埋葬墓地の整然たるありさまは、その背後に生者と死者の世界を横断する二分原理の存在を想定させる。ただ、典型的二列埋葬墓地が、上述の列形成指向墓地カテゴリー中の一類型であることは、この二分原理が墓地空間構成に必ず表現されるような種類の厳密さ、強烈さでもって、社会構造の再生産原理として機能していたものではないことも示唆する。上述㈡類型、すなわち、二列構成が明確な墓地のなかで、それぞれの列ごとに明瞭な列状群がさらに分節されるものの存在を考え合わせるならば、クランやリネージ的性格を帯びた出自集団群を横断し、相互に互酬的に義務を遂行充足する「双分組織」を、二列埋葬墓地がゆるやかに体現している可能性は高い。田中良之も、骨考古学的知見にもとづく検討から、この可能性を指摘している。

いずれにせよ、二列埋葬墓地を含む列形成指向墓地を形成した葬送行為が、同時代の社会構造とその再生産の様態と密接に関連し、それを媒介するものであったことは、うたがうことができない。

参考文献　溝口孝司「福岡県筑紫野市永岡遺跡の研究」(『古文化談叢』三四、一九九五)、同「二列埋葬墓地の終焉」(『同』三八、一九九七)、田中良之「墓地から見た親族・家族」(佐原真・都出比呂志編『女と男、家と村』所収、二〇〇〇、小学館)、溝口孝司「弥生時代の社会」(高橋竜三郎編『村落と社会の考古学』所収、二〇〇一、朝倉書店)

(溝口　孝司)

木棺・土器棺

木材や土器を用いた遺体を納める施設で、特に日常用の壺や甕を転用したものを北部九州の専用甕棺と区別して土器棺と呼称している。土器棺は、その容量や棺内に遺存していた人骨から、胎児や乳児の埋葬に用いられたと考えられ、一定年齢以上になると木棺に葬られるようになる。

弥生時代の木棺は構造上、複数の板材を用いた組合式木棺と、一木を半裁して中を刳りぬいた刳抜式木棺に大別される。形態上、前者は箱形木棺と呼ぶこともできる。弥生時代の最も普遍的な木棺は箱形の組合式木棺で、棺自体の遺存例は近畿地方に多い。当時は釘や鎹《かすがい》といった緊結具が用いられておらず、木棺を固定するためには、板材同士を挟み込んだり一部を加工して組み合わせる方法と、板材を土中に埋め込んだり外側に土や石を充填して棺を固定する方法を併用する必要がある。つまり、組合式木棺は現地で組み立てて墓壙内に設置し、そののち遺体を中に納めることを基本とする。実際に墓で木棺の細部加工を行なったことがわかる例もあり、弥生中期の大阪府加美遺跡Y一号墓では、周溝内からコウヤマキの木屑が集積して出土した。

上記のような構造的特徴から、組合式木棺の区分は板材の固定方法を基準にI—III型に大別する福永伸哉の分類が有効である。I型は小口の板材を土中に埋め込んで固定し、それを支えにして側板を立てるもの、II型は底板の上に小口板を立てるもの、III型は墓壙四周に切り込みを付け、そこに側板をはめ込んで固定するものである。I型・II型ともに、小口板と底板の結合方法に細かなバリエーションがある。また、III型は弥生後期の中国地方を中心にみられる。

木棺は弥生時代になって出現することから、水稲農耕とともに伝わった外来の文化要素といえる。近年の北部九州および韓国での調査の進展により、弥生前期から存在するI・II型の組合式木棺の起源や系譜が判明しつつある。まず、北部九州では、弥生前期後半の板付IIa式以降に小口部に溝状の掘り込みを有するI型木棺が出現し、これに先行する夜臼式から板付I式段階では、裏込めに礫を使用する木棺が存在することが明らかになってきた。後者は礫の有無を除けば福永分類のII型に相当し、韓半島南部の青銅器時代でも同様の例が確認されている。このことから、II型は弥生時代の初めに朝鮮半島南部から伝わった棺型式と考えられる。これに対し、やや遅れて出現するI型は韓国内での事例がないことから、現時点では同様の構造をもつ石棺から材質転換によって成立したとみるのが妥当であろう。

刳抜式木棺は大阪府瓜生堂遺跡二三号方形周溝墓で弥生中期の実例があるが、多くは底板痕跡の断面がU字形に湾曲することから推測されるものである。北部九州を中心に弥生前期からすでに存在し、後期後半になると、吉備や丹後地域の首長層の棺に採用されるようになる。刳抜式木棺には小口部分に別の板材を当てたり粘土で充填するものと、身と一体化したものがあ

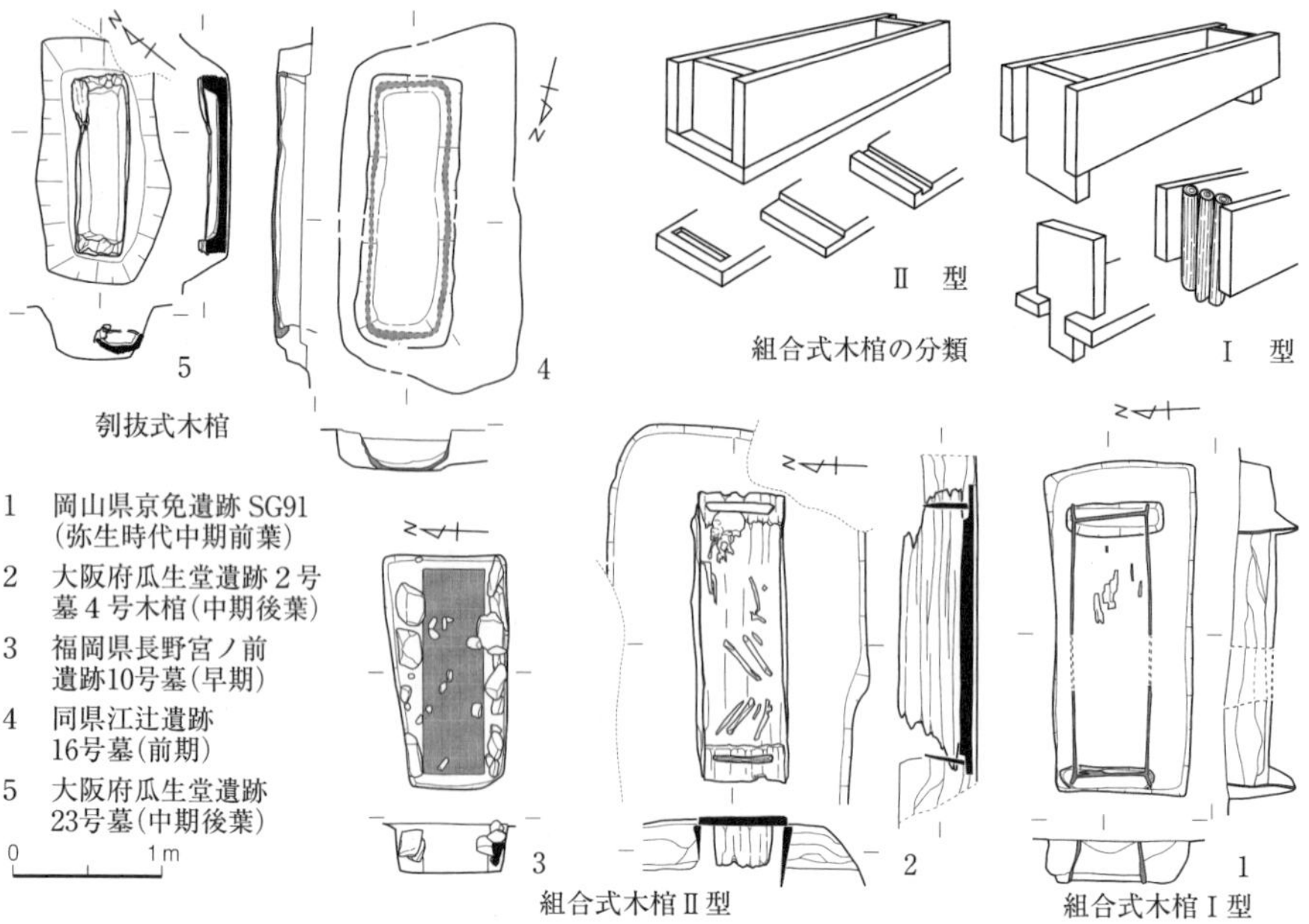

組合式木棺の分類

剜抜式木棺

1　岡山県京免遺跡 SG91（弥生時代中期前葉）
2　大阪府瓜生堂遺跡２号墓４号木棺（中期後葉）
3　福岡県長野宮ノ前遺跡10号墓（早期）
4　同県江辻遺跡16号墓（前期）
5　大阪府瓜生堂遺跡23号墓（中期後葉）
組合式木棺Ⅱ型
組合式木棺Ⅰ型

り、前者は組合式木棺と同様、現地で設営する構造といえる。一方、後者は遺体を納めて運搬することが可能であり、両者の葬送過程に違いがあったかは今後の課題である。

棺は遺体と直接接する施設という特徴上、被葬者個人の情報や被葬者をめぐる社会関係を探る材料となる。たとえば、棺は基本的に被葬者のサイズに合わせて作られることから、遺存した人骨の情報と併せて、棺の大きさから被葬者の年齢や埋葬姿勢の推測がある程度可能である。また、同じ墓域内で複数型式の木棺が混在する場合、階層差や集団差が反映した可能性がある。福永伸哉は近畿地方の弥生中期の事例を用いて、これを被葬者の出自差、すなわち婚姻による人の動きといった他集団との交流関係を示すとみた。

土器棺についても、胎児・乳児など年少者の死の扱いをめぐる当時の社会のしくみにアプローチできる。土器棺は、成人を含む共同墓地に一緒に埋葬されたり、共同墓地から離れて埋葬される場合があるが、前者の方形周溝墓の墳丘上で検出される場合、同じ墓の木棺よりも後に埋葬される傾向がある。土器棺被葬者が社会的構成員として認知されない存在であったため、一定年齢以上の死者とは異なる原理で埋葬された可能性がある。

参考文献　福永伸哉「弥生時代の木棺墓と社会」（『考古学研究』三二ノ一、一九八五）、大庭孝夫「北部九州における木棺墓の展開」（『究班』Ⅱ所収、二〇〇二、埋蔵文化財研究会）

（大庭　重信）

甕棺墓と支石墓

弥生時代の九州北部で特徴的な墓制である。支石墓は、朝鮮半島から伝播した墓制であることが確実であるが、甕棺墓の系譜については明らかではない。

深鉢などの土器を棺として用いた葬法は、少数ながら縄文時代以降行われていたが、弥生時代前期後半に九州北部の佐賀県東部と福岡県西部を中心とした地域で大型化し、後期前葉までの約二百五十年間、成人用棺として盛行したため、縄文時代の土器棺や古墳時代以降の土師器や須恵器・陶器の棺とは区別して、弥生時代の九州北部独特の墓制として甕棺墓と呼ばれている。最盛期である中期の前半から後半には、数百基から数千基の甕棺墓からなる墓地を形成する場合がある。

甕棺は、上下二個の甕形土器の口縁部と口縁部を合わせた「合せ口」のものが一般的であるが、上甕の口頸部を打ち欠いて下甕の口縁部を覆ったものや下甕口縁部に挿入したものもある。蓋としては、同形の甕形土器以外には鉢形土器や、まれに壺形、高坏形の土器が用いられるほか、木の板や板状の石も利用されている。深さ二㍍《メートル》前後の平面長方形あるいは楕円形の墓穴を掘り、その底に横穴を穿って下甕を置き、遺体を挿入し蓋をして、粘土などで目張りを施したのち埋め戻すといった手順で埋葬された。埋葬された遺体は手足を折り曲げた姿勢が一般的である。なお、甕棺の埋置傾斜は時期により変化する。

成人用甕棺は板付式の壺形土器から発達したもので、前期後半の伯玄式から前期末の金海式までは壺の形を残すが、その後は甕形土器の形態をとる。粘土紐による輪積み技法で作られており、表面はナデや刷毛目によって調整されるがタタキの痕跡をもつものもある。

甕棺は、その気密性から内部に人骨以外の副葬品や装身具などを残す場合が多く、福岡県の春日市須玖《すぐ》岡本遺跡や糸島市三雲南小路遺跡などでは漢鏡を三十面以上も副葬した王墓と呼ばれる甕棺墓も存在するなど、被葬者の生前の身分や階層、さらには当時の社会を考える重要な資料となる。漢鏡など製作年代がわかる副葬品の年代などから、九州北部甕棺の編年も組み立てられている。

甕棺墓から出土した人骨は、そのほとんどが形質学的に、高身長・高顔のいわゆる「渡来系」と呼ばれる人骨であり、甕棺墓の発生と発展に、朝鮮半島から九州北岸や有明海北岸に渡来した集団が深く関わったと考えられる。

支石墓は、箱式石棺や木棺、土坑墓、甕棺墓などの上に大きな石をおいた墓制である。東アジアでは、中国東北地方南部から朝鮮半島北西部に分布する小型の箱式石棺の上に蓋として大きな石で覆うものが最も古く、その影響のもと地上に板状の石四枚を箱形に立てその上を大きな石で覆うもの(卓子形)や、地下に埋められた箱式石棺や木棺などの地表に支石数個を置き大きな石を乗せるもの(碁盤形)が生れたとされる。朝鮮半島では

佐賀県船石遺跡１号支石墓

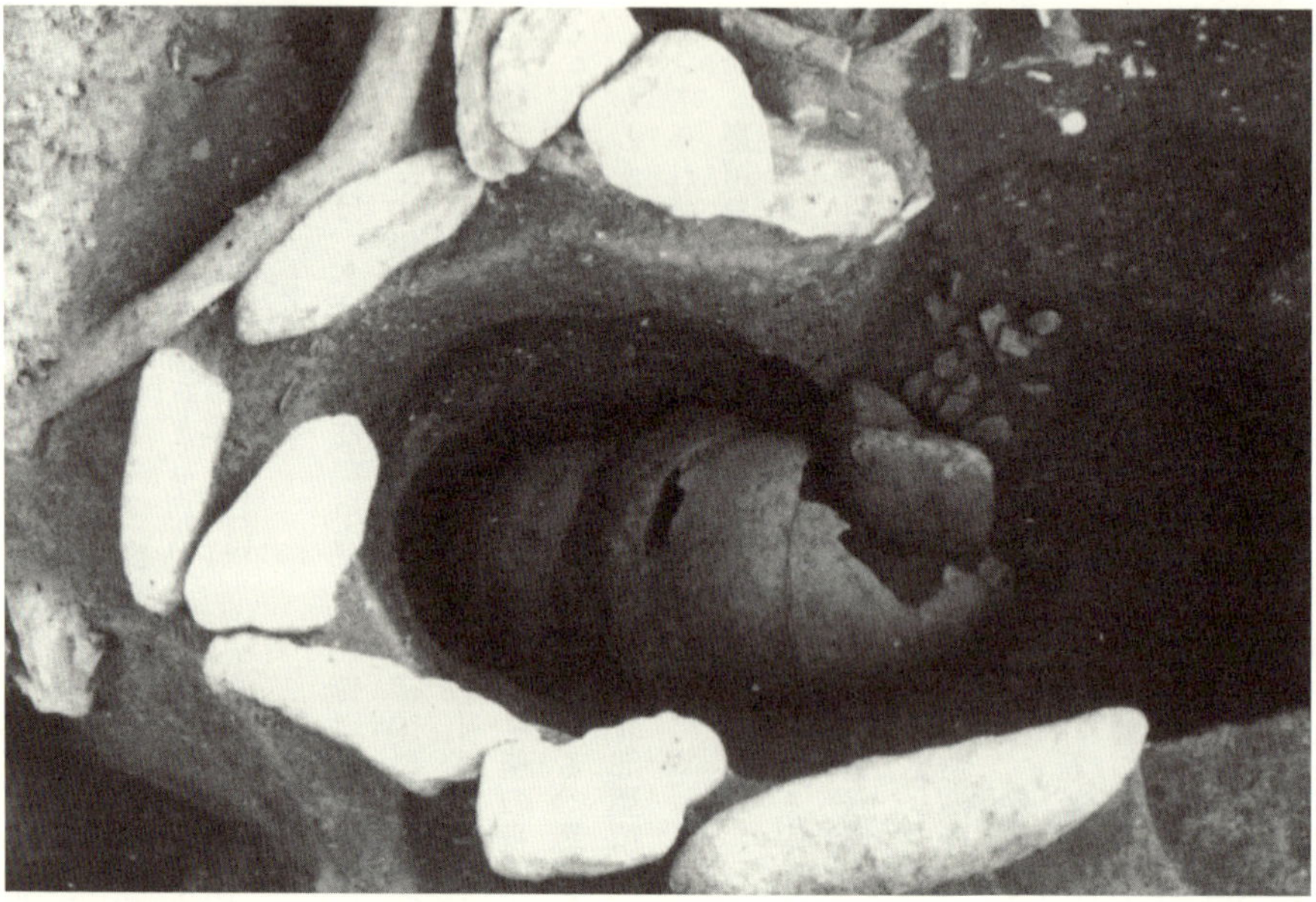

上図の支石墓の下に納められた甕棺墓

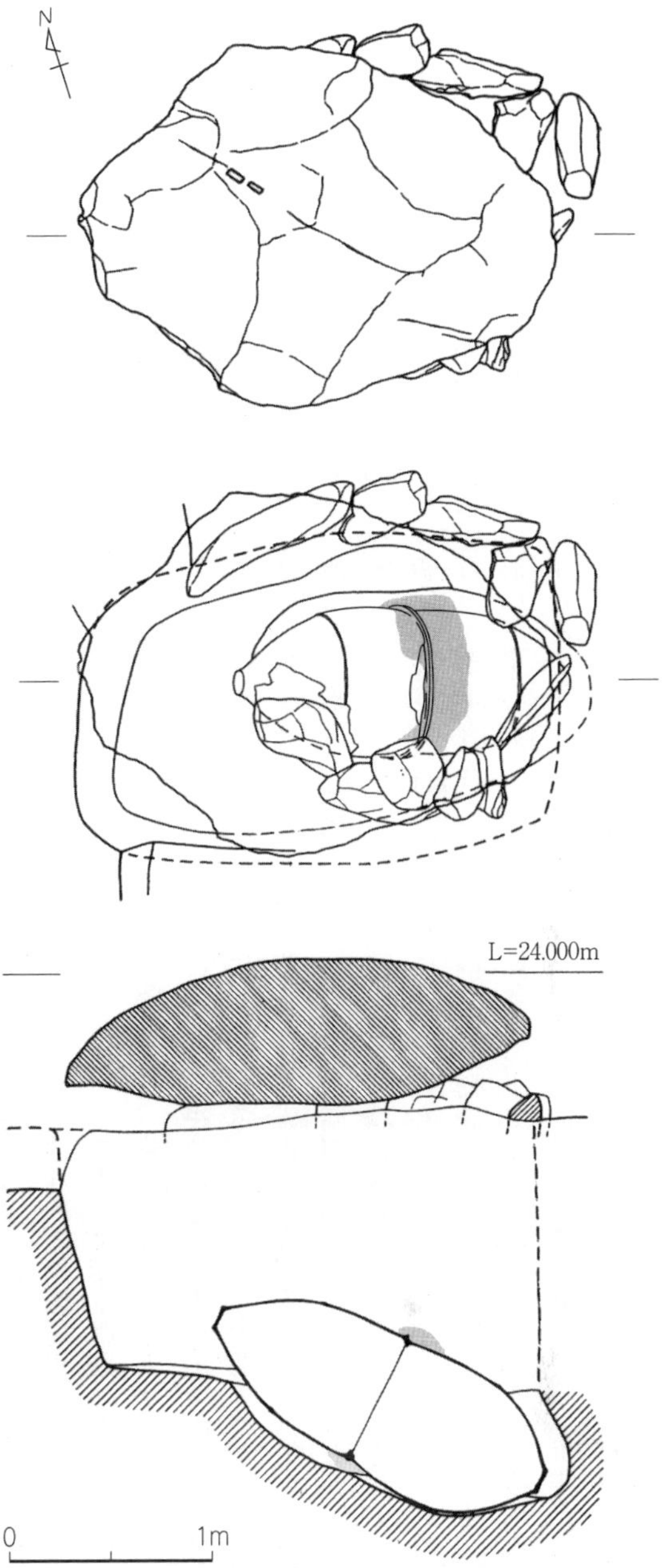

船石遺跡１号支石墓（亀石）実測図（上峰村教育委員会編『船石遺跡』より）

南西部（全羅南道）に特に集中して分布する。

九州では弥生時代早期に、朝鮮半島南部から碁盤形支石墓が西北九州の福岡県西部から長崎県北部の沿岸地方、佐賀平野へ伝播したが、支石を設けないものの存在や、埋葬施設として新たに甕棺が加わったことなどは特徴的である。早期に属する佐賀県久保泉丸山遺跡や長崎県原山遺跡などでは、百基以上の支石墓が発見されているが、前期以降、支石墓の数は減少する。

朝鮮半島では土器以外に磨製石鏃や石剣、銅剣などを副葬する例が多くみられるが、日本ではまれに磨製石鏃や装身具が副葬される程度である。この墓制はその後、熊本、天草、福岡県東部地方に広がり、中期後半にほぼ終焉を迎える。

支石墓は朝鮮半島系譜の墳墓であるが、福岡県新町遺跡などの弥生時代早期の支石墓から出土した人骨が縄文人的形質をもつことや抜歯風習をもつことなどから、縄文人がこの墓制を受け入れたものと考えられている。

参考文献　甲元真之「西北九州支石墓の一考察」（『法文論叢』四一、一九七八）、橋口達也『甕棺と弥生時代年代論』（二〇〇五、雄山閣）

（七田　忠昭）

破砕土器の供献儀礼

人の死に際し食器を割る習俗は、死者の魂を現世から他界へ送り出しケガレを祓う行為とされ、現在でも葬送に関わる民俗儀礼として確認される。弥生時代の墳墓から出土する葬送儀礼に供された供献土器にも、破砕や穿孔が施されるものがあり、意図的に損傷を加える行為が各地でみられる。こうした儀礼の背景には、葬送に際して、土器を破砕することにより土器に宿った霊力を解き放ったとする説や、損傷を加えることにより実用性を失わせ、ケガレを祓ったとする説がある。

弥生墳墓から出土する供献土器は、祭祀用土器が早くから展開する北部九州などの一部の例を除き、前期から中期の墓制では日常生活に用いられる土器と基本的に同じものが用いられている。供献土器儀礼にみる破砕あるいは穿孔の対象となる器種は、壺の比率が特に高く、口縁部や底部、胴部などの一部に限られていることが通例である。勝部明生はその意義について、日常の土器を祭祀に転用するために実用を否定する上から行われたもので、それにより神や死者の仮器となり、神霊の依代《よりしろ》となったとしている。これに対し、畿内の方形周溝墓出工の土器には、煮炊き用の甕が出土することや、煤が付着することに注目した田代克己は、土器そのものが仮器として供献されたわけではなく、葬送儀礼の際に飲食物を供するために用いられた食器が、葬儀終了後にケガレの観念から破砕や穿孔を施して廃棄されたものと結論づけた。葬送儀礼の際に土器を火にかける事例は、煤の付着の検証からも明らかにされており、集団の成員が祖霊となる被葬者とともに飲食をするなどのいわゆる共飲共食儀礼のなかで土器を使用し、破砕や穿孔を施して使用できない器とした上で廃棄されたとみる説が有力である。

土器の供献儀礼において、一部を破砕したり穿孔する行為は弥生時代の各時期を通じてみられるが、土器全体を破砕する例は後期以降、主に北部九州や山陰から北近畿の日本海側の墳墓を中心に確認されるようになる。なかでも丹後・但馬地域は、破砕した土器を墓壙内の棺の周辺に置く独特な葬法がみられる地域である。この儀礼は兵庫県豊岡市東山墳墓群の調査ではじめて認識され、墓壙内破砕土器供献儀礼と呼称され、丹後を中心に、北陸や摂津など広く周辺地域に波及していることが明らかにされている。その初現は中期後葉から末の墳墓にみえ、後期前半に最も盛行し、後期末まで二世紀余りの長きにわたり継続し、墳墓の階層を問わずに確認される興味深い儀礼である。破砕土器を墓壙に残したまま封土がなされるという点では、副葬に準じる行為であり、その淵源は朝鮮半島南部の墳墓にみる棺内への土器副葬にあるとみることもできる。

埋葬施設上で土器を破砕する儀礼は、後期後葉の大型墳丘墓が築造される段階に大きく展開する。推定全長約八〇メートルの両突出部をもつ円丘墓である岡山県倉敷市楯築《たてつき》墓では、木槨上に墓上祭祀に関わる厚い円礫層(円礫堆)が検出され、破砕された特

岡山県楯築墓　㊨墓壙上の多量の円礫(円礫堆)　㊧破砕された特殊器台(高さ112cm)

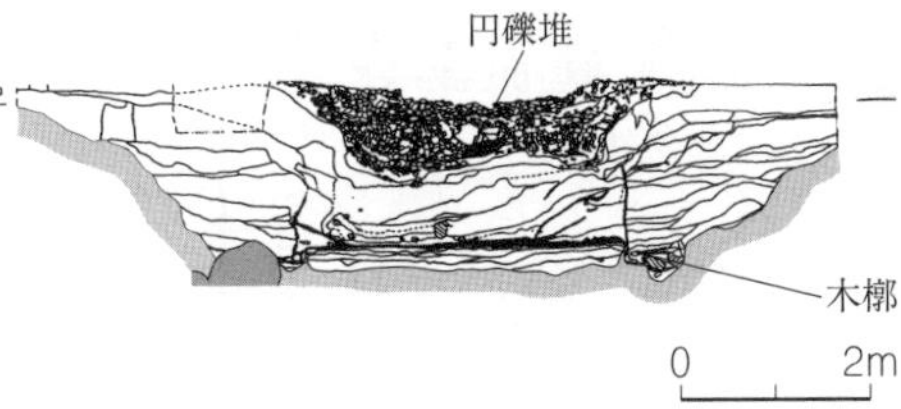

陥没する墓壙上の円礫堆(楯築墓墓壙縦断図面)

墓壙内破砕土器供献(京都府三坂神社3号墓)

殊器台や祭祀に使用された石製品・土製品など各種の器物が円礫とともに破片となって出土した。同時に周辺からは五十個体近くの焼成後の穿孔がある高杯や小壺などが出土し、これら仮器を用いることによって、首長霊への飲食物供献祭祀や集団構成員との共飲共食儀礼を形式的かつ象徴的に行なっていたとされる。墓壙上の円礫の集石遺構の上から、破砕された土器片が出土する例は、大型墳丘墓として知られる京丹後市赤坂今井墓や兵庫県加古川市西条五二号墓などでも確認されており、こうした墓壙上での破砕土器供献は、弥生時代後期後葉以降に各地の墳丘墓に広がりを見せる。

弥生時代における破砕土器の供献儀礼には、主に葬送に使用した供物や飲食に関わった雑多な土器をおそらくはケガレの観念から破砕する儀礼と、葬送のために特別に用意された加飾壺や器台などを神霊の依代として破砕する儀礼があり、後期後葉には双方がそれぞれの思想的背景のもとに重層的に葬送の場で執り行われたと考えられる。そして後者の儀礼こそが続く古墳時代初頭には重要な意義をもち、畿内系二重口縁壺を用いた墓壙上での破砕土器供献儀礼として確立し、出現期前方後円墳を中心に列島各地の初期古墳に広く受容されることになる。

参考文献　勝部明生「穿孔土器の考察」(『日本史論叢』所収、一九七六、横田健一先生還暦記念会)、田代克己「いわゆる方形周溝墓の供献土器について」(『村構造と他界観』所収、一九八六、雄山閣出版)、肥後弘幸「弥生王墓の誕生」(広瀬和雄編『丹後の弥生王墓と巨大古墳』所収、二〇〇〇、雄山閣)

(高野　陽子)

墓の中に弥生人をみる

弥生時代の墓は、全国的にみて数えきれないほど多く確認されており、この墓の中から人骨が発見されるケースはこれまで数千体に及ぶであろう。こうした出土人骨の形質人類学的調査・研究から、当時の人たちの姿かたちが明らかにされている。

弥生時代の人たちの形質について、山口県の土井ヶ浜遺跡や九州地方の各遺跡から出土した人骨の調査研究成果によって、大きく三つの形質のあることがこれまでに明らかにされている。山口県と九州北部の福岡県や佐賀県の遺跡から出土した人骨は、鼻が低く平坦で長い顔をしており、身長が高いという特徴をもっている。九州西北部の長崎県や熊本県の遺跡からは、彫りが深く短い顔をした、身長の低い人骨が出土している。九州南部の鹿児島県や沖縄県から出土した人骨は、九州西北部の人骨のように彫りが深く短い顔で身長は低いが、頭の形に特徴があり頭頂部からみると丸い形をしている。

このような地域別にみられる形質の差は、大陸からの渡来人の影響の差といえる。中国や韓国で出土した人骨との比較から、山口県と九州北部の人骨が最も近い形態であると指摘されており、続いて九州西北部、九州南部と沖縄県となる。つまり、大陸から渡来人が日本列島へ流入し、そしてその地から拡散するものや、混血をしたものがいたと考えられる。

これらの地域以外からも弥生時代の人骨は出土しており、鳥取県の青谷上寺地《あおやかみじち》遺跡、岡山県の南方《みなみかた》遺跡、奈良県の唐古《からこ》・鍵《かぎ》遺跡、愛知県の朝日遺跡などほかにも多くの遺跡から出土している。数体の人骨が出土しているだけであったり、保存状態が悪く形質がはっきりとしないものであったりするが、渡来人的な形質をもった人骨が出土しており、大陸から渡来した人や、その影響を受けた人が東方へ拡散したのであろう。

弥生時代の人骨の調査研究からは、こうした形質やその違いが明らかとなるばかりではない。たとえば、弥生時代の人骨に残された傷痕にも多くの情報がつまっている。傷痕の古病理学的な調査によって、人の生前の様子から社会背景までみて取ることができるのである。傷痕の残る人骨は、出土数の多い九州地域の十数ヵ所の遺跡から出土しており、関東地方でも神奈川県の大浦山洞穴から出土している。近年の調査では、奈良県の四分《しぶ》遺跡や鳥取県の青谷上寺地遺跡で傷痕の残る人骨が発見されている。四分遺跡は近畿地方ではじめて傷痕の残る人骨の出土を確認できた遺跡であり、青谷上寺地遺跡では傷痕のある人骨がまとまって確認されている。それぞれの状況をみてみよう。

四分遺跡の人骨は、弥生時代中期末に比定される若い男女の人骨であり、両者ともに傷痕が確認できた。女性人骨には二ヵ所、男性人骨には六ヵ所にも及ぶ傷痕が残っている。また、この二体の人骨は一つの土坑墓に頭を互い違いにして埋葬されていたのである。なぜこういった形で埋葬されたのかその意図は明らかではないが、人骨の出土状況や傷痕の調査からは、年齢

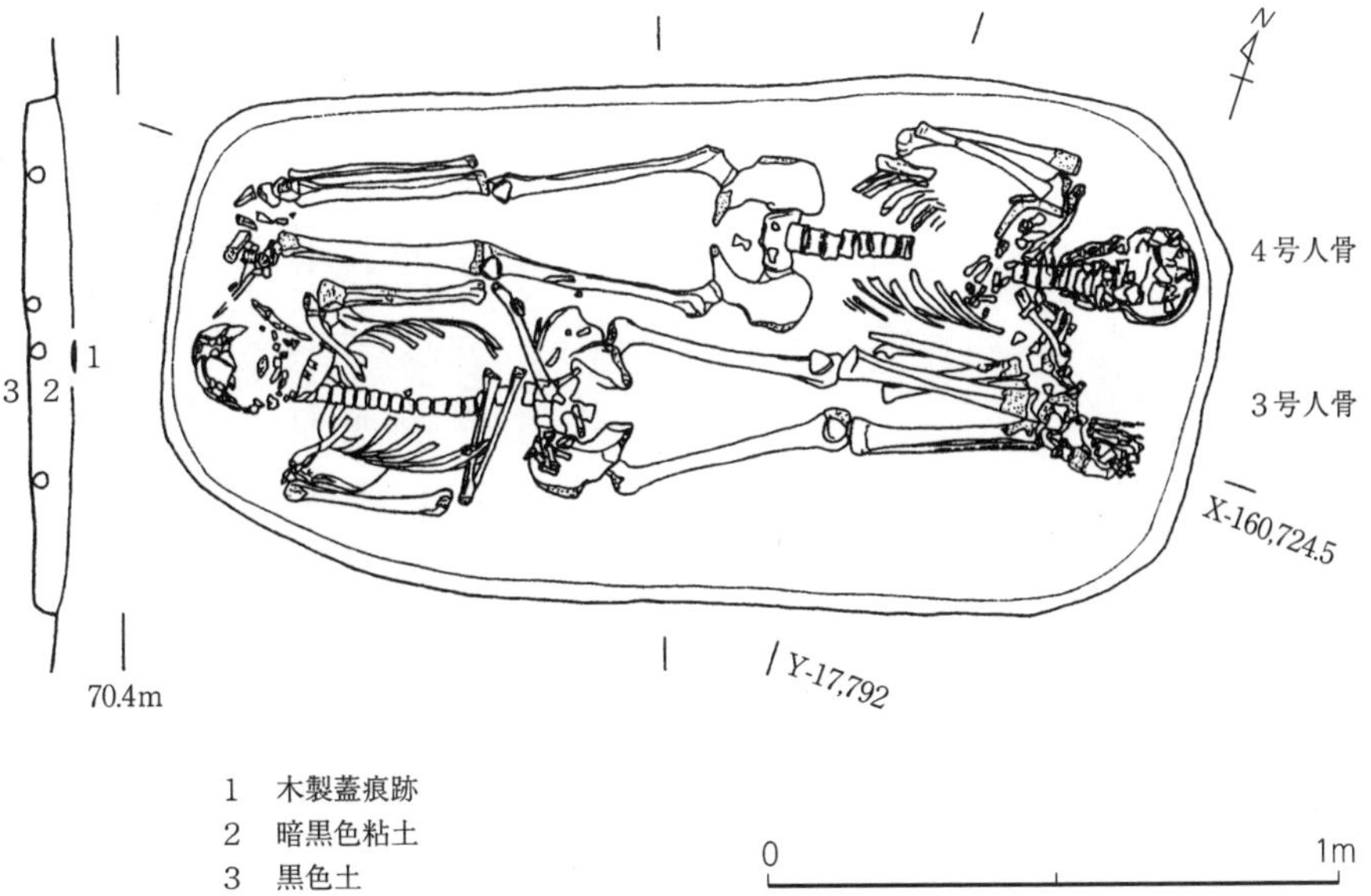

弥生時代人骨の合葬墓(奈良県四分遺跡，北が男性，南が女性，『奈良国立文化財研究所年報』1998-IIより)

の近い男女が生前に、頭を叩き切られたり、刺されたりして、数ヵ所に及ぶ傷をほぼ同時期に負い、同じ墓に合葬の形で埋葬されていたことがわかった。いったい何が起きていたのか、何かしらの争いごとがあったことが想像できる。

一方の青谷上寺地遺跡からは、弥生時代後期の人骨が溝の中から出土し、その骨には鋭利な刃物で切られた痕跡が確認されている。傷痕のある骨片は、百点を超える出土数である。これほどまとまって出土した事例はない。一部の関節は連結した状態であったが、大部分の骨は関節がはずれてばらばらになった状態で出土していた。骨に残された傷痕を見ると、半分に切り落とされていたり、腰骨に鏃が刺さっていたり、痛々しい傷が残されている。またこうした傷痕には治癒した痕跡がない。多くの人がすさまじい傷を負って、溝の中から発見される状況からは、戦闘行為によって亡くなった人が大量に埋葬された可能性も考えられている。

弥生時代におけるこうした受傷人骨の事例は、考古学の発掘成果と合わせて弥生時代に戦争を行なっていたとの考えを生み出している。組織だった戦争の有無は定かではないが、きわめて重篤な傷痕のある人骨がこれほど多く認められることは、弥生時代の社会の一面を如実に映し出していると思われる。

(大藪由美子)

参考文献　池田次郎『日本人のきた道』(『朝日選書』六一四、一九九八、朝日新聞社)、大藪由美子「奈良県四分遺跡出土の弥生時代人骨における傷痕の形態学的分析」(『考古学研究』五三ノ三、二〇〇六)

副葬と着装の品々

墓に遺体が納められる際に、身体や衣服に着けられた着装品と、直接的には身体には着けないが遺体とともに甕棺や木棺などの棺内に入れられた副葬品がある。棺外側に近接して出土する品々についても棺外副葬品として取り扱われる。棺や人骨の残り具合が良好で着装品と副葬品を区別できる場合もあるが、人骨・衣服・棺の腐食・破壊により、明確に区別ができず総称して副葬品として取り扱われることも多い。副葬品や着装品の内容により、葬られた人物の性別、社会的な地位、人物や集団の他地域との関係などを考える手がかりを得ることができる。

副葬品の代表的なものには鏡、武器、装身具(玉類など)があり、ほかには農工具、漁具、土器などがある。弥生時代には大陸・半島から新たな素材として金属、ガラスが伝わり、当初は大陸から製品がもたらされたが、やがて国内でも生産が始められていく。玉類の石材としては伝統的なヒスイとともに新たに緑色の石材(碧玉・緑色凝灰岩)が選択された。

鏡には、朝鮮半島製と考えられる背面に幾何学文様をもつ鏡(多鈕細文《たちゅうさいもん》鏡)や中国の前漢(前二〇二—後八年)・後漢(二五—二二〇年)時代に製作された中国鏡、さらには中国鏡をモデルにして国内で生産され始めた小型鏡(仿製鏡)がある。武器には、石製・鉄製・青銅製の剣(両側に刃がつく)、矛(袋状の部分に柄を差し込んで使用)、戈《か》(長い柄に直角ないしは斜めに身を取り付けて使用)、大刀、鏃がある。農工具としては鉄製・青銅製の鎌、斧、鉇《やりがんな》、鑿《のみ》、刀子があり、漁具には鉄製釣針、ヤスがある。装身具には、木製の櫛や石・ガラス・鹿角製の各種の玉類(勾玉・管玉・小玉)、貝・青銅・鉄製の腕輪や銀・貝・鹿角製の指輪や足輪がある。ほかには中国製の円盤状の玉器(璧)や盾の飾りと推定される金具(巴形銅器)などがある。これらの副葬品は地域や時期によりさまざまな様相をみせる。

北部九州や山陰・山陽・北陸地方などで豊富な副葬品をもつ墓が多くあるが、特に北部九州に集中し、中期以降で傑出する内容をもつ墓は「王墓」と呼ばれる。北部九州での主な副葬品の組み合わせは、前期は石製武器と土器(小壺)、前期末から中期中ごろまでは多鈕細文鏡、青銅製武器類やヒスイ・碧玉製玉類、貝製腕輪(貝輪)などであり、中期後半には青銅製武器類が減少するとともに鉄製武器・工具類が登場し、前漢鏡やガラス製玉類が加わり、貝製腕輪やヒスイ・碧玉製玉類もみられる。後期は後漢鏡、小型仿製鏡、金属製腕輪、鉄器、巴形銅器、ガラス製玉類などである。京都府北部の丹後地方では、後期にガラス製の装身具(小玉・勾玉・釧《くしろ》)と鉄器(剣、大刀、鏃、鉇)が豊富で、北陸地方の管玉には赤色の鉄石英も使用される。

出土状況から人物への着装が判明する資料には、髪飾り、頭飾り、耳飾り、首飾り、腕飾り、足飾りがある。これらの装身具類は、鏡や青銅器類とともに人物の社会的地位表示に関連する資料として重要である。

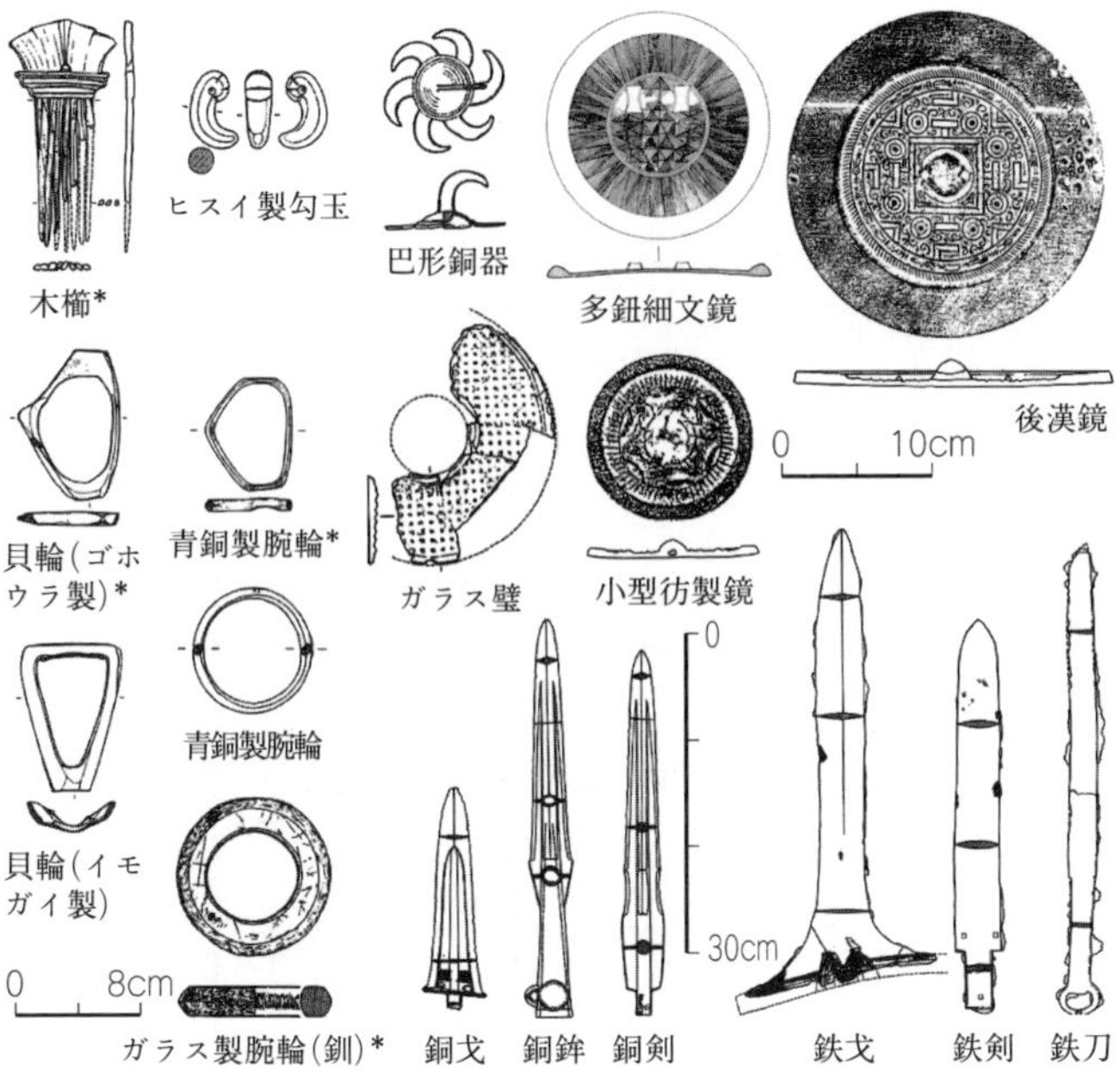

副葬品や着装品(＊は着装された，あるいは着装が推定される資料)

人物の頭部左側に接して出土した木櫛は、髪への着装が推定されている(大阪府東奈良遺跡)。頭飾りには管玉・勾玉・小玉などの玉類が組み合わされて使用された。緑色ガラス製管玉を主体とする五百五十五個の玉類と特殊なガラス器を組み合わせて垂飾りを伴うヘアバンド風にした例(福岡県立岩遺跡)がある。頭部左右からの碧玉製管玉の一個ずつの出土例が耳飾りとみられるが、少数例である。

首飾りは中心飾りにヒスイ製勾玉を置き、碧玉製管玉でつなぎ連をなす形が好まれたが、勾玉一点のみ、管玉のみの場合もある。六百三十二個もの管玉を何連にも巻き豪華な胸飾りとした例(兵庫県田能遺跡)があり、後期にはガラス小玉・勾玉も首飾りに多用される。東日本では再葬墓に伴って人の指の骨や歯を加工したペンダントが発見されている。

腕飾りには、貝・金属(青銅・鉄)・ガラス製の腕輪があり、管玉やガラス小玉を連ねて腕輪とすることもある。北部九州の甕棺には、奄美諸島・沖縄地方の大型巻貝(ゴホウラ、イモガイ)を加工した貝製腕輪(貝輪)の着装例が多くある。ゴホウラ製は主に男性の右腕に、イモガイ製は女性に着装される。日常生活に不便な右腕への装着例が多いことから祭祀に関係する人物との指摘もあるが、生前の装着状況は不明であり、議論がある。後期には貝輪を模した青銅製腕輪(銅釧)の例が北部九州や近畿地方であり、鉄製腕輪(鉄釧)は長野県を中心に東日本での分布がみられる。京都府大風呂南一号墓のガラス製釧は、鮮やかな青色で中国産の優品とされる。指輪には巻貝製品と鹿角製品の装着例があり、足飾りとしては右足首に一連の貝製臼玉をもつ例があるが、これらは少数例である。

(前田　敬彦)

参考文献　常松幹雄「甕棺と副葬品の変貌」(設楽博己・藤尾慎一郎・松木武彦編『弥生時代の考古学』三所収、二〇一一、同成社)

弥生墳丘墓

主に盛土からなる墳丘をもつ弥生時代に属する墓を指す。盛土をもたない方形周溝墓などと区別する術語として用いられたが、これに新たな意味を加え、歴史的に意義づけたのは、近藤義郎である。近藤は、昭和四十五年(一九七〇)に岡山県倉敷市楯築《たてつき》墓の調査から、溝や平坦面の削り出しにより墓域を画する周溝墓や台状墓に対し、主に盛土によって墓域を画し形成するものとして弥生墳丘墓を定義した。楯築墓は、円丘部約四〇㍍、二方向に突出部をもつ総長約八〇㍍の巨大な弥生墓である。近藤はこうした弥生時代後期の墳丘墓の大型化に注目し、墳丘上の弥生首長の葬送祭祀が、地域的に首長霊継承儀礼として確立し、やがて古墳に継承されるとした。定式化した最古式前方後円墳は、後期後葉に各地で大型化する弥生墳丘墓にみる葬送儀礼の諸要素を引き継ぎながら、斉一化に向けてさらなる飛躍的発展を遂げたものであり、弥生墳丘墓から古墳への階梯を明らかにしようとしたのである。

弥生墓制には、墳丘墓のほかに、周溝墓・台状墓などの分類があるが、都出比呂志は弥生中期後半の東大阪市瓜生堂《うりゅうどう》遺跡二号方形周溝墓など、周溝を持ちながらも盛土によって墳丘を構築する墳墓を例に挙げ、盛土の有無から墳丘墓を峻別する概念規定はきわめて曖昧であり、実態に則して墳丘をもつ弥生墓すべてを墳丘墓と一括した上で細分すべきとしている。のちに近藤自身も、「方形周溝墓型弥生墳丘墓」などの包括的な術語を用いるが、弥生墳丘墓が提唱された当初の基本概念とは、前方後円墳の出現に先駆け、大型化する弥生墳丘墓に特定個人墓(首長)としての性格を与え、古墳に継承される要素を見出し、首長墓の検出を視座においたものであり、その論拠に沿えば、本来は弥生時代後期後半に各地で大型化し古墳への傾斜を強めた弥生墓に限定的に適用されるべきであっただろう。

古墳出現前後の列島内では、瀬戸内沿岸部や、日本海側の山陰、北近畿、北陸の各地で多様な墳丘形態をとる地域色豊かな弥生墳丘墓が築造される。吉備では、前述した楯築墓、山陰では貼石をもつ四隅突出型墳丘墓である出雲市西谷三号墓、同じくその最大規模の墳墓の可能性が高いとされる鳥取市西桂見墓、また北近畿では方形墳丘墓の京都府京丹後市赤坂今井墓、北陸では貼石を持たないタイプの四隅突出型墳丘墓である福井市小羽山《おばやま》三〇号墓などを主要な弥生墳丘墓としてあげることができる。いずれも地域の「王墓」とされる大型墳丘墓であり、鉄剣などの鉄製品や多量のガラス玉類などの威信財が副葬されるが、墳形は多様で副葬品の選択に前期古墳にみられるような斉一的な性格は認められない。こうした様相の中から新たに登場するのが前方後円形墳墓であり、奈良県箸墓(箸中山)古墳にみる定式化した前方後円墳が成立する直前の庄内式期に、大和・瀬戸内の一部要所地域に出現する。箸墓(箸中山)古墳の築造をもって古墳時代のはじまりとする立場では、これらは弥生墳丘墓と

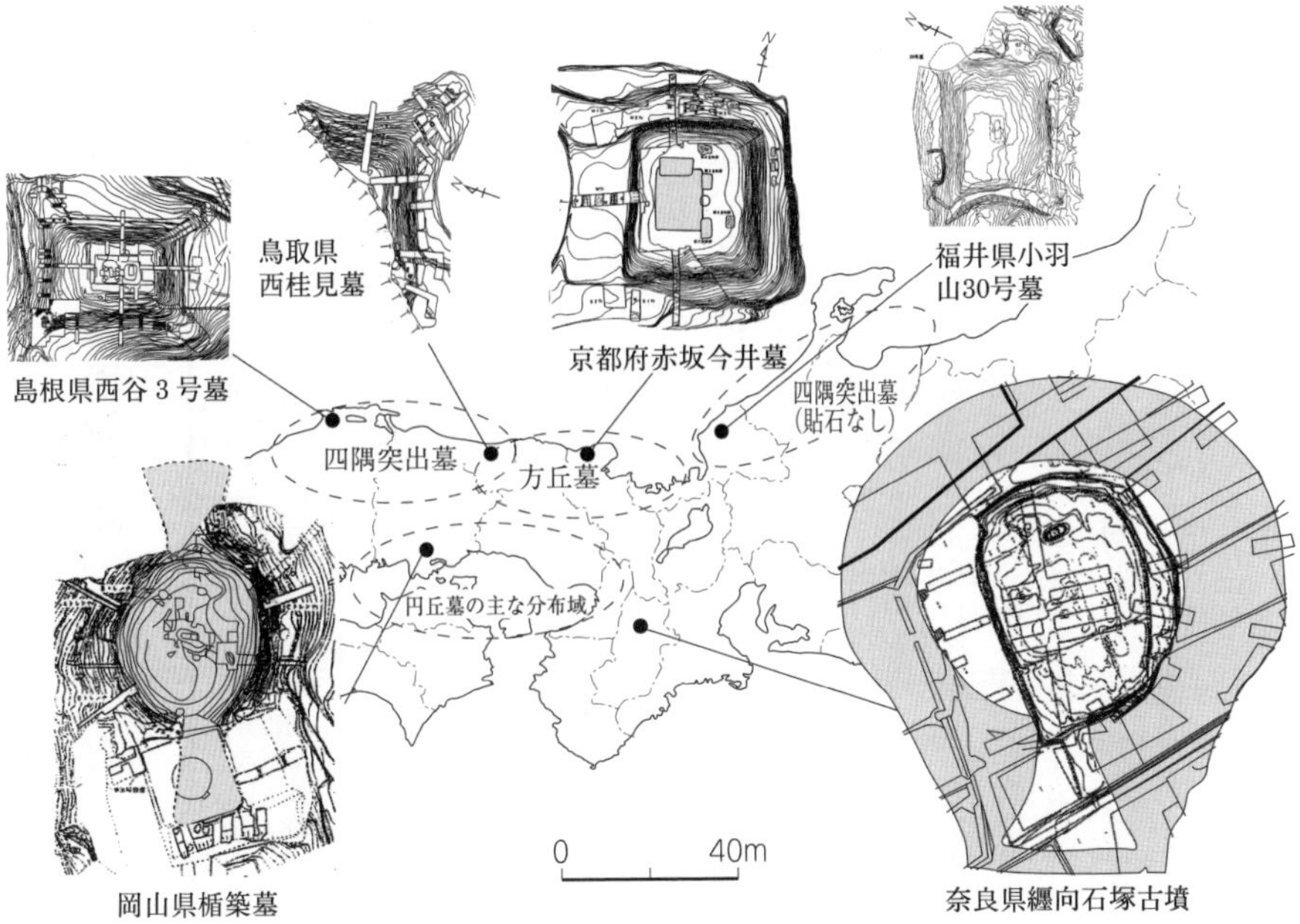

各地の弥生墳丘墓と「纒向型前方後円墳」

されるが、寺沢薫はこの段階に不整形の後円部と短小な前方部を特徴とする「纒向型前方後円墳」が大和東南部の纒向墳墓群を中心に成立するとし、大和纒向遺跡の「王都」としての優位性が確立するとみて、古墳時代の開始と捉え、これらの墳墓を初現期の古墳として位置づけている。

楯築墓という古墳に繋がる多様な要素を備えた巨大な弥生墓の検討から提起された弥生墳丘墓の概念は、近藤の提起した古墳への視座を重視する研究者は、弥生後期後半以降に出現した大規模な墳丘をもつ墳墓をこれにあて、首長墓として評価する。一方、弥生中期前半の佐賀県吉野ヶ里遺跡北墳丘墓や、中期後半の大阪市加美遺跡Y－一号墓など中期の大規模な盛土をもつ弥生墓を含め、より普遍的な概念として位置づける研究者も多く、弥生墳丘墓の用語はそれぞれの意味において用いられている。こうした墳丘形態を指標とした定義とは別に、北部九州では溝や墳丘によって墓域を区画する区画墓の検討が早くからなされ、弥生墓を包括する基本概念として区画墓が詳細に分類・提示され、弥生墓制研究は、被葬者の階層的位置づけと集団関係の分析をより深化させた新たな局面を迎えている。

参考文献　近藤義郎「古墳以前の墳丘墓」(『岡山大学法文学部学術紀要』三七、一九七七)、都出比呂志「前方後円墳出現期の社会」(『考古学研究』二六ノ三、一九七九)、寺沢薫『王権誕生』(『日本の歴史』二、二〇〇〇、講談社)、溝口孝司「墓地と埋葬行為の変遷」(北条芳隆・溝口孝司・村上恭通『古墳時代像を見なおす』所収、二〇〇〇、青木書店)

(高野　陽子)

墓に捧げられた青銅武器

朝鮮半島からの水稲農耕文化導入に伴って、争いの道具たる武器も日本列島に登場する。弥生時代早期の有柄式磨製石剣や磨製石鏃などの石製武器である。これに遅れて弥生時代中期初頭に、銅矛・銅戈・銅剣の青銅武器が登場する。特定個人による武器としての佩用と使用、そして個人の死に際して武威を付す副葬品としての出現である。このような器物だけでなく副葬習俗という取り扱い方まで伴った青銅武器の登場は、玄界灘沿岸を中心とした北部九州地域への朝鮮半島青銅器文化の拡散ととらえることができる。福岡市吉武高木遺跡や同岸田遺跡、同板付田端遺跡、古賀市馬渡・東ヶ浦遺跡などが、この初現期の青銅武器副葬墳墓群である。

福岡県筑紫野市隈・西小田遺跡では、青銅武器鋒が人骨に嵌入して出土しており、生々しい武器使用をみることができる。このような事例から、墳墓遺構出土の鋒を中心とした青銅武器破片の単体出土例も、受傷時に体内に取り残された断片である可能性は低くない。ただし、武威崇拝の対象として、青銅武器の稀少な周縁地域での破片副葬の可能性や、青銅武器破片の小型青銅利器への転用例もあることから、武器破片すべてを殺傷事例とすることはできない。

青銅武器副葬に際して、甕棺内などの限られた空間に銅矛・銅戈が長柄のまま持ち込まれたかは明確でないが、着柄の痕跡を確実に残し、銅剣は柄や拵えを伴う。つまり、いずれも武器として佩用・使用できる状態を意識した副葬である。一方で、佐賀県鳥栖《とす》市柚比本村遺跡では赤漆玉鈿装鞘に収められた銅剣が出土し、保有者の武威を高からしめるべく美しく飾られた佩用の具体的様子を窺える。

中期を通じて、甕棺墓が展開する北部九州地域において、青銅武器は墓に捧げられる主要な副葬品の地位を占める。これら青銅武器が副葬されたのは、武器としての使用、武威の明示という性格、および実際の出土人骨との対応から、男性であったとみられている。武器を用い武威を纏った「戦士」としての地位、それも生得的な地位が、北部九州弥生社会において高い地位を占めたのである。佐賀県吉野ヶ里町吉野ヶ里遺跡墳丘墓は、そのような男性中心の選抜者の墳墓群とみることができる。

青銅武器は、武器としての使用に十分耐える細形型式から始まったが、厚みの増大を伴わない見た目の大型化という、実質的な機能向上より武威の強調に進んだ中細形型式が、早くも中期前葉に登場する。一方、中四国地方以東では、個人に帰属して副葬に供されることがなく、当初から武器形祭器として埋納される。この影響もあって、北部九州においても、実用的武器と外見的武威が分化を遂げ、中期末葉にその体系が確立する。いわゆる王墓といわれる福岡県糸島市三雲南小路遺跡一号甕棺や春日市須玖《すぐ》岡本遺跡D地点甕棺を頂点に、そこでは佩用の剣として特殊化した銅剣が残り、しかも甕棺外に副葬されるなど、

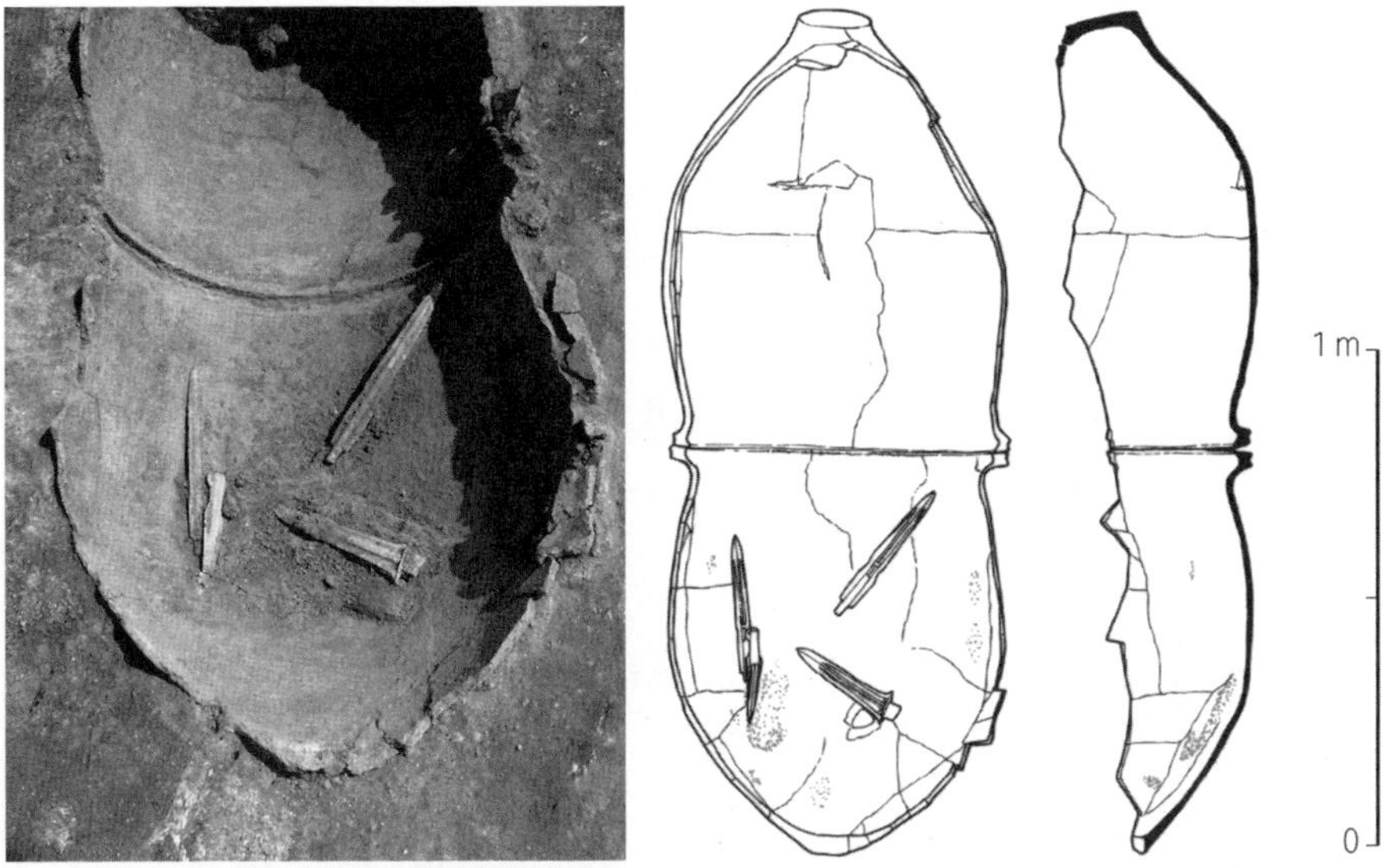

福岡県馬渡・束ヶ浦遺跡2号甕棺墓(井英明編『馬渡・束ヶ浦遺跡』1より)

一段低い扱いでしかない。一方で長身化を遂げた銅矛は、まさに王の威儀を象徴するかのように棺内に副葬される。そして、すでにこのとき、北部九州でももっぱら埋納に供される中広形銅矛が創出されていた可能性がある。

この王墓の段階を最後に、銅矛も含めて、青銅武器・武器形青銅器が墓に捧げられることは基本的になくなり、副葬品の首座は銅鏡と鉄器に転換する。唯一、列島内で後期においてもなお青銅武器および武器形青銅器が墓に捧げられたのが、対馬である。中期以来の細形銅剣や後期になって登場する深樋式銅剣が着柄用附属具を伴い、銅剣本体に再加工を施すこともあり、あくまで佩用することに執着した様子を、長崎県対馬市かがり松鼻遺跡など、多くの墳墓でみることができる。武器を佩用した朝鮮半島諸地域との通交において、同様の佩用の剣を対外交渉者として対馬海人が求めたからにほかならない。一方で、奴国に比定される春日市域で集中的に生産され九州から南四国に及ぶ広形銅矛が、本来的な埋納に供されることもある一方で、銅剣と同じく墳墓に副葬される例が、対馬市塔の首第三号石棺などで確認できる。北部九州圏と同じ青銅武器・武器形青銅器を受容しながら、異なる取り扱いを行なった対馬の様相に、列島最後の青銅武器文化の、最も特徴的な様相をみることができる。

参考文献　岩永省三『金属器登場』(『歴史発掘』七、一九九七、講談社)、吉田広「武器形青銅器にみる帰属意識」(『考古学研究』四九ノ三、二〇〇二)

(吉田　広)

小銅鐸と司祭の墓

近年、弥生時代中期後半から後期を中心として小銅鐸出土例が増え、その祭祀と司祭者の姿が浮かび上がりつつある。

小銅鐸は、高さ約三・四センチから一二センチほどの大きさのもので全国に五十数例が知られている。そのはじまりは、銅鐸の祖形である朝鮮式銅鐸から継続することが考えられるが、身の型持ち孔が一つで、無文であることが特徴となるこれらの銅鐸の類例はきわめて少ない。それに対して、一対の型持ち孔を持つものが大半を占めることから国産銅鐸の製作開始以降に継続的生産を求めることができ、朝鮮式銅鐸からの小銅鐸の系譜は先に途絶えたものと推測される。

形態は大きく五つに分類され、北九州地域には鈕が緩い弧を描き表裏一対の型持ち孔を持つ朝鮮式銅鐸の系譜に連なるもの、北九州から近畿地域には銅鐸の外縁付鈕式もしくは扁平鈕式を省略小型化した鰭付きのもの、関東地域には突線鈕式を省略小型化した鰭付きのもの、瀬戸内東部・四国東部・近畿地域には無文の扁平鈕で鰭のないもの、東海・関東地域を中心に近畿・北九州地域には鈕が半円形を描く二孔一対の型持ち孔を持つ鰭のないものがそれぞれ分布し、地域差が認められる。また、鈕が摩耗しているもの、舌が伴うものもあることから、吊り下げて音色を奏でて使用したものである。

使用時期は、北九州地域の類例が古く、弥生時代前期末から後期末まで、瀬戸内東部・四国東部・近畿・東海地域では弥生時代中期後半から後期末まで、関東地方では後期後半から古墳時代前期中ごろまでの時間幅に認められる。全体としては銅鐸分布圏内では弥生時代後期末まで、圏外の関東地方では古墳時代前期まで存続している。

関東地方では弥生時代後期後半から三遠式銅鐸分布圏である東三河・遠江地域の山中式・菊川式土器が集落単位で出土しており集団移動が認められる。小銅鐸が出土する神奈川県海老名市本郷遺跡や東京都八王子市中郷遺跡もその例であり、海老名市河原口坊中遺跡と神奈川県平塚市内沢遺跡は本郷遺跡の近隣に位置している。また、東京都新宿区高田馬場三丁目遺跡は菊川式を多く出土する下戸塚遺跡の近隣である。これらのことから集団移動とともに小銅鐸がもたらされ、銅鐸祭祀の一端を知ることとなるのである。

現在知りうる小銅鐸の出土例は、土坑墓・木棺墓五例、住居跡十八例、溝九例、川の祭祀遺構二例で、その他は包含層出土や個人の採集品などである。集落から離れた山裾や僻地に埋納される銅鐸と異なり、集落内で使用・廃棄されている。

数量としては弥生後期以降が多く、この時期に起る聞く銅鐸から見る銅鐸への銅鐸祭祀の変化の中で、小銅鐸は聞く機能を集落共同体内に受け継いでいく役割を担ったといってよい。

土坑墓・木棺墓の出土例は、千葉県袖ヶ浦市文脇遺跡・同県君津市大井戸八木遺跡で土坑墓、福岡県原田遺跡・静岡県袋井

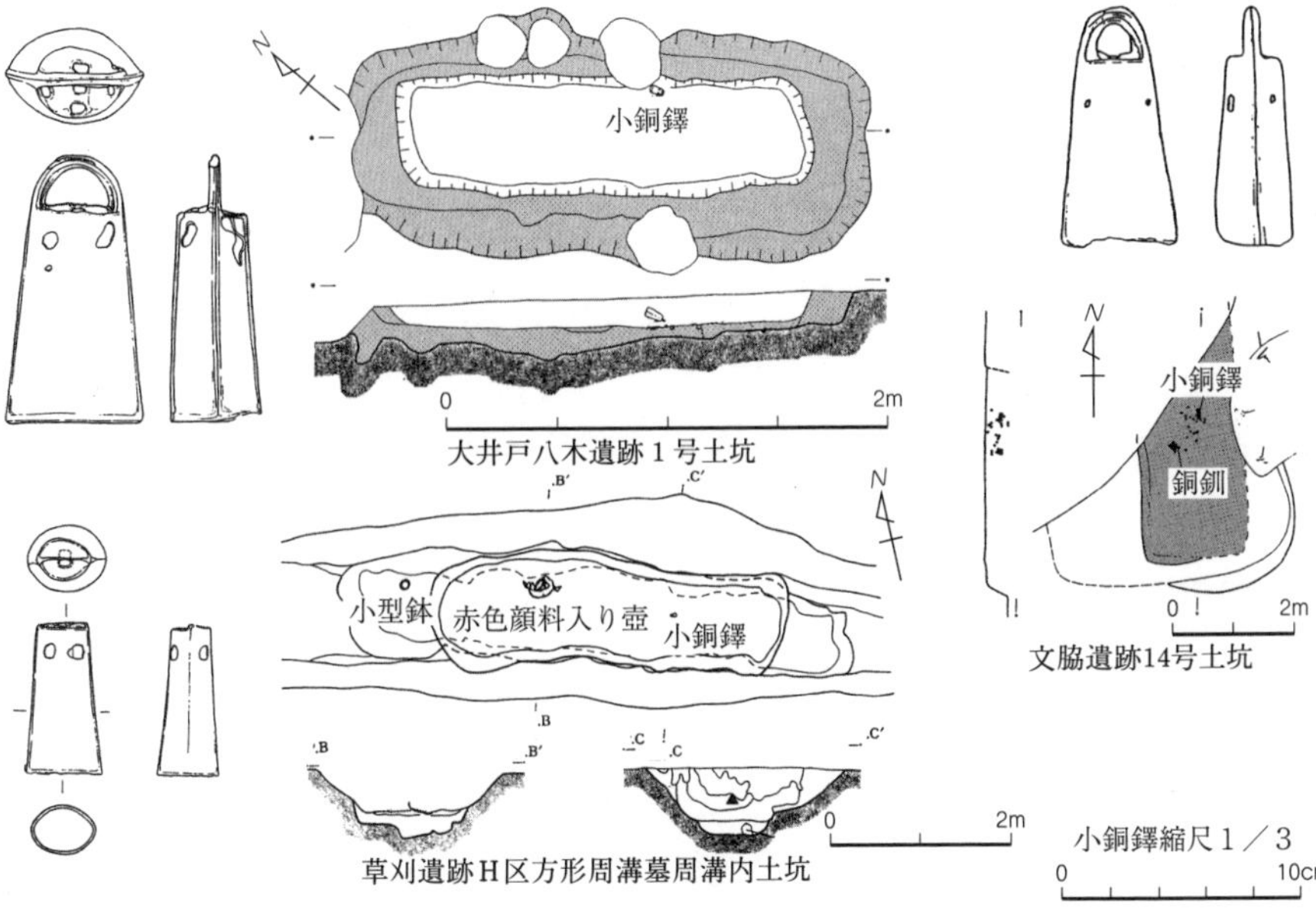

小銅鐸，土坑墓出土例

市愛野向山II遺跡で木棺墓、千葉県市原市草刈遺跡Ｈ区で方形周溝墓周溝内土坑墓である。原田遺跡では銅製の舌と管玉、大井戸八木遺跡では銅釧と鉄石英管玉などが、草刈遺跡では赤色顔料を入れた壺がそれぞれ小銅鐸とともに副葬されている。被葬者は副葬品を保持してはいるが、墳丘や周溝といった墓域を区画する施設がないことから、首長層ではないと考えられる。草刈遺跡の事例があるが方形周溝墓溝内埋葬という点で方台部に葬られる首長とは別な扱いをされている。また、構造の点から見て土坑墓・木棺墓は首長墓の埋葬施設との相違はない。

　集落共同体の中に首長とは別に墓域を区画しない土坑墓・木棺墓を用い、小銅鐸を副葬する被葬者が存在していたことになる。彼らはまさに「司祭者」ということができよう。

　住居跡の出土例を見ると、床面の土坑に埋納された福岡県板付遺跡・岡山県倉敷市足守川矢部南向遺跡、室内壁側に吊り下げられていたことが推測される新宿区高田馬場三丁目遺跡・千葉県市原市天神台遺跡などがある。小銅鐸の保管場所・保管状況を示すとともに祭祀用施設、ひいては「司祭者」の住まいも彷彿とさせるものである。

　以上、弥生時代後期を中心とした集落共同体の内部には、首長と司祭者が共存し、祭政の役割分離が進んでいたことが明らかにされた。『魏志』倭人伝に語られている卑弥呼・男弟の関係に見る二元性は、地域社会にも存在していたのである。

（比田井克仁）

参考文献　比田井克仁「関東における「小銅鐸」祭祀について」（『考古学雑誌』八六ノ二、二〇〇一）

第III章　古墳時代

古　墳

昭和四十九年(一九七四)刊行の『図解考古学辞典』第八版(初版は同三十四年)では、小林行雄は「土を高くもった古代の墓を意味する語。高塚(たかつか)ともいう。」と記している。平成二十四年(二〇一二)に刊行された岩波書店の『広辞苑』第六版には「高く土盛りした古代の墳墓。日本では三〜七世紀に当時の豪族ら有力者が盛んに造営した。」とある。

古墳のはじまり　このように「古墳」を文字通り読むと「古い土盛りをした墓」になる。ただ、この「古い」のとらえ方で理解が違ってくる。小林が古墳の説明を書いた時には細かな時期は触れられておらず、『広辞苑』には三〜七世紀と時期が含まれている。それは「古墳」の定義に時期が関わるからであるが、小林のころには古墳時代の前、つまり弥生時代の盛り土を持った墓についてはさほど注意されていなかった。そして、昭和四十五年ごろから「古墳」と区別がつかないような弥生時代の墳丘を持つ墓が注目されるようになる。

その代表例が岡山県倉敷市楯築《たてつき》弥生墳丘墓である。墳丘の形は円丘部の両側に方形突出部を持つ双方中円形を呈し、その長さは約八〇㍍、高さは約五㍍である。おもな埋葬施設は木棺木槨で大量の朱が敷かれ、その上で翡翠の勾玉、碧玉製管玉、赤瑪瑙の棗玉《なつめだま》、鉄剣が出土した。そのほか墳丘上部に特殊壺・特殊器台、大小数百片に壊された弧帯文石などがあった。このような墳丘、埋葬施設、副葬品を見れば、一般的には「古墳」と考えられるが、出土土器の時期は弥生時代後期後半の古いころ(紀元後二世紀後半ごろ)であり、一般的な古墳とすることはできない。そこで調査を行なった近藤義郎は、「弥生墳丘墓」という名称を使用したのである(近藤一九七七)。そして、近藤は『前方後円墳の時代』(昭和五十八年)において、㈠鏡の多量副葬指向、㈡長大な割竹形木棺、㈢墳丘の前方後円形という定型化とその巨大性」を、両者を区別する三つの特色としてあげた。さらに「この三者を主とする諸要素の統一的な結合が示す埋葬祭祀の型式の出現が、まさに前方後円墳の成立である」と述べ、「古墳とは、前方後円墳を代表かつ典型とし、その成立及び変遷の過程で、それとの関係において出現した(つまり位置・規模・形態・外表施設・内部構造・副葬品等々のすべてまたは一部にその影響が見出されるという意味であります)墳墓をすべて包括する概念であると規定」している(近藤一九八四)。つまり前述の三要素を持つ前方後円墳の出現をもって、古墳時代のはじまりと考え、その影響が及ぶ墳墓を古墳と考えたのである。そしてその最初の前方後円墳として奈良県桜井市箸墓古墳をあげている。

箸墓古墳は墳長約二八〇㍍で、前方部先端側を三味線バチ形に広げる特徴を持つ。その時期は三世紀中葉から後半と考えられ、二四七年、または二四八年に死亡した卑弥呼の墓ではないかとも考えられている(白石一九九九)。その相似形で約二分の

奈良県桜井市箸墓古墳(昭和60年度撮影)

一のものが岡山市浦間《うらま》茶臼山《ちゃうすやま》古墳、約六分の一のものが同市備前車塚古墳であり、西日本に相似形の規格を有する古墳がほぼ同時期に築造されることも弥生墳丘墓と前方後円墳(古墳)の違いであると認識したのである(和田一九八一、北條一九八六)。

一方、これらの相似形古墳の築造以前にここまで厳密ではないが、「纒向《まきむく》型前方後円墳」と呼ばれる類似する「古墳」が庄内式から布留〇式併行期に存在し、ここから古墳時代と呼ぶべきであるという寺沢薫の考えがある(寺沢一九八八)。この「纒向型」については「初期ヤマト政権の中枢たる纒向遺跡との政治的、祭祀的関係のもとに成立したもの」と考えており、近藤の指摘する「飛躍」などについても、「せいぜい二〜三〇メートル級の方形墳から一〇〇メートル近い前方後円墳(中略)への飛躍が大きいか、それともそれらから二〇〇メートル級への飛躍が大きいのかは改めて問う必要があろう」と述べ、反論している。この二つの考えは現在そのまま存在し、この考え方によって、箸墓古墳の東に位置する墳長約八〇メートルの前方後円形の墓が「ホケノ山古墳」または「ホケノ山弥生墳丘墓」と呼ばれている。

古墳とは何か　古墳を外見ではなく、その歴史的意義で説明すると、当然、まず墓であり、そして政治的な記念物である。小林行雄は伝世鏡の停止、同笵鏡(三角縁神獣鏡)の新たな配布、首長権の世襲制の発生、大和政権による承認を伴った首長の県主的存在への転化などによって、古墳が発生したと考えた(小林一九五五)。東洋史学者の西嶋定生は、「古墳の発生とその伝播」が「大和政権の成立とその発展に対応する現象」ととらえ、「古墳の大きさがそのまま豪族権力の直接的表現ではな」く、「大和政権との政治的関係を媒介として表現される豪族権力の身分的表現」と考えた(西嶋一九六一)。このように古墳を政治と関わる記念物ととらえる考えはその後さらに展開する。近藤義郎は、「前方後円墳の成立、すなわち統一的な首長霊祭祀型式の創出の主体的条件は、(中略)畿内中枢の部族連合を盟主とする西日本諸部族・部族連合の政治的・祭祀的結集＝同族連合の成立」であり、「大和連合との擬制的同祖同族関係の証しとして、(中略)前方後円墳祭祀を受け入れた」と述べ、さらに中国との関わりも述べている(近藤一九八三)。

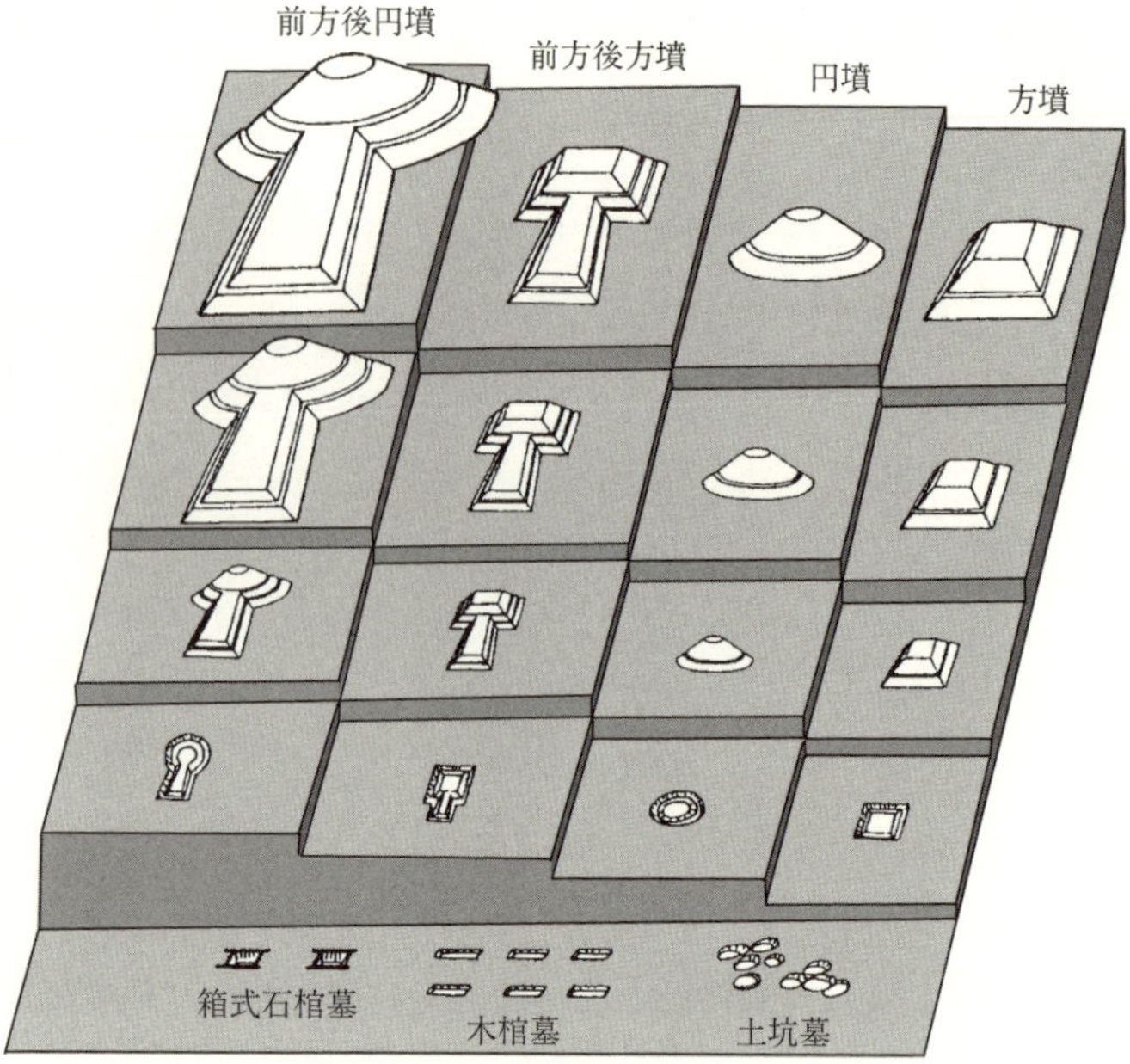

都出比呂志の古墳の階層性モデル

　都出比呂志はこれらの考えをさらに発展させ、有名な前方後円墳体制論を発表・展開する。この考えの「初期国家論」に関しては、いろいろな意見があるが、広く浸透した(都出一九九一)。初期前方後円墳の墳丘や埋葬施設の特徴の中に中国の古代墓制の影響(北枕、三段築成、朱の愛好と密封思想)を認めるとともに、前方後円墳の成立に関しては大和と吉備が大きな役割を果たし、これらを結ぶベルト地帯の中に重要な役割を果たした首長たちがいたこと、古墳時代の身分秩序は「実力のある首長どうしがそれぞれの実力差のバランスを互いに相互承認しあう関係」ととらえている。そして前方後円墳・前方後方墳・円墳・方墳を形と大きさで並べた模式図は細部での異見はあるが、広く受け入れられている(都出一九九八、都出二〇〇五)。

　以上述べてきたことを簡単に整理すると、「古墳とは、土を高く盛った古墳時代の墓で、大和を中心とする政治連合のもとに成立した前方後円墳を中心とする体制の影響下にある墓、および関連する墓であり、その形や規模は政治連合内における地位などを反映したもの」となるのであろうか。ひとまず「古墳時代は箸墓古墳に始まる」としておく。

時期区分　以上のように、古墳のはじまり、古墳時代のはじまりに関しては大きく二つの考えがあるが、その終りに関しても、六世紀末ごろの前方後円墳の終焉をもって古墳時代の終りと考え、そのあとを飛鳥時代と呼ぶ考えと、和銅三年(七一〇)の奈良時代のはじまりまでを古墳時代とする考えがある。

この古墳時代の時期区分に関しては、前期と後期の二つに分ける二時期区分と前期・中期・後期の三つに分ける三時期区分があり、さらに七世紀の古墳が作られた時期を含め、終末期と呼ぶ考えも広く使用されている。

二時期区分の大きな目安は埋葬施設で、竪穴式石室が前期、横穴式石室が後期と考えるもので、大正時代に喜田貞吉が述べたことに始まる(喜田一九一四)。喜田は埋葬施設だけでなく、前期は瓢形墳(前方後円墳)と円墳、後期は円墳と方墳など、墳丘に関しても指摘している。その後、前期・後期の区分の目安を埋葬施設の違いだけでなく、古墳の被葬者像の変化を示す群集墳の出現を重視するようになる(近藤一九六六、大塚一九六六)。一方、三時期区分の大きな特徴は中期として巨大前方後円墳の存在、対外交流が意識されることである(小林一九五九、白石二〇〇二)。小稿では三時期区分で説明する。

前期は、大王たちの墓と考えられている大型前方後円墳が大和のオオヤマト古墳群や佐紀《さき》盾列《たてなみ》古墳群(ともに奈良県)に築かれ、埋葬施設が竪穴式石室・粘土槨などの竪穴系埋葬施設で、おもな副葬品が三角縁神獣鏡をはじめとする銅鏡、碧玉製石製品などである。その被葬者は呪術的・司祭者的な支配者がイメージされている。

中期は大王たちの墓と考えられている大型前方後円墳が河内の古市《ふるいち》・百舌鳥《もず》古墳群(大阪府)へ移動し、巨大化し、いわゆる巨大前方後円墳が築かれる。埋葬施設は基本的に前代の竪穴系のものを使用しているが、九州ではこの時期から横穴式石室など朝鮮半島と関わる横穴系のものが採用され始める。棺は近畿地方を中心に長持形石棺が大王や畿内・地方の有力首長たちに使用されるようになる。また釘・鎹《かすがい》使用木棺がこの時期から使用されるようになる(亀田二〇〇四)。さらにこの時期の大きな特徴が朝鮮半島から新しい技術や文化がもたらされたことである。新しい武器・武具の使用・生産、馬の飼育・使用、須恵器の生産開始、金製・金銅製の垂飾付耳飾や冠・帯金具の使用などがあげられる。その被葬者像は副葬品の内容によって前期の呪術的支配者から武力による政治的支配者がイメージされている。

後期は、二時期区分の目安と基本的に同じで、横穴式石室が九州以外の近畿地方などでも使用されるようになり、群集墳が出現し、この時期の後半には各地に横穴式石室を埋葬施設とするものが見られるようになる。ただこの群集墳に関しては、横穴式石室を埋葬施設とするもの以前に、木棺や箱式石棺などを埋葬施設とするいわゆる古式(初期)群集墳が五世紀には存在し、さらに前期にも弥生時代からつながる「墓群」が存在する。この「墓群」についても、弥生時代との関わりで、「方形周溝墓」や「方形台状墓」などと呼ぶ考え(和田二〇〇七)、前述の近藤(一九八四)の定義に従い、このようなものも「古墳」と呼ぶ考えがある（白井二〇〇七など）。そして前期における弥生時代からの墓との区分のむずかしさを認めつつ、前期半ばからの群集墳、「古式群集墳」を提唱する考えもある（石部一九八八）。ただ、中期と後期の区分は横穴式石室を埋葬施設とする群集墳が目安となっている。そのほか近畿地方の大王の墓と考えられている前方後円墳が小型化することも目安とされている。また横穴式石室が一般化する一方でその簡略版と考えられている横穴墓が偏りはあるものの全国的に広がり、この横穴式石室や横穴墓の中を彩色や線刻などで飾る装飾古墳が全国的に広がるのもこの時期である。このような横穴系の埋葬施設の導入に関しては、基本的に朝鮮半島からの影響があるのであるが、それは単に横から遺骸を埋葬するというだけではなく、追葬することも大きな変化であり、このような外見的な変化だけでなく、死後の世界観の変化、黄泉国《よみのくに》思想の受け入れなどもこの時期の特徴である（土生田一九九八）。棺は、首長たちは丁寧に加工した刳抜式や組合式の家形石棺などを採用し（間壁一九九四）、一方でこれまでの箱形木棺に加えて釘・鎹使用木棺が横穴式石室の棺として広がっていく。また吉備や近畿地方に偏るが、やきものの棺である陶棺もこの時期から終末期にかけて展開する。そしてこのような目安の何を重くみるかによって後期のはじまりの時期に違いが見られる。この時期の古墳の被葬者像に関しては、これまでの大王や畿内・地方の有力者だけでなく、より広い階層（官人層を含む）の人々も古墳をつくるようになったと考えられている（近藤一九八三）。ただ、多くの人々は古墳に埋葬されることはなく、土坑（壙）墓にも葬られなかった人々が多数いたことも事実であろう。

終末期に関しては、前方後円墳の終焉が大きな指標となっており、飛鳥時代と考える場合は、寺院（飛鳥寺）造営も目安となっている。西日本と関東での時間的なずれはあるが、基本的に六世紀末から七世紀初めごろに前方後円墳は造営が停止し、方墳や円墳に変わっていく。終末期という区分については前述のように古墳時代に含めない研究者もいる。ただ、外見的には後期後半からの群集墳は継続しており、八世紀初めごろまで墳丘を築く古墳があるのも事実である。この時期の古墳は今述べたように前方後円墳がなくなり、大王や有力者たちの墓は方墳、円墳、そして七世紀半ばに八角形墳が大王の墓に採用される。また横穴式石室が小型化し、切石石材が使用されるようになり、横口式石槨が採用されることなどについては、大化二年（六四六）の「大化の薄葬令」との関わりで理解されることも多い。棺は木棺、石棺などのほか、七世紀末ごろには有力者たちによって漆塗り木棺や布を漆で固めた夾紵棺《きょうちょ》などが使用される。

墳丘の形と大きさ　まず古墳をつくる材料は基本的に土であるが、石による場合もある。前者が一般的な封土墳であり、後者が積石塚である。積石塚は地域的に偏っており、前期のものとしては高松市石清《いわせ》尾山《おやま》古墳群など香川県・徳島県に一つのまとまりがあり、中期・後期のものとしては長野市大室古墳群（約五百基）など、長野県、静岡県・山梨県・群馬県などにもう一つのまとまりがみられる。前者には前方後円墳などがみられるのに対して、後者は基本的に群集墳を構成し、朝鮮半島との関わりも考えられている。このほか長崎県対馬市根曽《ねそ》古墳群、福岡県新宮町相島積石塚群、山口県萩市見島ジーコンボ古墳群などがある。

墳丘の形は、前方後円墳、前方後方墳、帆立貝式(形)古墳、円墳、方墳、双円墳、双方墳、双方中円墳、八角形墳、上円下方墳などがある。

前方後円墳は平面形が円形と台形を足した形の古墳で、本来の埋葬施設は円形部に築かれる。前期から後期においては大王や有力者たちの墓として採用されている。墳長四八六メートルの大阪府大山古墳(仁徳陵古墳)を頂点に、墳丘規模上位百位までの古墳のうち九十六基を占めている。前方後円墳の数は約四千二百基あり、古墳の総数が十万基を超えるので、前方後円墳がすべての古墳の五%以下の数であり、限られた人々の墓であることがわかる(和田二〇〇四)。

このように日本列島の古墳時代の大王をはじめとする有力者たちの墓の基本形として前方後円墳が採用されていることからこの前期から後期を前方後円墳時代と呼んで区別する研究者がいる(近藤一九八三)。そしてほかの古墳の墳形と大きさを考慮してモデル化し、この時代を「前方後円墳体制」として「初期国家」段階に位置づけ、日本列島の古代国家形成過程を明らかにしようとしたのが都出比呂志である(都出一九九一)。

前方後方墳は平面形が方形と台形を足した形の古墳で、基本的に方形(後方)部に埋葬施設が築かれる。約五百基確認されている。弥生時代の前方後方形の墳丘墓から発達したものと考えられており、東日本地域では前期中ごろまでほとんど前方後円墳がなく、前方後方墳である。しかしその後は徐々に数が減っていく。ただ、島根県出雲地域など一部地域では後期まで築かれ続ける。前方後方墳の最大のものは前期の奈良県天理市西山古墳である。墳長一八三メートルで前方後円墳を含めた大きさとしては第四十七位である。ただこの西山古墳は、墳丘第一段は前方後方形であるが、第二段は前方後円形である。

円墳は平面形が円形の古墳で、古墳時代全期間にみられるが、数が増加し、大型のものがみられるようになるのは前期後半からである。その数は全国の古墳の大部分を占めるが、多くなるのは横穴式石室を埋葬施設とするいわゆる後期群集墳の時期である。円墳の最大のものは後期前半の埼玉県行田市丸墓山古墳で直径一〇五メートルである。また円墳に方形の造出をつけたものを造出付円墳とよび、円墳の中に含めることが多い。造出付円墳の最大規模のものは前期後半の岡山市小盛山古墳で墳長一〇五メートル、円形部径が九五メートルである。

帆立貝式(形)古墳は円形部に短めの方形部をつけたもので、前方部の短い前方後円墳の形をしている。全国で約六百基確認されている(遊佐一九八八)。石部正志らの分類によれば、方形部の長さと円形部の直径の比率が八分の一以下のものを造出付円墳、八分の一～八分の四のものを帆立貝形古墳、八分の四以上を前方後円墳としている(石部他一九八〇)。時期的には中期が始まるころにみられるようになり、小野山節は五世紀の帆立貝式古墳と大型円墳を王権によって規制されたものと考えた(小野山一九七〇)。最大のものは五世紀前半の奈良県河合町乙女山古墳(墳長一三六メートル)で、馬蹄形の周濠をめぐらせている。

方墳は平面形が方形を呈する古墳で、古墳時代全期間にみられ、円墳に次いで数が多い。方形とはいっても長方形のものもある。最大のものは奈良県橿原市桝山古墳(中期)で九六×九〇メートルである。第二位が千葉県栄町竜角寺岩屋古墳(終末期)で一辺八六メートルである。円墳と同様、弥生時代の方形の墓(方形周溝墓、方形台状墓、四隅突出型墳丘墓など)の系譜を引いているものが多くみられる。一方、終末期には用明天皇陵に比定される大阪府太子町春日向山古墳(六五×六〇メートル)などのように前方後円墳のあとの大王や有力者の墓に採用されている。分布は日本列島各地にみられるが、出雲のように前方後方墳とともにまとまって分布する地域もある。

八角形墳(八角墳)は平面形が八角形を呈する古墳であるが、畿内の大王・天皇陵に採用された正八角形のものから地方で比較的みられる角度がそろっていない八角形墳もあり、六角形のものなどを含めて多角形墳とも呼ばれている。畿内の整った形の八角形墳の最古の例は、舒明天皇十三年(六四一)崩御、皇極天皇二年(六四三)押坂陵《おしさかのみささぎ》へ改葬された舒明天皇の陵に比定されている奈良県桜井市段ノ塚古墳である。対辺間隔四二メートルである。そのほか、斉明天皇陵の可能性が指摘されている奈良県明日香村牽牛子塚《けんごしづか》古墳、天智天皇陵(京都市御廟野《ごびょうの》古墳)、天武・持統天皇合葬陵(奈良県明日香村野口王墓《のぐちのおうぼ》古墳)、文武天皇陵(同中尾山古墳)などがある。この八角形という形については道教や仏教との関わりが推測されている。地方では、きちんとした八角形を呈するものは兵庫県宝塚市中山荘園《なかやまそうえん》古墳・群馬県吉岡町三津屋古墳など少なく、鳥取市梶山古墳などのように独特の八角形を呈するものが多い。地方の八角形墳には七世紀前半に遡り、畿内の八角形墳より古いと考えられているものがある。

上円下方墳は方形段の上に円形の墳丘をのせた形のもので、その例はきわめて少ない。奈良市・京都府木津川市石のカラト古墳は下段一辺が約一三・八メートル、上段直径が約九・二メートルである。墳丘全面を川原石で覆い、内部主体は横口式石槨である。時期は八世紀初めごろと考えられている。このほか東京都府中市武蔵府中熊野神社古墳は二段の方形段(下段一辺三二メートル)上に直径一六メートルの円丘をのせたものである。石室は切石横穴式石室である。時期は七世紀中葉ごろと考えられており、現時点でこの古墳が最古・最大の上円下方墳である。上円下方墳の多くは東日本で確認されている。

このほか、円形部の両側に方形部を持つ双方中円墳がある。楯築弥生墳丘墓(弥生後期)もこの形をしており、高松市石清尾山猫塚古墳(積石塚、前期、墳長九六メートル)や奈良県天理市櫛山古墳(前期後半、墳長一五〇メートル)などが有名である。

また、円墳を二つ繋いだ形の双円墳や方墳を二つ繋いだ形の双方墳はきわめて珍しく、前者の例としては大阪府河南町金山古墳(後期、墳長七八メートル)、後者の例としては大阪府太子町二子塚古墳(終末期、墳長六〇メートル)などがある。双円墳は瓢形墳とも呼ばれ、新羅の双円墳との関わりも述べられることがあるが、よくわからない。

[参考文献] 喜田貞吉「上古の陵墓」(日本歴史地理学会編『皇陵』所収、一九一四)、小林行雄「古墳の発生の歴史的意義」(『史林』三八ノ一、一九五五)、同「古墳」「古墳時代文化」「副葬品」(水野清一・小林行雄編『図解考古学辞典』所収、一九五九、東京創元社)、同「同笵鏡考」(『古墳時代の研究』所収、一九六一、青木書店)、西嶋定生「古墳と大和政権」(『岡山史学』一〇、一九六一)、大塚初重「古墳の変遷」(近藤義郎・藤沢長治編『日本の考古学』Ⅳ所収、一九六六、河出書房新社)、近藤義郎「古墳とはなにか」(同所収、一九六六)、小野山節「五世紀における古墳の規制」(『考古学研究』一六ノ三、一九七〇)、近藤義郎「古墳以前の墳丘墓」(『岡山大学法文学部学術紀要』三七、史学編、一九七七)、石部正志「群集墳の発生と古墳文化の変質」(井上光貞他編『東アジア世界における日本古代史講座』四所収、一九八〇、学生社)、石部正志他「帆立貝形古墳の築造企画」(『考古学研究』二七ノ二、一九八〇)、和田晴吾「向日市五塚原古墳の測量調査より」(小野山節編『王陵の比較研究』所収、一九八一、京都大学文学部考古学研究室)、近藤義郎『前方後円墳の時代』(『日本歴史叢書』、一九八三、岩波書店)、同「前方後円墳の成立をめぐる諸問題」(『考古学研究』三一ノ三、一九八四)、北條芳隆「墳丘に表示された前方後円墳の定式とその評価」(『同』三二ノ三、一九八六)、寺沢薫「纒向型前方後円墳の築造」(森浩一編『考古学と技術』所収、一九八八、同志社大学考古学シリーズ刊行会)、遊佐和敏『帆立貝式古墳』(一九八八、同成社)、都出比呂志「日本古代の国家形成論序説」(『日本史研究』三四三、一九九一)、間壁忠彦『石棺から古墳時代を考える』(一九九四、同朋舎出版)、都出比呂志『古代国家の胎動』(一九九八、日本放送出版協会)、土生田純之『黄泉国の成立』(一九九八、学生社)、白石太一郎『古墳とヤマト政権』(『文春新書』、一九九九、文芸春秋)、同「群集墳」「古墳」「古墳時代・古墳文化」「副葬品」(田中琢・佐原真編集代表『日本考古学事典』所収、二〇〇二、三省堂)、亀田修一「日本の初期の釘・鎹がかたるもの」(考古学研究会編『文化の多様性と比較考古学』所収、二〇〇四)、和田晴吾「古墳文化論」(歴史学研究会・日本史研究会編『東アジアにおける国家の形成』所収、二〇〇四、東京大学出版会)、都出比呂志『前方後円墳と社会』(二〇〇五、塙書房)、白井久美子「関東の後・終末期古墳群の特性」(佐々木憲一編『関東の後期古墳群』所収、二〇〇七、六一書房)、和田晴吾「古墳群の分析視覚と群集墳」(同所収、二〇〇七)、右島和夫「群集墳」(土生田純之・亀田修一編『古墳時代研究の現状と課題』下所収、二〇一二、同成社)

(亀田　修一)

三角縁神獣鏡

有力古墳の副葬品としてしばしば認められる大型銅鏡の一種。厚みを増した縁部分の断面が三角形を呈すること、鏡背面(文様面)に神仙や瑞獣が肉彫表現で鋳出されていることからこの名がある。直径はおよそ一七センチから二六センチまでのものが存在し、平均値は約二二センチである。

古墳時代には、有力層が高塚墳墓を築き貴重な品々を副葬する風習が、畿内地域を中心に広く日本列島に普及した。副葬品の中でも、古墳時代を通して有力古墳から多く出土するものが銅鏡であり、その傾向は古墳時代前期(三世紀中ごろから四世紀)において特に顕著であった。三角縁神獣鏡は現在までに約五百六十枚が確認されており、古墳出土鏡に占める割合は一割をこえ、出土数が最も多い鏡種となっている。その分布は東北地方南部から九州南部まで広がるが、数量的には大和を最多として畿内地域にとりわけ集中している点が大きな特徴である。

三角縁神獣鏡には中国で製作された舶載鏡(約四百三十枚)とそれをモデルに日本列島で製作された倣製鏡(約百三十枚)の二者が含まれているとみる理解が一般的であるが、後述するように近年では三角縁神獣鏡すべてを日本列島製あるいは中国製とみる説も登場している。

三角縁神獣鏡という名は、古鏡の分類研究が本格的に始まった二十世紀のはじめに生まれた。命名のきっかけは、初期の古鏡研究をリードした高橋健自が大正八年(一九一九)に発表した論文「王莽時代の鏡に就いて」(『考古学雑誌』九ノ一二)の中で、肉彫り表現の神獣鏡のなかに「殆ど三角に近いやうな縁」を持つものがあることに注目し、表中でこれを「三角縁」の一群として分類したことであった。その後間もなくして、同じく古鏡研究を精力的に進めていた梅原末治や後藤守一らが論文中で「三角縁」と「神獣鏡」を組み合わせて「三角縁神獣鏡」という呼称を用いたことにより、鏡種名として定着していくこととなった。また、高橋とならぶ古鏡研究の草分けの一人である富岡謙蔵は、この種の銅鏡が中国魏代のもので、『魏志』倭人伝に卑弥呼が魏皇帝から与えられたと記す「銅鏡百枚」にあたるのではないかとの重要な指摘を行なっている。

研究の萌芽期に三角縁神獣鏡という名で呼ばれた鏡の中には、現在では別鏡種に分類されるものも含まれていたが、昭和五十四年(一九七九)に包括的な鏡の型式研究をまとめた樋口隆康は、縁部が突出して尖頂縁となった神獣鏡の中から、以下に示すように大きさ、文様、銘文の特徴など六つの条件をあげて、三角縁神獣鏡(舶載鏡)を定義づけた。

㈠面径が二〇センチをこえる大型鏡が多い。㈡外区は鋸歯文―複線波文―鋸歯文の三帯構成を原則とする。㈢内区外周に銘帯または文様帯を有する。㈣内区主文区は乳によって四分割または六分割され、その間に神人や獣形を配する。㈤図像配置には求心式と同向式の両種がある。㈥銘帯の銘文は「吾作」「某氏作」

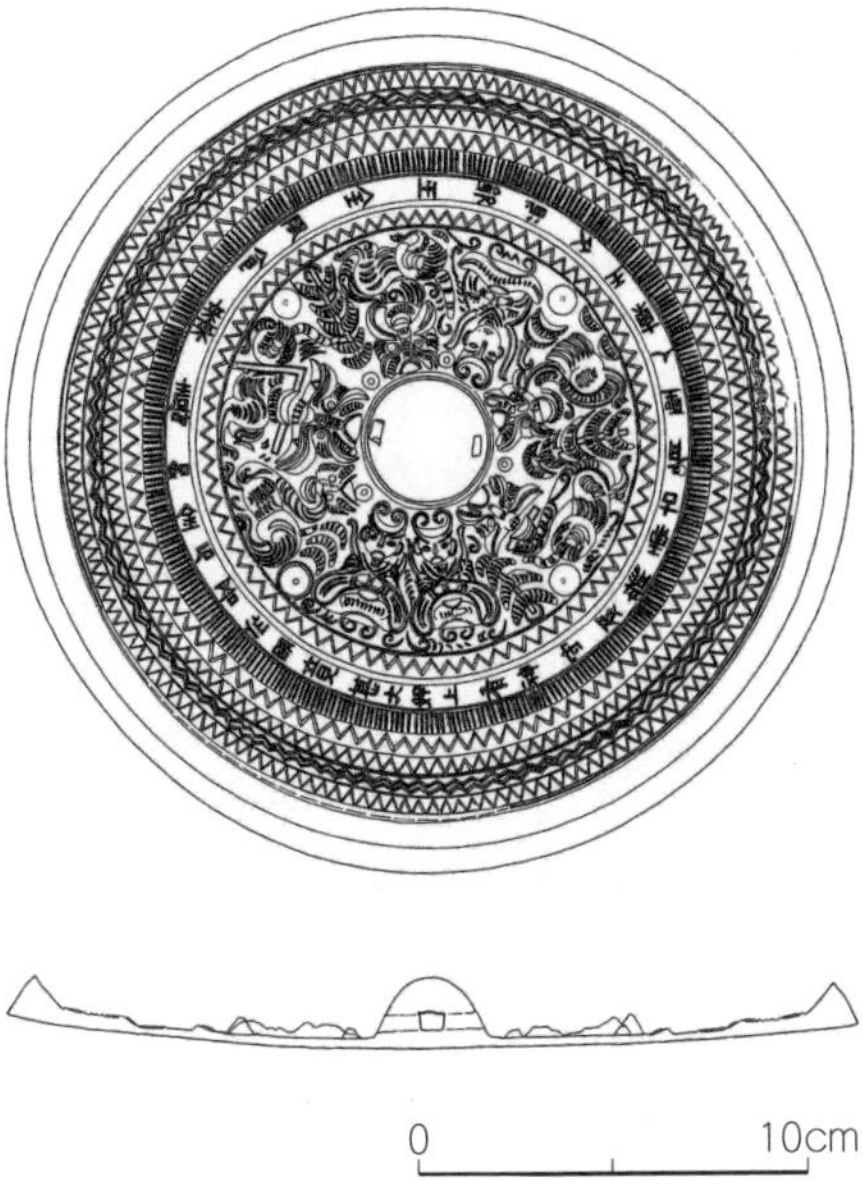

三角縁神獣鏡実測図(権現山51号墳発掘調査団編『権現山51号墳』より)

景初３年(239)銘三角縁神獣鏡(島根県神原神社古墳，福永伸哉『三角縁神獣鏡の研究』より)

「新作」「尚方作」などで始まる八タイプがみられる。

このほかにも、同じ鋳型あるいは原型から作られた「同笵鏡」が多いことや、鏡背面の中央にあるつまみ(鈕)に設けられた紐通しの孔が長方形を呈すること(長方形鈕孔)なども重要な特徴として加えることができる。

三角縁神獣鏡は銘帯や文様帯の種類、神獣像の数などにさまざまな違いがあるため、考古学の専門研究においてはおのおのの要素を組み合わせて、三角縁吾作四神四獣鏡、三角縁陳是作三神五獣鏡、三角縁獣文帯三神三獣鏡などのようにさらに細別された鏡式によって呼称される場合が多い。

三角縁神獣鏡が今日古墳時代研究において重要な位置を占めるに至った理由は、一九五〇年代に三角縁神獣鏡と初期大和政権の成立を結びつけて論じた小林行雄の研究によるところが大きい。第二次大戦後約十年の間に大阪府紫金山《しきんざん》古墳、福岡県一《い》貴山銚子塚《きさんちょうしづか》古墳、京都府椿井《つばい》大塚山古墳など、三角縁神獣鏡を多量に副葬する古墳の調査にかかわった小林は、三角縁神獣鏡の中に同笵鏡が多く認められることに着目し、その全国的な分布をくわしく検討した。その結果、同笵鏡はそれを独占的に蓄えていた畿内の政治勢力から各地の首長のもとに配布されたと考え、その背後に畿内勢力と地域首長との間の政治関係の成立を読みとったのである。そして、三角縁神獣鏡は各地の初期の古墳から出土する傾向が強いことから、三角縁神獣鏡の配布・副葬や古墳の出現といった現象が、初期大和政権の成立と勢力伸長を示す考古学的な証拠であるとの説を提起したのであった。

さらに小林は、卑弥呼の「銅鏡百枚」が三角縁神獣鏡であるとの立場に立ち、邪馬台国と初期大和政権が畿内において連続性を有する存在であること、三世紀の魏鏡が副葬され始める初期古墳の年代、すなわち古墳時代の成立年代が三世紀末から四世紀初頭にあてられることなどを指摘した。このように三角縁神獣鏡の分析を柱にした小林の研究は、考古学的方法で日本の国家形成過程をはじめて合理的に説明したという点で、わが国の考古学史にとっても重要な画期をなすものであった。

三角縁神獣鏡は各地の特に有力な古墳に副葬される傾向が強いことから、小林以後も大和政権と地域との政治関係を解明する重要資料として、また古墳編年の有効な手がかりとして研究が続いている。

三角縁神獣鏡は、少数ながら景初三年(二三九)、正始元年(二四〇)など魏の年号を記した紀年銘鏡を含むことや、銘文中の用字の特徴などから、三国時代の魏で製作されたとみる理解が有力であった。しかし、一九八一年に中国の王仲殊によって三角縁神獣鏡は魏と対立する呉の工人が日本列島に渡って製作したとする日本製説が提起されて以来、その製作地に関する論争が続いている。日本製説においては、今日に至るまで中国大陸での出土例がないこと、中国鏡とするには図像・銘文が緻密さを欠いていることなどを重視して、全体として日本列島で大量に粗製された銅鏡とみなす。

しかし、九〇年代以降の新たな研究によって魏領域の銅鏡の特徴が徐々に判明してくると、長方形鈕孔、唐草文など細部文様の一致、特殊な銘文の共通性からみて、三角縁神獣鏡はあきらかに三世紀中葉の魏の製作技術に連なる特徴を持っていることが理解されるようになってきた。こうした魏鏡説の立場からは、景初三年鏡、正始元年鏡など、邪馬台国卑弥呼の朝貢にまつわる年号を持つ三角縁神獣鏡の存在を重視して、中国王朝が倭からの正式な朝貢に対して作り与えた特製の鏡であるために中国大陸では出土しないという解釈が導かれる。

さらに近年では、三国時代の銅鏡製作技術の低下傾向に注目し、これまで倣製三角縁神獣鏡とされてきたものも含めて、三国から西晋代の舶載鏡とみる説も提起されており、製作地についてはすべてを日本製とみる立場からすべてを中国製とみる立場までが出そろった状態にあるといえる。

論争自体は今世紀に入って有力な新資料の出土もなくやや膠着気味ではあるが、資料の丹念な観察に基づいた九〇年代以降の研究によって、三角縁神獣鏡の製作が魏領域の技術を用いて始まったことは疑いえない状況となっている。また、鉛の同位体比分析からは、三角縁神獣鏡には魏の紀年銘鏡と共通する鉛が含まれていること、舶載三角縁神獣鏡と倣製三角縁神獣鏡との間にも差異がみられることなどがあきらかになっている。当面は魏系の所産であることをふまえた上で、その多量性や粗製化の意味を多面的に探る方向へと議論は向かうと思われる。

三角縁神獣鏡の分類にはさまざまなレベルのものがあるが、型式編年との関係ではやくから着目されてきたものは内区主文区の神獣像配置、銘帯や文様帯の種類などである。まず、内区主文区が乳と呼ばれる突起によって四分割される四神四獣タイプから六分割される三神三獣タイプへの変遷が認識された。さらに神獣像配置について詳細な分析を加えた小林行雄は、四神四獣タイプの中で神像二体ずつ獣像二体ずつがそれぞれ隣り合って配置されるものを複像式、神像と獣像が交互に繰り返されるものを単像式と呼び、前者から後者への変遷を考えた。三神三獣タイプでは神像、獣像は交互に配されるので、全体としては、複像式四神四獣タイプ→単像式四神四獣タイプ→三神三獣タイプという変化が追えるのである。さらに、小林は三神三獣タイプのうち内区外周に波文帯を有するものを波文帯鏡群として舶載三角縁神獣鏡の最新段階に位置づけ、これに倣製三角縁神獣鏡が続くものと考えた。

その後、岸本直文、新納泉、澤田秀実らによって図像文様の表現や細かい変化に着目して編年が整えられた結果、現在では舶載三角縁神獣鏡が四～五段階の変遷を経たことがあきらかとなっている。後続する倣製三角縁神獣鏡は三神三獣タイプを基本とし、やはり四～五段階の変化をとらえることができる。

こうして分類編年が整理されてきた三角縁神獣鏡の製作年代については、舶載鏡が景初三年から二八〇年代ごろまでの約半世紀間、倣製鏡については舶載鏡の流入途絶をうけて製作が開始されたとみて四世紀初頭から後葉までをあてる説（長期編年説）が有力である。この年代観に立てば、最古段階の三角縁神獣鏡を副葬する前方後円墳の年代、すなわち古墳時代の成立年代を二五〇年ころまでさかのぼらせる理解が可能となる。このほかに舶載鏡の製作時期を十～二十年程度に短く見積もる説（短期編年説）があるのをはじめ、製作地のとらえ方によってはまた違った年代観も導かれようが、現時点ではこれらは日本考古学における既存の精緻な古墳編年体系との調整が必要である。

三角縁神獣鏡が複数副葬されている場合には、奈良県黒塚古墳のように遺体の周囲をぐるりと取り囲んだり、滋賀県雪野山古墳のように頭側と足側から被葬者を挟み込む形で、かつ鏡面を被葬者側に向けて配置するといった特徴的な副葬形態がしばしば認められる。こうした三角縁神獣鏡の副葬配置には、四世紀初頭に東晋の葛洪が著した神仙思想の教説書『抱朴子』に登場する銅鏡の使用法に通じる部分があることが指摘されている。さらに、三角縁神獣鏡が神仙像をモチーフとしていること、前期古墳の埋葬施設では神仙思想で重要視される水銀朱が多量に用いられていることなどを勘案すると、この時期の中国交渉を通して神仙思想が列島に影響を与えた可能性は否定できない。かつてない広範囲の倭人社会の政治的統合にあたって、初期ヤマト政権は地域在来の宗教思想に加えて外来の宗教思想を取り入れることによって、古墳の葬送儀礼を整備創出していったという理解も不可能ではなかろう。

参考文献　福永伸哉『三角縁神獣鏡の研究』(二〇〇五、大阪大学出版会)、下垣仁志『三角縁神獣鏡研究事典』(二〇一〇、吉川弘文館)

（福永　伸哉）

棺

人の遺体を収納する容器、ないしはそれに準じるものをさす。準じるものとは、容器としては完結していない例も含むからである。ちなみに、棺を保護する施設、ないしはそれに準じるものを槨、棺置場を含め、独自な多機能の内部空間をもつ施設を室という。

棺は、基本的に素材から木棺、石棺、埴輪棺・円筒棺、土器棺、陶棺、漆棺などと区分し、形態から箱形、割竹形、舟形、長持形、家形、亀甲形などに分類する。これに棺身の作り方である刳抜式(一つの材を刳りぬく)と組合式(複数の部材を組みあわせる)を加え名称としている。

木棺は古墳時代を通じて使われた。素材には、畿内を中心に瀬戸内東部から東海西部ではおもにコウヤマキを、ほかではヒノキやスギなどの針葉樹を、一部では広葉樹を用いた。

刳抜式には割竹形と舟形、組合式には箱形と長持形がある。

割竹形とは、蓋と身を合わせた形が横断面正円形の円筒状で、両短辺は垂直になる。短辺は頭側が足側より少し幅広い。長さ三〜六メートル、直径一メートル前後。内部の刳りぬきが貫通するものと貫通しないものとがあり、貫通するものでは短辺外側に木板を立てるものや短辺内側に粘土塊をつめるものなどがある。貫通しないものでは短辺外側に太い棒状や半環状の突起がつく例がある。大型では内部を仕切る場合が多い。竪穴式石槨、粘土槨などで使い、直葬(墓坑に直接埋めること)もした。

舟形とは、割竹形以外の刳抜式の総称で、内部の刳りぬきは貫通しない。蓋と身を合わせた形は横断面扁円形・隅丸方形などで、両短辺は湾曲する。短辺は頭側が幅広い。蓋と身の形に差がある場合が多い。内部に仕切り、短辺に突起がつく例がある。長さ三〜六メートル、直径一メートル前後。割竹形、舟形ともに、おもに古墳時代前・中期に使われた。舟形木棺(石棺)がどの程度舟を意識したものかは議論が分かれる。舟そのものを棺にした例(千葉県大寺山洞窟遺跡など)や、痕跡から舟の利用を思わせる例もある。竪穴式石槨、粘土槨、直葬で用いた。

組合式は、原則として底板一枚、長側板二枚、短側板二枚、蓋板一枚を組んだもので、多くは底板の上に、長側板が短側板を挟む形に組み立てる。多くはないが、各部材が複数の材からなるもの、短側板が長側板を挟むもの、短側板の下端を地中に埋めこむものなどもある。

箱形は細長い直方体で、組みあわせに溝や段の加工を用いる木組式と鉄釘で各部材を結合する釘付式とがある。弥生時代以来の棺で現在まで使われている。長さ二メートル前後、幅〇・六メートル前後のものが一般的だが、前・中期には大型がある。釘付式は後期以降に畿内を中心に発達し、飛鳥時代には鉄釘が小型化し、銅釘や、棺を運ぶための鐶座《かんざ》金具《かなぐ》も出現した。短辺に突起がつく例がある。地域色のあるものでは、底板がなく礫床とする例(兵庫県茶すり山古墳など、日本海西部から畿内北部)などがある。木組式は竪穴式石槨、粘土槨、直葬で、釘付式は畿内系の横穴式石室、横穴、直葬などで用いた。

　長持形は部材の組み方は箱形と同じだが、蓋板が蒲鉾形で、それにあわせて短側板の上辺が弧状をなす。中・後期に例（大阪府土保山古墳など）はあるが、痕跡では箱形と区別しがたく、確例は少ない。竪穴式石槨、直葬などで使用した。

　石棺は箱式石棺とそれ以外に分かれる。

　前者は縄文時代以来のもので、多くは非加工か半加工の自然の板石を組みあわせる。長さ一、二メートル、幅〇・五メートル前後の小型で、底石のないものが多く、あっても側石の内側に置く。古墳・飛鳥時代を通じて使われた。直葬例が多いが、横穴式石室でも使われた。近年は、鹿児島県を中心に分布する地下式板石積のものも仲間とする説が強い。

　一方、後者は石材を丁寧に加工した長さ二、三メートル、幅一メートル前後、重さ数トンの大型で、前期後半から飛鳥時代に使われた。

　石棺は基本的には木棺を真似たもので、後者では、刳抜式に割竹形、舟形、家形が、組合式に箱形、長持形、家形がある。石材はおもに凝灰岩類（以下、石材名は通称）で、ほかに砂岩、花崗岩などがある。

　割竹形は香川県の鷲ノ山石や火山石製の一部のみが該当する。同名の木棺に類似するが、長さは二・五メートル前後と短い。底部内面に造付け枕、蓋と身の両短辺外側に各一個の円柱状突起がつく。使用時期は前期後半。大阪府に運ばれた例（安福寺）には外面に直弧文帯がある。おもに竪穴式石槨で使った。

　舟形は、同名の木棺に類似したものから、各辺が湾曲するもの、蓋が屋根形化するものなど細部の形は多様で、蓋・身外面の突起の形（半環状・棒状・円柱状など）・数、突帯の有無・形状、棺身内面の枕や排水溝の有無などの差も加わって、地域色（集団差）が強い。おもに四国北岸、九州、日本海沿岸、関東、東北南部などに分布する。少数だが外面に家、鏡（円文）、三角文などを彫った例がある。時期は前期後半から後期（関東以北は中期後半以後）。多くは地元で使われたが、一部は遠方に運ばれた。なかでも熊本県の阿蘇ピンク石（馬門石）製はほとんどが畿内で使われた。直葬が多いが、竪穴式石槨でも使用した。

　組合式では、箱形（大阪府松岳山古墳など）が前期後半に出現した。花崗岩などを用いた不定形なもので数も少ない。ほかに、長持形には当てはまらない、加工板石を用いた組合式石棺もこの仲間とする。蓋や身に突起をもつ例もある。

長持形はほとんどが兵庫県の竜山石で作られた。木棺と同様の組み方で、蓋石は蒲鉾形、短側石の上辺は弧状で、蓋と身の組みあわせは印籠蓋風にする。突起は底石、長側石にもつくが、蓋の突起は丁寧な作りの円柱状で位置と数に差がある。大型には各辺二個ずつ計八個がつく。短側板の中央内外に小型の方形突起がある例もある。初期の大型の蓋には格子状の突帯がつく。中期の畿内の巨大前方後円墳を中心に盛行し、岡山から滋賀に運ばれた。九州や関東などの少数例は地元の石で作られた。長持形と箱形の区分がむずかしい例もある。大型は竪穴式石槨、ほかは直葬で使った。

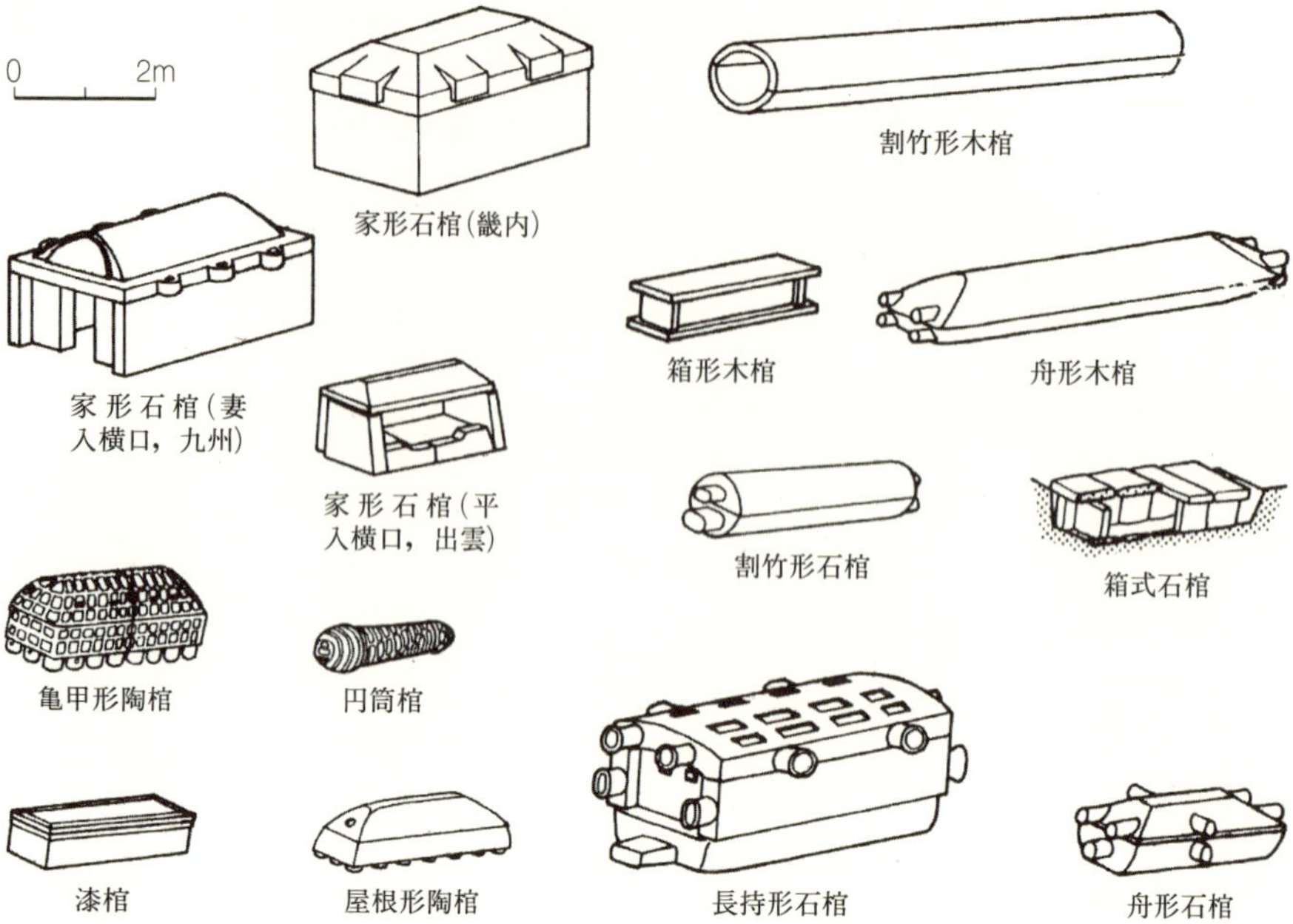

各種の石棺

家形には、畿内系、九州系、出雲系がある。畿内系には刳抜式と組合式があり、蓋は屋根形(寄棟形)、身は箱形を呈す。屋根の頂部に平坦面があり時期とともに拡大。それに伴い蓋の突起は形・数・位置などを変える(基本的に突起は身につかない)。畿内を中心に九州東部沿岸、瀬戸内北岸(山陽)、山陰東部、濃尾などに分布する。時期は後期・飛鳥時代。畿内では二上山白石や竜山石で作られたが、竜山石製などは山口県から滋賀県まで運ばれた。なお、飛鳥時代の竜山石製などに長さ一メートルほどの小型がある。成人の複次葬(改葬)用の蔵骨器の可能性が高い。おもに畿内系の横穴式石室で使用。一部は直葬した。

九州系はほとんどが組合式である。蓋は屋根形(一部、蒲鉾形で、畿内系のような幅広い頂部の平坦面はない)、身は箱形を呈す。蓋の形、突起の形(棒状・半環状など)・数などは多様で、舟形石棺と共通するものもある。横穴式石室内にあるものは身に遺体を入れるための横口がつく。短辺につくものは妻入り横口式(福岡県石人山古墳など)で、のちには棺を直葬し横口に羨道《せんどう》を付設する。長辺につくものは平入り横口式(熊本県チブサン古墳など)で、蓋が平らな板石のものを含めて石屋形とも呼ぶ。横口のつかないものは直葬する。時期は中・後期。ほとんどが阿蘇石製で、熊本県、福岡県南部を中心に分布する。なお、この地域の石室内部では、横口のない棺は使われず、横口式とともに、屍床(遺体を直接置く床)系の施設が発達した。横穴も同様で内部には石屋形や屍床が造りだされた。

出雲系は東部と西部に分かれる。東部では組合式の平入り横口式がおもに横穴用の棺として盛行する。蓋は屋根形だが、頂部は稜線状で、九州色が強い。一方、西部では刳抜式の平入り横口式が横穴式石室で用いられた(横口の閉塞石を支える円柱状の石がある)。屋根形の蓋の形状・突起数などには畿内色がみられる。時期は後期。おもに荒島石や来待《きまち》石などで作られた。

土製素焼きのものには埴輪棺、円筒棺、土器棺、陶棺がある。埴輪質のものでは、円筒埴輪などを転用したものと、棺として作られた埴輪質の円筒状土製品とがあり、両者を合わせて埴輪棺と呼ぶ場合もあるが、前者を埴輪棺、後者を円筒棺と呼びわける場合が多い。埴輪棺は弥生墳丘墓の特殊器台の転用に始まり、埴輪の消長にあわせて後期まで用いられた。円筒棺はおもに中期に作られたが、長さは二㍍前後で、円筒の表面には並行・格子・斜格子状などの突帯がつく。蓋は別作りの場合が多い。

土器棺は縄文時代以来の伝統をもつ。古墳時代のものはおもに土師器の壺や甕を用いたもので、大型の壺が目立つ地域がある。小児用または成人の複次葬用の蔵骨器として用いた。この三者は古墳の墳丘内外の従属的な埋葬に使われることが多い。いずれも基本は直葬である。

陶棺には土師質のものと須恵質のものがある。形態から多くは亀甲形と屋根形に分かれ、大多数が身の底部外面に二、三列の中空円筒形の脚をもつ。亀甲形は、身が平面隅丸長方形の箱形、蓋が細長いドーム形で、両者の表面には格子状や山形(波形)状の突帯がつく。赤褐色の土師質のものがほとんどである。屋根形は、身は平面長方形の箱形だが、蓋の形には寄棟式(四注式)と切妻式がある。寄棟式には灰黒色の須恵質のものが多く、切妻式では土師質、須恵質が相半ばする。長さは二㍍前後から〇・五㍍前後まである。おもに横穴式石室や横穴で使われたが、小型は蔵骨器の可能性が高い。亀甲形は後期・飛鳥時代前半、屋根形は飛鳥時代。九州中部から東北南部に分布するが、特に畿内や岡山東部に集中する。人馬像、蓮華文、棟の鴟尾《しび》などをもつ例がある。

漆棺は漆を使った棺の総称。漆を直接塗布したり、何枚もの布(麻など所収)を漆(木屎《こくそ》漆、麦漆など)で固めたりするが、素地の種類によって木芯乾漆棺(芯は組合式木棺)、夾紵《きょうちょ》棺(脱胎乾漆棺、何枚もの布を漆で固め原型をはずしたもの)、藍胎棺(芯は植物繊維の編物)、漆塗陶棺(内外面)、漆塗石棺(内面)がある。飛鳥時代に伝わり、おもに横口式石槨で使われた。

なお、棺の用い方には、一定の位置に据えつけておき別に運んできた遺体を入れるもの(据えつける棺)と、遺体を入れて運ぶ棺(持ちはこぶ棺)とがある。古墳時代の棺の多くは前者で、後者は小型軽量の漆棺などで、少なくとも飛鳥時代に出現した。また機能としては、遺体を密封する棺(閉ざされた棺)と、遺体を密封しない棺や屍床類(開かれた棺)とがあり、多くは前者だが、後者は中・後期の九州系の石室や横穴で使われた。

参考文献　和田晴吾「古墳の他界観」(『国立歴史民俗博物館研究報告』一五二、二〇〇九)、「古墳時代の棺とその歴史的意義」(『日本考古学協会二〇一〇年度兵庫大会実行委員会研究発表資料集』所収、二〇一〇)

(和田　晴吾)

渡来人の墓

おもに朝鮮半島や中国から日本列島へ渡って来て、この地に葬られた古墳時代の人々の墓。ただ、考古学においては渡来人一世なのか二世なのかなどの細かな区別は現実的にはむずかしく、ここでは、実際に渡って来た人々(一世)とその子孫たちの墓と理解している。

では、渡来人たちの墓をどのようにさがすことができるのか。方法は、それまでの日本列島の人々の墓と渡来人たちの故郷での墓が異なっていれば、その違いを見つけ出し、比較検討し、判断することである。当然区別できないものも多い。

その違いとしては、墳丘の形・築き方、埋葬施設(室・槨・棺)の構造や形・その組み合わせ、埋葬時における儀礼の仕方、それに関わる副葬品の種類・副葬の仕方などが対象となる。

まず外見的な墳丘の形・築き方では、前方後円墳・前方後方墳などが基本的に朝鮮半島において見られない点は異なるが、それ以外の円墳・方墳などは基本的に区別できない。

その中で多少区別できそうなものが積石塚である。墳丘を土で築くのか、石で築くのかという違いであるが、日本列島では朝鮮半島に比べて積石塚は地域的に偏っており、少ない。日本列島内の積石塚がまとまって分布している地域としては讃岐・阿波や信濃・上野などが有名であるが、讃岐・阿波の積石塚を朝鮮半島との関わりで理解している研究者はあまりいないように思われる。現時点ではその地域独自のもので、石が多い地域に墓を築いたため、墳丘構築の材料として一般的な土ではなく、周辺で入手しやすい石を用いて墳丘を築いたと理解しているように思う。

一方で信濃・上野など東国の積石塚については朝鮮半島との関わりが意識されている。それは単に積石塚が朝鮮半島に比較的多く見られるというだけでなく、合掌形石室などの埋葬施設の構造や副葬品の朝鮮半島との関わりなどを総合的に判断してのものである。

たとえば長野県大室《おおむろ》古墳群のムジナゴーロ支群一六八号墳は、五世紀中葉の合掌形石室墳で、土馬を出土している。五世紀代の日本列島内では馬の使用・馬の飼育はいまだ一般的ではなく、この土馬も全国的に初期段階のものであることから、この古墳に渡来人一世や二世段階の人々が埋葬されている可能性はあると思われる。さらに大室地域は『延喜式』に記された「大室牧」が営まれたと推測されている地域である。つまり積石塚＝渡来人の墓とは当然ならないが、そのほかの特徴をあわせ検討することによってその可能性が推測できるのである。このほか、群馬県剣崎長瀞西《けんざきながとろにし》遺跡の積石塚も金製垂飾付耳飾を含む副葬品や馬土壙の存在などから渡来人との関わりが推測されている。

次に埋葬施設では、竪穴式石室は日本列島では弥生時代後期から見ることができ、一般的に日本列島のものと考えられてきた。しかし五世紀ごろから見られるようになる長さに比べてやや幅広で、直立する壁体のものは朝鮮半島の伽耶地域の竪穴式石室と関わるのではないかと考えられるようになってきた。特にこの竪穴式石室を埋葬施設とする瀬戸内海沿岸地域の古墳では副葬品として朝鮮半島と関わる金製垂飾付耳飾や鍛冶具、初期馬具、陶質土器や初期須恵器などが見られるものがあり、初期の土器副葬という点においても朝鮮半島との関わりが推測されている。さらにこれらの多くで釘や鎹《かすがい》が検出され、当時の日本列島で基本的に使用されていなかった釘・鎹使用木棺が用いられていることが明らかにされた。そして朝鮮半島における釘・鎹使用のあり方と比較して、渡来人一世や二世が埋葬されている可能性がより推測されるようになった。その例としてはともに兵庫県の五世紀前半から中葉の宮山古墳(直径約三〇メートルの円墳)やカンス塚古墳(直径約三〇メートルの円墳)が代表的である。

次に木槨は、基本的に日本列島内では使用されなかったと考えられている。弥生時代に一部存在することは確認されているが、基本的に古墳時代の日本列島の人々は使用していなかったと考えられている。その中で香川県原間《わらま》六号墳は五世紀前半の直径約三〇メートルの円墳で、木槨の木材は残っていなかったが、その空間が明確に残っており、遺物の配置も含め木棺の位置も推測できた。遺物では日本列島初期段階の三累環頭《さんるいかんとう》大刀《たち》やこの地域では古い段階に属するU字形鋤鍬先などが副葬されており、被葬者が渡来人である可能性は十分推測される。

横穴式石室も古墳時代の日本列島には本来見られなかった埋葬施設である。初現は四世紀末ごろの北部九州で、朝鮮半島との関わりが想定されている。ただ、北部九州の初期横穴式石室被葬者はその地域の地域首長と考えられており、渡来人との関わりは不明である。

一方、近畿地方では初期横穴式石室の受け入れが五世紀中葉ごろとやや遅れる。その被葬者は地域首長ではなく、彼らよりランクのやや低い人々と考えられ、そのなかに渡来人が含まれていた可能性が考えられている。その代表例が大阪府高井田山《たかいだやま》古墳である。五世紀後半の直径約二二メートルの円墳で、石室構造は百済系、畿内では最古段階の釘・鎹使用木棺を二棺並列配置し、百済武寧王陵出土例と類似する火熨斗《ひのし》などを副葬し、この古墳の麓にある有名な鉄器生産遺跡である大県《おおがた》遺跡に関わる百済系渡来人(王族と考える説もある)の墓と考えられている。

このように同じ横穴式石室であっても地域によって受け入れ方が異なり、採用した人々も異なっている。つまり初期横穴式石室も副葬品や埋葬儀礼などとあわせ検討することによって渡来人やその子孫たちの墓さがしに有効であると考えられる。

次に副葬品と埋葬に関わる儀礼においては、棺や石室や墓壙の中に土器を副葬する行為が注目される。六世紀以降の横穴式石室墳では一般的に多くの須恵器が副葬されているが、四世紀までの日本列島の竪穴式石室内には基本的に日常土器は副葬されない。それに対して朝鮮半島の伽耶地域の木槨墓や竪穴式石室などでは普遍的に土器副葬を見ることができる。このような土器副葬行為は朝鮮半島からの渡来人たちに関わる儀礼であり、そのような儀礼が日本列島の人々に受け入れられるようになる

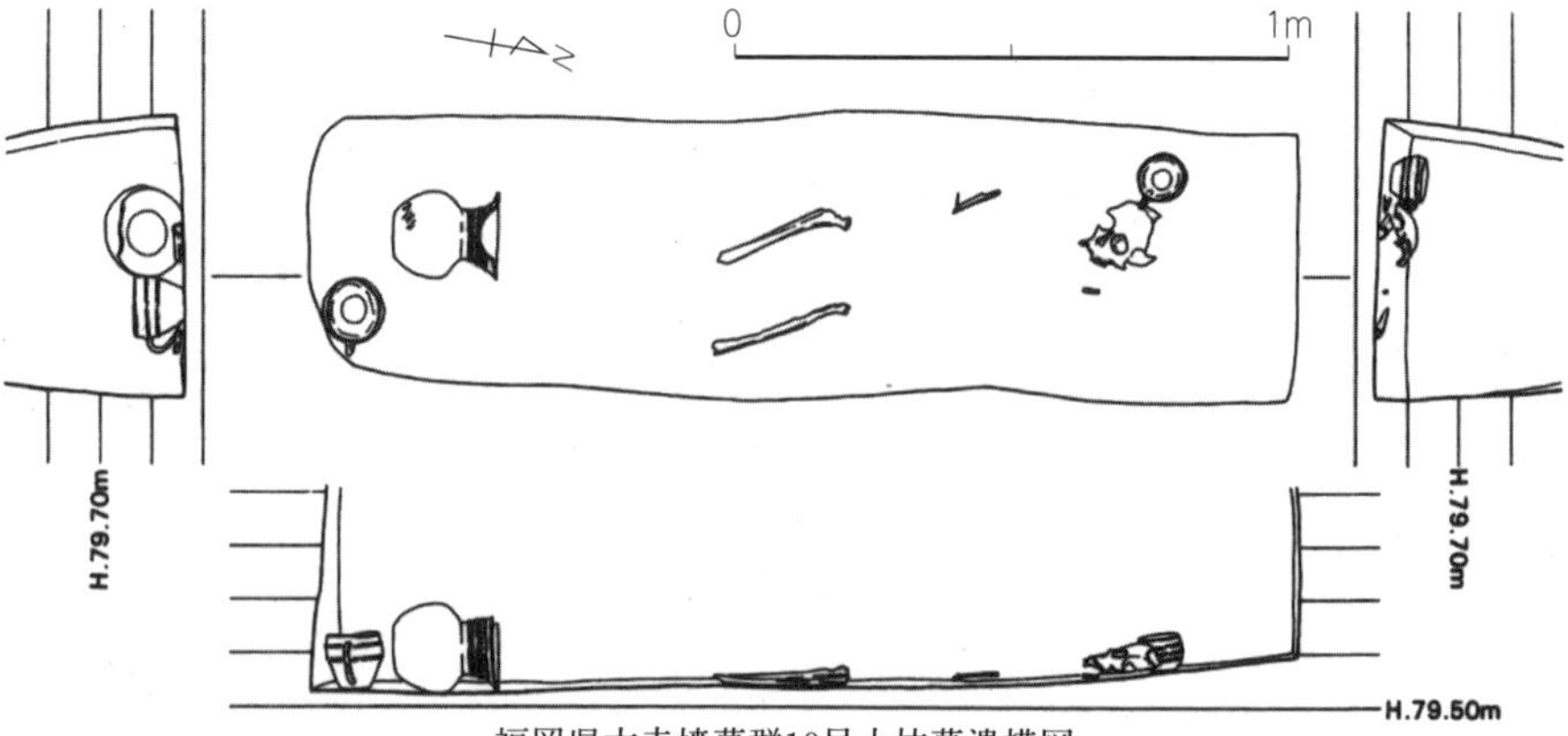

福岡県古寺墳墓群10号土坑墓遺構図

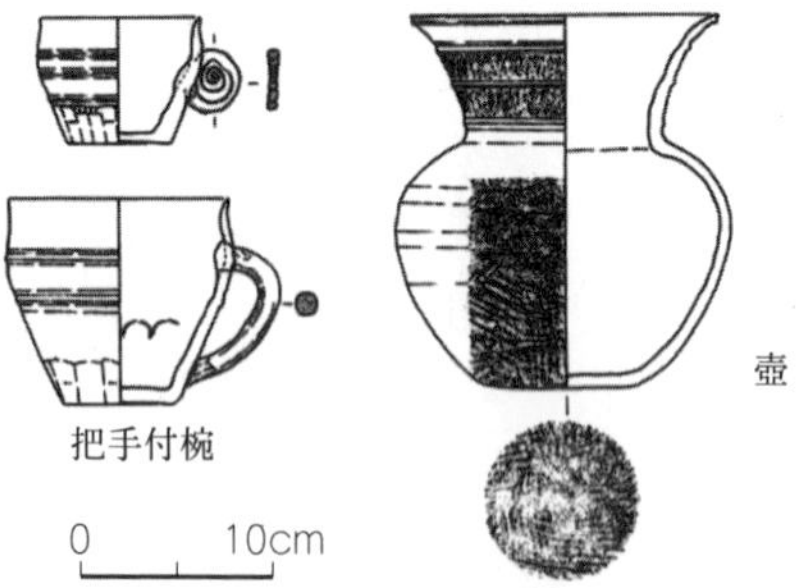

同10号土坑墓出土遺物

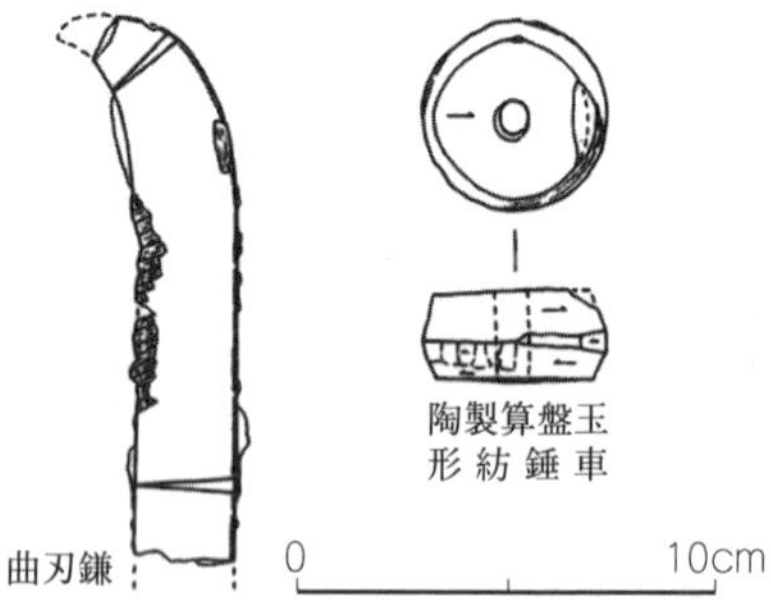

同９号土坑墓出土遺物

オイダ山ミニチュア煮炊き具(総高21.8cm)

北窪古墳群ナラズ柿支群
３号墳銀製釵子(長さ14cm)

奈良県南郷遺跡群周辺の渡来人関連墓出土遺物

群馬県剣崎長瀞西遺跡10号墳出土金製垂飾付耳飾

五世紀後半以前においては、渡来人やその子孫たちの儀礼と考えられる。

また算盤玉形紡錘車副葬に関しても、まずそれ自体が日本列島では基本的に見ることができず、渡来人たちによって持ち込まれてのちも受け入れられない。算盤玉形紡錘車自体が渡来人やその子孫たちに関わる遺物であり、その副葬行為は渡来系の人々の葬送儀礼といえよう。

このような初期の土器副葬や算盤玉形紡錘車の副葬行為は渡来人の墓をさがす上でかなり重要な儀礼で、福岡県池の上・古寺墳墓群（五世紀）などに見ることができる。この墳墓群の被葬者たちは伽耶西部系の須恵器を朝倉窯跡群において生産し、馬の飼育や馬具生産などにも関わっていた可能性が推測されている。

カマドなどのミニチュア煮炊き具副葬儀礼は五世紀末ごろから六世紀末ごろの近畿地方の横穴式石室墳を中心にみられ、釵子の副葬とともに中国系の渡来人たちによる儀礼と考えられている。この「中国系」については、筆者は錦江河口付近に位置する大韓民国全羅北道余方里八二号墳における両者の共伴例などからも朝鮮半島経由の中国系渡来人の可能性を考えている。

以上述べてきた例以外にも農耕儀礼に使用されたと考えられているサルポ（鏟《サン》形鉄製品）や鍛冶などの儀礼に使用されたと考えられている鉄鐸などの朝鮮半島系資料の副葬儀礼は渡来人の墓さがしに役立つものと考えている。さらに垂飾付耳飾、金糸、金層ガラス玉、船載環頭大刀、初期の文字資料（七世紀中葉以前）などの朝鮮半島系資料も墳丘の規模や内部主体の種類、そのほかの共伴する副葬品などを含めて総合的に判断することによって、渡来人の墓さがしに役立つものと考えている。

このような渡来人の墓に関する検討は、当然周囲の首長墳との関係、生産遺跡や集落遺跡などとの関係を意識することによってより理解しやすく、その地域における渡来人の役割、位置づけなどを考える上で大いに役立つのである。

参考文献　水野正好「滋賀郡所在の漢人系帰化氏族とその墓制」（『滋賀県文化財調査報告書』四所収、一九六九）、土生田純之「古墳出土の須恵器」一（『末永先生米寿記念献呈論文集』乾所収、一九八五）、亀田修一「日本の初期の釘・鎹が語るもの」（考古学研究会編『文化の多様性と比較考古学』所収、二〇〇四）

（亀田　修一）

終末期古墳と大化薄葬令

ここでは、古墳築造の終焉過程にあたる七世紀の終末期古墳の特徴を整理し、また大化二年(六四六)三月甲申詔(「大化薄葬令」と称されてきている)との関係性について、主として考古学の立場から検討する。

考古学の古墳・古墳時代研究では、「終末期」という時期区分設定は、それほど古い概念ではない。その使用は、高松塚古墳の発見が大きな契機になった。それ以前には、前期・中期・後期の三時期区分か前期・後期の二時期区分が行われ、いずれの場合も七世紀中葉以降に古墳築造が終焉していくとし、終末期は、後期の中に含められていた。

この研究動向には、七世紀の古墳研究の低調・不徹底が影響していた。当該期の古墳には、墳丘・石室の小型化、副葬品の大幅減少などの顕著な特徴があるが、前者は周知の古墳の少なさ、注目度の低さに、後者は古墳年代決定の困難さにつながっていたからである。

昭和四十七年(一九七二)の高松塚古墳の発見は、その根底的解明のために、七世紀古墳の研究深化を求めた。ちょうどこのころ、日本考古学は空前の新しい研究状況をむかえていた。すなわち、列島をあげての国土大規模開発が、遺跡の発掘調査を量的にも面的にも大幅に拡大した。六、七世紀の古墳研究も、質量ともに飛躍的な進展を遂げた。その結果、六世紀末葉の前方後円墳消滅までを後期、それ以降の七世紀を終末期として区分していく共通理解がはかられるようになった。

古墳築造の終焉についても、七世紀中葉を前後して消滅するとしてきた理解の修正が必要になった。この時期を大きな区分点として、造墓活動を停止するとしてきた群集墳は、依然として形成を継続し、この時期に新たに形成を開始する事例も出てきたからである。また、天皇陵古墳以外にも、有力古墳の築造が継続していることもわかってきた。その場合、編年的研究の深化により、七世紀中葉以前と考えていた古墳の中に後半に下がるとされるものも出てきている。これらのことは、終末期の問題関心を、古墳時代がどのように終るかから律令制古代国家成立にどのようにつながっていくかに移していった。

『日本書紀』大化二年三月甲申条の喪葬規定に関わる詔は、古くは、改新直後の新政府が薄葬思想を基調として打ち出した新政策を示したものと解釈されたため、これを「大化薄葬令」と呼称してきた。この「薄葬令」という呼称自体が、一定の歴史的評価につながることから、考古学の古墳研究にも大きな影響を与えた。特に古墳築造の終焉、停止の問題は、基本的には大化薄葬令の発布が直接的契機となり、七世紀後半には古墳築造が行われなくなるとするのが、一般的理解であった。

この古墳消滅問題と甲申の詔・薄葬思想の関係性は、再検討の必要性が提起されるようになった。というのは、古墳における薄葬の問題は、早く前方後円墳の消滅時期と表裏一体の関係で浮上し、七世紀に入ると墳丘・石室の小型化と副葬品の大幅な減少が明確に顕在化してくるからである。そして、七世紀後半に至る過程の中で、その流れは徐々に進展し、古墳の消滅に至ったところである。

古代史研究の中では、戦後の新潮流の中で、大化改新の再検討が活発になり、大化薄葬令に関わる甲申の詔の信憑性そのものについても議論された。これを踏まえ、詔に示された喪葬規定の内容などの中には、少なくとも律令の喪葬令成立以前の時期に見合った固有の内容が多く指摘できるとし、『日本書紀』編纂時の潤色などはあったとしても、原詔が存在したことについてはおおむね一致をみている。ただし、規定のすべてが大化二年に出揃ったという共通理解では必ずしもない。『日本書紀』編纂がなったのは、養老四年(七二〇)の時点であり、その間に制度的に一段と整備された律令の喪葬令が成立してくるわけであり、その段階的整備の過程の緒に着くのが大化二年を前後した時期であった可能性も十分考えられる。

上記の課題は、基本的に古代史研究の分野に関わるものである。一方、考古学の分野では近年、この大化二年を前後した時期を中心に、古墳の実体把握が、一段と具体化してくるとともに、一方で基本的理解に大きな齟齬も生じてきている。一度、甲申の詔の内容から離れ、古墳資料の検討から、年代的整理、内容整理をしていくことにより、いわゆる大化薄葬令の実在性・実効性の問題に迫ることが可能となるだろう。

畿内の終末期古墳の代表的な主体部形式として岩屋山式石室と横口式石槨がある。岩屋山式石室は、奈良県高市郡明日香村の岩屋山古墳の横穴式石室を代表とし、終末期の畿内で中枢的位置を占めたと思われる有力古墳に限定され、比較的広範に認められる。花崗岩などの硬質石材を巧みに加工した切石積構造で、構造的には、それ以前の主要横穴式石室の延長線上に成立したものである。その年代観については、七世紀第二四半期ないし第三四半期と幅がある。もし後半に及ぶとするなら、甲申の詔の石室規模の規定を大きく上回ることになり、岩屋山式が行われた時期には、まだ実効性を伴うものではなかった可能性も考えられる。ところで、最近明らかになった調査成果および関連資料により、大阪府羽曳野市叡福寺古墳(聖徳太子磯長《しなが》墓)と同市塚穴古墳(来目皇子埴生崗上《はにゅうおかのうえ》墓)の横穴式石室が典型的な岩屋山式石室である可能性が強くなった。想定される被葬者で間違いないとすると、七世紀前半に岩屋山式石室の成立時期がさかのぼる可能性も出てきている。

横口式石槨は、内法長二メートル前後、同幅一メートル前後、同高さ一メートルの規模の棺を納めるギリギリのスペースの石槨構造である。その短辺を開けて入口構造としており、その手前に前室・羨道・墓道などが取り付く。従来、七世紀中葉以降に、薄葬令の規定に適合した主体部形式として成立したとする位置づけがなされた。しかし、大阪府河南町の平石古墳群のシショツカ古墳の調査で、六世紀後半にさかのぼる初現的な横口式石槨が確認され、その直接的な系譜上で近くにあるアカハゲ古墳、ツカマリ古墳の横口式石槨墳が続くことが明らかになった。また、初現期に

大阪府シショツカ古墳の横口式石槨

奈良県・京都府石のカラト古墳全景　平城京遷都前後の築造が想定されている

大化2年3月甲申詔の石槨規模

	長さ	幅	高
王以上	9尺	5尺	5尺
上　臣	9尺	5尺	5尺
下　臣	9尺	5尺	5尺
大仁・小仁	9尺	4尺	4尺
大礼―小智	9尺	4尺	4尺
庶　民	なし	なし	なし

属し、七世紀中葉の築造とされてきた富田林市お亀石古墳も、最近の基礎的調査・再検討で、七世紀第一四半期と第二四半期の交りのころの可能性が出てきている。横口式石槨に分類される古墳は、前述した基本項目は共通にしつつも、具体的な構造などはきわめてバラエティに富んでいる。その場合、列島の伝統的な墓制の基礎の上に成立したものではなく、朝鮮半島・中国の新たな墓室形式の流入が契機となっている。

甲申の詔にある埋葬部の規格の規定を整理すると右表のようになる。これを比較検討する限り、棺を納めるのに必要な最小限の空間を確保しただけであり、身分による差別化・階層秩序性を明確に示す意図があったわけではない。この規格が、既存の横口式石槨を視野に置いていることは明らかである。実際の石槨例がこの規格に収斂されるからといって、必ずしも詔の規定が遵守された結果とは言い切れない。大化二年以前に位置づけられる事例においても、これに近い数値を示している。

先年、奈良県明日香村牽牛子塚《けんごしづか》古墳が発掘調査され、八角形墳としての古墳の全体像が、横口式石槨とともに明らかになり、またその南東側に接して鬼の雪隠・俎に近似する横口式石槨墳（越塚御門古墳）が新たに確認された。これらが、斉明天皇とその孫娘の大田皇女に関わる可能性はきわめて強い。ただし、これを従来の横口式石槨の型式的理解にもとづいて七世紀末葉ないし八世紀初頭の所産とする理解と斉明崩御後間もない時期七世紀第三四半期の所産とする見解に分かれる。いずれを取るかにより、甲申の詔の実効性を大きく左右する。

七世紀は、文献記載の中に数多くの個人名とその事績が記されている。そのため、主要な古墳については、その被葬者の特定が渇望される。一方、古墳の考古学的属性のみから、年単位の議論となる個人名にまでたどりつくことは、墓誌などでもない限り基本的には不可能である。それゆえ、一古墳の被葬者像をめぐっては、研究者間で意見が分かれることが常である。個別具体的な歴史との関係性・整合性を検討する際には、常に念頭に置く必要がある。

参考文献　関晃「大化のいわゆる薄葬制について」（古代史談話会編『古墳とその時代』一所収、一九五八、朝倉書店）、森浩一編『論集終末期古墳』（一九七三、塙書房）、白石太一郎「畿内における古墳の終末」（『国立歴史民俗博物館研究報告』一、一九八二）、羽曳野市教育委員会編『河内飛鳥と終末期古墳』（一九九八、吉川弘文館）、大阪府立近つ飛鳥博物館編『大化の薄葬令』（『大阪府立近つ飛鳥博物館図録』一六、一九九八）、白石太一郎編『終末期古墳と古代国家』（二〇〇五、吉川弘文館）、高橋照彦「律令期葬制の成立過程」（『日本史研究』五五九、二〇〇九）、大阪府立近つ飛鳥博物館編『ふたつの飛鳥の終末期古墳』（『大阪府立近つ飛鳥博物館図録』五〇、二〇一〇）、高槻市立今城塚古代歴史館編『阿武山古墳と牽牛子塚』（二〇一二）

（右島　和夫）

東西の古墳

日本列島の歴史は、いずれの時代に焦点を当てても、東と西の二極構造で対比的に語られることが多い。古墳時代の場合も例外ではなく、東西の対照的な様相が各所に認められるところである。このことは、古墳時代を特徴付けている古墳そのものの場合も同様であり、東西間の差異が顕著に認められる。

古墳の東西概念の基準となっているのは、この時代を主導したヤマト王権の直接的基盤であった近畿地方、とりわけ現在の奈良県・大阪府を中心とした畿内である。その場合、当時の畿内から見ての東西になるわけであるが、東方あるいは東国という意識の方が、西方あるいは西国以上に強かったと思われる。

古墳時代における東西構造を語る際には、それ以前の弥生時代、縄文時代さらには旧石器時代にまでさかのぼってその歴史過程を踏まえることで理解できる側面がある。その背景として、長く延びる日本列島のさまざまな自然環境条件が、東日本と西日本で大きな差異を示しているからである。このことが、時代を超えた歴史動向においても大きな規定要因となって、対照的な内容を示すところとなったと考えられる。と同時に、歴史的発端が因果関係となって次なる対比的な歴史過程へとつながっていったことも当然考えられるだろう。

山内清男が縄文時代東日本の優位性をサケ・マス文化論で指摘したのは、自然環境条件の東西の差異と適合性が背景にあったことはいうまでもない。この縄文時代の列島構造が、弥生時代の展開過程の東西の差異性につながっていったことは間違いないだろう。

北部九州に上陸した弥生文化の東への波及は、一定の順行速度で近畿地方まで進むが、東海地方西部で一端足踏みをしたのち、鈍化したスピードで東日本へと波及したことが、縄文時代までの歴史展開や自然環境条件の差異に起因していることは明らかである。

弥生社会の中で、主として瀬戸内海などを介して近畿地方から九州までの西日本世界が一定のネットワーク化を果たすようになったことが、古墳時代に入り初期ヤマト王権が成立してくる前提になったと考えられる。その意味での東への弥生文化波及は愛知県地域を中心とした東海地方までであり、その東海地方を介して部分的な波及が東日本へもたらされたが、ネットワーク化がなされるまでには至らなかった。なお、古墳の東西を考えるとき、この東海地方の立場は重要である。

古墳時代の東西概念は、近畿を基点としての東西であると同時に、西日本世界の中の一角としての近畿であったということができる。

古墳時代の始動は、この時代を主導した近畿地方に成立した政治勢力である初期ヤマト王権の登場をもって開始される。前方後円墳は、支配者層の地位の証としてヤマト王権が創出したものである。

その初現期にあたる前方後円墳が大和盆地南東部の三輪山麓周辺のオオヤマト古墳群に造営される。本格的な前方後円墳の成立を三世紀中ごろの箸墓古墳に求めるならば、その展開がこれと政治的連合関係を結んだ西日本の諸地域(主として瀬戸内海に沿って)を中心になされていったことがわかる。

初期ヤマト王権によって創出された前方後円墳の構成要素として、墳形(前方部が撥形に開く特徴)、埴輪樹立、長大な割竹形木棺を納める竪穴式石室、三角縁神獣鏡の大量副葬などがあげられる。これら諸要素を備えた前方後円墳の成立は、葬送儀礼の共通化がはかられていったことを物語る。その広がりは、前述した瀬戸内海を介しての西日本にあった。

同じ時期、東日本に登場する出現期古墳の大半が前方後方墳であったことは、弥生時代までの歴史過程の差異性が根底的に作用していたと考えてよいだろう。その後、東日本では前期の中で前方後方墳から前方後円墳へと移行していく地域と、引き続き前方後方墳が継続する地域がある。前者の地域が、ヤマト王権との関係を強めていったと考えられる。

全国で現在確認されている三角縁神獣鏡の総数は、徐々に六百面に近づこうとしている。その大半が配布主体であった畿内に集中し、さらにこれを含めた西日本に偏在する。その集中傾向の東限は東海西部までであり、それより東では群馬を除くと散在的である。その場合、主として前方後方墳から前方後円墳に移行した古墳に伴っている点が注意されるところである。

前期古墳における東西の差異は歴然としている。その背景に、ヤマト王権の存立基盤が大きく関わるものであったことがわかる。

古墳の東西を考えていく上で、北部九州は別格の部分を有している。それは、古墳文化形成に大きく影響したのが朝鮮半島・中国大陸であったことが関係している。当地方の場合、弥生時代以来の彼の地との活発な交流が行われてきた伝統があった。古墳時代においても一貫して主たる交流の玄関口であり続けたので、その独占に意を注いだヤマト王権が、北部九州と密接な連携をはかろうとしたことはいうまでもない。一方で、この時代においても伝統性・地理的特性を生かして独自の交流が行われたことは十分想定できる。

半島・大陸の横穴式石室が、他地域に先駆けていち早く当地域に導入されたのは、このことをよく物語っている。畿内を中心とした列島全域で見てみるならば、それまでの竪穴式系の主体部から横穴式石室に転換していくのは、古墳時代後半期(五世紀末ないし六世紀初め以降)のことである。ところが、北部九州を中心とした地域では、前期末葉ないし中期初頭の時期に採用される。その場合、首長墳に関わる前方後円墳に採用されているのが特徴的である。福岡県老司《ろうじ》古墳・鋤先《すきさき》古墳、佐賀県谷口古墳などが初現期のものとして知られているが、以後五世紀の首長墳の主体部形式として定着していった。老司・谷口古墳は副葬品として三角縁神獣鏡を伴っていることから、ヤマト王権との間にも密接な関係を有していたことが明らかであるが、主体部形式については、独自の選択肢を有していた。

福岡市鋤先古墳の横穴式石室
墳丘長約62mの前方後円墳．石室は墳丘中軸線上にあり，前方部に向けて開口．写真は，石室を斜め前方から望んでおり，手前に墓道，その先に羨道，さらに先に玄室がある．4世紀後半．

同石室出土金銅製透彫杏葉

群馬県綿貫観音山古墳出土埴輪　三人童女

北部九州に定着した横穴式石室は、五世紀を通じて畿内を含めた西日本の諸地域の一部の古墳にも伝えられていった。その東限は、太平洋沿いでは愛知県中ノ郷古墳、日本海沿いでは福井県向山一号墳である。

北部九州以外の諸地域で横穴式石室が広く採用されるようになるのは、六世紀初頭以降のことである。この動きは、畿内の有力墳に広く横穴式石室が採用されるようになる時期と一致している。そのことが契機となって列島全体に採用されるようになったことは間違いない。それまで横穴式石室が及ばなかった東日本の諸地域で採用されるようになるのは、この時期からである。

六世紀後半の時期、後期群集墳の活発な形成に見られるように、古墳造営は広範な階層を巻き込んで活発化する。その動きと裏腹に、前方後円墳に代表される首長墳の造墓活動は退潮傾向を示すようになる。ヤマト王権による直接的地域浸透が進んでいった背景が見て取れるところである。

ところが、これとは裏腹に関東地方の諸地域における造墓活動は、この時期にピークを迎えていったといっても過言ではない。この地方に所在する前方後円墳の総数は、全国的に見ても圧倒的な数を示すが、その大半はこの時期に属するものである。畿内を除けば、最も規模の大きい前方後円墳が林立していった特徴的な動向をたどったことがわかる。その場合、「東国埴輪」とでも称すべき充実した埴輪を実現している点には、独自の樹立システムの存在を見て取ることができる。また、群馬県綿貫観音山・八幡観音塚古墳、埼玉県将軍山古墳、千葉県金鈴塚《きんれいづか》・城山一号墳に代表されるように金工製品を中心とした豪華で充実した副葬品の存在は、多少の程度の差を示しながらも大・中型円墳にまで広く及んでいる。その多くは、畿内で生産されたものと思われ、重点的に東国にもたらしていった動きを見ていく必要がある。

七世紀に入り、千葉県栄町竜角寺岩屋古墳（一辺八〇メートル方墳）、栃木県壬生町壬生車塚（直径七四メートル円墳）、埼玉県行田市八幡山古墳（直径七四メートル円墳）、群馬県前橋市宝塔山古墳（一辺六〇メートル方墳）に代表されるように天皇陵古墳にも匹敵するような規模の巨大方・円墳が数多く築造される動きも、前代と同様に注目される。

後期から終末期にかけての時期、中央集権化・直接支配をはかっていこうとする中で、東国をヤマト王権の直接的基盤に組み込んでいこうとする流れを見て取ることができる。

参考文献　山内清男「日本先史時代概説」（同編『縄文式土器』所収、一九六四、講談社）、白石太一郎編『古墳』（一九八九、吉川弘文館）、「特集　横穴式石室の世界」（『季刊考古学』四五、一九九四）、白石太一郎編『終末期古墳と古代国家』（二〇〇五、吉川弘文館）、広瀬和雄・和田晴吾編『古墳時代』下（『講座日本の考古学』七、二〇一二、青木書店）、千賀久・右島和夫『古墳時代』（『列島の考古学』、二〇一一、河出書房新社）

（右島　和夫）

竪穴式石室

木棺や石棺の周りに石材を積み上げて四壁を構築し、天井部を板石(まれに木蓋)で閉塞する埋葬施設。「竪穴式」という語は、天井部を覆うことによって最終的に石室の閉塞が完了するという構造的特徴を表したものであり、壁面に開口部を設けて水平方向に出入りできる横穴式石室との対照性を示す含意がある。日本では弥生時代後期後半から古墳時代にみられるが、特に古墳前期(三世紀中ごろから四世紀)の有力古墳に用いられた長大な竪穴式石室が研究史上注目されてきた。近年では、棺の周囲に広い内部空間を確保しない構造を重視して、これを棺の保護施設と理解して「竪穴式石槨」と呼ぶ立場も見られる。

前期古墳の典型的な竪穴式石室構造は次のようなものである。まず墳頂部から掘り込んだ長さ一〇《メートル》、幅五《メートル》をこえる巨大な墓壙の底に礫石や板石を敷いて基礎構造を設け、その上に長大な粘土棺床(粘土床)を造りつける。墓壙底の四周を一段低くするなどして、排水機能を考慮したものも少なくない。

この粘土棺床上にコウヤマキの巨木を縦割りにして内部を刳り抜いた長大な割竹形木棺を設置した後、木棺を取り囲むように石室壁体の構築が開始される。残存状況が良好な場合には、粘土棺床面から高さ五〇《センチ》前後の位置で、壁体の傾斜が変化したり、石積みの目地が水平に通る箇所が確認されており、ここで石室の構築が一時的に休止したことがうかがえる。このことから、棺身を設置して壁体の下部を積んだ段階で、遺骸を安置し棺内外に副葬品を納置するなどの儀礼を行い、棺蓋を覆った後に壁体上半部を構築するという工程が推定できる。

壁体の構築には、安山岩、石英粗面岩、片岩などの扁平な割石が使われることが多く、石室内側に石の小口面を向けるいわゆる小口積みの技法が多用されている。裏込め部分には壁体を構成する石を背後から押さえる控え積みが顕著に認められ、これにより石室の堅牢性が保持されている。壁体は上方に行くほど内側にせり出すようになる「持ち送り」の技法で積まれることが多く、壁体の最上段に架構した天井石の重量で石室全体を安定させる構造である。最後に天井石の上を分厚い粘土で覆った後に、墓壙を土砂で埋め戻して竪穴式石室は完成する。なお、初期の竪穴式石室のなかには、積み上げた左右両壁を上方で互いにもたれ合わせて安定させ、大型の天井石を用いない「合掌式石室」と呼ばれるタイプも少数見られる。

こうして構築された石室は、内法長五《メートル》以上、幅一《メートル》内外の長大な規模となるものが多い。高さは初期にはまれに三《メートル》をこえる例もあるが、二《メートル》未満のものが一般的であり、全体には畿内地域の石室高が他地域にくらべて高い傾向にある。

古墳時代前期において長大な竪穴式石室を用いる古墳は、現在百例余りが確認されており、分布は南九州から関東にまで広がる。畿内地域にもっとも集中していること、大和盆地の古墳において墳丘規模の割に大型の石室を用いる傾向が強いことな

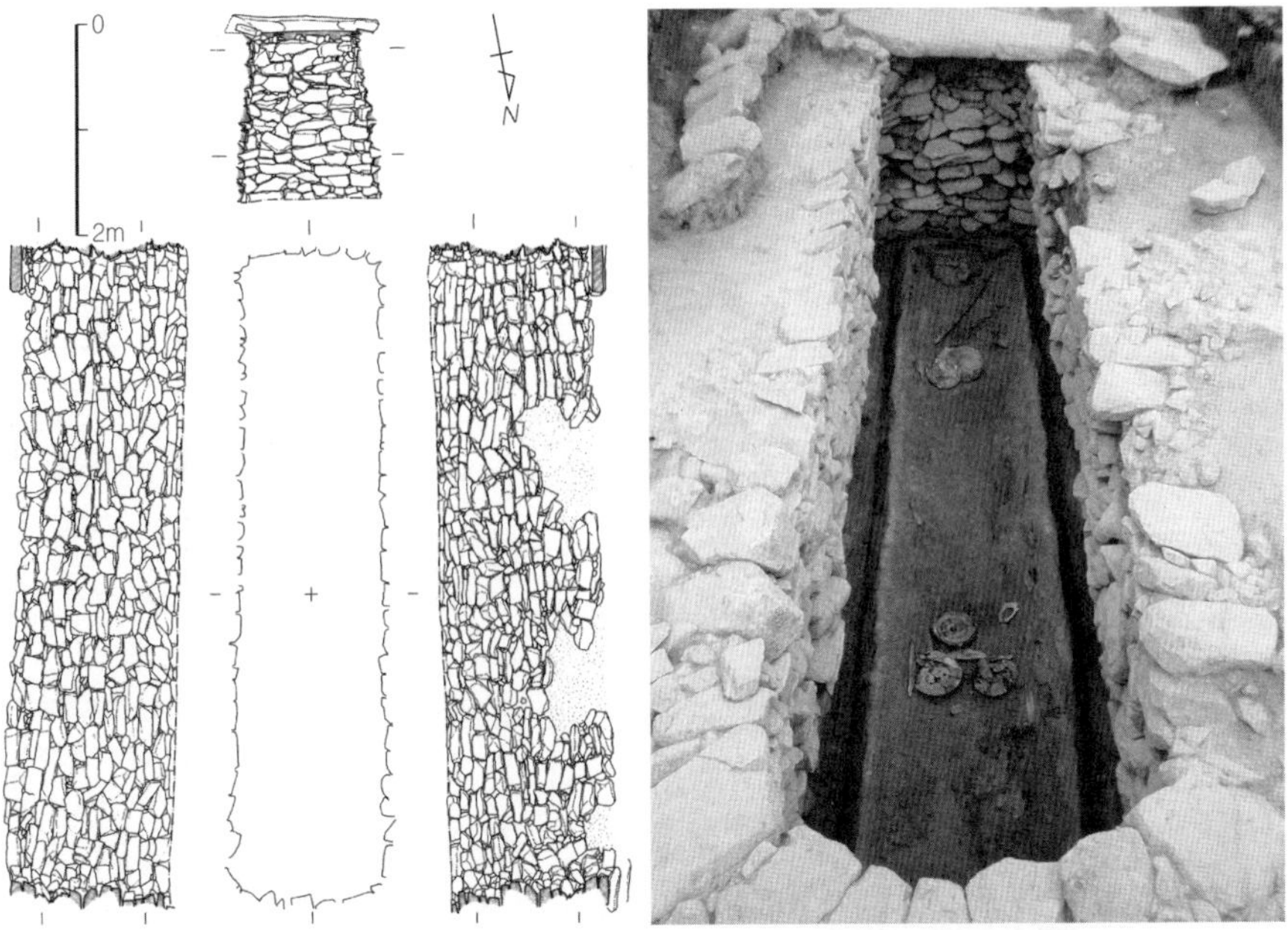

竪穴式石室(滋賀県雪野山古墳，福永伸哉・杉井健編『雪野山古墳の研究』より)

どから見て、初期ヤマト政権の中心勢力とのかかわりが特に強い埋葬施設といえよう。

長大な竪穴式石室は、弥生後期後半の中部瀬戸内地域に現れる小規模な木蓋石室を直接の祖形とし、定型化前方後円墳の創出とともに板石小口積みや控え積みの技法を備えて成立したと考えられる。ただ、平成十一年(一九九九)に定型化古墳直前の奈良県ホケノ山墳墓(古墳)において、長大な木棺を木槨と石囲いで覆った施設が確認されたことから、竪穴式石室成立過程におけるこうした例の位置づけについて課題も生まれている。

長大な竪穴式石室は前期後半になると数を減じていく一方で、中期前半には長持形石棺を納めた幅広の竪穴式石室が畿内の大王墓クラスの古墳を中心に採用されるなど、有力古墳の埋葬施設として竪穴式石室の構築は続いた。その後、前期以来の系譜に連なる大型竪穴式石室は消滅に向かうが、中期後半には朝鮮半島との関連が推定される比較的小規模な竪穴式石室が新たに散見されるようになる。後期にも構造的に竪穴式石室に分類される例は少数ながら認められるが、横穴式石室が簡略化したものも含めて総じて小規模で簡素なものである。

なお、横穴式石室が普及する以前の古墳中期から後期初頭には、小規模な竪穴式石室の短壁に横口を設けた「竪穴系横口式石室」が北部九州地域を中心に盛行し、一部本州地域にも波及する。大陸の横穴系埋葬の影響を受けた変異型と理解できよう。

参考文献 都出比呂志「竪穴式石室の地域性の研究」(『前方後円墳と社会』所収、二〇〇五、塙書房)

(福永 伸哉)

横穴式石室

古墳に埋設された遺骸埋葬施設のうち、一方の側面が外部に通じて出入口となっているものの総称である。一般的には遺骸を埋納する玄室と外部から玄室に至る通路としての羨道《せんどう》からなる。ほかに複室や三室構成のものも存在する。古墳時代前半期に盛行した埋葬施設は、出入口のない竪穴式石室や棺を直接地中に埋納するもののほか、粘土や礫で棺を覆う粘土槨、礫槨などがある(竪穴系埋葬施設)。横穴式石室の導入は中・北部九州が最も早く、四世紀末に遡上するが、畿内では五世紀に降下する。しかし、汎列島的に採用されるのは六世紀後半であり、六世紀前半の畿内型石室の成立を契機としている。

かつて、高橋健自は神話に見られるイザナキノミコトの黄泉国訪問譚を根拠として、横穴式石室は竪穴式石室よりも古い形態であると主張した。これに対して喜田貞吉は、聖徳太子墓など被葬者の想定できる墳墓から竪穴式石室が古い形態であるとの見解を披瀝して論争となった。今日では、竪穴式石室は弥生後期の墳丘墓に見られる内部主体の伝統をひく古い形態であり、横穴式石室は朝鮮半島から伝来した新しい墓制であることが研究の前提となっている。

両者最大の相違は、追葬の可否にある。前者(竪穴系埋葬施設)は既述のとおり埋葬後密閉する構造で、基本的に追葬はむずかしい。このため、同一墳丘内に多数の埋葬施設が設置されることも多い。一方横穴式石室は、閉塞石を除去すれば容易に追葬でき、十体以上の遺骸が追葬された例もある。イザナキの黄泉国訪問譚には腐敗して蛆《うじ》がわいた屍体の描写があるが、追葬の際の実体験も密接に関係しているものと思われる。両者の相違は死後の世界観の変化をもたらした。竪穴系埋葬施設に日用品は副葬されず、明確な死者の世界が見えないのに対し、横穴式石室には食器(黄泉路の糧としての食物を入れた容器であろう)をはじめ日常の生活に必要な道具が埋納される。また装飾古墳の壁画には黄泉路をたどる死者(棺)を描くものがあり、石室内部は死者の住む空間あるいは死者の世界への入口と考えられていた。記紀に記載されたヤマトタケルノミコトの白鳥伝説は竪穴系埋葬施設の、黄泉国神話は横穴式石室の、おのおのの背景をなす思想に基づくものであろう。ただし、横穴式石室の時代になっても前代思想との重複が認められ、黄泉国についても横穴式石室のほか、モガリの場や洞窟墓(崖墓)などさまざまな墓制形態や思想の重層的な背景が考えられる。本来人間特有の複雑性に基づく思想、特に神話に描かれた世界を、単純化して合理的に解釈することはきわめて危険である。

横穴式石室は時代の推移による変化のほか地域差もあり、さまざまな型式が存する。北部九州型石室(玄室平面は矩形で扁平な石材を積んで壁を構成し、玄室床と天井が平行の平天井で、羨道は短く閉塞は板石を用いる)や肥後型石室(玄室平面は方形で穹窿状天井を持ち、玄室床には石障や屍床仕切石を用いて被

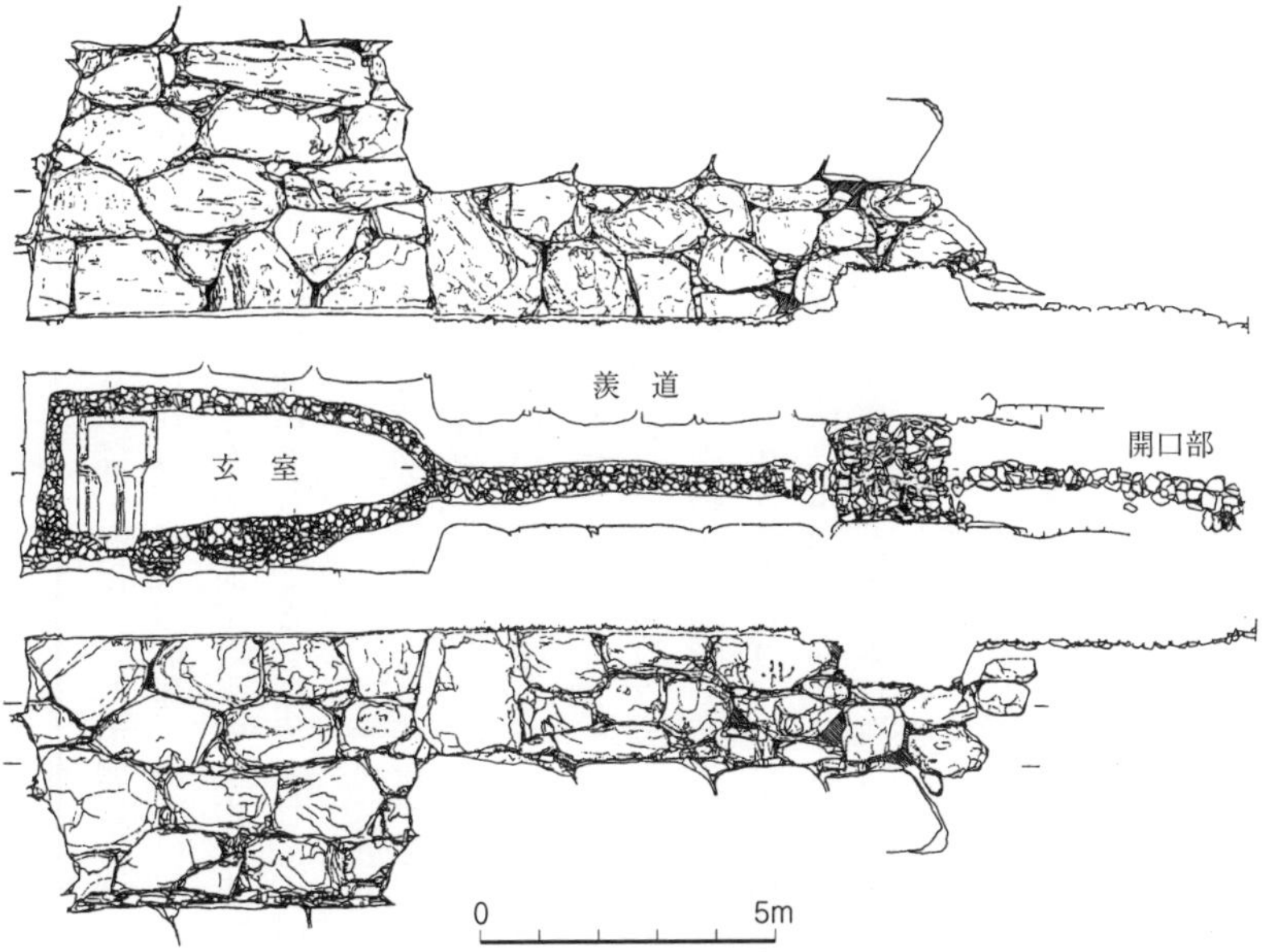

横穴式石室　畿内型石室(奈良県牧野古墳)

葬者の横たわる空間(屍床)を予め用意する)、竪穴系横口式石室(竪穴式石室の一方の小口に出入口を設けた構造で、明確な羨道がなく、外部から石室内に入る開口部には室内が低くなる段差がある)などを九州系石室と総称するが、他地方への伝播は限られる。これに対し畿内型石室(玄室平面は矩形で、平天井であり、九州型石室のような立柱石の使用は基本的になく、終末期を除き閉塞は塊石を使用する)は、既述のとおり列島各地に変形しつつ広がり、墓制の変革をもたらした。このほか各地特有の型式があるが、その要因としては政治的理由のほか、石材の特質に基づくもの、儀礼との関係や被葬者の出自に基づくものなど多様である。なお、丘陵に穿たれた横穴や南九州独自の地下式横穴も、横穴式石室との強い関連性が認められる。

例示した奈良県牧野《ばくや》古墳は六世紀後半の畿内型石室で、初期の石室に対し巨石化・巨大化が進んでいる。畿内型石室は七世紀前半の奈良県石舞台古墳で大型化の頂点を迎え、以後次第に小型化していく。畿内型石室の場合、玄室長に対する玄室幅の割合が次第に小さくなる一方、玄室幅に対する羨道幅の割合は徐々に拡大化に向かう。以上、畿内型石室をはじめ各横穴式石室は型式変化が顕著で、年代考究の手段としても有用である。

〔参考文献〕　土生田純之『日本横穴式石室の系譜』(一九九一、学生社)、同「横穴系の埋葬施設」(石野博信他編『古墳時代の研究』七所収、一九九二、雄山閣出版)、白石太一郎『古墳と古墳群の研究』(二〇〇〇、塙書房)、太田宏明『畿内政権と横穴式石室』(二〇一一、学生社)

(土生田純之)

前方後円墳

円丘(後円部)と方丘(前方部)が接続した形態の古墳。諸墳形中の最上位に位置づけられる。旧来、車塚、銚子塚、二子塚、茶臼塚などと呼称されてきたが、蒲生君平の『山陵志』に宮車に譬えられた現名称が使用されたことを嚆矢として、のちに学術用語として定着した。

墳丘形態には主として時期差に基づく型式差が存在する。型式変化は、前方部中心に展開し、前端部が両側に広がる(前方部三味線撥形、箸墓古墳ほか)初期を除くと、前期は前方部が低く狭長で全体が柄鏡形を呈するが、中期になると幅広で高さを増し接続部(くびれ部)付近に造出を設ける。後期は全体に規模が縮小するが、後円部側の縮小が顕著で結果的に前方部がこれを凌駕することもある。後述するように、弥生時代墳丘墓の型式変化中に前方後円墳成立に至る動向が認められる。このため、どの時点で前方後円墳の成立とみなすのか論者によって差異がある。

前方後円形の意味については諸説あるが、列島自生説と中国起源説に大別される。前者は既述した弥生墳丘墓からの発展を重くみた説で、墳墓としての中心をなす円丘と、これに至る通路が発展して前方部となり両者が合体したものとみる。必ずしも列島自生説とは限らないが、㈠奈良県桜井市纒向《まきむく》の地を中心として列島に広く分布する一連の墳丘墓を「纒向型前方後円墳」として最初期の古墳とみなす見解と、㈡いまだ統一性が不十分であるとみて、後出する同箸墓古墳の出現をもって古墳成立とみなす見解の両者がある。

一方中国起源説は、天地をまつる「天円地方」を表したものとみる見解が有名である。すなわち、天をまつる円丘と地をまつる方丘を合体させたものが前方後円墳の思想的起源にほかならないとみる見解である。また、初期の前方後円墳に三段築造のものが多いことから、天壇、地壇との共通性が指摘されている(両壇とも三段築造)。同様に畿内中心に北枕頭位が優越しており、漢代の『儀礼』にみえる「天子南面、死者北面」との関連が説かれている。

このほか、前方後円形を壺にみたてて死者の再生を希求したものとみる説、埋葬部の円丘とこれに対する祭壇の方丘が合体したとみる説などがある。

現在も決着はついていないが、実際はいくつかの要因が重なって複合した結果であろう。

墳丘形態が単純な円墳や方墳に対して複雑なため、平面規格(企画)の分析が盛んで、箸墓古墳以後の巨大古墳を基礎としてその縮小形古墳(相似形古墳)が各地で確認されている。これは各地首長の、畿内大王や他地方首長との相対的な権威・実力を明示したものであると考えられている。しかし、基本となる古墳は常に畿内にあり、古墳文化や政治の中心地を明示している。また、特に畿内大型前方後円墳の周囲には陪塚《ばいちょう》をはじめ小規模

大阪府百舌鳥古墳群

墳が築造されることが多いが、これにも時期差がある。初期には大型古墳が単独で築造されることが多く、時代が進むにつれて多数の古墳が周囲に築造されて複雑になっていく。中期の大阪府百舌鳥《もず》、古市両古墳群に至って複雑化は頂点に達する。しかし、後期には再び大型古墳群に単独化が進行する。これは政権のあり様とも関連するものであろう。すなわち、複雑化の過程は政権構造の発展と連動し、後期の単独化は首長(大王)の突出化(権威の絶対化)と密接に関係するものと思われる。なお、大型古墳に伴う水を湛えた周濠の存在が一般的にはよく想起されるが、多くは空堀であり、吉備など特定地域における一部の古墳を除いて、ほぼ畿内に限定される。

前方後円墳の終焉は、畿内がいち早く六世紀後半である。以後大王墳などの首長墳は方墳ないし円墳(方墳を蘇我系、円墳を非蘇我系とみる見解がある)、次いで八角形墳に変化する。しかし、関東では七世紀前半まで前方後円墳が築造された。

[参考文献]　都出比呂志「前方後円墳出現期の社会」(『考古学研究』二五ノ四、一九七九)、田中晋作「古墳群の構造変遷からみた古墳被葬者の性格」上・下(『古代学研究』九八・九九、一九八二―八三)、重松明久「古墳築造の宗教思想的背景」(『古代国家と宗教文化』所収、一九八六、吉川弘文館)、土生田純之「国家形成と王墓」(『考古学研究』五二ノ四、二〇〇六)

(土生田純之)

埴輪と殉葬

『日本書紀』垂仁天皇二十八年条には、同母弟の倭彦命《やまとひこのみこと》死去の折、近習の者全員を生きたまま墳墓の周囲に立て埋めたとある。彼らの泣き呻《うめ》く声を聞いた天皇は心を痛め、殉死の風習を廃止した。同三十二年、皇后の日《ひ》葉《は》酢《す》媛命《ひめのみこと》死去の際、野見宿禰《のみのすくね》が、埴《はにつち》(粘土)で人や馬などの形代を作って献上したところ、天皇は大いに喜び皇后の墓に立てた。これが埴輪の起源であると説明されているのである。

以上の埴輪起源説は人口に膾炙した物語であるが、史実ではない。埴輪の起源は、弥生時代後期に吉備で発生した特殊器台および特殊壺が発展・変化したもので、円筒埴輪から始まる。器物などをかたどった形象埴輪は鳥や家が四世紀初頭と早くから出現しており、次いで楯や靫《ゆぎ》、蓋《きぬがさ》などの器材埴輪が続く。人物埴輪は五世紀になってようやく出現するもので、『日本書紀』の記載とは出現の順が逆転する。また、これまでのところ、明確に殉死が確認された古墳は発見されていない。

ところで、野見宿禰は土師氏の祖であるが、古来土師氏は喪葬に奉仕することを職として王権に仕えた有力豪族である。こうしたことから、垂仁天皇紀にみえる埴輪起源説話は、土師氏に伝えられた氏族顕彰説話であろう。その際、野見宿禰が献上した埴輪は出雲国の土部《はじべ》百人を召し出して作らせたとある。出雲の埴輪は他地方とは著しく様相を異にしており、このことが説話と何らかの関係があるのであろうか。また、古墳における殉死についてはこれまでのところ未発見であるが、大加耶の池山洞古墳群など朝鮮半島には実例があり、少なくともそうした風習の存在は、古墳時代の人々にも知られていたのであろう。ただし、墳頂部の中心埋葬施設を囲うように埋葬されており、生きたまま立てられて埋められた実例は未確認である。『日本書紀』の記事は、人物をはじめとする埴輪が立てておかれることからの連想であろう。

次に古墳に立て並べられた人物埴輪群の意味については、以下にあげるようにさまざまな解釈がなされている。

まず王位継承儀礼を記念したとみる「首長権継承儀礼説」があるが、小規模墳に至るすべての埴輪樹立古墳にまで該当するとは到底思えない。これに対し在りし日の王を顕彰するために立てたとみる「生前顕彰説」がある。生前顕彰説の中でも、特に首長が生前に実施した神祭りや狩猟儀礼など、具体的なさまざまな場面の再現であるとみる説は、少なくとも大型古墳の中に数区画に分けた埴輪群像の配置が認められるものが存在しており、これに導かれた説である。「もがり説」や「供養説」など多様であるが、いずれとも決しがたい。あるいは、上記諸説のいくつかが複合的に絡んで成立したものとも考えられるのである。

さて、埴輪の起源については上記したように弥生後期の特殊器台、同壺に始まる。これは死者の葬儀に際して、墳頂部にお

群馬県保渡田八幡塚古墳と埴輪群像(高崎市教育委員会提供)

かれた特殊器台上の壺に入れられた酒あるいは聖水を参列者一同が共飲したものと考えられている。実際、墳頂部には参列者が用いたと思われる坏が多数廃棄された状態で出土することがある。これに対して古墳になると、特殊壺は底部が穿孔されて仮器となっているのである。出現期の古墳である箸墓古墳からは特殊器台片とともに、底部が穿孔された壺が出土している。そして、次段階に出現する楯は、墳頂部の周縁部に外方に向けて立てられており、何人(邪霊を含む)の侵入も許さないとの意思があらわされている。すなわち、弥生時代には首長の死に際し、共同体の有力構成員による葬送儀礼の執行と最終場面における神人共飲儀礼が実施された。しかし、古墳時代になると首長の葬送儀礼に多数の人々が参列して神人共飲儀礼を行うことはなくなり、秘儀となったのである。

ここに、特殊器台・同壺と埴輪との歴史的意義の差が認められるのである。と同時に、弥生墳丘墓と古墳の質的差異が、埴輪などに顕著に示されていることを知るのである。

参考文献　近藤義郎・春成秀爾「埴輪の起源」(『考古学研究』一三ノ三、一九六七)、高橋克寿『埴輪の世紀』(『歴史発掘』九、一九九六、講談社)、古屋紀之『古墳の成立と葬送祭祀』(二〇〇七、雄山閣)、若狭徹『もっと知りたいはにわの世界』(『アート・ビギナーズ・コレクションプラス』、二〇〇九、東京美術)

(土生田純之)

装飾古墳

線刻・浮彫・彩色によっていろいろな文様を描いた棺・石障《せきしょう》・石室・石槨をおさめた古墳と横穴墓の総称。小林行雄はこれを壁画系・石障系・石棺系・横穴系に分類した。

数については、熊本県立装飾古墳館が平成十九年(二〇〇七)に確認した時には六百五十七基であり、そのうちの三百六十七基、約五六%が九州にあり、一位の熊本県が百九十六基(約三〇%)、二位の福岡県が七十一基(約一一%)であった。このように装飾古墳の分布には地域的な偏りがあるが、南は宮崎県、北は宮城県まで分布している。ただ、近畿地方にはきわめて少なく、大阪府高井田横穴墓群を除くとその存在は点的である。

文様の種類は、円文、三角文、直弧文《ちょっこもん》などの抽象的文様と、鏡や翳《さしば》、靫《ゆぎ》・盾・大刀・弓といった武器武具などの器物、人物・馬・鳥・魚・葉といった人物・動物などの具象的文様がある。

変遷としては、数は少ないが、四世紀に各地に散在して石棺系が出現する。直弧文が線刻された大阪府安福寺割竹形石棺や家と鏡(円文)が浮き彫りされた岡山県鶴山丸山古墳舟形石棺などである。直弧文や鏡は魔除け(辟邪《へきじゃ》)を意識したもの、家は生前や死後の世界の「家」を意識したものと考えられている。

五世紀に入ると、九州を中心として数が徐々に増加してくる。肥後型横穴式石室の石障などに文様を描く石障系の出現である。五世紀前半の岡山県千足《せんぞく》古墳の仕切り石には直弧文が浮き彫りされ、五世紀後半の熊本県千金甲《せごんこう》一号墳の石障には直弧文が簡略化したと考えられている対角線文と同心円文と靫が浮き彫りされ、赤・黄・緑で彩色されている。これらも魔除けと考えられる。

六世紀に入ると、数はさらに増加し、九州から東北地方にまで広がる。その主体の一つとなったものが横穴式石室の壁面に彩色や線刻を施す壁画系である。壁画系の最古段階のものは六世紀初めの福岡県日ノ岡古墳で、赤・白・緑で同心円文・連続三角文・蕨手文《わらびてもん》などの抽象的文様がより大きく、靫・盾・大刀・船・馬・魚などの具象的文様がやや控えめに描かれている。その後、六世紀中葉の同県王塚古墳では赤・黄・緑・黒・白などで人物を小さく表現した騎馬像、同心円文・三角文・蕨手文・双脚輪状文《そうきゃくりんじょうもん》などを背景とするように靫・盾、そして大刀・弓などの武器武具類が描かれている。さらに天井部には星宿《せいしゅく》と考えられる円文群が描かれている。六世紀後半の同県竹原古墳では朱雀と推測される鳥や玄武と推測される円形の文様、青竜と白虎を合体させたもの、または竜媒伝説を表現したと推測される怪獣、そして馬を引く人物、波、船、翳などが描かれ、さらに同県珍敷塚《めずらしづか》古墳では三つの靫の両側に月像と考えられる蟾蜍《ひきがえる》と同心円文、舳先に鳥がとまり、人がこぐ舟が描かれている。これらの図文は前代からの魔除けに新たな死後の世界観が中国や朝鮮半島から入ってきたことを示しているようである。

このような図文を表現した装飾古墳は七世紀中葉ごろまで築

造されるが、七世紀末から八世紀初めに突然別系統の壁画古墳が出現する。奈良県高松塚古墳と同県キトラ古墳である。横口式石槨の壁面に漆喰を塗り、その上に四神、日像月像、星宿、そして前者は男女人物群像、後者は十二支像が描かれている。

福岡県竹原古墳(横穴式石室奥室奥壁)

これらは中国唐代の壁画墓の影響下に、朝鮮半島系の画師たちによって描かれたものと考えられ、ほかの装飾古墳と区別して壁画古墳とよばれている。

横穴系も六世紀後半ごろから広く見られるようになる。横穴墓の内部、入り口部などに線刻・浮彫・彩色で図文を描いたものである。簡単な線刻や図文のイメージがあるが、熊本県鍋田横穴二七号墓では両手を大の字に広げる人物、靫・盾・弓などが入り口部に浮き彫りされ、被葬者の眠りを妨げるものの進入を防ぐ姿が描かれ、福島県泉崎横穴墓では獲物を弓矢で狙う人物、両手を取り合う人物、ものを捧げる女性、渦文が赤で描かれ、被葬者の生前・死後の世界を示しているようである。

装飾古墳に描かれた内容に関しては、一般的に被葬者の死後の世界の安寧、つまり鎮魂や魔除け(辟邪)を示すものが基本であると考えられるが、時間とともにそれらに中国・朝鮮半島からの新たな死後の世界観などが加わっていったことがわかる。その内容は、当時の人々の空想の世界もあるが、身の回りの風景が反映されていたものもあるであろう。

彩色の顔料については、基本的に自然界の土やベンガラ、炭などが使用されているが、高松塚古墳では有機染料も使用されたと分析されている。

参考文献　小林行雄編『装飾古墳』(一九六四、平凡社)、斎藤忠『日本装飾古墳の研究』(一九七三、講談社)

(亀田　修一)

武器・武具

武器は刀や弓矢・鉾などの攻撃用具、武具は甲冑や盾のような防御具を指す。北部九州では弥生時代初めから石剣・石鏃が副葬され、弥生後期には西日本や北陸の弥生墳墓に少数の鉄刀や鉄鏃を副葬する場合がある。古墳時代前期から、東北南部から南九州までの各地で、古墳に多くの鉄製武器を副葬する。青銅製武器では、古墳前期から中期前葉まで銅鏃が副葬される。

古墳時代は、日本史上で武器・武具を代表とする鉄製品の副葬が最も盛んに行われる時代である。古墳築造で死者の地位を顕示する現象と、武器・武具副葬が相通ずる性格を持つ。時代がくだると、社会における墳墓の地位表示機能が変質する。武器・武具の副葬習慣も中央および先進地域で減少し、盛行地域が周縁へ移ってゆく。三～五世紀には朝鮮半島三国時代墳墓と西日本の古墳、六・七世紀には関東・中部や北部九州の古墳に武器・武具の副葬が目立つ。七世紀後半以後は日本のほぼ全域で武器副葬が衰退するが、東北地方の末期古墳や北海道の続縄文時代墳墓に蕨手刀・方頭大刀や鉄鏃が副葬される。

古墳時代前期に、近畿地方を中心として、副葬される武器が多量化してくる現象は、武器を棺外や槨外へ副葬する行為と関連している。棺内で被葬者の身辺に武器を添える事例は少なく、木棺の外側や竪穴式石槨の外側に武器や農具・工具など多数の副葬品を配置する事例が知られている。奈良県メスリ山古墳のように、中心埋葬施設のほかに二百十二本以上ものヤリを埋納する石室を設ける例もある。武器が多いので棺内に入れないという単純なことではないであろう。被葬者の使った武器という意味で副葬したのではなく、葬儀主催者や武器所有・管理者が多数の武器を葬儀参列者に誇示する、あるいは死者に捧げる意図が考えられる。一方、近畿地方以外では、棺外へ副葬品を配置することがあまり盛行しない。また、女性被葬者に多数の武器が伴う場合は主に棺外に配置され、棺内の女性被葬者に添える武器はほとんどないか小型品であることが指摘されている。

古墳時代中期は、多くの武器・武具を棺内に副葬することが広く行われるようになる。それに加えて、近畿地方の大型古墳では、武器・武具の埋納施設を墳丘内の複数箇所に設けることが、大阪府堺市百舌鳥《もず》大塚山古墳で明らかにされた。また、大型古墳の外周に附属する小古墳である陪塚《ばいちょう》にも多量の武器・武具埋納施設を持つ事例が大阪府アリ山古墳・西墓山古墳・七観古墳などで判明している。これら陪塚におさめられた武器・武具群には人体埋葬が伴わない場合が多いが、大阪府野中古墳では甲冑十一組・刀百五十三本(百五十四本とも)・鉄鏃約七百四十本とともに一人が埋葬されていた可能性がある。近畿地方以外では、副葬品埋納施設ではなく、大型古墳の埋葬施設内に多くの武器・武具を入れる傾向があり、群馬県鶴山古墳・兵庫県茶すり山古墳・福岡県月岡古墳などの事例がある。中期中ごろに、鍍金《めっき》した銅板で飾った金銅装甲冑が現れる。古墳中期の装

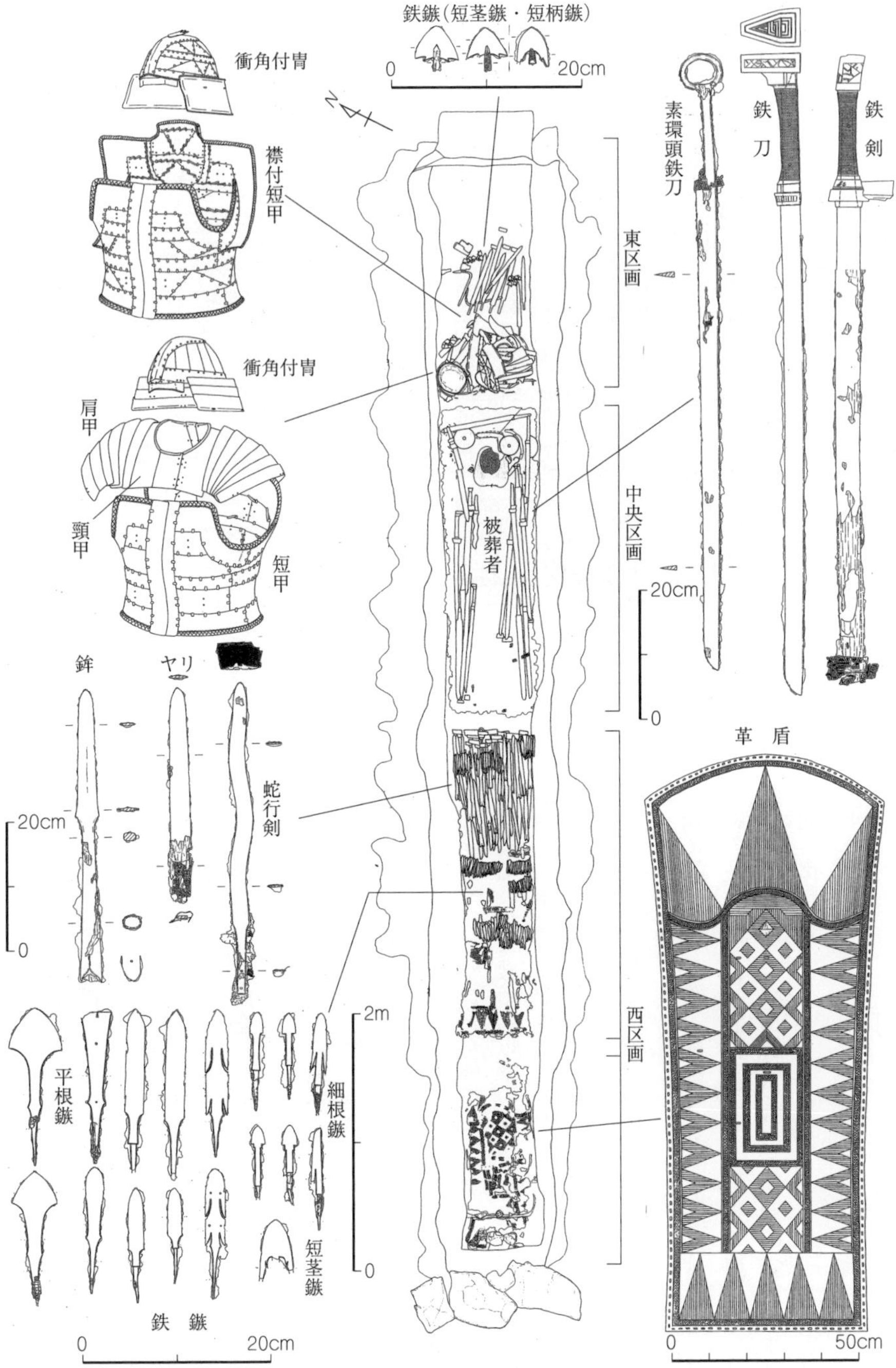

武器・武具(兵庫県茶すり山古墳，兵庫県立考古博物館編『史跡茶すり山古墳』より)

短甲と武器（静岡県森町文殊堂11号墳）

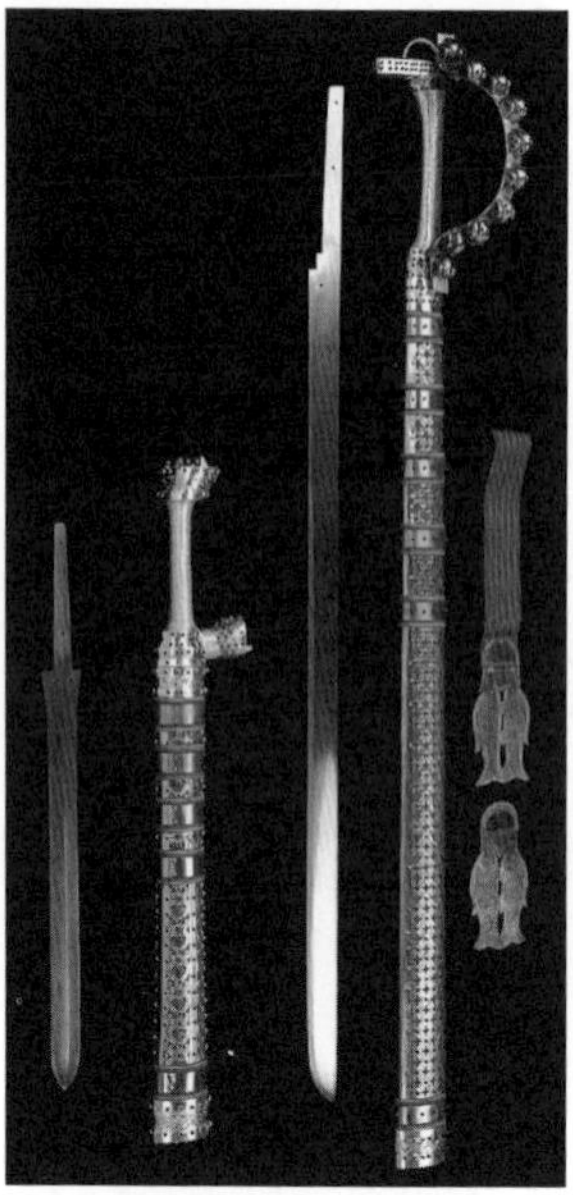
装飾付大刀の復原品
（奈良県藤ノ木古墳）

飾付大刀は少ないが、兵庫県宮山古墳・熊本県江田船山古墳などで朝鮮半島製の金銀装環頭大刀（柄の端に環を持つ長い刀）がある。

古墳時代後期は、武器の多量副葬がやや衰退する。甲冑の副葬は埋葬施設内に原則として一組で、稀に二組を副葬する程度である。ただし横穴式石室に複数人物を埋葬することが一般化するので、一人の被葬者にどれだけの武器・武具を副葬したのかは明らかにできないことが多い。鉄鏃を付けた矢を数百本も副葬する首長墳も稀にある。金銅や銀などで飾った装飾付大刀は各地の有力者の墓へ副葬される。後期前葉から中葉を中心として、捩った環状装飾を持つ倭風装飾付大刀がみられる。また、後期後葉から終末期前半には、金銅や銀で飾った朝鮮半島系の装飾付大刀が、最も盛んに副葬される。竜・鳳凰・鬼面・三葉などで飾る環頭大刀や、柄の端部を装飾板で袋状に覆う円頭大刀・圭頭大刀・頭椎大刀などが代表的である。このような遺物は、単に被葬者の地位が高いことだけでなく、ある程度制度化された身分を現していた可能性が考えられる。古墳後期に盛行した群集墳には、数十本以下の鉄鏃と、装飾の少ない鉄刀が一本または数本ほど副葬されることが多い。群集墳の築造を認められるような社会的地位の獲得が、地域内あるいは倭全域における軍事動員への参加と一連の現象であったことを示唆している。

（内山　敏行）

参考文献　田中晋作『百舌鳥・古市古墳群の研究』（二〇〇一、学生社）、千賀久・村上恭通編『考古資料大観』七（二〇〇三、小学館）、松本武彦『日本列島の戦争と初期国家形成』（二〇〇七、東京大学出版会）

馬　具

馬具には、馬車用・人がまたがる騎乗用・荷物を運ぶ駄馬用などの用途がある。古墳時代に馬車が用いられた形跡は見られない。古墳に副葬された馬具の多くは、乗る人の体を支えるために必要な鐙《あぶみ》や鞍を伴う事例からみて、騎乗用である。ただし、鞍や鐙を伴わないで、面繫《おもがい》(馬頭部へ轡《くつわ》を固定するベルトと金具)と轡だけを出土する事例もみられる。これは、乗馬を象徴的に示す道具である轡だけを選択して古墳へ納めたもので、やはり騎乗用馬具と考えられている。簡素な轡の中における駄馬用や飼養・調教用馬具の存在や、その割合を明らかにすることはむずかしいが、その可能性を考える必要はある。

古墳時代中期前半に、朝鮮半島南部から倭へ、馬と馬具が伝えられる。兵庫県行者塚古墳の副葬品用木箱に収められて出土した三組の轡が、倭で最初期の馬具として著名である。古墳前期の奈良県箸墓古墳周濠でも木製鐙が出土しているが、ほかには前期の事例がなく、孤立した資料である。

古墳時代後期には、鉄製の環を用いた環状鏡板付轡(素環轡・円環轡)や、三角錐形にくりぬいた木製壺鐙に代表される簡素な実用的馬具が登場し、馬具の副葬が最も盛んになる。古墳時代終末期に、古墳に鉄器を副葬する風習が衰退すると、馬具の副葬も減少し、七世紀後半にほぼ消滅する。ただし、東北地方北部では八・九世紀まで末期古墳に轡を副葬した例がある。

古墳時代の馬具には、金銅(鍍金《めっき》した銅)や銀で飾った金銅装馬具(飾馬具)と、主に鉄製の簡素な馬具とがある。前者は儀礼や権威表示の場、後者は実用や実戦の場における使い分けが考えられる。また、使用者の階層差も反映する。馬具の各部品を金銅で装飾したセットは有力な大型古墳に多く、小古墳は馬具を出土しないか鉄製馬具だけを持つ場合が多い。金銅装と鉄製の区別および階層差や、後で述べるように被葬者への帰属関係を持つ点において、後期古墳から出土する装飾付大刀と鉄刀が、飾馬具と鉄製馬具に、近い性格を持つであろう。

古墳時代の馬具は、埋葬施設の中に納めた木棺や石棺の脇に、一組ないし二組までを添えたと考えられる場合が多い。つまり、古墳被葬者の個々人に帰属する性格をもって副葬されたと見られる。また、馬具が作られてから古墳に埋められるまで長い時間を経過しなかったために、馬具の型式変化(年代とともに特徴が変化すること)は古墳の年代を推定する有力な手がかりである。さらに、使用や修理の痕跡が見られる馬具も古墳から出土するので、葬送儀礼用として特別に製作した馬具は古墳時代には一般的でないと見られる。以上の点から見て、ある人物が入手・使用した馬具が、その死亡時に副葬されたと解釈できる場合が多い。ただし、十分に論証されているわけではない。

個人が使う量を上回る数の遺物が、製作年代の差を持つ品を含みながら、有力古墳に一回の埋葬で多量副葬される現象は(古墳前期の鏡や、中期の武器・武具に顕著だが)、馬具では一

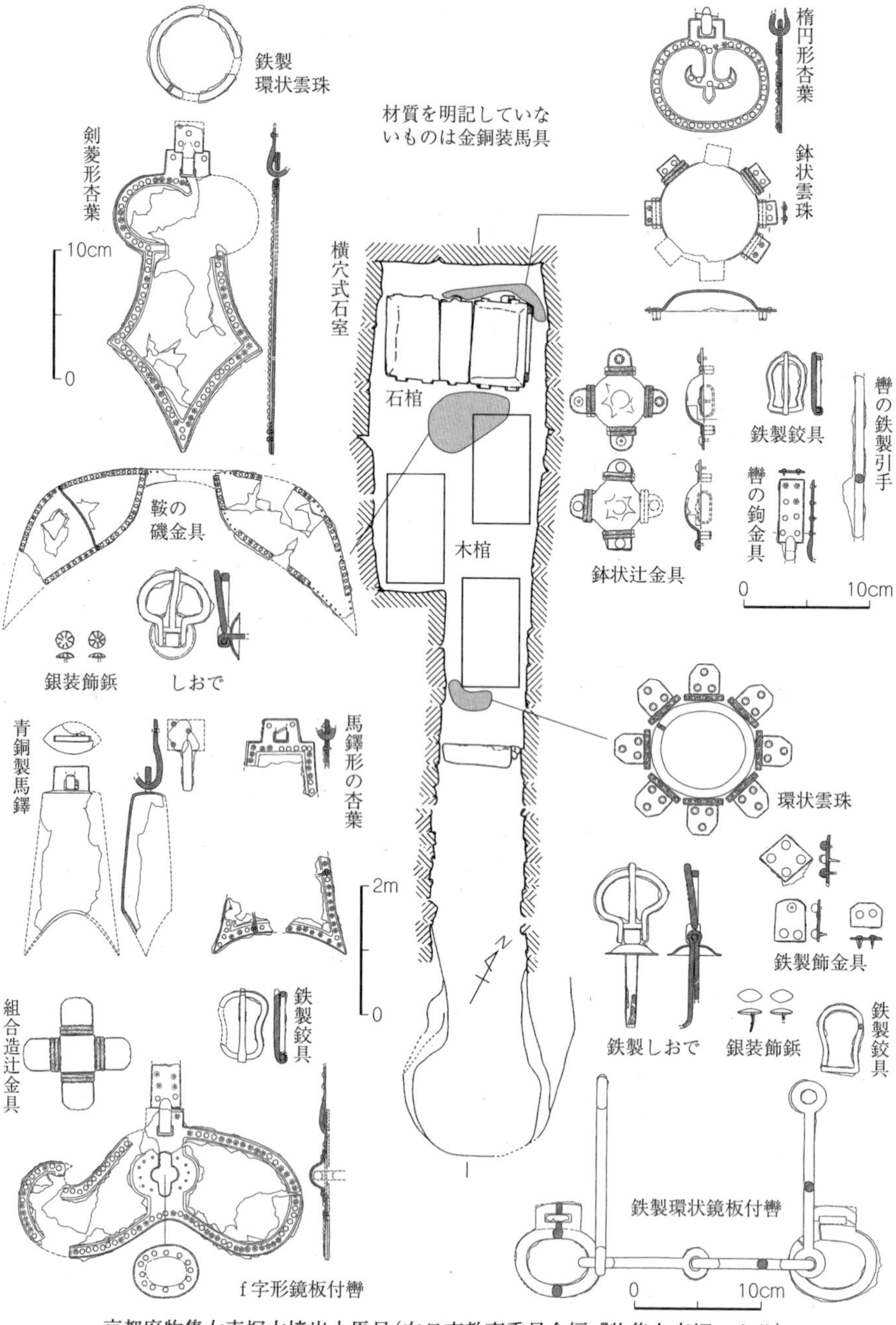

京都府物集女車塚古墳出土馬具(向日市教育委員会編『物集女車塚』より)

長野県宮垣外遺跡SK64出土
馬具(飯田市教育委員会提供)

島根県国富中村古墳出土馬具(出雲市提供)

般的ではない。長野県柏木古墳・本郷大塚古墳は鉄製轡五点・八点、静岡県甑塚《こしきづか》古墳と熊本県才園《さいぞん》古墳は金銅装を含む轡六組と八組を出土した特殊例である。これらは、馬具の同時多量副葬ではなくて、乗馬や飼養を日常的に行う集団の成員が同じ横穴式石室へつぎつぎに追葬されたことを示すと考えられる。

一つの埋葬施設から金銅装馬具が二～三組出土する事例は、地域社会の頂点に立つような有力古墳において稀にみられる。奈良県藤ノ木古墳では被葬者二名に金銅装馬具三組、島根県国富中村古墳では被葬者二名に金銅装二組と鉄製一組の馬具を副葬した例がある。一人が複数の馬を保有し、あるいは同じ馬で複数の馬具を使い分ける場合を想定させる。金銅装馬具が確実に四組以上ある例は、前出の甑塚・才園古墳に限られる。

古墳の周溝や、周辺の墓穴に埋葬した馬とともに馬具が出土する場合がある。長野県南部の飯田市周辺地域には馬を埋葬する古墳群が集中し、人の埋葬に馬具が伴う事例も多い。ここは馬を多く飼養していた地域で、あるいは騎馬軍事集団が存在した地域とも考えられている。馬具を出土する後期古墳の分布には大きな偏りがあり、群馬県・長野県・静岡県と福岡県が最も多い。それぞれ二百基～三百基の古墳で馬具を出土している。

参考文献　小野山節他編『日本馬具大鑑』一(一九九〇、吉川弘文館)、森浩一編『埋もれた馬文化』(江上波夫他監修『馬の文化叢書』一、一九九三、馬事文化財団)、諫早直人『東北アジアにおける騎馬文化の考古学的研究』(二〇一二、雄山閣)

(内山　敏行)

腕輪形石製品

鍬形石《くわがたいし》・車輪石《しゃりんせき》・石釧《いしくしろ》の三種類の総称である。この名称のうち鍬形石・車輪石は、江戸時代の寛政年間(一七八九―一八〇一)を中心に活躍した弄石家木内石亭《きうちせきてい》によって命名されたものである。石釧の名称は大正年間(一九一二―二六)より使用されているが、文字通りに解釈すれば「石でできた腕輪」となる。しかしながらいずれの腕輪形石製品も腕飾りとしての用途ではなく、古墳時代前期において宝器、あるいは威信財として使用されたものと考えられている。そのためかつては「石製腕飾類」という名称で呼ばれていたが、近年では「腕輪形石製品」という用語を用いることが多い。これは腕輪の形をしているが、装身具ではなく仮器、あるいは儀器としての性格を持つ遺物であることを明確にするために使用されることが多くなっているものである。

この腕輪形石製品の祖形は、いずれも弥生時代に使用されていた南海産の大型の貝を使用して製作された貝製腕飾りである。この貝製腕飾りを古墳時代になって、その形を石で写し取ったものと考えられている。

この腕輪形石製品は、定型化した古墳の出現よりもやや遅れて、副葬品に加えられる。すなわち最古とされる奈良県黒塚古墳・京都府椿井《つばい》大塚山古墳・兵庫県権現山五一号墳からは出土せず、次の奈良県桜井茶臼山古墳・滋賀県雪野山古墳にはじめて副葬されたと考えられる。

一方、副葬時期の最終段階は中期初頭であり、石釧が最も遅くまで残る。さらに副葬状況は、時代が下るにつれて一つの埋葬施設に多量の腕輪形石製品が副葬される傾向がある。その代表的な事例としては、奈良県島の山古墳・同県櫛山古墳・三重県石山古墳・岐阜県長塚古墳があげられる。

この腕輪形石製品に使用される石材は、碧玉や緑色凝灰岩という緑色の石であり、産出する地域は日本海側、特に北陸に限られている。そのため腕輪形石製品を製作した遺跡も、当然この地域に集中して発見されている。その一方、出土品の分布図を作成すると、畿内にある大型古墳から多数出土していることがわかり、次いで濃尾平野に集中する。さらには鍬形石が最も狭い分布域となっており、現在まで石川県・愛知県よりも東の地域では出土していない。一方、石釧は北部九州から北関東に至る最も広い範囲に分布し、近年では朝鮮半島南部においても出土している。

このように製作地と消費地が異なっていることから、流通と副葬の意義がさまざまに議論される。その代表的な学説が、小林行雄による「配布論」である。小林の研究では、腕輪形石製品は大和政権が各地の首長に配布することによって政治的な紐帯を結んだ証しであると位置づけた。さらに船載三角縁神獣鏡が各地に分与されたことと同様に、その少し後になって日本で製作された三角縁神獣鏡(倣製三角縁神獣鏡)と一緒に各地の首

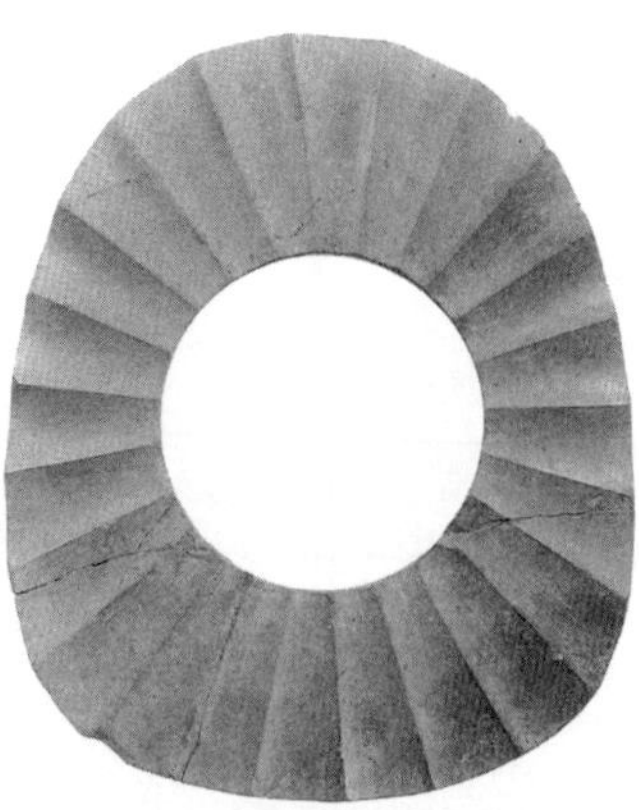

車輪石(伝巣山古墳)

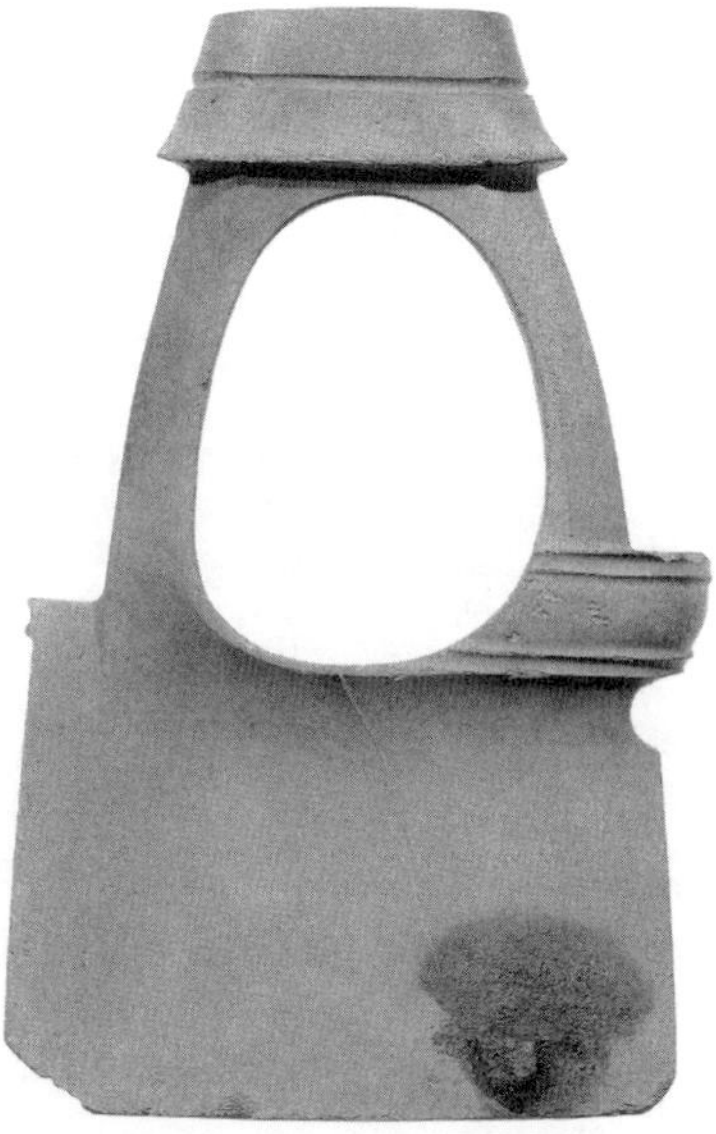

鍬形石(伝奈良県巣山古墳)

石釧(奈良県新山古墳)

腕輪形石製品(宮内庁書陵部所蔵)

長に配布されたとする。この小林による「配布論」が提示されて以降、この論をめぐる賛否が検討されている。否定意見としては北陸で製作された製品をすべて大和政権が掌握し、改めて配布するというような流通システムができていたのかという疑問に集約される。その一方肯定する意見としては、東海地方以東においては腕輪形石製品が三角縁神獣鏡と近しい関係の中で出土していることを根拠とする。この「配布論」については今後も検討が続くものと思われるが、腕輪形石製品に限らず古墳時代前期の副葬品全般について、その製作から流通の状況を視野に入れて考察していく必要があろう。

腕輪形石製品はその祖形を弥生時代の貝製腕飾りに求められ、古墳時代を迎える際に一瞬、青銅にも材質を変化させるようであるが、腕輪として使用・副葬された弥生時代北部九州の遺習が時空を超えて別の形で再生したともいえる。そして百年足らずの間に姿を消してしまうが、それゆえ古墳時代前期の社会を考察していく上では重要な意味を持つ資料と位置づけられる。

参考文献　北条芳隆「古墳時代前期の石製品」(禰宜田佳男・北条芳隆責任編集『考古学資料大観』九、二〇〇二、小学館)、徳田誠志「石製品」(土生田純之・亀田修一編『古墳時代研究の現状と課題』下所収、二〇一三、同成社)

(徳田　誠志)

特論

墓地に残された人骨から復元する葬送儀礼

田中良之

葬送は生者と死者の別離のプロセスであり、墓地はその最後の物象化といえる。葬送の過程にはさまざまな儀礼が行われ、とうぜん墓地にもその痕跡が残される。そして、それは時に人骨にも残されるのである。

それは具体的には骨の不自然な配置によって認識される。まず、縄文時代の事例として、福岡県遠賀郡芦屋町山鹿貝塚の例をあげよう。この貝塚は縄文後期の集団墓地で、全体に装身具の装着率が高いことで知られる。そして、この墓地の中心に位置する二号人骨と三号人骨の配置に異常が認められた。すなわち、二号人骨は左右の肩甲骨・鎖骨・肋骨と胸骨の他に第五腰椎と左右の寛骨もなく、三号人骨の足下に他の骨とともに集骨されていた。さらに、三号人骨の頭骨は頸椎との関節を外されて肩の位置よりかなり上に移動され、胸部の骨と仙骨がない。そしてほかの骨は、二号の右上腕骨が下に若干ずれ、三号人骨の右寛骨が反転しているほかはほぼ関節状態であり、集骨された骨の上に三号人骨の右脛骨が乗っている。

これら人骨の出土状態からみて、これらは順次埋葬されていったものではなく、また埋葬後相当の期間を経て掘り返され骨を抜き取られたのでもなく、死の直後かモガリを終えた後にまだ軟部組織が残っている段階で骨を離断し、一部を墓壙内にまとめて、その上に埋葬したと考えられるのである。

さて、このような行為は一般的に断体儀礼とよばれ、再生阻止の儀礼行為であると理解されている。山鹿貝塚の二・三号人骨は、この墓地の中心に「手厚く」葬られた人物であり、集団を代表するか、大きな社会的機能をもった人物であったことが想定できよう。それは、指導能力であったり、呪的能力を背景としたと考えられる。

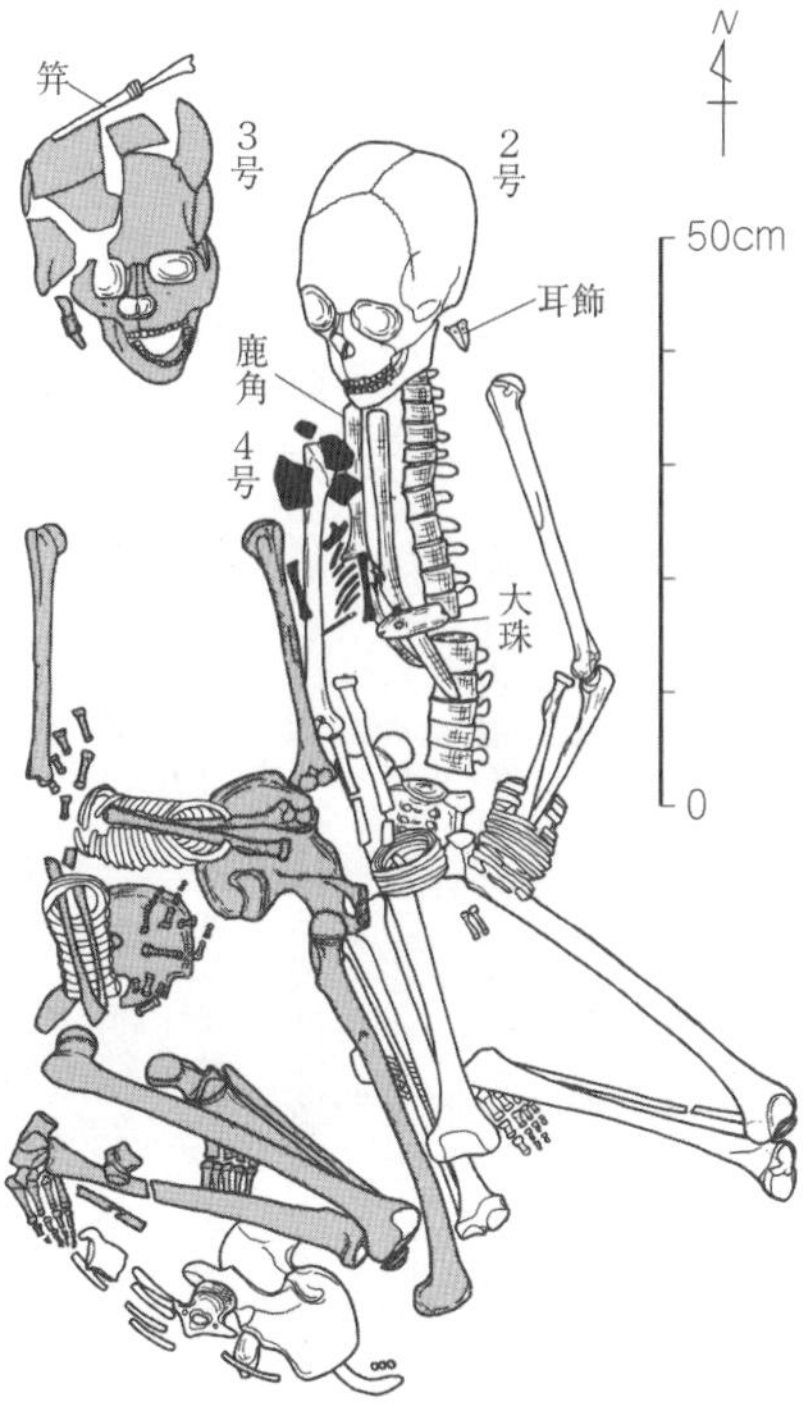

福岡県芦屋町山鹿貝塚
2〜4号人骨出土状態

そして、生前はその能力の高さゆえに集団成員からもたれていた尊敬や畏敬の念が、死後はその「力」が残された成員に災厄をなすことへの怖れへと転化し、再生を阻止するために死者の機能を物理的に阻害すべく断体を行なったと考えられるのである。阻害された死者の機能とは、肩甲骨の抜き取りによる上肢の運動、胸部骨による心肺機能、寛骨による下肢の運動と出産の機能であり、それらに加えて頭の離断による人格の否定も行なっているのである。

このような行為は、縄文時代だけでなく弥生時代の山口県下関市土井ヶ浜遺跡などにもみられ、四世紀代の大分県宇佐市別府折戸ノ上一号方形周溝墓などにも認められる。再生阻止のための即物的といえる行為は古墳時代まで継続していたことがわかる。そして、古墳時代には人骨から葬送儀礼の実態を示す事例が出てくる。

『魏志』倭人伝、『古事記』、『日本書紀』、『隋書』倭国伝などの文献には「モガリ(殯・喪)」や「ヨモツヘグイ(黄泉戸喫)」「コトドワタシ」といった葬送儀礼が記されており、モガリは埋葬前の儀礼行為、ヨモツヘグイとコトドワタシは埋葬時もしくは埋葬後の儀礼と考えられてきた。

これらのうち、モガリについては人骨にともなう「ハエと便」によって明らかにされた。すなわち、愛媛県松山市葉《は》佐《さ》池《いけ》古墳一号石室B号人骨には二種類のハエの囲蛹殻(蛹の抜け殻)が付着しており、ニクバエ属とヒメクロバエ属のものであった。このうちニクバエは死後すぐの新鮮な状態の死体に産卵するハエであるが、ヒメクロバエは腐肉に産卵するハエでる。したがって、死亡した後少なくとも腐臭を放ち始めるまでの数日間は埋葬されることはなく、モガリが行われていたことが明らかとなった。さらに、ハエは暗闇では活動しないことから、モガリを行なった場所すなわち殯屋は、ハエが活動しうる明るい場所に建てられたことも明らかとなった。

宮崎県えびの市島内六九号地下式横穴墓出土人骨には骨盤外に大便が検出され、死後に遺体の腐敗ガスによって噴出された状態であった。このことにより、体内に腐敗ガスが充満する膨満期以前に埋葬されたことがわかる。したがって、葉佐池古墳の事例とあわせて考えると、モガリは少なくとも死後数日間は行われ、膨満期までの一～二週間もたてば埋葬される、という時間経過のイメージが得られた。これは『日本書紀』における「八日八夜」や『魏志』倭人伝の「十余日」という日数とも合致するものである。

モガリの間に「誄《しのびごと》」をはじめとする儀礼が行われ、内外からの弔問が行われたと考えられる。当然のことながら、階層が上位になるほど儀礼参加者の範囲も広がり、弔問客も遠方から訪れることから、モガリは長期化したと考えられる。しかし、長い間モガリを行なったと考えられる首長墓においても人骨の状態に乱れはないことから、防虫・防臭・乾燥といった遺体管理を丁重に行なっていたと想定される。

ヨモツヘグイおよびコトドワタシは『古事記』神代および『日本書紀』神代四神出生章の一書における黄泉国神話に記載されたものである。神話の内容はここでは割愛するが、黄泉国で飲食(ヨモツヘグイ)してしまうことが一つの死の認定であり、しかしながら、その後もなお腐乱した妻のイザナミが夫のイザナギを追走する能力を持っていた点が注目される。そして、現世へと帰還したイザナギと追ってきたイザナミとが「死と再生」の掛け合いをするのがコトドワタシである。

ヨモツヘグイについては、小林行雄や白石太一郎、土生田純之らによって石室内の飲食物や調理具供献を黄泉戸喫と捉えて研究が行われてきた。そして、墓室内への土器副葬が五世紀後半に始まることから、これが朝鮮半島由来のものであり、それ以前の儀礼から大きく変化したという見解が提示されている。

また、白石太一郎は、イザナギが逃走する際に身につけた器物を次々に投げるという記述から、横穴式石室内の遺物配置、および羨道《せんどう》から閉塞部におけるそれが黄泉の国からコトドワタシに至る儀礼行為によるものであろうとしている。

筆者と村上久和は、実際に行われたヨモツヘグイの儀礼には埋葬後十年程度経過した後に行われる場合があり、その際に遺体の主として脚部を毀損・再配置した事例があることを示してきた。たとえば、大分県中津市上《うえ》ノ原《はる》四八号横穴墓の人骨出土状態であるが、これは五世紀後半の横穴墓で、玄室内からは人骨一体がほぼ完全な状態で検出され、頭の右横と左足外側のヒョウタン様の容器が供えられていた。前庭部の土層には、初葬時の埋土と、それを切り込んだそれ以降の埋土が確認され、しかも初葬時埋土の上面がやや黒色化していたことから、少なからず時間をおいて追葬が行われたと予想された。にもかかわらず、被葬者は熟年男性の一体のみであったため、埋葬後に追葬以外の何らかの目的で前庭部を掘り返し、再度閉塞部を開けたことが考えられた。左肋骨と胸骨および右肋骨の一部に大きな乱れが認められ、また右の膝関節は、右大腿骨・脛骨・腓骨で構成する諸関節がまったく乱れていないにもかかわらず、そこにあるべき膝蓋骨がなかった。そして、この右膝蓋骨は、

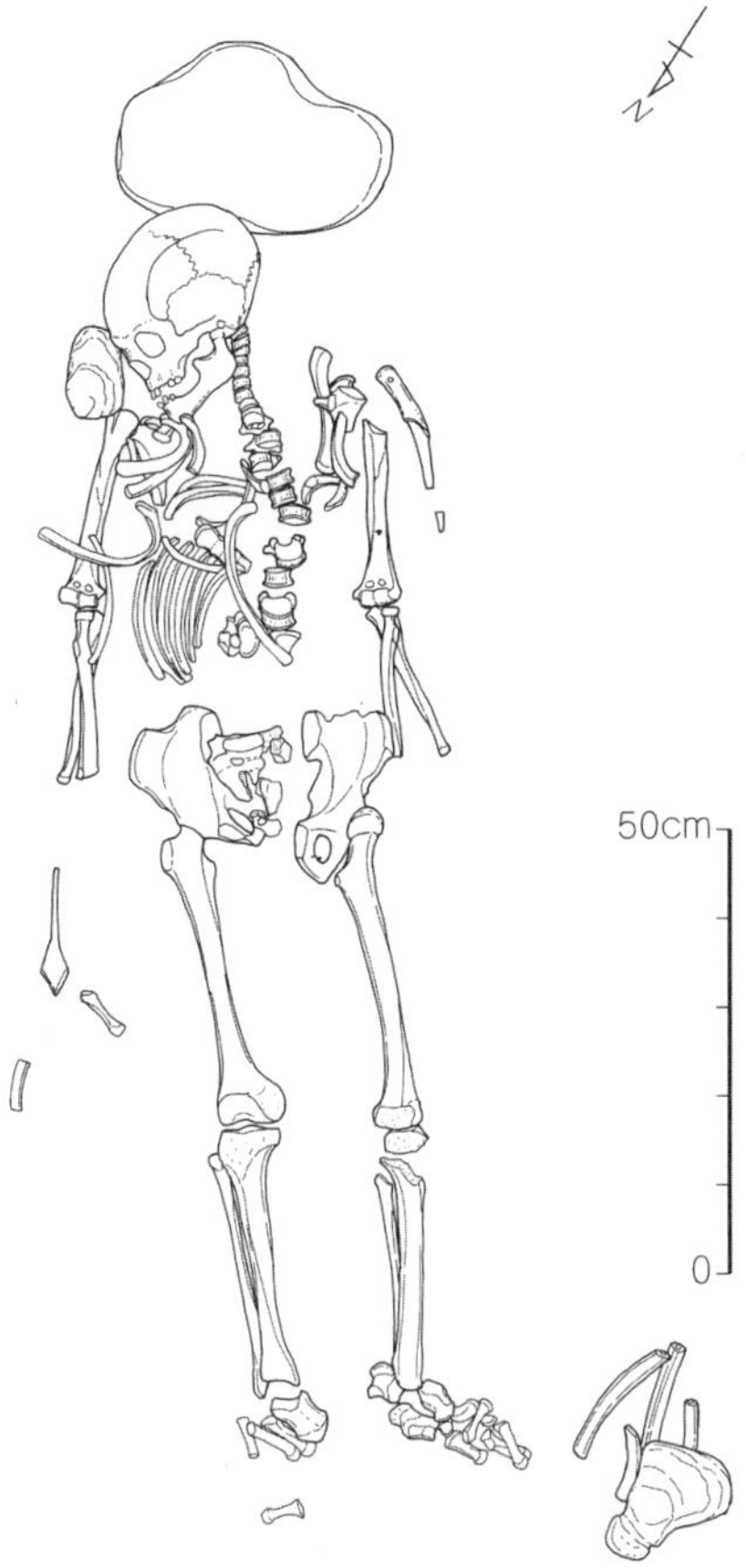

大分県中津市上ノ原遺跡48号墓人骨出土状態

足元の「ヒョウタン」の直下から検出されたのである。この検出状況からみて、人為的であることは疑いない。

つまり、四八号横穴墓では埋葬後、遺体の軟部組織がある程度腐朽してしまうまでの期間を経て、再び閉塞部を開け「ヒョウタン」を供献したものと推定される。そして、足元に置くにあたって、右膝蓋骨を遺体から抜き取って足下に置き、その上に「ヒョウタン」を置くという行為を行なっている。また、頭の右横に「ヒョウタン」を置くためには、横穴墓の天井が低いため、どこかに片手をつく必要があり、遺体の左胸部が乱されたと考えられたのである。そして、上ノ原横穴墓群では、五世紀後半から末の五〇号横穴墓においても膝蓋骨の移動が認められており、単発的な行為ではないことが知られている。

同様に埋葬後に遺体の軟部組織腐朽後に再開口し、人骨の一部、特に脚部を動かすという行為は、島根県や群馬県でも確認されている。このような人骨の再配置を確認するには考古学と人骨双方の知識をもった調査者が必要であり、そのような調査が少ないことから実際には見落としも多いだろうことを考慮すれば、これらは広範囲に行われた習俗と考えていいだろう。時期的には五世紀後半から始まり六世紀後半に至っている。

以上みてきたように、再生阻止を企図した遺体毀損は縄文時代から行われ、古墳時代前半期まで存続した。ところが、五世紀後半になると遺体毀損は死後十年前後を経過してから行われるようになり、さらに脚部だけでなく全身の関節を外すようになる。その場合は身につけた装身具の類もまた再配置を余儀なくされる。では、死者の生前における社会的立場を表現する副葬品や死者の容器である棺に対してはどうであろうか。

葉佐池古墳一号石室においては、人骨付着ハエ囲蛹殻からモガリの実態が明らかになったことは既述のとおりである。この古墳の二号石室における遺物配置をみると、馬具は交連を解かれて杏葉《ぎょうよう》と馬鈴《ばれい》は閉塞部に再配置されていた。副葬品類はまとまりを欠き、須恵器の多くは割られたり装飾部を外されたりして、閉塞部に置かれた子持壺の中には𤭯(ハゾウ、液体を入れる小型の須恵器で、胴部に小孔がある)の胴部が入れられていた。わずかに検出された人骨も歯三本を除けばまとまりに欠ける。そして、石室内には大量の木棺破片、というよりも「木っ端」と化した木棺小片が集積していたのである。つまり、この石室では、三体の埋葬を行いつつ、石室内に飲食物供献用の須恵器を副葬してヨモツヘグイの儀礼を行い、すべての埋葬を終えて相当の時間を経過した後で遺体と遺物を毀損・再配置して、死者とその社会的属性の表象としての副葬品との「関係」を毀損し、さらには死者の容器である木棺までも破却したと考えられるのである。

このような事例はもう一つある。六世紀末から七世紀初頭の未盗掘墳である島根県出雲市中村一号墳では、特異な遺物配置が明らかとなっている。それと同時に横口式家形石棺の蓋が三つに割られているなど、通常の古墳ではみられない現象も確認された。特に石棺の蓋は三つに割れ、反転して棺内に倒れ込んだ状態であるが、少なくとも一片には蓋上面にあたる断端に打痕が認められ、もう一片にも類似の剝離が認められる。蓋上の須恵器も破壊行為の後に儀礼の一環として置かれたものと考えられる。そうすると、その意図するところは死者の容器としての機能の毀損であり、遺体・副葬品と同じ脈絡で捉えられるのである。

さて、中村一号墳における葬

愛媛県松山市葉佐池古墳２号石室１

送過程は大略以下のようである。まず、玄室石棺に初葬者が埋葬され、その後一定の時間が経過した後に鉄鏃を奥壁と石棺の間に散布し、玄室石棺内において被葬者が装着していた金環・ガラス勾玉・ガラス小玉が石棺外に再配置され、副葬品であった鏡・鈴・須恵器・大刀装具を石棺と奥壁の間に再配置している。これら石棺内の遺物の移動の際には被葬者の遺体である人骨も石棺外に出して再配置した可能性が高い。その場合、人骨が置かれたのは遺物の空白部をなす玄室右奥の可能性が高い。また、入口からみて左側の袖石付近では馬具の交連を解いて散布し、一部は須恵器・鉄鏃とともに玉砂利の中に埋めて、その上に須恵器大壺と横瓶を据えた。その後、玄室内には流土が堆積したが、石棺と奥壁の間の流土上に大刀を立て掛けている。また、石棺の棺蓋を破壊し、蓋は三つに割れて反転している。そして、前室にあった須恵器短頸壺を棺蓋の上に置き、石棺横口を塞ぐように須恵器大壺・横瓶をおいている。また、鈴も流土上に散布される。前室においても同様に、大刀が動かされて左袖石付近に立て掛けられ、交連を解いた馬具や大刀の柄頭や鉄鏃が散布され、石棺床面のリン分析から棺内で集骨されたと考えられている。

このように、葉佐池古墳二号石室と中村一号墳においては、埋葬後に再開口し、副葬品の再配置、棺の破壊を行なっており、遺体も棺外への再配置および集骨を行なった可能性が高い。これらのうち、副葬された土器については飲食物の容器である壺・横瓶・坏などはヨモツヘグイとの関連で捉えることができよう。また、副葬品の再配置もコトドワタシに至る儀礼行為で説明できるものもある。すなわち、葉佐池古墳閉塞部の杏葉と馬鈴、中村一号墳においては、玄室では交連を解かれて散布され、その一部は須恵器・鉄鏃とともに玉砂利の中に埋められた馬具、流土上に散布された鈴が該当し、前室においては、交連を解いて散布された馬具や鉄鏃があげられる。また、閉塞部の馬具などもこれに相当するだろう。

しかし、コトドワタシへと至る儀礼は黄泉国からの逃走とその後の別離の宣言、死と再生をモチーフとしたものであり、死者の位置から黄泉平坂《よもつひらさか》を通って現世へと至るルート、すなわち棺や屍床から閉塞部あたりまでが儀礼の場として想定される。ところが、中村一号墳においては棺内に置かれていたと考えられる鏡・鈴・大刀装具を石棺と奥壁の間に再配置しており、これらの移動は棺から羨門への動線上になく、逃走および死と再生のモチーフだけでは説明できない。したがって、これらには別の意味を付与されていたと考えられる。

そこで想起されるのが遺体毀損である。被葬者の遺体の関節状態を乱して再配置、あるいはバラバラにしてしまうという行為は、被葬者の体の位置関係を乱すことによって運動機能などを毀損し再生を阻止することであるが、それが「生物としての死」から十年前後を経て行われることからみて、その再生阻止は死者の「社会的死」を企図したものであったと考えられる。そうすると、死者の社会的立場を反映して選択され構成された副葬品とそのセット関係もまた、死者の「社会的死」の確認の対象となりうる。つまり、死者の遺体の一部を毀損して再生を阻止するという行為から人骨の関節をバラバラに外してしまうというエスカレートの脈絡でいえば、死者との関係において配置された副葬品との関係もまた毀損したと考えられるのである。そして、その行為が死者の容器である棺にまで及んだのが葉佐池古墳二号石室や中村一号墳であると考えられる。

このように、死者を用いて儀礼を行うことは縄文時代から古墳時代まで続いており、古墳時代後半期に至ってもなお断体儀礼＝再生阻止儀礼という、いわば「未開の儀礼」行なっていたことは、この時期がまだ宗教などの抽象観念によって対処し得なかったことを物語っており、その社会段階を示してもいるのである。

参考文献　田中良之・村上久和「墓室内飲食物供献と死の認定」（『九州文化史研究所紀要』三九、一九九四）、田中良之『骨が語る古代の家族』（『歴史文化ライブラリー』二五二、二〇〇八、吉川弘文館）、同「断体儀礼考」（『九州と東アジアの考古学』所収、二〇〇八、九州大学考古学研究室五〇周年記念論文集刊行会）、同「山鹿貝塚墓地の再検討」（『地域・文化の考古学』所収、二〇〇八、下条信行先生退官事業会）

第Ⅳ章　古代

古代の墓

本書においては、火葬開始をもって古代墳墓を前代の古墳と区別する。遺骸を焼いて処理するのが火葬なら、焼けた人骨は縄文時代の遺跡からも出土し、六世紀には丸太材を芯に粘土で作った横穴式木芯粘土室(横穴式木室)に火をつけて遺骸を焼いたいわゆるカマド塚もある(風間一九九三)。しかし、遺骸を焼いて、骨を拾い、蔵骨器に入れて埋葬する作法を含めて火葬を定義すれば、日本列島におけるそのはじまりは七世紀末葉から八世紀初頭に限定できる。

なお、死者の事績などを記した墓誌を伴う例があることも、古墳にはない古代墳墓の顕著な特徴である。墓誌の紀年には、戊辰年(天智天皇七年(六六八))の船王後《ふねのおうご》銅板墓誌(大阪府国分町松岡山出土)、丁丑年(天武天皇六年(六七七))の小野毛人《おののえみし》金銅板墓誌(京都市左京区崇道神社裏山出土)など、七世紀後半までさかのぼるものがある。ただし、これらは用字法などから八世紀になって追葬した墓誌とする説が有力である(奈良文化財研究所一九七七)。

史料にみる火葬開始　史料が記す火葬開始年代は明快である。『続日本紀』文武天皇四年(七〇〇)三月己未(十日)条の道照和尚卒伝(死亡記事と略伝)は、弟子らが道照(道昭とも記す)の遺教により栗原で火葬したのが「天下の火葬これより始まれり」(原漢文)と明記する。しかし、親族や弟子が相争って和上の骨を取ろうとしたら、たちまち飄風が起きて灰骨を吹颺し、行方知れずになったというから、厳密な意味では道照の火葬は実現しなかったことになる。

道照に続く火葬第二号は持統太上天皇である。太上天皇が崩御したのは大宝二年(七〇二)十二月二十二日。遺詔の一つは「喪葬之事はつとめて倹約に従え」だった。しかし、翌年十月九日に発足した御葬司(葬式のための役所)は穂積親王を長官とし総勢二十二名からなる大所帯で、のちにみずからの蔵骨器に略伝を刻む猪名《いな》(威奈)真人大村《まひとおおむら》や造竈長官志紀親王の姿もあった。太上天皇を飛鳥岡で火葬するのは、同年十二月十七日。夫天武天皇がねむる大内山陵(奈良県高市郡明日香村)に合葬したのは同二十六日。崩御から埋葬まで一ヵ年以上かけたことになる。

持統太上天皇の火葬骨を金属製蔵骨器に納めたことは、鎌倉時代の盗掘記録からわかる。ただし、その材質・形態は「銀筥」(『明月記』文暦二年(一二三五)六月六日条)とも、一斗ばかりの金銅桶を礼盤のような形をした床に据え鏁(鎖)をかけていた(『阿不幾乃山陵記《あおきのさんりょうき》』)とも記録され明確ではない。金銅桶が外容器で銀筥が内容器の可能性がある。

火葬と土葬　持統太上天皇に続き、天皇・皇族では文武天皇、元明・元正太上天皇、文武天皇妃らが火葬だった。三段築成の八角形墳で、花崗岩切石を組み合わせた小石室内に蔵骨器(形態・材質不明)を納めた中尾山古墳(同県明日香村)は、文武陵の可能性が指摘されている。文武は崩御から埋葬まで半年かかるが、元明・元正は一週間から半月で埋葬される。特に元明は、轜車《じしゃ》(棺を運ぶ車)を飾らず、山陵を築かず、作竈場(遺体を焼く場所)を喪処(埋葬地)とし、常葉之樹を植え刻字之碑を立てるなど、徹底した薄葬を遺詔した(『続日本紀』養老五年(七二一)十月庚寅(十六日)条)。

ところが、聖武太上天皇以後の、奈良から平安時代の天皇の埋葬法はおもに土葬である。しかし、埋葬に至るまでの時間短縮、すなわち殯宮や誄《しのびごと》儀礼期間の省略は、元明・元正方式を踏襲する。土葬回帰は厚葬回帰と同義ではない。嵯峨太上天皇は遺詔で薄葬を強調し、棺槨の構造、墓の立地、埋葬の段取りや葬儀参加者、墓坑の深さや葬儀終了後の追善・祭祀などについて細々と指示し(『続日本後紀』承和九年(八四二)七月丁未(十五日)条)、崩御の翌日には葬儀を終了している。ただし、平安時代前期には淳和・清和太上天皇のように火葬を採用し、「砕レ骨為レ粉散ニ之山中一」など徹底した薄葬をはかった天皇もいた。

持統以下、八世紀前半の天皇が火葬を採用した影響は大きい。火葬推奨の詔勅はなくても、貴族官人層に大きなインパクトを与えたはずである。石櫃・金属製蔵骨器や墓誌を伴う古代火葬墓は、八世紀に集中する(奈文研一九七七)。一方、八世紀後半以降の土葬回帰も貴族官人層に影響する。坂上田村麻呂墓と推定される西野山古墓(九世紀前半、京都市山科区)もその例だ。火葬墓は土葬墓と共存しつつ、八・九世紀を通じて列島各地で展開する。なかには、本来外容器だった石櫃に直接火葬骨を納め横穴に埋葬した静岡県伊豆の国市の大北横穴群など、東国では畿内発信の火葬法を独自にアレンジした例も多い(栃木県立博物館一九九五、小林二〇〇二)。一方、火葬を受容せず、奈良・平安時代にも横穴式石室・積石塚を固守した岩手県北上川流域や長門国見島ジーコンボ古墳群(山口県萩市)もある。

古代墳墓の構造と立地　古代墳墓を火葬墓と土葬墓に分類した場合、火葬墓には墓坑内に蔵骨器を埋納した簡単な構造が多い。四段築成で礫を敷いた径二〇メートルの八角形墳中央に心礎状石櫃を据えた火葬墓である国史跡武井廃寺塔跡(群馬県桐生市)のような封土を持つ例はまれで、太安万侶墓《おおのやすまろ》(奈良市此瀬町)や小治田安万侶墓《はりだのやすまろ》(奈良市都祁甲岡町、角田一九七九)でも径数メートルの小規模な墳丘を確認したにすぎない。蔵骨器のまわりを木炭や石・瓦で囲ったり、石櫃を外容器にするのはおもに奈良時代火葬墓である。蔵骨器は土器・陶器(施釉陶器を含む)が大半を占め、木製・金属製・石製・ガラス製容器がまれにある。蔵骨器に多用された薬壺形陶器は、滋養強壮剤である蘇(酥)の大型貢納容器でもあり(田中二〇一一、黒崎一九八〇)、古くから型式編年観が確立していた(藤森一九四一)。

古代の土葬墓には木棺墓と土坑墓がある。木棺は土坑内直葬の場合が多いが、木炭で覆った西野山古墓や、棺を内外二重の木槨で囲み外槨と内槨の間に木炭を詰めた木炭木槨構造の安朱《あんしゅ》古墓(九世紀後半、京都市山科区、高・平方一九九六)もある。嵯峨太上天皇が遺詔で「葬は蔵なり」「豊財厚葬は古賢の諱むところ」の実例として挙げた「棺槨をもって重ね、松炭をもって繞《かこ》む」(原漢文)方式である。木炭木槨を設けた土坑を囲むコ字形の高まりから、一辺一〇メートルほどの墳丘が推定できるが、土坑墓も含めて封土を確認できた古代土葬墓の例は少ない。

古代墳墓の副葬品は概して貧弱だが、木棺墓では西野山古墓以外にも、銅鏡・銙帯《かたい》・装身具・化粧具・文房具などを副葬した例がいくつかある。銅鏡や銙帯・装身具の副葬は火葬墓にも認められ、火に遭った痕跡を持つものもある。土器や皇朝十二銭を中心とした銭貨の副葬は土葬墓・火葬墓に共通している。墓誌と並んで古代墳墓に特徴的な副葬品が鉄板である。近畿・関東地方の火葬墓に伴う例が多いが、八―十世紀にかけて、日本各地に分布する(小林一九九七)。墓誌、買地券、銭貨の代用品、鉄板経などの説があるが、鉛板に墨書した福岡県太宰府市宮ノ本遺跡出土の買地券のように文字を確認できた例はない。

古代墳墓の存在形態には、単独で立地する単独墓、群をなす集団墓、前代の葬地(群集墳)に隣接あるいは再利用も含めて混在する氏墓・共同墓がある。単独墓、特に墓誌や顕著な副葬品をもつ墳墓は、南に開けた丘陵斜面に立地する例が多い。風水にもとづく占地(斎藤一九三五)とすれば、地相などから新規に葬地を定めたことになる。銭貨副葬が単独墓に多いのは、葬地が氏族的占有下になかったことを反映する(渡辺二〇〇〇・二〇〇一)。群集墳に隣接する古代墳墓群には、田辺史《たなべのふひと》の氏墓と推定される大阪府柏原市田辺古墳群と田辺墳墓群(柏原市教育委員会一九八七、花田一九八八)、混在するものには同市平尾山古墳群雁多尾畑四九支群(柏原市教委一九八九、花田一九八八)、京都市旭山古墳群(京都市埋蔵文化財研究所一九八一)などがある。

火葬採用の意義　土葬と比較した場合、火葬には、㈠迅速かつ衛生的に遺体が処理できる、㈡処理後の遺体(骨)移動が容易である、㈢埋葬空間が小さくてすむ、などの物理的メリットがある。一方、火葬は徹底的な遺体の損傷・破壊で、死後の復活や地獄の業火を信ずる宗教や儒教的倫理観とは相容れない。

古代日本の火葬採用に関して、㈠薄葬思想の実践、㈡仏教思想の影響、㈢都市化への対応、㈣帰葬のための措置、などの説明がある。㈡以外は、上述した火葬の物理的メリットに対応する説明で一長一短だが、決定打にならない。しかし、火葬採用のタイミングは㈣説の妥当性を示す。以下、史料事実や考古資料と対照しながら、各説明の成否を考える。

㈠持統・元明・淳和天皇の遺詔が示すように、薄葬を理由に火葬を採用した天皇がいる。しかし、土葬の嵯峨太上天皇も、遺詔で薄葬を強調する。『養老』喪葬令は賻物(死者への贈物)の種類や量、方相轜車や楽器・幡などの葬送具品目を、位階や身分・官職によって定める。現在でも、防腐処理法・棺材の種類や仕様・葬儀手順・供物・霊柩車などに葬儀格差が顕著にあらわれるのと同じだ。土葬に副葬品を伴うことから、火葬は薄葬だという議論もあるが、棺に納めた賻物は火葬時に焼滅するわけだから、副葬品の有無多少で厚葬と薄葬は区別できない。つまり、火葬・土葬の別は薄葬・厚葬と同義ではない。しかし、火葬がより簡便な葬法で、究極の薄葬を求めた場合、土葬ではなく火葬を採用することも否定できない。

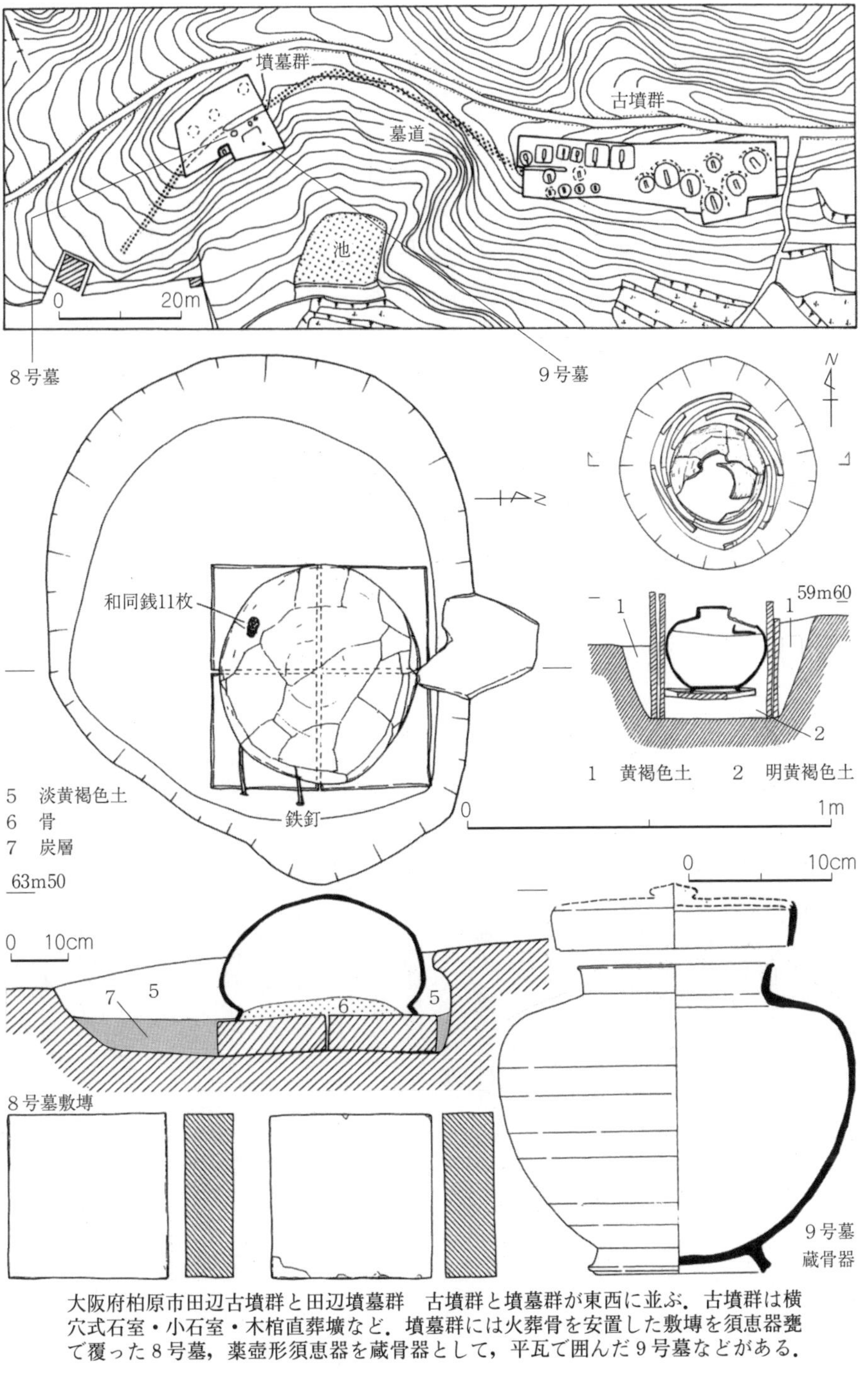

大阪府柏原市田辺古墳群と田辺墳墓群　古墳群と墳墓群が東西に並ぶ．古墳群は横穴式石室・小石室・木棺直葬壙など．墳墓群には火葬骨を安置した敷塼を須恵器甕で覆った8号墓，薬壺形須恵器を蔵骨器として，平瓦で囲んだ9号墓などがある．

㈡釈迦が火葬されたように、火葬と仏教の関係は深い。しかし、日本より古く仏教が伝来・普及した中国では、火葬はあまり浸透せず、『唐律』などでは火葬を禁じた(宮崎一九六二)。儒教的倫理観や伝統的霊魂観が火葬採用をはばんだのだ。日本の初期火葬墓における納骨作法には仏舎利埋納法を模倣したものがある。しかし、聖徳太子や聖武天皇が土葬だったことからわかるように、仏教への帰依度と火葬の採否は相関しない。また、列島各地で寺院造営が隆盛したのは七世紀後半で、火葬の開始・盛行に先行する。仏教は火葬を是認するが、火葬は仏教思想の実践形態ではなく、あくまでも葬制・習俗なのだ。少なくとも、古代火葬墓は、仏教思想と関わりなく官人層に浸透したと考えられる(網干一九七九)。

㈢現代は、カトリック教や儒教文化圏でも都市部における火葬の普及が著しい(松濤一九九二)。人口が集中する都市では、広い墓地を確保するのがむずかしいからだ。しかし、喪葬令は皇都および道路側近の埋葬自体を禁じる。事実、平城京内における埋葬例はなく、同時代の火葬墓を主とする葬地は、盆地周辺の丘陵部に広がる(金子一九八四)。同時期、大宰府に関わる葬地もよく似た立地で、葬地に関わる喪葬令の規定が大宰府にも及んだらしい(狭川二〇一二)。一方、平安京内では十世紀以降、条坊内に木棺墓などの土葬例が現れる。なかには鏡を含む化粧道具を副葬した貴族墓もある(平尾他一九九〇)。また、中世京都の職人町として発展した八条院町では、通りに面して町屋が発展する一方、条坊中央に木棺墓・土坑墓などが作られた(定森他一九八五)。大宰府においても十一世紀末以降、平地部・都市部へ土葬墓=屋敷墓が進出する(狭川二〇一二)。少なくとも、古代から中世初頭の日本の都市においては、現代における火葬普及と同じ次元で、火葬墓が都市化に対応して採用されたとはいえない。

火葬と帰葬　㈣『唐律』をはじめとして、中国では原則として火葬を禁じたが、例外があった。仏教僧侶・蕃客の埋葬と帰葬である(宮崎一九六二)。前二者は風習としての火葬を尊重した例外規定である。一方、帰葬とは赴任先・旅行先で死亡した遺体を、本貫に戻して埋葬することをさす。日本でも律令施行に伴い、貴族・豪族も一般人も、地方赴任や中央出向、納税・労役・軍役のため、列島規模での移動を余儀なくされた。火葬採用の初期段階において、蔵骨器の蓋に刻んだ銘文(墓誌)から帰葬とわかる火葬墓が、威奈大村墓と伊福部徳足比売《いふきべのとこたりひめ》墓である(奈文研一九七七)。

江戸時代に大和・河内の国境をなす二上山の大和側山麓(奈良県香芝市穴虫)から出土した威奈大村蔵骨器は鋳銅・鍍金《めっき》(金銅製)の球形容器で、蓋と身が半球形に分かれ、蓋の表に一行十字詰三十九行の銘文を放射状に刻む。銘文は威奈大村の出自、人となり、履歴を詳細にたどり、任地の越後北彊で慶雲四年(七〇七)四月二十四日に病に倒れ、同年十一月二十一日に大倭国葛木下郡山君里狛井山崗に帰葬したと明記する。赴任先で死亡し、藤原京西方に埋葬したのである。一方、同年、文武天皇に仕えた徳足比売は、翌和銅元年(七〇八)七月一日に卒し、同三年十月に火葬して伊福部氏の本拠地である因幡国法美郡（鳥取市国府町）に埋葬された。藤原宮で死亡し故郷に帰葬されたのである。いずれも、持統太上天皇の火葬後十年も満たないうちの出来事である事実は注目してよい。

八世紀前半の火葬・帰葬が組織立っていたことは、遺骨使・骨送使の存在からわかる。天平九年（七三七）六月十一日に没した小野老《おののおゆ》の遺骨使四名は天平十年七月二十四日に、同年十月三十日に没した紀男人《きのおひと》の骨送使二十名は同年十一月十九日に、それぞれ周防国を経て平城京に向かった（天平十年『周防国正税帳』（『寧楽遺文』上））。両人とも大宰大弐在任中の不幸だったが、公費で帰葬が可能となったのだ。ところが、持統天皇八年（六九四）に物故した大宰率《だざいのそち》（帥）河内王は、任地に近い豊前国鏡山（福岡県）に埋葬された（『万葉集』三所収の挽歌）。在任中は大隅・阿多に沙門を派遣し、唐使郭務悰が天智天皇のために作った阿弥陀像を中央に送るなど、仏教普及にも尽力したが（『日本書紀』持統天皇六年閏五月乙酉（十五日）条）、火葬が始まる以前の不幸だった（中間一九八三）。

平安時代にも副葬品から帰葬とわかる火葬墓が存在する（間壁一九八一、秋山一九九五）。しかし、中国的発想を踏まえて展開した八世紀前半ほど、九世紀以降の帰葬例は顕著ではない。律令制が浸透すれば中央官人は都市を本拠とし、本貫地へ帰葬する意義が減少する。また一方で、在地が赴任者を包容し、任地埋葬も容易になる。当然、土葬回帰の風潮も帰葬の減少を促した。延喜元年（九〇一）に大宰権帥に左遷された菅原道真は、同三年二月二十五日、任地で死亡する。三笠郡四堂に葬ろうとしたが、途中、御車が留まって動こうとしない。そこで葬ったのが安楽寺（太宰府天満宮）のはじまりだという（『帝王編年記』一五）。伝説としても、菅公が任地で埋葬されまつられたことは間違いない。

遺棄葬防止の火葬　持統帝の火葬を契機に律令官人が火葬を採用し、その当面の効果が、中国における例外措置だった帰葬という形で顕著に現れたことは否定できない。しかし、埋葬法は本人・家族・一族・為政者あるいは死亡地居住者などの意思で選択される。手間をかければ土葬による帰葬も可能だし、簡便な埋葬法として火葬して現地に埋葬する方法も選択肢にある。

『養老』賦役令は丁匠が赴任先や赴任途上で死亡した時、仮埋葬して本貫に通知し、引き取り手がなければ「焼レ之（これをやけ）」と規定する。また、『同』軍防令は防人が死亡した時「便にしたがひて棺を給い焼き埋めよ」（原漢文）と規定し、『令集解』は摂津以西で死亡した場合はこの規定で、山城以東なら賦役令規定を適用すると注解する。丁匠や防人に対しては、帰葬を目的とした火葬ではなく、赴任地における簡便な葬法として火葬を推奨したのだ。しかし賦役令や軍防令を裏付ける考古学的発見はない。発見しても無縁墓的火葬墓は年代比定が困難だ。

平城京南方の奈良時代河川跡（大和郡山市稗田遺跡）では、薦《むしろ》に包んだ小児遺体が発見されている（中井・梅本一九七七）。遺棄葬である。平安京では遅くとも九世紀には桂川・鴨川河原が遺体の遺棄・処理場となっており（森一九七〇）、各種史料から凄惨なさまが描写できる(勝田一九八七)。令規定では、火葬は簡便な葬法として遺体放置を防ぐ意味があったが、埋葬とはいえない遺棄葬を考慮すれば、それがどの程度まで実現したか定かではない。

参考文献　斎藤忠「奈良時代前後における墳墓地の選定」(『歴史地理』六五ノ六、一九三五)、藤森栄一「奈良時代の火葬墓」(『古代文化』一二ノ三、一九四一)、宮崎市定「中国火葬考」(塚本善隆『仏教史学論集』所収、一九六一、塚本博士頌寿記念会)、森浩一「古墳時代後期以降の埋葬地と葬地」(『古代学研究』五七、一九七〇)、中井一夫・梅本光一郎「稗田遺跡発掘調査概報」(奈良県立橿原考古学研究所編『奈良県遺跡調査概報一九七六年度』所収、一九七七、奈良県教育委員会)、奈良国立文化財研究所飛鳥資料館編『日本古代の墓誌』(一九七七)、網干善教「日本上代の火葬に関する二、三の問題」(『史泉』五三、一九七九)、角田文衛「小治田朝臣安万侶の墓」(『古代文化』三一ノ七、一九七九)、黒崎直「近畿における八・九世紀の墳墓」(『奈良国立文化財研究所研究論集』六所収、一九八〇)、京都市埋蔵文化財研究所編『旭山古墳群発掘調査報告』(『京都市埋蔵文化財研究所調査報告』五、一九八一)、間壁葭子「岡山県下奈良・平安期墳墓に見る二・三の問題」(『倉敷考古館研究集報』一六、一九八一)、中間研志「大宰府の奥津城」(九州歴史資料館編『大宰府古文化論叢』下、一九八三、吉川弘文館)、金子裕之「平城京と葬地」(『文化財学報』三、一九八四)、定森秀夫他『平安京左京八条三坊二町(第二次調査)』(平安博物館考古学第三研究室編『平安京跡研究調査報告』一六、一九八五、古代学協会)、柏原市教育委員会編『田辺古墳群・墳墓群発掘調査概要』(『柏原市文化財概報』一九八六ノ四、一九八七)、勝田至「中世民衆の葬制と死穢」(『史林』七〇ノ三、一九八七)、花田勝弘「律令制の確立にみる葬地の変革」(『信濃』四〇ノ四、一九八八)、柏原市教育委員会編『平尾山古墳群』(『柏原市文化財概報』一九八八ノ七、一九八九)、平尾政幸他『平安京右京三条三坊』(『京都市埋蔵文化財研究所調査報告』一〇、一九九〇)、松濤弘道『世界の葬式』(『新潮選書』、一九九一、新潮社)、風間栄一「横穴式木室研究の現状と課題」(『溯航』一一、一九九三)、秋山浩三「故郷に葬られたある平安女性」(『大阪文化財研究』九、一九九五)、栃木県立博物館編『東国火葬事始』(一九九五、第五十三回企画展図録)、高正竜・平方幸雄「安祥寺下寺跡」一(『京都市埋蔵文化財調査概要』平成五年度、一九九六)、小林義孝「古代墳墓から出土する〈鉄板〉について」(『立命館大学考古学論集』一、一九九七)、渡辺邦雄「律令墓制における古墳の再利用」(『考古学雑誌』八五ノ四、二〇〇〇)、同「律令墓制における土葬と火葬」(『古代学研究』一五四、二〇〇一)、小林義孝「火葬墓はどのように受容され、在地化したか」(村田文夫先生還暦記念論文集刊行会編『地域考古学の展開』所収、二〇〇二)、狭川真一『中世墓の考古学』(二〇一一、高志書院)、田中広明「考古学から見た牛の利用」(『牧と考古学』所収、二〇一一、山梨県考古学協会)

(上原　真人)

七世紀の宮都と古墳

崇峻天皇暗殺という異常事態のなかで、崇峻天皇五年十二月、推古天皇は豊浦宮で即位する。これ以降、孝徳天皇の難波遷都、天智天皇の近江遷都のときをのぞくと、王宮は基本的に飛鳥・藤原地域（奈良県高市郡明日香村・橿原市・桜井市）に置かれた。それまでの王宮は、主に磯城《しき》・磐余《いわれ》地域（奈良県桜井市）に営まれていたので、王宮の場所が移動したことになる。その背後には、ヤマト王権の権力構造の大きな変化を考えても問題はない。

推古天皇はその十一年（六〇三）に小墾田《おはりだ》宮を造営し、冠位十二階、十七条の憲法の制定、遣隋使の派遣など、矢継ぎ早の政治改革を進める。

こういったヤマト王権の大きな変化に対応するかのように、古墳時代を象徴した前方後円墳は造営されなくなり、大型の方墳、円墳がつくられるようになる。

橿原市五条野丸山古墳や明日香村平田梅山古墳は、ともに最終段階の前方後円墳である。五条野丸山古墳に近接して位置する大型の方墳である植山古墳は、出土した土器の年代から、六〇〇年前後に造営されたと考えられ、王宮が営まれた飛鳥・藤原地域でも前方後円墳から大型方墳、円墳への変化を読み取ることができる。特に植山古墳は、推古天皇が最初に葬られた古墳と推定されており、その変化を見事に反映している。

七世紀前半から中ごろ、大和・河内では大型円墳、方墳がつくられる。

王宮から西、大阪府南河内郡太子町には、用明天皇陵、推古天皇陵として宮内庁の管理を受けている春日向山古墳、山田高塚古墳、そして、聖徳太子墓の可能性が高い叡福寺古墳が分布している。前者はともに一辺の大きさが五〇㍍を越える大型方墳である。後者は径約五〇㍍の円墳である。磯長《しなが》谷と呼ばれる地域には、七世紀前半から中ごろの大型方墳、円墳が造営される。さらに、大阪府羽曳野市には、宮内庁によって久米皇子の墳墓とされている塚穴古墳が位置する。一辺約五三㍍の方墳で、近年の発掘調査で巨大な周濠と外堤の存在が明らかとなっている。

一方、王宮の東、奈良県桜井市には、崇峻天皇陵の可能性がいわれる赤坂天王山古墳や谷首古墳、コロコロ山古墳が分布する。また、越塚古墳がつくられる。前者は大型方墳で、一辺の大きさが約三〇～五〇㍍である。後者は大型円墳で径四〇㍍である。ともに内部主体は大型の横穴式石室であり、赤坂天王山古墳には刳りぬき式の家形石棺がおさめられている。このように奈良盆地東南部にも大型方墳、円墳が集中して分布する。

さらに、奈良盆地のほぼ中央、北葛城郡広陵町牧野《ぼくや》古墳がある。径四五㍍の大型円墳で、巨石を使った横穴式石室を内部主体とし、刳りぬき式家形石棺をおさめる。敏達天皇の王子の押《おし》坂彦人大兄王子《さかひこひとおおえのおうじ》が葬られたのではないかと推定されている。

また、宮都に隣接しては、その西南には植山古墳が位置する。

一辺約四〇メートルの大型方墳である。植山古墳が磯長谷に改葬される前の推古天皇陵であるかどうかはともかく、同じ東西方向にのびる丘陵に、前方後円墳の五条野丸山古墳から続く系譜で、大型方墳がつくられるのは興味深い事実である。

さらに、明日香村島庄には蘇我馬子の桃原墓の可能性が高い

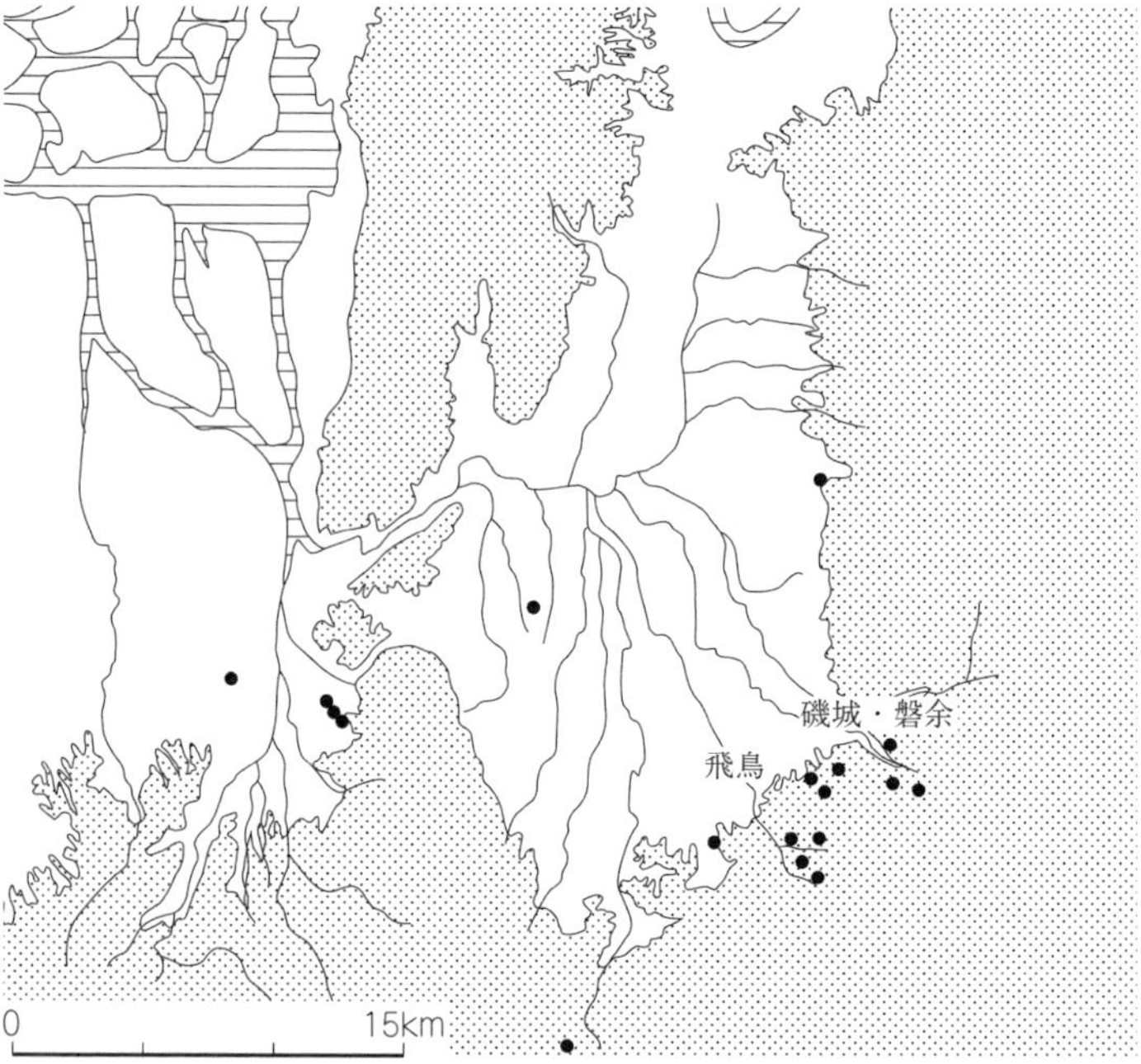

飛鳥時代の古墳分布図（飛鳥時代はじめから中ごろ）

石舞台古墳が位置している。一辺約五〇メートルの大型方墳で、外堤がめぐる。内部主体は巨大な横穴式石室である。

この時期は、大和・河内の各所に大型円墳、方墳が造営されており、特定の地域に集中するという傾向はみられない。古墳の分布は、宮都とのかかわりで捉えるよりも、王家や有力豪族の権力基盤との関係で考えるのが適切であろう。

舒明天皇二年（六三〇）、舒明天皇は、はじめて飛鳥に王宮を造営する（飛鳥岡本宮）。しかし、その王宮が火災消失すると、飛鳥を出てしまい、二度と戻ることはない。再び飛鳥に王宮をつくるのは皇極天皇である。飛鳥板蓋宮である（皇極天皇二年（六四三））。明日香村岡で発掘調査が進む飛鳥宮跡のII期遺構が該当する。大化元年（六四五）六月、蘇我入鹿を暗殺するクーデター、乙巳の変が発生すると、王宮は一時、難波に遷されるが、孝徳天皇の死後、皇極天皇が再び、王位について斉明天皇になると、王宮は再び飛鳥に戻る。後飛鳥岡本宮である（斉明天皇二年（六五六）から）。飛鳥宮跡のIII期遺構があたる。後飛鳥岡本宮は基本的に天武・持統天皇の飛鳥浄御原宮に継承されるので、藤原遷都（持統天皇八年（六九四））まで、天智天皇が一時、近江遷都をする時（天智天皇六年（六六七）―弘文天皇元年（六七二））をのぞいて、王宮が飛鳥を離れることはない。

この時期においても、大和・河内では、依然として大型の方墳、円墳がつくられ続ける。

王宮の西、七世紀前半に大型の方墳、円墳をつくった大阪府南河内郡太子町を中心とした磯長谷での造営は少なくなるが、

なお、葉室石塚古墳や二子塚古墳など大型方墳、もしくは双方墳がつくられる。さらに、七世紀後半になると、その南の河南町の平石谷で、アカハゲ古墳、ツカマリ古墳がつくられる。ともに墳丘そのものの規模は小さく、内部主体も横口式石槨であるが、その前面に幅七〇～八〇メートルの石積みのテラスをつくりだし、見かけ上、巨大な古墳をつくる。

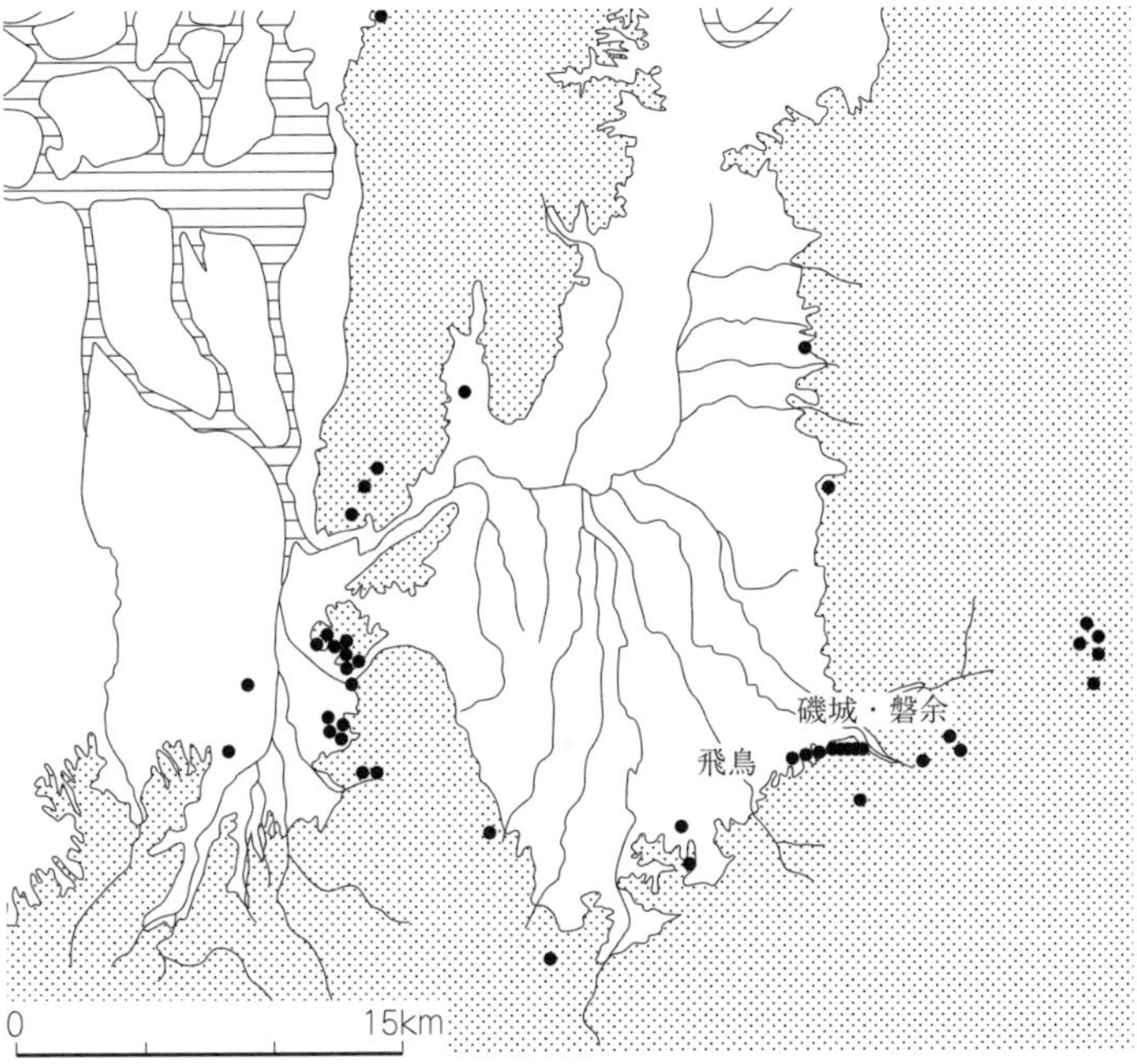

飛鳥時代の古墳分布図（飛鳥時代中ごろから後半）

　さらに、大阪府羽曳野市・富田林市や太子町を中心として横口式石槨とよばれる内部主体をもつ古墳が分布する。家形石棺の形態を残すタイプから、石室形態まで、いくつかのバラエティがある。横口式石槨は羨道《せんどう》に比べて玄室に相当する奥室が狭い石室で、この時期に出現する特異な古墳である。

　王宮の東では、奈良県桜井市に岩屋山式石室をもつムネサカ古墳、刳りぬき式家形石棺をおさめる艸墓《くさばか》古墳が分布する。七世紀前半ほどの規模はないものの、前者は径四五メートルの円墳、後者は一辺二八メートルの方墳である。

　また、この時期、奈良盆地東南部の桜井市から、宇陀市にかけて、榛原石という板状に加工しやすい石材を使って、磚積石室を内部主体とする特異な古墳が分布している。

　王宮の周辺では、明日香村に岩屋山古墳が所在する。墳丘は後世の改変が著しいが、一辺約四〇メートルの方墳である。内部主体は岩屋山式石室とよばれる精緻な切石技法をもちいた横穴式石室である。

　ところで、岩屋山式石室は、この時期特有の横穴式石室であるが、これに類する石室をもつ比較的大型の古墳が奈良盆地の各地に分布している。奈良県天理市に位置する峯塚古墳は径約三五メートルの円墳である。また、生駒郡平群町西宮古墳も一辺三六メートルの方墳である。この二つの古墳は墳丘に張り石を行なっている。さらに、橿原市小谷古墳は一辺三五メートルの円墳である。西宮古墳と小谷古墳には退化した刳りぬき式の家形石棺がおさめられている。

　岩屋山式石室を内部主体とする古墳の年代については、七世紀第二四半期とするものから、七世紀後半まで下げて考える意見もあるが、明確に発掘調査などで年代を示す土器がみつかった例が少なく、如何ともしがたい。岩屋山式石室でも後出する要素をもつ西宮古墳から七世紀第三四半期の中でも前半ごろの土器が出土しており、ここでは、七世紀中ごろから第三四半期と考えておく。

　このように七世紀中ごろから後半においても、古墳の分布は、特にある地域に集中して分布する傾向はなく、大和・河内に散在的に分布している。この段階においても、宮都とのかかわりを、特に想定することは困難といえる。

　天武天皇はその五年(六七六)に、「新城」の造営を始める。しかし、このときは完成せず、あらためて天武天皇十一年に、その造営が再開される。結局、「新城」は天武の存命中には完成せず、持統天皇八年に持統天皇は飛鳥浄御原宮から藤原宮に遷居する。藤原遷都である。藤原宮に伴う「京」を『日本書紀』は「新益京」と呼ぶ。

　この時期になると、古墳そのものの造営が著しく少なくなる。もちろん大型の円墳、方墳の造営はみられない。八角形の墳丘をもつ古墳や、小規模ながら精緻な横口式石槨をもつものや、墓室に壁画が描かれるものなどが多くなる。

　さて、藤原宮の中軸線、宮南面中門から、南に下る中軸線上(朱雀大路の南延長)に、天武・持統天皇を合葬した野口王墓古墳は正しく位置している。藤原宮・京の造営計画と一体で、その造営にかかわった天武・持統の墳墓の位置も計画されていたと考えられる。

　天武・持統の墳墓の造営を契機として、そこから南に位置する古墳が造営された。八角形墳で文武天皇陵の可能性が強いといわれている中尾山古墳、また、同じく八角形墳で天武の皇子の草壁皇子の墳墓ではないかといわれている束明神《つかみょうじん》古墳、極彩色の人物像や四神や日月像、星宿図の壁画が描かれていた高松塚古墳、四神や十二支像、星宿図の壁画が描かれていたキトラ古墳、壁画こそ描かれていなかったが、石室内部に漆喰を塗っていたマルコ山古墳、紀ノ川流域でのみ産出する緑泥片岩を使ったカヅマヤマ古墳など、これらの古墳は、厳密な造営年代は、土器など明確な年代決定の材料を欠き明らかではないが、七世紀末から八世紀初めのものとみてよく、野口王墓古墳の造営が契機となって、天武・持統にかかわる皇子や有力豪族が相ついで葬られることになったと推定される。

　野口王墓古墳の造営が藤原宮・京の造営計画と深くかかわることは、おそらくまちがいない。そういった意味では、これらの古墳も藤原宮・京とかかわることになるが、それでは、この地域が藤原宮・京に伴う葬送のために特別に設定された空間であったかといえば、問題はそう単純ではない。なぜならば、この地域以外にも、古墳や火葬墓が分布しているからである。

　藤原宮・京の西、奈良県香芝市穴虫で、江戸時代に越後城司威《い》奈大村《なのおおむら》の金銅製骨蔵器が出土している。その銘文によると慶

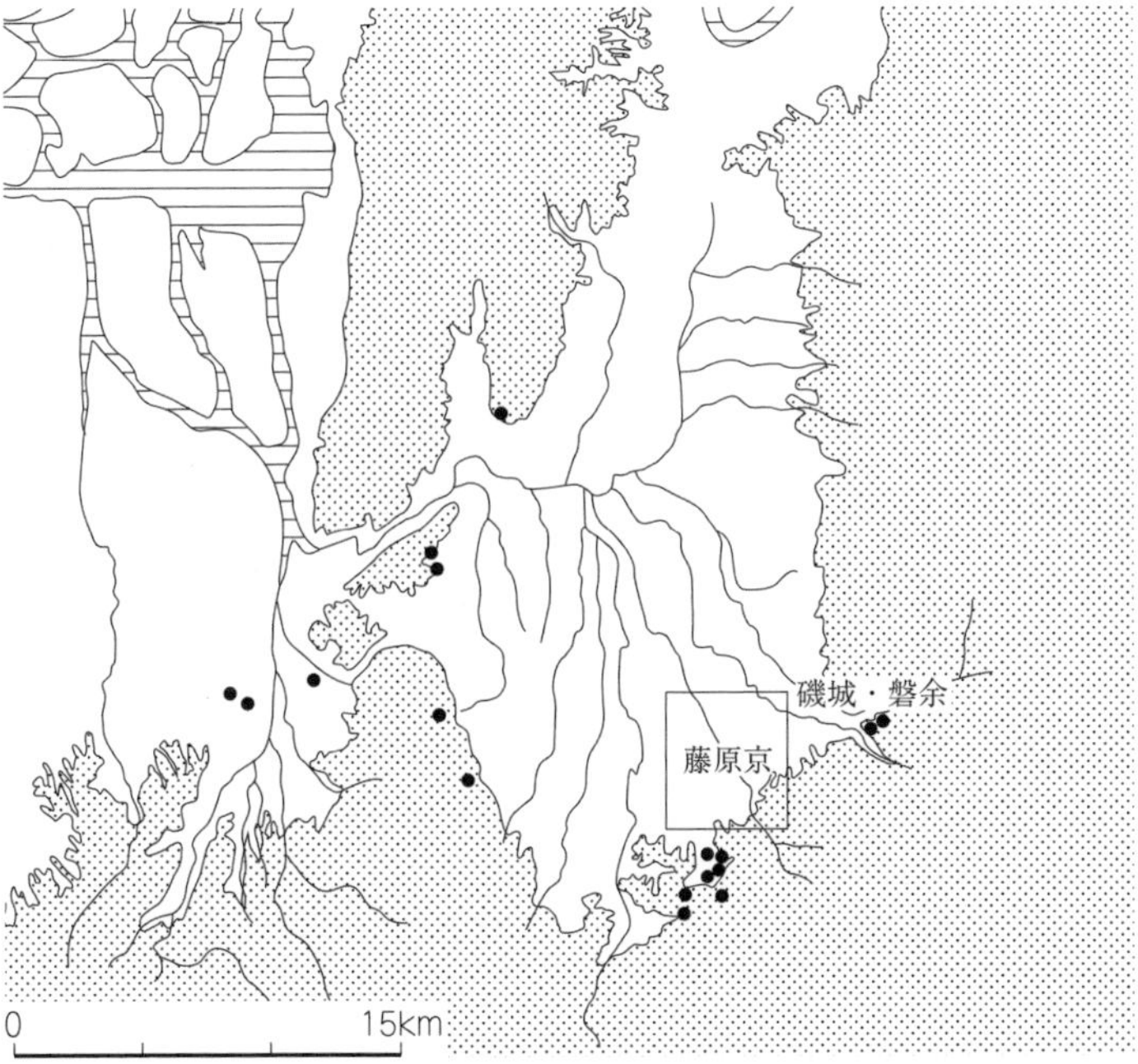

飛鳥時代の古墳分布図（飛鳥時代末から奈良時代はじめ）

雲四年（七〇七）に亡くなったことがわかる。また、当麻町では、組合せ式の家形石棺の石材を利用して横口式石槨を構築した鳥谷口古墳がみつかっている。

一方藤原宮・京の東、宇陀市榛原区八滝では、慶雲四年に亡くなった文禰麻呂《ふみのねまろ》の火葬墓が所在する。さらに、京都市左京区の崇道神社の裏山からは、天武天皇六年に葬られた小野毛人《おののえみし》の墓がみつかっている。山背国愛宕郡には小野郷があり、もともと小野氏の本貫地と考えられる。小野毛人墓でも明らかなように、いまだ、この時期においても、本貫地に葬られていたのである。

ところで、藤原宮・京の造営により、有力豪族たちは、建て前では、その権力基盤から切り離され、都の中に集住させられたはずである。そのため、その葬送にあたっては、漠然と藤原宮・京が位置する奈良盆地南部から河内にかけて、散在的に墳墓がつくられる傾向は認めてもよいが、結局のところ、その権力基盤であったところに葬られているのである。すなわち、国家による葬送のための特別な空間の設定はなされていなかったとみなさざるを得ない。

藤原宮・京の南に野口王墓古墳の造営を契機として、いくつかの古墳がつくられるのも、国家的な葬送のための特別な空間が設置されたためとみるよりは、天武・持統天皇との人格的な関係において、結果として野口王墓古墳の周辺に古墳がつくられることになったとみるのが、自然な解釈であろう。すなわち、少なくとも古墳と呼べる段階の墳墓は、基本的には宮都とのかかわりは、藤原宮・京の段階においても、きわめて限定的であったといわなくてはならない。

（林部　均）

都城と葬地

天武天皇五年(六七六)に始まる「新城」造営の企図は、天武天皇没後の持統天皇八年(六九四)、持統天皇によってようやく実現した。この日本初の本格的都城である藤原京においては、天皇・王族、貴族・官人層のほか、僧侶、庶民などが生活し、人口は三万人とも五万人とも推定される。彼らの暮らしは、唐に範を採り制定された律令に規定された。

その規定は、生前だけでなく死後にまで及ぶ。都市に集住し、本貫地から切り離された彼らの墓は都城の周囲に営まれるが、『養老令』喪葬令皇都条には、「凡そ皇都及び道路の側近は、並に葬り埋むること得じ」とみえ、天皇のいる都城内および官道などの近辺に埋葬することを禁じている。この規定はおおむね守られていたようで、遺跡でも文献上でも、都城内に墓が営まれた事例はほとんどみられない。

また、京造営以前にすでに墓が営まれ、造営にあたってこれを掘削した場合、『日本書紀』持統天皇七年二月己巳(十日)条には、造京司に詔して、「掘《ほりいだ》せる尸《しかばね》を収めし」めたことが、『続日本紀』和銅二年(七〇九)十月癸巳(十一日)条には、造平城京司に対し、「若し彼の墳隴《つか》、発《あば》き掘られば、随即《すなわち》埋《うず》み斂《おさ》めて、露《あらわ》し棄てしむること勿れ。普く祭酹《さいらい》を加へて、幽魂を慰めよ」(原漢文)と勅したことがみえる。

実際に、藤原京内にあたる日高山横穴群には遺体、副葬品などをすべて持ち出して丁寧に埋め戻されたものがあり、長岡京内にあたる走田九号墳では、上部が壊された石室の隅から祭祀用とされる土師器壺Bなどが完形で出土し、京造営時に古墳を破壊し、何らかの祭祀を行なったものと考えられる。ただし、京域内のすべての墓が移転されたわけではなく、たとえば平城京内の宝来山古墳、杉山古墳のような大型の前方後円墳など、そのまま京内に残されたものも認められる。

都城と葬地の関係については、おもに文献資料、墓自体の構造や副葬品、墓誌などの出土文字資料から、その内容が一定程度把握可能な天皇・王族、貴族・官人層の墓が有力な検討材料となり、庶民の葬送についても、文献資料などから研究されてきた。以下、平安時代前期ごろまでを対象に、都城と葬地の位置関係と葬地の立地に注目し、各時期の特徴を概観する。

藤原京期における京周辺の主要な墓をあげると、京南方から南西方には、京中軸線の南延長上に位置し、天武・持統天皇合葬陵であることが確実視される檜隈大内陵《ひのくまのおおうちのみささぎ》(大内山陵、野口王墓古墳)、その西には文武天皇陵の説もある中尾山古墳、大陸風壁画を持つキトラ古墳、高松塚古墳、さらに西方にはマルコ山古墳などがあり、草壁皇子、川島皇子もその近辺に葬られたとされる。京東方では、初瀬谷に沿った丘陵地帯に文禰麻呂《ふみのねまろ》墓などがある。京西方では、香芝周辺に威奈大村《いなのおおむら》墓などがあり、高市皇子の三立岡墓《みたてのおかのはか》は馬見丘陵周辺とする説がある。

このように、藤原京では北方を除く京の東・西・南方の、奈良盆地南部を取り囲む丘陵や山間部に天皇・王族、貴族・官人層の墓が営まれたことが知られ、それらの地に葬地が設定されたことをうかがわせる。なお、藤原京遷都以前、飛鳥浄御原宮の時期においても、本貫地の山背国に帰葬されたと考えられる小野毛人《おののえみし》などを除き、やはり藤原京期と同様のあり方を示す事例が多く認められるとされる。

特に注目されるのは、天皇・王族、有力貴族に比定される墓が、京南西の丘陵地帯に集中する点である。こうした墓が集中する地は、当時、最も重視された葬地と考えられよう。それが藤原京の南方に置かれたことについては、京城の南方にも葬地が拡がる隋唐洛陽城がモデルになったとする説、藤原京の北方に葬地に適した場所がないという地形的制約によるものとする説、京造営以前(計画段階)に設定した葬地を京造営後も利用したとする説、道教思想によるものとする説などがある。

和銅三年に都は奈良盆地の南端から北端、平城の地へ遷った。平城京では、京北方の東、佐保山、奈保山に元明・元正・聖武天皇、光明皇后といった天皇・王族の陵墓のほか、藤原不比等・武智麻呂、大伴一族などの有力貴族層の墓が営まれた。光仁天皇の広岡山陵もこの近辺とする説が有力である。称徳天皇は京北方の西、佐紀の地に葬られた。京東方には、太安万侶墓や、改葬された光仁天皇田原東陵、施基《しき》皇子の田原西陵がある田原里、小治田安万侶《おはりだのやすまろ》墓がある都祁《つげ》盆地など、京西方は、美努岡万《みののおかまろ》墓、行基墓がある生駒谷などが存在する。

平城京では、京の南方を除く北・東・西方の、奈良盆地北部を取り囲む丘陵や山間部に天皇・王族、貴族・官人層の墓が営まれ、それらの地に葬地が設定されたものと考えられる。天皇・王族、有力貴族の墓は、藤原京と対称的に北方の丘陵に集中し、京北方を葬地として重視したと考えられる。

なお、京西方の葬地については、飛鳥浄御原宮期にあたる朱鳥元年(六八六)に大津皇子が謀反を理由に死を賜わり、のちに二上山に移葬されたことや、平城京期の天平元年(七二九)に長屋王が「私《ひそ》かに左道を学びて国家を傾けむ」(『続日本紀』天平元年二月辛未(十日)条)とした罪で自頸し、生駒山に葬られたことから、東方の葬地に比べて格が下がるとする説もある。

一方、京南方にはこうした階層の人々の墓が認められないが、平野部の河川敷にあたる奈良県大和郡山市稗田遺跡では、蓆《むしろ》に巻かれた人骨が二体分出土しており、周囲に蓆状のものがいくつか見られたことから、ほかにも遺体が存在したとみられる。これらは遺体の遺棄と呼ぶべき事例であるが、後述する平安京南方と同様、庶民の葬地であったとされる。また、外京南側の能登川氾濫原も庶民の葬地とする説がある。

天平十二年、聖武天皇は東国行幸中に、山背国相楽郡の恭仁京に遷都した。恭仁京はわずか三年という短命の都であるが、その間に没した聖武天皇の子、安積《あさか》親王は京周辺の山背国相楽郡和束《わつか》に葬られたとされる。

延暦三年(七八四)、桓武天皇は山背国乙訓《おとくに》の地に都を遷す。この長岡京では、天皇の夫人藤原旅子《ふじわらのりょし》、生母の皇太后高野新笠《たかののにいかさ》、皇后藤原乙牟漏《おとむろ》といった桓武天皇の近親者が京北・北西方に葬

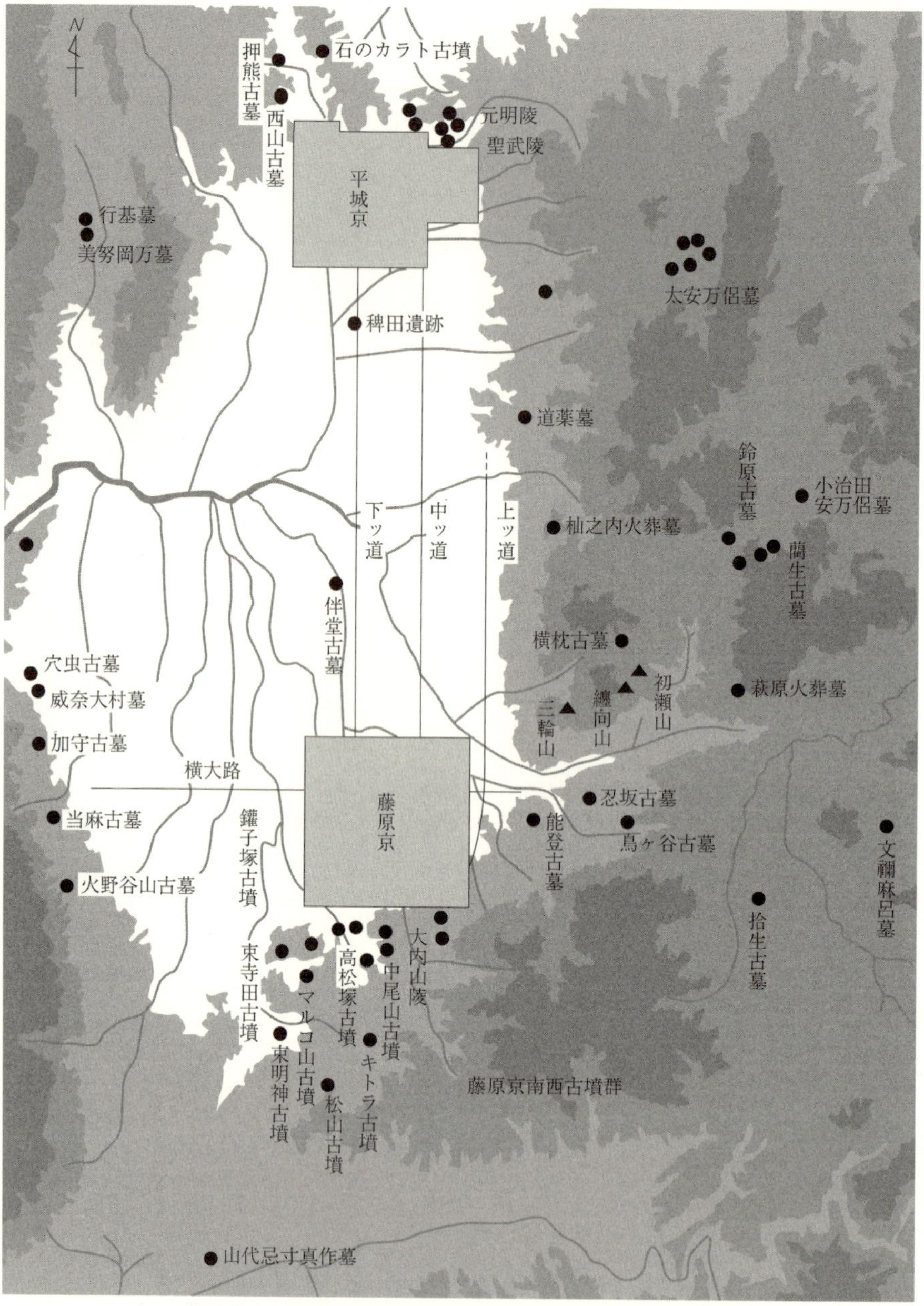

藤原京と平城京の葬地（金子裕之「都城における山陵」
（『文化の多様性と比較考古学』所収）より作成，一部改変）

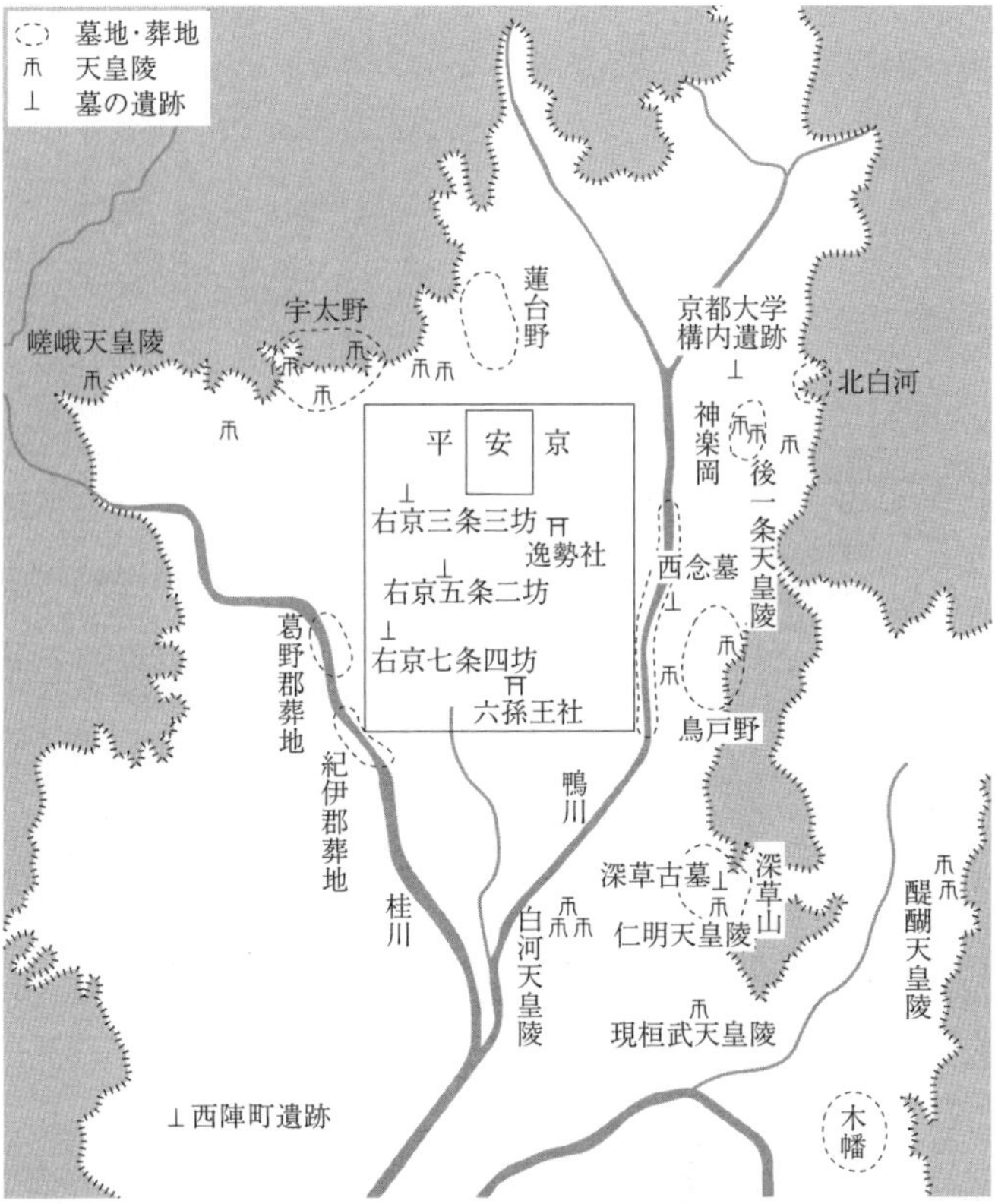

平安京周辺の葬地(山田邦和「墓地と葬送」(『平安京提要』所収)より)

られている。平城京と同じく京北方を葬地として重視したと考えられよう。このほか、京から離れた南東方の山背国相楽郡にも墓が営まれ、葬地の一つとされる。

延暦十三年、桓武天皇は平安遷都を行う。京南東方の鳥戸野《とりべの》では、恒世親王(淳和天皇皇子)、俊子内親王(嵯峨天皇皇女)、その南に連なる深草山には仁明天皇など、多数の陵墓が営まれる。さらに南の木幡《こはた》は藤原冬嗣《ふゆつぐ》をはじめとする藤原一門の墓が存在する。

このように、平安時代前期ごろまでに没した天皇・王族、貴族・官人層の墓は、京の東方から南東方にかけての丘陵地帯に多く分布し、ここに主要な葬地が設定された。平安京では京東方から南東方が葬地として重視されたと考えられる。京北・北西方の丘陵地帯は、皇室の狩猟用地である禁野とされた。北西方の宇太野は、桓武天皇の陵の造営が計画されたが、賀茂神の祟りがあるとして断念しており、平安遷都以前から在地集団の墓地としても利用されていたが、国家によって次第に整理された。蓮台野も京北・北西方に位置し、平安時代中期以降の火葬塚や墓とされる塚が点在する。

庶民の葬地としては、『類聚三代格』一六、貞観十三年(八七一)閏八月二十八日の太政官符により、「百姓葬送並放牧地」を葛野《かどの》郡五条荒木西里・六条久受原里と紀伊郡十条下石原西外里・十一条下佐比里・十二条上佐比里、すなわち桂川の河原地に定めたことがみえる。このほか鴨川の河原地も利用したようであり、京南方から南西・南東方の河原地が庶民の葬地とされた。

以上のように、立地上の特徴としては、天皇・王族、貴族・官人層は京周辺の丘陵地帯や山間部を、庶民は河原地を葬地としたことがあげられる。一方で、都城と葬地の位置関係については、平城京、長岡京で北方の重視という共通性が見いだせるが、藤原京、平安京では状況が異なる。

藤原京の南方重視については諸説あるものの、京北方に葬地に適した地形がないという立地上の条件が大きく影響していることは否めないであろう。一方、平安京の北方には、地形としては葬地としてふさわしいと考えられる丘陵地があり、実際に葬地とされた場所もあったが、鳥戸野、深草山のような一大葬地とはならなかったようである。しかし、嵯峨天皇が「山北幽僻不毛地」に葬るよう遺詔し、天台座主良源が、墓地は北方勝地を採るべきと遺告したように、北方を重視する思想の存在が指摘されている。平安京の葬地については、厳密な北ではないものの、相対的な意味では京の北方に位置するとみる説や、桓武天皇の新たな構想によって、あえて京の南東方を選択したのではないかとする説などがある。平安時代には、京周辺の葬地に適した地形の中から、北方を重視しつつも、賀茂神社を避けるなどの諸条件を勘案しつつ、おそらくは何らかの意図をもって適地を選択したと考えるべきであろう。

こうしてみると、平城京と長岡京、すなわち八世紀代の都城においては、いずれも京北方が葬地として重視され、天皇・王族、有力貴族層の葬地が設けられたことは、きわめて特徴的なあり方であることがわかる。

平城京の葬地のあり方は、唐長安城の葬地が京城の周囲に設けられ、皇帝陵が長安城北方、渭水の北に集中するという特徴を模倣したとされる。平城京自体が唐長安城の影響を強く受けていることは、宮を京の中央北辺に置く北闕型の平面形が共通すること、平城宮第一次大極殿が唐長安城大明宮含元殿をモデルとすることなど、古くから数多くの指摘があり、発掘調査成果に基づく近年の精緻な研究では、平城宮の平面形は、唐長安城を九〇度回転し四分の一に縮小したものとする説もある。こうした都城自体の共通性も考え合わせれば、長岡京も含めた八世紀代の都城は、唐長安城の設計理念を都城と葬地の位置関係、すなわち生前の生活空間だけでなく、死後の奥津城《おくつき》のあり方までも含め、導入しようとしたものとする見方も許されよう。都城の葬地を定める立場にあった人々、おそらくは当時の政権中枢にあった階層の人々にとって、それが律令国家にふさわしい姿であり、必要と認識されたのではあるまいか。そして、そのあり方は、平安京遷都および桓武天皇の陵造営の前後ころに、さらなる変貌を遂げたものと考えられる。

参考文献　和田萃「東アジアの古代都城と葬地」(大阪歴史学会編『古代国家の形成と展開』所収、一九七六、吉川弘文館)、金子裕之「平城京と葬地」(『文化財学報』三、一九八四)、山田邦和「墓地と葬送」(古代学協会・古代学研究所編『平安京提要』所収、一九九四、角川書店)、前園実知雄「飛鳥の終末期古墳と中国の陵墓」(森浩一・松藤和人編『考古学に学ぶ』所収、一九九九、同志社大学考古学シリーズ刊行会)、山中章「日本古代の宮都と葬地」(橋本義則編『東アジア都城の比較研究』所収、二〇一一、京都大学学術出版会)

(清野　孝之)

平安時代天皇陵の占地

日本古代において、天皇陵は都城の周囲の一定の空間に配置されることが多かった。こうした土地を「天皇陵空間」と呼ぶことにしよう。奈良時代にあって、天皇陵は平城京北郊の奈良山丘陵(奈保山・佐保山)に営まれることを原則としていた。これは中国唐の皇帝陵が長安の北郊の丘陵地帯に設けられたのに倣ったもので、首都の北郊の丘陵地帯を天皇陵空間にするという原則ができあがったのである。

奈良時代末期の光仁天皇(七〇九—八一)もまた、当初は平城京北郊の天皇陵空間に設けられた広岡山陵に葬られた。しかし、同天皇の子である桓武天皇は、延暦五年(七八六)に父の山陵を奈良時代の天皇陵空間である平城京北郊から切り離し、光仁天皇の父にあたる施基《しき》皇子(天智天皇皇子、?—七一六、春日宮天皇と追尊)の陵が存在していた平城京東郊の田原(奈良市田原春日野町・日笠町附近)の地に改葬した。これは、天智天皇—春日宮天皇—光仁天皇—桓武天皇という新しい王統の出現を強調するための措置だったと考えうる。

延暦三年、桓武天皇は長岡京に遷都を行なった。ここで、平城京と同じように、京の北郊の丘陵地帯が天皇陵空間として設定されていたと考えることができる。ここには、光仁天皇皇太夫人・贈皇太后高野新笠《たかののにいかさ》(?—七八九)、桓武天皇夫人・贈皇太后藤原旅子《ふじわらのりよし》(七五九—八八)、桓武天皇皇后藤原乙牟漏《おとむろ》(七六〇—九〇)、大伴親王(淳和天皇)妃・贈皇后高志《こし》内親王(七八九—八〇九)、桓武天皇夫人藤原氏といった女性の陵墓が設けられた。もしも長岡京が永続したならば、桓武天皇の山陵もこの長岡京北郊天皇陵空間に営まれたに違いない。また、桓武天皇の皇子の一人であった淳和天皇(七八六—八四〇)は崩御後に散骨されたが、それが行われたのも長岡京北郊天皇陵空間の域内に含まれる大原野西山峯の上(京都市西京区小塩山)であった。

ところが、桓武天皇は延暦十一年ごろから長岡京を捨て、その北西の地に新たな都(平安京)を造営することを考え始めた。遷都が成就した際には、同天皇は新京の東南郊外にあたる東山丘陵西麓の地を新たな天皇陵空間とすることを構想していたらしい。ところが、大同元年(八〇六)に桓武天皇が崩じた際、同天皇の後継者である平城天皇は、従来の伝統通り、あくまで天皇陵空間は都の北郊に置くべきであるとこだわり、桓武天皇陵も山城国葛野《かどの》郡宇太野(京都市右京区)に営むこととした。もしこれが成就していたならば、平安京の北郊には桓武天皇陵とそれ以降の歴代天皇の山陵が続々と配置されることになった可能性が高い。ところが、これは桓武天皇の遺志を無視するのと同義であったために抵抗を受けたらしく、結局は平安京北郊の賀茂社の祟りを理由として撤回に追い込まれることになった。その結果として、桓武天皇陵は同天皇の生前の計画通り、東山丘陵南部に営まれたのであった。この平安京東南郊天皇陵空間は、桓武天皇の孫である仁明天皇(八一〇—五〇)にも受け継がれて

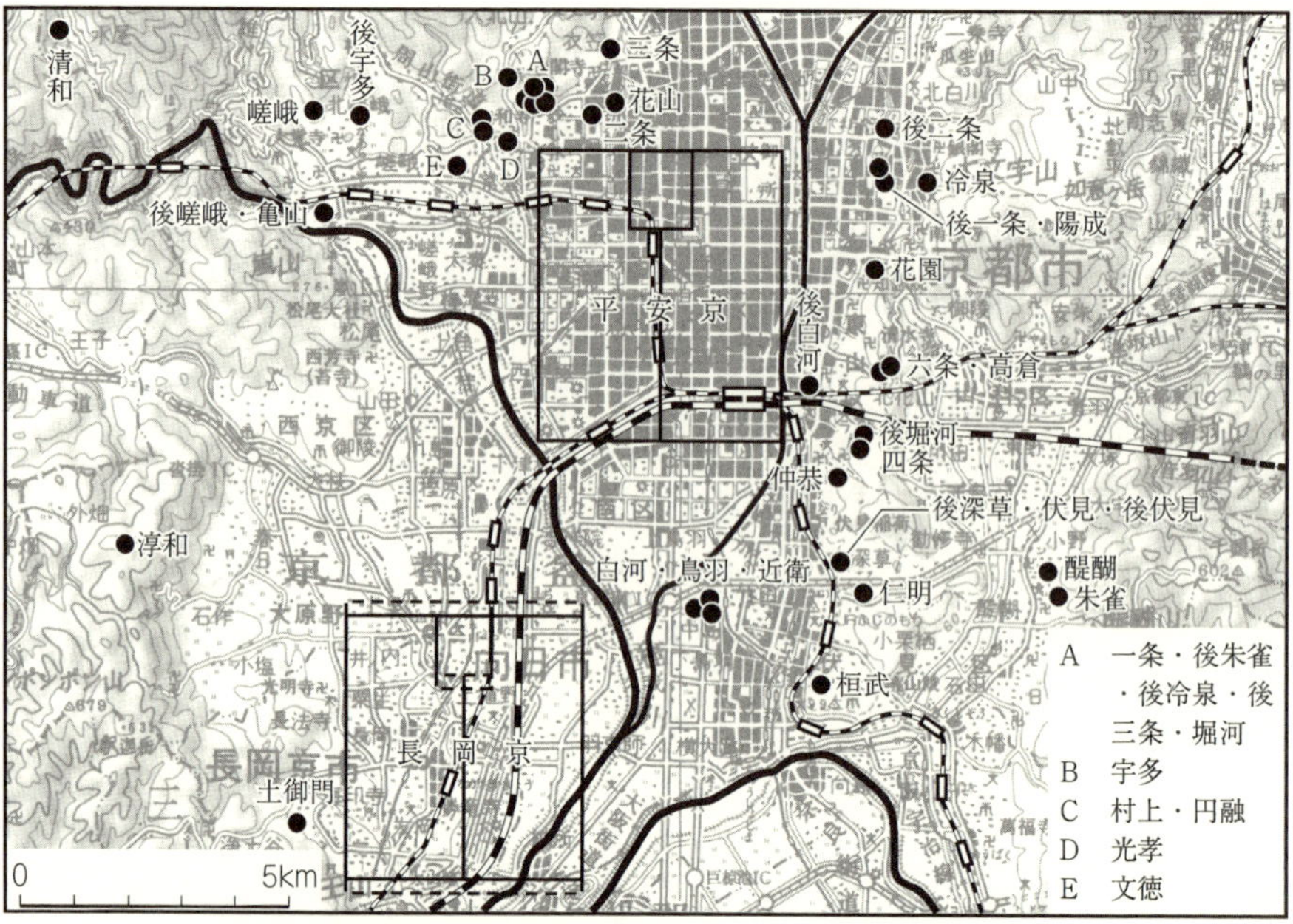

平安・鎌倉時代の天皇陵分布図(位置は宮内庁治定による．長岡宮・長岡京の範囲には異説があるため，それを破線で示す．)

いる。

以上の天皇陵空間は、歴代の天皇陵を累代的に築造していく公的な土地であった。それに対して、平安時代前期には天皇陵空間の新たなありかたが形成されていく。嵯峨天皇(七八六―八四二)の場合、同天皇はその後院《ごいん》である嵯峨院(のちに仏教寺院に改造され、大覚寺となる)の裏山に埋葬された。その後、この附近には嵯峨天皇皇后橘《たちばなの》嘉智子《かちこ》(檀林皇后、七八六―八五〇)陵、嵯峨天皇皇女有智子《うちこ》内親王(八〇七―四七)墓、同じく嵯峨天皇皇女で淳和天皇皇后正子内親王(八〇九―七九)陵が営まれている。すなわち、嵯峨天皇が生前に愛した嵯峨の地に、同天皇とその近親者が連続して葬られたのである。こうした新たな天皇陵空間の出現が画期的だったのは、嵯峨の天皇陵空間には後続の天皇陵を累代的に築造していくことは想定されず、あくまで嵯峨天皇とそのミウチのための限定された領域だったところにある。

平安時代の貴族や皇族の場合、ある一定の地域と深い関わりを持ち、その土地に葬られることがしばしば見られる。太政大臣藤原良房(八〇四―七二)の場合、その正室であった源潔姫《みなもとのきよひめ》(八一〇―五六)の墓が山城国愛宕郡白河(京都市左京区北白川)の地に営まれ、さらには良房自身やその女の太皇太后藤原明子(八二八―九〇〇)もその近辺に葬られた。良房は白河の地に別業を営んでいたから、それが良房のミウチの墓をここに引き寄せる契機となったと推定される。その後、こうした貴族のミウチの墓地空間が天皇陵をも囲い込むことがあった。陽成上皇

（八六八―九四九）の山陵は、山城国愛宕郡の神楽岡（京都市左京区吉田神楽岡町）の東に造営された。神楽岡の地には陽成天皇の母である皇太后藤原高子（八四二―九一〇）が建立した東光寺が存在し、おそらく彼女の陵も同寺の近辺に営まれていたことに由来している。また、醍醐天皇（八八五―九三〇）は生前からゆかりのあった醍醐寺（京都市伏見区）の北方に葬られ、また朱雀天皇（九二三―九五二）も父の醍醐天皇の山陵の側に葬られた。この場合、醍醐寺が醍醐・朱雀両天皇陵の事実上の陵寺としての役割を果たすことになる。醍醐天皇陵の場所として小野・醍醐の地が選ばれたのは、この地域が同天皇の母方の一族の基盤だったからだと推定される。すなわち、ここはもともとは地元の豪族である宮道《みやじ》氏の本拠であり、その出身である宮道列子（？―九〇七）と藤原高藤《たかふじ》（八三八―九〇〇）の間に産まれた藤原胤子が宇多天皇の後宮にはいって醍醐天皇を生んだのである。胤子（？―八九六）の陵や高藤の墓は小野・醍醐の地に営まれて一定の墓地空間を形作っていたから、醍醐天皇もまたこの墓地空間に葬られ、そこを天皇陵空間に変容させたことになる。

このように貴族のミウチの墓地空間が天皇陵をも囲い込むというのは、平安時代前期以降の天皇が、それまでの律令制的原理に立脚した絶対君主から、藤原氏北家出身の母后や摂政・関白といったミウチに取り囲まれ、平安京から一歩も出ることのない都市王権の担い手に変化していくという王権の変容の過程に対応するものと考える。

さらに、これ以降の平安時代の天皇陵の特色として、寺院との繋がりが深められることがある。仁明天皇陵には内裏清涼殿の建物が移築されて仏教寺院とされ、当時の年号を採って嘉祥寺と名付けられた。天皇陵の附属寺院を「陵寺」の名で呼んでいるが、仁明天皇陵の嘉祥寺は陵寺の本格的な開始であった。また、生前の天皇にゆかりの既存寺院が天皇陵との繋がりを深め、実質上の陵寺としての役割を果たすことがある。清和天皇（八五〇―八八〇）は山城国水尾山（京都市右京区水尾）の水尾山寺を事実上の陵寺とし、山陵もその寺域の一角に設けられたと推定される。仁和寺（京都市右京区御室）は光孝天皇（八三〇―八七）陵の陵寺として建てられたものであり、この創建者であった宇多天皇（八六七―九三一）も、崩御の後には同寺の裏山に葬られている。

天皇陵ではないけれども、仁明天皇女御・太皇太后藤原順子（文徳天皇母）は、生前に山城国宇治郡山科の地に安祥寺を創建し、晩年にはこの寺での仏道の精進に励んでいた。順子は貞観十三年（八七一）に崩じて後山階山陵に葬られたが、これは安祥寺の寺域の中に存在していたと見てよい。これによって、安祥寺は順子陵の陵寺に準ずる役割を担うことになった。さらに、順子の妹で文徳天皇女御・従一位藤原古子（吉子、薨年不明）、順子の姪で文徳天皇女御・従四位下藤原多可幾子《たかきこ》（？―八五八）といった女性たちも、安祥寺とその周辺に埋葬された可能性が高い。山科北部の地に、安祥寺を中核とする陵墓空間が造られたということになる。

平安時代中期以降、寺院と天皇陵との繋がりはますます深化した。特に、円融天皇(九五九―九一)はみずからの御願寺である円融寺(円融院)において崩じ、その北原で火葬され、その場所に火葬塚が営まれた(山陵は村上天皇陵の傍ら)。円融寺は仁和寺の子院で、一条天皇御願の円教寺、後朱雀天皇御願の円乗寺、後三条天皇御願の円宗寺と併せて「四円寺」と呼ばれている。そして、円融寺の円融天皇火葬塚の隣地には、一条(九八〇―一〇一一)・後朱雀(一〇〇九―四五)・後冷泉(一〇二五―六八)・後三条(一〇三四―七三)・堀河(一〇七九―一一〇七)の五天皇と後朱雀天皇皇后陽明門院禎子内親王(一〇一三―九四)の陵が営まれた。

飛鳥時代から平安時代前期の天皇陵の占地について、風水思想の影響を考える説がある。風水(堪輿)は古代中国に発祥した土地の吉凶や禍福を見るための占術で、現在でも中国の民衆の間では深く信仰されている。古代日本でも、元明天皇の平城京遷都の詔の中に風水思想が連想される用語が使われている。飛鳥時代から平安時代前期の天皇陵の場合にも風水思想が関連した可能性はあるけれども、それを直截的に示す確証が存在しないのがいささか難点である。むしろ、平安時代中期以降、陵地の決定に陰陽師が関与することがあったことに注目したい。中国の風水思想は日本に伝来した後、そのまま伝承されるのではなく、その思想の一部が日本風の陰陽道に取り入れられていったからである。冷泉天皇(九五〇―一〇一一)の場合、陰陽師の安倍吉平《あべのよしひら》が火葬所と陵の位置を点定し、これによって東山の西麓の桜本寺の北の野で火葬され、その場所の傍らに陵が作られた。後一条天皇(一〇〇八―三六)の場合、式部大輔藤原資業《すけなり》と陰陽助安倍時親によって神楽岡の東辺に火葬所、さらに御骨の安置所として浄土寺内の一坊が選定されている。後一条天皇の遺骨はのちに火葬所跡地に返され、その地に天皇陵としての御堂が営まれて菩提寿院と名付けられた。このように陰陽師が天皇陵の選地に関与した場合、必ずしも生前の天皇のゆかりの地が選ばれるというわけではないということを重視しておきたい。

なお、古代の天皇陵について、それ以前の天皇陵との位置関係にもとづいて選地されたという説がある。たとえば、桓武天皇陵は東山丘陵のどこかに営まれたと推定されるが、その場所が選ばれた理由は、桓武天皇が偉大な祖先として崇敬していた天智天皇の陵を望むことができる地というところにあると考えるのである。これも立証がむずかしいのであるが、天皇陵の占地の理由としてそうした可能性があることは認めておきたい。

参考文献　上野竹次郎『山陵』(新訂版、一九八九、名著出版)、来村多加史『風水と天皇陵』(『講談社現代新書』、二〇〇四、講談社)、山田邦和「太皇太后藤原順子の後山階陵」(上原真人編『皇太后の山寺』所収、二〇〇七、柳原出版)、山中章「日本古代宮都の周辺」(『国立歴史民俗博物館研究報告』一三四、二〇〇七)、山田邦和「長岡京・平安京と陵墓」(国立歴史民俗博物館編『桓武と激動の長岡京時代』所収、二〇〇九、山川出版社)、山田邦和「平安時代前期の陵墓選地」(古代学協会編・角田文衛監修『仁明朝史の研究』所収、二〇一一、思文閣出版)

(山田　邦和)

古代火葬墓の変遷

古代の火葬墓は、八世紀初頭から十世紀後半ごろまで、およそ律令制下の日本において広まった新しい墓制、火葬によって生み出された墳墓である。記録上、日本における火葬のはじまりは、文武天皇四年(七〇〇)に行われた僧道昭の火葬である。『続日本紀』同年三月条に「弟子達遺勅を奉じて栗原に火葬す。天下の火葬此れより始まれり」と記している。そのわずか二年後には持統太上天皇が薄葬を遺勅して荼毘に付され、続いて文武、元明、元正と歴代の天皇たちが相ついで火葬されている。社会の頂点から火葬が進んだことはアジアの歴史の中でも特筆されることであるが、ともあれその影響下で律令官人たちも率先して火葬を行い、にわかに日本全体が火葬推進国になったのである。

考古学的には道昭の火葬よりも前、七世紀代においても火葬骨を納めた土坑や遺体を焼いた埋葬施設(いわゆるカマド塚)などは発見されている。しかし、金属や陶器の蔵骨器を用いる本格的な火葬墓が登場するのはやはり八世紀に入ってからである。道昭を嚆矢とすべきかはともかく、日本における葬法としての火葬は八世紀初頭に始まったとみて大過はない。一方、その終焉については明確な線引きがむずかしいが、およそ十世紀後半に画期をみることができそうである。火葬墓ないし蔵骨器の存在は、都であった京都のような例外を除けば、十一世紀には全国的にきわめて希薄となる。それは、土師器や須恵器の生産が下火になる時期であり、蔵骨器の編年が不明瞭になることとも無縁ではない。また十一世紀以降は、浄土教や真言密教が死生観や埋葬方法に強い影響力をもつようになり、民衆が仏教的救済にすがる度合いも高まってくる。墓塔を伴った中世墓が展開し始めるのも、平安時代末から鎌倉時代にかけてのこうした宗教的動向に関連したものであろう。よって律令制下に広まった後述の古代火葬墓は、その前夜、十世紀後半に終焉を迎えると考えるのが妥当である。

古代火葬墓の分布は、北は盛岡市の飯岡沢田遺跡や秋田市潟《かた》向《むかい》火葬墓が北限とみられ、南は鹿児島県知覧市内出土の蔵骨器が南限である。ただし、その広がり方は、近畿を中心に同心円的な拡散を示してはおらず、地域によって密度の差が大きい。概算ではあるが、全国の古代火葬墓・蔵骨器の数はおよそ二千点を数え、集中しているのは近畿地方で、大阪府、奈良県、京都府とつづき、関東地方では千葉県を筆頭に、茨城県、群馬県、神奈川県に、九州では福岡県に集中がみられる。一方、東海・中部・北陸地方、および山陰地方では、東北や九州に比べて中央に近い場所であるにもかかわらず、きわめて数が少ないのが特徴である。火葬の受容者は日本の東西でやや性格が異なるようで、それは時期的な差となって表れている。畿内を中心とする西日本では、先述のように天皇を頂点として律令官人たちが火葬を率先して採用するが、それも八世紀後半になると下火となり替わって土葬墓(土坑墓、木棺墓)が目立ってくるとの報告がある。その一つの契機として、聖武天皇の喪葬が火葬ではなく山陵への埋葬と推測されることを重視し、それが土葬への回帰を促したとみる意見もある。一方、関東地方を中心とする東日本では九世紀前半ごろに火葬墓がピークを迎えており、西日本と比べて半世紀ほど遅い。これは郡司やその一族、あるいは新興の富豪層が、在地における優位性を確保するため、中央文化の体現者たることを望み、その一つとして火葬を採用したことが想定されている。なお、火葬人骨の鑑定結果から、被葬者は男性も女性もおり、小児から老年まで幅広く荼毘に付されていたことが判明している。火葬は首長のみならず一族で採用することが多かったようである。

古代の火葬墓がどのように広まり、質的な変化を辿ったかについては、前時代からの文化的土壌や律令社会での地勢などに規定されながら、それぞれの地域ごとに多様な説明が可能である。あえて考古学的資料に基づく最もシンプルな整理をするならば、以下のようになろう。㈠古墳の面影をひく火葬墓(八世紀初頭から八世紀中ごろ)、㈡舎利容器をイメージした火葬墓(八世紀初頭から九世紀前半ごろ)、㈢転用陶器による火葬墓(八世紀後半から十世紀後半)。

㈠古墳の面影をひく火葬墓とは、方墳や八角墳などの墳丘をもつか周溝によって区画された規模の大きな火葬墓で、古墳の主体部がそのまま火葬墓に置き替わったものと考えればわかりやすい。最も典型的なものは、奈良県明日香村の中尾山古墳である。文武天皇の陵の可能性が指摘されており、八角形とみられる墳丘の中心部に巨大な石槨を造るが、人体を納めるにはやや小さすぎる空間で、蔵骨器を納めたものと推測されている。これと同様のものは、静岡県沼津市清水柳北遺跡で発見された上円下方墳で、一辺約一八メートルの墳丘をもち、主体部には大型の石櫃(石製蔵骨器)が据えられていた。また、群馬県桐生市新里町の武井廃寺塔心礎は、発掘調査によって主体部に石櫃を置く八角墳であった可能性が指摘されている。これらほどに顕著な墳丘ではないが、千葉県の東京湾岸部では、一辺が五～一〇メートルほどの方形周溝をもった火葬墓が多数発見されている。その主体部は木棺墓の場合もあるが、地元の凝灰質砂岩で作った石櫃を置くものが多く、石櫃の蓋を家形石棺のように削ったものもあれば、一主体部に四つを並べ置くものもある。高い墳丘よりも広い区画を設けることに重点をおいた墓であり、これも古墳の面影をひく火葬墓の一種とみなせる。一方、墓の外観ではなく、内部構造や蔵骨器に古墳時代の影響を見出せるものも存在する。主体部は横穴式石室と同形であるが、人体一体を埋葬できないほどの小型石室をしばしば見かける。近畿地方では河内から明日香にかけて横口式石槨と称する小型の埋葬施設が分布するが、その延長上でさらに小型化した遺骨のみを収納する墓が登場している。静岡県藤枝市内でも全長一メートル前後の小型石室が多数発見されており、奥壁沿いに少量の火葬骨や鉄釘が検出されたものもある。岡山県下では陶棺を小型化して火葬骨を納めたものがあるが、前時代の葬具の伝統がいかに根強いかを感じることができる。このほかにも、横穴式石室や横穴墓などに蔵骨器を追葬する例は全国的に枚挙にいとまがない。以上、古墳の面影をひく火葬墓は比較的古い時期のものが多く、八世紀初頭から半ばごろまでにほぼ収まる。古墳の再利用は九世紀以降もしばしば見受けられるが、このような火葬墓として独立したものは初期の段階で姿を消してしまう。

次に㈡舎利容器をイメージした火葬墓とは、蔵骨器のデザインや埋納方法などに舎利容器の影響がうかがえるものである。日本古代における舎利容器の基本デザインは球形であり、同時に、瑠璃(ガラス)、金、銀、銅、石へと材質の異なる容器を入れ子にして収納するという特色をもつ。法隆寺五重塔心柱下から発見された舎利容器(八世紀初頭)は、小さな瑠璃瓶を中核容器にして、金製・銀製の卵形透彫容器で包み、さらにそれを銅鋺中に納めていた。近江崇福寺の舎利容器(七世紀末)は、金で蓋をした瑠璃製丸壺を中核容器とし、金、銀、銅の方形箱を重ねて収納していた。こうした舎利容器に類似する蔵骨器は、たとえば奈良県宇陀市出土の文禰麻呂墓の蔵骨器(慶雲四年(七〇七)銘)は球形の瑠璃壺瓶を中核にして、銅製の球形合子にこれを納めた例である。また、奈良県香芝市出土の威奈大村の蔵骨器(慶雲四年銘)は金銅製の球形であり、同県葛城市火野谷古墳からは鈴のような形をした銅製蔵骨器が、同県宇陀市では宝珠つまみを付けた銅製の球形合子が発見されている。これら金属製の蔵骨器には、外容器として甕や石櫃を伴うものがあり、まさに舎利容器を思わせるものがある。ちなみに僧行基の蔵骨器は現存しないが、鎌倉時代の行基墓発掘の記録をみるかぎり、遺骨は瓔珞《ようらく》の付いた銀製の水瓶に納められ、これを銅製容器と八角石櫃に収納していたことがわかる。金属製の蔵骨器はもっぱら西日本で使われたものであるが、土師器製で球形を志向した無頸壺《むけいこ》の蔵骨器は全国に散見される。材質的には高価なものではないが、あえて特殊形状の蔵骨器を用意しているところに舎利容器への強い志向性が感じ取れる。また、専門の蔵骨器ではないが、奈良三彩の短頸壺を石製外容器に収めたもの、たとえば和歌山県橋本市高野口町名古曽古墓や大阪府茨木市大職官山古墓などは、貴重な容器を中核とし、それを質的に劣る容器で覆う舎利容器の思想に通じるものである。以上、これらは火葬が採用されて間もないころ、どのような墓を営むべきか思慮する中で、被葬者の遺骨と釈迦の舎利のアナロジーをもとに考え出された最も丁重な火葬墓の一種である。仏舎利信仰というほどの宗教性はもっていない。とはいえ寺院造営に一定の知識をもち、良質の蔵骨器を用意できる環境に生きた人たちの墓でもある。古墳の面影をひく火葬墓がどちらかといえば伝統性に重きを置いていたのとは対照的である。中核容器に瑠璃や金銅製のものを使う事例は、墓誌銘などから八世紀初頭から半ばまでの間に限定されるが、奈良三彩や土師器の無頸壺までを含めると九世紀前半までをこれに含めることができる。

最後に㈢の転用陶器による火葬墓は、日常使用の壺や甕、あるいは碗皿類を蔵骨器に転用したものである。遺骨を納めるための専用器を準備せず、身のまわりにある容器を活用した最も

岡山県美咲町出土陶棺形蔵骨器(高さ42.5cm)

同県倉敷市出土陶棺形蔵骨器(高さ30.5cm)

簡易な行為であり、それだけに全国に最も数多く分布している。その中にも実用本位の転用ではなく、なにがしかの信仰的行為がうかがえるものもある。僧侶が托鉢に使う鉄鉢を模した須恵器製の鉢を転用したものや、土師器甕の底に穿孔を行い仮器としたもの、さらには壺の口を下にする倒位埋納もしばしばみられる。埼玉県や神奈川県では武蔵型甕と呼ばれるごく薄い土師器甕が多く転用されているが、壊れやすい容器を使って遺骨を恒久的に保存する意図があるのか首をかしげるものもある。その一方で、甕を上下に半裁して、下半分だけをカプセルのように合口にした川崎市の蔵骨器などもあり、一概に転用といっても、そのやり方はさまざまであったことを知る。この転用陶器による火葬墓は、早いものは八世紀中ごろのものもあるが、数の上では九世紀が圧倒的に多く、南関東では十世紀後半の土師器甕の編年の最終段階においてまで確認することができる。

さて、上記の㈠—㈢は、お互いに重複しながらも後者ほど時期的に遅くまで続く様子がうかがえる。それは、古墳時代の伝統が続く中から仏教的・律令社会的な葬法へと移行し、そして火葬がより広い階層へと広がっていった経緯と重なっているようである。火葬は「薄葬」的な墓制であり、前時代からの美徳に叶うものであったかもしれないが、明確に法制化されたものではなく、古墳の大小規模のように社会秩序を明示するものでもなかった。よって、その広がりは被葬者や一族が新来文化をどれくらい希求したか、あるいは火葬を通じてみずからの立場をどれほど強く表明したか、を示していると推測される。

参考文献　大阪府立近つ飛鳥博物館編『古墳から奈良時代墳墓へ』(二〇〇四)、吉澤悟「火葬墓の出現と広がり」千葉県史料研究財団編『千葉県の歴史』資料編考古四(遺跡・遺構・遺物)所収、二〇〇四)

(吉澤　悟)

墓誌の特色

被葬者に関わる記録すなわち墓誌を伴う日本古代の墓は十六例ある(表)。通説どおり、戊辰年(六六八)殯葬の船王後《ふねのおうご》墓や丁丑年(六七七)葬の小野毛人《おののえみし》墓の墓誌が追葬・改葬時のものなら、墓誌はすべて八世紀のものである。古代の墓によく副葬される鉄板を墓誌とする説もあるが、銘文を確認した例はない。

墓誌の副葬は中国に倣ったといわれる。中国では前漢墓に墓主の身分証明や年譜・経歴に関わる文書(竹書・木簡)を副葬した例があり、後漢代には墓主の経歴・業績・卒年や葬年、さらには人となりを刻んだ墓碑を立てることが盛行する。しかし、業績を誇示すれば、墓荒らしの標的になる。二〇五年・二七八年に厚葬の弊害を除く目的で出された立碑禁止令が、墓碑から墓誌への移行を促進したという。南北朝時代には、正方形の石二枚を組み合わせ、一枚の表面に墓誌銘を刻み、故人の姓氏爵位などを題したもう一枚の石を蓋としてかぶせ、柩の前に水平に置く形式が整う。墓誌銘は基本、墓碑を踏襲するが、大きさの関係で碑文のような長文を刻むことはできず、公的な碑文に対して私的な面があるという。類例が豊富な北魏の墓誌は、墓誌銘の表題、姓氏、諱、字、籍里、世系、業績、官歴、卒年、卒地、追贈官位、諡号、年齢、葬年、葬地の順で構成される例が多く、のちの唐宋墓誌もかわりはない。

中国墓誌と比較した場合、日本古代の墓誌には、以下の特徴と顕著な違いとが指摘できる。文中の番号は表による。

㈠日本古代の墓誌は銅・銀などの金属板に刻んだもの(1―3・7―11・13)もしくは金属製蔵骨器の蓋に刻んだもの(4―6)が主体で、中国で一般的な正方形の石二枚を合わせ身と蓋にする例はない。15が砂岩製板石二枚を、16が塼二枚を合わせているが、形は長方体で蓋に題はない。また全長三〇センチに満たず、中国墓誌に比べて小さい。八世紀後半になって、唐代墓制の不完全な情報が影響した結果であろうか。

㈡姓名・卒年あるいは葬年を記すことは、日本古代墓誌に共通し、僧や母親(5・7・12)を除けば、すべて没時の官位を明記する。本貫・所属あるいは居住地(6―8)に加え、葬地も記した10、合葬した妻の名も記した1・9もあるが、歴任官職まで記載した例(2―4・11・16)は半数に満たず、世系・業績・官歴や人となり、卒地・葬地まで記した4や12・13は稀な例となる。概して、中国墓誌に比べて、日本古代墓誌は経歴・業績・人となりに関わる内容が簡略化されている。

このような日本古代墓誌の特徴と中国墓誌との顕著な差が生まれた原因は不明である。墓誌資料がまだ少ない新羅墓制や南朝墓制に、古代日本の火葬墓制や伴う墓誌の直接の起源があるという憶測もある。しかし、当面は㈠㈡の特徴が中国起源の墓誌の日本的受容形態と理解するほかはない。

中国墓誌と同様、経歴・業績を重視して死者を顕彰する風習は古代日本にもあった。墓誌が隆盛した八世紀の正史である

日本古代の墓誌一覧

番号	被葬者名	没時の官位	墓地の所在地	埋葬形態	紀年(死没・埋葬表現)	西暦	品質	形状	法量(センチ)
1	船王後	大仁	河内(大阪府柏原市国分松岳山)	詳細不明 改葬	辛丑(殞亡) 戊辰年(殯葬)	六四一 六六八	銅製鍛造	長方形細板	縦二九・七五×横六・八八
2	小野朝臣毛人	大錦上	山背(京都市左京区上高野)	土葬 石槨 木棺か	丁丑(営造・葬)	六七七	鋳銅製鍍金	長方形細板	縦五八・九五×横五・九
3	文忌寸禰麻呂	正四位上	大和(奈良県宇陀市榛原区八滝)	火葬 ガラス製蔵骨器・金銅製外容器	慶雲四年(卒)	七〇七	鋳銅製	長方形細板 銅箱入り	縦二六・二×横四・三五 (銅箱)二九・一×五・九五
4	威奈真人大村	正五位下	大和(奈良県香芝市穴虫)	火葬 金銅製蔵骨器	慶雲四年(終・葬)	七〇七	鋳銅製鍍金	蔵骨器蓋	全高二四・二四 最大径二四・六
5	下道朝臣圀勝圀依母	―	備中(岡山県小田郡矢掛町東三成)	火葬 鋳銅製蔵骨器	和銅元年(成)	七〇八	鋳銅製	蔵骨器蓋	全高二三・一 蓋最大径二三・七
6	伊福吉部臣徳足比売	従七位下	因幡(鳥取市国府町宮下)	火葬 石櫃 鋳銅製蔵骨器	和銅元年(卒) 和銅三年(火葬即殯)	七〇八 七一〇	鋳銅製	蔵骨器蓋	全高一七・一 蓋最大径二四・二
7	僧道薬	―	大和(奈良県天理市岩屋町西町)	火葬 須恵器薬壺形蔵骨器	和銅七年(命過)	七一四	銀製	長方形細板	縦一三・七×横二・三
8	太朝臣安万侶	従四位下	大和(奈良市此瀬町)	火葬 蔵骨木櫃 木炭槨	養老七年(卒之)	七二三	銅製(鋳造後鍛造又は圧延)	長方形細板	縦二九・一×横六・一
9	山代忌寸真作	従六位上	大和(奈良県五條市東阿太町)	不明 墓誌のみ拾得	(妻)壬戌年(逝) 戊辰年(逝去)	七二二 七二八	鋳銅製鍍金	長方形細板	縦二七・九五×横五・七
10	小治田朝臣安万侶	従四位下	大和(奈良市都祁甲岡町)	火葬 蔵骨木櫃 粘土被覆	神亀六年(安墓)	七二九	鋳銅製鍍金	長方形細板	縦二九・七×横六・二五
11	美努連岡万	従五位下	大和(奈良県生駒市萩原町)	火葬か	神亀五年(卒) 天平二年(文納置中墓)	七二八 七三〇	銅製鍛造	長方形広板	縦二九・七×横二〇・七
12	僧行基	―	大和(奈良県生駒市有里町)	火葬 銀製舎利容器・八角石筒か	天平二十一年(終・火葬)	七四九	鋳銅製	筒状の外容器か	現状 縦一〇・六×横六・八
13	石川朝臣年足	正三位	摂津(大阪府高槻市真上)	火葬 蔵骨木櫃	天平宝字六年(薨・葬)	七六二	鋳銅製鍍金	長方形広板	縦二九・七×横一〇・四
14	宇治宿禰	(不明)	山背(京都市右京区大枝塚原町)	火葬 鋳銅製合子形蔵骨器 石櫃	慶雲二年か 神護慶雲二年か	七〇五 七六八	銅製鍛造	長方形板か	現状 縦九・三×横五・六
15	高屋連枚人	正六位上	河内(大阪府南河内郡太子町太子)	不明	宝亀七年(葬)	七七六	砂岩製	長方体	身縦二六・二×横一八・六 身厚一一・九全厚二一・七
16	紀吉継	従四位下	河内(大阪府南河内郡太子町春日)	不明	延暦三年	七八四	塼製	長方体	身縦二五・三×横一五・九 身厚六・一五×全厚一二・八

田中和弘「日本古代の墓誌とその周辺」(大阪府立近つ飛鳥博物館編『古墳から奈良時代墳墓へ』所収，2004)より作成，一部改変

伊福吉部徳足比売蔵骨器

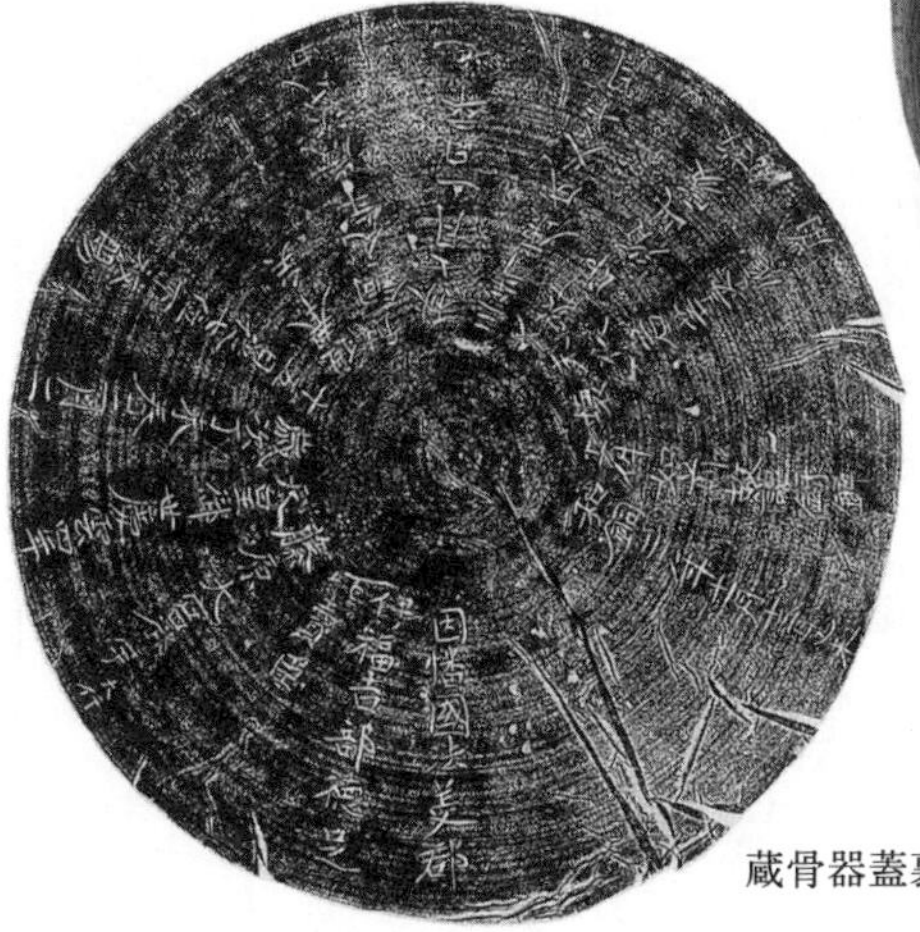

蔵骨器蓋裏拓本

『続日本紀』には、光明皇后などの皇族、藤原仲麻呂などの政府高官、鑑真など僧侶の死亡記事に続けて、死者の出自・経歴・業績・年齢・葬地などを列記した薨卒伝が五十四例ある。内容や書きぶりには中国の墓碑・墓誌と共通点がある。なかでも行基と石川年足《いしかわのとしたり》の二人は墓誌も残る(12・13)。両者の内容に矛盾はないが、行基伝は墓誌が長く石川年足伝は薨伝が長い。行基墓誌は諱・字・父母や先祖の名・卒地・葬地など卒伝にはない記事を含み、石川年足薨伝は死に際しての弔賻、経歴・業績に詳しいが、墓誌にみる卒地・葬地記事や哀悼の辞を欠く。

薨卒伝と中国墓誌との類似性を前提とすれば、古代日本では、経歴重視の薨卒伝を墓に納める必要性をさほど認めなかったため、上述の日本墓誌の特徴が生まれたと解釈することもできる。冥界の主に被葬者の経歴や業績を伝えたり、墓所の地代を支払う買地券の思想は、日本ではあまり根付かなかった、すなわち他界観の違いが墓誌内容の違いを生んだという解釈である。短い墓誌内容ならば、巨大な正方形板石に刻む意味はないだろう。

参考文献　中田勇次郎編『中国墓誌精華』(一九七五、中央公論社)、奈良国立文化財研究所飛鳥資料館『日本古代の墓誌』(一九七九、同朋舎)、大庭脩「大化薄葬令と墓誌」(大阪府立近つ飛鳥博物館編『大化の薄葬令』所収、平成一〇年度秋季特別展図録、一九九八)、田中和弘「日本古代の墓誌とその周辺」(大阪府立近つ飛鳥博物館編『古墳から奈良時代墳墓へ』所収、平成一六年度春季特別展図録、二〇〇四)、林陸朗『奈良朝人物列伝』(二〇一〇、思文閣出版)

(上原　真人)

蔵骨器と舎利容器

古墳の終りを説明する時、仏教受容による火葬開始を理由にあげることが多い。しかし、日本列島に仏教が伝来したのは六世紀中ごろ、火葬開始は七世紀末葉から八世紀初頭のことで、その間に仏教の浸透に伴い古墳づくりが衰退する姿は描けない。少なくとも、六世紀は小型の古墳(群集墳や横穴墓)が多数築造され、追葬を含めて古墳被葬者が異常に増加した時期でもある。また、飛鳥寺に始まる仏教寺院の造営は七世紀後半にピークを迎えるが、日本の火葬採用はこの直後のことになる。

一方、中国では漢代に仏教が伝わり、北魏洛陽城や唐長安城では六―八世紀に仏教寺院が甍《いらか》を競った。しかし、火葬は一般化せず、巨大な王陵も作り続けられた。仏教隆盛と火葬採用は連動しないし、火葬開始は巨大王陵の終焉を意味しない。古墳終焉の意味は古墳築造の意義自体から説明する必要がある。また、火葬は古墳終焉や仏教隆盛とは必ずしも関係なく、律令制という新たな政治体制に対応する積極的な意味があって、日本で採用されたと考えるべきだろう。しかし、古代日本の初期火葬墓には、明らかに仏教の仏舎利埋納法に倣ったものがある。ガラス製内容器と銅製外容器を入れ子にした蔵骨器である。

火葬骨を納める容器が蔵骨器である。圧倒的多数は土器・陶器製品であるが、初現段階の八世紀に限って、ガラス・金属製容器、三彩陶器など高価・稀少な材質の蔵骨器が散見する。そのなかに、ガラス製内容器と銅製外容器を入れ子にしたものがある。すなわち、壬申の乱の功臣で、慶雲四年(七〇七)に亡くなった文禰麻呂《ふみのねまろ》の火葬骨は、宝珠形鈕がついた高二一・四㌢の蓋と高一五・〇㌢の身からなる緑色鉛ガラス製の壺に納め、それを蓋高一〇・〇㌢、身高一七・六㌢の鋳銅・鍍金《めっき》で宝珠形鈕のついた球形容器に入れ、さらに木櫃に納めて埋葬したらしい(奈良県宇陀市榛原)。また、福岡県宗像市宮地嶽《みやじだけ》火葬墓では、蓋高二・五㌢、身高一一・二㌢の緑色鉛ガラス製の壺に火葬骨を納め、蓋高四・〇㌢、身高一六・七㌢の鋳銅製短頸壺を外容器としていた。いずれもガラス製容器は小さく、火葬骨一体分はとうてい収まらない。にもかかわらず、ガラス製内容器を選択したのは、仏舎利、すなわち仏塔に納めた釈迦の骨の埋納法を意識したと解釈せざるをえない。

インドでは土饅頭形をしたストゥーパ石積の中央部、中国では多重塔地下に設けた石室や地宮、朝鮮半島や日本列島では木塔の心柱を受ける心礎や石塔の身や屋蓋の組合せ部に穿った舎利穴など、舎利を納置する場所はさまざまであるが、ガラス・金・銀・銅・石など、大きさや材質が異なる容器を入れ子にして、その中心に舎利を納める点は共通する。癸亥年(六六三)に着工し、癸酉年(六七三)に立てた山田寺(奈良県桜井市)塔心柱下の舎利穴には、大鋺《おおわん》・塗金壺・銀壺・純金壺・青玉玉瓶を入れ子にして、前二者の容器には種々の珠玉を収め、玉瓶に仏舎利八粒を安置したという(『上宮聖徳帝説』裏書)。また、天智

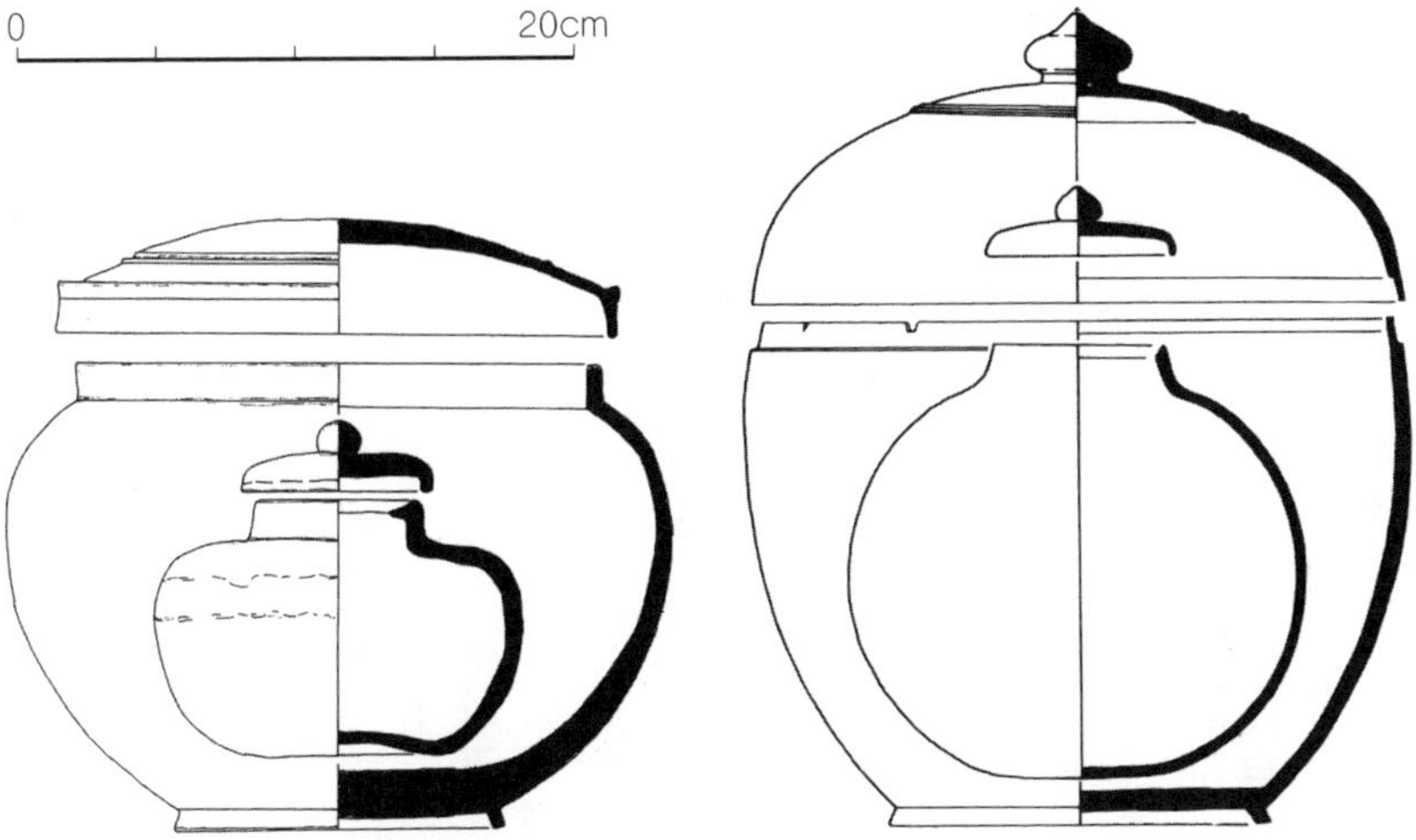

宮地嶽火葬墓出土蔵骨器　　文禰麻呂墓出土蔵骨器

火葬墓より出土した金銅製外容器とガラス製内容器による蔵骨器(8世紀前半)

天皇七年(六六八)に創建された崇福寺塔心礎南面に穿った舎利穴には、金銅製外箱・銀製中箱・金製内箱・金蓋付青色ガラス壺を入れ子にして、壺内に仏舎利三粒を安置していた。さらに、和銅四年(七一一)には塔本塑像が完成していた法隆寺西院伽藍塔心礎の舎利穴には、銅椀・金銅製有蓋椀・卵形透彫銀器・卵形透彫金器・銀製宝珠形栓で蓋をしたガラス瓶を入れ子にして安置した。

つまり、古代日本におけるガラス製内容器・銅製外容器を使った初期火葬墓が作られた前後には、木塔に安置する仏舎利はまずガラス製容器に納め、さらに金属製外容器を入れ子にして安置した。一方、火葬導入直後の火葬骨埋葬法は決まっていなかった。周知の入念な方法として、仏舎利埋納法を参考としたと考えて大過あるまい。しかし、釈迦になぞらえた埋葬法は、不遜であっても仏教信仰の発露とはいいがたい。火葬導入の初期段階のみに、ガラス製内容器と金属製外容器を使う方式が現れ、すぐに消滅するのはそれなりの理由があったのだろう。

一方、金属製容器(兵庫県北米谷古墓、京都府宇治宿禰《うじのすくね》墓)や三彩薬壺(和歌山県名古曽古墓)・獣足付薬壺(東京都玉川火葬墓)を内容器にした石櫃は、古墳時代の石棺や石槨から発想したものだろう。古墳時代的伝統を示す火葬墓として、岡山県下には陶棺を模した蔵骨器も少なくない。

(上原　真人)

参考文献　柴田実『大津京阯下・崇福寺阯』(『滋賀県史蹟調査報告』一〇、一九四〇)、法隆寺国宝保存委員会編『法隆寺五重塔秘宝の調査』(一九五四)

火葬遺骨と舎利・宝珠

火葬は、仏教の導入により知られたと思われるが、その展開は白鳳時代以降である。『続日本紀』文武天皇四年(七〇〇)条は道昭の火葬を「天下火葬従此而始也」と述べるが、考古学的にはそれ以前と見られる遺例も多く、文献的にも『日本書紀』斉明天皇四年(六五八)五月条の建王葬儀記事中の歌「今城《いまき》なる小丘《をむれ》が上に雲だにも著《しる》くし立たば何か嘆かむ」(原漢文)の「雲」が火葬の煙を詠んだものとされる。『万葉集』三、柿本人麻呂の「いさよふ雲は妹にかもあらむ」「出雲の児らは霧なれや」(原万葉仮名)の表現は、ともに「火葬《やきはふ》る時」の前書を有し、当時、雲・霧は死者の霊(気)を表すとともに火葬の煙をイメージさせるものであった。火葬遺骨の多くは蔵骨容器に入れられ、墓に埋葬された。一方、『万葉集』七の一連の挽歌群からは、遺骨は珠と見なされ、その珠は野山に蒔かれており、散骨も多かったことが窺える。ここには、「花橘の珠に拾ひつ」が『同』一四の「細石も君し踏みてば玉と拾はむ」(原万葉仮名)の相聞と響き合いながら遺骨→霊・魂→珠・玉とイメージ連鎖がみられる。遺骨は珠・玉なのである。このことは当期の寺院の塔心礎に納められた釈迦の遺骨たる舎利を見ても納得される。奈良県飛鳥の山田寺の場合は『上宮聖徳法王帝説』の裏書きから、蓋付きの大鋺《かなまり》→鍍金壺→銀壺→純金壺→青瑠璃瓶の入れ子状で青瑠璃瓶の中に舎利が入れられており、各容器の隙間には多数の珠玉類が籠められていたことが知られる。舎利荘厳としての珠玉ではあっても、一旦混在の後には舎利そのものであった。散骨は奈良時代を通じて行われ、平安時代の初期、承和七年(八四〇)の淳和天皇の火葬→散骨は『続日本後紀』に詳細だが、この時期以降、火葬は次第に下火の傾向を示し、散骨も同じ推移を示したが故の特記事項であった。散骨される野山は葬送の場、彼岸と此岸の結界、彼の世への入り口にあたる場でもあった。

一方、散骨されないで蔵骨容器に入れ、墓に埋納された遺骨も珠・玉であり、蔵骨容器のサイズは舎利容器より大きいが、形態的には舎利容器と通底する。蔵骨器に多用された薬壺形容器は正倉院でも薬壺として使用されており、祭祀遺跡で出土する薬壺形三彩小壺なども神への奉献物の薬・香などを入れたと考えられる。注目すべき遺品として奈良の大仏の膝下出土の金銅薬壺形容器内には真珠と一点の歯牙が入っており、鎮壇具と見なされてきた。歯の方は発見当初から聖武天皇の歯の可能性が指摘されてきた。平成二十三年(二〇一一)に一連の鎮壇具とされてきた刀二振りから「陰劔」「陽劔」の象嵌銘が確認され、それが『国家珍宝帳』に記載され「除物」の付箋がつけられている「陽宝劔」「陰宝劔」にあたると見なされた。法華寺金堂薬師如来の下から、東大寺と類似する品と「あこやのたま(真珠)」の出現したことが『法華滅罪寺縁起』に記され、太安万侶墓中の真珠四粒と考え合わせるとき、先の歯が聖武のもので、その供養のために大仏の膝元に埋納されたとする可能性は高い。遺骨と真珠の並置は遺骨を珠玉、すなわち舎利へと変ずる行為といえる。聖武の歯の大仏膝下への埋納は、仏体への納骨といえ、納骨の初源形と位置づけられる。上記古代の小壺・合子類は中世の納骨・分骨用の小型容器へとつながる。遺骨を珠・玉と見なす意識が中世にも引き継がれたのである。薬師如来の持物たる薬壺形容器や合子類にはさまざまな形がある。薬壺は別作りが普通であり、後補品も多いが、形は、薬壺形から宝珠形へと流れ、遺骨→舎利→宝珠の展開がここにも窺える。

水晶合子（真珠８箇入）

銀製鍍金狩猟文小壺

瑞花六花鏡

東大寺金堂鎮壇具

平安時代末から再度、火葬が盛行の方向を見せる。そのこととは中世の舎利信仰の隆盛と関係する。平安末から鎌倉時代にかけて清寧天皇陵、聖徳太子墓、天武・持統合葬陵、行基墓など古代の有名人墓の開掘が頻発する。聖徳太子の遺骨は重源の手に渡ったともいわれ、行基の遺骨は勧進に利用され、多くの人々に拝観された。それらの遺骨が釈迦の舎利に匹敵し、さらには霊力を有する宝珠そのものとする信仰が背景にある。古代国家形成過程の有名人の遺骨を拝すことを通じて、中世という新しい時代への転換が強く意識された。舎利と見なされた遺骨は、中世の新しい舎利容器に入れられることになる。宝塔・五輪塔・宝篋印塔であり、なかんずく、五輪塔はその代表格である。それは五輪塔自体が仏躰と見なされ、五輪＝五大であり、人間の帰塵を象徴するものとされたからである。釈迦の舎利は小型の五輪塔に入れられることも多く、さらには納入舎利が見える水晶製の五輪塔なども多くつくられた。また宝珠形をした舎利容器も多く、舎利が宝珠そのものと見なされたことがわかる。容器とは内容物のイメージを表現するものだからである。

（藤澤　典彦）

大宰府と葬地

西海道九国二島を統括し、中国・朝鮮半島との外交・交易および防衛の拠点である大宰府には、「天下之一都会」と自称する大きな都市が存在した。そこには条坊が敷設され、幅十丈の朱雀大路が南北に貫通するなど、都市的な様相を呈していた。

大宰府における奈良時代の墳墓の特徴として、火葬を採用し、単独でかつ散在的に発見される点があげられる。周辺地域の古代墳墓が古墳群中に作られたり、群集したりしていることとは一線を画している。選地では馬蹄形になる丘陵の谷奥部で斜面中程に位置するものがあり、これは終末期古墳に共通する立地といえ、風水思想による造墓が行われたことを示唆する。

埋葬施設は地面に小穴を穿って、直接蔵骨器を納める火葬墓が主流で、構築に際して丘陵斜面に小さな平坦部を造成する場合もある。福岡県篠振《しのふり》遺跡の平坦部内には、火葬墓以外に火を受けた土坑のほか炭や灰を埋納する土坑もみられ、埋葬遺構だけでなく、祭祀行為もここで行われたことをうかがわせる。

蔵骨器は、須恵器短頸壺や土師器甕を用いたものが主流で、金属製のものは大宰府周辺では発見されていない。火葬墓から蔵骨器以外の遺物を出土した事例は少なく、結ヶ浦火葬墓で須恵器短頸壺の蔵骨器内に和同開珎が七枚埋納されていた例(現存二枚)と、篠振遺跡で青銅製帯金具、鏃と思われる鉄器片、火を受けた水晶玉二点が出土した例を数える程度である。

こうした墳墓は、大宰府周辺に無秩序に造営されたとは思えず、その分布をみると、同県宮ノ本遺跡や篠振遺跡などの大宰府西側丘陵地帯、結ヶ浦火葬墓や峯火葬墓、米噛火葬墓などの大宰府南東部丘陵地帯、花見ヶ丘火葬墓のある大宰府北東部丘陵地帯など、特定の範囲に限定されているように見受けられる。この在り方は平城京における墳墓配置に酷似しており、公葬地のような設定がなされていたことをうかがわせる。おそらく『養老律令』喪葬令にみる皇都条が適用されていたものと考えられ、大宰府の墳墓も政治的な制約を受けていたことが理解できる。ただ、平城京周辺の墳墓と比較すると、埋葬施設の構造に格差がみられ、埋葬された人々の階層差を物語るものであろう。

平安時代に入ると群集化が始まるとともに、火葬が減少する。まず前期の墓では、宮ノ本遺跡一―三号墓が重要である。火葬墓と土葬墓が混在するが、奈良時代の墳墓と同様に斜面中ほどに平場を造成して構築している。しかし、複数の墓が隣接して構築されることや表面に石組を持つものがあるほか、一号墓には鉛板製の買地券が副葬され、二号墓には土師器の坏や皿が埋納される。また三号墓には、破片化した唐式鏡を副葬するなど、前代とは大きく異なる様相も登場している。この一連の墳墓群は、八世紀後半から九世紀中ごろの造営と考えられている。

平安時代中期の九世紀後半から十世紀ごろになると、群集化が進行するとともに火葬は姿を消してしまう。宮ノ本遺跡では丘陵の斜面中ほどを等高線に沿って大きく段造成し、平場を作

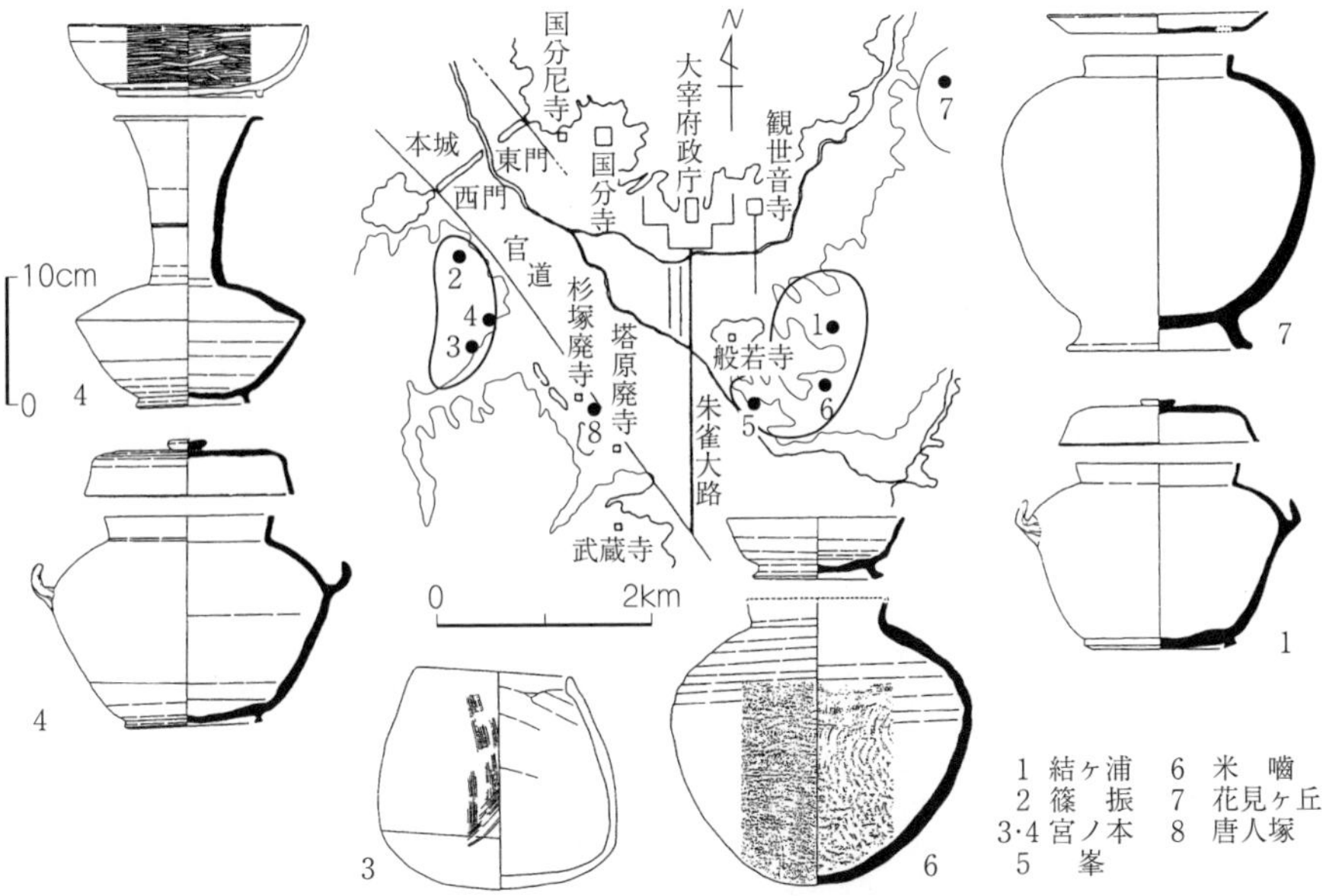

奈良時代の大宰府公葬地と出土蔵骨器

り出して土葬墓(木棺墓や土坑墓)を連続して造営している。墓坑の主軸は等高線にほぼ並行し、土坑内には土師器や黒色土器の椀、皿類で構成される土器群を埋納する。葬送に伴う祭祀の痕跡と考えられ、火葬墓には見られなかった行為である。

同じような時期に大宰府の東側丘陵部には君畑遺跡が、北西部では妙見遺跡、西部では日焼遺跡の墳墓群が展開する。埋納する遺物の状況も類似しており、造墓階層に格差は認められない。また、群集化していることを評価すると、限られた個人のみが埋葬を許された奈良時代とは異なり、氏族の主たる成員が埋葬される一族墓的な形へと変化したことが読み取れる。

続く十世紀中ごろから十一世紀前半では、土葬墓を採用し、供献の土器群を伴う点など葬送の作法は前代のものを継続しているようだが、立地が丘陵の裾部分へと広がってくる。宮ノ本遺跡のある丘陵裾に展開する前田遺跡がその好例で、埋葬の方位にバラつきが目立つが、白磁椀や越州窯系青磁椀の破片化したもの、鏡を破片化したものを副葬する傾向があり注目される。

その後、十一世紀後半から十二世紀中ごろには墳墓の造営が激減する。それ以後登場する墳墓の多くは条坊内に作られるようになり、頭位も北に向け、群集せず、単独あるいは二基程度で造営を終えるなど新しい要素が増加する。この段階で古代的な様相は失われたといえよう。

参考文献　中島恒次郎「「都市」的な墓、「村落」的な墓(上)」(『古文化談叢』五六、二〇〇七)、狭川真一『中世墓の考古学』(二〇一一、高志書院)

(狭川　真一)

厚葬と薄葬

薄葬とは、被葬者の生前の社会的地位や財力から想定される標準的な葬送よりも意図的に簡略化した葬法のことである。したがって、貧しい人の埋葬法が貧弱であったとしても、それをただちに薄葬というわけにはいかない。厚葬は、墓（埋葬施設や外部施設）の規模と精度、副葬品の質と量、葬儀と墓づくりにかかる費用と手間、といったものが通常よりもはるかに多いとみなされる葬法を意味する。ただ、被葬者の地位・身分・財力、さらには時代性や地域性などによって埋葬の標準的なありかたは変動するから、普遍的、通時的な意味で厚葬や薄葬を定義するのはむずかしい。

日本において厚葬の風が特に顕著だったのは、弥生時代中期から古墳時代にかけてのことである。北部九州の弥生時代中期から後期にかけての墓にはいずれも銅鏡数十面をはじめとする豪華な副葬品を埋納するものが見られ、その地域に成立していた小国家の王墓とみなされる。弥生時代後期に入ると、岡山県倉敷市楯築《たてつき》遺跡などのように、西日本の広範な地域で特定個人のために堂々たる墳丘を築いたものが見られるようになった。これらはのちの古墳の先駆的存在として、厚葬の典型とみることができる。古墳時代に入るとこうした厚葬の風は究極に達し、著しいものでは全長四八六メートルにも及ぶ巨大前方後円墳である大阪府堺市大山《だいせん》古墳（宮内庁治定の仁徳天皇陵）が築造されるに至った。

ところが、七世紀中葉に成立した大化政権は、大化二年（六四六）三月二十二日に甲申詔を発布した。通常、この詔の前半部分を大化薄葬令と呼んでいる。ここで孝徳天皇は、中国の曹魏の武帝・文帝が薄葬を採用した故事を引用しつつ、最近の民衆の困窮はひとえに大がかりな墓を造営するところに原因があると断じ、それまで通例であった殯《もがり》の風習、副葬品としての宝物の納入、誄《しのび》儀礼での自傷行為などを全面的に禁止し、さらには身分に応じて墓の規模、労役の人数や日数、葬送具の種類などを画然と区別することを命じたのであった。この法令の実効性についてはさまざまな説があるが、大勢としてみるならば近畿地方中央部では七世紀中葉を境として古墳の規模の縮小傾向に拍車がかかることは事実である。

飛鳥時代には薄葬の流れはますます加速することになる。遺体をコンパクトにおさめることを可能にする方法として火葬があるが、これは文武天皇四年（七〇〇）に亡くなった僧道昭を嚆矢とする。大宝二年（七〇二）に崩じた持統太上天皇や慶雲四年（七〇七）に崩じた文武天皇も火葬に付され、これ以降、天皇についても火葬が行われることになった。それでも、持統・文武両天皇はきちんとした古墳に葬られたけれども、養老五年（七二一）に崩じた元明天皇はみずから薄葬を願い、みずからの遺体は山中で火葬して場所を移動させないこと、古墳は造らず、常緑樹と陵碑だけを陵のしるしとすること、などを命じたのである。この元明天皇の薄葬思想は、同時代の中国唐の皇帝陵が古墳から山丘を利用したものに変化したことからの思想的影響を受けて成立したものであったと推定する。

承和七年(八四〇)と同九年に相ついで崩じた淳和上皇と嵯峨上皇は、いずれも徹底した薄葬を採用した。淳和上皇は山陵の造営すら否定し、みずからの遺骨を山中からまき散らす散骨葬を命じている。嵯峨上皇もまた、みずからの埋葬地には墳丘を造らず、樹木を植えず、地面を平らにして草が生えるにまかせ、永続的な祭祀は行なってはならない、と遺詔したのである。ここにおいて、薄葬思想はその極限に至ったのであった。こうした思想は平安時代中期にも受け継がれた。藤原行成の日記である『権記』によると、行成は祖父の源保光の遺骨を散骨したし、長保四年(一〇〇二)にもある女性の骨灰を白川に流している。

伝嵯峨天皇陵の「御廟山」
(平塚飄斎『聖蹟図志』より)

平安時代前期から江戸時代にかけての有力者には、葬儀は薄葬とし、墓は小規模なものにしながらも、墓に附設する形で寺院や霊廟、神社などを建立する事例が見られる。平安時代前期の嘉祥三年(八五〇)に崩じた仁明天皇の山陵に嘉祥寺が建立され、これ以降は天皇陵に「陵寺」を附設することがしばしば見られるようになった。平安時代中・後期の藤原氏北家の墓地であった山城国宇治郡の木幡《こはた》(京都府宇治市)では、それぞれの墓自体は小規模であったものの、その隣接地に藤原道長によって、浄妙寺が建立され、そこが一族の菩提所とされることになった。中世・近世にも、相国寺鹿苑院が足利義満の菩提所(塔所《とうしょ》)にあてられ、豊臣秀吉の墓に豊国社が併設されたし、徳川家康の墓はそのまま日光東照宮という神社とされるといった事例がみられる。これらは、薄葬という建前を採用しつつも、実際的には厚葬の実質を復活させた新しい祖先祭祀のありかたとして評価すべきであろう。

参考文献　和田軍一「上代に於ける薄葬思想の発展」(『史学雑誌』四七ノ四、一九三六)、林紀昭「大化薄葬令の再検討」(『論集終末期古墳』、一九七三、塙書房)、斎藤忠「『大蔵』考」(『東アジア葬・墓制の研究』所収、一九八七、第一書房)、山田邦和「淳和・嵯峨両天皇の薄葬」(『花園史学』二〇、一九九九)

(山田　邦和)

買地券

　道教思想のもと葬送儀礼で死者が冥界で墓地を購入したことを証明する地券であり、石や金属板、煉瓦などに記載して墓に埋納するものをいう。日本では墓誌は早くから確認されていたが、買地券はここで紹介する二例にとどまる。

　まず、岡山県真備町で江戸時代に発見されていた矢田部益足《やたべのますたり》買地券がある。この資料は二枚あり、いずれも長さ約四〇センチ、幅約二〇センチ、厚さ二センチの板状土製品で、片面に銘文を刻字しており、行数などに若干の異なりをみせるもののほぼ同大、同文である。両者を合わせて判読した結果は、「備中国下道郡八田郷戸主矢田部石安口白髪部毗登富比売《しらかべのひととみひめ》之墓地、以天平宝字七年々次癸卯十月十六日八田郷長矢田部益足之買地券文」となり、大意は、備中国下道郡八田郷の戸主矢田部石安の戸口で白髪部毗登富比売の墓地を、天平宝字七年（七六三）十月十六日に八田郷長矢田部益足が買った券文である、となる。きわめて簡潔に書かれた買地券であることは明らかである。

　出土推定地点は、馬蹄形に窪む谷奥部の丘陵斜面中とみられ、古代墳墓の立地によく似るほか、後期から終末期の古墳も多数知られ、近くには下道圀勝圀依母夫人墓もある。この点から、この買地券が墳墓出土品であった可能性は十分に考えられる。

　なお、本資料は日本に類例のないことなどから疑問視され続けていたが、昭和五十四年（一九七九）に福岡県太宰府市の宮ノ本遺跡で買地券が出土し、疑問点は払拭された。

　その宮ノ本遺跡は、大宰府跡の西約二キロに横たわる丘陵部にあり、古代の墳墓は遺跡の各所に点在するが、買地券が出土した一号墓は、丘陵の南斜面を造成して約二〇×五メートルの平坦部を形成し、三基の墓を営んだうちの一基である。隣接する二号墓と三号墓は木棺墓で、出土遺物から九世紀前半から中ごろの構築と推定される。遺物のない一号墓の年代は、諸説から八世紀後半から九世紀中ごろの範囲とみるのが穏当だが、墓地が群集化しつつあることを踏まえると九世紀側に含めて考えたい。

　さて一号墓は、人頭大の花崗岩を二段に重ね、一辺約二メートル、高さ約〇・五メートルの方形石積基壇状とし、その中央に一・〇×〇・八メートル、深さ〇・五メートルで隅丸長方形の土坑を穿つ。坑内は灰と炭が混じる土で埋まっており、大きな陥没も確認できないので火葬墓と推定される。買地券は、土坑の中央やや東寄りに文字面を南に向けて直立した状態で出土した。ほかに出土遺物はなく、木櫃の痕跡は未確認だが、買地券の出土状態が直立であることから櫃に添わせて埋納した可能性が指摘されている。

　出土した買地券は鉛製で、残存長三五・二センチ、残存最大幅九・五センチ、厚さ〇・二センチで、周囲の腐食が著しく当初の形状を失うが、復元すると本来は長さ三五・八センチ（唐尺で一・二尺）の短冊形となる。文字は片面のみに墨書され、それに先だって、上下に横二本およびその間に縦五本の罫線が刻まれ、六行で構成されていた。現存で八十字が判読されるが、当初は百三十六字前後が記

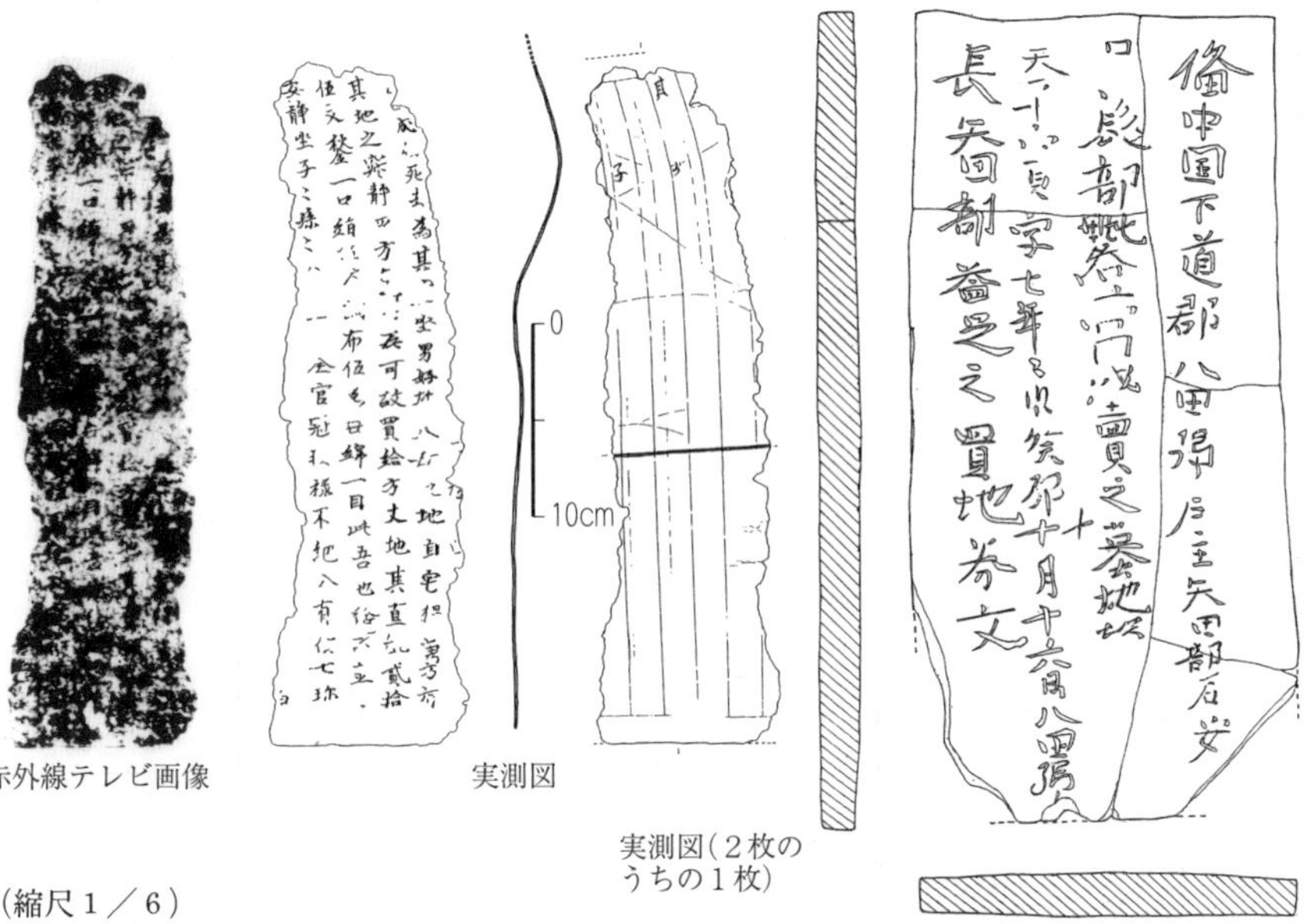

赤外線テレビ画像　実測図　実測図（２枚のうちの１枚）

（縮尺１／６）

㊧福岡県宮ノ本遺跡の買地券と㊨矢田部益足買地券

載されていたらしい。

銘は第一行目が欠落するが、「／□□成□死去為其□坐男好雄父母之地自宅得□方有／其地之寂静四方□□□可故買給方丈地其直銭弐拾／伍文鍫一口絹伍尺調布伍□白綿一目此吾地給故霊平／安静坐子々孫々□□□全官冠封禄不絶入有位七珎／敬白」と読め、最終行の「敬白」は行の最下段に記される。被葬者名や没年月などは不明だが、およその文意は次のようになる。被葬者の子息である好雄が、被葬者のために静寂な方丈（一丈四方）の土地を、銭二十五文、鍬一口、絹五尺、調布伍□、白綿一目で買い求め、死者の霊が平安であることと子々孫々まで官位や封禄が絶えないことを願う、というものである。

文面から被葬者は、官位を有していた可能性が高いことや中国の思想を理解できていること、墓地が三代にわたって営まれていることなどから、在地化した大宰府の官人層を考えたい。

わが国に残る買地券はこの二例にとどまるが、類似した規模の鉄板が各地の古代墓地から出土していて、それらが買地券である可能性も指摘されている。火葬の採用などから古代墳墓の造営には仏教的な背景を想定しがちだが、墳墓造営地の選定法や買地券の存在からは道教的な思想も見えてきて興味深い。

参考文献　間壁忠彦・間壁葭子・岸俊男『倉敷考古館研究集報』一五（一九八〇）、山本信夫編『宮ノ本遺跡』（『太宰府町の文化財』一九八〇、太宰府町教育委員会）、平川南他編『古代の碑』（一九九七、国立歴史民俗博物館）

（狭川　真一）

寺院と墓地

現代日本では、墓地は寺院境内地の一角を占めることが多い。こうした境内墓地は中世以降に出現し、近世檀家制度のもとで一般化する。古代日本においては、寺院と墓地との関わりは薄いと考えられている。しかし、古代寺院における祈願内容は、七世父母・祖先・先帝の往生・追福など、死者の追善供養がもつ比重がかなり高い。つまり、祈願内容からすれば、古代寺院が墓地に関わる余地は少なからず存在したことになる。

古代寺院と墓の関わりを考える上で、検討すべき考古資料は三つある。一つは古墳や陵墓近くに立地する古代寺院の評価である。王陵近くに寺院を建てるスタイルは、平壌の定陵寺(高句麗)や扶余の陵山里廃寺(百済)など朝鮮半島に源流をもつ。奈良県橿原市見瀬丸山古墳の北側に接する軽寺跡を、こうした王陵付属寺院とする説があるが、古墳と寺院の年代は合致しない。ただし、追善のため寺院を新たに建てれば、寺院は墓よりも新しくなる。京都府城陽市平川廃寺は、先行する五世紀末の円墳(赤塚古墳)に接して西築地塀を構築するが、墓を破壊した痕跡がない。先祖墓を意識した可能性がある。また、八世紀中葉の「額田寺伽藍並条里図」は、額田寺寺院地の北方にある船墓(前方後円墳)に「額田部宿禰先祖」と注記する。氏寺である額田寺の先祖追善供養においては、船墓の存在を意識したに違いない。藤原道長の浄妙寺も藤原氏「一門埋骨之処」(宇治陵)に創建された。なお、仁明天皇の初七日に紀伊寺・宝皇寺・拝志寺など近陵七ヶ寺で功徳を修した場合(『日本文徳天皇実録』嘉祥三年(八五〇)三月二十七日条)など、九世紀の近陵諸寺における追善供養は、逆に新造陵墓に対する追善供養のために既存寺院を利用した例となる。

ただし、上記の諸例では墓は寺院地外にあり、中世以降の境内墓地と本質的に異なる。中世の境内墓地のはじまりは、一般には十一世紀以降、天皇・皇族・貴族の遺骨を木塔や仏堂に納めた墳墓堂に求められる。近年、墳墓堂の調査事例が増えつつあり、寺院と墓との関係を考える二つ目の考古資料となる。墳墓堂以前では、塔や仏堂とは異なる建物(玉殿・霊屋《たまや》)に遺骸を安置する例が史料に散見するが、発掘で確認された例はなく、寺院との関係も希薄である。むしろ、寺院地内にあって墳墓堂よりさかのぼる墓として祖師墓が問題になる。第三の考古資料である。

八世紀後半以降に成立し、現在も法灯を継ぐ古代寺院においては、寺院地北部に祖師墓伝承地を擁する例が少なくない。すなわち、鑑真廟は唐招提寺金堂東北、空海廟のある奥之院は高野山金剛峯寺東北、伝教大師(最澄)墓がある浄土院は延暦寺東塔西北、元三大師(良源)墓は延暦寺横川の東北、智証大師(円珍)の遺骨を納めた尊像(御骨大師)をまつる唐院大師堂は三井寺金堂西北に位置し、いずれの祖師墓も伽藍中枢部の北方にやや離れて立地する。もちろん考古学的に確認されたわけではなく、現存の施設がそのまま古代にさかのぼる保証もない。

　祖師墓の変遷を解明した例に、高野山二世真然（?—八九一）廟がある。真然廟は金剛峯寺北側丘陵南斜面に立地し、火葬骨を納めた緑釉四足壺（九世紀後半）を信仰の核として、墳墓・宝塔・方形堂と外観を変貌させた。外観は変わっても立地は不変だったわけだ。また、福島県耶麻郡磐梯町慧日《えにち》寺の徳一廟は金堂・中門など中心伽藍の北北東約一三〇メートルにあり、古式の五重石塔二層目塔身に火葬骨を納めた土師器甕（九世紀後半）を安置していた。石塔が当初のものと断言できないが、十四世紀末から十五世紀前半に成立した「絹本着色恵日寺絵図」にも徳一廟は明記されており、少なくとも中世から位置は変わっていない。同絵図では、慧日寺別院と考えられる花輪寺の北に接して石塔群を描き「戒壇」と記す。同地の発掘では、石塔を中心とした火葬墓群を検出しており、徳一廟との類似性から、花輪寺祖師墓の可能性が指摘できる。

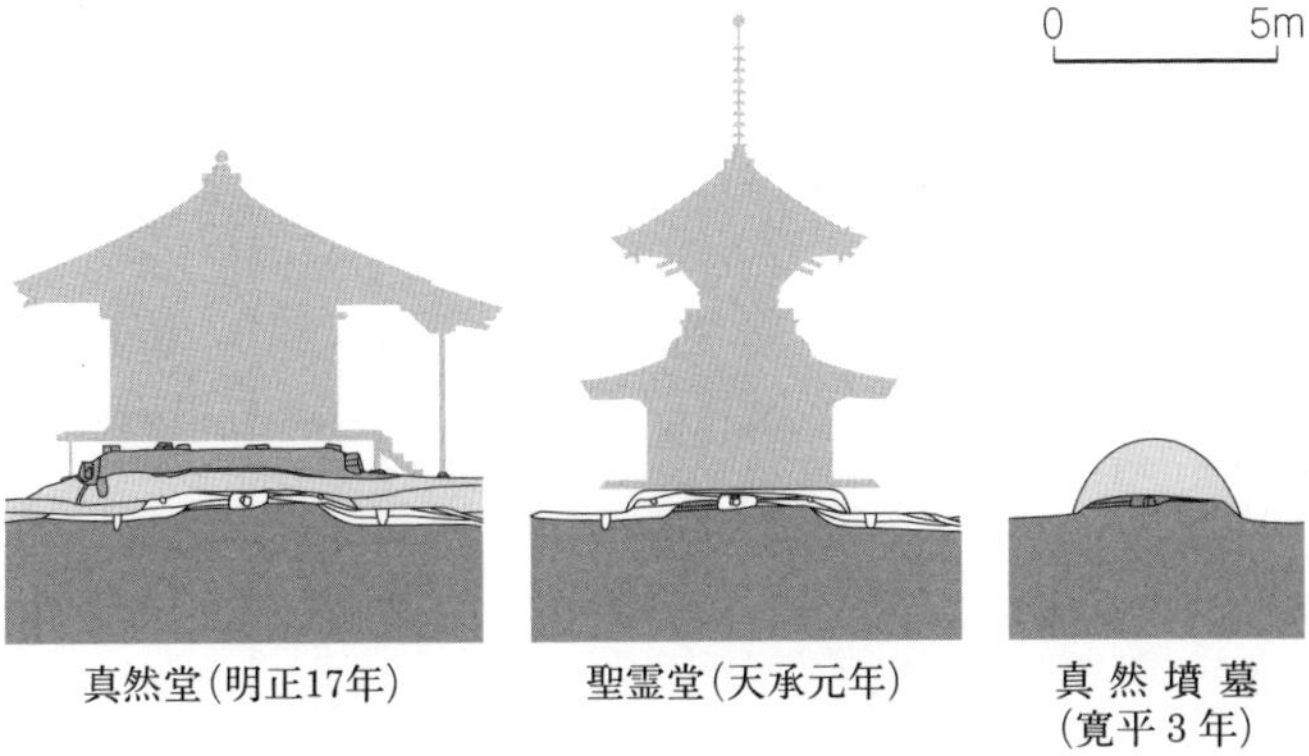

真然廟の変遷

真然蔵骨器

　以上に述べた祖師墓伝承地も発掘された祖師墓も八世紀後半以降のもので、飛鳥寺に始まる六世紀後半から八世紀前半の古代寺院で寺院地内北部に祖師墓をもつ例は知られていない。八世紀後半以降、中国大陸や朝鮮半島から、祖師墓を寺院地内の背後に設ける新たなスタイルが伝わった可能性が高い。中世以降に展開する境内墓地においても、パトロンによる墳墓堂造営が契機となる場合と、祖師墓のような寺院関係者墓地を核に発展する場合とが想定できる。

参考文献　菅原正明「祖師への憧憬」（『祈りの造形』所収、二〇〇一、清文堂）、上原真人「慧日寺〈戒壇〉とは何か」（磐梯町・磐梯町教育委員会編『徳一菩薩と慧日寺』所収、二〇〇五）、千田剛道「高句麗・百済の王陵付属寺院」（『奈良文化財研究所紀要』、二〇〇七）、中世葬送墓制研究会『古代・中世の墳墓堂を考える』（二〇一〇）

（上原　真人）

蝦夷の墓

日本古代の律令国家は、東北地方北部を中心とした地域の住民を蝦夷（エミシ）と呼称して、異なる人間集団とみなしたことが、文献史料から判明する。律令国家は、七世紀後半以降、蝦夷の領域には城柵を設置して、他の地域とは異なる独自の支配を行なっていく。

同じころ、東北地方北部を中心に造られたのが、末期古墳と呼ばれる小規模円墳群である。文献史料にみえる蝦夷と、時期と範囲がかなりの部分で重なることから、これら末期古墳が、蝦夷の墓と見なされる場合が多い。

末期古墳は、東北地方北部の青森県・岩手県・秋田県に加えて、宮城県北部の一部、北海道の道央地域に分布する。北海道のものは北海道式古墳と呼ばれてきたが、墳墓の特徴は、東北地方北部の末期古墳と基本的に共通する。

墳丘の形状は円墳に限られ、周囲に溝をめぐらせる。やや方形に近いものもあるが、基本は円形である。溝の一部が通路状に途切れるものはあるが、前方後円墳のように明確な突出部が付くものはない。直径は最小で三メートル程度、最大のものは一五メートル程度のものがあるが、ほとんどは五メートルから一〇メートル弱程度の規模である。ほかから傑出して規模が大きいものは認められない。墳丘を伴わず、埋葬主体のみが構築されている例も少数ながら存在する。

墳丘の中心に、埋葬主体を一基だけ設けるのが基本で、複数の埋葬部が造られる事例はごく少ない。埋葬主体は、造り付けの木棺を墓壙に設けたものが一般的である。側板の四辺すべてか、あるいは短辺のみを埋め込んで、墓壙に木棺を据え付ける。このような木棺は、末期古墳の分布するすべての地域で見られ、その出現から終末まで使われる。一方、宮城県北部から岩手県にかけての北上川流域では、横穴式石室の退化した石室を埋葬主体とするものが、七世紀末から八世紀にかけて造られる。

埋葬主体の副葬品には、鉄刀や鉄鏃などの武器、轡《くつわ》などの馬具、鉄斧や刀子などの工具、玉類などが見られる。土師器や須恵器が、棺内あるいは棺蓋上に副葬されることもある。これらの副葬品は、個人が身につける量を越えて、特定の品目が大量に副葬されることはない。周溝など墳丘の外表部分から、土師器や須恵器、金属製品が出土する場合もある。墳丘が築造された後に行われた、葬送祭祀に伴うものと考えられる。

末期古墳の出現は、七世紀初頭にさかのぼるものと考えられ、九世紀後葉まで築造されていることが確実である。墳丘を伴わない埋葬主体だけのものや、墳丘が矮小化したものは十世紀まで築造が続いたものと考えられる。中には、一つの古墳群の存続時期が長いものも見られる。青森県上北郡おいらせ町の阿光《あこう》坊《ぼう》古墳群では、七世紀前半から九世紀代まで類似した末期古墳が築造され続けている。

末期古墳は、倭の古墳の強い影響のもとに成立したと考えら

岩手県下閉伊郡山田町房の沢古墳群(埋葬主体は木棺)

岩手県北上市猫谷地古墳群(埋葬主体は石室)

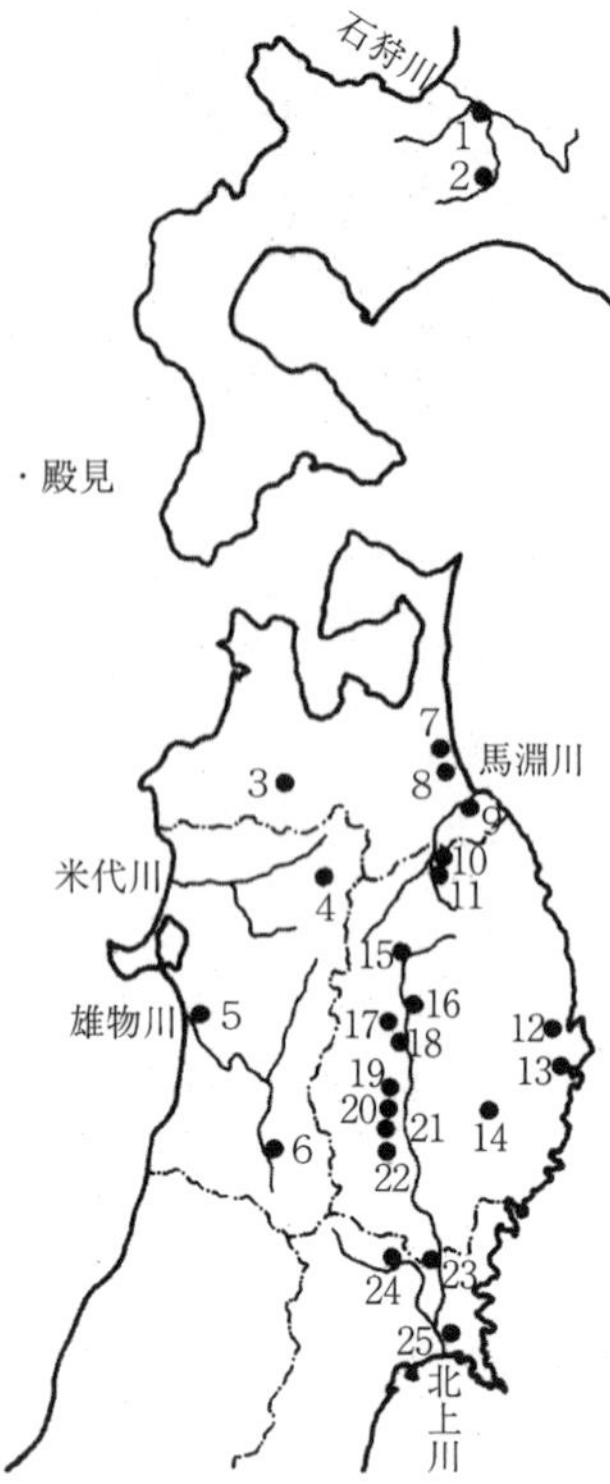

1 後藤・対雁坊主山
2 柏木東
3 原
4 枯草坂
5 湯の沢F
6 蝦夷塚
7 平畑(3)・平畑(5)
8 阿光坊・天神山・十三森(2)
9 鹿島沢・丹後平・丹後平(1)・殿見
10 堀野
11 御所野
12 長根Ⅰ
13 房の沢Ⅳ
14 高瀬Ⅰ
15 浮島・谷助平
16 上田蝦夷森
17 太田蝦夷森
18 藤沢狄森・白沢えぞ森
19 熊堂
20 猫谷地・五条丸・長沼
21 岩崎台地
22 西根・縦街道・道場・水沢口
23 杉山
24 鳥矢崎
25 和泉沢

主な末期古墳の分布

れるが、木棺構造に直接の類似例が見られないなど、独自の様相も認められる。倭の古墳に見られるような墳墓間の著しい格差が末期古墳には認められない点や、倭の古墳の築造が終了した後も末期古墳では築造が続く点は、末期古墳が倭の古墳とは異なる、独自の墳墓として展開したことを示している。

東北地方北部は、古墳時代併行期には、古墳文化に伴う考古資料は断片的に分布するにとどまる一方、北海道に起源を持つ続縄文文化が分布する。末期古墳の出現する七世紀以降は、東北地方北部でも、古墳文化に起源を持つ土師器の伴う方形竪穴住居が普遍的に分布する。ただし、土師器は相対的に独自の様相を維持し続け、末期古墳は独自の墳墓として展開する。そのため、古墳時代併行期以降の東北地方北部での考古資料の独自性から、東北地方北部に異なる文化が存在したと考え、その違いを蝦夷と関係づける論説も多い。しかし文献史料の分析によると、蝦夷と見なされた人々の居住した領域は、太平洋側では宮城県の仙台平野以北、日本海側では新潟県の東部以北と考えられている。末期古墳の分布範囲と比べると、蝦夷の居住領域の方が広く、両者には無視できない差がある。人間集団のまとまりについての当時の認識と、考古資料に見える文化の違いは、必ずしも一致しない。このことは、文化と人間集団の関係を、そもそもどのように考えるかという点で、重要な問題を投げかけるものである。

参考文献　阿部義平『蝦夷と倭人』(『シリーズ日本史の中の考古学』、一九九九、青木書店)、蝦夷研究会編『古代蝦夷と律令国家』(『奥羽史研究叢書』七、二〇〇四、高志書院)
(藤沢　敦)

見島ジーコンボ古墳群

本州の西端部、山口県萩市の北方へ約四六キロ離れた日本海に浮かぶ見島。南北約四・六キロ、東西約二・五キロ、周囲約二四キロの小さな孤島で、その南東側に連なる礫浜（長さ約三〇〇メートル、幅約五〇～一〇〇メートル）に、二百基近くもの古代の墳墓が眠っている。国史跡の見島ジーコンボ古墳群である。

その存在は早くから知られ、すでに大正十二年（一九二三）に三輪善之助によって積石塚として紹介されている。大正十五年には、山口高等学校歴史教室による調査がなされ、約百六十基を確認し、広義の積石塚に属する石槨積石式円墳として、出土人骨の所見とともに報告された。昭和九年（一九三四）には、山本博が出土した銅銙帯について詳細な報告をしている。

その後、昭和三十五年から三ヵ年にわたって総合的な学術調査が実施され、さらに五十七年に保存措置を図るため一部の発掘調査がなされている。これまでに狭隘な礫浜から百八十二基の墳墓の存在が確認されており、その面積あたりの分布密度において全国でも稀な積石塚の群集墳である。それらのうち二十一基について、発掘調査がこれまでに実施されている。そうした中で、絶海の小島への多数の造墓という立地以外にも、この墳墓群の特異性が明らかになっている。

各墳墓は、海浜の玄武岩礫を利用して作られた積石塚であり、遺体を収める内部空間からそれを覆う外部施設に至るまで、すべて礫で構築された特異な墳墓形式である。礫浜という立地を考慮するとしても、地域的な墓制の展開過程の中ではきわめて異質な様相を呈したものである。

その内部空間の構造は、横穴式石室系統のものと、箱式石棺に近い形状のものとに分類されているが、基本的には前者およびその退化型式とみてよい。前者から後者への時間的推移や、おのおのの分布上のまとまりも礫浜の東側から西側へ移行することが確認されている。そして、これらの築造年代としては、七世紀後半から十世紀初頭にかけてと推定されている。

なお、これらとほぼ同様の石室構造をもつ墳墓が、岩手県五条丸古墳群や猫谷地古墳群など東北地方の北上川流域で認められ、蕨手刀などの出土とも相まって、埋葬された人々の出身地などとの関連で注目されよう。

これまでに墳墓群からは、鉄刀・鉄鏃などの武器、鉄鎌・刀子・紡錘車などの農工具類、石銙《せっか》や銅銙（帯飾り）・金銅製釵子（簪）・硬玉製勾玉・碧玉製管玉・ガラス製小玉や丸玉・金環・銅環・貝輪などの装身具類のほか、銅鏡・青銅製匕《さじ》・銅鋺・金銅製鈴・緑釉陶器・越州窯青磁、和同開珎・貞観永宝などの銭貨等々、質・量ともに豊かな副葬品が出土している。ほとんど生産基盤をもたない小さな孤島においては、まさに異質的な副葬品の数々であり、島外各地からもたらされた品々である。

その本土から隔絶した地理的位置とも関連して、こうした質・量ともに特色ある副葬品が多数出土していることなどから、墳

副葬された石銙帯（山口県埋蔵文化財センター提供）　(上)表　(下)裏

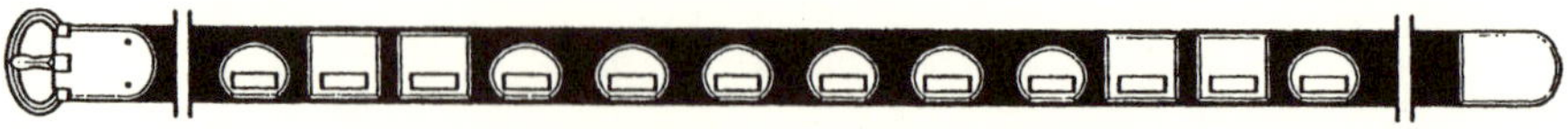

正倉院革帯模式図（山口県ジーコンボ古墳群）

墓群に埋葬された人々の性格などが大いに注目されよう。

　出土した銙帯は、烏油腰帯・雑石腰帯に相当するものであり、埋葬された人々の中には、少なくとも七位相当以下の位をもった官人が含まれていたと推定される。また、調査された墳墓には、鉄刀や鉄鏃などの武器類が副葬されたものが多く、石室規模や副葬品に格差が認められることから、埋葬された人々の主体は、銙帯を着用した官人を頂点とする重層構造の武装集団であったとみられる。

　七世紀後半以降、対外関係の緊張などにより西海の辺境防備は強化され、大宰府を中心に西海道諸国に防人が配置されている。見島の地理的位置からすれば、そうした動向とも関連しながら、対外関係の戦略的拠点として当地に配備された軍事的組織集団であり、その人々の奥津城《おくつき》であったものと推定される。

　なお、近年、この墳墓群やその被葬者像に関しては、八世紀末から九世紀初頭、東国から国内各地へ移住させられた帰服蝦夷の中で、見島に移配された長門国俘囚集団の遺したものであるとの説が提起されている。東北地方系の墳墓構造や蕨手刀、女性や幼小児の人骨出土などとの関連において、注目すべき見解である。

（乗安和二三）

参考文献　斎藤忠・小野忠熙「見島古墳群の発掘調査」（『見島総合学術調査報告』所収、一九六四、山口県教育委員会）、乗安和二三編『見島ジーコンボ古墳群』（『山口県埋蔵文化財調査報告』七三、一九八三、同）、下向井竜彦「変動期の瀬戸内海海域」（『山口県史』通史編原始古代所収、二〇〇八）

横穴墓の中の石櫃

横穴墓の中に石櫃が埋納された事例としては、静岡県伊豆の国市に所在する大北横穴群、大北東横穴群、割山横穴群があげられる。なかでも、四十七基からなる大北横穴群からは、二十三基分もの石櫃が確認されている。

大北横穴群の石櫃の形態は、納骨孔の口の位置が上につく竪口式と、横につく横口式に分けられる。竪口式は納骨孔の形態で二種類に分けられる。まず、納骨孔が一辺四〇～五〇チセンの方形で、蓋を受ける縁が認められるもの(A類)が確認できる。外形も整えられた方形をなしていることから、奈良時代によく見られる金属製や陶器製の蔵骨器を納めた外容器に類似した石櫃である。ただし、納骨孔の形態は方形となっているため、壺型の蔵骨器を入れる外容器としての石櫃ではなく、石櫃自体が蔵骨器となるものである。竪口式A類は、身が六点、蓋が三点確認されている。

竪口式のもう一つの形態は、納骨孔が一辺一五チセン程度の方形ないし円形の小孔になるもので、蓋も全体を覆うものでなく、この小孔を塞ぐ栓の形態に変化している(B類)。外形は方形、多角形のものがある。竪口式B類は、四点確認されている。

横口式は納骨孔の穿たれた面に対して、側面の一ヵ所に平坦面があることから、この面を石櫃の据えた面とすると、納骨孔が横口になると考えられるものである。納骨孔の形態は、竪口式B類と同じく、一辺一五チセン程度の方形ないし円形の小孔となるもののみが確認される。蓋についても、納骨孔の大きさに合わせた栓のような形状のものが使われている。外形は方形、多角形、楕円形のものがある。横口式は十一点確認されている。

石櫃内部に人骨が残っていたものは五例で、その内焼けていたものは三例である。二例については残存していた骨の量が少なかったので、火葬骨かどうか判断できなかった。つまり、石櫃内部に納められた人骨は、確認された範囲では火葬骨といえそうである。ちなみに、火葬骨が納められていた三例は竪口式A類、竪口式B類、横口式の各一例となる。

竪口式A類に納められていた火葬骨は七八〇グラム、竪口式B類では三〇グラム、横口式では一九〇グラムとなるため、竪口式A類にはほぼ一体分の火葬人骨が、竪口式B類と横口式には一部の火葬人骨が納められていたことが判明した。一部の人骨の部位については明らかではないが、頭骨と四肢骨が多いことが確認されているため、火葬後残りやすい部分の骨が納入されたものと思われる。つまり、石櫃の中に埋葬する予定の火葬骨の量が、石櫃の形態を左右していたと思われる。よって、どこかで火葬した人骨のすべてを横穴墓内に埋葬しなくてもよい、竪口式A類よりも簡略化した埋葬方法が、竪口式B類と横口式石櫃から読み取れるのではないかと考えられる。また、竪口式B類と横口式については、全国的に見ても他に類を見ない石櫃のため、横穴墓に埋納するための専用石櫃と考えたい。

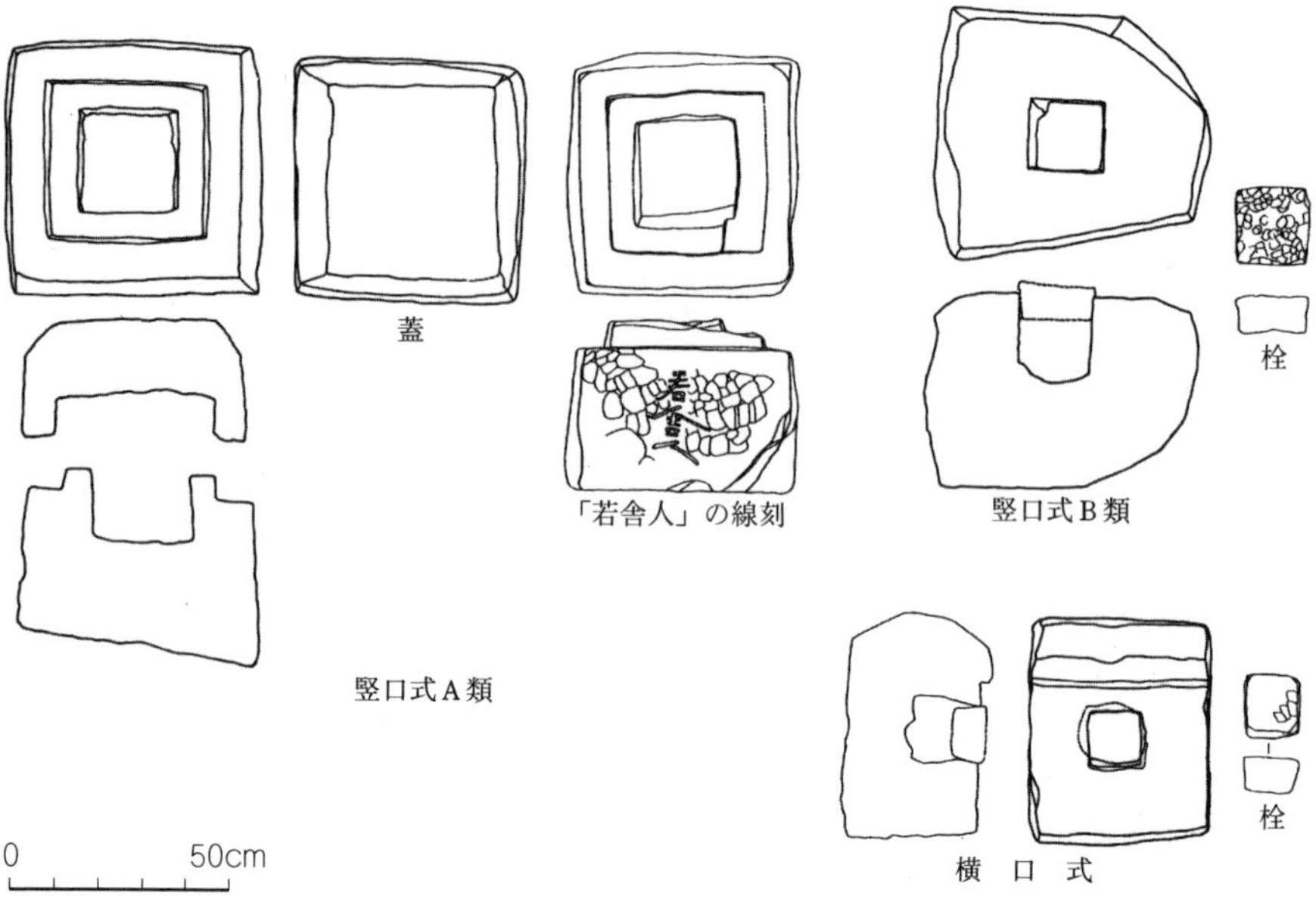

石　櫃　分　類　実　測　図

石櫃のなかで元位置を保つものを検討すると、墓前域から出土した一基を除いて、玄室内部に据えられているものが多い。また、石櫃が埋納された横穴墓の大きさは、玄室の長さが二〜三メートルと小型化が進んではいるが、人体埋葬は可能なものであるため、石櫃の多くは追葬と考えられる。石櫃に確実に伴う土器は不明であるが、横穴墓からは七世紀後半―八世紀前半の土器が多く出土していることと、石櫃のほとんどが追葬と考えられるため、八世紀前半の時期に集中的に埋納されたと想定される。

最後に石櫃に埋納された被葬者像について、触れてみたい。大北横穴群では、若舎人と線刻された竪口式A類の石櫃が確認されている。単なる人名の可能性もあるが、都の舎人の役職に赴任した人物とも考えられる。舎人とは、天皇や皇族の警護にあたる下級役人で、地方豪族の子弟から選任されたともいわれている。伊豆地域の豪族の子弟が、都の舎人職に赴任し、天皇や貴族階層が行なっていた火葬の埋葬方法を習得し、伊豆の地に伝えたと考えられる。しかしながら、石櫃の大半が横穴墓内に埋納されていた点、蔵骨器を伴なわない竪口式A類の石櫃、横穴墓専用と見られる竪口式B類と横口式石櫃の存在から見ると、従来の横穴墓という古墳時代の埋葬方法から脱却していない事実も指摘される。つまり、これらの石櫃からは、古墳時代より奈良時代に移行する地方豪族の墓制を考えるうえで、貴重な資料を提供しているといえるのである。

参考文献　伊豆長岡町教育委員会『大北横穴群』（一九八一）

（松井　一明）

宇治陵と浄妙寺

宇治陵は京都府宇治市木幡《こはた》周辺に散在する陵墓参考地で、一号から三七号に分かれて宮内庁が管理している。宮内庁の治定では、宇多天皇女御温子、醍醐天皇皇后穏子など十七陵三墓となっている。しかし陵墓の特定が困難なため、一号を総拝所としている。また総拝所の生垣の外には藤原氏塋域《えいいき》の碑と呼ばれる花崗岩製の碑があり、そこには藤原冬嗣・基経・時平・兼家・道隆・道長・頼通・師実の八人の名が浄妙寺の礎石とされる花崗岩製の石に刻まれている。伝承としては三五号が藤原時平、三六号が藤原基経の墓とされている。宇治陵の治定は明治十年(一八七七)に行われたが、おそらく当時塚状に残っている土地を買い上げたものと思われ、参考地の中にはおよそ百二十基の後期古墳が含まれている。

木幡は藤原基経以来、藤原氏の葬送の地として定められたとされ、その後道長・頼通をはじめとして藤原氏から天皇家に入った皇后や女御なども鎌倉時代ころまで木幡に葬られた。しかし現在の「木幡」という地名は宇治市北部の地名であるが、本来「木幡」という地名は広域のもので、桃山丘陵から宇治市五ヶ庄までの範囲を含んでおり、藤原氏の墳墓も広域に存在していた可能性がある。また現在の陵墓参考地以外の場所にも墳墓が存在しているものと考えられ、後述する浄妙寺跡の東の茶畑からは完形の越州窯青磁水注(重要文化財、京都国立博物館所蔵)が出土している。

当時の墓所の様子については発掘調査などが行われていないため明らかではないが、仁安二年(一一六七)の藤原基実の埋骨の記事からある程度うかがうことができる。基実は仁安元年七月に亡くなり紫野の西林寺に葬られるが、一年後に木幡に移される。その際埋骨して土を埋めた後、その上に五輪石塔を立て、釘貫を構える。さらにその周囲に『法華経』六部を書いた「六万本小卒塔婆」を立てる。つまりそれぞれの墓には五輪の石塔と卒塔婆が立てられ、釘貫によって仕切られていたようである。

浄妙寺は、宇治市木幡赤塚四番地に所在する、藤原道長が木幡にある藤原氏の墳墓の菩提を弔うために、寛弘二年(一〇〇五)に創建した寺院である。寺跡は現在宇治市立木幡小学校の校庭となっている。浄妙寺の中心となるのは法華三昧堂だが、ここには仏師康尚作の普賢菩薩が収められた。また南門・西門にかけられた扁額は、藤原行成の筆になるもので、造寺願文は大江匡衡《おおえのまさひら》の作と、それぞれの分野で当代きっての人物が造寺に関わっている。

法華三昧堂供養から二年後の寛弘四年には多宝塔が建てられ、中には「釈迦多宝二如來、普賢文殊、観音勢至四菩薩像、」が安置された。法華三昧堂と多宝塔以外には、鐘楼・僧坊・庖浴・大門・中門・南橋殿などがあった。また法華三昧堂の西には「渡殿」があり、「渡殿」の西には「南北行廊」があった(『中右記』嘉保元年(一〇九四)三月二日条)。さらに承安三年(一一七

浄妙寺の法華三昧堂跡

三）には、西光によって新たに堂が建てられている。

平安時代においては、多武峰《とうのみね》や平等院阿弥陀如来像と並んで、藤原氏の大事のときには怪異を起す寺として重要視されたが、鎌倉時代になると別当職が藤原氏から聖護院宮家に移り、文献に登場する機会も少なくなってくる。そして寛正三年（一四六二）土一揆により焼かれ、廃絶したものと考えられている。

浄妙寺の発掘調査は、六次行われており、法華三昧堂や多宝塔があったと考えられる土壇、築地跡が検出されている。法華三昧堂は、五間四面の方形堂で、基壇は亀腹基壇（土を盛って漆喰で固めた基壇）である。規模は、一辺約一五・七メートルの正方形を呈し、高さは最もよく残っているところで約〇・八メートルである。基壇の周囲には縁の束石《つかいし》を八ヵ所で検出している。八ヵ所中六ヵ所では花崗岩の切り石が使われている。多宝塔は、文献の記述から法華三昧堂の東にあったと考えられ、丘陵を削りだした平坦面があるが、明確な遺構は検出していない。築地は寺域の南辺で確認しており、築地の基底幅は一・五メートルである。

道長・頼通の墓については、墓参の記事がある。それによれば浄妙寺を起点として東方の山中に向かっており、浄妙寺のある堂の川の谷筋にあったと考えられる。宇治陵は堂の川の谷筋とさらに南方の丘陵上に多く分布しており、時代が下るにつれ南に墓域を拡大していったと考えられる。（荒川　史）

参考文献　『木幡浄妙寺跡発掘調査報告』（一九九二、宇治市教育委員会）、荒川史「浄妙寺と宇治陵墓群」（『仏教芸術』二七九、二〇〇五）

第Ⅴ章　中　世

中世の墓

中世は武士の時代である。その武士の墓は貴族の墓の模倣から始まった。平安貴族に近づいた奥州藤原氏が栄華を誇った平泉の中尊寺金色堂は、数少ない平安時代後期の墳墓堂遺構で、その須弥壇内に藤原清衡以下三代の遺体と四代泰衡の首級を埋葬することはあまりにも有名である。同時期の平安京では、天皇や貴族の遺体・遺骨を堂塔内に埋葬する事例が増加しており、奥州藤原氏がそれらの状況を意識しなかったはずはない。

この平泉を滅ぼした源頼朝をはじめ北条氏や足利氏などが、浄土庭園を持つ寺院の建設に力を注いでいるのも、平安貴族の模倣であり、平泉の寺院群に触発されたものともみられ、みずからの墳墓に墳墓堂を採用するのも必然であったろう。

鎌倉の武士関係で墳墓堂を採用したという記録があるのは、源頼朝、北条政子、北条義時らで、北条義時の墳墓堂(神奈川県鎌倉市)が発掘調査されている。遺構の残存度は悪く、一辺約八・五メートルの三間堂で四面に縁が廻っているように推定復原されているが、埋葬主体を含む詳細は不明である。また、奥州合戦の戦勝祈願として足利義兼が建立した樺崎寺(栃木県足利市)は、義兼自身が埋葬された赤御堂をはじめ、一門で同日に死亡した兄弟を葬る下御堂(法界寺)など、足利氏関係者の墳墓堂がつぎつぎに建立され、関連遺構も確認されている。下御堂と推定される礎石建物は中央(床下)に石組があり、白磁四耳壺を用いた火葬蔵骨器二基を埋納していたと推定されている。

墳墓堂が盛行するなか、十二世紀の天皇や貴族は高野山への納骨(髪)を開始する。霊場信仰や舎利信仰が背景にあり、髪も髪舎利とされることを踏まえると、天仁元年(一一〇八)に堀河天皇の遺髪奉納が嚆矢となる。納骨遺構は奥之院の弘法大師御廟周辺に集中しており、中国製白磁四耳壺を蔵骨器にした事例が多数知られ、中国製褐釉陶器壺や青白磁水注を転用したものなど、当時の高級輸入陶磁器を蔵骨器に使用している。これらの年代はおおむね十二世紀後半以降であり、そのころには確実に本格的な納骨が始まっていたことがわかる。ただ、埋葬遺構自体は簡素なもので素掘りの小穴だけのものが多く、墓地遺構の存在を主張するよりも弘法大師の傍に眠りつつ、弥勒の下生を待つことが主たる目的であったようだ。

こうした霊場への納骨行為は、宗教的な背景に加えて、火葬による遺体の急速な骨化と砕片化が可能にしたもので、十三世紀には元興寺でも納骨が認められる。奈良市の町中にある元興寺極楽坊本堂(極楽堂)は、寛元二年(一二四四)に僧房を改造して東向きの堂としたもので、十二世紀後半ごろは念仏信仰が盛んで、後白河院も出向くほど名声が高くなっていた。堂の改築以後は納骨信仰も重なったようで、須弥壇下への納骨のほか、木製の小仏塔(五輪塔形が多い)内へ骨片を納め、それを柱に打ち付け、また括りつけるなどして亡者の極楽往生を願ったのである。この極楽坊の信仰は十五世紀の一条兼良の納骨にみられるように、貴族層までを含む幅広い階層に支持されていたようで、近在の住民へも広がり江戸時代前期まで続いていく。

　納骨信仰のなかで見逃せないのは共同納骨遺構である。長野県飯田市文永寺の石造五輪塔下への納骨がその構造を把握できる貴重な事例である。地下には常滑焼大甕を埋置し、その上部に石室を構築して内部に五輪塔を安置するもので、五輪塔の地輪前方にある石室床石に穿たれた穴から、地下へ随時納骨できる構造となっている。甕の年代から十二世紀後半には成立しており、石室の年代である弘安六年(一二八三)に上屋を整備し、最終的には十五世紀代までの納骨が確認できる。文永寺は鎌倉幕府の御家人、神《みわ》氏の菩提寺であることからその造営階層をうかがうことができる。

　類似の構造をした遺構は、石造五輪塔や宝塔の基礎や基壇に穿たれた納骨穴の存在で判明するが、十三世紀後半から十四世紀代に盛んとなり、近畿を中心にしつつも各地で類似の遺構が確認されている。特に奈良県の東部、山添村には現在の大字単位で類似の石塔が残されており、狭い範囲を統治した国人層が、一族あるいは地域の納骨所として建設したと考えられる。同様の共同納骨所は武士の一族墓内にも造営されており、領主だけでなく一族の成員はそこへ埋葬された可能性がある。

　墳墓堂による埋葬が終息に近づき、高野山への納骨が始まった十二世紀後半から十三世紀ごろ、近畿以西を中心に各地で土葬土坑墓の造営が盛んになる。この時期の遺構の特色は、土坑もしくは棺の長さがやや寸詰まりの傾向にあり、出土人骨の様子から膝を折り曲げた形での埋葬が多いことがわかる。また、埋葬時の祭祀行為に用いられた土器群が出土することが多く、輸入陶磁器の椀類と土師器の坏や小皿で構成されている。その数は一定ではないが、出土位置(棺外や棺蓋上が多い)や土器の様相から類似した埋葬作法によるものと推定される。さらに、墓自体は単独か二〜三基程度で構成され、屋敷地の一角と思しき位置に構築されることが多い。これらは、屋敷墓として捉えることができるものを多く含んでいる。屋敷墓の出現は十一世紀代に遡ると考えられているが、西日本の各地へ広がってゆくのはこの時期である。十四世紀には下火になるが、地域によってはこのころから盛行するところもある。屋敷墓は、屋敷の所有と自立の象徴として造営されるといわれ、そこには各地で台頭しつつある領主一族の主張が込められているのであろう。

　屋敷墓的な土葬墓が終焉に近づくころ、鎌倉ではやぐらが登場し、地方では丘陵部に群集する火葬墓が出現する。やぐらについてはさまざまな意見があるが、成立当初はやはり仏堂的な性格が強く、そこに納骨を行なったものとみたい。さらにほぼ鎌倉特有の墓制といえ、鎌倉都市域周辺の山麓部の断崖に穿たれたものがほとんどである。その成立時期は幕府開始当初ではなく、鎌倉の都市部が大きく改変された十三世紀中ごろ以降であることも注意され、都市の整備とそれに伴う御家人ら武士の集住が深く関係しているとみられる。つまり、初期のやぐらは鎌倉在住武士一族の供養堂兼納骨所的な存在だったとみたい。

　これに対してその本貫地ともいえる地方では、石組墓をはじめとする火葬墓群が形成されるようになる。この火葬墓群の典型的な事例は、静岡県磐田市一の谷中世墳墓群や福岡県北九州市白岩西遺跡などが掲げられ、方形の石組墓の中央に火葬骨を納めた蔵骨器を埋納するもので、表面には扁平な川原石を敷き詰めるものもみられる。石組墓の古い段階のものは単独で成立したようだが、時間の経過とともに前代の石組の一辺に次代の石組をコ字形に連結して拡大してゆき、最終的には巨大な群集墓となるのである。最終段階では単なる集石墓となっている事例も見受けられるが、その過程では、たとえば佐賀県吉野ヶ里町霊仙寺遺跡のように構築当初から細長い長方形の石組を作り、複数の人を埋葬できる構造とするものも登場する。埋葬の主体部は火葬蔵骨器の直葬が多い。この時期には国産陶磁器の壺や甕を用いる例が増え、墓地が形成された地域に流通している産地のものが多く採用されている。時期が下ると瓦質土器や土師器類が目立つ地域もある。時代ごとに採用される蔵骨器の変化をみると、墓地造営層の低層化をうかがうことができよう。

また、石組墓の標識として五輪塔などの石塔(瓦質塔の場合もある)を安置するものも出現する。十三世紀後半には採用が始まっていたようで、五輪塔の水輪内部を穿って火葬骨を埋納する事例も存在する。遺骨は地下だけでなく、塔内にも埋葬されたことを確認しておきたい。

こうした一連の墓地造営は、血縁を単位とした一族で一括りになるとみられ、それらが複数集まって巨大な墓地を形成しているところもある。つまり小規模な領主層程度の一族がいくつか集まって構成されていると推測できる。

これらの墓地の出現時期は十二世紀末ごろから十三世紀中ごろまでが多く、十四世紀代には各地で類似の事例を確認することができる。墓の選定は聖地を選んだようで、経塚が墓地の中心的位置を占めているものや、古墳もしくは墳丘状遺構の周囲に墓地を形成する事例もある。古墳のような半球形のものは、それ自体を仏塔(スツーパ)と見立てたものと理解できる。

中小規模の領主の一族墓が石組墓とすれば、それより上位の武士階層の墓が問題になる。発掘調査で明らかになった事例の代表として、栃木県樺崎寺跡の足利氏墓所をあげてみよう。墓所としてのはじまりが墳墓堂であったことは最初に紹介したとおりであるが、十三世紀末ごろから十四世紀中ごろにかけて、大型の五輪塔で構成される墓所へと変貌する。構築の順序など詳細は検討を要するが、意識的に歴代墓所を造営したと考えられ、当初から複数の石塔が並べられたことも視野に入れる必要がある。この墓所は応永年間(一三九四—一四二八)にも再整理されたことが遺構から判明し、足利氏が京都に拠点を移してからも故郷の墳墓の地を重要視していることが理解できる。

同様に大型の石塔で構成される武士の墓所として、横浜市称名寺の背後にある北条氏墓所が知られる。十四世紀前半に描かれた「称名寺絵図並結界図」に詳しく描かれており、鎌倉時代末期における武士の墓所の在り方が知られ貴重である。そこには石造五輪塔とともにその覆堂も描かれており、造営当初の墓は石塔をシンボルとしながらもそれを保護する覆堂があり、外

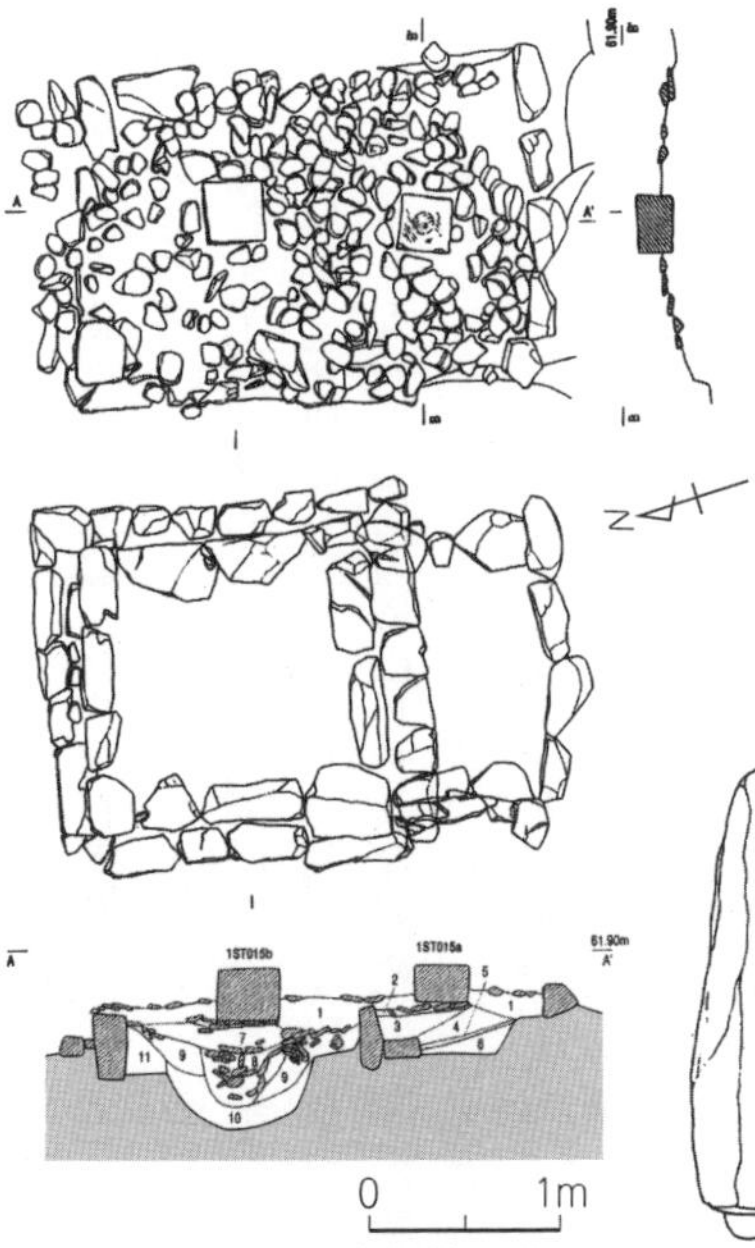

石組墓の石塔(地輪)と蔵
骨施設(福岡県横岳遺跡)

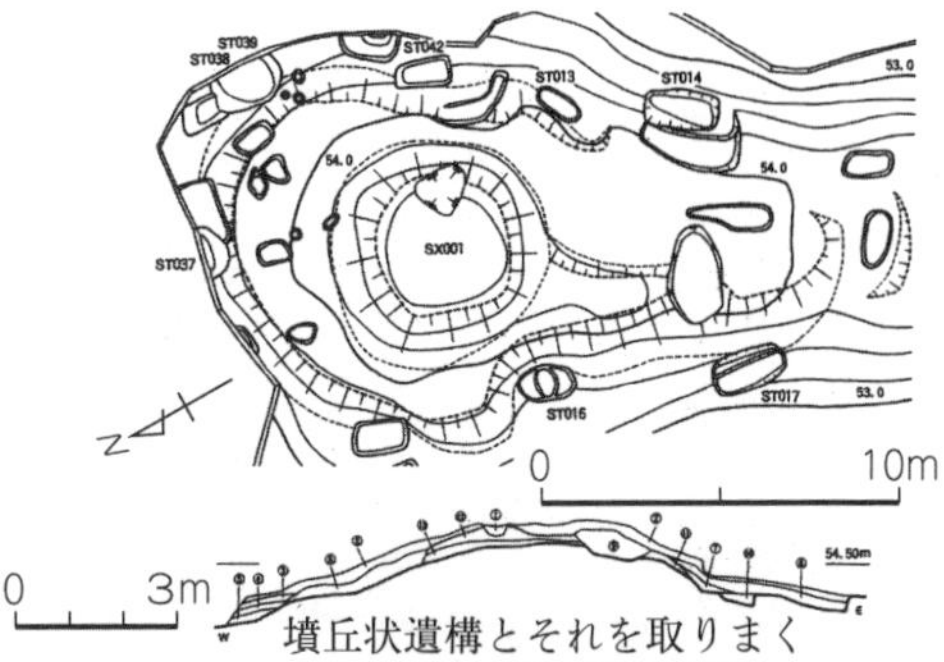

墳丘状遺構とそれを取りまく
土葬墓群(福岡県篠振遺跡)

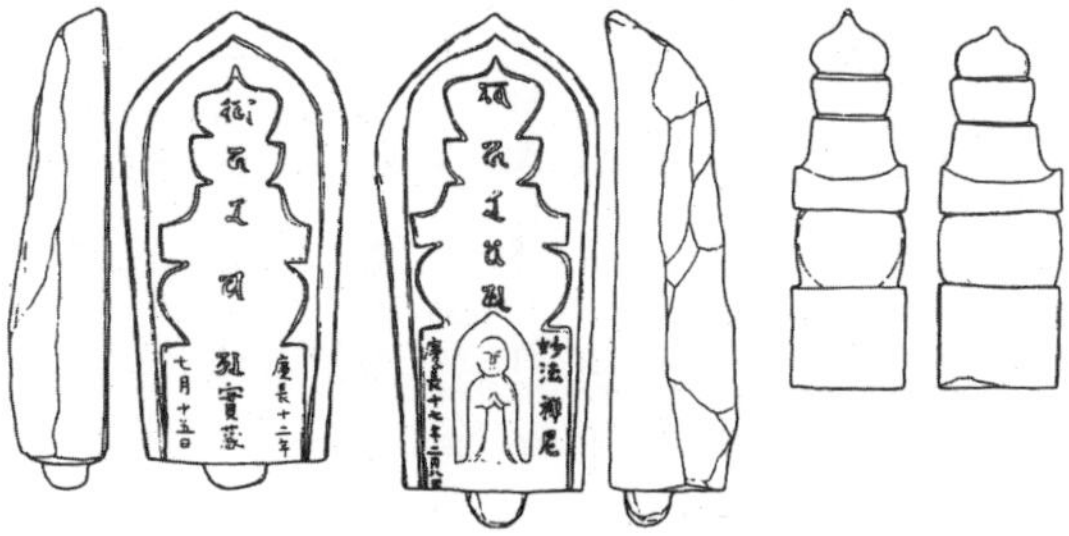
舟形五輪塔と一石五輪塔(奈良県広瀬地蔵山墓地)

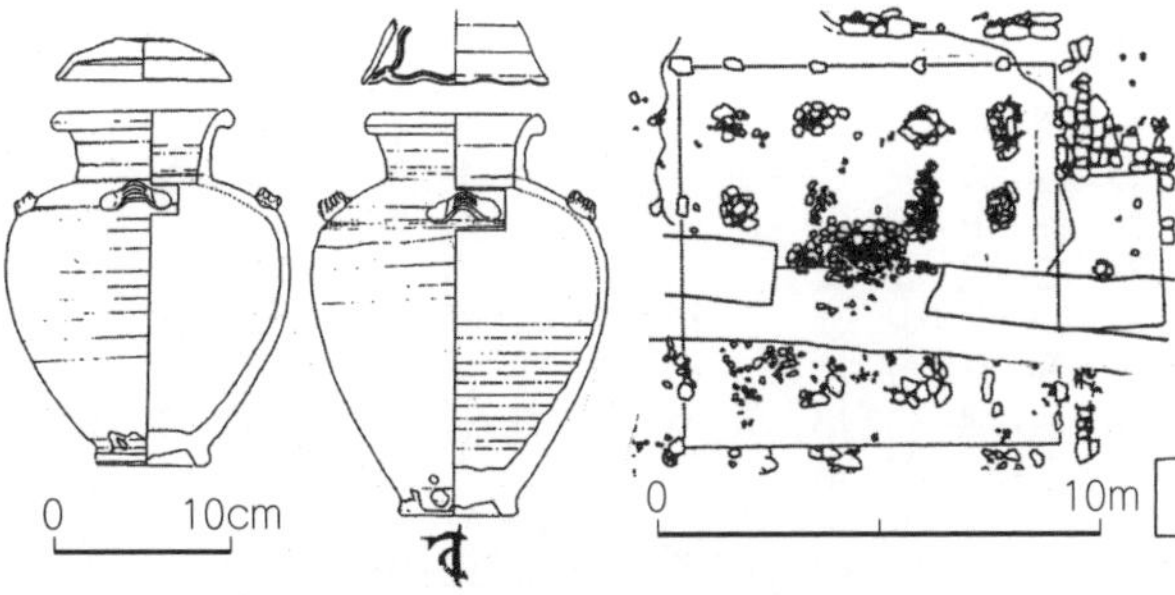

墳墓堂と蔵骨器(栃木県樺崎寺跡)

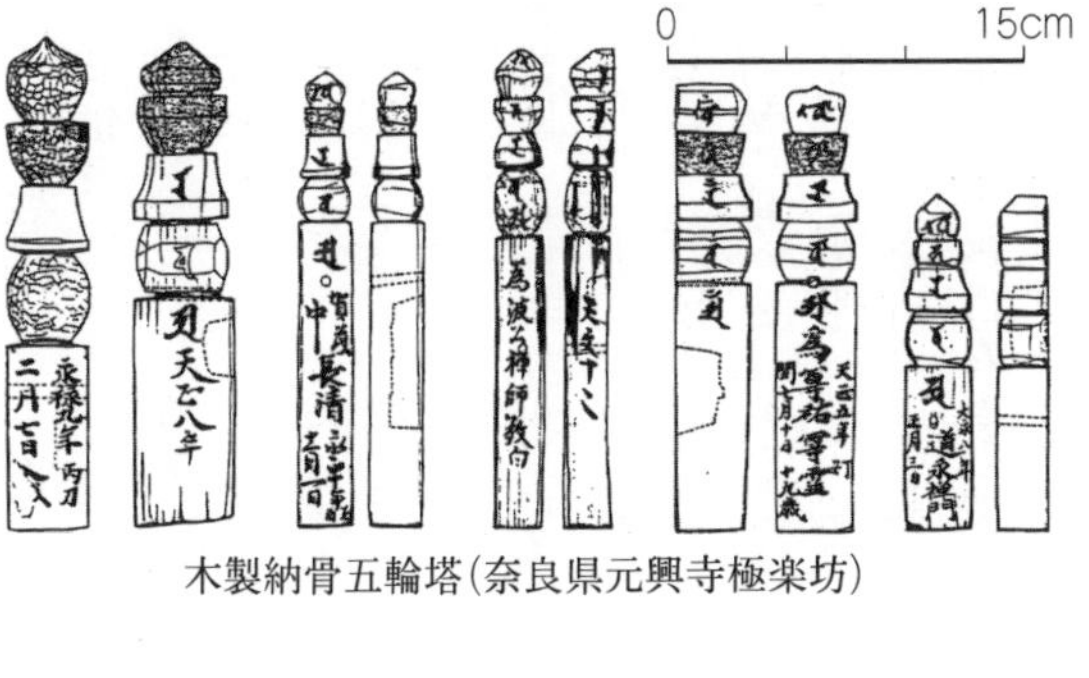

木製納骨五輪塔(奈良県元興寺極楽坊)

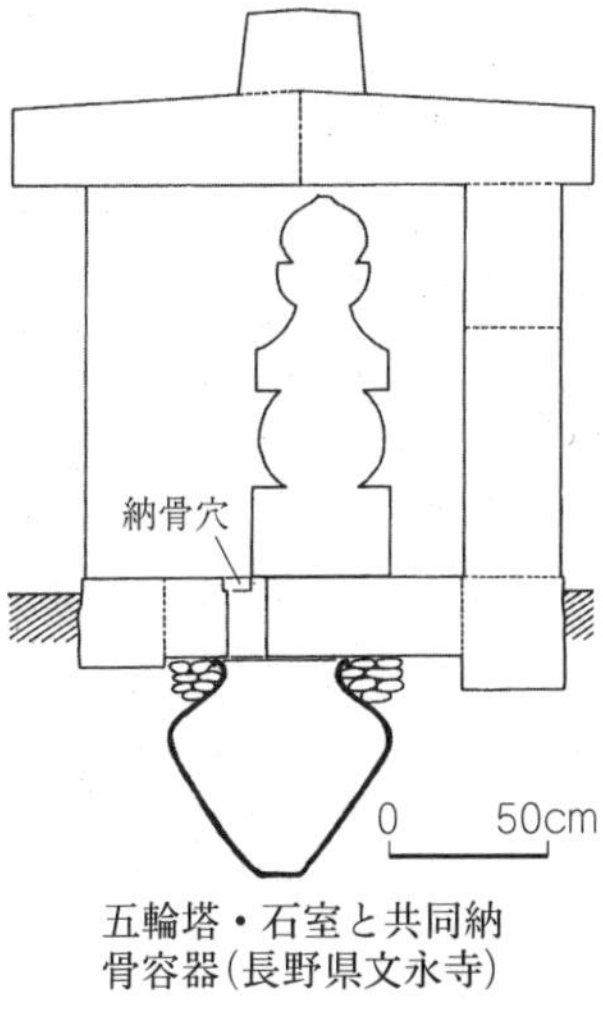

五輪塔・石室と共同納
骨容器(長野県文永寺)

観だけを見ると前代の墳墓堂を継承しているかに見える。これも時期が下ると覆堂を持たなくなり、石塔のみの造営が一般化してゆくのである。

また、滋賀県米原市徳源院の京極氏墓所は、十数基にのぼる大型の宝篋印塔《ほうきょういんとう》で構成されている。横一列に並ぶ現在の姿は近世に整備されたもので当初の姿は知られないが、系図と銘文が一致するものもあり貴重な事例である。同じように宝篋印塔で構成されるものに、広島県三原市小早川家墓所がある。塔形採用の基準は未だ不明だが、墓地造営の宗教的背景を知る重要な要素の一つであり、検討が急がれよう。

大型の石塔を墓地に採用し代々の塔を建立することは、その一族が長く継続してその土地に根差していることを視覚的に訴える意味を持っていたと思われる。これは前代に形成されていた屋敷墓が、屋敷の所有と自立の象徴であったことから発展し、領地の保全と継承を主張したことのあらわれでもあろう。

石塔を構築する墓所で見逃せないのは、高僧の墓所である。十三世紀前半や中ごろの石塔には僧侶の墳墓伝承を伴うものが多いが、実証されたものは少ない。確実な事例は、奈良市西大寺奥之院にある叡尊(一二〇一―九〇)の墓である。高さ三・三七メートルの石造五輪塔が、幅六・四七メートル、高さ〇・九メートルの壇上積基壇上に建ち、周辺には西大寺歴代の墓所があり、それらは叡尊墓を五七%余に縮小したように酷似する形をしている。叡尊墓は発掘によって検証されている訳ではないが、『西大寺叡尊上人遷化之記』によってその位置は疑いない。

いま一人、叡尊の弟子の忍性も注目される。忍性(一二一七―一三〇三)は極楽寺(神奈川県鎌倉市)で死去し、荼毘に付された後その場に石塔を建立して埋葬されているが、遺言で奈良県大和郡山市額安寺と生駒市竹林寺にも分骨された。三つの墓所はすべて発掘調査が行われ、実証済みである。極楽寺墓所の石塔内には忍性の銅製蔵骨器(銘文では舎利瓶)と一緒に嫡弟賢明上人の蔵骨器も発見された。額安寺でも同人が合葬されているほか、隣接する五輪塔の地輪内から極楽寺第三世善願上人とその弟子の観恵房の銅蔵骨器が発見されている。善願上人の蔵骨器は、彼の本貫地である伊豆の金剛寺跡(静岡県伊豆市)からも出土しており、忍性同様に所縁の地へ分骨したことがわかる。

このように律宗系の高僧は歴代墓所を形成するようになり、大阪府豊中市高屋宝性院跡、京都府木津川市西小墓地、三重県伊勢市北山墓地、岐阜県恵那市染戸石塔群など各地に類例が確認されている。また、先述した共同納骨穴を有する五輪塔にも叡尊墓をモデルとした石塔を採用するものが多く、同形の石塔は律宗の教線拡大とともに広がりを見せており、その造営背景を推測することができる。

これ以後、石塔は墳墓の標識として各地で採用されるようになる。十五世紀代には、石塔が小型化し量産される傾向にある。構造も簡易なものが多く、石塔内部に納骨する構造をもつものはほとんどない。さらに、十六世紀に入るとより簡素化が進行し、小型の石仏や一石五輪塔の造立が目立つ。一石五輪塔では地輪部が縦長となり、そこに銘文が刻まれる。十七世紀に入ると奈良盆地周辺では、舟形五輪塔（背光五輪塔）と呼ぶ舟形光背形の板碑に五輪塔をレリーフした墓標が登場し、やがては舟形に銘文を彫り込むだけとなる。この段階で仏塔と墓標が分離するといわれており、十二世紀ごろに始まった仏塔と俗人の墓の融合が一つの区切りを迎えるのである。

　なお、石塔の墓標への採用もおそらく十二世紀ごろに遡るものとみられるが、その時期の塔婆の主流は木製品であったことが具体的事例の増加で確認されつつある。石川県珠洲市野々江本江寺《ぽんこうじ》遺跡出土板碑や笠塔婆、長野県千曲市社宮司遺跡出土六角木幢、静岡県牧之原市宮下遺跡出土六角卒塔婆などがあげられ、石塔成立以前の様相が知られつつある。

　ところで、十五世紀以降の墳墓は先述のとおり石組墓の連結したものか、集石墓的なものへと変化し簡素化が進行することは先に述べたが、そのころに火葬に用いた土坑をそのまま墓とするような事例も登場する。火葬土坑と呼ぶこの遺構は、土坑の周囲が赤く変色しており、土坑底に棺台となる石を置くものや通気溝を有するものなどがあり、埋土に焼骨片を含むものも多く、そこで火葬を執行したことは明らかである。火葬土坑の規模は長さ一メートル前後、幅〇・六メートル前後と小さく、棺の規模が小さくなっていたことをうかがわせる。これは同時期の土葬土坑墓の規模や形状とも類似しており、埋葬姿勢は座棺に近いものへと変化していたことを教えてくれる。

　火葬土坑は群集して見つかることが多く、同一エリアを火葬執行の空間として維持していたことがわかり、その土地を管理し、火葬を専門とした技術者の存在を匂わせる。これらが発展してのちの共同火葬場へとつながってゆくのだろう。

　なお、この時期以前の火葬遺構はほとんど見つかっていない。しかし、これまで述べたように中世初期から多くの火葬墓が造営されている。さらには奈良時代にまで火葬は遡る。十四世紀以前の火葬所の在り方は未だ詳細不明とせざるを得ないが、遺構が見つかりにくいという前提に立てば、墓地が形成される山間部ばかりでなく、遺体放置場にもなっていた河川敷をも含めて検討する必要があるだろう。

　中世墓の終焉を示すのは先述の小型化し量産された石塔や石仏の存在であり、石組が消滅した集石墓である。小型化した棺が想定される土坑墓や火葬土坑も群集するものが多くなる。この傾向は十五・十六世紀代に顕著となるが、一部の地域を除いて十七世紀まで継続するものは少ない。つまり、十六世紀ごろで終焉を迎えている墓地がきわめて多いという指摘ができる。戦国時代という激動の時代に呑みこまれた地方の領主や大小の武士階層は、近世へ向かう過程で解体・再編を余儀なくされたことを物語っていよう。

参考文献　藤沢典彦「中世墓地ノート」（『仏教芸術』一八二、一九八九）、石井進・萩原三雄『中世社会と墳墓』（『帝京大学山梨文化財研究所シンポジウム報告集』、一九九三、名著出版）、勝田至『日本中世の墓と葬送』（二〇〇六、吉川弘文館）、狭川真一編『墓と葬送の中世』（二〇〇七、高志書院）、同編『日本の中世墓』（二〇〇九、同）、同『中世墓の考古学』（二〇一一、同）

（狭川　真一）

中世都市鎌倉と「やぐら」

やぐらの定義は従来「鎌倉を中心に造営された横穴式の中世墓」と理解されているが、墓としての納骨施設を欠くものもあり、廟堂・供養堂的な性格も指摘される。火葬骨埋納・供養塔婆造立といった点は各地の中世墓と共通するので、崖面に穿たれた「窟」形態を最大の特徴としてよかろう。神奈川県鎌倉市を中心とすることは疑いないとしても、古代の横穴墓の転用や、分布地域のとらえ方には検討の余地があろう。また後世に改変されたものも多いため、研究は困難をきわめている。

やぐら名称の初出は文政十二年(一八二九)刊の『鎌倉攬勝考《かまくららんしょうこう》』で、地元民の呼称とする。「矢倉」すなわち武器庫説は宛字であり、「いわくら」の訛とする説が強いが語源は未詳。中世での呼称は史料にみられない。

鎌倉をとりまく山稜は第三紀凝灰岩から成り、軟質で岩窟を掘りやすい。山腹を崖状に整形し横穴式の岩窟を穿つ。墓室は床面の一辺が一～五メートルの方形ないし長方形で、壁面は直立し天井は平天井である。墓室入口に短い羨道《せんどう》部をもつものもあり、赤星直忠はこれを古い形態とみたが確証できない。墓室前面に参道状の階段を設けた例もある。前面に扉を付設したような痕跡もあるが、全般に閉塞意識は弱いように思われる。

納骨法は火葬(荼毘)にした遺骨を、蔵骨器の有無にかかわらず、床面に掘った納骨穴に納めるのを基本とする。納骨位置は床面中央ばかりでなく奥壁際や片隅、壁面の棚状凹部や龕《がん》(窓状のくぼみ)のこともある。追葬や分骨納入も多い。蔵骨器には瀬戸や常滑の壺、まれに舶載磁器が用いられ、分骨納入には華瓶や小壺が使われる。石塔の一部に納入することもある。改葬であろうが床面に火葬骨が堆積した例もある。常滑の大甕に遺体を入れ土葬とした例も少数あるが室町時代に降るであろう。やぐらの埋土(崩落土)を掘って遺体を土葬(直葬)した例もあるが後世のもので、やぐら本来の葬法とはいえない。

墓室内に供養塔婆類を造立するのが一般的で、五輪塔が最多である。宝篋印塔もあるがわずかである。銭洗弁天上やぐら群では、列をなす五輪塔の背後の壁面に板碑を立てかけた例がみられた。やぐらは開口したままのものが多いため、後世に塔婆類が移動させられているおそれもある。納骨穴上に石塔を据え、周囲に写経石を撒いた例もある。墓参がなされたのか、塔前にかわらけ(灯明皿)が置かれた例もある。

そのほか奥壁に仏像を半肉彫に彫刻したり、種字を刻む例、石塔を浮彫にした例などは、供養堂としての性格を強く示すであろう。仏像浮彫のある窟は、やぐら群の惣供養窟であったかもしれない。建長寺の谷戸奥にある朱垂木《しゅだるき》やぐらでは、天井に赤色顔料で木造建築の垂木を表現していて、仏堂を岩窟に造ったことの証左とされる。墓室の入口部上端や隅部に木材をはめ込んだとみられる枘穴《ほぞあな》があるものは、扉や天蓋を設置した可能性を示す。壁面や石塔に白く漆喰を塗布した例もあり、今日目

神奈川県多宝寺やぐら群第10号

にする苔むした風情でなく、装飾性の高いものであったかもしれない。

被葬者および造営者については、やぐら本体（壁面など）に刻銘は皆無であり、供養塔婆類に被葬者名や願主名の銘文のある例も僅少で、被葬者を知ることは困難である。覚園寺裏山の百八やぐら群には「祐阿弥陀仏、応永卅三年（一四二六）」銘五輪塔があり、朝祐という仏師の逆修《ぎゃくしゅ》塔と考えられている。三浦の神武寺弥勒やぐらの仏像光背には「従五位上行、左近将監、中原朝臣光氏（行年七十三）、正応三年（一二九〇）」とあり、鎌倉に来た楽師の墓とみられる。そのほかでは「入道」「沙弥」の銘がみられることから、武士や僧侶が被葬者と考えられている。

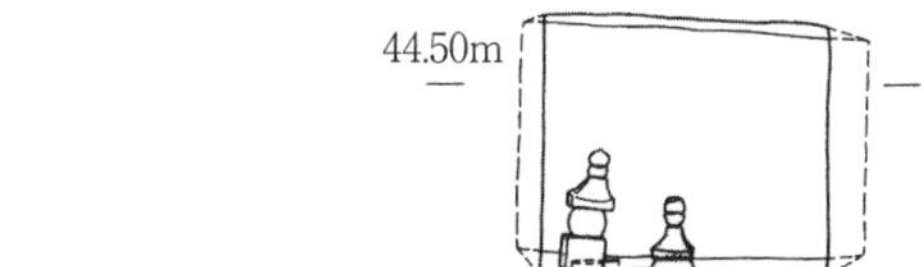

神奈川県番場ヶ谷やぐら群第12号やぐら

やぐらの立地が寺の裏山に多いことから、寺僧や寺の檀那である武士を想定することもできよう。

やぐら開穿は相当な土木工事であり、掘り出された岩屑（土丹《どたん》）が寺社や邸宅の土地造成や道路舗装に使われたであろうことから、やぐら造営者は山稜部の土地の使用権利を有する者で、かつ土木工人や石造物工人を動員できる階層と考えてよいであろう。

やぐらの年代については、やぐら内の在銘石塔類で最古の例が朝比奈峠やぐら板碑で弘安九年（一二八六）または五年とされ、十三世紀後葉の開始と考えられている。大三輪龍彦は仁治三年（一二四二）の大友氏府中の墓所禁令が幕府法で鎌倉にも適用されたとして、平地墓（墳墓堂）を山稜部の窟に移したと考えたが、年代的な差も指摘している。たしかに鎌倉平地部の発掘調査では遺棄人骨をのぞき墓と考えられる遺構は検出されていない。岩窟の形に関しては大森順雄が南宋の四分律《しぶんりつ》（戒律）の鎌倉への浸透が契機であるとし、安田三郎は中国の石窟寺院文化が影響するとしている。現段階では最古のやぐらが特定できず起源論は停滞している。

田代郁夫はやぐら内の在銘石塔類の集成から十三世紀末から十四世紀前葉を最盛期とし、応永年間を第二のピークとしている。被葬者・造営者を鎌倉在住の武士層と考えれば妥当なものだろう。三浦半島や房総半島南部に分布するやぐらは鎌倉のものよりも新しいようで、寺領関係者を含めた周辺社会の動向と併せて考える必要がありそうだ。やぐらに限らないが、蔵骨器の年代は十三世紀後葉から十四世紀中葉が多いことも指摘しうる。

最新の紀年は覚園寺前やぐらの文明十四年（一四八二）五輪塔という。鎌倉公方が古河に移る享徳三年（一四五四）より新しい時期までやぐらの造営が続くわけで、造営者の階層について考えなければならない。

やぐらは開口していたためか、後世に改変を受けたものが多い。多くの場合倉庫にされたようだ。海蔵寺裏の十六ノ井はやぐらの床面に十六口の擂鉢状土壙が掘られたもので、常滑の大甕を据えた跡とみられる。擂鉢状土壙は十四世紀中葉以降の住宅の一画に見られることが多く、該期には倉庫への転用が始まっていたのかもしれない。十五世紀後半以降にはやぐら埋土中に遺体を直葬した例もあり、墓意識と日常用との落差を考える必要もありそうだ。

やぐらの分布の中心はやはり鎌倉であり、鎌倉をとりまく山稜部には千五百基ものやぐらがあるといわれる。群をなして（連続して）造営されたようで、覚園寺裏山の百八やぐらや逗子市にまたがる名越坂（切通し）に接するまんだら堂やぐら群などは百基以上が群集する。一方、谷戸奥に一〜数基がある程度のところもある。地形的にはやぐらの掘削可能な崖面すべてにあるわけでもなく、鎌倉中でも分布の片寄りがある。大三輪は律宗系寺院に関連する山稜部に集中する可能性を指摘するが、極楽寺周辺には決して多くはない。扇ヶ谷《おうぎがやつ》の多宝寺跡や佐助の松谷寺跡では寺奥の平場の三方を囲むようにやぐら群が造られており、やはり寺院との関係は無視できなかろう。

鎌倉市域を出ると北方と西方ではやぐらの分布は急に薄くなる。西方では藤沢市と二宮町にわずかに見られるだけで、北方では横浜市南部にあるものの、川崎市が北限となる。南方は三浦半島のほぼ全域にある。東方では鎌倉の外港である六浦《むつら》周辺に多い。個々のやぐらの年代判定は困難で、一概に鎌倉で発生し南方に広まったとはいえない。東方では東京湾をこえた房総半島にも分布している。特に千葉県館山市や千倉町(南房総市)では群をなして造営され、五輪塔浮彫を施したものも見られる。時代的には十四世紀以降とみられるが、該地域には永福寺Ⅲ期(十三世紀末以降)と同形の瓦を使う中世寺院の存在も知られ、造営者を鎌倉武士のみと結びつけるのは危険であろう。

やぐらとみなしてよいものが、鎌倉を著しく離れた場所にもある。石川県小松市滝ヶ原町には、南北朝期の層塔の立つ丘の裾に二基の岩窟があり、五輪塔部品や種字陰刻が認められる。同県羽咋《はくい》市地頭町でも方形窟内に多数の五輪塔を納めた例がある。宮城県宮城郡松島町の瑞巌寺周辺には多くの近世供養窟があるが、境内地の発掘では十三世紀後葉に遡る窟が確認されている。瑞巌寺本堂の下層からは四半敷をもつ堂跡がみつかり、町域には多くの板碑があり、中世円福寺の存在とあわせ注目に値する。仙台市岩切町では東光寺裏山に磨崖仏とされる岩窟が複数ある。納骨の有無は不詳だがやぐら的な形態である。

やぐらの特質を摘出するためには他の墓制との比較が必要であろう。日本各地には窟内に仏像を彫刻した磨崖仏や、古代の横穴墓を転用した中世墓、自然洞穴を利用した中世墓が少なからず認められている。一方、埼玉県下では火葬骨を蔵骨器に入れて埋納し、その上に板碑や石塔を建立する中世墓が多くある。窟内でないこと以外はやぐらと共通した葬法といえよう。同じ地域には窟を掘れる崖がないわけではなく、やぐらの本質は岩窟墓堂とみなせるのかもしれない。

鎌倉市域では近年、由比ヶ浜一帯で数千体に及ぶ人骨が発掘されている。単体で土葬されたものも多いが、数百体が大きな穴に投げ込まれたような「集骨」もかなりある。浜辺で荼毘に付し小さな穴に火葬骨を埋めた例もある。単体埋葬では埋葬姿勢や頭位、土壙の配列に規則性が見られず、集骨では骨格の一部しかないものや頭骨ばかり集めたようなものがあり、「墓地」というより遺体処理をするだけの「葬地」ではないかと考えられる。やぐらが山稜部の土地を加工して造られるのに対し、浜では遺体を野辺に送るだけであったとすると、武士・僧侶階層ではなく、土地利用の権利を持てなかった都市民(凡下とか道々の輩と呼ばれた人々)の葬制とみなせよう。これが中世都市鎌倉におけるやぐらの意味を逆照射してくれるだろう。

参考文献　大三輪龍彦『鎌倉のやぐら』(一九七七、かまくら春秋社)、千葉県『千葉県やぐら分布調査報告書』(一九九六)

(河野眞知郎)

墓塔の成立と変遷

　墓塔とは死者の埋葬地の上もしくは至近に造立された塔形の構造物である。類似した言葉に墓標や墓碑などがあるが、墓塔は形および理念において仏塔が強く意識されており、それらとは区別すべきものである。仏塔とは、インドで釈迦の遺骨をまつるために造られた塔(ストゥーパ)のことで、仏教ではたとえ小さくても塔を建てることは伽藍の寄進にも優る功徳であるといわれる(『甚希有経《じんけうきょう》』)。中国や日本では高僧の墓所に仏塔を建ててその遺徳を偲び、仏と同等に礼拝・供養の対象としてきた。この行為を貴族や武家、領主などの墓にまで拡大したのが、日本の墓塔の成り立ちである。すなわち墓塔とは、死者や先祖を追慕し、その魂の冥福を祈るために墓に建てられた塔の一種であり、本質的には仏塔を建立し、その功徳や作善《さぜん》の報いを死者に振り向けて供養をはかるという思想をもつ。それゆえに墓塔は埋葬直後に造立される場合もあれば、一周忌や三十三回忌など後々に追善供養として建てられることもある。また、死者個人のためだけでなく、父母や先祖の供養、地縁や講で結ばれた人々の惣供養、あるいはみずからの逆修《ぎゃくしゅ》供養(生きている間に自分の死後の供養をしておくこと)など、さまざまな目的で墓塔が造立、礼拝されている。墓塔の大きさや形状は、故人の財力や階層、宗派、あるいは時代によってさまざまであり、同時に日本全国を貫く統一的な規制、たとえば真言宗だけが五輪塔を採用するといったような厳しいルールは確立されていない。むしろ宝篋印塔《ほうきょういんとう》や五輪塔は宗派や階層、地域などを越えて造立されることに特色がある。

　墓標や墓碑でなく墓塔の最も古い造立記録は、僧行基(六六八—七四九)埋葬に関わるものであろう。「大僧正舎利瓶記」(『竹林寺略記』)では、行基の遺骨を埋葬した山を結界して「多宝ノ塔」を建てたと記すが、これがどのような塔であったかはわからない。また、福島県耶麻郡磐梯町の慧日《えにち》寺にある五重の層塔は、徳一《とくいつ》(生没年不詳)の墓廟とされ、造立は平安時代中期ごろといわれている。

　墓塔にはさまざまな種類があるが、代表的な墓塔についてその起源によって大別すると、㈠塔建築を模したもの(宝塔、多宝塔、層塔など)、㈡特定の教義から生まれた塔形で、仏身として礼拝すべきものが墓塔や供養塔に転化したもの(五輪塔、宝篋印塔、板碑など)、㈢中国の石塔を祖形にもつもの(無縫塔など)、などに分かれる。㈠は先述のように奈良時代もしくは平安時代前期ごろに先駆例があり、平安時代末期より浄土教の隆盛に関連して納経塔や惣供養塔として本格的な造立が始まる。㈡は平安時代末期から鎌倉時代前期に登場し、個人の墓塔とされる場合と結衆塔、惣供養塔として造立される場合の両者が相半ばする。㈢は他に比してやや遅く、鎌倉時代前期から中期に登場し、もっぱら墓塔として造立され続ける。これらのうち、日本の中世墓塔を最も特徴づけるのは㈡であり、以下に概略を述べておく。

特定の教義から生まれた墓塔の代表にまず五輪塔が挙げられる。五輪塔の成立には諸説あるが、高野山の僧侶である覚鑁《かくばん》が著わした『五輪九字明秘密釈』(永治元年(一一四一))を典拠に造形化された塔との説がある。仏教的な宇宙観から、空、風、火、水、地の五つの元素をそれぞれ宝珠、半円、三角、円、四角の形で表し、積み上げて塔としたもので、それ自体が大日如来を表すという。一方、それよりも古く、京都の法勝寺小塔院(保安三年(一一二二)建立)の軒丸瓦には五輪塔の姿が表されていることから、宝塔を祖形として浄土信仰の中から発生してきた塔と考える向きもある。いずれにせよ初期のものは礼拝の対象であり、岩手県平泉中尊寺に残る仁安四年(一一六九)銘の石造五輪塔は、水輪と地輪の四方には金剛界・胎蔵界の大日如来の種字が刻まれている。一方、福島県石川郡玉川村の岩法寺の五輪塔は、治承五年(一一八一)銘をもつ古塔であるが、「為源基光尊」との造塔趣旨が刻まれており、当地の領主であった源基光の菩提を弔う墓塔的な性格が前面に出ている。続く鎌倉時代前期の五輪塔は、京都市神護寺の文覚墓、奈良市伴墓五輪塔(伝重源墓)など、僧侶の墓塔と伝えられるものが多い。これら古い段階の五輪塔は、火輪の勾配が緩く、水輪はやや不格好な球体で、地輪が低い、などの大まかな傾向は指摘されるものの、ばらつきも大きく、むしろ鎌倉時代後期の端整な五輪塔とは異なる古拙さこそがその特徴といってよい。平安時代末期から鎌倉時代にかけて成立したとされる『餓鬼草紙』には、墓地の光景の一角に石造と思われる五輪塔が描かれている。これにも火輪の勾配が緩く、地輪が薄い古式の形態がうかがわれる。一方、鎌倉時代後期の五輪塔は、各部位の比率が整っており、塔としてのバランスがよいことが大きな特徴である。特に西大寺系律宗の僧侶の墓塔は、西大寺奥院の叡尊廟の巨大な五輪塔(高三・三四メートル)を頂点として、その相似形ないし類似形の端整な五輪塔を採用している(これを律宗系五輪塔、西大寺様式と呼ぶことがある)。また、僧侶の墓塔のみならず惣供養塔や結衆塔としても造立されており、その背景に、五輪塔の企画図の分有や優れた石工集団の活躍が想定されている。ちなみに最も大きな五輪塔は、京都府八幡市石清水八幡宮の五輪塔で、高さ六・〇八メートルをはかる。これに象徴されるように、鎌倉時代後期は、石塔造立の技術や気概が頂点に達していた時期である。この余力を得て、室町時代には、全国各地の領主層や譜代の豪族、氏族の長らの墓地で中・小型の五輪塔が造立されるようになり、数量的な頂点を迎える。江戸時代には、高野山奥院の墓地に典型を見るごとく、大名の威勢を示す大型の五輪塔が造立される一方、小型の舟形墓標の表面に五輪塔を浮彫りにしたものが庶民の墓に採用されるなど、両極の変化を遂げながら五輪塔は造られ続ける。

五輪塔と並んで中世石塔を代表するものに宝篋印塔がある。宝篋印塔は四角い塔身の上に階段造りの笠を乗せ、その上に相輪を立てる。塔身には四方に金剛界四仏の種字を刻むことが多く、笠の四隅には馬耳形の隅飾を設けるのが特徴である。この

広島県米山寺小早川家墓所宝篋印塔

和歌山県高野山奥之院一石五輪塔

奈良県額安寺境内五輪塔(左は忍性墓)

奈良県元興寺境内五輪塔

隅飾は、鎌倉時代はおおむね大型で直立するが、室町時代になると造形が甘く外傾するものが表れ、江戸時代には反り返った花弁状の飾りになってしまう。宝篋印塔という名称は、塔内に『宝篋印陀羅尼経』という密教の経巻を納めることから起っている。この陀羅尼の内蔵により、本塔は金剛界如来を体現したものとなり、これを供養するならば、滅罪、除災、極楽往生などの功徳が得られるという。五輪塔と同様に、礼拝・供養の対象とされたものが、その功徳への期待が大きくなると、墓塔や供養塔としても造立されるようになる。日本における宝篋印塔の起源は、中国の呉越国王の銭弘俶(在位九四八—七八)がインドの阿育王の事跡にならって作った八万四千個の金属小塔の形を写したものといわれてきた。近年では中国福建省や広東省に分布する石造阿育王塔(十一—十三世紀)に祖形を求め、日宋貿易や僧侶の交流などを背景にこの石塔の形態が移入されたとの見解が出されている。石造の宝篋印塔で最古のものは、京都府高山寺の伝明恵上人髪爪塔が『高山寺縁起』の記事をもとに暦仁二年(一二三九)の造立とされているほか、北村美術館所蔵の旧妙心寺塔(無銘)も古風な姿から十三世紀前半の作とみられている。全国的に普及するのは五輪塔と同様に鎌倉時代後期から、個人墓塔として爆発的な増加をみるのは南北朝から室町時代にかけてのころである。江戸時代には先祖の供養塔として墓地の一角に命脈を保つ。

　五輪塔や宝篋印塔のように明確な塔形ではないが、板碑《いたび》の存在も中世墓塔を考える上では重要である。板碑は一枚石で造られた仏教的石碑の一種。額部に二条の刻線、碑面に阿弥陀や大日如来の種字を大きく彫り表し、その下に偈文《げもん》や造立趣旨を刻む。板碑の源流については、五輪塔から変化したもの、修験者が作る木製塔婆「碑伝《ひで》」から変化したもの、などの諸説がある。

形状の起源はともかく、造立趣旨の多くは阿弥陀の力による衆生や父母の極楽往生を願うものであり、ほかの石塔と大きく変わるものではなく、墓塔に転用されることもしばしばである。埼玉県熊谷市大沼公園弁天島の阿弥陀三尊板碑は、嘉禄三年（一二二七）銘をもち、額部に二条線を刻む典型品としては最古のものである。板碑隆盛のピークは室町時代、十四世紀半ばにあり、江戸時代が始まる十七世紀初頭には急速に消滅する。関東地方を中心に爆発的な数が造立されたが、それは板碑に適した緑泥片岩が埼玉県周辺に産したことや、浄土教が東国の武士階級に浸透したことと関連するという。また、鎌倉幕府の御家人が各地に赴任してこれを広めたとの説もある。

以上の石塔が日本で独自の発展を遂げたのに対して、無縫塔だけは当初から墓塔として固定的である。卵頭形の塔身が特徴的で、鎌倉時代に禅僧の墓塔として中国から伝わった。その後は宗派を問わず僧侶の墓塔に採用され、現在でも造立され続けている。最古の遺品は京都府泉涌寺の開山俊芿《しゅんじょう》上人（一一六六―一二二七）の墓塔といわれる。これは紀年銘を欠くものの、各部位の形状や装飾に中国の南宋の石造物の影響がうかがえ、型式的にも最古に位置づけられる。紀年銘を有する最古の無縫塔は、栃木県伝法寺の大同妙哲塔（観応二年（一三五一）銘）である。無縫塔の分布は、禅宗寺院の集中する京都や鎌倉、福岡に多く、開山塔として単独で造立されることが多い。京都府大徳寺には宗峰妙超《しゅうほうみょうちょう》（一二八二―一三三七）の開山塔、神奈川県鎌倉市建長寺には蘭渓道隆《らんけいどうりゅう》（一二一三―七八）の開山塔として、それぞれ無縫塔が造立されている。形態的には後世のものほど塔身が伸び、江戸時代には頂部が火頭形を呈するものが出現する。

以上のように、日本の墓塔は平安時代末期から鎌倉時代前期に本格的に登場し、鎌倉時代後期にすべての形式の墓塔が出揃う。技術的、造形的にもこの時期が頂点である。続く室町時代、十四―十五世紀にかけては御家人や領主層に墓塔造立が広がり、数の上でピークを迎える。そして中世の終り、すなわち十六世紀末―十七世紀にかけては、それまで隆盛を誇った墓塔が消滅、あるいは著しい減少をたどり、一部の形式が小型化しながら命脈を保つ。替わって登場するのは舟形墓標に代表される近世墓標群で、庶民にまで造営の裾野が広がる。中世墓塔に対して近世の墓標が決定的に違うのは、塔を建てる意識が薄れ、故人の戒名を刻む「標《しるべ》」を建てることに重きをおくようになったことである。十七世紀以降、近世墓標が主流となることにより、五百年あまり続いた中世墓塔の時代は終焉を迎えるのである。

参考文献　庚申懇話会編『日本石仏事典』（一九七五、雄山閣出版社）、小野正敏・萩原三雄編『鎌倉時代の考古学』（二〇〇六、高志書院）、狭川真一編『墓と葬送の中世』（二〇〇七、高志書院）、同編『日本の中世墓』（二〇〇九、高志書院）

（吉澤　悟）

木製卒塔婆

卒塔婆とはインドの「仏塔(ストゥーパ)」の音訳である。それが「塔婆」となり「塔」と簡略化された。本来は釈迦の墓塔を意味した。現代の一般的用法では「塔」は寺院の仏塔を指し、「塔婆」「卒塔婆」は死者供養のための木製柱状あるいは板状の供養具をいう。近年、出土事例が多く、それらは木簡の類と一括され、『木簡研究』でも多く紹介されている。

特殊なものは別として、塔婆・卒塔婆を形態分類すると、柱状・柱状の半切・板状に分けられる。柱状のものは平面(横断面)形で分類すると正方形・八角形・六角形・五角形・円形などがみられる。頭部形状は塔形と錐形に分けられる。塔形では五輪塔形が圧倒的に多く、錐形では頭部の側面から一条・二条の切り込みの入るものもある。形態変化の大きな流れは柱状→背面彫込省略→柱状半切→板状の順でみられるが、その背景には、墓地・墓構造の変化による正面観の進展が考えられる。出土遺品では柱状・板状とも早期からみられ、柱状半切は柱状に次いで出現する。板状の早期出現には正面観の強まりの要因以外に、木簡・札・牌・忌串《いぐし》など他の木製品からの影響も考えられる。五輪塔婆の場合、柱状・板状ともに縦長方形の素材から彫り込むので地輪・火輪・水輪幅は基本的に同じだが、塔幅に比して空・風輪幅が小さいもの、火輪上下部の側面からの切り込みの強いものが古い傾向にある。左右からの彫り込みが次第に省略され浅くなるのである。脚(下・根)部の形態は、㈠先端を尖らせたもの、㈡尖らせた先端を切り取ったもの、㈢先端を水平に切ったものに大別でき、大きくはこの順に変化する。挿立から、安置への使用法変化を示す。

サイズとしては二〜三メートルを越える大型遺品から一寸足らずの小型までさまざまなサイズがあるが、大型遺品は屋外設置物に多く、極小のものは多数作善《さぜん》にかかわる奉納遺品に多い。小型の塔婆は笹塔婆の呼称もあるが、形態が笹の葉に似ることもあるが、「ささ」とは「小さな」の意とみた方がよいだろう。

以下、実例と使用法をみる。大型卒塔婆としては、『一遍聖絵』などの絵画資料にみられる高野山奥之院参道両脇に林立する木製の卒塔婆が注目される。滋賀県葛川明王院には同類の大型遺品が一基残る。明王院に数多く残されている参籠札の最古遺品(元久元年(一二〇四)銘)で「碑伝《ひで》」と呼ばれる。額部の突出した塔婆形を碑伝形と呼ぶこともあるが、碑伝は用途の呼称で、形の呼称とすべきではない。

高野山参道に並ぶ塔婆として町石《ちょういし》がある。高野山町石は当初は木製で、空海の造立とされ、鎌倉時代に石製に造り替えられた。供養であっても、記念的意味合いを有する場合、木製から石製に転換する傾向が鎌倉時代前半を通じてみられる。大型卒塔婆の使用法として、石塔などの鞘堂としての塔婆堂の四面または三面の横桟に柵状に打ち付けるものがある。現在、各地の塔婆堂に実例が遺る。奈良市東大寺三社池例は桟に打ち付けられた状態で出土した。ほかに奈良県田原本町金剛寺遺跡出土例がある。

墓上卒塔婆を考える上で、良源遺告の記載は貴重だ。良源の死後、墓上への石塔安置が願われ、とりあえずは木製卒塔婆でもよしとされ、四十九日後の石造卒塔婆への置換が指示されている。埋葬直後の墓上への木製卒塔婆の挿立は現代にも引き継がれている。

中世初期の墓上の様子は河本家本『餓鬼草紙』の墓地風景からうかがえる。頭部に防腐のための墨彩を施した木製卒塔婆が各種みられる。まず笠塔婆である。細い柱の上部に掲額し、屋根を乗せた構造である。中尊寺経絵には斧で切り倒されんとしている同様の笠塔婆がみられ、木製と推測される。近年、石川県珠洲市の野々江本江寺《ぼんこう》遺跡から同類の笠塔婆の実例が出土した。今一つ注目される物として旧曹源寺本『餓鬼草紙』にみられる大型笠塔婆がある。方柱塔身で上部(四面または三面)に掲額される。塔身平面八角(または六角)の同様画像が京都府平等院鳳凰堂扉絵にある。これに類似する六角木幢が長野市社宮司遺跡で出土している。これらを笠塔婆と呼ぶか幢と呼ぶか問題はあるが、笠塔婆は形態呼称で、幢は用途呼称とすべきである。絵画資料の笠塔婆には屋上に擬宝珠、降棟先端には風鐸・風招が垂下する。社宮司遺跡木幢には屋根・宝珠・風鐸・風招が共伴し額縁部品かと考えられる遺物もある。近年小型木製の擬宝珠(石川県小松市浄水寺遺跡)や屋根(石川県金沢市梅田B遺跡)・風招(石川県羽咋《はくい》市太田A遺跡、石川県七尾市三室オンド遺跡)の出土も知られる。『餓鬼草紙』笠塔婆の両脇に立つ卒塔婆がいわゆる卒塔婆の代表的形態といえるが、野々江本江寺遺跡で頭部錐形半切タイプであるが、酷似した卒塔婆が出土しており、『餓鬼草紙』と同じような木製笠塔婆・木幢類のある風景が全国的に展開したと考えられる。

関東に多くみられる板碑なども、木製卒塔婆が石造化されたものといえる。『良源遺告』にみるように、関西地方では墓上の卒塔婆は五輪塔などの石塔に置換されたが、関東では板碑が多用された。板碑には頭部墨彩遺品もみられ、木製卒塔婆の記憶が残る。板碑には忌年月日の書かれたものも多く、木製卒塔婆挿立段階を省略し、当初から石製卒塔婆が造立された可能性もある。

『餓鬼草紙』笠塔婆の周辺に、四角い区画内に小型の頭部墨彩の小型の卒塔婆が林立する。表面に「ゝゝゝ」と記され墨書の存在を示す。これは卒塔婆に経典を書写した柿経《こけら》と考えられる。出土品では京都府鳥羽離宮遺跡の白河天皇陵周壕出土事例がある。脚部が鋭く尖り、挿立する物である。卒塔婆面には同じ文字が複数記され、複数枚が木釘で打ち固められている。文字の続きから『法華経』の書写がわかる。十一世紀末の遺品である。この柿経は一本一本削りだして作られているが、この後、柿経は板状素材からの割剝作りへ、さらに室町時代中期には台鉋《だいがんな》引きへと変化し、次第に幅が広くなり、経木へと変身する。脚部形態は先端の尖った「挿し立てる」ものから単に切り取っただけの「置く」ものに変化する。板塔婆や御札類などに

笠塔婆(『餓鬼草紙』曹源寺旧蔵本より)

笠塔婆(『餓鬼草紙』河本家旧蔵本より)

六角木幢(長野県社宮司遺跡，レプリカ合成写真)

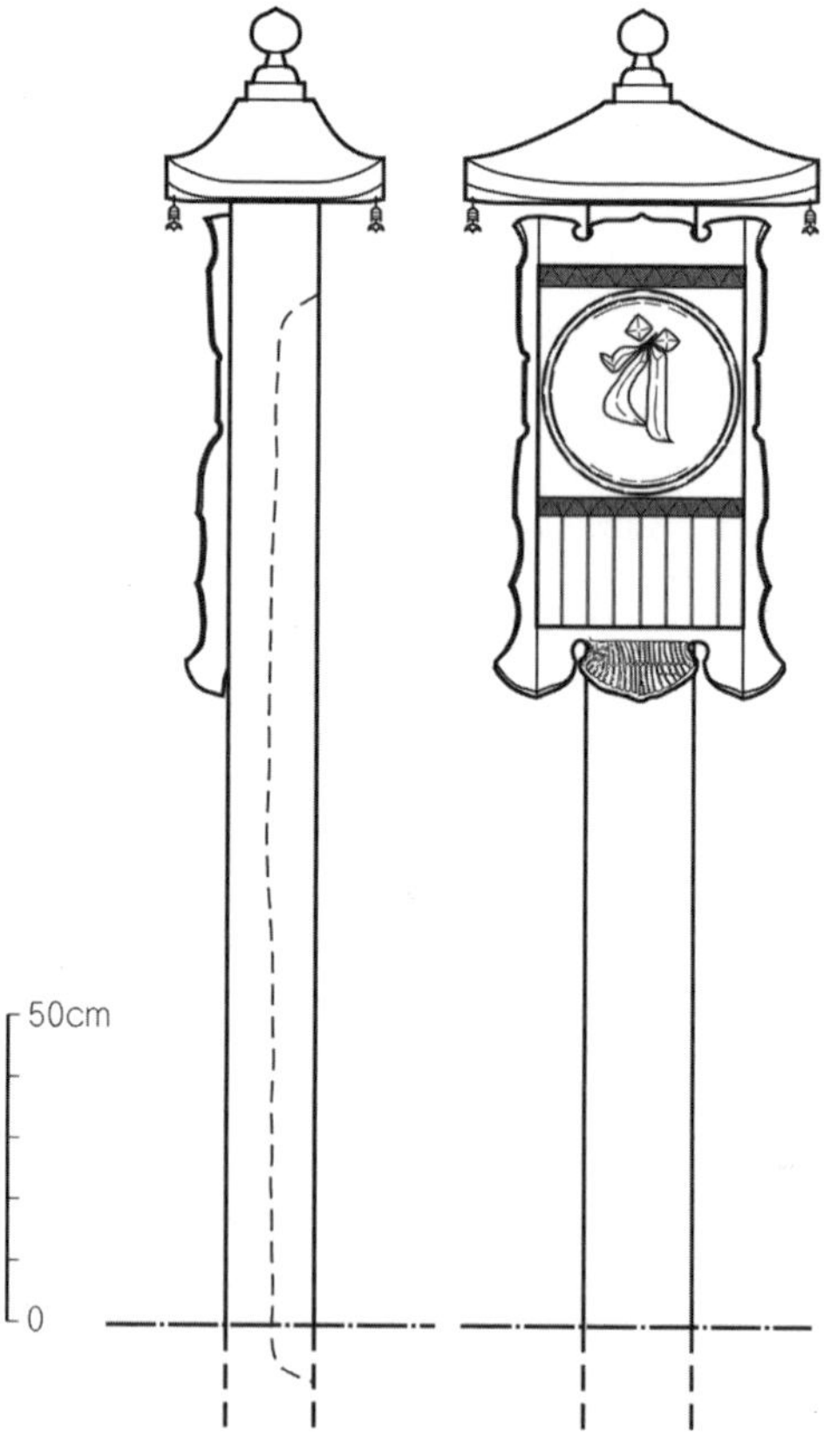

木製笠塔婆(石川県野々江本江寺遺跡)
『餓鬼草紙』にみられる笠塔婆の実物と酷似する．同時に板碑型の木製卒塔婆も伴出する．

も共通する変化である。柿経の伝世遺品では奈良市元興寺（極楽坊）・大阪府泉佐野市慈眼院などがあり、出土遺品としては北は岩手県中尊寺、秋田県立石寺、宮城県洞ノ口遺跡から、南は福岡県井相田C遺跡まで全国各地でみられる。

あと一つ注目すべきものとして、中世城館跡の周壕出土の塔婆がある。中世城館からはさまざまな塔婆が出土するが、死者の年忌供養にかかわる塔婆以外に、年中行事にかかわる塔婆の出土も多い。それらの内容を具体的に示す遺品として、石川県堅田B遺跡出土の「建長三年（一二五一）正月八日」「弘長三年（一二六三）正月八日」日付を有する二枚の巻数板がある。古代において宮中で行われていた後七日御修法が十世紀以降次第に地方展開し中世に民間でも修されるようになったことを示すものである。建長三年巻数板は一六二×八二〇ミリの横長の板で、まず『般若心経』、読誦経典の目録、願文の構成で墨書される。目録の最後に「一　奉造立大日□□卒塔婆廿五本」とある。全国の中世城館遺跡から「南無大日如来」と墨書された卒塔婆の出土が知られるが、これらは正月行事としての仁王会に際しての造立とみられる。仁王会は中世では心経会とも呼ばれ、近世ではカンジョウツリ行事として展開し現在も引き継がれているところがある。

卒塔婆の機能として、参道両脇に並べること、塔婆堂の四面の柵状配列、『餓鬼草紙』笠塔婆周辺の方形区画状に稠密する柿経などの事例から、結界機能の存在が知られる。結界機能は現代の新墓地を囲む四十九院卒塔婆にも引き継がれている。また、「迷故三界城　悟故十方空　本来無東西　何処有南北」の偈を記す塔婆も多いが、一本で立てられていても墓所結界機能を有したことが偈文内容から知られる。結界力の源流はまずは経典のもつ呪力に求められるが、忌串・呪符など本来結界機能を有した遺品との融合も考慮せねばならない。

形の問題では若木や枝などを切り墨書面を取っただけの枝付《うれつ》き塔婆が現行民俗事例でみられる。民俗学ではこれこそが卒塔婆の原形・源流とする意見もある。依り代・ヒモロギなどに心意的につながるとの意味での源流ならば了とされるが、形の源流とすることはできない。古い遺品としては奈良の森本坊丸木碑伝（永仁三年（一二九五））があるが、これは山中での参籠における臨時の簡易な塔婆として作られたもので、この形から塔婆形が成立したのではなく、逆に塔婆形を真似たものである。

卒塔婆は木簡・札類の用途の一つであり、それらが仏教的展開を示したものといえる。五輪塔形卒塔婆の成立や板碑形の主頭形や切り込みの整斉・意義付けが仏教的展開の中心的動きといえる。用途としてはここで触れた以外にさまざまな卒塔婆があり得る。墓塔・墓標も含めて屋外設置の大型（記念的）遺品はその役割を石造塔婆に移行し、供養のたびごとに造立される小型の卒塔婆が木製で残ったのである。

（藤澤　典彦）

参考文献　西本安秀「木製卒塔婆の変遷と用途に関する一考察」（『網干善教先生古希記念考古学論集』下所収、一九九八）、田中則和「仙台市洞ノ口遺跡出土木製塔婆」（『六軒丁中世史研究』一三、二〇〇八）

院政期の天皇陵

平安時代後期から鎌倉時代初期にかけての時代を院政期と別称している。この時期の天皇・皇后は、仏堂や仏塔の床下に埋葬されることが多かった。こうした陵墓を堂塔式陵墓と呼んでいる。その他、陵に小規模な墳丘を造る事例、多重石塔を建てる例、火葬所にそのまま遺骨を埋納して塚を造るという例なども見られる。さらに、遺骨や遺体が埋葬された正式の陵以外に、火葬所もまた永続的な祭祀の対象とされたり、亡き天皇の肖像をまつる御廟が別に造られるというようなこともあった。

この時期の陵墓の特徴的なありかたは、生前の被葬者にゆかりの深い離宮や院御所に造営されることが多かったということである。まず、白河・鳥羽・近衛の三天皇は、鳥羽殿(鳥羽離宮)内に築かれた塔が陵とされた。すなわち、白河法皇(一〇五三―一一二九)は香隆寺(現在は湮滅)の西北の野において火葬され、遺骨は同寺に仮安置された後、鳥羽殿の三層塔(成菩提院)の下に埋葬された。近衛天皇(一一三九―五五)は船岡山の西で火葬され、遺骨は知足院に仮安置された後、長寛元年(一一六三)に至って鳥羽殿の安楽寿院の二層塔(新御塔)の下に納められた。この塔はもともとは鳥羽法皇の皇后の美福門院藤原得子の陵として造立されたものであるが、のちに計画が変更されて近衛天皇陵にあてられることになったものである。鳥羽殿安楽寿院で崩じた鳥羽法皇(一一〇三―五六)は、そのまま安楽寿院の三層塔(本御塔)の下に土葬された。さらに、後白河法皇(一一二七―九二)とその寵妃である建春門院平滋子(一一四二―七六)は、その院御所であった法住寺殿の域内に造営された二つの法華堂に土葬されている。なお、後白河天皇の百二十回忌にあたる応長元年(一三一一)には同天皇の木像が造られ、山陵の礼拝主体として安置された。

寺院の中に山陵を造営したり、寺院境内に建立された仏堂の中に埋葬される例もある。白河天皇中宮藤原賢子(一〇五七―八四)、同天皇皇女の郁芳門院媞子内親王(一〇七六―九六)と令子内親王(一〇七八―一一四四)はいずれも火葬の後、遺骨は醍醐寺の円光院の堂に埋葬された。藤原賢子の骨蔵器は江戸時代に発掘されたが、金属製の三角五輪小塔という特異な形態のものであった。堀河天皇(一〇七九―一一〇七)は香隆寺南西の野で火葬し、遺骨は同寺に仮安置された後、仁和寺円融院の境内に埋葬され、そこに塚と三重石塔が営まれた。鳥羽天皇の中宮であった待賢門院藤原璋子(一一〇一―四五)は、晩年の女院御所である仁和寺子院の法金剛院の三昧堂に土葬された。二条上皇(一一四三―六五)は香隆寺東北の野で火葬された後、同寺境内に新造された三昧堂に埋葬された。六条上皇(一一六四―七六)と高倉上皇(一一六一―八一)は、東山の清閑寺境内に営まれた法華堂に埋葬(土葬か火葬かは不詳)されている。

これらの堂塔式陵墓の構造には不明な点も多いが、いくつかの陵墓における断片的な情報を組み合わせて推察することは可能である。白河天皇陵はその周辺の発掘調査により、巨石で囲んだ一辺五六メートルの方形区画を持ち、さらに幅八・五メートルの濠をめぐらしていたことが判明しており、その中心に陵の本体としての塔が建てられていたのであった。待賢門院陵は室町時代に盗掘された時の記録が残っており、そこから推測すると、三昧堂の地下に石槨を造ってその中に棺を納め、石槨の上には副葬品として法華経を彫った銅板を納めた銅製経箱を置いていたらしい。

近衛天皇安楽寿院南陵（京都府，現在の建物は慶長11年再建）

また、保元の乱の敗北によって讃岐国に移された崇徳上皇（一一一九―六四）は配所に近い白峰の山上で火葬の上、火葬塚そのものを陵とし、さらにその隣接地に菩提所としての法華堂（頓証寺）が建てられた。治承・寿永の内乱で長門国壇ノ浦の海中に沈んだ安徳天皇（一一七八―八五）の場合には、天皇の遺骸はついに発見されなかったが、建久二年（一一九一）に至って壇ノ浦近くの海岸に御堂（阿弥陀寺、現在の赤間神宮）が建立され、それが安徳天皇陵に擬せられたのであった。承久の乱の結果として遠国に移された後鳥羽（一一八〇―一二三九）・土御門（一一九五―一二三一）・順徳（一一九七―一二四二）の三上皇の場合には、それぞれの配所で火葬した後に遺骨は京都に持ち帰られ、後鳥羽・順徳両上皇は山城国葛野《かどの》郡の大原勝林院に設けられた法華堂に、また土御門上皇は同国乙訓《おとくに》郡の金原に建てられた法華堂にそれぞれ埋葬されている。これらもまた、寺院境内に陵が設けられた事例に挙げることができよう。

なお、崇徳上皇の場合には讃岐の山陵とは別に京都に、春日河原の粟田宮と綾小路河原の崇徳院御影堂という二つの御廟が建立された。後鳥羽上皇の場合には、上皇の離宮であった摂津国水無瀬殿の跡に御廟が建てられ（現在の水無瀬神宮）、そこに上皇の肖像がまつられてその菩提が弔われている。これらは遺体や遺骨を埋葬したわけではないから陵ということはできないけれども、亡き天皇の菩提を弔うという点で陵の機能の一部を代替していたことになる。

（山田　邦和）

参考文献　上野竹次郎編『山陵』（新訂版、一九八九、名著出版）、山田邦和「平安時代天皇陵研究の展望」（『日本史研究』五二一、二〇〇六）

中世前期の屋敷墓

屋敷墓とは屋敷地の一角に墳墓をつくる墓制として、柳田国男によって紹介されたあと、屋敷神信仰などのかかわりから、民俗学の研究対象とされてきた。文献史学では勝田至がとりあげ、中世前期にさかのぼって存在することなどを論じた。考古学では、原口正三が宮田遺跡(大阪府高槻市)の土葬墓を、民俗学がいうところの屋敷墓になると指摘したことに始まる。このあと、橘田正徳が中世前期の屋敷墓を検討し、建物群の継続期間が長期化することに伴って生じる、相続の正当性を可視的に主張する装置であることを明らかにした。

屋敷墓は十世紀後半までに出現するが、十一世紀前半にかけて在地に定着する傾向はみとめられない。よって、中世前期に慣習となる屋敷墓とは区別して、十〜十一世紀前半のものは屋敷墓の先行形態としてあつかう。先行形態には、法堂寺遺跡SX〇一(滋賀県東近江市)のように、碗・坏・小型壺からなる定型的な構成の食器をおさめるものが多い。このような食器をおさめる土葬墓は、九世紀の貴族の墳墓である平吉古墓(奈良県明日香村)に始まり、九世紀後半には関東地方や九州地方の官衙に関連する遺跡でみられるようになる。また、非常にめずらしい唐代の青磁水注をおさめた博多遺跡群六十二次調査区SX五五〇八(福岡市)などの例から、この食器形態は官人層を媒体に各地へひろまったと考えられる。この食器形態と関連性がある先行形態も、官人がもつ古代的な法知識をもとに創出された可能性がある。

十一世紀中ごろに始まる中世集落の形成をもって、屋敷墓は畿内を中心に慣習として定着する。中世前期の屋敷墓は、Ⅰ類からⅣ類とする四つの形態に分類できる。屋敷墓Ⅰ類とは、家屋のそばに墳墓をつくるもので、十一世紀中ごろに出現する。屋敷墓Ⅱ類は、屋敷地の外周に配置する形態で、十二世紀初頭に出現する。このあとに出現する屋敷墓Ⅲ類・Ⅳ類も、屋敷地の外周につくられる。屋敷墓Ⅲ類とは墳墓が二基ならぶもので、十二世紀前半につくられ始める。この形態の墳墓には土器一型式以上の時間差があり、被葬者の性別が判明するものは、男性・女性か、女性・女性の組合せで、男性・男性の例はない。屋敷墓Ⅳ類とは三基以上の墳墓がならぶもので、十二世紀中ごろから本格的につくられ始める。性別が判明する被葬者はすべて男性で、土器一型式前後の時間差をもって規則的につくられている。このことから、被葬者は三世代以上にわたる男性と推定される。なお、屋敷墓Ⅳ類のあとに、あらたな形態の屋敷墓はつくられない。

屋敷墓Ⅰ類が家屋のそばにつくられるのに対して、Ⅱ類は敷地の外周にある。一方、屋敷墓Ⅰ類が出現する十一世紀前後の譲状(土地・家屋の売買契約書)をみると、家屋の特徴が克明に記されるとおり、家屋に対する財産意識が強い。しかし、屋敷墓Ⅱ類が出現する十二世紀からは譲状の中に「屋幷敷地」の文言が、十二世紀後半には「屋敷」が出現するように、家屋を包摂する敷地そのものに意識が及ぶ。このような所有観念の変化が、屋敷墓Ⅰ類・Ⅱ類にみる立地の変化に反映されたと推測される。

屋敷墓は相続を契機につくられることから、その被葬者はお

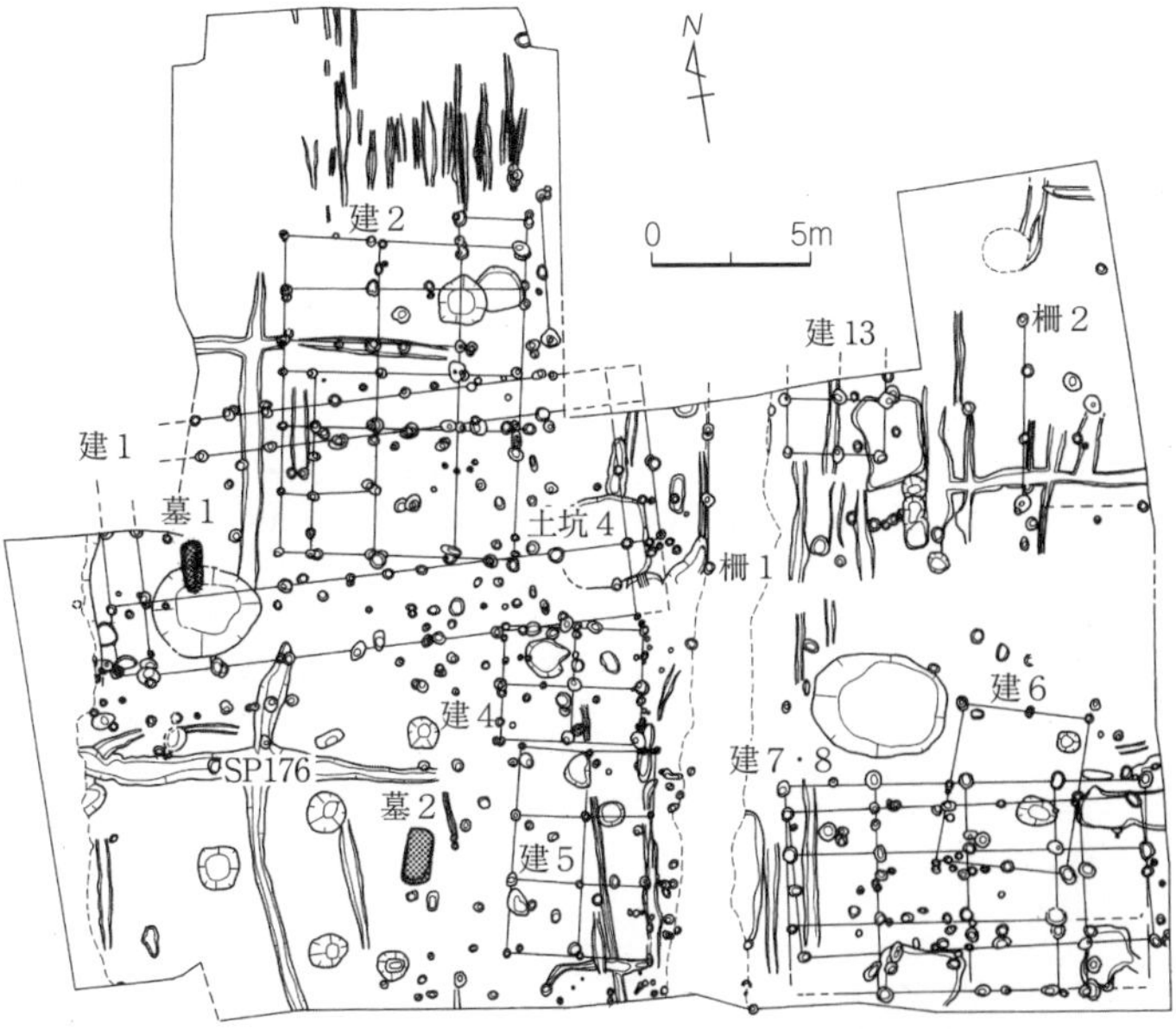

屋敷墓Ⅱ類　大阪府小曽根遺跡第13/16次調査区(『豊中市埋蔵文化財調査年報』２より作成，一部改変)

小曽根遺跡第13次調査区(豊中市教育委員会提供)

のずから家長に比定される。よって、三世代以上にわたる男性家長の墳墓群である屋敷墓Ⅳ類の成立とは、嫡子相続(特定の男子に屋敷を継承させる相続のあり方)を原理とする中世的「家」の形成を意味する。なお、屋敷墓Ⅳ類にみられる三基以上の墳墓が列状に配置される形態は、そのまま中世後期の墓地へ踏襲されるように、十三世紀後半までに中世的「家」は村落における普遍的な家族形態となる。

　ところで、中世的「家」の成立には、夫婦が同居する家族形態が前提となる。一方、十一〜十二世紀における屋敷墓の被葬者には男性と女性がみられる。これは、家長に男女の性別差が反映されなかったことを意味する。つまり、中世的「家」が萌芽するまでは、同格的な夫婦が同居する形態が一般的であったことをしめす。こうした家族が居住する建物群は、九世紀に出現する。なお、同格的な夫婦から、中世的「家」へ移行する過程において、女性の社会的な地位は大きくかわる。この変化が屋敷墓Ⅲ類に反映された可能性は、十分に考えられよう。

　屋敷墓とは、家族の形態や所有観念の変化を背景に、その形態を多様化させていく。このような特徴から、屋敷墓は私的な墓制として庶民に供される公的な墓地とは区別されるのである。

（橘田　正徳）

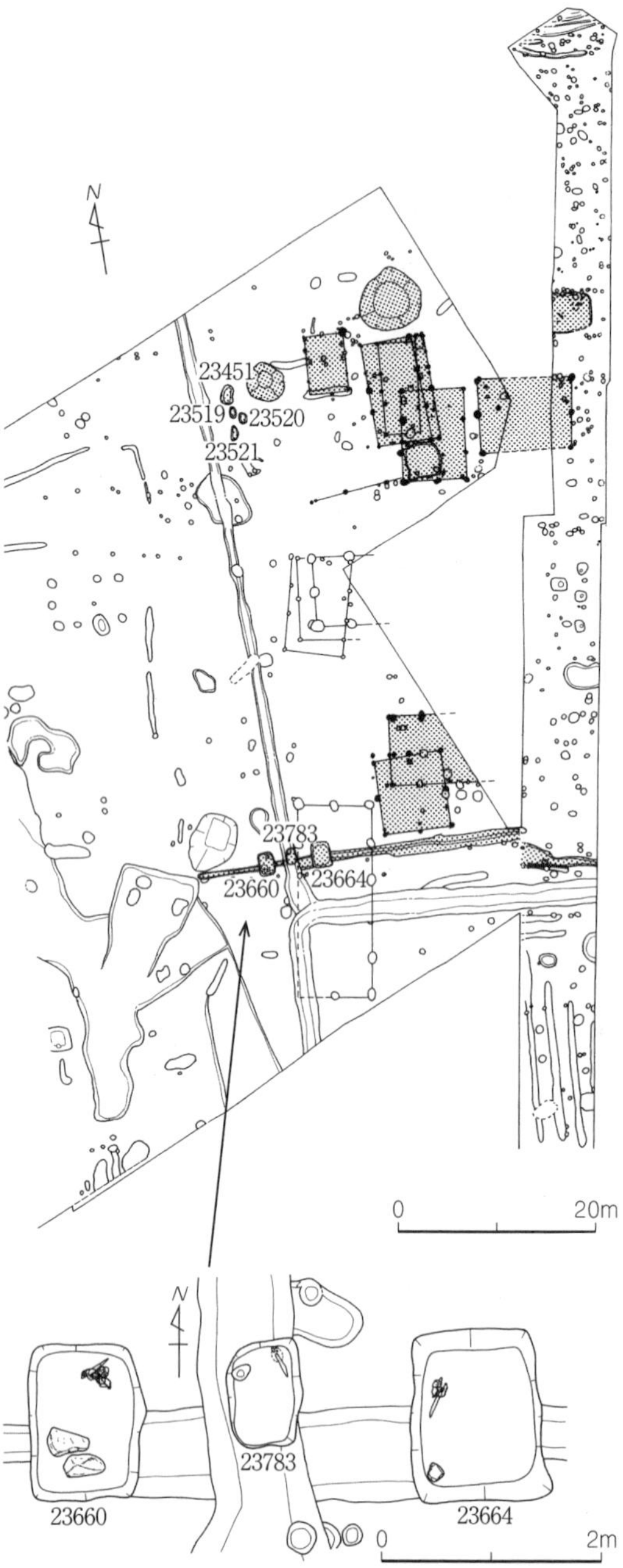

屋敷墓Ⅳ類　(上)大阪府総持寺遺跡　(下)土坑墓平面図(『総持寺遺跡』より作成，一部改変)

石組墓の変遷

ここでいう石組墓とは、発掘報告書などで「集石墓」「積石墓」「配石墓」などと呼ばれているものの内で、石列で墓を区画し、またはその区画内を石で葺き固めたタイプの墓を指している。「石組墓」と呼ぶものには、拳大の大きさの石を積み上げたもの、数センチ大の石を大量に積み上げたもの、人頭大より大きな石を数個寄せただけのもの、壇状に高く積み上げたものなどさまざまな形態があるが、これらはいくつかのタイプに分類すべきもので、ここで使用している「石組墓」も含めて、用語の検討が必要な時期にきている。

石組墓の成立を考える上で重要な資料として『餓鬼草紙』の墓地風景があり、そこには数タイプの墓がみられる。『餓鬼草紙』の制作年は明瞭ではないが平安時代の最末か鎌倉時代の最初と考えられる。この時期は第一期中世墓地の開始時期で、古い墓制が変化をみせる時期にあたる。『餓鬼草紙』の画面では古墓と新墓とが明確に描き分けられている。古墓は墓上に草木が生え、新墓には草木はなく石塔・卒塔婆などの墓上設備が乗る。また、円形墓と方形墓が入り交じるが、円形墓は古く方形墓が新しいこともうかがえる。さらに、表面に石を配する墓は方形タイプにみられる。このことから『餓鬼草紙』の作者は目前の墓制展開を正確に認識し、古墓と新墓を意識的に描き分けているといえる。

この時期以降石組墓は急激な拡がりをみせる。その背景にあるのは火葬受容の拡がりである。土葬から火葬への展開を具体的に示す事例として十二世紀末開創と考えられる静岡県磐田市の一ノ谷中世墓がある。ここでは大型の塚墓と称される周溝を有した土葬墓を中心に石組墓が連接しながら展開する事例が数多くみられる。石組墓は火葬墓として展開しており、石組墓への転換と火葬の導入は軌一の動きであった。十四世紀には墓地成立の動きが全国的に展開する。これらを第二期中世墓地と評価できるが、これらの墓地では最初から石組墓であり、基本的に火葬墓である。

火葬墓は古代から仏塔と二重写しでみられ、上部構造は塔であり、下部構造は舎利埋納施設そのものとみられてきた。平面円形・半球形の土饅頭形墓は塔の露盤上の伏鉢を通してインドのストゥーパにつながるとの認識は当然存在した。平面方形の石組墓の場合は大阪府堺市の家原《えばら》寺土塔や奈良市頭塔《ずとう》、さらには岡山県熊山戒壇などの仏塔遺跡の記憶がその背景にある。だから、墓は仏塔がそうであるように宇宙軸的な性格を有し、全面が正面で本来東西なきものであった。しかし、中世を通じて石組墓には塔としての性格・中軸性の喪失と単なる石組区画への変化の方向がうかがえる。その傾向を強める要因として、墓上への石塔の配置と、墓地の拡大に伴う墓道の整備による墓地構造の変化などを通じての正面観の強化とがある。それらの具現化として石組墓の連接がある。長期にわたる石組墓の連接を

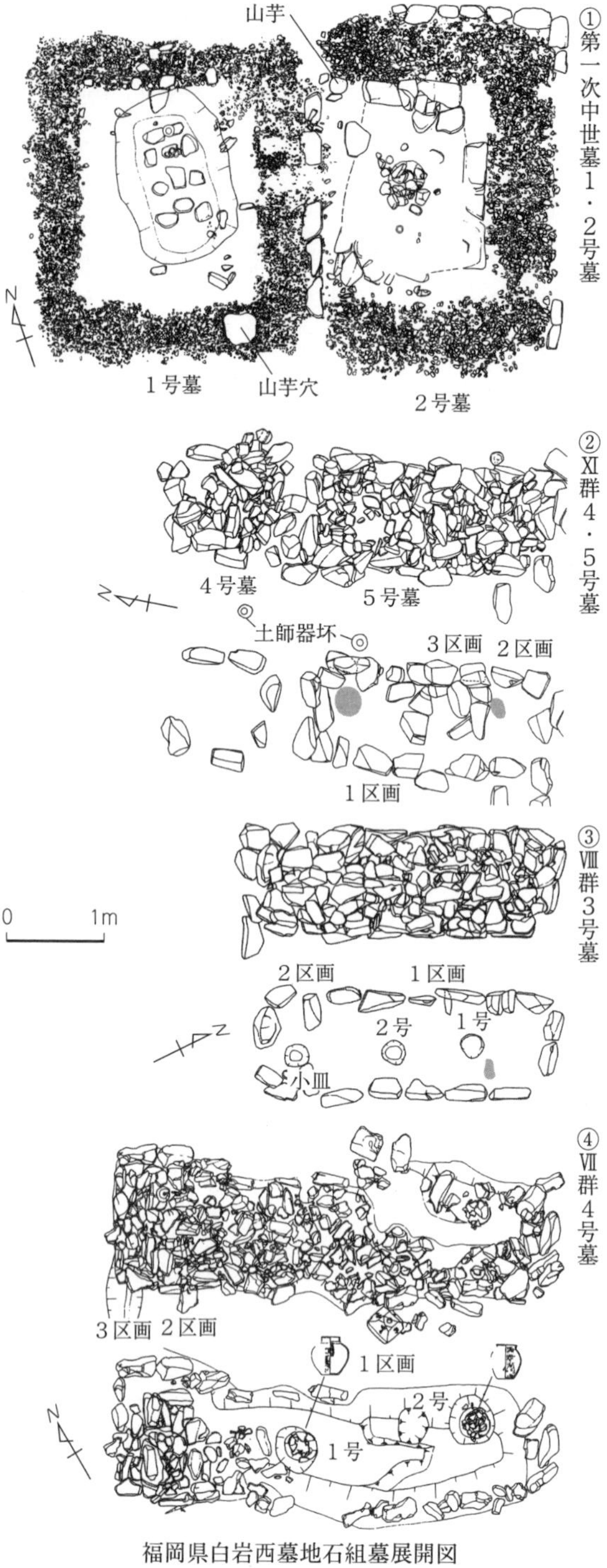

福岡県白岩西墓地石組墓展開図

示す良好な遺跡としては福岡県白岩西遺跡、広島県東広島市妙音寺原遺跡、宮城県山之内石塔群、愛知県法円寺中世墓、静岡県一の谷遺跡、三重県椎山中世墓・横尾中世墓などがある。短期間の石組中世墓遺跡は枚挙に暇がない。中でも白岩西遺跡は十三世紀中葉から中世末までの長期間の墓地で、石組墓の導入と同時に始まっており、石組墓の展開の各段階を示す遺跡として注目される。被葬者は当地に勢力を張った武士団香月氏と考えられている。香月氏は承久の乱後一時期勢力を失墜するが、十三世紀中葉には勢力を挽回する。白岩西遺跡のはじまりはその勢力回復と関係すると考えられている。以降の白岩西遺跡の展開は武士団香月氏の消長を示すものといえる。白岩西遺跡の石組墓の展開を中心に、各地出土事例を参考にしてみるとき、石組墓の連接には以下の変遷がある。㈠一基単独で造られるもの。㈡二基連接するもの。㈢三基以上連接するもの。㈣連接を予想し、先に長方形区画を造り、後から一基ずつに区切るもの。㈤長方形区画内の区切りがなくなるもの。㈥石組区画がなくなるもの。

㈠の一基単独は墓としての基本形であるから、何時の時点でも出現するものではある（図①は一号墓が先に造られ、二号墓が後から寄せられているが、一号墓だけの段階）。

(二)の二基連接事例は多くの墓地遺跡では、墓地の中央部分に位置し、この連接墓を中心として墓地が展開する様相が看取できることから、その墓地を営む一族の初代の夫婦墓と考えられる。二基連接の仕方に、いくつかのパターンがある。(1)最初の墓にさらに一基を寄せる場合、(2)最初の墓の一辺を共有して新墓を寄せる場合（図①の二号墓が寄せられた段階）、(3)はじめから二基並列した横長長方形区画を造る場合、などである。(1)→(2)→(3)と夫婦墓が確立してゆく段階を読み取れる。(三)の三基以上の連接の場合、連接のあり方にいくつかのパターンがある。(1)図②の二基連接墓にさらに連接していく場合、(2)一基分弱ほどの間隔の空いた並列墓間の内側の石列を共用し、前後石列の新設により、左右の墓と連接し新墓とする場合（図②右区画の三区画）などの事例がある。この連接の背後には被葬者一族の系譜関係を読み取る可能性が秘められている。(四)段階以降では一つの墓地遺跡で同様例が複数みられることがあり、一族がさらに家筋に分裂していく様子を窺うことができる。(五)段階では家筋分裂の安定を示すとともに、広大な墓地の場合には墓地全体としての中心が失われてゆく傾向もうかがえる（図③は左端に区画らしき石があり、(四)段階から(五)段階への推移を示し、図④は(五)段階を示す）。(六)段階では墓地の拡散がさらに進み、さらに多くの階層が墓に入り会うようになってきた状況をうかがわせる。石組墓の消滅はそのことを象徴的に示す。この段階は石組墓の終着点ではあるが、石組のないものを石組墓とは呼べないだろう。

以上の(一)から(六)の段階は中世墓の展開そのものである。石組墓は基本的には火葬に伴う墓制として展開した。火葬の導入はその階層にとっての祖先祭祀としての仏教の導入でもあった。だから墓地形成の開始点に夫婦墓が存在するのである。そして一族の発展と家筋への分裂、家筋以外の階層の流入という中世社会の変化を映し出すものとなっている。

石組墓上に石塔の配置が多くなるに連れて、石組墓全体を塔とする認識は次第に薄れてゆき、高さは低減し単なる区画へと変化する。階段状でない高めの石組もみられるが、その場合は石塔がのる壇としての意義もうかがえる。

中世末から墓塔は墓標化の方向をみせる。中世最末から土葬が次第に増えてゆき、近世に入ると土葬主流へと逆転する。土葬墓では墓上設備が塔である必然性がなくなり、墓標が次第に数量を増やし一七一〇年代を境に塔と墓標が逆転し、塔数は激減する。その時点で墓は仏塔としての役割を終え、中世墓は完全なる終焉を迎えた。

近世墓にも墓の区画は現れるが、それは近世的家墓の区画であり、現代墓の中にも各墓の区画の巻石として残っている。

（藤澤　典彦）

参考文献　藤澤典彦「墓地景観の変遷とその背景」（『日本史研究』三三〇、一九九〇）

火葬土坑・火葬場

遺体を荼毘《だび》にふすための遺構で、考古学的には焼土や木炭、骨灰などが詰まった土坑や窪みを指す。火葬土坑は一回の火葬(もしくはごく少数回)を行うために掘られた小型土坑、火葬場は繰り返し火葬を行うための施設や場所を指す。ほかに火葬址や火葬遺構という用語もあるが、これらは使用頻度や形態に関わりなく、荼毘を行なった遺構という意味で使われている。なお、古代に遡る火葬の痕跡も発見されているが、中世のものに比べて数が少なく、構造もごく簡易な焼土坑である場合が多い。

火葬土坑は、中世の墓域やそれに近接した空閑地に、複数が散在するように発見される。平面形態は長楕円形もしくは隅丸方形で、平均的な大きさは縦一メートル、横六〇センチ、深さは数十センチから一メートルくらいのものまでさまざまである。内底に棺を安定させるための石塊や木桁を置くもの、燃焼効率を高めるための通気孔を掘り込んだものなどがある。通気孔は幅二〇～四〇センチほどの溝状の掘り込みで、土坑の長軸にあわせて長い一条を掘るものや、土坑の横壁から煙突のように溝を掘り出すもの、あるいは土坑を十文字に切り込むようなものまである。土坑の規模がわずか一メートルであるのは、遺体が横向きで足を折り曲げた状態(横臥屈葬)で納棺される中世的な葬法に対応したものである。遺骨はすべて拾われる場合もあれば、一部のみを拾う場合もあり、拾骨が終了した後は埋め戻されている。遺物を伴う例は少ないが、土師皿や宋銭が残されている場合があり、その年代から火葬土坑の盛行期はおよそ十五～十六世紀と考えられている。ただし、近年の中世墓の研究成果では、蔵骨器を伴う火葬墓は十二世紀から出現し、十三～十四世紀にピークを迎えるとされている。それに対応した時期の火葬土坑も当然存在すると考えなければならない。分布は千葉県や神奈川県など関東地方に集中しているが、近年は各地で発見されており、その分布はほぼ全国的であるといってよい。なお、東日本では地下式壙(地下室状の墓壙で、竪坑と墓室で構成される)とセットで発見されることがある。その場合、遺体は地下式壙に一次的に埋葬され、この火葬土坑で火による「洗骨」を行なったと推測されている。

一方、火葬場は継続性の高い荼毘施設であり、大規模な墓地に付随して営まれる。火葬土坑が在地領主など限られた階層に採用されたのに対し、一つの村や特定の宗派の人々など広い階層に火葬が普及し、墓を営むようになった段階に登場すると考えられている。発掘調査事例は少ないものの、大阪府茨木市栗《くる》栖《す》山《やま》南墳墓群では一ヵ所に七基の火葬土坑が集中し、そこから掻き出したと思われる焼骨と炭化物が広範囲で盛土を形成していた。時期は十五世紀後半から十六世紀中葉とのことであるが、これに先行して上記のような有溝の火葬土坑が十四世紀中葉から営まれている。火葬遺構の変遷を知る上で貴重な遺跡といえよう。ただし、火葬場が全国で本格的に営まれるようになるのは、近世的な村落墓地が発達してくる十七世紀以降のことのよ

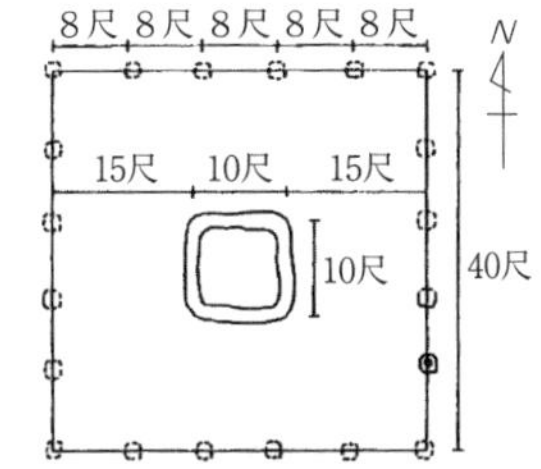

京都府西陣町遺跡

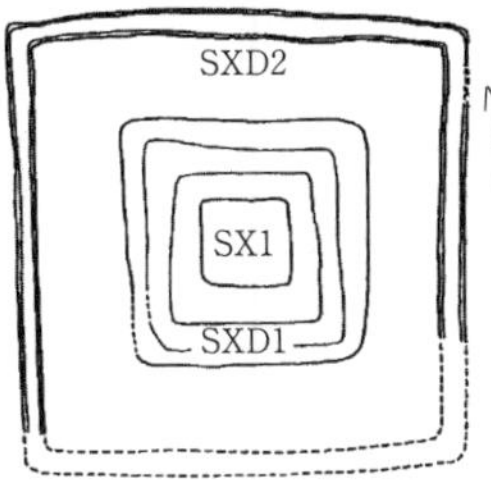

京都府京都大学構内遺跡
火　葬　塚

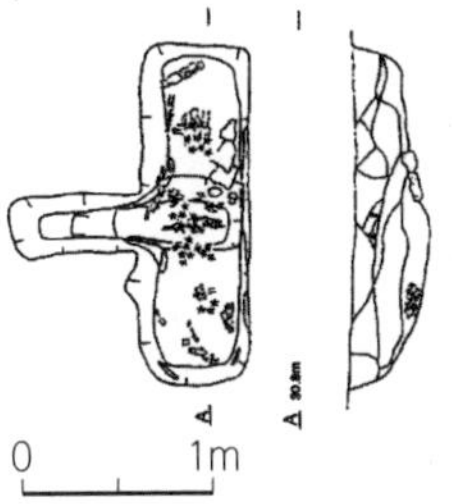

茨城県十万原遺跡 2

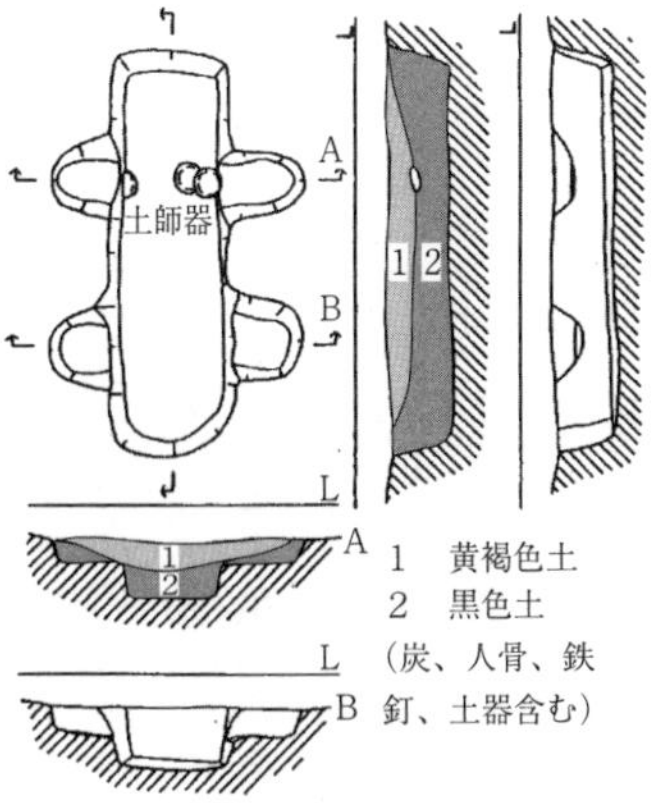

京都府西陣町遺跡
木製棺台を用いた火葬土坑

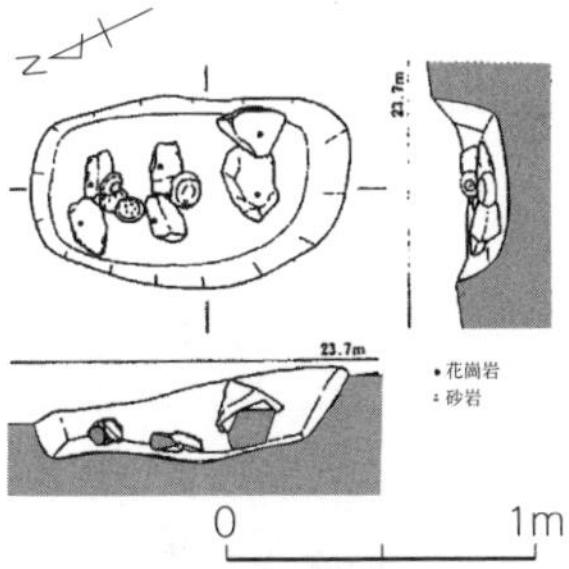

福岡県奈良尾遺跡
石製棺台をもつ火葬土坑

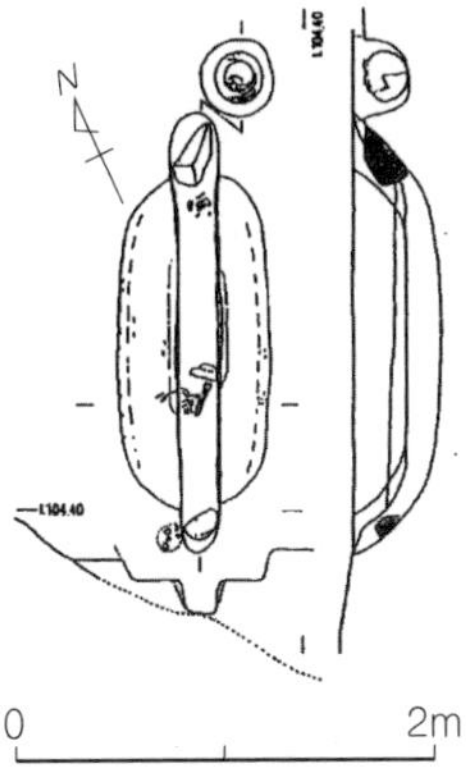

奈良県葛城石光山
古墳群10号墳地点
通気孔をもつ火葬土坑

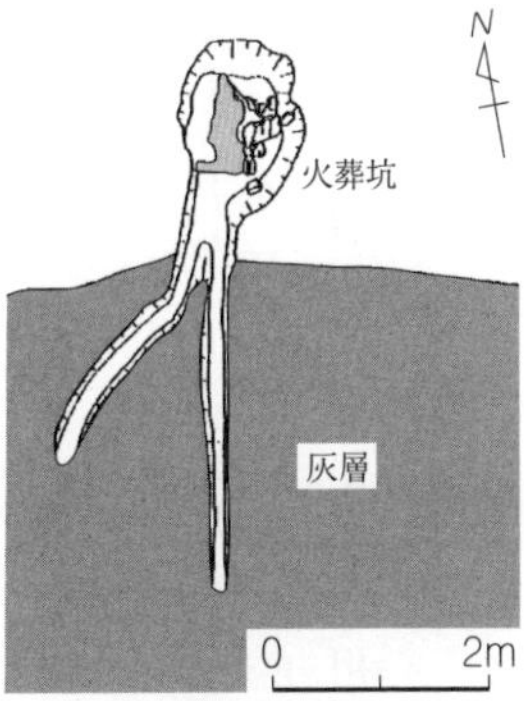

大阪府岡本山遺跡
共同火葬場

うである。

ところで、上記の火葬土坑や火葬場と異なり、京都府では火葬塚と呼ばれる遺構が発見されている。長岡京市西陣町遺跡、京都大学構内遺跡では、中央に方形土坑を掘り、周囲に一辺約一二《メートル》ほどの溝や垣根を巡らせた遺構が検出されている。いずれも十一世紀ごろに限定される遺構で、一条天皇の葬送を記した『吉事次第』（鎌倉時代前期ごろに成立）の「貴所（火葬所）」の記録と合致するという。一部の上流貴族の間にはこのような手の込んだ祭祀的な火葬が行われていたようであり、中世初頭の葬法を考える上で興味深い。

参考文献　狭川真一編『墓と葬送の中世』（二〇〇七、高志書院）、同編『日本の中世墓』（二〇〇九、高志書院）

（吉澤　悟）

蔵骨器の変遷

奈良時代、火葬は、遺体を破壊し、煙とともに浄土へ送り出す葬法として取り入れられてくる。そこには、死者再生よりも成仏を欲する思想を強く窺うことができる。また、死体を火化し骨として一体を納める蔵骨と、結縁を目的としてさまざまな場へ分骨する納骨の二者があり、遺体保存を意図する土葬とは異なる思想上に存在している。

火で焼くことによって、遺体を骨化し納める容器は、時代性を反映しさまざまなものが用いられてきた。主として発見事例の多くを占めるのは、国内外産の陶磁器であり、白磁や陶器の壺、甕類が多く用いられている。ほかに土師器を含めた釜、鍋、椀、皿類も用いられることもあるが、一体分の遺骨を納めるには容量の問題もあり、結縁など遺体埋葬とは異なる思想背景のもとに使用されていると考えられる。ほかの素材としては、朽ちる素材への収納を想定させ得るものもあり、たとえば、火葬骨が単独で土中より出土する事例があり、一定の範囲にまとまって出土していることなどから、布や木製容器など包む素材に収納されて埋置されているものと考えられる。

時代的な変遷は、その初現としての奈良初期には、受容階層が高僧、上層貴族に限定されていることもあり、仏器として用いられた金属容器が使用されている。ほどなく大宰府など地方統括機関へと広がりをみせる火葬墓は、須恵器製の壺類が蔵骨のための容器として使用され、奈良後期から平安前期にかけて、須恵器のみならず土師器、さらには中国からの輸入陶磁器が用いられるようになる。また使用される器種も壺類のみならず甕、水注といった煮沸具、貯蔵具など人骨を入れるための容量をもつ容器のほか、坏など小型化したものも見受けられるようになる。しかし、これら火葬墓自体は、多くの学説史が説くように限られた階層のみに受容され、多くの人々への受容には至っていない。平安中期以降鎌倉後期までは、『日本霊異記』を代表とする転生思想の流布により遺体保存を意図した土葬墓へ回帰することもあり、火葬墓自体が減少し、細々とであるが須恵器など平安前期に使用された焼き物を使った蔵骨器が用いられている。その後、平安後期から次第に中国からの陶磁器が多種多量に輸入されるようになると、国産のものを次第に凌駕し、輸入陶磁器の壺・甕類が蔵骨器として使用されるようになってくる。一方で輸入陶磁器が入手できない地域や階層では中国陶磁器を模倣した国産陶器類を使用しており、奈良後期に現出した焼き物による使用階層の表現が、そのまま後代まで引き継がれていく。一方、鎌倉後期になると、石製塔婆の造営が多くの地域に広がり、五輪塔の水輪部分を蔵骨容器として使用するようになる。奈良初期を除いて、広い地域で使用される蔵骨器の多くが用途転用容器であったのに対し、水輪部分の蔵骨容器としての使用は、蔵骨器として目的を持ってつくられるものが再現したといえる。

五輪塔埋納遺構(福岡県横岳遺跡)

散骨遺構(福岡県石穴遺跡)

　室町期になると結縁思想の低階層への広がりとともに、蔵骨器のみならず納骨器としての容器の使用が始まる。その多くは、椀・坏・皿など小型の容器で供膳のために使用されるものである。納骨容器として塔婆内を収骨施設としているものがあり、和歌山県高野山奥ノ院五輪塔を当該事例として挙げることができる。

　火葬骨が直に長方形土壙内に埋置されている事例も存在している。南島では、土壙再葬墓と呼称される墓が鹿児島県大島郡喜界町城久遺跡群で検出され、蔵骨容器として適しているカムィ焼(平安後期に南島を中心に分布する焼き物で、同郡伊仙町にある窯跡で焼かれている)の壺には納めず、墓壙内の片隅に収骨状態で置かれている。その上部に副葬・供献と考えられる輸入磁器、カムィ焼などが据えられており、あたかも土葬墓内に火葬骨を置き、副葬・供献の品々を置いたかのように見て取れる。この場合の火葬骨は、墓壙内に散在しているものもあるが、まとまって出土しているため、布などの朽ちる素材によって包まれ埋葬されたものと考えられる。しかし、その量は、遺体一体分はなく、頭骨や四肢骨など主要な骨の検出例がないことから、主要な骨は埋葬されていない可能性がある。これは、土坑墓という墓の形態は持ちながら、後述する「蔵骨器に納めきれない骨」の処理方法とは異なった事例として挙げることができる。

　これまで発見されている蔵骨器の容量では、成人骨一体を収納することは困難である。収納できなかった骨の処理についてあまり議論されてこなかったが、蔵骨器に納めきれない骨を集め弔った行為が想定される遺構が確認されている。福岡県太宰府市石穴遺跡(十三世紀末―十四世紀)や鳥取県倉吉市打塚遺跡(十二世紀末)などが、蔵骨器に収納できなかった骨を供養する施設として考えられる。また、太宰府市横岳遺跡(十三世紀末―十四世紀)では、寺院付帯の施設として五輪塔十一基を方形土壙内に埋置し、その上部に納骨容器として常滑焼大甕を据え、さらに覆い堂として礎石建物が建造されている。前二者は、寺院付帯の遺構ではないため仏結縁は想定できず、大阪市千日墓所の絵図に描かれる「灰山(火葬骨を蔵骨器に収骨し、収めきれなかった骨を散骨する場)」などの機能が想定できる。一方、横岳遺跡検出の礎石建物は、寺院への納骨儀礼として奈良市西大寺に所在する骨堂や長野県飯田市文永寺石室・五輪塔などに相当する施設として解することができる。

参考文献　「墳墓にみる陶磁器」(『貿易陶磁研究』一三、一九九三)、海辺博史「讃岐の中世土壙墓ノート」(五味文彦・斎木秀雄編『中世都市鎌倉と死の世界』所収、二〇〇二、高志書院)、渡辺邦雄「畿内における律令墓制の展開と終焉過程」(『日本考古学』一七、二〇〇四)、中島恒次郎「「都市的」な墓、「村落的」な墓」上・下(『古文化談叢』五六・五七、二〇〇七)、狭川真一編『日本の中世墓』(二〇〇九、高志書院)

(中島恒次郎)

霊場納骨の展開

古代の火葬は多くが山や丘陵で行われ、散骨も同様の場所で行われた。山あるいは山の彼方が祖先の鎮まるところ、行くところ、その入り口と考えられていたからである（海岸べりでは海の彼方あるいは島など）。山中他界観と関係する場所が次第に霊性を得て霊地へと転化し、納骨霊場へと成長してゆく。その霊場への納骨開始は、その場の仏教的浄土との融合が契機となる。その代表が高野山であり、なかんずく奥之院である。高野への初期納骨の事例を見ると

万寿三年（一〇二六）上東門院の納髪（『高野春秋』）
天仁元年（一一〇八）堀河天皇の納髪（『中右記』）
仁平三年（一一五三）覚法法親王の高野山御骨堂納骨（『兵範記』）
永暦元年（一一六〇）美福門院の菩提心院納骨（『山槐記』）
養和元年（一一八一）右大臣平重盛の高野山納骨

などがある。納骨以前の納髪の存在は死穢の根源たる遺骨の霊地安置への抵抗感の存在が推知される。霊場性の獲得にはそれぞれの場特有の事情があるが、高野山の場合は弘法大師の入定する奥之院が弥勒浄土として意識されるようになったことにある。堀河天皇の場合は『中右記』に「件所清浄地、大師入定、久期慈尊出世三会之暁之所」の文言とともに「奉加入法華経、可奉埋高野山之由相定了」と述べ、納髪と同時に埋経も計画している。その文に続いて「但不可及披露、世人自難者出来歟、尤可然、深銘心中了」と世間の非難に対する気遣いをみせている。埋経はその場を弥勒浄土とし、遺骨の穢れを消し去る祭祀行為でもあった。藤原道長が金峰経塚に埋納した経筒が現状最古の経塚遺品であるが、その娘上東門院の納髪が高野山納髪・納骨の初期に位置づけられることは経典埋納のもつ穢れ逆転の論理を考える上で示唆的である。

高野山奥之院の工事に伴う調査では納骨容器とともに多くの経筒類も出土している。中でも尼法薬の経筒は注目すべき遺品である。入れ子になった陶製筒形外容器・鋳銅製経筒（永久元年（一一一三））・漆塗筒形曲物内容器内に経帙に巻かれた紺紙金泥『法華経』・開結二経十巻、紺紙銀字『般若心経』、『阿弥陀経』一巻、紺紙銀泥比丘尼法薬供養目録、紙本墨書願文（永久二年）と、底には絹本墨書両界曼荼羅二面、絹本墨書法華種子曼荼羅、その他『法華経』断片などが入れられていた。これらの遺品から、納骨・納経が末法思想を背景にした、弥勒信仰の展開と同軌の営みであったことが窺える。法薬の供養目録は生前の作善《さぜん》業の集計一覧表で、臨終時に身につけておくべき物であった。目録の遺例としては西念供養目録、藤原実重供養目録などがあり、南無阿弥陀仏作善集もその範疇で考えられる。僧西念は自己の作善目録を持って大阪四天王寺の西門下の海から極楽に向かって入水するが、助け上げられてしまう。その目録が後日、入水失敗後の作善目録とともに「六波羅御寺前池中島」に埋納された。それが、明治時代に発見された。願文には

「目録懸頸向西方雖投身入海□□深海縁浅」と入水の失敗後、「梵天帝釈閻魔之廳訴」のために「目録五通」を作成し、本例以外は「加賀国白山妙理権現御宝殿内」「鞍馬御寺御殿内」「天王寺御舎利堂内」「天台山東塔三昧堂内」に納めたと、目録作成経緯を記す。西念没後は遺骨も各所に納骨されたであろう。

中世を通じて火葬は次第に下の階層に拡がり、中世末には上層庶民にまで展開する。納骨の風習も平行して階層的拡がりを見せ、各地に小高野としての納骨霊場が成立する。それらの納骨霊場の頂点に立つのが高野山である。室町時代の辞書『塵添壒囊鈔』には「骨専納高野事」として「諸人取骨必ス高野ニ納ルハ、何由緒ソ、不限南山、所々ノ霊区ニ置之歟、就中高野山ハ是日本ニ、九品ノ浄土アル中ニ、上品ノ上生ニ当レリ、是清涼山ノ文殊ノ示現也、然レバ勝タル霊崛ナル故ニ、専ラ此ニ置歟」と記し、さらに「大師御記文」感得の経緯とその内容を引用して「但我山所送置、亡者之舎利、我毎日、以三密加持力、先送安養宝刹、当来我山可為慈尊説法之聴衆菩薩」と記しており、高野山納骨の確立状況を示している。

納骨容器のサイズにはさまざまあるが、普通の蔵骨容器サイズのものと径五～一〇センチほどの小型容器に大別される。小型容器は納骨用といってよく、容器共々舎利＝宝珠と意識されたと考えられる。一例だけだが、大型壺形容器の中に舎利容器の納入された物がある。各地の蔵骨容器で時々見られる営みであるが、これらは遺骨を舎利へと変じさせるためであった。

高野山納骨の近世の状況を記した『永代彼岸会修行由来』（かるかや堂千蔵院刊）には「当山に墓を築き日月牌を立てる利益の事」として、中世までの説を繰り返しながらも、「当山に墓を築き（下略）」「亡魂の遺骨を彼山の葬ること、貴賤をいはず、都鄙を論ぜず、年を追て熾なり（下略）」と近世になり、単に納骨ではなく営墓されるようになった状況を示している。

地域納骨霊場としては奈良県元興寺極楽坊納骨の事例が資料的に恵まれる。その霊場性は奈良時代の浄土教の学僧智光が夢で極楽に行き写し取った極楽の様子を絵師に画かせて、住坊に安置した浄土変相図の中世における再受容により創造された。その前で行われた念仏会への結縁者の納骨が極楽坊納骨の始源と考えられる。納骨容器としては小型木製納骨塔婆（圧倒的に五輪塔形が多く、少数だが宝篋印塔・宝塔・層塔・板碑形もある）に遺骨の一部を納入し、堂内（初期は須弥壇下に安置）各所に打ち付けた。納骨塔婆は彫り込み形式から四面立体・三面立体・板状に分類され、この順に出現する。この順は制作手順の簡略化の進展を示しており、背景には納骨の庶民階層への拡大がある。寛元年間（一二四三―四七）には智光住坊部分の切り離し独立堂化と東面の正面化が行われ、応永年間（一三九四―一四二八）には東門が移設され、霊場性のさらなる強化が図られた。『大乗院寺社雑事記』には多くの極楽坊納骨記事がみられ、文明十三年（一四八一）には大乗院門跡尋尊の父である一条兼良の遺骨が極楽坊も含めて奈良の六ヵ寺に納められた。「極楽坊分者金之五輪キンハク也」と記し、金箔押の五輪塔が使用されている。時期的にさらに古い金箔押し遺品があり、上層階層で

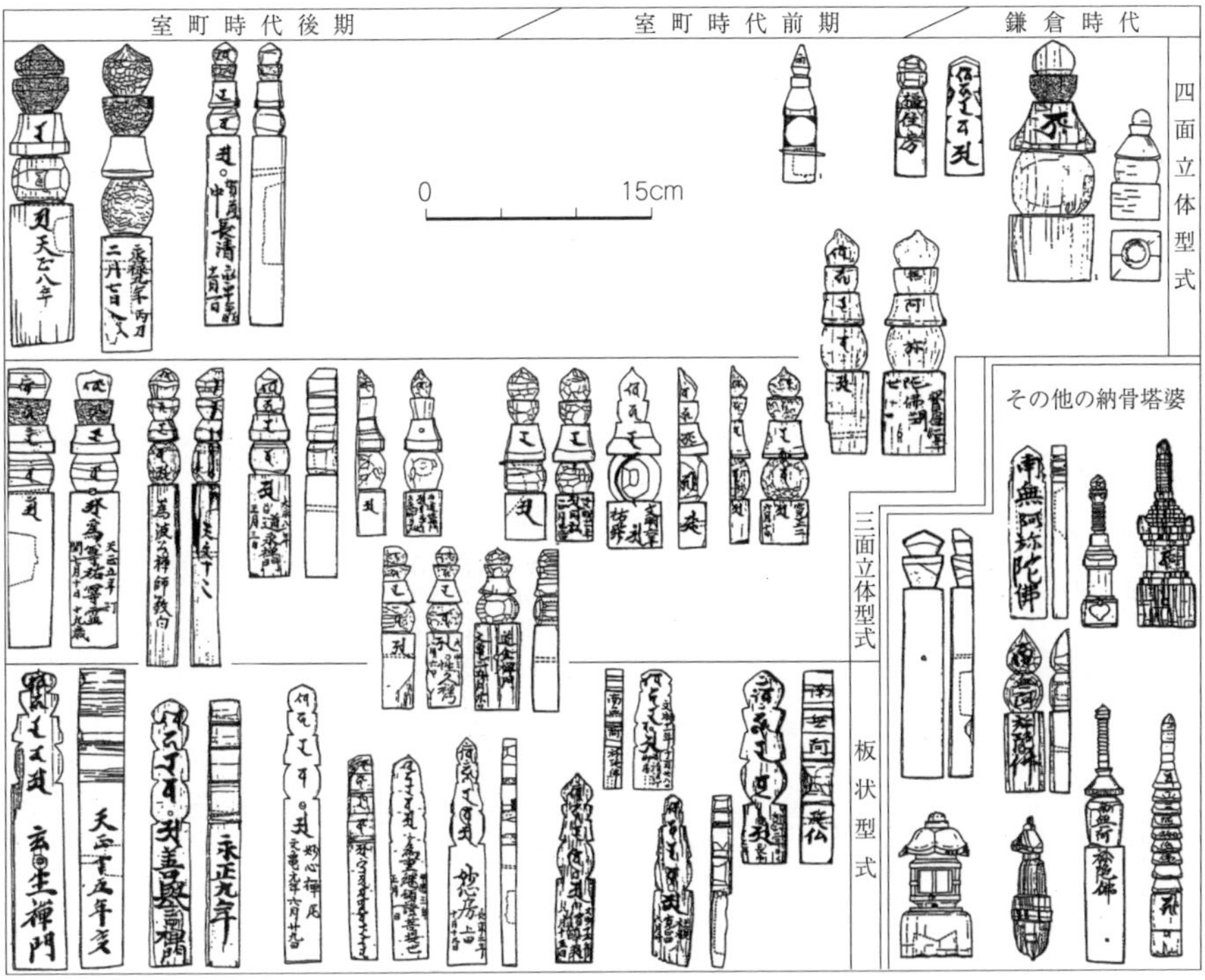

元興寺納骨塔婆編年表

は納骨開始当初から金箔押し五輪塔の使用が窺える。納骨の差配には「高野僧也」とされる横坊があたっている。

尋尊や後智恵光院の場合、極楽坊納骨とともに高野山への納骨も行われ、それらにも高野聖があたったと考えられる。地方霊場納骨は高野聖のネットワークで高野山納骨と結ばれていたのである。極楽坊は『雑事記』に「当坊ハ西方有縁之地也、可仰可信」と記され、他寺に比し強い霊場性を有した。

残された納骨塔婆の年代分布から納骨のピークが一六世紀後半にあり、江戸時代に入ると檀家制度の確立と土葬への転換により、納骨は急激に下火になることが知られる。極楽坊は霊場性を喪失し、奈良町の寺院へと変貌していった。納骨塔婆以外に竹筒・羽釜・土鍋による納骨も行われたが、それらによる納骨もほぼ同じ推移を示すと考えられる。

しかし、地域によっては火葬が江戸時代を通じて残り、現代まで継続した所もある。福島県会津の八葉寺では元興寺納骨の終焉にオーバーラップするように納骨塔婆による納骨が展開し、近代まで継続された。真宗地帯では火葬の残ったところが多く、京都の本山への納骨だけで、墓を営まない村もある。大阪など都市部でも火葬は継続され、納骨習俗も残った。江戸時代には、それらに対応するように各地域ごとの新しい納骨霊場の成立も見られる。

（藤澤　典彦）

納骨の諸相と展開

中世納骨の中心は霊場納骨だが、古くからの霊場以外に新たに霊場性を獲得する場合もあった。中尊寺金色堂を先蹤とする阿弥陀堂・法華堂内への埋葬・納骨である。それらは当初、一族・縁故者の範囲に留まるが、のちに一般に開放されるとそこは納骨霊場化してゆく。元興寺極楽坊納骨はその事例である。

しかし、ここではいわゆる霊場納骨以外の僧侶の納骨・分骨と石塔下への納骨と、その後の納骨の展開について述べる。

僧侶の間では、師の墓に弟子たちの遺骨を追埋納することがよく行われた。たとえば忍性は神奈川県鎌倉の極楽寺で卒し、極楽寺裏で火葬に付されるが、遺骨は極楽寺、故郷に近い大和郡山額安寺、祖師と仰ぐ行基墓のある生駒竹林寺に三分された。いずれにも大型石塔が建てられた。いずれも発掘され蔵骨容器が確認されている。極楽寺・額安寺の容器は同銘文を有し、竹林寺の容器に銘文はないが額安寺と同形容器であり忍性の遺骨と認定される。それぞれの石塔にさらなる遺骨の追納が行われている。

京都市醍醐寺三宝院宝篋印塔(重要文化財)は醍醐寺第六十五世座主賢俊(一二九九―一三五七)の墓塔と伝えられてきた。塔は壇上積み基壇上に立つが、壇上積み基壇内および周辺に合計二十五の土壙があり、遺骨入りの常滑・備前の甕・壺が据えられていた。師に対する思慕の念からの行為といえるが、師弟間の追納骨墓塔はよく見られ、このような師を中心とした共同納骨塔を海会《かいえ》塔とよぶ。

これらを蔵骨・納骨・分骨のいずれと判断するかは微妙な問題である。忍性の遺骨の三分は分骨、竹林寺への分骨は納骨、それぞれの塔への弟子遺骨の追埋納は納骨・蔵骨いずれともいえる。三宝院宝篋印塔の場合、容器の大きさからは基本的に蔵骨といえるが、他の霊場への納骨の可能性はある。すなわち遺骨の主要部分を墓に入れることを蔵骨、同程度に分割し個人の由縁の地に配する事を分骨、それが霊場に配されると納骨、遺骨の一部を霊場に納めることを納骨といえるだろう。以上のような基準での用語の使い分けは必要かと考える。

中世納骨でさらに注目すべきものとして、惣墓とされる墓地の中央に位置する惣供養塔と呼ばれる大型石塔に対する納骨がある。石塔下部に甕(常滑の甕が多い)を据え、塔の一部に穴があけられ、甕に遺骨が落とし込める構造をもつ。念仏講による造立銘を有する例が多く、在地有力者一族を中心とした講衆供養のための造立で、十四世紀前半の紀年銘を有するものが多い。長野県飯田市文永寺の五輪塔下の甕内容物調査では、室町時代中期ごろまでの遺物が確認されている。室町中期以降、血縁集団であった念仏講が各村落ごとに分散小型化・地縁化する傾向があり、その時期以降、墓地が下の階層に解放され、惣供養塔は一族の納骨塔としての役割を終え、墓地のシンボル的な供養塔へと変身した。塔への納骨の終了とともに、個人の墓塔としての小型石塔の造立が展開する。

近世は土葬が広汎に展開し、納骨は日本全体としては下火になるが、都市部や地域によっては火葬が遺り、納骨の継続する所もある。福島県会津の八葉寺では中世末からの納骨塔婆による納骨が現代まで継続しており、堂内全面を納骨塔婆が埋めている。会津地域では柳津の虚空蔵でも納骨塔婆が存在し、近世に墓を営み始めた階層のための近世的地域納骨霊場の成立を窺わせる。

奈良県西大寺奥院横の墓地片隅に骨堂《こつどう》がある。堂の横桟に大型卒塔婆が並べ打ち付けられた塔婆堂である。現代は西大寺関係者の供養大型塔婆が打ち付けられている。取り外された古い卒塔婆や桟には納骨塔婆が打たれている。大永八年（一五二八）銘が最古だが、多くは近世のものである。かつては塔婆で形成された壁の一部に穴があけられ、そこから納骨できるようになっており、内部にさまざまな物が投入されていた。近世初頭までは納骨もあったようだが、次第に納髪も多くなるようで、最終的には野位牌や三十三回忌をすませた位牌などが投入されるようになる。近世における火葬の衰退・土葬の展開を示している。

奈良県西大寺の骨堂

近代になると火葬が都市部から周辺に次第に拡がりを見せ、第二次大戦後は急激に火葬が展開し、高度経済成長期には農村部も土葬への対応が困難になり、火葬が拡がった。現代ではきわめて例外を除いてほぼ一〇〇％近く火葬であり、遺骨の処遇に多様性がみられるようになった。まだ墓石下に蔵骨するのが一般的だが、墓なしにロッカー形式納骨堂へ安置したり、自然葬・樹木葬ということで個人墓としての標識なしに公園的墓所に埋めたり、山野河海へ散骨したり、あるいは手元供養ということで遺骨を小型の容器（塔形以外の物も多い）に納め手元に置いたり、遺骨を高圧で人造ダイヤモンドにして、常に身につけたりすることも行われている。手元供養は遺骨の舎利的扱いといえる。人造ダイヤモンドは遺骨の珠玉化といえる。現代は蔵骨・納骨の区別が混沌としてきている。

（藤澤　典彦）

土葬墓と副葬・供献遺物

土葬墓は、遺体を残す死体処理として原始以来、命脈を保ち続けてきた葬法であり、火葬導入後も社会の多くの階層が継続していたと考えられる。古代以降に造営される墓の多くが、四角形の墓壙を掘り、内部に遺体を置く葬法で、墓壙内に礫や炭化物を敷くものも散見される。遺体を墓壙内にそのまま置くものを土坑墓、さらに木製の棺に納めるものを木棺墓としている。多くの場合、木質が失われていることが多く、木棺を構築する際に用いられる鉄製の釘の存在から、木棺を想定する場合が多い。また遺体を置く墓壙床面にのみ板材を敷くものや、蓋のみをふせるものなど、多様なあり方を見せる。

遺体の埋置姿勢は、全身を伸ばす伸展葬、全身を曲げる屈葬、肢のみを曲げる屈肢葬の三者があり、身体の向きを仰向けにするもの、伏せるもの、横向きに置くものの違いがある。現在、「死者の北枕」という表現が用いられるが、中世における北枕志向、いわば釈迦の涅槃図を模し頭北西面を意図したものは、人骨が残されている例からみると、多くの地域で規範的に作用しているとは言い難い。人骨が残存していないものでも墓壙主軸を観察すると、必ずしも南北軸を基調とするわけではなく、頭位方向は造墓集団が置かれた社会的環境によって異なり、シンボル的な山や海、集落の地割に規制されているものが存在している。

死者ならびに死者を冥界へ導くものへの供えとしてさまざまなものが献じられてきた。供えものには、その時々、場所において当時の人々の死者に対する思いと表裏の関係として、みずからの冥界への備えの表現として多様な行為として現れる。死者の出現から死穢の除去に対するさまざまな場においてモノが献じられてきた。死者を飾る死装束、弔いからくる共食のための食材を盛る器、仏具など、死者に供えられるものすべてが副葬・供献という行為の表現として見ることができる。改めて「副葬」「供献」という用語について整理してみると、それは死者との距離(関係性)において使い分けが行われる。副葬は、死者に最も近く・深く・重い関係性を有するもので、死者の愛用品や冥土への「所持品」などが該当する。一方、供献は死者と遺族との関係において献じられるもので、副葬行為よりは、死者との距離がやや遠ざかるものである。しかし、相互の区分けは単純ではなく、すべては「供える」という行為から残された結果を見ることになる考古資料のみでは理解し難い。現象面の理解として棺内埋置事例を副葬、棺外埋置事例を供献として便宜的に理解しているが、それが葬送者の思いを表現しているのかは、理解の再構成を図る必要がある。

次に埋置位置について見てみよう。副葬品の多くは、遺体と墓壙、棺の形状から規定され、四角形に対する人体形状から㈠頭部両脇、㈡足部脇の二ヵ所に隙間が存在し、㈠頭部両脇における隙間への埋置例が最も多い。

副葬・供献される品々は、死者に対する遺族の思いを表現するように、死者の生前に使用していたものや冥土への供物、さらには死者を魔物から守るための道具が供えられている。具体的には、武器、食器、化粧道具、装身具から工具までさまざまな品々が出土し、被葬者の社会的位置を知る上で、多様な情報を与えてくれている。武器には、刀子、小刀、刀が、食器には輸入陶磁器、国産陶器、黒色土器、瓦器、土師器、石製品、鉄製品などの供膳具、貯蔵具、調理具が、そして化粧具、装身具には鏡、毛抜き、玉類がある。工具類には、鉄製の鎌、鍬をはじめヤットコなどの鉄生産に関わるものも納められている例がある。その他として漆製品、木製枕や銭貨があり、これらの組み合わせによって被葬者の階層が分けられる。これらの品々は、食器・化粧道具類は、頭位左右ないしは頭頂部より上の空間に置かれていることが多く、武器は胸部ないしは左右の手の部分に、工具類も左右の手の部分に置かれている事例が多い。あたかも、冥土への旅立ちに際し、「身」を守るための道具類は、即時使用に備えるかのように遺体の身近に置き、その他の品々は、墓壙や棺の隙間的空間への埋置を行なっている。

平安時代末期の土坑墓(福岡県大宰府条坊跡)

性差と品々との関係は、人骨と副葬・供献物が揃う事例が限られているため、普遍化することには躊躇するが、これまでの検出事例では、武器は男性に、化粧具は女性との相関性が高い。また中世においては男女とも副葬・供献品の保有率に差は認められない。

参考文献　江浦洋「中世土壙墓をめぐる諸問題」(『日置荘遺跡』その三所収、一九八八、大阪府教育委員会・大阪文化財センター)、秋山浩三「古代の男性墓・女性墓」(『古代文化』五一ノ一二、一九九九)

(中島恒次郎)

五輪塔と宝篋印塔

五輪塔は古代インドで宇宙の構成元素とされた地・水・火・風・空の五大力を、地輪(四角)・水輪(球)・火輪(屋根形)・空風輪(半球+宝珠)の通常四部材を積み上げて象徴する仏塔の一種である。その材質は石造が最も多く、木製や土製、金属製、水晶製もある。四部材の正面には下から「地(ア a)、水(ヴァ va)、火(ラ ra)、風(カ ha)、空(キャ kha)」の梵字による種子を刻むことが多い。四方を四門にみたて、それぞれ東面「発心門」、南面「修行門」、西面「菩提門」、北面「涅槃門」の種子を刻むこともある。こうした儀軌(作法)は密教思想、とりわけ空海の『即身成仏儀』と関係が深く、当初は胎蔵界大日如来の三昧耶形《さんまやぎょう》(象徴形)として具象的仏像を幾何学的図形に置換して象徴化したものであったが、覚鑁《かくばん》が十二世紀初めごろに著した『五輪九字明秘密釈』では、阿弥陀仏と大日如来を同体とする浄密一元論の立場から、五輪塔の儀軌を規定して実物の出現を促した。四曼相(四種のマンダラ)の分類では彩色木製五輪塔は大曼荼羅、梵字を刻む通常の五輪塔が法曼荼羅、律僧墓塔に多い素文五輪塔は三昧耶曼荼羅、仏像を刻むものは羯磨曼荼羅に相当する。岩手県平泉町中尊寺願成就院の有頸五輪塔や釈尊院の仁安四年(一一六九)銘五輪塔などが最古例だがいずれも宝塔と五輪塔の中間的な印象を与える。覚鑁の儀軌を造形化したのは東大寺大勧進職の俊乗房重源(一一二一―一二〇六)で、球形の空輪、半球形の風輪、三角錐形の火輪、球形の水輪、立方形の地輪という特徴ある三角五輪塔を遺した。鋳銅製や水晶製の舎利容器のほか、重源の墓塔と推定される伴墓石造五輪塔の例もある。東大寺再建にあたり渡来した宋人石工伊行末の子孫の伊派や、関東へ渡った大蔵派は西大寺叡尊や極楽寺忍性と関係が深く、鎌倉時代後期から室町期にかけて、西大寺様式の巨大五輪塔の造営に関与した。その規模は、僧の地位や年齢、寺格によるピラミッド構造を示し、西大寺叡尊塔(本体三四〇・三㌢=一丈一尺)、鎌倉極楽寺忍性塔(本体三〇八・〇㌢=一丈一寸)などの例が知られる。五輪塔は有力武士の墓塔にも採用され、横浜市称名寺の金沢顕時(一二四八―一三〇一)墓は各輪四面に梵字を刻み、框座・格狭間《こうざま》がない点で律僧(比丘)の五輪塔と儀軌が異なる。律宗の祖師信仰・血脈原理に基づく五輪塔が、有力武士層の祖先祭祀・惣領制理念のシンボルに読み替えられたと考えられる。また正応五年(一二九二)銘の山城木津惣墓五輪塔は、共同墓地の惣供養塔である。石清水八幡宮にある航海記念塔は、高さ六㍍を測る花崗岩製の五輪塔で、中世では最大で、鎌倉後期の様式を示す。江戸時代には、「妙・法・蓮・華・経」や「地・水・火・風・空」の漢字五文字を刻む例も多い。

宝篋印塔《ほうきょういんとう》は、宝篋印陀羅尼の納入を本義とする。最上部の相輪は頂上の宝珠・請花、九輪(宝輪)、伏鉢などの部分からなる。その下の笠は四隅に隅飾突起がある。その下に方形の塔身、その下の方形の基礎からなる。塔身部に輪郭を刻まず基礎部の格

奈良県輿山墓地往生院宝篋印塔

神奈川県極楽寺忍性五輪塔

狭間が一つの型が関西型式と呼ばれる基本型である。塔身に四角の輪郭を刻み基礎部に格狭間が二つあるものは関東型式と呼ばれ、天竜川流域付近が両型式の分布境界となる。宝篋印塔は従来、中国五代十国、呉越国王銭弘俶が諸国に分与し、日本にも五百点が齎《もたら》された金属製の八万四千塔に由来し、これが石材で模倣されて石造宝篋印塔が誕生するとみられていた。栂《とが》ノ尾《お》高山寺宝篋印塔は、『高山寺縁起』に記す明恵上人の髪爪塔として、暦仁二年（一二三九）に造立された「塔婆者則模大唐育王塔之形」とみられる。しかし近年、初期宝篋印塔は、中国宋代の石造宝篋印塔を模倣したとする説が登場している。定型化した宝篋印塔では大和の輿山宝篋印塔（奈良県生駒市有里）が正元元年（一二五九）銘の古塔で最古である。硬質石材加工技術は伊豆半島に移植され、十三世紀末ごろから輝石安山岩製石塔が出現し、箱根山宝篋印塔（永仁四年（一二九六））などの例がある。鎌倉では、やぐら内に石造宝篋印塔が置かれる場合や、宝篋印塔のレリーフが彫られている例がある。鎌倉末以降は時宗系の宝篋印塔が多く、神奈川県相模原市の当麻《たいま》無量光寺には、時宗歴代の遊行上人の墓所があり、元応元年（一三一九）没の二世他《た》阿《あ》真教《しんきょう》塔、同二年没の三世智徳らの宝篋印塔が遺る。西日本では琵琶湖周辺に蔵王石工の花崗岩製宝篋印塔の造立が目立つほか、福井県若狭地域の日引石製宝篋印塔が日本海岸を中心に鹿児島から青森まで広域に分布する。室町時代以降には一石宝篋印塔が見られるほか、これと同型の木製籾塔《もみとう》も知られている。

（桃崎　祐輔）

板碑の変遷

板碑は中世に造立された塔婆の一種である。

典型的な板碑は、頭部が三角形(山形)で、首部に二段の羽刻みか二条線をめぐらし、額部を作り出し、幅に対して高さが顕著な身部をもち、そこに種子・図像・紀年銘・真言・造立趣旨などの銘文を刻むという特徴をもつ。

しかし、典型的な板碑は、関東地方の武蔵型板碑のように、緑色片岩など板状に加工しやすい石材が入手できる地域で主流を占めるに過ぎない。大部分の地域では、石材の制約から、柱状の細長い割石を用いた類型板碑、あるいは河原石などを使った自然石板碑が主体である。もっとも、板碑の形態的な特徴を十分に表現できなかった類型板碑や自然石板碑でも、本尊を梵字で表した種子《しゅうじ》を上部に配し、その下に紀年銘や造立趣旨を刻む点では、共通している。

板碑は、石製のものが圧倒的に多く残るが、当初は木製のものが主体であったとみられる。木製板碑は、従来『餓鬼草紙』に描かれた絵画資料しか知られていなかったが、近年石川県珠洲市野々江本江寺《ぼんこうじ》遺跡や鳥取県米子市吉谷亀尾前遺跡などから実物が発掘された。野々江本江寺遺跡例は、十一世紀後半から十二世紀前半のものと推測され、石製板碑よりも一世紀余り古いことが知られる。木製板碑は、早くも平安時代末期に、京都から地方へ伝播していたのである。

石製板碑は、木製板碑を模倣して製作されたもので、石材という恒久性の高い材料を用いたところに特色がある。石材は板碑に記念物としての性格を与えるために採用された。最古の石製板碑は、埼玉県熊谷市須賀広《すがひろ》の嘉禄三年(一二二七)銘板碑であるが、木製板碑とは形態的に異なる点が多く認められる。しかも、その直後に造立された初発期の武蔵型板碑は、須賀広例と類似するとは限らず、須賀広式のほかに佐間式・善念寺式・東光寺式・岸町式などの型式が設定されていることからあきらかなように、須賀広例とは異なる系統の木製板碑を祖形としたものが造立された。このことは、さまざまな形態の木製板碑が普及したのちに、石製板碑の製作が開始されたことを示している。

石製板碑の銘文には造立の趣旨を明記したものがみられるが、死者の追善供養のほか、生前に自分自身を供養することで来世の安穏を確実なものにしようとする、逆修《ぎゃくしゅ》のために造立されたものが少なくない。たとえば、埼玉県吉見町丸貫の文永十二年(一二七五)銘板碑は、阿仏夫妻が現世の平生と極楽往生のために造立したと記されており、夫婦で逆修供養を行なったことが知られる。この場合、板碑は、供養の証拠品・記念物として造立されたのである。

石製板碑は、北海道から鹿児島県硫黄島まで伝播し、各地で個性豊かな板碑が作られた。使用された石材が、青森県では輝石安山岩、宮城県では粘板岩、徳島県では緑色片岩、岡山県で

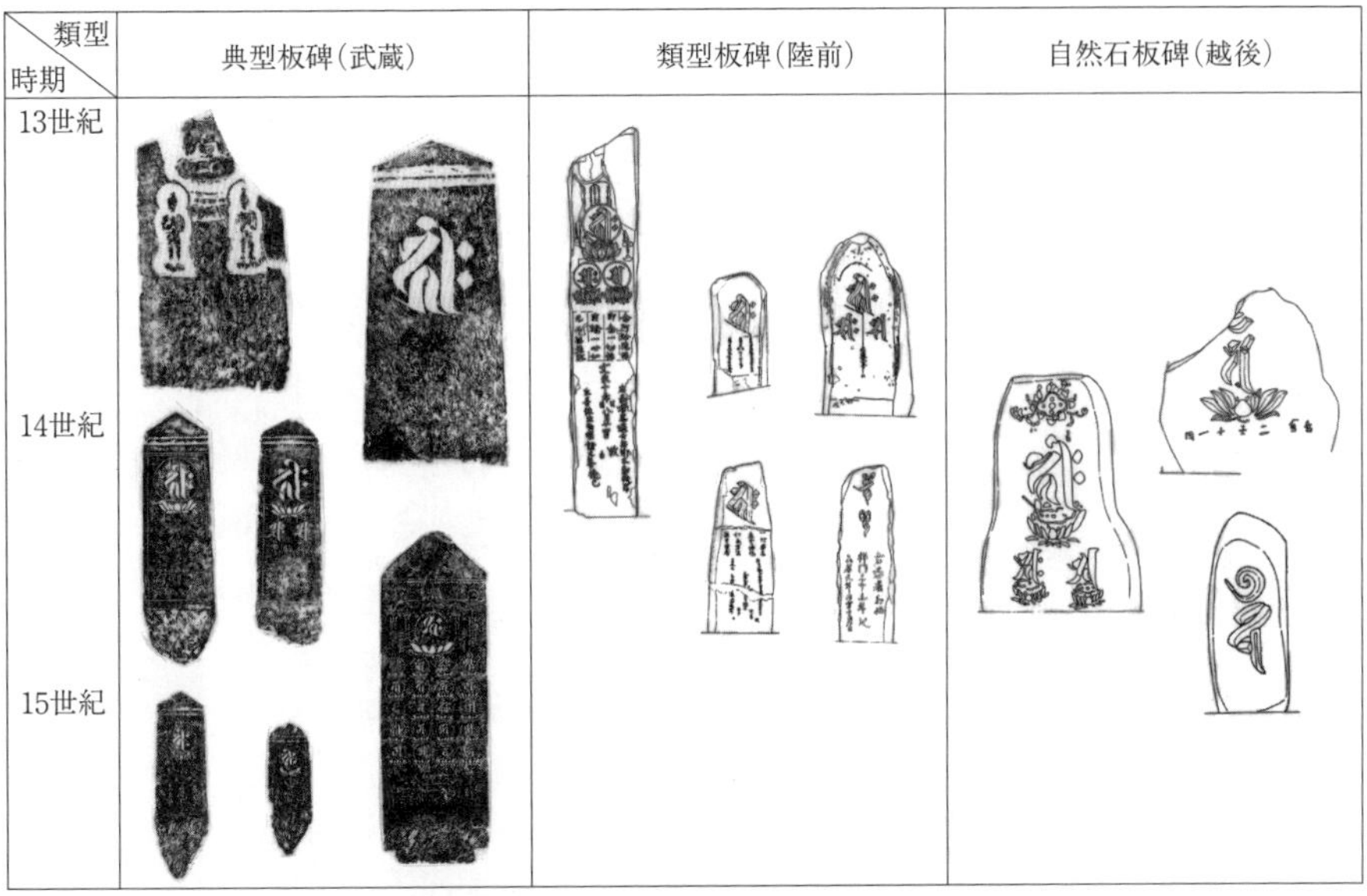

板碑の変遷(『板碑　埼玉県板石塔婆調査報告書』『仙台市史』『仏教考古学と地域史研究』より，縮尺不同)

は花崗岩というように異なるためもあって、その形態は実に多様である。

武蔵型板碑は、造立された基数をみると、一三六〇年代に最盛期を迎え、その後急速に衰退する。衰退期の板碑は、それまでの供養塔としての性格を弱め、墓地に造立された墓標と講・結衆による民間信仰の記念碑に、二極分化する。前者は、小さな板碑が多く、故人の姓名や戒名を刻んでいる。夫婦の名を併記した双碑も出現する。後者は、二メートルを超すような巨大なものもあり、月待や庚申待に際して大勢の人々が集って造立した。

石製板碑の造立者は、中世前期にはおもに武士であったが、中世後期になると名主層をはじめとする百姓が登場し、階層的な広がりをみせる。小さな板碑の増加は、経済的な負担を軽くし、誰でも造立できるように工夫した結果であろう。

板碑は、茨城県など十七世紀まで残る地域が一部あるが、大部分の地域では十六世紀に終焉を迎える。その理由として、通説では、兵農分離の影響を受けて、石工や在地領主が城下町に集住したことが挙げられるが、板碑を精神の拠り所とするような雰囲気が失われたことも大きな原因であったにちがいない。

参考文献　千々和到『板碑とその時代』(『平凡社選書』一一六、一九八八、平凡社)、同『板碑と石塔の祈り』(『日本史リブレット』三一、二〇〇七、山川出版社)

（時枝　務）

惣墓・郷墓

惣墓とは近畿地方の中心部大和・山城・河内・和泉などの主に平野部に展開する複数村落の共同墓地をいう。墓地に結集する村落を「墓郷」と呼ぶことから郷墓とも呼ばれる。惣墓・郷墓は実体的には同じといえるが、惣墓は中世後期村落の惣組織を背景とした呼称で、墓郷は在地領主の支配領域としての郷と重なる場合が多く、領域を中心にした呼称といえる。

これらの墓地の開創時点は㈠十二世紀末から十三世紀初頭と㈡十四世紀前半の二時期に大別できる。墓地形成の核としては武士の一族墓所が多く、寺院の墓所、高僧の墓などを核とする場合もあり、それらが次第に下の階層に開放されて惣墓となった。惣墓の呼称は中世後期の一時期にふさわしく、中世墓地の歴史全体を表現するものとはいえない。

惣墓の展開は墓地に残されている供養塔類の変遷、出土遺物を追うことで明らかになる。中世墓地では営墓開始時点に経塚造営・経典埋納が行われる事例が多くみられる。それは墓地は死者が弥勒下生までの時を待つための場所と観念されていたからで、墓地における経塚造営は墓地を聖地たらしめる営みでもあった。中世墓では経筒に経典を入れ、塚を築き経典埋納が行われたようで、いわゆる経塚出土遺品と共通する遺物が墓地内最古である事例がみられる。墓地開創当初における経塚造営は近世墓地開創の場合にも引き継がれ、近世墓地では礫石経塚の造営が中心になり、経塚標識碑の造立も多くみられる。

平安時代末から鎌倉時代にかけて開創された墓地では凝灰岩製の層塔・五輪塔などが墓地の中心部にみられ、南北朝時代開創の墓地では五輪塔・宝篋印塔《ほうきょういんとう》・重層宝篋印塔などの花崗岩製の大型石塔が墓地中央に造立されることが多い。両者が重層的に存在する場合もある。これらの塔を惣供養塔と呼ぶこともある。

南北朝時代の塔下には納骨のための大型の甕(常滑製品が多い)が埋設され共同の納骨塔としての役割を果たした事例が多くみられる。納骨機能を有する場合、地輪の下辺中央や蓮台の上辺中央あるいは蓮台下基礎石中央辺から塔芯部に向けて溝が彫られ、そこから遺骨を押し込んで下の甕に落とす仕組みになっている。塔が失われ、蓮台や基礎石などに塔芯に向かう溝の存在、蓮台中央の上下貫通穴(遺骨落とし込みのためでなく、軽量化のための場合もあるので注意が必要)が確認できれば、納骨塔の存在が推測される。奈良県の東部山間地域では、壇上積み基壇上に平野部の惣供養塔よりはやや小型の塔が載り、基壇内に甕が設置される例が多くみられ、惣供養塔の存在にも地域性がみられる。それらの塔は紀年刻銘からみて十四世紀前半に集中的に造られている。ただ甕の年代は上部石塔の年代に比して五十〜百年程度古い例が多く、年代的に齟齬がある。このような場合、五輪塔が安置されるまでの間の墳墓堂の存在と、堂内納骨設備としての甕の安置が想定され、さらに十四世紀前半期での墳墓堂内への石塔安置、または墳墓堂立て替え時期における石塔の代替安置が考えられる。

またこれらの塔には行基菩薩供養塔との伝承を有する塔も多く、塔を「行基さん」と呼ぶ所もあり、造塔に関わった聖と行基信仰の重なりが窺える。また「一結衆」などの念仏講集団による造立を示す銘文を持つものも多く、聖的僧侶が講集団の指導者であったことも窺える。このような講集団は一族を中心とする結集と考えられるが、十五世紀後半以降は小さな講集団に分裂していったようで、惣供養塔の納骨塔としての機能はこの時期以降失われてゆき、単に墓地のシンボル的な塔として維持された。十六世紀前半には講集団は村単位毎に成立しており、村単位の念仏講碑（名号板碑が多い）が多く造立されている。念仏講碑の数量的増加は、一族という血縁集団の紐帯として成立した墓地へ、より下の階層が入り会うようになり、地縁的なものへと変質展開したことを示すものと考えられる。

奈良市中ノ川墓地風景　中央に土壇があり中央に大型の惣供養五輪塔が配される.

十六世紀中期以降では十三仏板碑・法界供養碑、江戸時代に入ると一七〇〇年代初頭を中心に六地蔵・西国巡礼供養碑・廻国供養碑・斎場設備(迎え本尊・蓮華形棺台・前机)などの近世的遺品が集中的に作られる。各時代の供養塔類造立背景には新しい階層が墓地へ入り会ったことへの記念的意味合いを読み取ることができる。

また近世墓地には石標の正面上部に「海会」「総墓」などを刻む事例がみられることもあり、それらを総墓と称する場合もある。近世的な家的結合の共同供養塔といえる。

参考文献　高田陽介「泉州惣墓めぐり」(石井進編『中世の村と流通』所収、一九九二、吉川弘文館)、吉井敏幸「大和地方における惣墓の実態と変遷」(石井進・萩原三雄編『中世社会と墳墓』所収、一九九三、名著出版)、坂本亮太「惣墓からみる中世村落」(『ヒストリア』一八二、二〇〇二)

(藤澤　典彦)

沖縄の墓と王陵

　古琉球(中世)以後の沖縄諸島ではさまざまな型式の墓が造営されてきた。沖縄の墓は墓室の造営方法で横穴式と平地式に大別される。横穴式には崖葬墓・掘込墓・破風墓《はふぼ》・平葺墓《ひらふちぼ》・亀甲《きっこう》墓《ぼ》などがある。崖葬墓は、洞穴や岩穴を利用した洞穴墓(岩穴墓)と洞穴や岩穴の前面や側面を石積で囲った岩穴囲込墓(岩かげ墓)に分類されている。掘込墓は崖や丘に横穴を掘って石積や板戸で塞いだ墓である。掘込墓の外観を建物形に仕上げて切妻破風屋根にした墓が破風墓で、片流れ屋根の場合は平葺墓という。亀甲墓は屋根部を円形に盛り上げた型式で中国から伝来した。平地式は横穴を掘らずに地上に石造構築した墓で、平地式の破風墓と亀甲墓がある。以上のほかに洞穴や掘込み墓室内または地上に木造建物(木槨)を建てた木槨墓や、土中に埋葬する土坑墓がある。これらの墓は、土坑墓・崖葬墓→木槨墓・掘込墓→破風墓・平葺墓→亀甲墓・平地式の墓の順に発達したと考えられるが、多くが併存しながら近現代まで使用されてきた。

　奄美諸島・先島(宮古・八重山)諸島には板石墓(ミャーカ)、積石墓(イシャー墓)、草屋根墓(ヌーヤー墓)などの墓がある。崖葬墓と掘込墓は奄美先島両諸島に広く分布するが、破風墓と亀甲墓は奄美諸島には分布しない。こうした複雑な分布は琉球王国の支配領域の変遷と関係している。


　沖縄諸島の墓については、庶民の墓や王陵の発掘調査の進展で、墓の諸型式の祖型が王陵だったことが明らかになってきた。沖縄では、伝説の王統である舜天王統を除くと、英祖《えいそ》・察度《さっと》・第一尚氏《しょうし》・第二尚氏の四王統が交替した。これらの王統の出現・交替とともに新型式の王陵が出現すると、王陵をモデルにした各型式の墓が支配層の墓として造営され、近世には一般士族や庶民の間にも普及していったと考えられる。

　沖縄諸島では先史時代以来の土坑墓や崖葬墓が主流だったところに、十三世紀後半に英祖王陵(初期浦添《うらそえ》ようどれ)が出現した。これは巨大な掘込み墓室に建てられた最初の大型木槨墓である。木槨墓は十五世紀の支配層の墓(百按司墓《むむじゃなばか》)や近世の庶民の墓(漢那《かんな》ウェーヌアタイ古墓など)に引き継がれていった。十五世紀前半には、第一尚氏王陵(天山《ていさん》ようどれ(天山御墓《うはか》))が造営され、浦添ようどれも改修されたが(第Ⅱ期浦添ようどれ)、両王陵は最初で最大の掘込墓であった。十五―十六世紀には王府官人層も掘込墓を造営するようになり(小禄《おろく》墓・儀間《ぎま》御墓など)、十七―十八世紀には一般士族や庶民にも普及していった(銘苅《めかる》古墓群など)。弘治十四年(一五〇一)ごろに第二尚氏王陵の首里玉御殿《しゆりたまうどうん》(玉陵《たまうどうん》、世界遺産)が造営されたが、これも最初のしかも巨大な破風墓で、十六―十七世紀には王府官人層も破風墓を造営するようになる(花城親方《はなぐすくうぇーかた》の墓・上里墓など)。十九世紀には破風墓の変形である平葺墓も登場して破風墓とともに一般士族・庶民に普及していった。第二尚氏王陵の伊是名玉御殿《いぜなたまうどうん》は十六世紀に平地式の木槨墓として造営されたが、康熙二十七

沖縄県花城親方の墓(破風墓)

年(一六八八)に最初の平地式破風墓に改築されると、この型式の墓は一般士族や庶民にも普及し、近現代の墓の主流となった。そのころ、中国から移住した曾得魯が風水思想とともに亀甲墓の造営を伝えた。一六八〇年代に造営された伊江《いえ》家の墓は曾得魯が造営した最初の亀甲墓といわれる。亀甲墓は琉球化しながら上級士族や富裕層の墓として普及していった。

沖縄の墓制の変遷は風葬や洗骨葬《せんこつそう》そして王宮殿の型式と関係している。風葬と崖葬墓は琉球列島の基層の風習だと考えられるが、洗骨葬と火葬は、十三世紀後半に出現した初期浦添ようどれではじめて登場する。火葬は十五世紀以後衰退していくが、洗骨は王族を中心に主流の葬法になり、近世には庶民にも普及していった。洗骨した骨を納める厨子(蔵骨器)も、初期浦添ようどれではじめて登場するが、そのモデルは首里城など大型グスクの正殿であった。正殿は大型掘立柱建物から基壇礎石建物へと発達したが、王陵の厨子もこれと並行して高床建物形の漆塗板厨子から基壇宮殿型の石厨子へと変遷した。厨子だけでなく王陵も首里城の正殿をモデルにしていた。首里玉御殿のモデルは当時の首里城正殿であった。また、亀甲墓の正面形にも首里城正殿の唐破風の形が取り入れられている。

(安里　進)

参考文献　沖縄県地域史協議会編『南島の墓』(一九八九、沖縄出版)、安里進「てだがあなの王宮」(『International Journal of Okinawan Studies』一ノ二、二〇一〇)

アイヌ墓と和人墓

アイヌ墓には土葬墓として周溝墓・盛土墓・配石墓・土坑墓、火葬墓として配石墓・土坑墓があり、和人墓には土葬墓として盛土墓・配石墓・土坑墓、火葬墓として盛土墓・土坑墓がある。

墓域をアイヌ墓のみで構成する遺跡は北海道東北部から道南部にまで広くみられるのに対して、墓域を和人墓のみで構成する遺跡は道南部に限られる。たとえば、道央部石狩の千歳市末広遺跡ではアイヌ墓の墓域に和人墓が点在し、道南部檜山の上ノ国町夷王山墳墓群では和人墓の墓域にアイヌ墓が点在する。両遺跡では墓域の共有はあっても墓制の融合は認められない。

アイヌ土葬墓は伸展葬であるため墓坑は小判形・隅丸長方形・楕円形・方形・長台形である。和人土葬墓は(仰臥・側臥)屈葬であるため墓坑は楕円形・小判形・略方形・方形である。

アイヌ墓のみにあるのは一次葬の合葬、和人墓のみあるのは鉢被り葬・火葬施設である。周溝・列石は和人墓になくアイヌ墓にある。和人墓の封土・葺石は墓坑直上を覆う小規模なものであるが、アイヌ墓のそれは広く覆う。火葬は両方の墓制にあるが、アイヌ墓には伸展葬の火葬があり集骨はなく、和人墓には集骨がある。

アイヌ墓の副葬品は骨鏃・骨製矢中柄などの自製品と太刀・鉄鍋・刀子・漆器・ガラス玉など少量の移入品によって構成され、和人墓は銭(六道銭)・漆器・数珠がある。

以上より、アイヌ墓と和人墓には分布域と外部施設・内部施設・副葬品の相違があり、和人が本格的に進出した十四世紀後半には二つの墓制が並立しており墓制の融合はない。

アイヌ墓における埋葬姿勢は伸展葬がほとんどであり、この初出は擦文文化期の九世紀中葉で、それ以降継続する。墓坑平面形のうち、小判形は擦文文化期以前に遡り、小判形・隅丸長方形・楕円形・方形は中世的平面形であり、長台形は新しい平面形である。四辺を板材で囲む槨構造は、古墳時代後期並行である続縄文時代後葉(いわゆる北大式期)から平安時代並行である擦文文化期に類似があり、低平な封土・浅い周溝・周溝平面形は擦文文化期の盛土墓・周溝墓に類似があり、封土規模が墓坑平面形規模に規定される造墓方法も共通する。アイヌ墓制は、内部施設・外部施設は擦文文化以来の伝統を受け、副葬品が新来の要素を受容した墓制である。

和人墓の系譜を示す遺構には、板碑・火葬墓・火葬施設(火葬土坑)があり、六道銭の副葬もみられる。和人墓制は渡島《おしま》半島に進出した和人が本州から持ち込んだのであるが、詳細な系譜は今後の課題である。

アイヌ墓制の階層性については、元和四年(一六一八)、松前で布教したキリスト教宣教師アンジェリスの報告書訳文によると「富裕な者は死骸を納める大きな一つの箱を備えて、直ちにそれを埋葬する。貧乏人は一つの嚢の中に死骸を入れ、同様の方法でそれを埋葬する。」とあり、木槨の有無が貧富の差を示

アイヌ墓

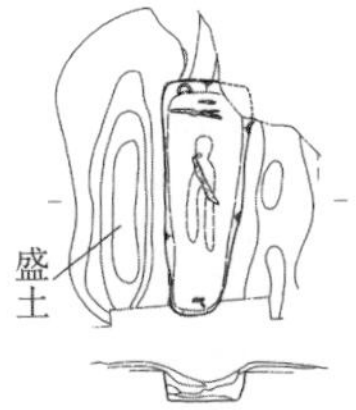

盛土墓(恵庭市茂漁6遺跡)

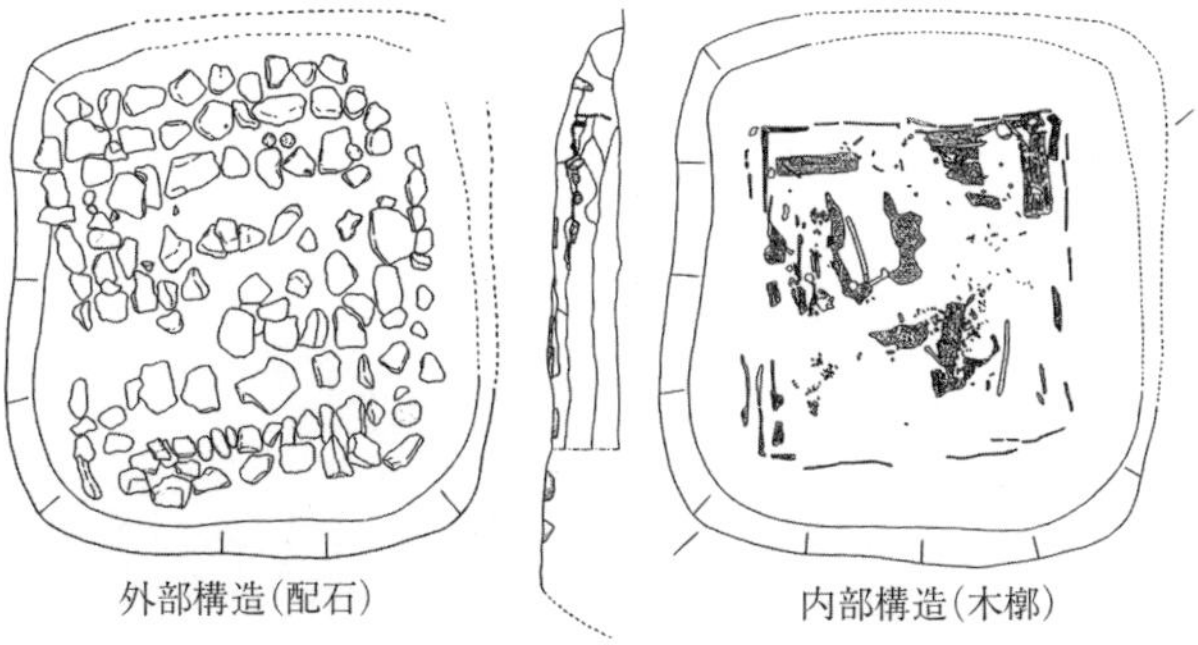

配石墓(余市町大川遺跡)

擦文文化の墓

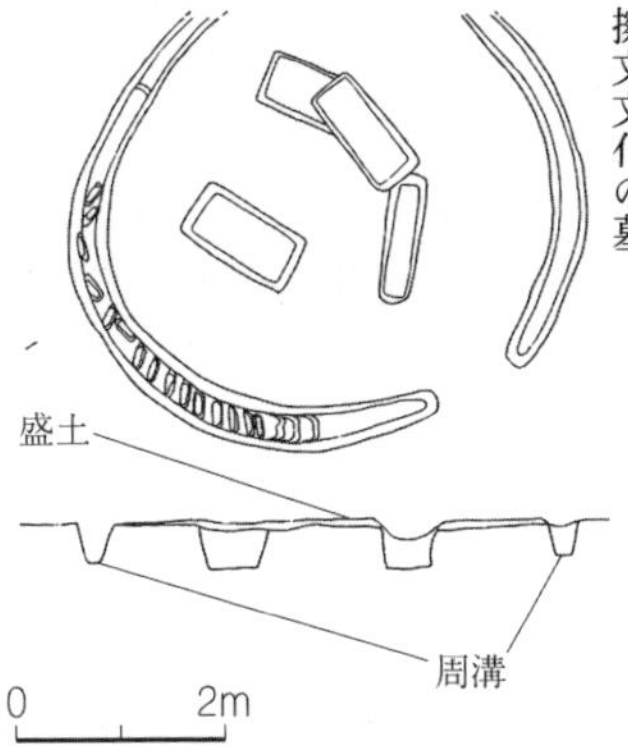

周溝墓(千歳市ユカンボシ遺跡C15遺跡)

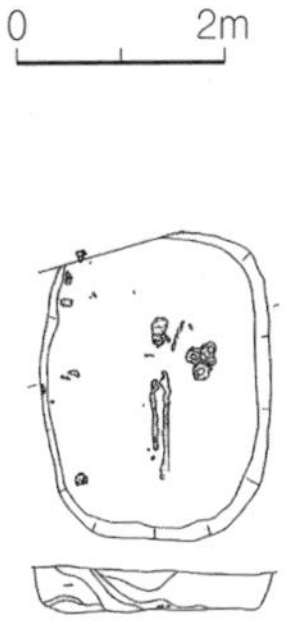

土坑墓(泊村掘株1遺跡)

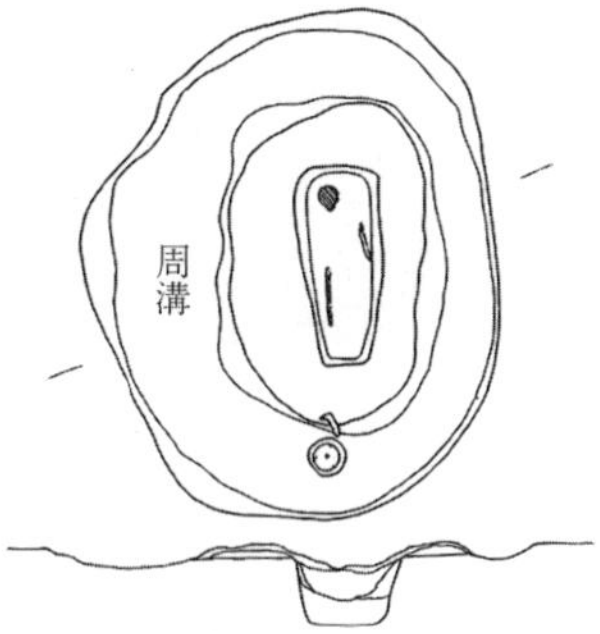

周溝墓(千歳市梅川4遺跡)

和人墓

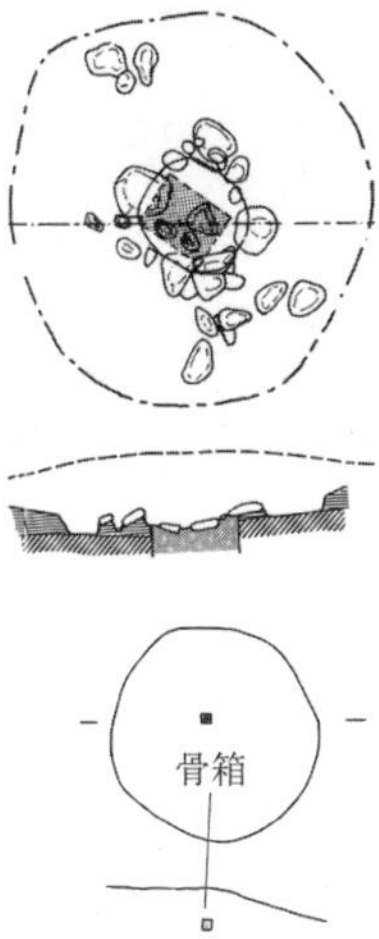

土坑墓(上ノ国町夷王山墳墓群)

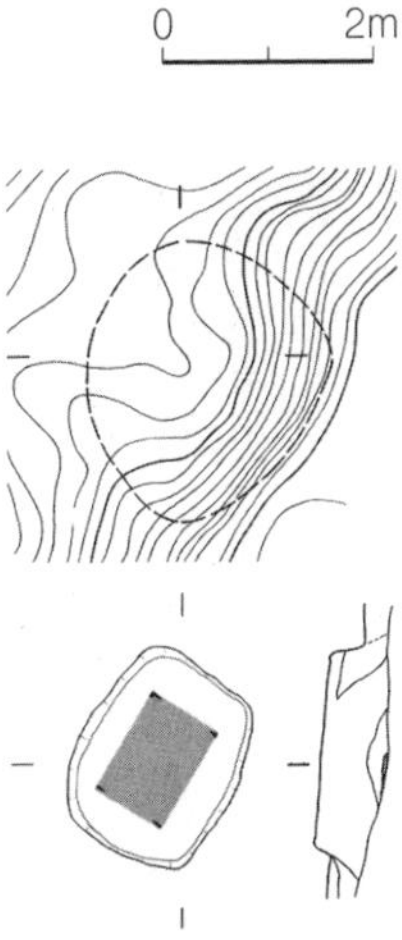

盛土墓(上ノ国町勝山館跡)

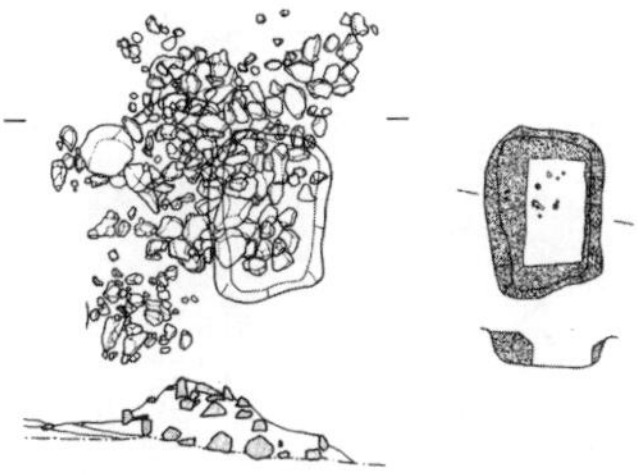

配石墓(上ノ国町勝山館跡)

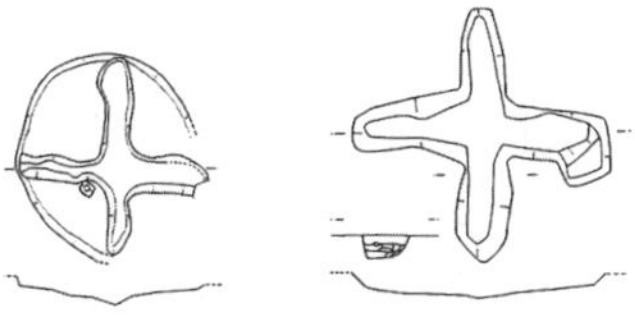

火葬施設(上ノ国町夷王山墳墓群)

北海道平取町二風谷遺跡1号墓(周溝，盛土が伴うアイヌ墓)

す。盛土・周溝が擦文文化期以来の伝統であり、被葬者は伝統を重んじていたことを示す。一方、木槨・外部施設がある墓が墓域について隔絶性を表現してはいない。これらより、木槨・外部施設が階層差を示すというよりも擦文文化期からの伝統継承と考えられる。ただし、伝統継承が特定階層によって行われたかどうかは未証である。副葬品については、種類と量が被葬者の性差(=性分業)に由来し、個人的な志向が強く影響することを示している。内部施設には個人的状況が反映され、外部施設には伝統という集団における状況が反映される。副葬品には貧富の差といった個人の当時の状況が反映したといえる。

　和人墓の様相としては、夷王山墳墓群においては、標高の高低によって特定の墓域を形成する。一方、利別川河口遺跡の和人系火葬墓は墓坑規格・副葬品の差異がなく、階層を想起させる状況はない。夷王山墳墓群は勝山館館主蠣崎家と家臣団の墓地であり、利別川河口遺跡は一般集落の墓地だからであろう。

参考文献　児玉作左衛門他「蝦夷に関する耶蘇会士の報告」(『北方文化研究報告』九、一九五四)、加藤邦雄「北海道の中世墓について」(石附喜三男編『北海道の研究』二所収、一九八四、清文堂)、田村俊之「北海道における近世の墓制」(『北海道考古学』一九、一九八三)、宇田川洋「チャシ跡とアイヌ墓」(宇田川洋・野村崇編『擦文・アイヌ文化』所収、二〇〇四、北海道新聞社)、鈴木信「アイヌ文化期の墓制」(狭川真一編『日本の中世墓』所収、二〇〇九、高志書院)

(鈴木　信)

第Ⅵ章　近世

近世の墓

中世社会から近世社会への移行に伴う宗教的、社会的、政治的変化を背景に成立し、さらに近世社会の中で発展した、次のような様相を呈していたと考えられる。

㈠火葬から土葬への転換、㈡座棺の普及、㈢近世寺院の成立、㈣近世墓標の造立、㈤墓と家意識の高揚、㈥墓の階層性の表出、㈦墓と個人意識の反映。

中世から近世への葬制・墓制の変遷は、これまで中世墓の終焉を論じる中で検討されてきた。それは中世墓の調査・研究が近世墓に比べてより厚い蓄積をもっていたからである。

中世から近世の葬法は、基本的に火葬から土葬へ転換していく。村の墓では中世には火葬が主流であったが、十六世紀後半ごろから土葬が広がり始め、多くは十七世紀に土葬になった。藤澤典彦は、この土葬への転換について、中世に遺棄葬あるいはそれに近い土葬を行なってきた階層が、遺体を墓地に土葬するようになったことに起因すると考えている。

これに対して、大坂の大念寺(茨木市)、円周寺(大阪市)の寺院境内墓地などでは土葬から火葬への移行が確認されており、十八世紀以降の大坂では火葬の割合が土葬よりも圧倒的に高かったとされる。伊丹郷町の光明寺(兵庫県伊丹市)、正覚寺(同)の寺院境内墓地の調査でも、十七世紀後半ごろに土葬の円形木棺(早桶《はやおけ》)が出現し、十八世紀に入って火葬に転換していた。

江戸では、十七世紀代には火葬の割合が比較的高い墓地と低い墓地があったが、十八世紀以降になると火葬の占める割合が全体に低くなり、土葬が主体となる。また、十七世紀には江戸のほとんどの寺院に火葬場があったが、その後、人口密集地域の寺院は火葬場を廃止・移転させ、幕末の火葬場は周辺地区に存在した。

中世から近世にかけての火葬から土葬への転換は、基本的には成り立つが、地域性や階層性とも関わって複雑な様相を呈していたのである。

東京都港区増上寺および台東区寛永寺の徳川将軍家墓所では、二代秀忠(一五七九―一六三二)以降の歴代将軍は土葬である。正室、生母などの女性は、崇源院(二代秀忠正室、一五七三―一六二六)以降火葬であったが、桂昌院(五代綱吉生母、一六二七―一七〇五)から土葬になる。

こうした将軍家をはじめとする武家の墓の土葬への指向の背景には、儒葬や神葬祭などの影響が想定されるが、同時に土葬であった将軍墓を頂点とする墓制の秩序へ組み入れられていくことでもあった。

また、中世から近世の葬法の変化としては、座棺の普及という様相があった。これは土葬の墓の埋葬方法である。

村の墓では、火葬から土葬へ転換する十七世紀に、円形木棺・方形木棺などの座棺が普及した。近畿地方では、円形木棺・方形木棺などの座棺は中世後期に出現するが、座棺の普及の様相には地域性が見られる。

江戸では、十六世紀末から座葬の円形木棺や横臥屈葬の長方形木棺が見られるが、十七世紀後葉までに長方形木棺が姿を消し、十七世紀後葉になって座葬の甕棺が出現する。また、江戸の周辺村落では、十七世紀前半から中ごろにかけて地域差をもちながら、横臥屈葬の長方形木棺から座葬の円形木棺へと変化した。

勝田至は、中世の座棺の成立の背景には、禅宗の影響を受けた「死者を仏として葬る」という観念があったと述べている。その後、十七世紀に座棺が普及した結果、墓地内の墓道に面して墓標が造立され、その地下には遺体の正面が墓道を向くように座棺を埋葬したのではないかと推定される。棺に記された遺体の向きを示す墨書などがそれを示している。

次に、近世寺院の成立の問題を考えてみたい。竹田聴洲は近世・近代に存在した浄土宗の寺院の過半が全国を通じて文亀―寛永年間(一五〇一―一六四四)、すなわち戦国時代末期から江戸時代初期の一世紀半に成立し、特にその後半、天正―寛永年間(一五七三―一六四四)の約七十年間にその事例が圧倒的密度で集中することを指摘している。

右のような近世寺院が成立した十六世紀後葉から十七世紀前半は、火葬から土葬への転換、座棺の普及という近世墓の成立時期と重なっており、近世寺院と近世墓の成立が深く関わっていたことが想定できる。こうした近世寺院のあり方がその後の檀家制度につながっていくのである。

また、十七世紀は、全国的に見ると、近世墓標が出現する時期でもあった。近世墓標の造立の背景には仏教の土着化があったと考えられている。近世寺院は近世墓標の普及とも密接に関係していたのである。

近世墓標の調査は、昭和十四年(一九三九)に発表された坪井良平の「山城木津惣墓墓標の研究」(『考古学』一〇ノ六)を嚆矢とする。近世の墓に対する考古学的関心は、墓標に始まるのである。それ以後、墓標の調査・研究は長く停滞するが、一九八〇年代以降調査・研究事例が蓄積され、墓標を全国的な視野で論ずることができるようになった。

墓標には地域性と斉一性がうかがわれる。たとえば、東北の「自然石形」、江戸および周辺の「板碑形」「舟形」、奈良などの「背光五輪塔」、大坂などの「一石五輪塔」をはじめとして、十七世紀代の墓標には地域によってさまざまな形態的特徴があった。

一方、全国的な斉一性をもつ墓標としては、頭部がかまぼこ状を呈する「櫛形」が十八世紀代に普及する。また、「櫛形」に遅れて出現した「角柱形」も十九世紀に普及した斉一性を有する墓標であった。

こうした墓標の変遷の背景には、死者に対する供養の変化があったと考えられる。地域性のある一観面(碑面が正面のみにある)の墓標から斉一性をもつ多観面(碑面が複数ある)の頭部かまぼこ状の櫛形墓標、さらに角柱形墓標への変遷のなかで、墓標に刻まれる被葬者の数が増加していった。その背景には、近世的な家を単位とした供養へという観念の変化を見ることができる。

すなわち、墓標の斉一性はこのような死者供養の方式の変化がほぼ十八世紀代にあったことを示唆している。

個人の死に際してその戒名を刻んだ石製墓標という恒久的な墓上施設を造立することは、三十三回忌などの弔い上げを経て死者の霊魂が個性を喪失し、祖霊へと昇華するという、民俗学の説く祖先信仰の観念と矛盾するものであった。

この矛盾は新しい墓標を造立する一方で古い墓標を無縁化し、その家の墓標群をまつる場として認識することによって、家を媒介にして止揚されたという。墓標に刻まれる被葬者が増加して「先祖代々之墓」に至る過程は、おそらく家に対する意識が強くなるに従って、そうした矛盾を解消していくことでもあったといえる。

家意識は家の階層性とも関わっていた。墓標の階層性は、形態、高さ、戒名を指標としていた。墓標の形態では、五輪塔・宝篋印塔などのいわゆる塔形のものや「笠塔婆」は格式が高い。また、墓標の高さや刻まれた戒名が墓標の階層性を示していたことは、以下のような文献資料から明らかである。

文化三年(一八〇六)四月に関東の曹洞宗を取り締まる関東三刹(竜穏寺(埼玉県越生町)・大中寺(栃木県栃木市)・総寧寺(千葉県市川市))から支配下の寺院に対して、由緒があって先祖代々居士・大姉をつけてきたか、開基(寺院創立者)同様に寺に功績のあった者以外に居士・大姉を用いることを禁じ、また院殿号、大居士などは百姓、町人には許可しないという「御掟目」が出ている。同文中に延享元年(一七四四)秋以来再三の触れ置きであるとみえているのは興味深い。

天保二年(一八三一)四月にも百姓、町人が四尺(一二一・二センチ)の墓標を造立し、院号・居士号などをつけることを禁ずるという「御触書」が出されている。

このような院号・居士・大姉の乱用に対するたび重なる禁令は、戒名の階層性が近世の社会的秩序の象徴として認識されていたことを示すとともに、それが必ずしも厳密に遵守されていなかったことを物語っている。

千葉県市原市高滝・養老地区の墓標の調査では、家意識と階層性の問題について次のように考察している。

家を強く意識し始めたことを背景として、各家で墓標を造立することが広がり、いわゆる一観面の板碑形・舟形墓標にかわって多観面の櫛形墓標が盛行するようになると、院号居士・大姉など上位の戒名をもてない家では夫婦、兄弟姉妹、親子などをまとめて一基の墓標にまつることが多くなる。これは単なる経済的な理由にとどまらず、むしろ強い家意識のあらわれと考えられる。

一方、院号居士・大姉などの戒名をもつ家では十八世紀初頭ごろから個人の墓標を造立することの方が一般的であった。言い換えれば、こうした墓標のあり方が家の格式の表徴であって、墓標の高さや形態の上での笠塔婆墓標も同様に認識されていた。多観面の墓標が盛行するなかで墓標が大型化していくことも右

近世の埋葬施設と墓標

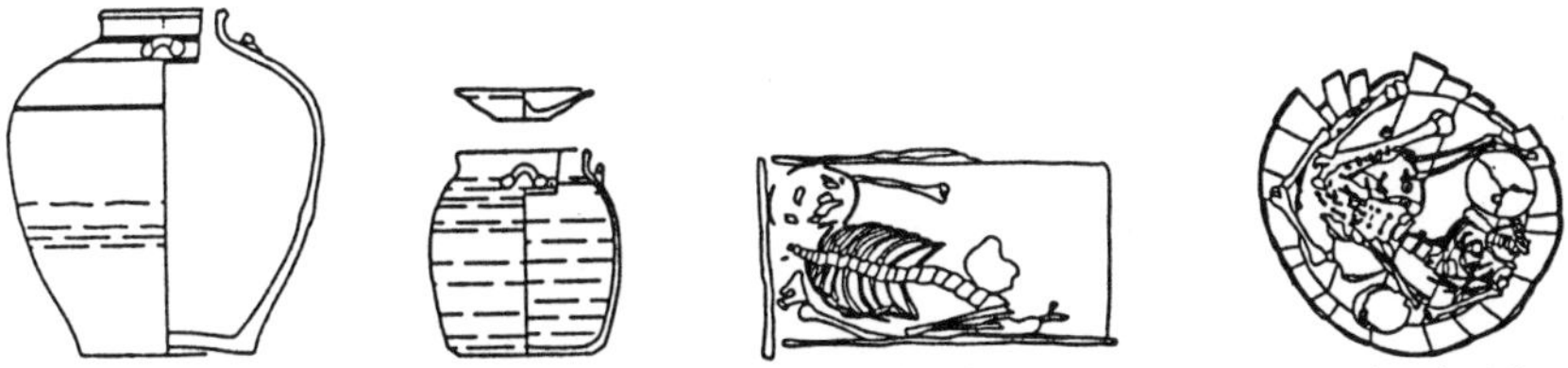

火葬蔵骨器　長方形木棺　円形木棺(早桶)

埋　葬　施　設

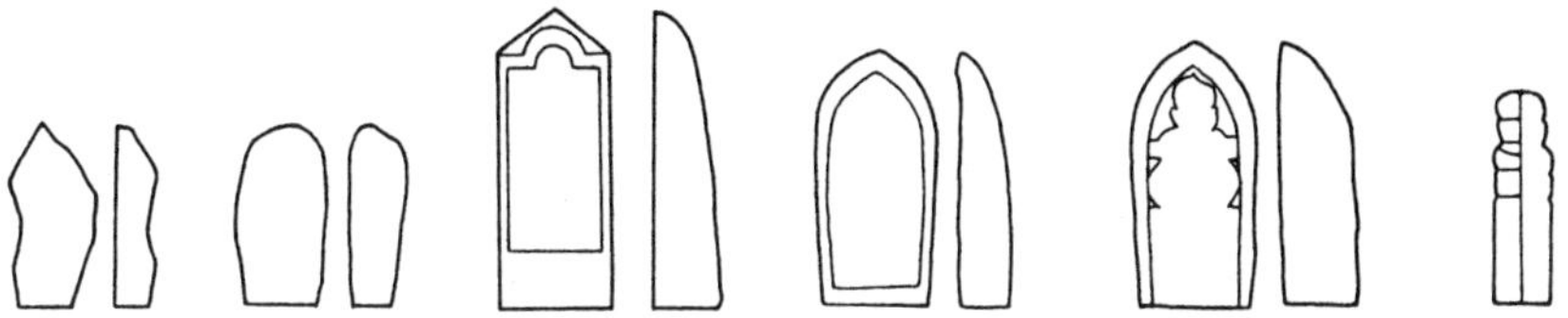

自然石形　板碑形　舟形　背光五輪塔　一石五輪塔

墓　標　の　地　域　性

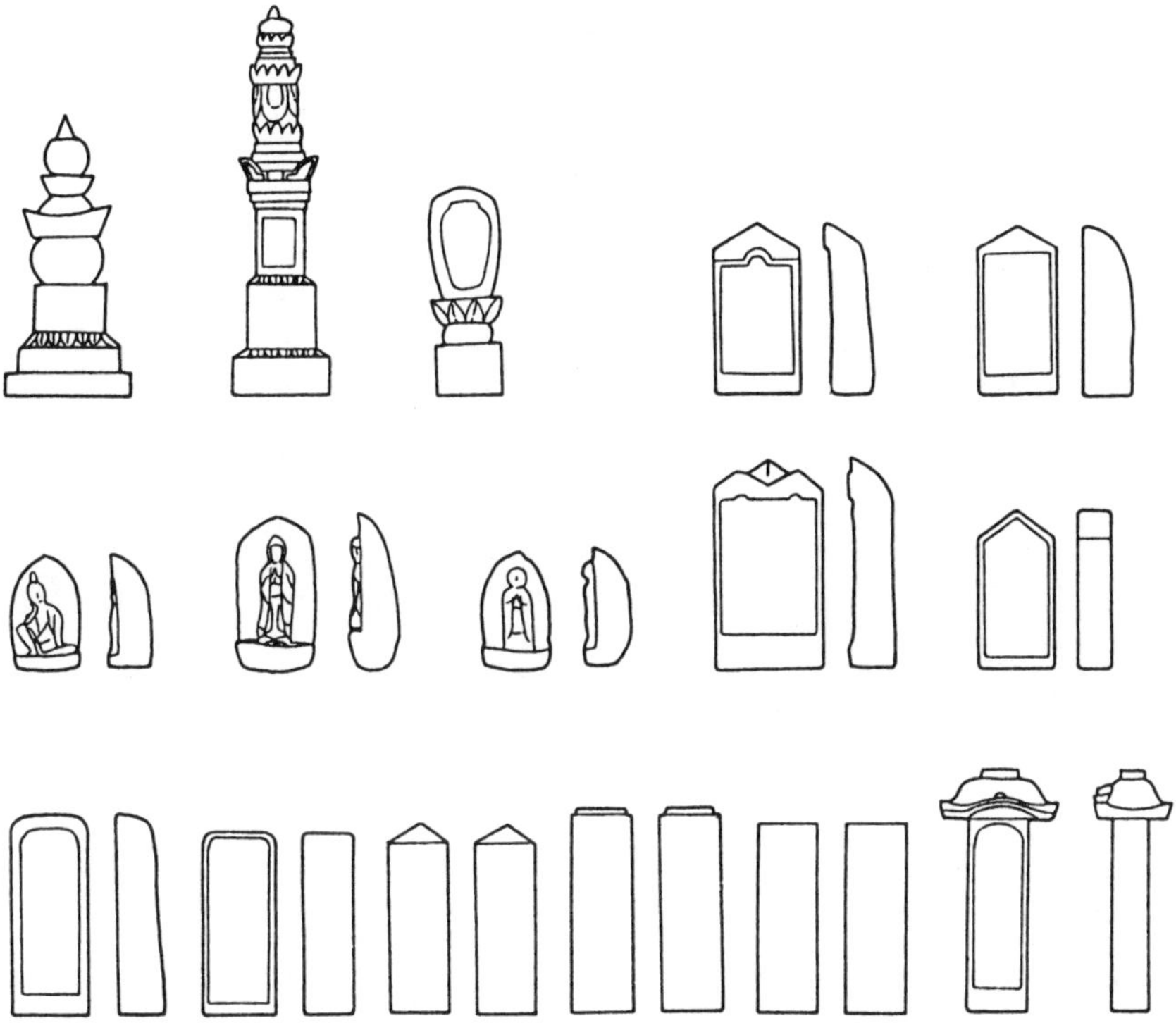

櫛　形　角　柱　形　笠塔婆

江戸および周辺村落の墓標

のような家意識を背景としていたのである。

この多観面の櫛形墓標が主流となる享保年間(一七一六―三六)以降は、戒名の格式が確立し、定着していく時期でもあった。新たに院号居士・大姉、居士・大姉、信士・信女、禅定門・禅定尼などの戒名の格式が生まれ、家の格式の一方の表徴となっていく。そして、同じころ童子・童女などの子供の戒名が広がっていくのは、家の維持、永続の願いから子供への関心が高まっていったことのあらわれであるように思われる。すなわち、家に対する意識の高揚が墓標や戒名の格式を受容する上での観念的母胎となり、家を単位とする死者供養はそうした家意識と深く結びついていたといえる。

墓にあらわれた階層性は、江戸の墓制においても顕著に認められる。それは、将軍家から庶民まで多種多様な身分・階層の人々が差別化され、共生していた江戸の社会の一断面を鮮やかに示しているのである。

埋葬施設では、石槨石室墓は将軍家の墓にあたり、石室墓は主に大名墓である。木槨甕棺墓は高禄の旗本や藩士などの墓である。甕棺墓は低禄の旗本および藩士などの墓にあたる。方形木棺、円形木棺は、御家人などの下級武士や町人の墓と考えられる。なお、当主・正室・側室・子女のような家の中の格のちがいも、埋葬施設の構造に反映していた。

甕棺が武家の格式を示していたのは、次のような事例が物語っている。安政の大獄で吉田松陰が刑死したとき、門人たちが遺体を引き取るために「大甕」を購入したことや、明治元年(一八六八)に土佐藩士がフランス人を殺害した堺事件に連座して切腹した藩士の遺体が「大甕」に納められ埋葬されたという。

将軍家の墓である石槨石室墓を簡略化した石室墓は主に大名墓であり、旗本などの墓には木槨甕棺墓、甕棺墓という序列が認められる。藩士の墓も同様である。すなわち、ここでは将軍と大名、旗本などの幕臣、藩士という三種類の墓制の秩序が並立していたように見えるのである。

墓標も埋葬施設と同様に家の格式を示すものであった。将軍家は宝塔であり、大名家や旗本家は五輪塔・宝篋印塔などのいわゆる塔形のものや笠塔婆墓標を用いることが多い。また、将軍家、大名家の墓標は基壇の上に造立されていることが多く、高さも他を凌ぐのである。

将軍家や大名家の墓制には儒教の影響がうかがわれるが、その一つに墓誌がある。ほぼ十八世紀になると、土葬に伴う、儒教と関わる中国的な墓誌が将軍墓、大名墓、儒者墓などに用いられるようになる。将軍の墓誌は林家や新井白石などが作成に関わっていた。

また、江戸の墓における儒教などの影響は、副葬品である六道銭にも見ることができる。寛保二年(一七四二)の六道銭禁令の町触が出された十八世紀中葉ごろから六道銭の出現率が低下し、特に格式の高い大名墓、旗本などの墓である甕棺墓では著しい。六道銭禁令の背景にある銭貨を副葬品に用いるのは無駄な行為とする、儒教などにつながる近世的な経済思想の論理が武家の間に浸透していったのであろう。

墓に個人意識が反映されるのも、近世の墓の様相の一つであり、これは江戸などの都市において顕著であったと考えられる。

塚本学は、江戸時代を通じて次第に個人の持ち物が増えていき、特にそうした意識が広がっていくのは江戸での影響が大きく、その一つとして墓の副葬品の中の個人の持ち物について注目している。

江戸の中小寺院の墓の副葬品の中では、煙管の多くは個人の持ち物の可能性が高く、数珠や櫛は宗教的な意味も考えられるが、個人の持ち物でもあったように思われる。また、袴や入れ歯、扇子、柄鏡、磁器碗や漆器椀、簪、陶器の水滴、玩具なども、基本的には個人の持ち物であろう。また、将軍墓・大名墓の副葬品の中に、文房具や装身具、化粧道具のような個人の持ち物が多く見られるように、遺体とともに個人の持ち物を墓に入れるという習俗が、ほぼ十八世紀以降に身分・階層間を徐々に下降したと考えられる。

また、先に述べた将軍墓・大名墓の墓誌も、個人を示すものであることはいうまでもない。旗本などの幕臣や藩士などの土葬墓に伴う墓誌は、十八世紀後葉以降十九世紀に入ると事例数が増加するが、特に没年月日と姓名などを記した簡素な墓誌は、中国的な墓誌の範疇からは外れた被葬者個人を示すものであった。

以上のように、近世墓の様相について述べてきたが、最後に近世の墓制が確立した時期について述べておきたい。

近世の墓制の出発点は、近世寺院の成立に関わって、火葬から土葬への転換、座棺の普及、近世墓標の出現という様相が見られる十七世紀のことであったと考えられる。その後、墓標の変遷に見るように、斉一性を有する櫛形墓標が普及する十八世紀代には、家意識を背景にした家を単位とする死者供養が広がり、都市や村の墓制における墓標や埋葬施設に、社会を反映した階層性がうかがわれるようになる。

この時期すなわち十八世紀には、特に都市に顕著な形で、副葬品の中の個人の持ち物や、旗本などの幕臣や藩士などの墓に伴う没年月日と姓名などを記した簡素な墓誌など、個人意識の反映が墓に認められた。すなわち、近世の墓は十七世紀を通じて成立し、十八世紀になって完成したのである。

参考文献　竹田聴洲『民俗仏教と祖先信仰』(一九七一、東京大学出版会)、芳賀登『葬儀の歴史』(『雄山閣books』三、一九八〇、雄山閣)、谷川章雄「近世墓標の類型」(『考古学ジャーナル』二八八、一九八八)、同「近世墓標の変遷と家意識」(『史観』一二一、一九八九)、塚本学「江戸時代人の持ち物」(『特別展「江戸のくらし」〈近世考古学の世界〉記念講演会・座談会報告書』所収、一九九三、新宿区教育委員会)、谷川章雄「江戸の墓の埋葬施設と副葬品」(江戸遺跡研究会編『墓と埋葬と江戸時代』所収、二〇〇四、吉川弘文館)、勝田至『日本中世の墓と葬送』(二〇〇六、吉川弘文館)、藤沢典彦「中世における火葬受容の背景」(狭川真一編『墓と葬送の中世』所収、二〇〇七、高志書院)、同編『日本の中世墓』(二〇〇九、高志書院)

(谷川　章雄)

江戸の墓

近世都市江戸の墓制の最も大きな特徴は、遺体を納める埋葬施設がバラエティーに富んでいるという点にあり、それは被葬者の身分・階層をあらわすものであった。ほぼ十八世紀以降の江戸の墓の埋葬施設の構造と被葬者の身分・階層は、次のような関係にあった。

㈠石室内に石槨を設けそのなかに棺を納めた墓。将軍家の墓に見られる。㈡石室に棺を納めた墓。主に大名家の墓。㈢甕棺を木炭や漆喰(石灰)で覆い槨をつくった墓。高禄旗本や上級藩士の墓。㈣甕棺を木槨で覆った墓。高家や高禄旗本、藩主の侍医の墓。㈤甕棺をそのまま埋めた墓。低禄の旗本や藩士などの墓。㈥方形木棺をそのまま埋めた墓。御家人などの下級武士や町人の墓であろう。㈦円形木棺(早桶《はやおけ》)をそのまま埋めた墓。同じく御家人などの下級武士や町人の墓であろう。㈧素焼きの火消し壺を棺に転用した墓。これは乳幼児の墓である。㈨遺体を筵《むしろ》などに包んで埋めた墓。㈩火葬した骨を蔵骨器に納めた墓。

また、ほぼ十八世紀以降、境内の面積や寺領の石高などに見られる寺院の格式・規模と、そこに営まれている墓の被葬者の身分・階層が対応関係にあり、それは墓地の景観とも関わっていた。

東京都新宿区自証院遺跡などの大寺院の墓地では、大名・旗本の墓である㈡石室墓から㈤甕棺墓の割合が高く、同区発昌寺跡などの中小寺院の墓地では低い傾向が認められた。大寺院の墓地は広い墓域に墓が整然とゆったり配置されている。

中小寺院の新宿区円応寺跡では、檀家と推定される墓域(A区)は比較的墓が整然としているが、一方、非檀家と推定される墓域(B区)には墓が過度に密集し、格式の高い甕棺がなく、副葬品が乏しい墓が多い。また、被葬者に男性の占める割合が非常に高いことから、地借・店借や武家奉公人などの都市下層民が投げ込み同然に葬られた墓域と考えられている。

江戸の墓制の変遷上の画期は十七世紀後葉と十八世紀前葉に認められる。埋葬施設の構造と被葬者の身分・階層および寺院の格式・規模の関係、すなわち身分・階層の表徴としての墓の秩序は、こうした二つの画期を通じて最終的に完成したのであろう。

まず、将軍と大名の埋葬施設に共通性がうかがわれる寛永年間(一六二四―四四)に、両者の秩序が先行して確立した。その後、十七世紀後葉までに板石を組んだ石組墓や長方形木棺が姿を消し、十七世紀後葉になって甕棺が出現する。この時期に旗本などの幕臣の墓制の秩序が成立したと考えられる。すなわち、墓制の秩序が身分・階層間を下降していったのである。そして、十八世紀前葉には、将軍墓・大名墓の墓制は簡素化の方向をとるようになる。中小寺院では、十八世紀中ごろに方形木棺が出現する。

このような江戸の墓制の変遷上の画期にほぼ対応して、火葬墓のあり方も変化していった。江戸の火葬と土葬の比率に関しては、十七世紀代の墓地のなかで火葬の割合が比較的高い墓地と低い墓地がある。また、十八世紀以降になると火葬の占める割合が全体に低くなり、土葬が主体となる。

埋葬施設の構造と火葬・土葬の関係をみると、火葬には蔵骨器、土葬の場合には円形木棺・木棺・甕棺を使用するという区別が基本的に認められるが、十六世紀末に起立し明暦三年（一六五七）に移転した江戸時代初期の東京都中央区八丁堀三丁目遺跡（朗惺《ろうせい》寺墓地）ではこうした区別はゆるやかであった。火葬蔵骨器の変遷上の画期は、斉一性をもった瀬戸・美濃産の三耳壺・四耳壺が大部分を占めるようになる十七世紀後葉と考えられる。

江戸前期には江戸のほとんどの寺院に火葬場があったが、その後、人口密集地域の寺院は火葬場を廃止・移転させ、幕末の火葬場は周辺地区に存在したという変遷をたどることができる。火葬墓のあり方が変化し、火葬の占める割合が全体に低くなり、土葬が主体となっていった背景には、こうした江戸の火葬場の廃止・移転があったと考えられる。

また、そこには、儒葬や神葬祭などの影響が想定されるが、言い換えれば、このような動向は、土葬であった将軍墓を頂点とする江戸の墓制の秩序へ指向していくことでもあった。つまり、江戸の火葬墓のあり方の変化は、江戸の墓が身分・階層の表徴として秩序化していく過程の一つであった。

このような江戸の墓制・葬制における儒教などの影響は、副葬品である六道銭の変遷にも見ることができる。

江戸の六道銭のあり方において、出現率が低下する十八世紀中葉は一つの画期であった。すなわち、江戸においては寛保二年（一七四二）の六道銭禁令の町触が出された十八世紀中葉ごろから六道銭の出現率が低下し、特に格式の高い大名墓や旗本などの墓と考えられる甕棺墓では、それが明確に認められる。そこには、六道銭禁令の背景にある銭貨を副葬品に用いるのは無駄な行為とする、儒教などにつながる近世的な経済思想の論理が中世以来の伝統的な死者供養の論理と対立しながら、上層の身分・階層から次第に浸透していった過程をうかがうことができる。

また、江戸の墓誌は、十七世紀代の火葬墓である在銘蔵骨器を中心にした様相から、遅くとも十八世紀前葉以降の土葬墓に伴う墓誌を主体とする様相に変化していった。これは、十七世紀後葉と十八世紀前葉という江戸の墓制の変遷上の画期と対応していたのである。こうした墓誌の変遷には、仏教から儒教へという宗教的、思想的な背景の変化を見ることができると思われる。

旗本などの幕臣や藩士などの土葬墓に伴う墓誌は、十八世紀後葉以降十九世紀に入ると事例数が増加するが、これは将軍家や大名家の墓誌が身分・階層間を下降して普及していったことを示すと考えられる。

一方、幕臣や藩士などの墓にみられる没年月日と姓名などを記した簡素な墓誌は、中国的な墓誌の範疇からは外れたもので

江戸の武家の墓

あり、被葬者個人を示すものとして受容されたのであろう。このような江戸の墓誌の普及の背景には、個人意識の高まりがあったように思われる。ただし、江戸の墓誌に表徴された個人意識は、武家や儒者など身分・階層を限定して共有されるものであった。

これに対して、副葬品に反映した個人意識は、墓誌に比べて武家のほかに町人を含むやや広い身分・階層に受容されていたようである。江戸の墓の副葬品の様相は次のような変遷をたどる。

十七世紀代の将軍墓や大名墓には、豊富な武器・武具類が見られるものが多い。ところが十八世紀以降になると、将軍墓・大名墓では武器・武具類が少ないか、もたないものが主体となる。

十六世紀末から十七世紀前半の八丁堀三丁目遺跡では、個人の持ち物などの身分・階層、性別・年齢差を反映する副葬品は必ずしも広がっていなかったように思われる。

しかし、ほぼ十八世紀以降には、六道銭や数珠、櫛、煙管《きせる》など身分・階層を越えて存在する副葬品がある一方で、逆に身分・階層に拘束される副葬品が認められる。数珠・六道銭などは宗教的、民俗的な意味をもつものであろう。

また、将軍墓や大名墓の副葬品の中に、文房具や装身具、化粧道具のような個人の持ち物が多く見られ、十八世紀ごろには、中小寺院の墓の副葬品にも、遺体とともに個人の持ち物を墓に入れるという習俗が認められるようになる。たとえば、煙管や数珠、櫛などは個人の持ち物であろうが、格式の高い甕棺の副葬品のなかに袴・食器・柄鏡・扇子・玩具などの個人の持ち物と思われるものが多いことから、個人の持ち物に対する意識は身分・階層と関連していたように思われる。

このころの子供の墓に玩具などが副葬されることは、子供に対するまなざしの変化をうかがわせるが、同様の観念は乳幼児の葬法にも認めることができる。

江戸の乳幼児の葬法において火消壺転用棺が用いられるようになるのも、十八世紀以降のことであった。かわらけは中世・近世において出産と関係が深かったが、乳幼児の墓の棺に用いられた火消壺はかわらけと同様の土器であるところから、これも同じような観念をもっていたと思われる。

このような十八世紀以降の江戸の乳幼児の葬法のあり方は、近世の子供に対するまなざし、母性・父性につながる子育ての観念の大きな変化のなかに位置づけることができるのである。

江戸の墓地に造立された木製卒塔婆からは、江戸の忌日供養や盂蘭盆の供養の実態とともに、墓地の景観の変遷をうかがい知ることができる。

十六世紀末から十七世紀前半に営まれた八丁堀三丁目遺跡のような江戸初期の墓地は、長い板塔婆などの木製卒塔婆が林立する中に、数少ない石製墓標が点在する景観を呈していたが、十八世紀に入るころから石製墓標が増加して、石製墓標によって占められる墓地景観が形成されるようになったと思われる。

一方、木製卒塔婆は、十八世紀代になると一般に忌日供養のために造立されたが、円応寺跡の非檀家すなわち都市下層民の墓域であるB区の角塔婆のように、墓標として立てられたものもあった。また、このころの檀家の墓域では墓道に面して石製墓標が造立され、その地下に営まれた座棺の埋葬施設の中の遺体の方向も正面(墓道の方向)を向いていたのではないかと推定されるのである。

また、周辺村落を含む江戸の墓制を考える上で、墓地に造立された石製墓標は重要な資料である。江戸の初期墓標については、出現時期が比較的集中する元和年間(一六一五—二四)が、その成立過程において重要な時期であったことをうかがわせる。

墓標は航路や街道などの交通路に沿って、江戸から周辺の村落へ普及していったように思われる。また、墓標を受容するためには地域の経済力が条件となることや、墓標が旗本などの知行地の寺院を通じて村の旧家に受容されたことも想定される。すなわち、墓標の普及には各地域の地理的、経済的、歴史的条件とともに、寺院あるいは寺墓、寺檀制との関連も考慮する必要があるだろう。

参考文献　谷川章雄「江戸の胞衣納めと乳幼児の葬法」(根ヶ山光一編著『母性と父性の人間科学』所収、二〇〇一、コロナ社)、同「江戸の墓の埋葬施設と副葬品」(江戸遺跡研究会編『墓と埋葬と江戸時代』所収、二〇〇四、吉川弘文館)

(谷川　章雄)

上方の墓

上方とは、京都を中心とする五畿内と近江・丹波・播磨などの地域をさし、江戸をはじめとする「地方」に対する概念である。上方には、長い伝統のもと中世以来の系譜を引く葬制・墓制が残り、それを維持する体制が存在するとともに、新しい葬墓制も生み出していく。

京都や大坂など上方の都市の葬法としては、火葬が特徴的である。京都の五三昧、大坂の七墓、堺の四墓など市街地の周辺に設置された大規模な墓地は火葬場と同義であったように、遺骸の処理は火葬を主とした。

近世末ごろの大坂七墓の一つ千日墓所(大阪市中央区)では、埋葬地とともに迎仏、極楽橋、六地蔵、焼香場、常設の複数の火葬場(火屋)など死者を火葬する施設が体系的に整備されており、一年に数千体の遺骸の処理がなされたという。墓所の一隅には「灰山」と呼ばれる火葬によって生じた骨灰の大規模な集積場も存在していた。千日墓所では、死者の生前の地位や財力によって、火葬の方法と使用される燃料である木材や俵の使用量が決められる。最下層では複数の死者が同時に火葬されたこともあったという。火葬の実務は三昧聖《さんまいひじり》が取り仕切っていた。火葬に伴う儀礼の段取りや火葬の熱量を制御する技術などを担っていたのである。

中世後期に出現する三昧聖は上方の都市の墓地のみならず、多くの村々の墓地とそこに所在した施設についての権益をもって管理・運営していた。江戸時代中期以降、上方の三昧聖の多くが東大寺大勧進職竜松院の支配下に入り、権威づけと権益の保持を目指す。和泉地域などでは現在でも三昧聖の伝統を引く団体が管理する墓地や火葬場が存在している。近世には火葬・土葬を問わず上方の葬制・墓制は三昧聖の存在を抜きに考えることはできない。

大坂近郊の在郷町でも墓地に火葬施設が設けられていた。中河内の八尾で発見された八尾近世墓地(大阪府八尾市)では、灰の集積があり、火消壺やお歯黒壺を利用した蔵骨器が累々と検出されている。

堺の向井領墓所(同堺市堺区)では、嘉永四年(一八五一)の絵図によって墓所の情景が復元される。火葬場(火屋)や引導場、諷経場、閻魔堂、番小屋などの施設や火葬灰の廃棄場所、さらに多くの墓標が建てられた墓地の区画もあった。また発掘調査によって火葬墓をはじめ多様な埋葬施設が明らかになっている。ここでは、火葬骨を火消壺などの蔵骨器に納めて埋葬した火葬墓を主体としている。しかし土葬墓を整理して掘り出した遺骨を蔵骨器に納めたものも存在する。箱型木棺や早桶《はやおけ》を棺とする土葬墓の検出例は少ないが、再葬された遺骨の背後に土葬墓の存在も予想される。また乳幼児を埋葬した区画も設定されており、主に土師器甕などを棺として土葬した墓で構成されるが、一部火葬墓も含まれる。

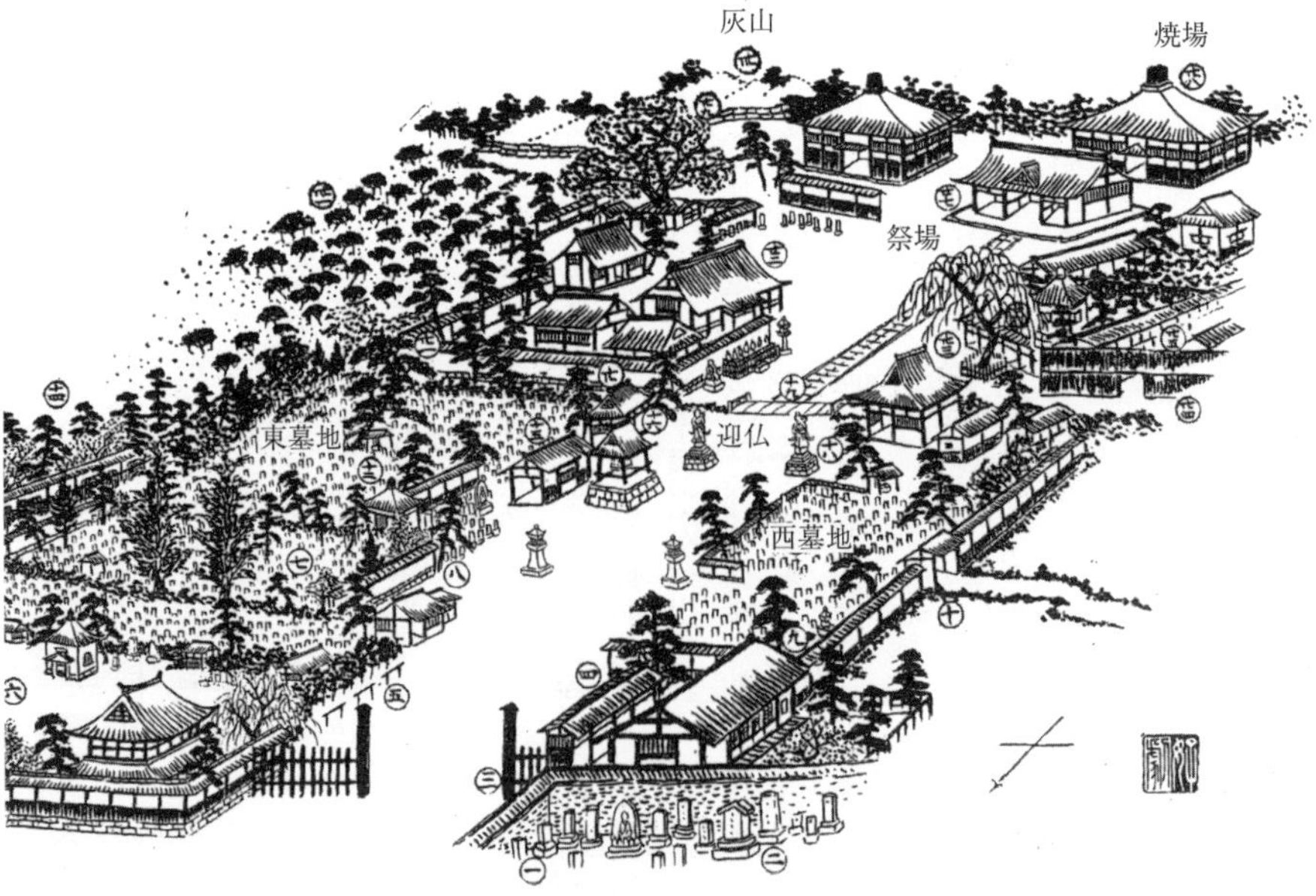

摂州西成郡難波領千日墓所(『上方』10より)

多様な様相を示す向井領墓所のあり方は、上方の都市の墓地の典型的な事例である。

また向井領墓所には「行倒れ」の死者の埋葬場も存在した。堺の町の各所、墓地ではない場所から近世の人骨がよく出土する。都市には放置され廃棄された葬られない死者が多く存在したことを示している。

向井領墓所も近世末には火葬が廃れ土葬に転換するといわれる。上方の都市部にも土葬を採用する者が多く存在した。火葬と土葬の選択は被葬者とその親族の指向とその宗旨などによって決定されているようである。

大坂や堺の市内に所在する寺院境内の墓地では、火葬墓とともに箱形木棺や早桶、大甕を棺として利用した土葬墓が比較的多く検出されている。伊丹郷町(兵庫県伊丹市)に所在する墓地遺跡では、十七世紀前半以降の埋葬遺構が多数検出されており、火葬墓と土葬墓が相半ばしている。これに対して京都と大坂の中継地である伏見(京都市伏見区)の日蓮宗寺院の墓地遺跡からは、十七世紀前葉から二十世紀初頭までの六百基あまりの土葬墓が検出されている。いずれも箱型木棺と早桶を主体とするものである。都市の住民の葬送の多様性を示している。

近世都市大坂は戦乱から始まる。大坂城跡からは頭蓋骨を含む多数の人骨が出土している。刀による傷をもつ骨も多く戦闘の中での死者の遺骸の一部であることは明らかである。これらは多くの品々とともに濠の埋土や整地層から出土しており、明確な葬送の痕跡はみられない。戦時の遺骸の処理の一つのあり方である。

大坂冬の陣後の大坂城三の丸の濠から老女の埋葬が検出されている。濠の埋戻しの途中の面をわずかに掘りくぼめ、手足を折り曲げ頭を抱えた形の遺骸を蓆《むしろ》に包んで横臥で埋葬していた。胸に漆椀と六道銭を、手首に木製の数珠を持たされていた。ここには明確に葬送儀礼の存在を想定できる。慶長十九年(一六一四)末から翌年春の間に埋葬された最下層の非戦闘員の墓である。この副葬品の組み合わせは、中世末には出現し、近世の前半の農村部の墓によくみられるものである。

またほぼ同時期の大坂城跡では、土坑に伸展で葬るための木棺とそれが乗せられる台車が据えられ、棺の北側に二点の壺、台車の上には皿二点、棺の中には多数の銭貨、金属製箸、分銅、煙管などが納められていた土葬墓が検出されている。死者をあの世へ運ぶための用具とともに埋葬施設に納める葬送のあり方は中世以来の伝統を引いたものである。

大坂城における二事例は近世初頭の葬墓制の上下二層のあり方を示すものである。

キリシタン墓も近世初頭の上方の墓の構成要素の一つである。高槻城キリシタン墓地(大阪府高槻市)では、木棺に伸展した遺骸を納め、頭位を揃えて十基ほどずつを単位として埋葬する。棺蓋の頭部にあたる部分に罪票付き十字架が記されているものもある。千提寺西遺跡(大阪府茨木市)では、中世後期から近世への墓制の変化の中でキリシタン墓地が位置づけられる事例が検出されている。キリンタン墓は重複することなく狭い範囲に群在することから、埋葬部の上部に墓碑の存在が予想される。上方のキリシタン墓碑は、中世後期に盛行した背光五輪塔の形を模して成立した立碑形のものが特徴的である。

農村部においては、近世初頭、中世の伝統を受けて火葬が広く行われていた。受熱した銭貨(六道銭)などが出土した火葬場跡の集積された灰層が近世の墓地遺跡で散見される。しかし次第に土葬に転換されていく。十七世紀後半に成立する墓地では土葬墓のみで構成されるものが多い。

農村部の土葬墓は、土坑に箱形木棺や早桶を使用して座位で埋葬されるものがほとんどである。近世を通じて墓の構造に大きな変化はないが、副葬品の組み合わせは大きく転換する。六道銭と漆器椀や土師皿などを組み合わせたものから、死者があの世で使うためのもの、あの世への旅中で必要なもの、さらに死者の愛玩品など多くの副葬品を納めるものへと一般的には変遷する。しかし地域ごと墓地ごとにその転換の時期は異なり、近世後期から近代までの時期幅をもつ。

また、疫病や異常死による死者は通常の埋葬方法とは異なる。和泉地域では疫病の死者を埋葬する場合は通常の二倍の深さの墓穴を掘るという。大阪府泉佐野市長滝墓地遺跡では、座位の遺骸の頭部を下にして埋葬し、墓穴の壁面・底面・蓋部を漆喰で厚く固めた事例が検出されている。死者を封じ込めるような構造の埋葬である。この墓を造営した集団と被葬者の関係を想像させる。

上方の頂点に位置する天皇の葬法は、近世初頭に火葬から土葬に転換する。元和三年(一六一七)に没した後陽成天皇は火葬され、火葬場である火葬塚が京都の泉涌寺《せんにゅうじ》(京都市東山区)の月の輪陵に遺存している。引き続く後水尾天皇から孝明天皇まで近世の十四代の天皇は、泉涌寺の月の輪陵などに土葬され、その上部に九層石塔を建立するのが基本的な形である。十九世紀はじめの後桜町天皇の事例では、木槨に覆われた長方形の箱形木棺に遺骸を納めており、棺底には儒教思想により作られた七星板が敷かれていた。棺と槨を輿に乗せて埋葬した。主体部は石郭などが構築されている。これが最上位の埋葬である。

武士や商人などの比較的上位の階層の墓の事例も確認されている。

武士の墓では明石城下(兵庫県明石市)で検出された事例がある。藩の上級武士でも早桶を棺に使用して土坑に納めるのみである。周囲で検出された埋葬施設との大きな差異はない。わずかに副葬品に違いが見出される程度である。

伊丹郷町の寺院の境内では伊丹の商人の墓が検出されている。箱形木棺を木槨に納めていたが、木槨を漆喰で厚く固め上部に延石を並べていた。堅固に構築された埋葬主体である。被葬者の財力をうかがうことができる。

大坂平野の大念仏寺(大阪市平野区)の境内墓地からは、甕を土坑に納め上部に延石を置いた埋葬が検出されている。この中には儒学者の墓も含まれる。大坂においても同様な構造の墓が散見され、これらはある程度優位な埋葬である。

僧侶の墓としては、大阪府箕面市の黄檗宗寺院徳大寺跡の歴代住職墓地から享和二年(一八〇二)に遷化した第七世霊仙の墓が確認されている。宝篋印塔の墓塔の台石から火消壺形の蔵骨器が出土した。蔵骨器には経典(観音経)をみずからの血液で写経したということを示す「血書」の文字を中心に、「南無阿弥陀仏」「南無十方諸仏菩薩」「南無妙法蓮華経」など黄檗宗の教説による文言を記し、特異な宗教的な世界を構築している。

近年、上方においても近世墓の調査例が増加しており、多様な事例が検出されるとともに、都市と農村部の墓地の様相の違いも次第に明らかになりつつある。しかし被葬者の階層差は明確には把握できない。土葬墓において、木槨やそれを漆喰で固めたもの、棺では陶器の大甕にある程度の優位性をみることができるのみである。これは公家や豪商、最上級の武士などの墓の調査事例がほとんどないことに起因しており、いまだ上方の墓の全体を見通して体系化するのはむずかしいのが現状である。個別の墓の分析から近世の墓の全体を把握すること、これが上方の近世墓研究の当面の課題である。

参考文献　南木生「五十年前の千日前」(『上方』一〇、一九三一)、『特集　西日本近世墓の諸様相』(『関西近世考古学研究』六、一九九八)、海辺博史・小林義孝「黄檗僧霊仙の蔵骨器」(『歴史考古学』四六、二〇〇〇)、小林義孝「六道銭の変容過程」(『喜谷美宣先生古稀記念論集』所収、二〇〇六)、木下光生『近世三昧聖と葬送文化』(二〇一〇、塙書房)

(小林　義孝)

村の墓

基本的に村人らが造営する墓地が多い。ただし、僧侶などの宗教者や武家層の墓地などが村落に営まれることもある。

立地は、居住地域に隣接する場合や、人家から離れた丘陵地や田畑の中などが多い。また、寺院墓地、共同墓地の形態も見られる。共同墓地には、近畿地方（大和・山城・河内・和泉など）に特徴的な一つの村落を越えた範囲で共同使用する郷墓、惣墓がある。その他、近畿地方と中部・関東地方や四国の一部などで多く見られる埋め墓と詣り墓からなる両墓制もある。たとえば、大阪府旧長滝墓地跡（植田池遺跡内）では長滝村極楽寺三昧境内の埋め墓が調査されている。また、中世城館跡に墓地を営むことがあるほか、鎌倉では中世のやぐらを転用する場合もある。

墓地はその規模からいくつかの類型に分類できる。㈠単独墓。造家で死者が出るたびに個別の場所に埋葬したと推定される。造墓の継続性がなく、墓域が形成されないことから、墓の存在が造墓した家のみならず周囲からも比較的簡単に忘れられてしまった可能性がある。そのため、発掘調査以外の伝承、文献、絵図などの情報が少なく、性格がとらえられないことが多い。丘陵地などに営まれた単独墓の中には、盆に死亡したり、ハンセン病など特殊な病気で死亡したりした人を埋葬したとされるいわゆる鍋被り葬が確認できることがある。㈡数～数十基の墓地。特定の場所を墓地と定め、家ごと、あるいは数家が集まって造営する。数家が利用する場合、いくつかのグループを形成していることがある。墓域を形成していることからも一ヵ所での造墓の継続性が強い。そのため、墓地の継承者が現在でも存在することがあるなど、発掘調査以外の情報が得られる場合があり、その性格は㈠よりも判明しやすい。たとえば、東京都戸吹遺跡（戸吹村名主坂本家墓地）、高知県森田久右衛門墓所（藩窯工人森田家墓所）、福岡県高松家墓地（井上村大庄屋高松家墓地）などがある。㈢数十～百基単位の墓地。同じく場所を定めて埋葬する。性格は寺院墓地や一つまたは複数の村落単位の共同墓地であることが多い。この場合も家単位でグループを形成していることがある。継続性が非常に強く、近年まで、あるいは現時点でも使用されていることも多い。そのため、やはり、発掘調査以外の情報により性格が判明する場合が多い。事例として、埼玉県浄禅寺遺跡第一〇地点（新義真言宗浄禅寺墓地）、同県戸塚立山遺跡（新義真言宗東福寺墓地）、愛知県さんまい貝塚（市場地区共同墓地）、大阪府向泉寺跡遺跡（堺廻り四箇村の一つ中筋村の惣墓的性格を持つ向井領三昧墓地）、兵庫県牧野・町西遺跡第四区（鍛冶関連の村の墓地か）などがあげられる。なお、発掘調査の場合、墓地のすべての範囲が調査されているとは限らず、また、調査時に墓（坑）と認識できない場合もある。報告された墓の数がその墓地の墓の総数を必ずしも示しているわけではないことには注意が必要である。また、寺院墓地である戸塚立山遺跡の近隣地域に小規模な墓地が見られるように、狭い範囲に性格の異なる墓地が並存していることもある。その他、武家の墓である神奈川県向井将監正方夫妻墓、修験者の墓地である岩手県雛子沢遺跡、行き倒れの人々の墓地とされる愛媛県医王寺Ⅲ遺跡など被葬者が特徴的な事例がある。

葬法は、全国的に土葬が主流である。ただし、火葬も近世を通じて存続する。また、時期や地域、あるいは墓地によっては火葬が多い場合もある。小規模な墓地では土葬が大半を占めるが、共同墓地や寺院墓地では、火葬の比率が高い例がある。たとえば、山形県渋江遺跡（渋江村共同墓地、十八世紀から近代）では、火葬が大半を占めるとされる。新潟県坊ヶ入遺跡（称名寺関係の共同墓地、十七世紀中葉前後から十九世紀代か）でも火葬比率が高い。また、中世に起源を持ち十七世紀初頭から前葉でおおむね造営が終了する墓地にも火葬の比率が高い事例がある。埋葬施設は基本的に土葬では円形木棺（早桶《はやおけ》）や方形木棺（箱棺・竪棺）、甕棺が座棺として、長方形木棺が寝棺（屈葬用・伸展葬用）として使用される。事例が少ない埋葬施設として、木槨木棺（青森県畑内遺跡）、多角形木棺（東京都多摩ニュータウン二四三・二四四遺跡）などがある。その他、円形木棺を意図的に横位にして埋葬する事例が各地で散見されるが、これは、寝棺を模した埋葬形態と考えられる。また、菰や筵で遺体を包んで埋葬したと推定されるいわゆる直葬も各地で確認できる。直葬の場合は遺体を寝かせた状態（側臥（横臥）屈葬、仰臥屈葬など）で埋葬するのが一般的である。木製の埋葬施設が主体と

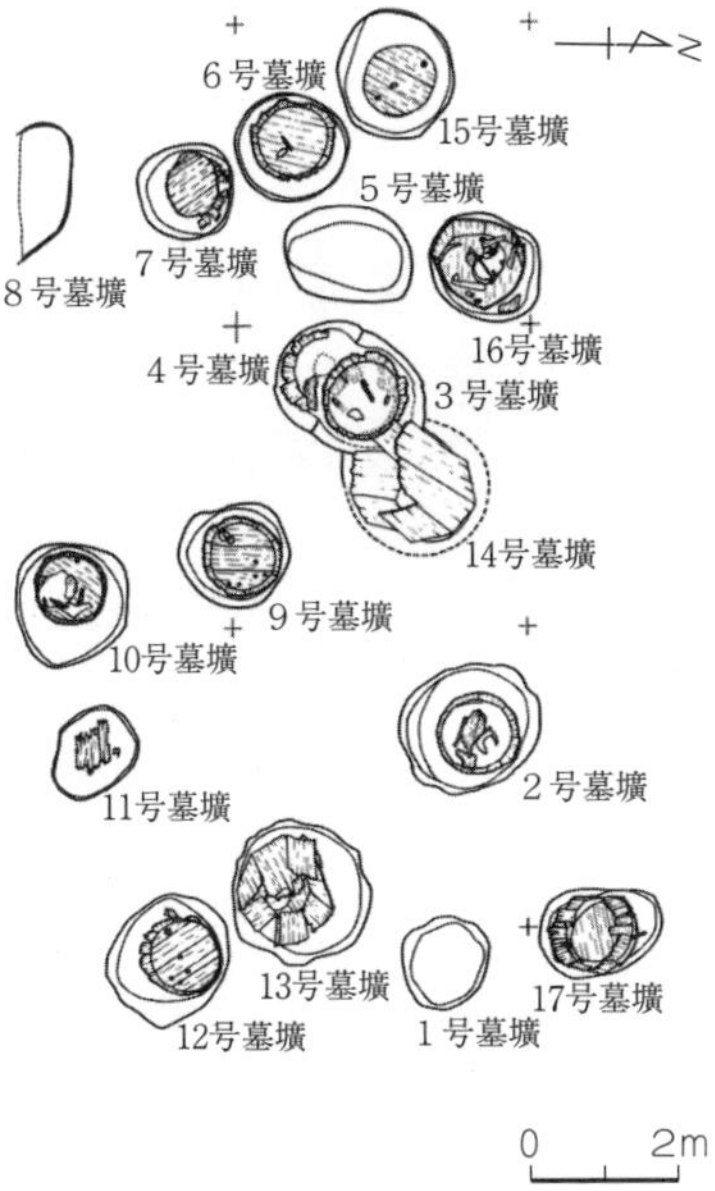

東京都多摩ニュータウン遺跡No.243・244遺跡出土埋葬施設

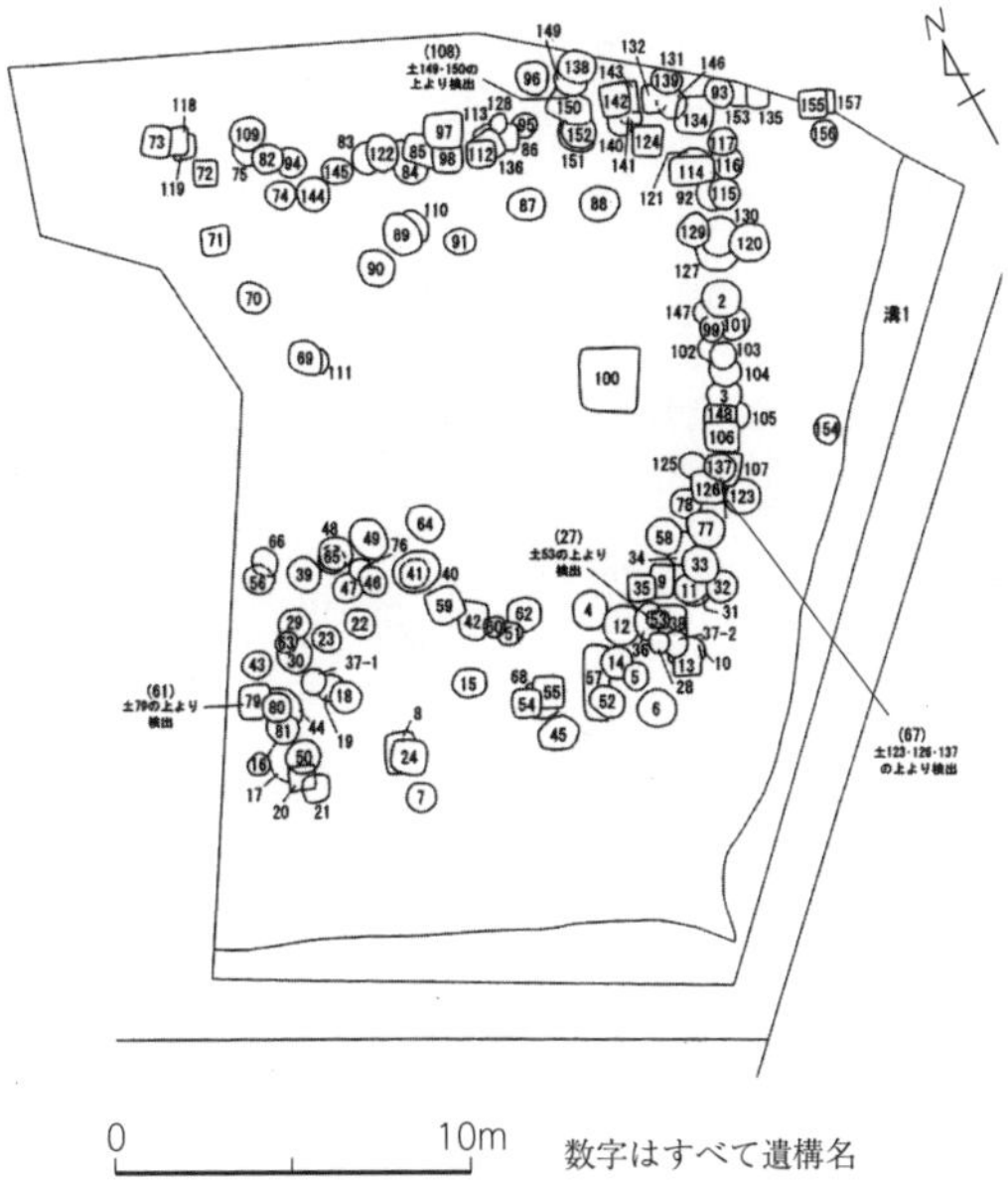

埼玉県浄禅寺跡遺跡第10地点全体図

なる村の墓地は、台地上に立地する場合、木棺の遺存状況が悪く、検出されない場合が多い。単純に考えれば、円形墓坑には円形木棺、方形墓坑には方形木棺が納められたと推定される。しかし、埋葬施設と墓坑平面形が一致しない例も一定数存在する。そのため、墓坑平面形（特に埋葬施設と接する底面）や、人骨の埋葬姿勢、人骨と墓坑壁面の間の空間の有無、覆土、釘の有無などから総合的に判断する必要がある。こうした事情から木棺の詳細を知るのは困難だが、構造が判明する木棺もある。たとえば、穿孔のある桶を転用した円形木棺（埼玉県寺屋敷遺跡、東京都多摩ニュータウン二四三・二四四遺跡）のほか、方形木棺では、四隅に角柱が設置され、側板を二重にした例（福島県岸遺跡）や同じく四隅に角柱を添えた例（同県白岩堀ノ内遺跡）、側板を二重にした例（同県砂畑遺跡）がある。また、山形県渋江遺跡では、埋葬施設に「卍」の墨書が確認されている。甕棺は陶器（炻器）が多く、産地は常滑、備前、肥前のほか、越前、丹波、大谷なども確認できる。その他、土器のものも少数ながら存在する。甕棺の特殊な事例として、埋葬専用の甕棺（死人甕）が牧野・町西遺跡第四区で検出されている。木棺は全国に分布するが、甕棺は東日本よりも西日本に多く使用される傾向にある。また、甕棺は都市周辺に比較的分布する傾向が認められるが、これは、都市で甕棺を使用する人々（特に武家層）が近隣地域に墓地を設けたこと、都市での甕棺の普及が近隣地域により強い影響を与えたためだと考えられる。産地別の分布を見ると、東日本での主流は常滑産である。備前産は東日本でも使用されているものの中心は西日本である。その他、越前産（福井県、鳥取県）や丹波産（大阪府、兵庫県）、大谷産（徳島県）などの使用も確認できる。一方、九州地方では肥前産が主流となる。また、土器は西日本に集中する。木棺の被葬者は、一般の農民だけでなく、庄屋・名主層など幅広い階層で使用されている。一方、甕棺の被葬者は、村落に墓のある武家層や僧侶など宗教者のものを除くと、庄屋・名主といった上層民での使用が目立つ。だが、いずれにしても、一部の例外を除いて、江戸で多く確認できる石室や石槨、木槨といった付帯施設を伴う事例は村では非常に少なく、埋葬施設の構造から被葬者の階層性を推定することはむずかしい。

火葬は蔵骨器と直葬に大別できるが、蔵骨器の使用は都市と比較して少ない。蔵骨器は陶磁器壺や陶器甕、土器壺・甕、曲物などがあるが、木棺を蔵骨器として使用することもある。陶磁器の産地は瀬戸・美濃、丹波、信楽、越前、備前、肥前などがある。また、火葬施設（荼毘跡）も各地で確認されており、大きく拾骨する場合と火葬後そのまま埋める場合がある。埋葬施設の変遷を見ると、地域差はあるものの、大きくは十七世紀前葉段階では、火葬と長方形木棺の比率が高いが、十七世紀中葉以降になると座棺が増加する。さらに、座棺の中でも十七世紀段階では円形木棺が多いが、十八世紀前葉から中葉以降になると方形木棺が多く用いられるようになる。ただし、土葬から火葬への変遷、または方形木棺に対して円形木棺が増加するなど逆の現象が見られる場合もある。甕棺は十七世紀前半では一部の地域でわずかに確認できるのみだが、おおむね十七世紀後半から増加し、特に十八世紀中葉から後半以降には顕著となる。

副葬品で最も多く出土するのが六道銭(六文銭)である。六枚セットが最も多いが、時期が下り元文四年(一七三九)以降寛永通宝鉄銭が流通するようになると、枚数が増加する地域がある。また、十二、二十四枚といった六の倍数や、地域によっては七枚を納めることもある。また、銭貨には籾殻や繊維状の有機物が付着している事例が見られることから、頭陀袋などに入れられた場合があると考えられる。六道銭は、数珠とともに全国的に一般化している。ほかには、喫煙具(煙管、火打金・火打石など)、装身具(櫛、簪、笄など)、化粧道具(毛抜き、鋏、柄鏡、紅皿など)、飲食具(碗(椀)類、皿類、杯など)、玩具(人形類、ミニチュアなど)といったものも出土している。これらは、被葬者の個人の持ち物としてとらえることができる。錫杖や仏具などは宗教・習俗に関わるもので、鎌や刀子といった刃物類のほか、櫛などは魔除けとしての性格もある。六道銭や数珠は着装品(死装束)に分類できるが、宗教・習俗に関わるものとすることもできる。数珠は持ち物の性格がある場合もある。碗(椀)類は皿類や折敷とともに供献具、また箸と合わせて枕飯の食器と解釈する場合がある。宮城県泉崎浦遺跡では提灯や鳥形木製品、同県大日北遺跡でも提灯や竜頭、また、岐阜県仲追間遺跡では竜頭や天蓋など野辺送りに関するものが出土している。その他、かわらけ皿が出土する場合が多い。これらの中には灯明皿に使用されているものもある。このような葬具も副葬品に入れることができる。なお、副葬品は多義的なため、厳密な区分は難しい。このように、村の墓の副葬品は多種多様であり、特に持ち物に関しては江戸などの都市の副葬品との類似性が強い。これは、村落においても持ち物が都市と同様に一般的なものになったことを示している。

村の石製墓標の様相は、京都府山城木津惣墓や千葉県高滝・養老地区の調査、奈良県平岡極楽寺墓地などの悉皆調査の増加によって近年特に明らかとなってきている。墓標には多様な型式があるほか、時期差や地域性、階層性などが見られる。墓標型式は、基本的に地域性から斉一性へと変遷していく。十七世紀代に登場し、十八世紀中葉以降になると全国的に多くなる頭部かまぼこ状墓標とそれ以降の方柱形墓標に全国的な斉一性が認められるようになる。また、頭部三角形や舟形光背などの一観面から方柱形などの多観面の墓標へと変化し、それとともに刻まれる戒名が増加していく。このような変化の背景には、石工の活動の広がりや個人単位から家単位への供養観念の変化などがあると考えられる。一方、墓地によって墓標型式や変遷に差が見られることから地域性の存在も認められる。以上のように、村の墓には、都市から村への影響、都市と村との共通性などが認められる一方で、都市との相違点や地域的差異も存在しているのである。

参考文献　谷川章雄「近世墓標の類型」(『考古学ジャーナル』二八八、一九八八)、田口哲也「関東の近世墓」(『考古学雑誌』九三ノ三、二〇〇九)

(田口　哲也)

火　葬

近世において遺骸を火に付し遺骨を採取する火葬は、土葬とともに普遍的な葬法である。従来、火葬は浄土真宗の門徒が広く採用し、その信仰が浸透している北陸や中国地方に多く、それ以外の地域では儒教思想を根拠として土葬が一般的であったといわれてきた。近代になり土葬から火葬へ転換していくという一系列の整理がされてきたのである。しかし近世に火葬が広く採用されていたことは、『諸国風俗問状答』などの史料によっても明らかである。

火葬を採用するにあたって、その契機となる一元的な原理は見いだせない。葬家の事情、地域社会との関わり、社会的な身分、仏教の宗派、さらに疫病の流行、葬送を担う三味聖《さんまいひじり》の存在など種々の要素のいずれかによって火葬が選択された。

火葬は人が臨終を迎えたのちの葬送儀礼と遺骸の処理の体系をもつ。納棺、茶毘、拾骨の過程を経て、遺骨は墓や納骨施設に納められ、その過程に応じて、茶毘所、火葬塚、墓、分骨の納骨所などの遺構が遺される。

蔵骨器を納めた墓から出土する遺物も葬送の段階に対応する。蔵骨器の中の被熱した遺物は納棺時に納められたものであり、被熱していない遺物は拾骨時に入ったものである。墓の主体部(納骨施設)から蔵骨器とともに出土した遺物は、納骨した時のものである。これらの遺物のもつ意味について、死者の眠る土地を鎮めるためのもの、あの世における安全と平穏を保障するものなど、その出土状況から読み取ることができる。

近世の蔵骨器は被葬者の階層や身分に応じて、特別に作られたものから日用雑器まで、陶器製を主にする多様な容器が使用される。蔵骨器には被葬者についての情報や供養するための仏教的な文言が記されることもある。

黄檗僧霊仙の蔵骨器(大阪府徳大寺跡出土)には、黄檗宗の教説による多くの文言が記されている。ここには被葬者の生涯についての情報はない。遺骨を中心に、それを納めた蔵骨器、墓塔としての宝篋印塔が一体となって宗教的世界を形作っている。

火葬は人口が密集する都市で多く行われ、大坂、京都、堺など関西の都市では種々の階層に広く採用された。しかし江戸では必ずしも主要な葬法とはなっていない。これはそれぞれの都市の成り立ちに起因しているとされ、中世以来の火葬の伝統とそれを行う技術・組織の有無に関わる。

遺骸を火葬して遺骨を採取するためには、大きな熱量の確保とそれを制御する技術が必要であり、三昧聖と呼ばれる専門の下級宗教者が組織化されていた。大坂の「七墓」、京の「五三昧」、堺の「四墓」と呼ばれる墓地では、三昧聖の組織が整い大規模な火葬場が常設されており、多数の遺骸が体系的に処理されていた。

火葬が広く採用されるにあたって三昧聖の存在は規定的である。しかし三昧聖が組織されていない村の場合には、村人が持

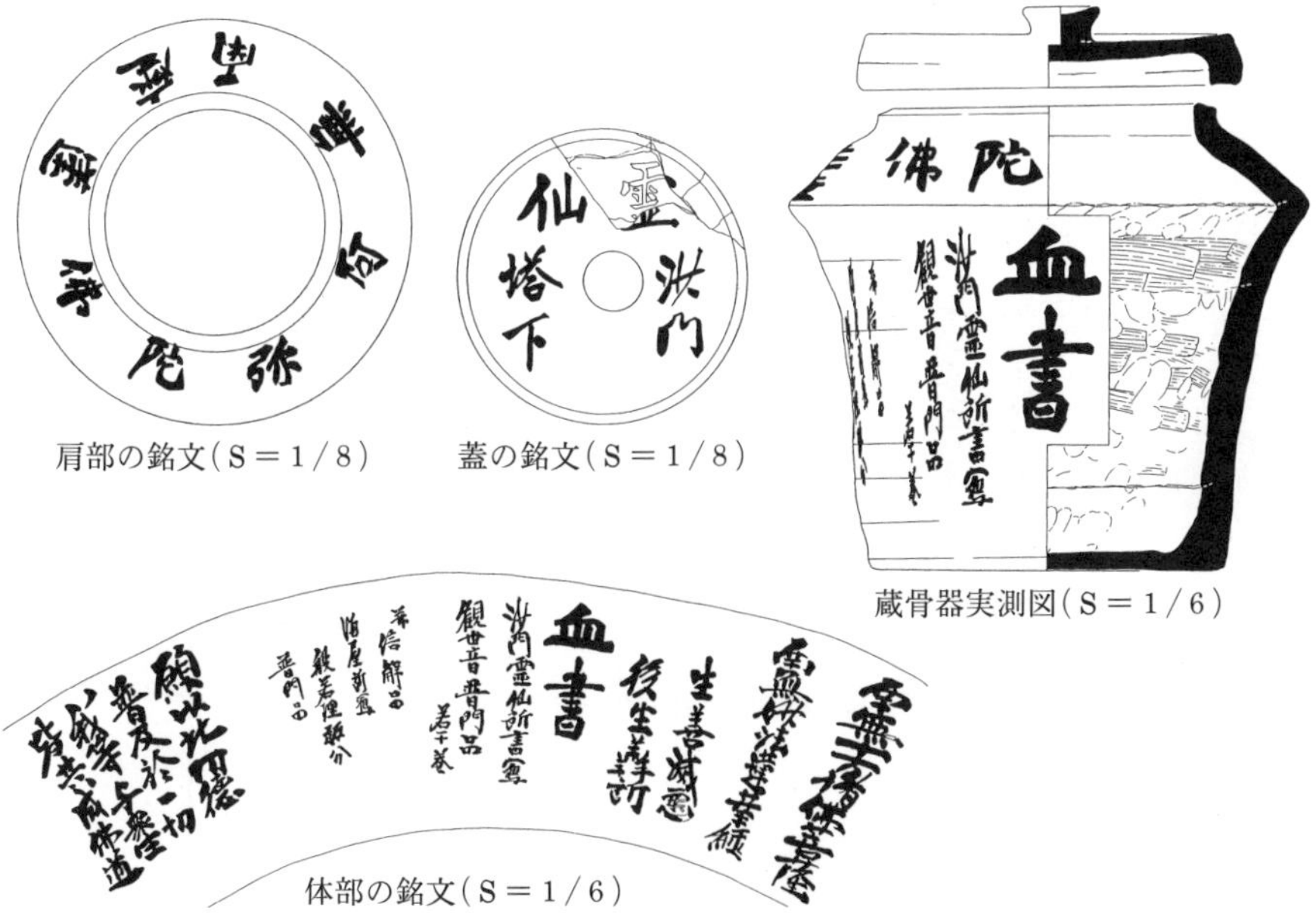

肩部の銘文(S＝1/8)　蓋の銘文(S＝1/8)　蔵骨器実測図(S＝1/6)

体部の銘文(S＝1/6)

黄檗僧霊仙の蔵骨器と銘文

ち回りで担う村の葬送のための組織によって、簡単な施設で遺骸の野焼きが行われていた。

天皇の葬法は十七世紀中ごろまでは火葬であったが、その後土葬に転換する。徳川将軍や大名などは儒葬や神式葬の影響のもと基本的に土葬を採用するが、大名やその家族でも火葬される者もある。浄土真宗、曹洞宗などの宗派では荼毘の手順と施設についての仕様を整備しており、それに則り施行された。この時の大掛かりな荼毘所の遺構なども検出されている(金沢市経王寺遺跡の遺灰塚など)。

仙台藩主の伊達家では火葬を組み込んだ藩主の葬送儀礼の体系が整備されていた。政宗・忠宗・綱宗の三代の遺骸はまずは土葬され、その後に、遺骸のない棺を主体にして葬儀を行い、これを荼毘に付す儀礼を行う。埋葬場所の上部には廟(瑞鳳殿など)を建設し、荼毘所跡は灰塚として保全されている。土葬と火葬が一体化した独自の葬送儀礼が創出されていたのである。

近世には火葬は土葬とともにあらゆる階層に広く採用されており、多様な様相を呈したのである。そして火葬の風景は近世の芸能や文芸作品にも取り上げられ、人々の死生観に影響を及ぼした。

参考文献　海辺博史・小林義孝「黄檗僧霊仙の蔵骨器」(『歴史考古学』四六、二〇〇〇)、細川涼一編『三昧聖の研究』(二〇〇一、戎光祥出版)、小林義孝「伊達政宗の葬墓」上・下(『大阪文化財研究』三一・三四、二〇〇七・〇九)、林英一『近代火葬の民俗』(二〇一〇、法蔵館)

(小林　義孝)

儒葬

儒教の礼に依拠した葬送方法をいう。日本における儒教受容の歴史は古く王仁《わに》伝承などから三—四世紀まで遡り、儒教の基本教義は『論語』『礼記』『大学』『中庸』はもとより宋代の経書十三経とともに深く日本の文化の中に浸透した。古代から中世には日本固有の文化とされてきた触穢、物忌、神祇信仰、葬送、服喪思想においても東アジアの諸教の一つとして混淆し特に死と結びついた文化のパラダイムとして形成を担ったのである。日本において儒教に依拠した葬法が確認できるのは近世期以降の墓祭に限られる。南宋の朱熹が再構築した学問体系朱子学において墓祭を重視してまとめられた『家礼』が江戸時代を通して「礼の実践書的教本」として用いられたことによる。十八世紀を中心に若林強斎『家礼訓蒙疏』をはじめ『家礼』の大綱を平易に述べた解説書などが数多く出版され為政者を中心に墓祭のテキストとして実践された。『家礼』の示す墓祭は司馬光『書儀』に比べ広い宗族結合を重視した祖先祭祀が説かれておりこの点が近世武家社会の墓祭実践において重視された。『性理大全書』二〇、家礼三喪礼から葬礼順序に従い示すと以下の二十五の儀礼がある。㈠初終、㈡沐浴・襲・奠・偽位・飯含、㈢霊座・魂帛・銘旌、㈣小斂・袒髪・免・奠・代哭、㈤大斂、㈥成服、㈦朝夕哭奠・上食、㈧弔・奠・賻、㈨聞喪・奔・治葬、㈩遷柩・朝祖・賻・陳器・祖奠、㈡遺奠、㈢発引、㈢及墓・下棺・祠后土・題木主・成墳、㈣反哭、㈤虞祭、㈥卒哭、㈦小祥、㈧大祥、㈨禫、㈩居喪雑儀、㈢致賻奠状、㈢慰人父母亡疏、㈢父母亡答人慰疏、㈣慰人祖父母亡啓状、㈤父母亡答人啓状。この内、㈣反哭までが遺骸を墓に埋葬し成墳するまでの墓祭儀礼で、㈤虞祭以下は服喪儀礼とその祀礼方法を明記している。近世の儒葬を示す具体例として天皇家・公家社会では『柳原紀光日記』に記された後光明天皇(一六三三—五四)の葬礼や公家の野宮定基《ののみやさだもと》(一六六九—一七一一)正室や中院家葬礼が指摘でき、武家社会における例では林羅山(一五八三—一六五七)実践の長子叔勝(一六一三—二九)の葬送が古い。内容は「行状」に「吾死勿用浮屠礼儀又謂我日曾子易簀者何謂哉我対曰語在礼記」と記され、「浮屠」(仏教)を用いず、『礼記』檀弓上の「曾子が死に臨んで、季孫から賜った大夫用の簀《すのこ》を、身分不相応のものとして粗末なものに易《か》えた」という故事にちなんだことが明確である。造墓は「林左門墓誌銘」(『林羅山文集』下)に「嗚呼哀哉悼哉《カナ》於レ是《ニ》命レ工《ニ》削《テ》石《ヲ》築《ク》二方墳《ヲ》一高三尺《ニワタリ》　径五尺五寸環亀《ニス》而堆立《テ》二碣《ヲ》于其《ノ》上《ニ》一以《テ》表《ス》レ之《ヲ》象《ル》二円首方趺《ニ》一也其《ノ》樊《ニハ》用《テ》二栗《ヲ》柱六十株《ヲ》一立而貫列鋭《ノ》二其《ヲ》末《ニ》一且《ツ》鎖二鑰《ス》其《ノ》所《ヲ》二出入《スル》一焉嗚呼悲哉題レ碣《ニ》曰二於乎林左門之墓《ノ》其銘《ニ》曰」とあり、㈠墳高、㈡墳径、㈢碑の形態、㈣石柵の仕様、㈤碑銘が具体的に示され近世初源的儒葬の上部構造を示す資料として重要である。

また、林鵞峰(一六一八—八〇)は明暦二年(一六五六)の実母の儒葬記録『泣血余滴』を石川丈山の支援を受けて儒教普及を

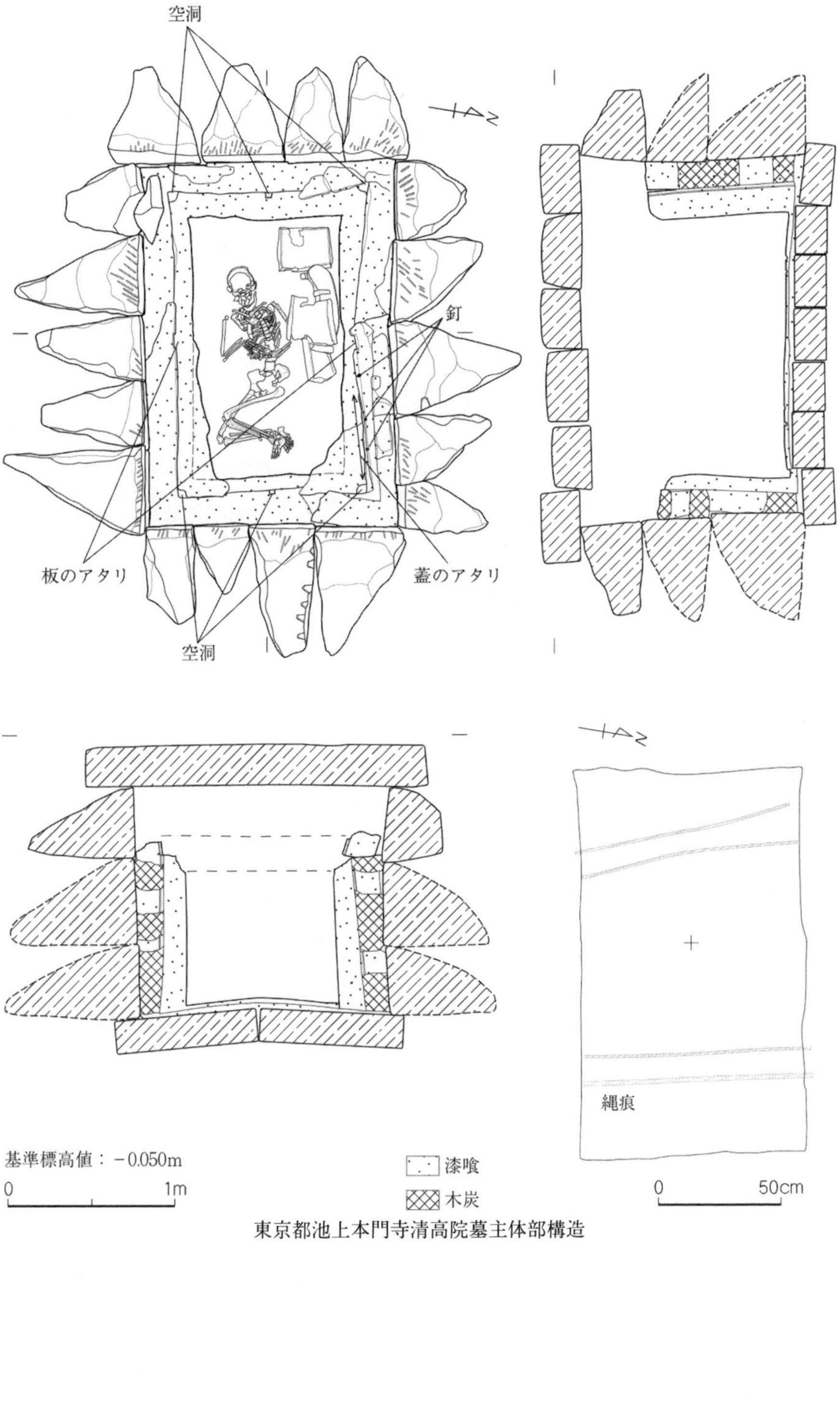

東京都池上本門寺清高院墓主体部構造

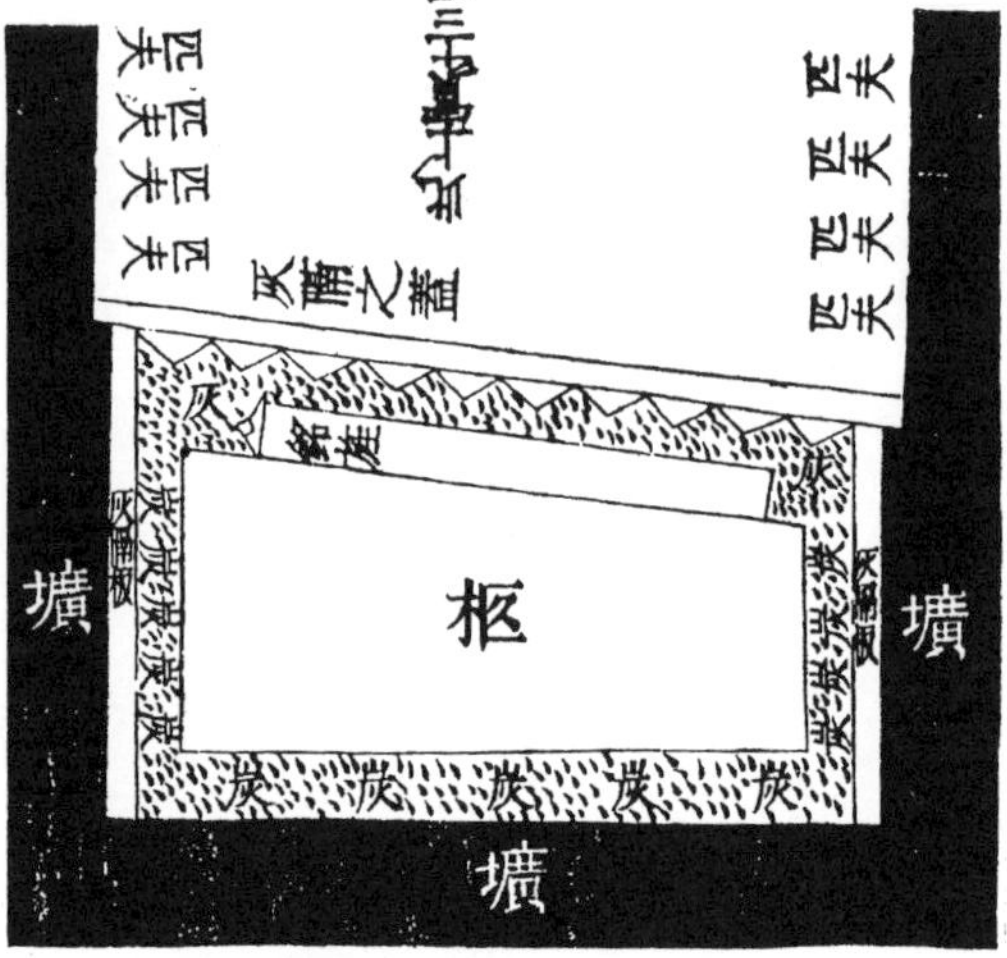
灰隔（『泣血余滴』より）

意図して刊行した。挿図「窆封之図」には埋葬主体部の断面構造が示されており、水戸の徳川光圀（一六二八―一七〇〇）は儒者人見《ひとみ》卜幽軒《ぼくゆうけん》（一五九九―一六七〇）を介して正室泰姫、父頼房の葬礼でこれを参考とした。水戸家墓所上部構造は『礼記』檀弓上三に依拠し、孔子が理想とした墳形「馬鬣封《ばりょうほう》」と品階に相応する亀趺碑を墓前に据えた馬鬣封墳墓様式の典型例といえる。豊後岡藩三・七代藩主墓は同様式墓祭である。一方、儒葬墓と認識して調査された例は皆無であるが既往の大名墓調査（東京都大田区池上本門寺熊本藩細川家二代藩主光尚側室清高院（一六一七―一七一〇）墓、狩野常信（木挽町狩野家二代当主、一六三八―一七一三）墓、足立区國土安穏寺貞龍院（尾張徳川家家老竹腰家九代藩主生母、？―一八三五）墓）では『家礼』治葬の埋葬法であることが指摘できる。特徴は、まず土壙あるいは石槨に「灰隔板」を据え、その外側を石灰（三物・四物）や炭化物で交互に突き固め、柩を中心に据えた後に灰隔板との隙間を三物で充塡しその上部に「誌石」を据え埋め尽くし成墳している。幕末例では米沢藩九代藩主上杉治憲（鷹山、一七五一―一八二二）墓である。葬法のほか誌石の仕様も二枚の板石を用い内面に官位、諡、諱、生年月日、家族構成、葬日を刻する記銘方法や鉄束法も『家礼』喪礼に依拠している。大名家において『家礼』喪礼が実践されている場合、被葬者の「遺命」による場合が多く、墓祭実践者として儒臣、儒学者が葬礼を指導している場合が多い。他の大名墓の類例から十七世紀代の儒葬は上部に墳墓様式を遺し『家礼』に従った例も多いが、十八世紀代以降は遺骸を儒葬で埋葬し上部の儀礼は仏教式石塔の建立や中陰仏事が執り行われる場合が多くなり、この点が儒教が死と直結したパラダイムゆえんである。

参考文献　近藤啓吾『儒葬と神葬』（一九九〇、国書刊行会）、坂詰秀一編『池上本門寺近世大名家墓所の調査』（二〇〇二）、同編『貞龍院殿妙経日敬大姉墓所の調査』（二〇〇八、天下長久山國土安穏寺）、吾妻重二『宋代思想の研究』（『関西大学東西学術研究所研究叢刊』三一、二〇〇九）、坂詰秀一編『近世大名墓所要覧』（『考古学調査ハンドブック』四、二〇一〇、ニュー・サイエンス社）

（松原　典明）

寺檀制度

特定の寺院(檀那寺)が信徒の家(檀家)の葬祭供養を執り行うことにより、両者の間に形成された半永続的な関係をさし、檀家制度とも呼ばれる。一般の民衆の家が特定の檀那寺を持つという関係は近世初頭から広く成立し始めたとされる。その後、江戸幕府によりキリシタン禁制の政策が進められるにあたって、檀那寺が檀家の宗旨を証明するという寺請が求められたことにより寺檀制度が強化されていった。寛文十一年(一六七一)には寺請による宗門人別改が制度化されたことにより、寺檀関係はいっそう強固なものとなり、民衆統制の役割を担うとともに、寺院側には布施収入という寺院経営の安定化をもたらした。

こうした近世における宗教統制のあり方については、仏教史学を中心に、これまで「仏教の形骸化」や近世仏教の「堕落」をもたらすものとして位置づけられてきた。一方、小農自立など「家」の成立が寺檀関係の基盤を作り、それを檀家として位置づけることで近世的な寺院が成立し、そこに展開した寺檀関係を幕府が制度化することで寺檀制度が完成したとする立場もある。この場合では、寺請制の制度化が寺檀関係の固着化の原因、ひいては仏教の形骸化の直接的要因であるとみることはできない。さらに近年では地方史研究の進展と相まって、全国を一律に見るのでなく、「地域仏教史」ともいうべきジャンルが構築されつつあり、地域社会における寺院・僧侶・諸宗教者の再構成が論じられるようになってきている。

近世墓標の考古学的研究もこうした従来の仏教史学の成果に基づき進展してきている。すなわち、仏教的な要素を持つ塔形墓標から仏教的色彩のみられない非塔形墓標への変化に着目し、仏教の形骸化と関連させて論じてきた。しかし、非塔形墓標の代表的存在である櫛形墓標(頭部が弧状を呈する墓標)が主体を占めるようになる時期は、全国的にみて十八世紀前半である。先に述べたように、近世初期の民衆における「家」の成立や小農自立を重視し、十七世紀後半の宗門人別改を寺檀制の完成形と位置づける立場をとると、墓標の考古学的分析での結果と合致しない。このことから、「仏教の形骸化」について近世墓標の形態変遷から読み解けるかという問題は、調査対象地域における寺院・僧侶の動向についての「地域仏教史」的な分析を踏まえて、より詳細に論じていく必要があるといえる。

そこで、地域社会における寺院のあり方と寺檀制の成立について、過去帳と墓標を対比しながら、当該地域での寺院の位置づけから見ていきたい。たとえば、神奈川県平塚市大神の真芳寺では、過去帳の分析から、十七世紀前半までは寺の近隣だけでなく、厚木や海老名といった比較的遠方のエリアの葬祭にも関わっていたものの、十七世紀後半以降は大神村と近隣諸村にほぼ限定されていくことがわかった。さらに寺院周辺に点在する墓地と墓標の分析から、十八世紀前半には有力な檀家を中心に家ごとの個別墓地(屋敷墓)も出現してきていることがわかった。寺院付属墓地使用者の社会構成については、墓標と過去帳の戒名の格を比較分析することで確かめられる。その結果、院号をもつ上層者や、禅門・禅尼といった戒名を持つ者よりも、信士・信女といった戒名を持つ者が多く寺院付属墓地を使用していることから、檀家中の中位に位置する被葬者で構成されることが指摘できる。近世を通じて、同一の家でも使用する戒名の格は変化するので、この戒名の格の違いだけで判断できないが、寺院付属墓地の墓標が檀家の中間層を反映しているとすれば、上流層や下層における寺檀関係の成立は、墓標だけを論拠

過去帳にみる神奈川県平塚市真芳寺の檀家の分布

年　代	大神村	戸田村	近　隣 6ヶ村	遠　方	不明・ その他	合　計
1621	1	1	1	0	2	5
1631	3	1	5	1	1	11
1641	5	4	12	1	5	27
1651	14	11	14	7	11	57
1661	16	17	20	4	8	65
1671	23	15	29	5	4	76
1681	34	9	24	1	4	72
1691	26	17	16	0	4	63
1701	27	20	22	1	2	72
1711	40	16	19	2	2	79
1721	39	13	23	1	2	78
1731	32	20	34	2	5	93
1741	25	23	27	0	0	75
1751	35	20	26	1	1	83
1761	25	16	32	1	1	75
1771	20	30	28	2	1	81
1781	28	23	32	0	1	84
1791	22	22	37	1	7	89
1801	20	26	22	1	3	72
1811	30	10	20	0	0	60
1821	30	22	26	1	2	81
1831	26	36	39	0	1	102
1841	26	22	33	4	3	88
1851	32	20	27	0	4	83
1861	29	18	34	0	2	83
1871	26	22	16	0	0	64
合　計	634	454	618	36	76	1818

朽木量「墓標からみた近世の寺院墓地」(『国立歴史民俗博物館研究報告』112)より作成，一部改変．

寺院付属墓地(平塚市真芳寺)

過去帳に記載された戒名の格(平塚市真芳寺)

年　代	院居士・大姉	居　士・大姉	信　士・信女	禅定門・禅定尼	禅　門・禅尼	童　子・童女	その他
1621	0	0	0	3	0	0	2
1631	0	2	1	4	1	0	3
1641	0	2	0	22	1	0	2
1651	0	3	1	32	7	6	8
1661	1	4	1	30	17	4	8
1671	0	10	0	42	12	7	5
1681	0	4	1	41	6	18	2
1691	1	1	4	25	8	20	4
1701	0	2	7	33	5	16	9
1711	0	5	17	19	1	27	10
1721	0	8	14	15	1	32	8
1731	1	16	22	12	1	26	15
1741	1	9	21	15	2	15	12
1751	0	7	20	6	1	34	15
1761	1	3	32	12	1	21	5
1771	2	11	34	15	0	15	4
1781	0	7	32	12	0	24	9
1791	0	4	31	17	0	31	6
1801	1	2	24	17	0	23	5
1811	0	3	26	7	0	21	3
1821	1	3	37	16	0	14	10
1831	2	9	45	15	0	26	5
1841	2	3	37	4	0	37	5
1851	0	4	33	8	2	23	13
1861	1	7	36	8	0	17	14
1871	0	6	24	5	2	21	6
合　計	14	135	500	435	68	478	188

寺院付属墓地内墓標にみる戒名の格(平塚市真芳寺)

年　代	院居士・大姉	居　士・大姉	信　士・信女	禅定門・禅定尼	禅　門・禅尼	童　子・童女	その他
1621	0	0	0	0	0	0	0
1631	0	0	0	0	0	0	0
1641	0	0	0	1	0	0	0
1651	0	0	1	1	0	0	0
1661	0	0	0	1	0	0	0
1671	0	0	0	0	1	0	1
1681	0	0	0	0	0	0	0
1691	0	0	0	1	0	1	0
1701	0	0	0	3	0	2	0
1711	0	0	5	2	0	9	1
1721	0	0	3	2	0	5	1
1731	0	2	6	0	0	3	1
1741	0	0	1	2	0	0	1
1751	0	0	4	3	0	6	1
1761	0	0	6	1	0	2	1
1771	0	0	5	3	0	5	1
1781	0	0	1	2	0	3	0
1791	0	0	3	1	0	2	0
1801	0	0	6	1	0	5	2
1811	0	1	8	1	0	5	1
1821	0	0	7	0	0	1	0
1831	0	0	4	1	0	2	0
1841	0	0	9	0	0	3	0
1851	0	0	11	1	1	5	3
1861	0	2	11	0	0	6	1
1871	0	1	3	6	0	5	3
合　計	0	6	94	33	2	70	18

にするのではなく、より慎重に議論される必要がある。過去帳と墓標を対比した研究はさほど多くないが、地域社会における社会構造の実像と寺檀制の成立を論じる際には有効であり、今後の進展が望まれる。このように、仏教の形骸化や寺檀制の確立を墓とりわけ墓標の形態から看取できるかという問題は、地方史研究や仏教史学の成果を視野に入れつつ、個別地域における寺檀制度の成立過程を踏まえて、慎重に議論を続けていく必要がある。

参考文献　朽木量「墓標からみた近世の寺院墓地」(『国立歴史民俗博物館研究報告』一一一、二〇〇四)、朴沢直秀『幕藩権力と寺檀制度』(二〇〇四、吉川弘文館)

(朽木　量)

将軍墓・大名墓

江戸時代において、廃絶・新設を含めて約三百の大名家が存在した。各大名家は領国や江戸に菩提寺を定め、歴世墓所を築いてきた。墓所は大名家が代々踏襲する様式、家内の階層、経済力、年代的傾向、地域性、宗派、官位や江戸城での席次などの諸要素が複雑に作用して、墓所規模や墓標などの地上構造物形状、埋葬施設の構造が容易に分類できないほど多種多様となり、大名家ごとに一様式を数えても過言でない状況である。

大名墓はその後裔によって祭祀の継続する個人所有の墓であることから、史跡指定を受ける場合以外は改葬時には発掘調査を行わないため、多くの大名墓の実態が不明となっている。しかしその中でも発掘調査が行われた主な大名墓としては、備前岡山藩初代池田忠継・二代忠雄《ただかつ》、仙台藩初代伊達政宗・二代忠宗・三代綱宗、長岡藩牧野家、館林藩榊原康政、池上本門寺に埋葬された米沢藩上杉家・熊本藩細川家・鳥取藩池田家の藩主正室・生母の墓所がある。いずれの大名墓も庶民の墓に比べ大規模であり、大形の墓標を建て、埋葬施設には石室を構築し複数の棺槨を重ね、大名としての生活を彷彿させる豪華な副葬品を有するが、大名墓中、質と規模ともに最大の墓所を築いているのが徳川将軍家である。

将軍家墓所は供養墓を除いて、日光東照宮・輪王寺・寛永寺・増上寺・伝通院・池上本門寺に築かれ、埋葬されている。その内昭和三十三年(一九五八)の増上寺徳川将軍廟と平成十九年(二〇〇七)から翌年にかけて行われた寛永寺徳川将軍家御裏方霊廟の発掘調査で将軍および正室・生母・成人子女・未成人子女・側室墓所の構造が明らかとなった。諸大名の頂点として当然墓所は大きくかつ精密な構造であり、また他大名墓にはない将軍家独特の埋葬・構築様式が見られる。

将軍・正室・生母・成人子女墓の地上構造物は間知石《けんちいし》を築石として亀甲積みで二段からなる基壇を造り、基壇二段目上には宝塔が設置される。宝塔は将軍家特有の墓標であり、埋葬地や宗派に関係なく共通した形状である。将軍墓では円形宝塔が用いられ、初代家康から六代家宣までが銅製、七代家継以降が石製である。途中建替えがあるが、正室御台所では石製八角形宝塔、正室御簾中・成人子女・生母は円形宝塔が基本的に用いられる。未成人子女と側室の地上構造物は間知石もしくは切石で一段の基壇が築かれ、墓標は年代によって変化するが、球形宝塔・笠塔婆・宝篋印塔が用いられる。球形宝塔も将軍家特有の墓標である。墓標と規模において将軍家内での階層差が見られる。

将軍墓の埋葬施設は地表下に石室・石槨が構築され、銅棺および複数の棺槨を重ねた中に遺体は胡座の体位で納められる。石槨周囲には方解石に経典を墨書した経石が納められる。遺体の周囲には大量の水銀朱が充塡され、朱の充塡は三代家光から十三代家定に見られ、銅棺とともに将軍家のみに見られる埋葬

寛永寺徳川将軍家御裏方霊廟

法である。将軍家の女性は古い段階では火葬され、火葬骨や骨灰は石櫃に納められるが、五代綱吉生母の桂昌院(一六二七—一七〇五)から土葬へ転換する。正室・生母・成人子女は地表下に将軍と同様の石室・石槨を構築し、複数の棺槨に遺体は納められる。朱は十一代家斉生母の慈徳院(?—一八一七)以降に充塡される。未成人子女と側室も地表下に石室に構築するが小型で石槨はない。複数の棺槨に遺体は納められるが、朱は入れられない。墓標と同様に埋葬施設は将軍家内の階層差が見られ、年代的変遷とともに複雑な様相を見せている。

参考文献　鈴木尚・矢島恭介・山辺知行編『増上寺徳川将軍墓とその遺品・遺体』(一九六七、東京大学出版会)、伊東信雄編『瑞鳳殿伊達政宗の墓とその遺品』(一九七九、瑞鳳殿再建期成会)、同編『感仙殿伊達忠宗・善応殿伊達綱宗の墓とその遺品』(一九八五、瑞鳳殿)、坂詰秀一編『池上本門寺近世大名家墓所の調査』(二〇〇二)、寛永寺谷中徳川家近世墓所調査団編『東叡山寛永寺徳川将軍家御裏方霊廟』(二〇一二、吉川弘文館)

(今野　春樹)

都市下層民の墓

江戸の墓制は被葬者の身分・階層により分化しており、将軍墓や大名墓といった高い階層の埋葬施設は、棺を囲う槨や石室を有する多重構造となる。そして、下級の武家層には棺として常滑産の大甕が用いられることが多い。また、埋葬施設の構造とともにその密度も重要である。特に江戸の低地に位置する中小寺院では、円形木棺(早桶《はやおけ》)を中心とした庶民の墓が密集して設けられていたことが明らかとなっている。

このような中、東京都新宿区円応寺跡の発掘調査では墓域の一部で、早桶が積み重なり「早桶の小山」のようになった状態が確認されている。この遺跡は、JR信濃町駅の北東約五〇〇メートルに位置し、界隈は江戸時代、四谷南寺町、鮫ヶ橋などと呼ばれ、谷地形を囲むように中小寺院が建ち並んでいた。円応寺は、黄檗宗の寺院で正徳二年(一七一二)禅宗の庵を引き継ぐかたちで鮫ヶ橋谷町の一角に設けられる。寺地の広さ九百坪を有するが谷筋に位置し、文政年間(一八一八—三〇)にまとめられた『諸宗作事図帳』の図によれば谷の入口を表間口とし、中央に本堂、北東側に庫裏《くり》などの施設が設けられている。この図には墓所の位置は記されていないが明治期の地籍図から円応寺の墓所は本堂を囲むように台地端部に設けられていたものと推測される。

発掘調査は寺地の南西側約三四〇平方メートルについて実施され、生垣や柵によって囲まれた境内の一部と柱列により仕切られた二つの様相の異なる墓域が確認されている。調査区の北東に位置するA墓域では四十基の埋葬施設が発見されたが、これらは数基がまとまって分布し、それらは全体としては列を為している。列間には埋葬施設が見られず、おそらく墓道が存在していたと考えられる。埋葬に用いられた棺は、甕棺十四基、早桶九基、方形木棺八基、蔵骨器六基などで、甕棺を用いた埋葬施設の二基には木槨が付属する。また、幼児の埋葬に小型の甕が用いられている。副葬品は六割弱の埋葬施設で検出され、特に幼児のものには人形、玩具など多様な副葬品が見られる。被葬者は三十二基で特定され、女性を一とした場合の男性比は二・七、年齢は壮年が最も多いが、幼児から青年、熟年から老年の個体もあり、年齢構成は比較的緩やかに推移する。

一方、調査区の南東側に位置するB墓域では四十九基の埋葬施設が確認されている。その分布は前述のようにすでに埋葬された棺の上に新たに埋葬が行われ、乱雑に埋葬が繰り返された様子が窺えた。棺は六割が早桶で甕棺は見られず、幼児の埋葬には火消し壺が用いられている。副葬品は三割弱の埋葬施設で認められたが乏しい内容である。被葬者は三十九基で特定されているが、女性一に対し男性は七・八となり圧倒的に男性が多く、年齢構成も壮年から熟年に集中している。

以上のように見てくると、円応寺跡の二つの墓域のうちA墓域は、墓道を介して配置され追善供養可能であること、格式に則った棺や弱年者の埋葬施設に豊富な副葬品を伴うこと、男女比のバランスがとれている点を勘案すると、被葬者は家族的な集団、寺との関係でいえば檀家層に位置付けることができる。これに対し、B墓域は、高密度の埋葬が繰り返された結果、もはや個別の埋葬施設の認識は困難で近づくことも儘ならない状況であったろう。被葬者は壮年の男性主体、副葬品も乏しい。円応寺は、明治八年(一八七五)青山の海蔵寺に合併されており過去帳などは残っておらず、B墓域の被葬者がどのような人々であったかを確認できないが、出土状況から寺との関係は一過性のもので、早い段階で「無縁」となるであろう。この点について、円応寺跡の発掘で文献調査を担当した西木浩一は、黄檗宗の深川万祥寺の過去帳にみられる「頼入」「一札」などと記された第三者を介して葬られた都市下層民の墓である可能性を指摘している。また、円応寺に近い四谷に位置する麴町十二丁目の「人別書上控」を分析した南和男は、同人別書に記された江戸以外を生国とする住民は、男性が優占し、三十五—六十五歳が主体となることを明らかとしている。これは、B墓域の被葬者集団の特徴と類似しており、B墓域の被葬者は江戸に流入した男性主体の単身者、非檀家層と理解できる。

このような非檀家層の受け入れは、経済的な側面からも江戸の中小寺院で一般的であった可能性がある。もし、これが多数の寺院で行われていたとすれば、江戸は統計的な数字で見るより遥かに多くの働き手を必要とし、これを消費することで維持された都市と考えることができる。

参考文献　新宿区厚生部遺跡調査会編『円応寺跡』(一九九三)、東京都『江戸の葬送墓制』(『都史紀要』三七、一九九九、東京都公文書館)、西木浩一「都市下層民衆の墓制をめぐって」(江戸遺跡研究会編『墓と埋葬と江戸時代』所収、二〇〇四、吉川弘文館)

（栩木　真）

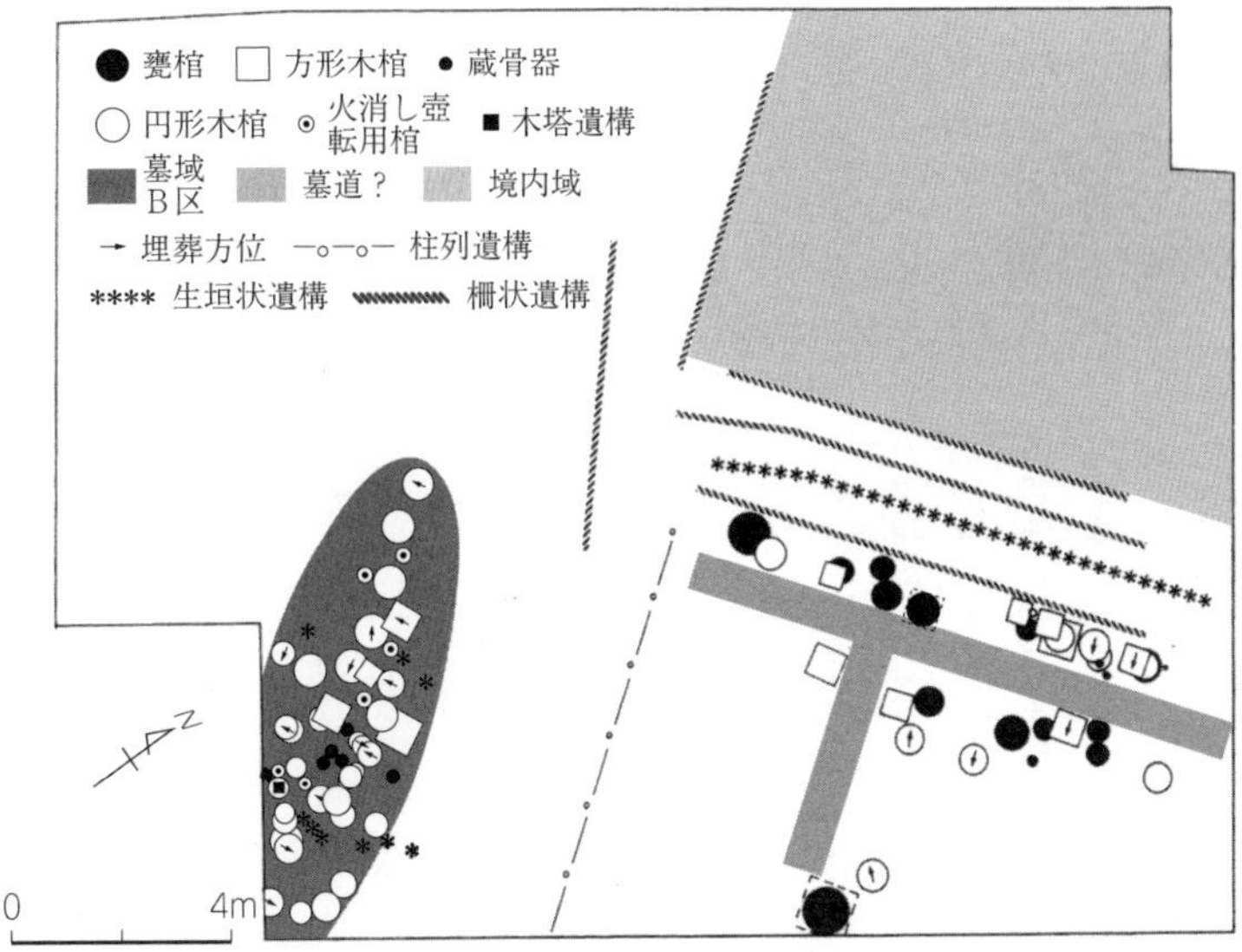

東京都円応寺跡墓域配置概念図

埋葬施設

一九七〇年代以降の近世考古学の進展により、東京都内での発掘調査も盛んになり、なかでも近世墓の調査では、数多くの早桶《はやおけ》と呼ばれる円形木棺が重複して発掘されて話題となった。『明治五年寺院明細帳』によれば、東京府下の寺院数は二千四百八十六ヵ寺で、都市江戸の総面積のうち三割が寺社地であった。江戸には、将軍はもとより諸大名やその子女、旗本、御家人といった幕臣のほか、参勤交代で移入する大名の家臣団など約五十万の武士層の人々が住み、加えて、出稼ぎによる流入民を含めて五十万ともいわれる町人層が生活していた。そのため菩提寺や墓地も多数必要であったことが、こうした寺院数の背景にある。また発掘された早桶の激しい重複は、敷地が十分確保できなかった、当時の墓事情を如実に物語っている。

こうした事情もあって、都市江戸の遺跡から発掘される埋葬施設は他の都市と比較してもきわめてヴァリエーションに富んだ様相を示し、考古学研究者にとっても格好の研究素材の宝庫といえる。都市江戸の埋葬施設について、谷川章雄はそうした多様な埋葬形態を身分や階層差の表徴として捉え、発掘調査の成果をもとに諸施設の構造に着目した分類を試みている。その種類は、㈠石槨石室墓、㈡石室墓、㈢木炭・漆喰(石灰)床・槨木槨木棺墓、㈣木炭・漆喰(石灰)床・槨木槨甕棺墓、㈤方形木槨甕棺墓、㈥円形木槨甕棺墓、㈦甕棺墓、㈧方形木棺墓、㈨円形木棺(早桶)墓、㈩火消壺転用棺、⑾直葬、⑿その他の土葬墓、⒀火葬蔵骨器、⒁その他の火葬墓の十四種類に及ぶ。

これらの構造を持つ墓の被葬者をみてみると、まず港区増上寺徳川将軍家墓所や台東区寛永寺凌雲院清水徳川家墓所などの調査から、将軍家や御三卿などの墓は㈠石槨石室墓が主体であったと考えられる。石室の中にさらに石槨を形成する非常に堅固な構造をもち、そのなかに方形木棺を納める形態であった。これを簡略化したと考えられる形態が㈡石室墓で、主に大名墓として構築されたと考えられている。港区済海寺越後牧野家墓所(七万四千石)や大田区池上本門寺肥後細川家側室(清高院)墓など、藩主や正室、藩主生母の側室の墓に多いとされる。また旗本ら幕臣の墓では、類例は多くないが新宿区自証院遺跡でみられるような、㈢や㈣など木炭・漆喰(石灰)槨と木槨を形成し、甕棺を埋葬した墓のほか、木槨を形成し甕棺に納める㈤・㈥や甕棺のみの㈦のほか、㈧方形木棺墓が用いられていた。寛永寺護国院の調査では旗本大久保家(五千石、㈣・㈤)や旗本佐藤家(三百俵、㈦)、旗本深見家(二百俵、㈦)など、石高による埋葬施設の差異がみられる。参勤交代などで江戸に没した藩士たちの墓もここに該当している。他方、町人層では、新宿区住吉町安養寺の町名主嶋田左内墓のような甕棺墓もあったが、基本的には㈨円形木棺墓が大半であった。火葬蔵骨器は埋葬施設の時期変遷にも関わるが、十七世紀代では寺院により存在率の高低がみられ、十八世紀以降には全体的に低下する傾向にあるとい

重複した円形・方形木棺(同雲光院遺跡)

漆喰槨を伴う石室墓(東京都池上本門寺清高院墓所)

方形木槨甕棺墓(同寛永寺護国院)

う。また中央区八丁堀三丁目遺跡では、四方を板状の切り石で囲む石組墓や長方形木棺が十七世紀前葉に存在していたが、十七世紀後葉にはみられなくなる。また東京駅八重洲北口遺跡で発見された十七世紀初頭の長方形木棺(伸展葬)になるキリシタン墓も、近世初頭の都市江戸の墓制として興味深い。ちなみに武士層の甕棺墓の出現は、十七世紀後葉のことになる。

近年、都区内以外の近世墓の調査が進んでいるが、おおむね江戸と同様の傾向がみられる。長佐古真也によれば、多摩丘陵では木棺が残存せず墓坑形態による検討であるが、庶民クラスでは、中世来の隅丸方形の墓坑が次第に消滅し、近世には円形墓が主流を占めていく傾向が認められるという。これは方形木棺や直葬形態から、円形木棺などへの変化を意味するものといえ、地方での葬送形態のあり方を考える上で興味深い。他方、葬送形態にみられる個性は大名墓でも認められ、愛知県幸田町本光寺の肥後島原藩主松平忠雄墓では、石槨に六角形の木棺を埋葬するなど、おなじ石室墓でも細部においては、大名家ごとに特徴的な作法が存在したことをうかがわせる。今後は、都市江戸の枠にとどまらず、家や地域などにみられる埋葬施設の差異を、詳細に比較検討していくことが必要といえよう。

参考文献　谷川章雄「江戸の墓の埋葬施設と副葬品」(江戸遺跡研究会編『墓と埋葬と江戸時代』所収、二〇〇四、吉川弘文館)、長佐古真也「発掘事例にみる多摩丘陵周辺の近世墓制」(同所収)、坂詰秀一監修『近世大名墓所要覧』(『考古学調査ハンドブック』四、二〇一〇、ニューサイエンス社)

(石神　裕之)

近世墓標

墓参りに行くと、一般的に見られる角柱や頭部が弧状を呈する櫛形の墓石に混じってさまざまな形態の墓石を見かける。しかし、全体としては似たような墓石が墓地の大半を占めている。墓石の石材も同様で時代ごとに少しずつ変化するものの、ある一時期に限ってみると似通った石材が使われている。近畿地方など一部先進的な地域を除き、庶民が墓石を作るようになった近世以降には、社会や習慣に影響されながら墓石が作られたので、他の考古遺物と同様、墓石から過去の社会のあり様やその変化を読み取ることができる。図は京都府木津川市鹿背山《かせやま》大墓で十年間に建てられた墓石の数を形態ごとに分けて、百分率で表示した棒を年代順に並べたセリエーション＝グラフとよばれるグラフである。これにより、墓石の形態の変遷を視覚的に捉えることができる。この墓地では、五輪塔が浮彫された舟形の墓標から、仏像の光背の形に似た舟形(額縁有・額縁無)の墓石、そして頭部が弧状を呈する櫛形の墓標へと五十年から百年という周期で流行りすたりを繰り返しながら変化をしている様子がわかる。この現象に注目すれば、舟形五輪塔浮彫なら十七世紀ごろといった具合に、墓石の形から建立されたおよその年代を知ることができる。墓地の改葬が進んで、かつての状況がわからなくなってしまった墓地でも、家ごとの区画の中にある墓石の形態とその組合せを見れば、どの家が旧家なのかがすぐわかる。すなわち、家ごとの墓石の型式がバリエーションに富んでいれば、それだけ多くの時間を経てきたと推察される。

墓石の形が変わる理由としては、たとえば図の舟形五輪塔浮彫から舟形(額縁有)への変化に見られるように仏塔と共通するデザインがなくなることが、寺請制度の浸透による仏教の形骸化と関連付けられてきた。すなわち、近世墓標には仏教的な要素を持つ塔形墓標から仏教的色彩の見られない非塔形墓標への変化が全国的に看取できる。また、たとえば、舟形五輪塔浮彫が正面だけに碑文を記載するのに対して、櫛形では墓石の側面にも銘文が記載され、角柱の墓石では四面に記載される場合があることに着目して、正面が中心となる一観面の墓標から、側面にも戒名を記載する多観面の墓標への変化としても捉えられる。このように記載面が多くなることは、一被葬者に対して一基の墓標を立てるという個人墓から、夫婦・親子・兄弟など複数の被葬者をまつる夫婦墓、先祖代々など家単位の家族墓への変化とも対応している。

一方、墓石の石材に注目してみると、近世初頭では、笏谷《しゃくだに》石・日引《ひびき》石など中世以来の一部の広域流通石材を除き、在地の石材が用いられることが多い。十七世紀末ごろにはこうした在地の石材は衰退し始め、関東では伊豆石、関西では豊島石、和泉石、御影石などが広域に流通し始める。この背景には江戸や大坂における石問屋を中心とした流通機構の整備があると考えられる。この点について、西毛(群馬県旧吉井町周辺)では在地の牛伏砂

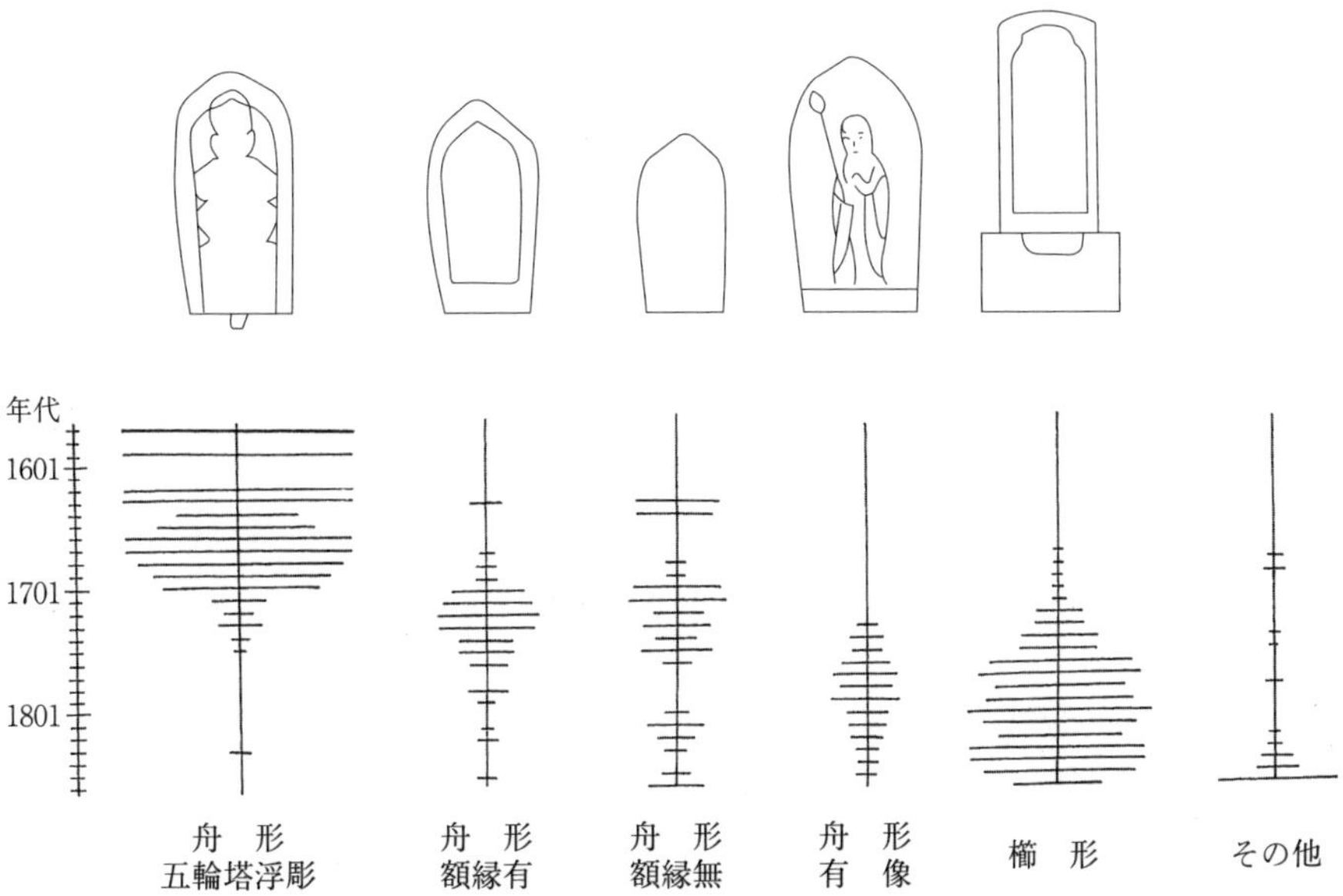

京都府木津川市鹿背山大墓の墓標形態の変遷

岩が江戸からの石材に駆逐されていく様子が指摘され、南山城(京都府木津川市周辺)においては和泉石が淀川水運を通じて広域に普及していくことが指摘されている。石問屋や石細工の職人についての文献史学での研究成果との照合・検討が望まれる。また、高遠石工や和泉石工など渡りの石工についての研究に比して、石材流通に依拠したと思われる在地の石工についての研究はそれほど進んでいない。流通機構と絡めて、個別地域における石工の変遷についての研究が必要とされる。

墓標に見られる階層性については、上部構造(墓標)と下部構造(埋葬施設・副葬品など)の検討が行われてきており、身分・階層の違いとして論じられてきた。近世においては身分により立てられる墓標の大きさや戒名の格が制限されていて、たびたび禁令が出されていた。したがって、墓標の大きさや形態、戒名の格などは大まかに当時の社会構造を反映しているといえる。しかし、当時のすべての階層が墓標を造立しているわけではない(下層民は石製墓標をあまり立てない)ことを考えると、墓標に見られる階層性については慎重に議論する必要がある。

ここにあげた論点はそれぞれ別個に存在するのではなく、相互に関連している。こうした墓標研究の視点と調査成果を民俗学や歴史学のトピックに明確に関連付けることで、総合的な近世史研究としての進展が望まれる。

参考文献　朽木量『墓標の民族学・考古学』(二〇〇四、慶応義塾大学出版会)、西海賢二他『墓制・墓標研究の再構築』(『岩田書院ブックレット』H-六、二〇一〇、岩田書院)

(朽木　量)

副葬品

死者にそえて葬る品物である。ここでは、近世都市江戸の副葬品を中心に述べる。副葬品には、㈠死者の持ち物と㈡死者に着装させるもの（死装束）がある。㈠には、化粧道具（化粧箱、柄鏡・懐中鏡、紅皿・紅猪口、合子、毛抜、鋏、櫛、耳掻きなど）、装身具（櫛、簪、笄、笏、扇、根付、眼鏡、義歯、刀、木刀など）、文房具（硯・硯箱、筆、矢立、水滴、刀子など）、玩具（人形類、ミニチュアなど）、喫煙具（煙管、火打金・火打石）、茶道具（茶筅、茶杓、碗類など）、香道具（香木、香箸、銀葉など）、飲食具（碗（椀）類、皿類、杯など）といったものがある。一方、㈡には、六道銭（六文銭）や数珠のほか、袴（の腰板）などがある。このほか、仏像や経軸、如意、棺に納める死者や近親者の髪や爪などを㈢宗教・習俗に関わるものとして、将軍や大名の墓から出土する刀類や甲冑などを㈣武器・武具類として分類することも可能である。また、墓から出土する遺物の中には、野辺送りの道具として竜頭や（野）位牌などが、供献用の道具として碗（椀）類や皿類、折敷、箸といったものがあり、これを㈤葬具として副葬品に加えることができる。かわらけ皿（灯明皿）も㈤に分類できると思われる。具体例として、東京都新宿区正見寺跡五八九号墓（円形木棺、幼児）の蓋上から木製折敷が出土しており、お供えが置かれていた可能性が指摘されている。また、碗（椀）は箸とセットでいわゆる枕飯の食器と解釈される場合もある。なお、この分類は必ずしも厳密なものではない。たとえば、六道銭は㈡だけでなく㈢の要素も持っているし、数珠は個人の持ち物である場合、㈠—㈢の要素をあわせ持つことになる。装身具は埋葬する時に死者に着装させていれば、㈠と㈡の要素を持つことになる。櫛の場合、装身具である飾り櫛（挿櫛）と化粧道具である整髪用の櫛（解櫛、梳櫛など）があるが、一方で魔除けの意味も考えられることから㈢に分類できる可能性もある。刀子などの刃物類も、同じく魔除けとして納められる場合がある。㈣の武器・武具類については㈠の要素も持つと考えられる。碗（椀）や皿は㈠と㈤のどちらに当てはまるか明らかにできないことが多い。このように、副葬品の性格は多義的である。

江戸における墓の埋葬施設の構造と被葬者との間には一定の対応関係が存在する。被葬者の身分をあらわす副葬品に、武器・武具類のほか、木刀類や袴（の腰板）などがあり、これらは武家層を示していると考えられている。実際、これらが出土する墓で被葬者の性別が判明するものはすべて男性であった。基本的に将軍や大名の墓からは、個人の持ち物を中心にさまざまな副葬品が大量に出土するが、その夫人や子女となると相対的に量が少ないか、あるいはほとんど認められない場合がある。また、被葬者の主体が町人層と考えられる円形木棺や方形木棺よりも、幕臣・藩士などの武家が被葬者の主体である甕棺に個人の持ち物を中心とした副葬品が豊富な事例が多い。一方、子供の墓で

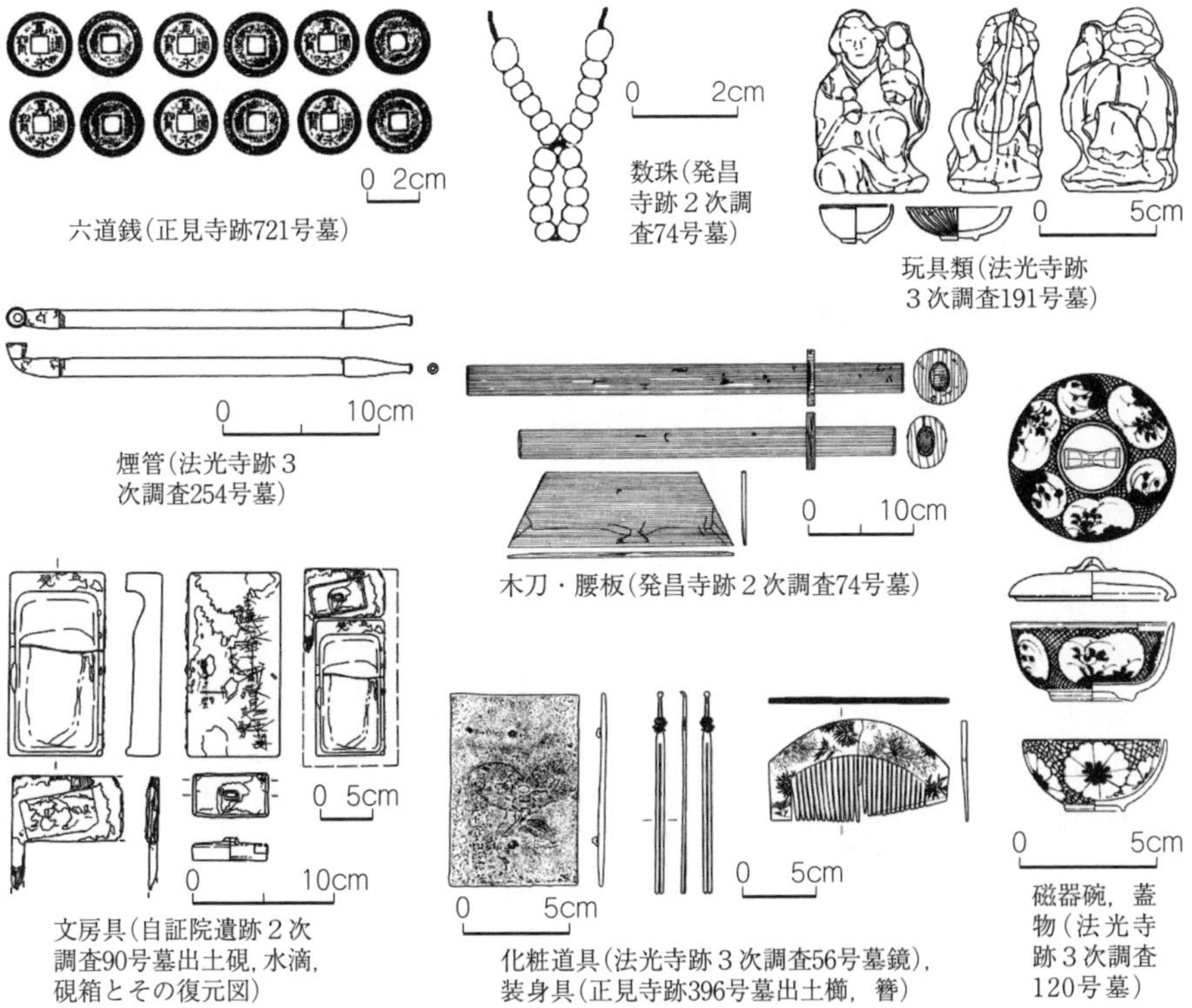

六道銭(正見寺跡721号墓)
数珠(発昌寺跡2次調査74号墓)
玩具類(法光寺跡3次調査191号墓)
煙管(法光寺跡3次調査254号墓)
木刀・腰板(発昌寺跡2次調査74号墓)
文房具(自証院遺跡2次調査90号墓出土硯, 水滴, 硯箱とその復元図)
化粧道具(法光寺跡3次調査56号墓鏡), 装身具(正見寺跡396号墓出土櫛, 簪)
磁器碗, 蓋物(法光寺跡3次調査120号墓)

東京都新宿区内の遺跡出土の副葬品

は、埋葬施設の種類に関係なく副葬品が豊富な事例が多く認められる。これは子供に対する関心のあらわれと考えられる。巨視的には、埋葬施設ほど明確ではないものの、副葬品の量・質と身分・階層には、一定の対応関係があると考えられる。また副葬品の選択には、被葬者の身分・階層や性別・年齢とともに、生前の嗜好や葬送儀礼に対する意識や習俗の違い、経済状況などの背景も存在した可能性がある。このように、基本的に個人の持ち物といったものが身分・階層を反映する副葬品であるのに対して、六道銭や数珠などは、埋葬施設の種類や他の副葬品の量に関係なく納められていることから、身分・階層を越えて存在していたものであることがわかる。

副葬品の変遷を見ると、将軍や大名の墓では個人の持ち物は江戸時代を通じて確認することができるが、武器・武具類は十七世紀後葉以降ほとんど見られなくなる。一方、中央区八丁堀三丁目遺跡のような十七世紀前半ごろまでに造営された墓地では、六道銭や数珠といったものがほとんどであるが、新宿区発昌寺跡や円応寺跡のように十八世紀以降の墓地では、六道銭や数珠とともに個人の持ち物が多くなる。以上のことから、個人の持ち物を副葬する行為は、時期が下降するとともに上層からより下層の人々の間に広まっていったと推定される。

(田口　哲也)

参考文献　谷川章雄「江戸の墓と家と個人」(『死生学年報』二〇一一)

六道銭

日本において銭貨はそのはじまりのころから墓と関わっていた。墓における銭貨は、その出土状況から、死者の眠る土地を鎮めること、あの世における安全と平穏を保障することの二つの性格の呪力をもつとされる。時代を越えて墓から二つの性格の銭貨が確認できる。前者は地鎮のまつりの用具の中に、後者は副葬品の一部として位置づけられる。

六道銭は、後者の性格をもつ主に近世とそれ以降の時期の墓から検出される六枚一組を基本とする銭貨である。六道銭という名称は、中世後期以降に盛行する六道思想の影響により生まれ、六枚という枚数も決められたと考えられている。考古学では「六道銭」、民俗学では「六文銭」と主に呼称される。

初期のあり方は、大坂の陣にかかる大坂城三の丸の壕中から検出された老女の遺骸に付された慶長十九年(一六一四)ごろの事例にみることができる。屈葬された胸部に漆椀を置き、高台に六点の宋銭(嘉祐通宝、元豊通宝(二点)、元祐通宝、紹聖元宝、祥符通宝)が付されていた。手首には木製の数珠がはめられる。死出の旅に必要最小限の品々である。同様に漆塗や土師器などの容器と数珠、さらに鉄製のはさみなどと六道銭の組み合わせをもつ事例は近世でも比較的早い段階で散見される。

その後、六道銭とともに生活の用具や嗜好品などが副葬されるようになる。被葬者の生前の生活が墓中に持ち込まれるのである。江戸遺跡で検出される六道銭の大部分がこの段階のものである。

六道銭を含む埋葬主体からの出土遺物は、前者のより宗教性の強い段階から、後者の世俗的な段階へと展開する。当然、そこに含まれる六道銭の性格も同様な変化を遂げる。しかしその転換の時期は、地域ごと、ムラごとで大きな差異がある。

近世の文芸作品においては十六世紀末から十七世紀初頭の井原西鶴の作品ではすでに「六道銭」「六文銭」の両方の表現がみられる。六道思想を負う六道銭に対して、六文銭は銭貨の枚数に依拠した表現である。江戸時代でも時期が下ると「六文銭」という表現が優勢になり、さらに「銭六文」のように銭貨の数を示すのみの事例も出現する。早い時点の六道思想を想起させる「六道銭」から、交換価値をもつ貨幣として「六文」の言葉が強調される「六文銭」へ転換していく。「三途の川の渡し賃」という意味づけにも後者の要素が強い。六道銭の意味も社会とともに変化していく。

土葬された遺骸を納めた棺の中から六点を越える数の銭貨が検出されることがある。その出土状況を詳細に把握すると六道銭とは離れた位置で銭貨が確認できる場合がある。銭貨と煙管がまとまって出土した場合もあり、これは「煙草銭」(死出の旅で費やす煙草代)と想定できる。民俗事例では、煙草銭のほか草鞋銭(死出の旅で使う草鞋代で、死者にはかせる草鞋に銭貨をさし入れる民俗事例もある)、小遣い銭(死出の旅での小遣い

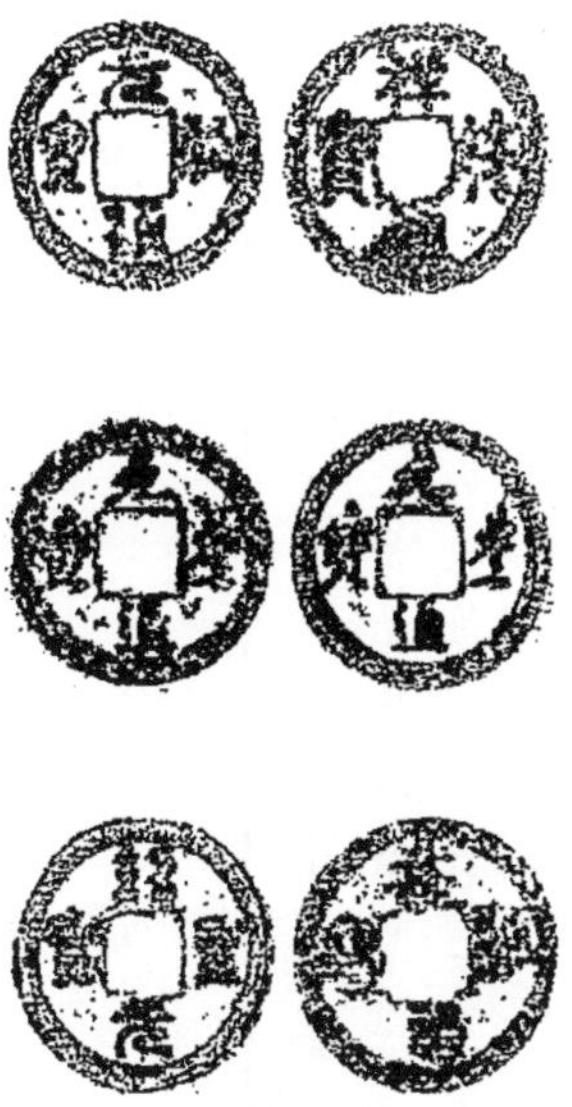

六道銭拓本

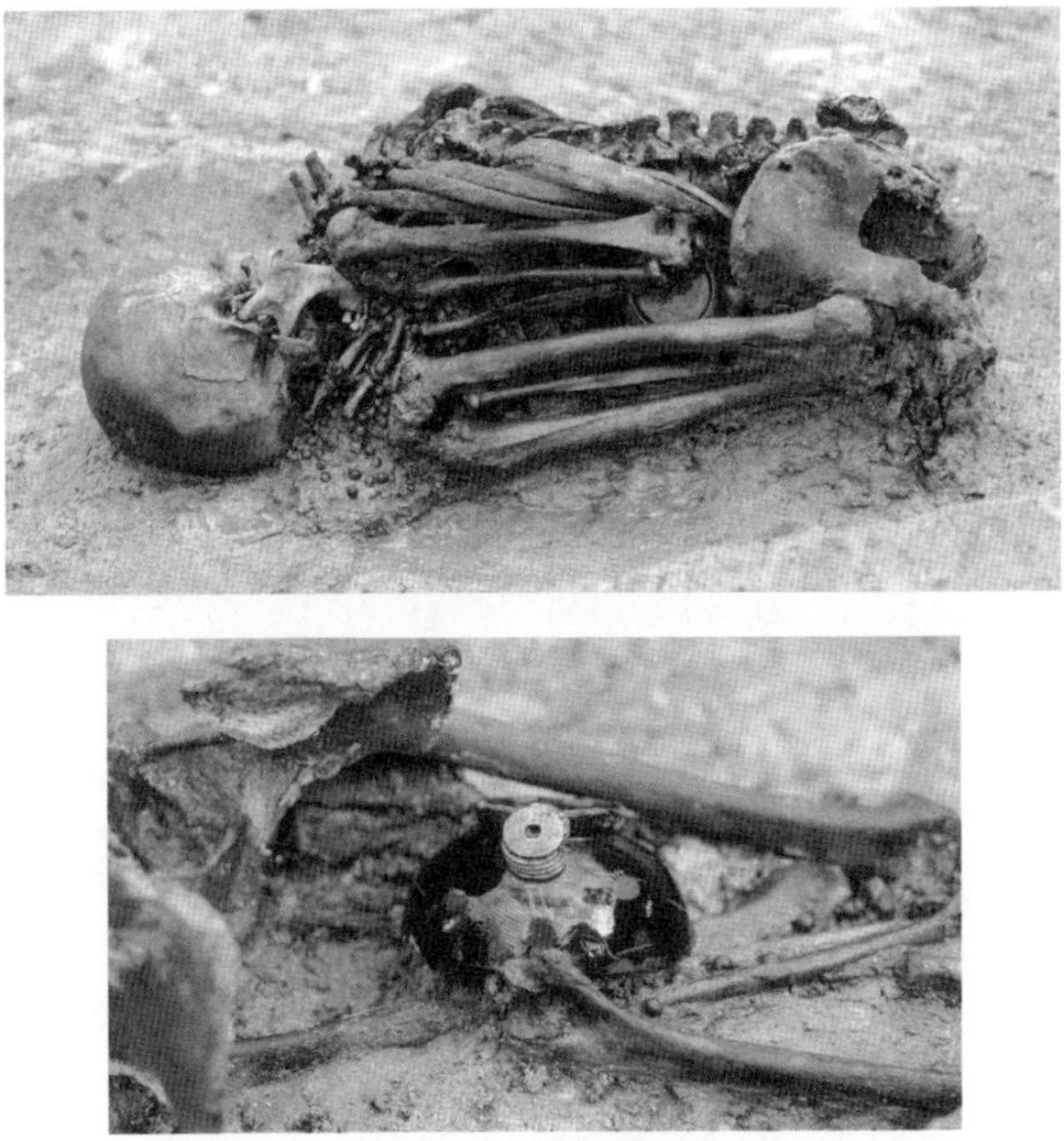

漆器椀を抱いた女性の遺骨
と六道銭（大坂城跡墓112）

銭）などが棺内に納められる場合があり、考古資料でもこれらが確認できる可能性がある。棺から出土した銭貨のすべてが六道銭ではなく、多様な意味をもつ銭貨が納められており、その出土状況から個別の意味を読み取ることが必要である。

六道銭は、大坂城跡の事例のように社会の比較的下層の人々を葬った墓から出現すると考えられる。次第に六道銭の習俗の受容階層が広がっていく。正徳元年（一七一一）に没した仙台伊達藩の三代目藩主綱宗は、巾着に入れた寛永通宝六枚の銭貨を懐にして埋葬されていた。一世紀の間に社会の最上層にまで六道銭の習俗が広がっていく。ちなみに綱宗の遺骸は常滑焼の甕の中に座した状態で納められていたが、甕の底には宝永小判十枚が放射状に敷かれていた。銭貨（貨幣）のもつ二つの呪力がここでも機能しているのである。

六道銭は、棺に納める時点では遺骸に付されていたものである。土葬墓では棺内で確認することができる。しかし火葬墓の場合では、遺骸が荼毘に付されるため基本的に六道銭は失われる。しかし蔵骨器のなかに遺骨とともに検出される受熱した銭貨は納棺時に遺骸に付された六道銭である可能性がある。さらに拾骨した遺骨を蔵骨器に納める時に新たに六道銭を入れることもある。

参考文献　栄原永遠男「銭貨と呪力」（『日本古代銭貨流通史の研究』所収、一九九三、塙書房）、小林義孝・桜木晋一・谷川章雄編著『六道銭の考古学』（高志書院、二〇〇九）

（小林　義孝）

墓　誌

墓に葬られた人の姓名・家系・事績・没年・葬地などを記して墓に納めたもの。墓上などに造立された墓碑とは区別される。近世の墓誌は、江戸・大坂・京都をはじめとして各地の武家・公家や町人などに普及していた。ここでは比較的事例が多い江戸の墓誌の様相を中心に述べることにする。

墓誌は、以下のように分類することができる。㈠石室の蓋石に銘文を記したもの。将軍家・御三卿や大名の墓誌に見られる。㈡棺の蓋に銘文を記したもの。将軍墓では、六代将軍徳川家宣の銅棺の蓋に銘文を記した事例がある。旗本・藩士などの墓である甕棺の蓋石や木蓋に銘文を記したものが多い。方形木棺の蓋石に銘文を記したものもある。㈢板状のもの。銅製・石製・木製の板状のもの。大名墓には銅製や石製、旗本・藩士の墓などには石製や木製のものがある。㈣誌石の上に蓋石を被せたもの。四周に額縁状の枠をつくった誌石に銘文を記し、同じ大きさの蓋石を被せたもの。誌石が凸形、蓋石が凹形を呈するものが多い。将軍家の静寛院墓誌や大名、儒者の墓誌に見られる。㈤蔵骨器に銘文を記したもの。いわゆる在銘蔵骨器である。火葬蔵骨器に銘文を記したもの。ごくまれに土葬の甕棺に銘文を記した事例もある。㈥その他。

墓誌の変遷をたどると、十七世紀代の火葬蔵骨器に銘文を記した在銘蔵骨器が古い。これは火葬という葬法に加えて、墓誌銘に戒名が記されることから、仏教との関連を考えることができる。

その後ほぼ十八世紀に入ると、土葬に伴う儒教と関わる中国的な墓誌が将軍墓、大名墓、儒者などに用いられるようになる。一方、在銘蔵骨器も少ないながらも存続していた。

東京都港区増上寺徳川将軍墓では、将軍、正室、生母と子女の墓誌が発掘されている。将軍墓の中では六代家宣(一六六二―一七一二)の墓誌が最も古い。新井白石の『折たく柴の記』には、林家が四代家綱(一六四一―八〇)の墓誌を作成したことがみえている。東京都台東区寛永寺の徳川将軍家墓所(御裏方霊廟)の発掘では、延宝五年(一六七七)に作成された高巌院(四代家綱生母)の墓誌が古い。

徳川将軍家墓所では、十八世紀前葉から中葉には石室の二枚の蓋石下面に刻まれた形態のものが多く、銘文の行数・字数は比較的少ない。この時期に将軍家墓誌は定式化したと考えられる。十八世紀後葉から十九世紀前葉になると、二枚もしくは五枚の石室の蓋石下面に刻む形態をとり、墓誌銘の内容や墓碑的な表現が過渡的な様相を呈する。十九世紀中葉には、墓誌の形態は細長い石室蓋石七枚のうちの五枚の下面に刻むものになり、銘文の行数・字数が多く、内容も詳細にわたる。

東京都港区済海寺長岡藩主牧野家墓所では、十八世紀中葉から幕末まで藩主と正室および嫡子の墓に墓誌があり、石室の内蓋・蓋石の下面に墓誌銘を刻んだものと銅板墓誌の二種類が認

(縮尺不同)

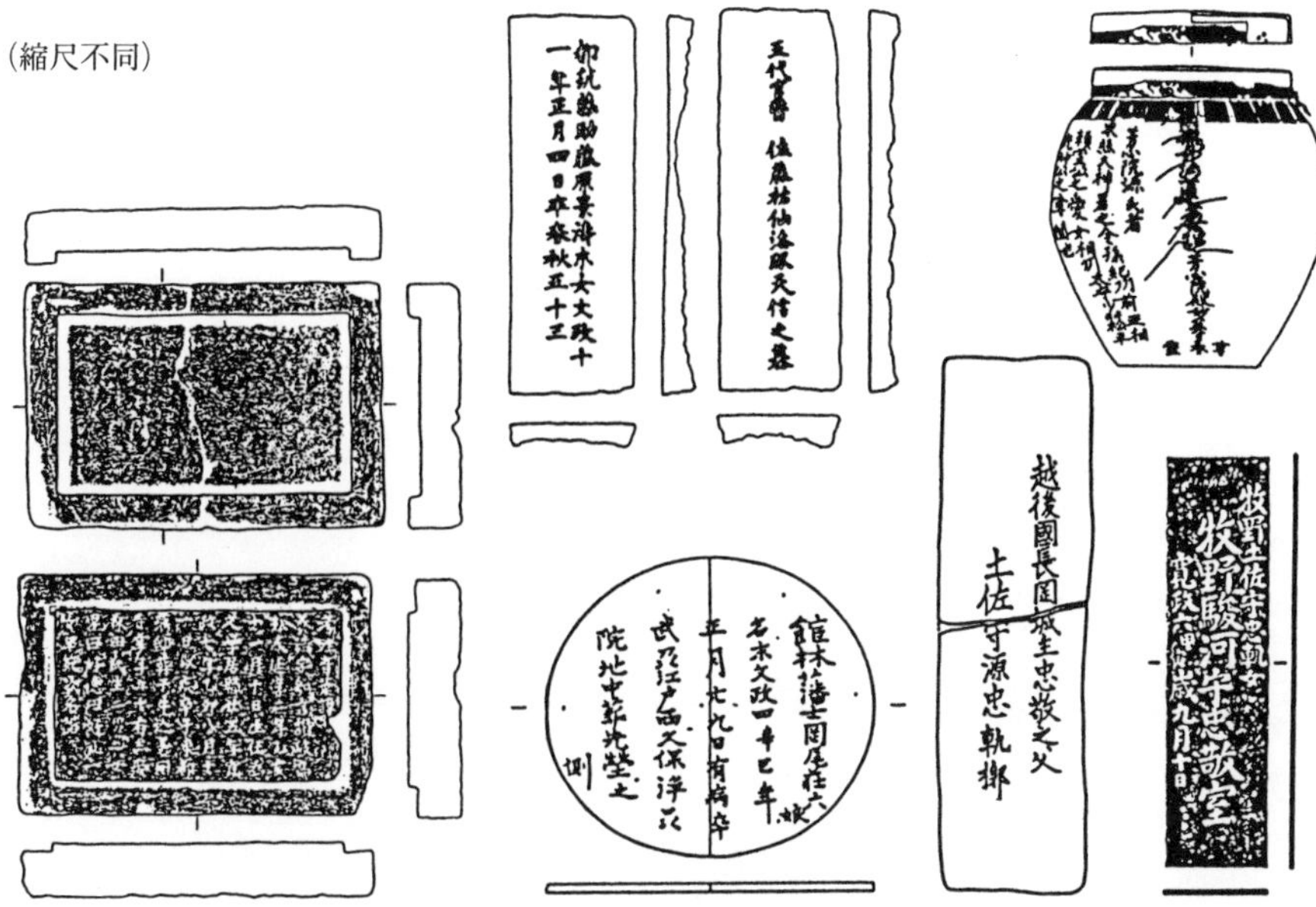

儒　者　　幕臣・藩士　　大　名

江戸の墓誌

められた。石室蓋石の墓誌の変遷は、将軍墓と同様に十八世紀後葉になると細長くなり、十九世紀に入ると墓誌銘の内容が詳しいものが増加する。

東京都新宿区林氏墓地などの儒者の墓誌は詳細なものが多く、誌石の上に蓋石を被せた形態のものが多く用いられていた。林氏墓地においては、墓誌の形態、銘文の内容や表現は十八世紀後葉に定式化し、十九世紀に入るころに変化する。林氏墓地の墓誌は、林宗家三世鳳岡《ほうこう》（信篤、一六四四―一七三二）のものが最も古い。

旗本などの幕臣や藩士などの土葬墓に伴う墓誌は、十八世紀後葉以降十九世紀に入ると増加するが、これは墓誌が身分・階層間を下降して普及していったことを示すと考えられる。とりわけ、幕臣や藩士などの墓にある没年月日と姓名などを記した簡素な墓誌は、被葬者個人を示すものとして受容されたものであろう。

ただし、こうした墓誌に表徴された個人意識は、武家や儒者など身分・階層を限定して共有されるものであった。

参考文献　石田肇「江戸時代の墓誌」（『群馬大学教育学部紀要』人文・社会科学編五六、二〇〇七）、谷川章雄「江戸の墓誌の変遷」（『国立歴史民俗博物館研究報告』一六九、二〇一一）

（谷川　章雄）

第Ⅶ章　朝鮮半島の墓

新石器時代の墓

朝鮮半島では旧石器時代の洞窟遺跡で人骨出土例がいくつか報告され、忠清北道清原郡の禿魯峰興洙洞窟で伸展葬状態の小児人骨が発見されてはいるものの不確実な部分があり、新石器時代(およそ一万年から三千三百年前)になってはじめて明確に墓と認識できる遺構(埋葬遺構)の存在が知られることとなる。これまでに調査された埋葬遺構は南海岸地域中心に分布しており、中部地方以北でも若干認められるが、分布状況にかなりの偏りがあることがわかる。しかし、新石器時代の遺跡は半島全域に広がっており、あくまでも現状における発掘調査結果を反映した分布状況であるといえる。現在までの発掘調査の結果、遺体処理の方法として土葬・火葬・洗骨(集骨)葬が認められ、埋葬遺構として土坑墓・集骨墓・洞穴墓・甕棺墓(埋設土器棺墓)・積石墓(集石墓)・石槨墓(配石墓)が報告されている。朝鮮半島における新石器時代埋葬遺構の調査事例は近年徐々に増加してきてはいるものの、葬制や集団関係についての検討は今後の課題となっている。そこで、以下、埋葬遺構ごとに特徴を整理しつつ概観することとしたい。

土坑墓はこれまで南海岸地域の遺跡(釜山広域市凡方貝塚・獐項遺跡、慶尚南道蔚山市処容里遺跡、同統営郡煙台島貝塚、同山登貝塚・欲知島貝塚、全羅南道麗水市安島貝塚、長崎県対馬市越高遺跡など)で主に調査されており、中部地方では東海岸地域の江原道高城郡文岩里遺跡で確認されているが、東北部地方の咸鏡北道羅津市竜水洞貝塚、同会寧市煙台峰遺跡、同先鋒郡松坪洞遺跡については青銅器時代の墓である可能性もある。埋葬姿勢については、これまで仰臥伸展葬が主体で伏臥伸展葬(煙台島貝塚)や仰臥屈肢葬・屈葬(凡方貝塚、越高遺跡)とみられるものも一部認められるという状況であったが、最近、獐項遺跡で四肢を強く折り畳んだ仰臥(または側臥気味の)屈葬を多数含む集団墓が調査され注目されている。一方、構造的な特徴として、墓坑平面形は楕円形(隅丸長方形)あるいは不整形を呈し、掘り込みが浅く、中には墓坑が検出されない場合も認められる。また、遺体の下に平坦な石を敷いたり、付近に大きめの礫を配し、あるいは上部を礫や土器片で覆ったりする場合もある。土坑墓どうしの重複が少なく、被葬者の近くや上部に礫や土器片を配置することは、儀礼的行為の結果であるとともに盛土(積石)状の地上標識としての機能を果たしていた可能性がある。単独葬が主体であるが、合葬(煙台島貝塚二号墓、欲知島貝塚二号墓、安島貝塚一号墓)も認められる。頭位は西向きが多いが、必ずしも遺跡間で広範囲に共通性が認められるわけではないようである。ただし、同一墓域内における頭位には一定の規則性(方向性)が認められ、地形(傾斜方向など)や周辺環境(海岸部の遺跡では特に海の方向)との関係などが考えられる。そして、複数の墓が群集する墓域においてこのような共通性が認められる背景として、葬制(埋葬観念・慣習)を同じくする集団によって墓域の造営と管理が行われていたことが想定される。また、墓域における男女比はほぼ同程度で、年齢構成は壮年を中心として熟年まで認められるが、新生児・幼児は少ない。さらに外耳道骨腫が男女ともに一部の頭蓋骨に確認されることから、潜水漁撈従事者に男女の区別はなかった可能性がある。つまり、集団内の成人すべてが墓域内に埋葬されたのかは不明であるが、性別や年齢、外耳道骨腫の有無などによる区別は特に認められない。ただし、新生児・幼児は別地点(居住空間に近い場所など)に埋葬されていたことも考えられる。副葬品(被葬者装着品も含む)には、玉製品(管玉・垂飾)、玦状耳飾、貝輪、足飾、土器・石器類などがあり、特定の埋葬人骨に多数の遺物が伴う傾向も認められる。この副葬品の多寡を根拠に貧富や身分、地位の差、階層社会の存在などを指摘する研究もあるが、その他の特徴(埋葬遺構の構造や規模、配置など)に特出性は見出せない。これまで確認された土坑墓で最も時期が遡るのは新石器時代早期後葉段階(煙台島貝塚の一部、凡方貝塚、安島貝塚など)で、後期に比定できる山登貝塚土坑墓の存在を考慮すると、土坑墓は朝鮮半島新石器時代において最も一般的な埋葬形態であったといえる。

集骨墓はこれまでに慶尚北道蔚珍郡厚浦里遺跡のみで確認されているが、海岸近くの丘陵頂上部に位置し、花崗岩の露頭に囲まれた四五〇×二五〇センチ程度の不整長方形の自然窪地とみられる土坑内に計四十体分以上の人骨が埋葬されていた。ほとんどが洗骨葬(複葬)とされるが伸展葬とみられるものも一部含まれ、一次埋葬の可能性のあるものも含まれる。被葬者は二十代前後が多く、性別比は男女同程度である。人骨は単体もしくは数体分ずつまとめられ、その上に全部で百八十本以上の大小の磨製石斧と管玉・箆状石製品を並べて重層的に埋葬してあった。一定期間にわたって埋葬行為が継続されたことが考えられ、被葬者の年齢層がまとまっていることから、特殊な場所に何らかの理由で選択的に埋葬されたことが推測される。遺構の時期は土器がまったく出土していないことからはっきりとしないが、類似する大型磨製石斧が出土した江原道春川市校洞遺跡の埋葬遺構との関連が注意される。

校洞遺跡は住居であった人工洞穴を墓として再利用した洞穴墓である。土坑を掘り込まず、仰臥伸展葬で人骨三体が足を寄せてT字状に埋葬され、東側人骨付近より大型磨製石斧・磨製石鏃・結合式釣針軸部・管玉状玉製品などの石器類が出土したとされる。また、ほぼ完形の鰲山里式系小型土器が出土しており、すべての遺物が埋葬人骨に伴うものであるとすると、遺構の時期は新石器時代早期後葉から終末ごろとみられる。

甕棺墓は釜山広域市東三洞貝塚と慶尚南道晋州市上村里遺跡で報告されている。東三洞貝塚では、地山面に掘り込まれた長さ六五センチ、幅五〇センチ、残存深度二〇センチの土坑内で早期後葉の無文様壺形土器二個体分(肩部に把手の付いた口縁部から肩部の破片と肩部から胴体上部付近の別個体の破片)が出土している。底部片は出土しておらず、土器の残存状況などからみて、土器片を遺体の下に敷くか、上部を被覆してあった可能性も考えら

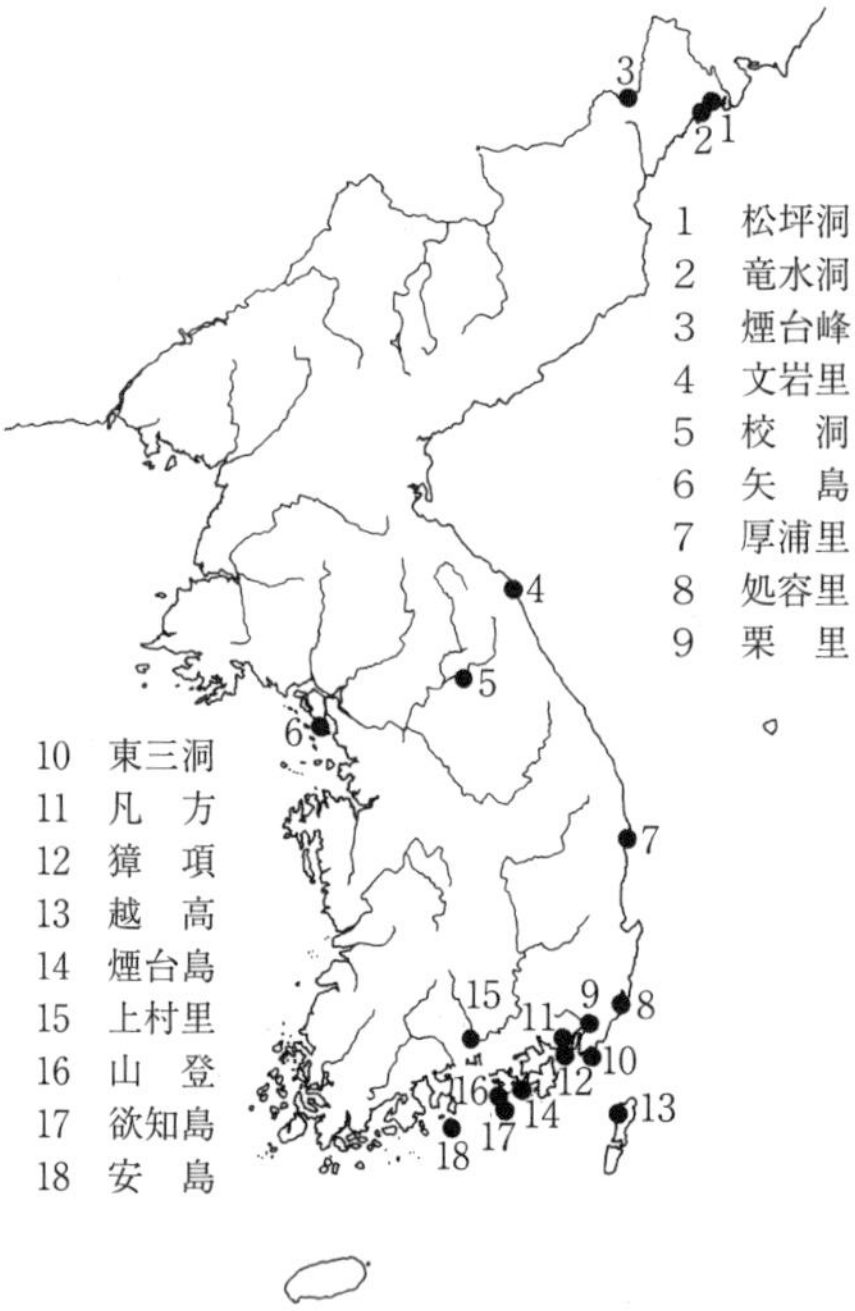

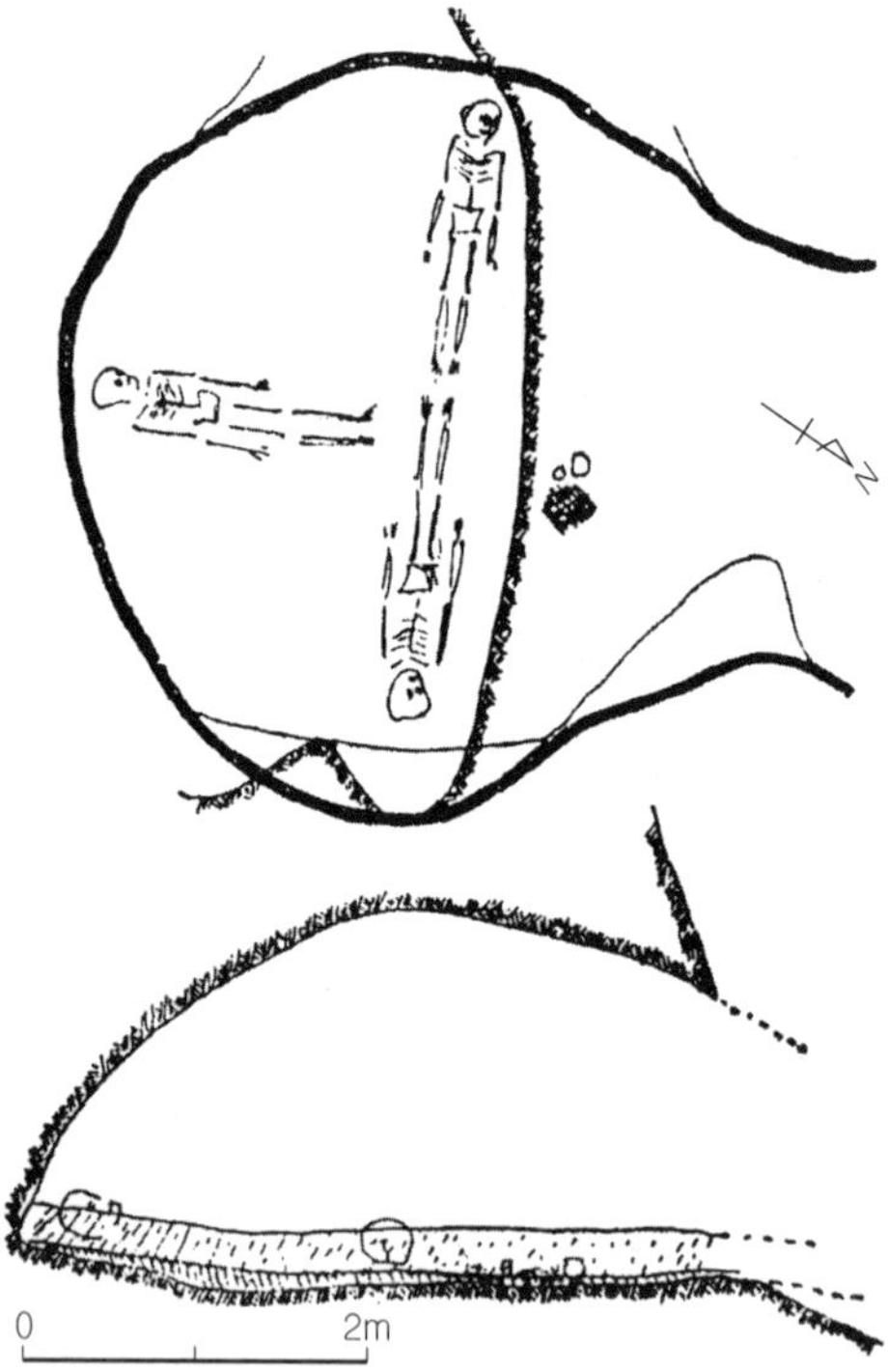

5　校洞洞穴墓(1／80)

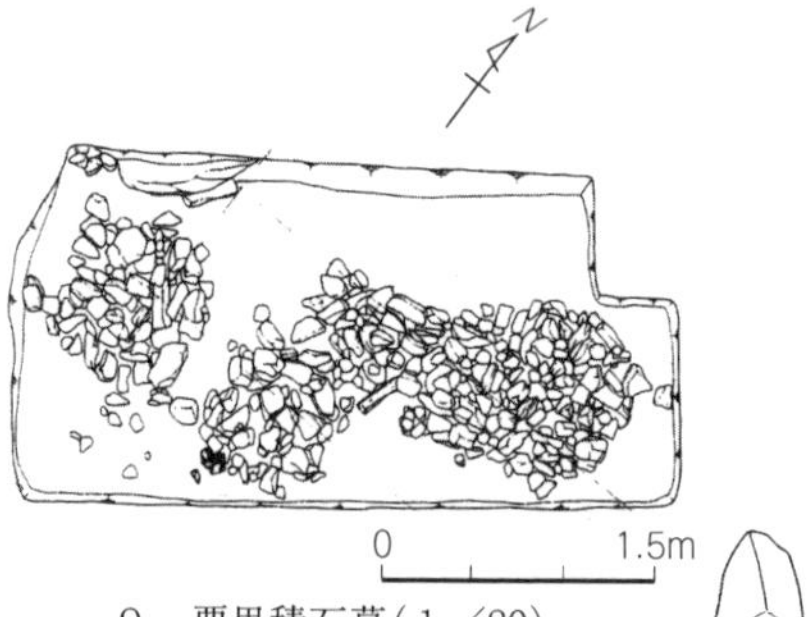

9　栗里積石墓(1／80)

7　厚浦里集骨墓(1／80)

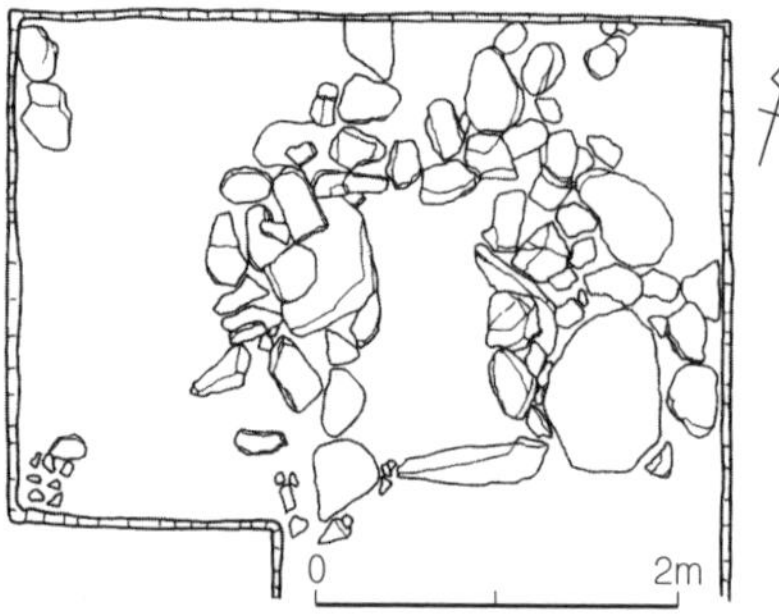

10　東三洞石槨墓(1／80)

れる。一方、上村里遺跡では竪穴住居址の床面と壁際に掘られた土坑内に深鉢形土器が正位に埋設された状況で検出され、深鉢内部から少量ではあるが被熱して細かく破砕した火葬人骨片が出土し注目される。土坑は埋設土器よりも一回り大きく掘られ、土坑内からおそらく埋設の際に意識的に入れられたとみられる土器片や打製尖頭状石器、扁平打製石斧、礫などが出土している。埋設土器の時期はいずれも竪穴住居址と同じ新石器時代中期である。

積石墓は仁川広域市矢島貝塚と釜山広域市栗里貝塚などで報告されているが、矢島貝塚の遺構は検出状況や構造からみて集石炉であった可能性が高い。一方、栗里貝塚では岩陰住居外の斜面で、直径七〇、七五、一〇〇、一二〇センチ、高さ一五〜四〇センチの円形もしくは楕円形の積石遺構が互いに近接して列状に並んで検出された。斜面を平坦に整地して薄く土を敷いた上に一〜三段の板石を積み、さらに礫を二〜三段積み上げてあるなど構造が複雑で、積石の間から多数の土器片と砥石一点が出土している。被熱や炭化物についての所見はなく、集石炉とは性格の異なる遺構である可能性も考えられるが、それぞれの積石の規模は小さく、埋葬遺構であるかは不明確である。ちなみに栗里貝塚の遺構は新石器時代晩期後半に属するものである。また、同様の遺構はほかにも確認されているが、人骨を伴った調査事例などはない。

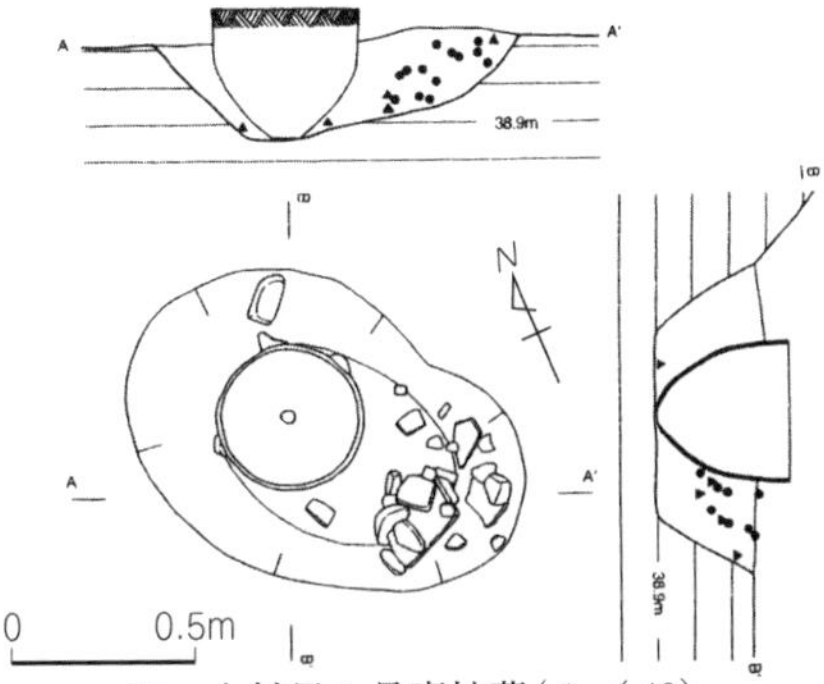

15　上村里１号甕棺墓（１／40）

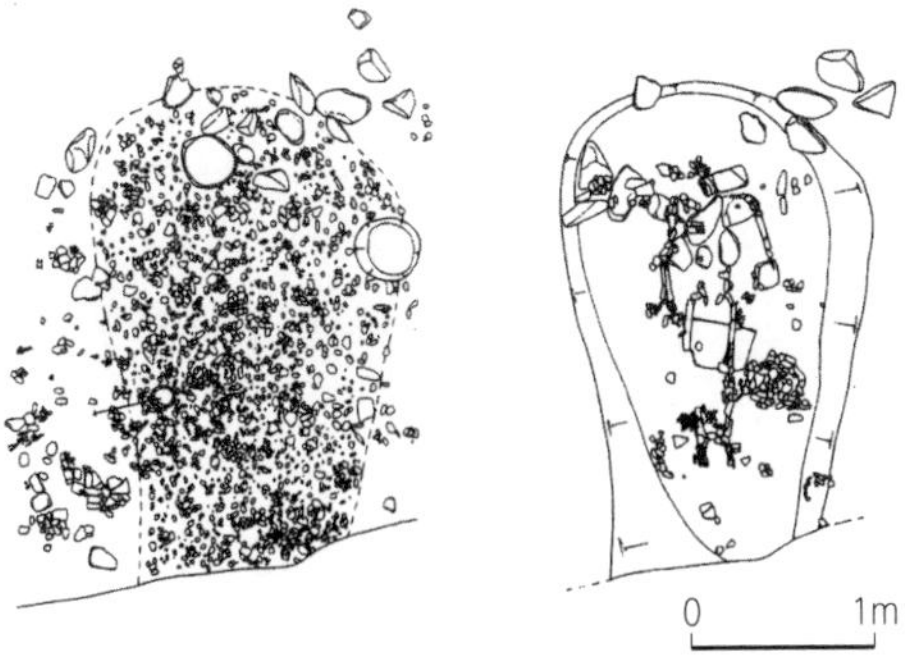

14　煙台島７号土坑墓（１／80）
㈤上部礫群除去前　㈨礫群除去後

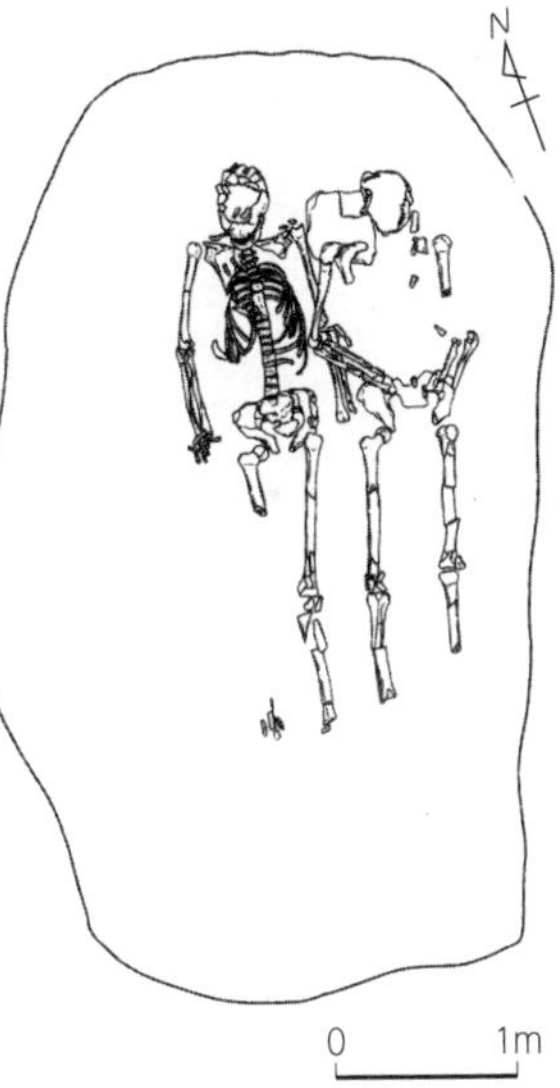

18　安島１号土坑墓（１／80）

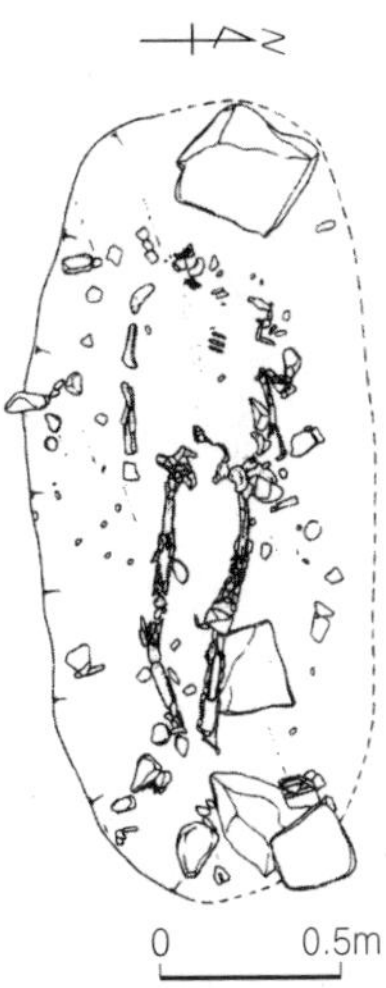

14　煙台島４号土坑墓（１／40）

石槨墓は東三洞貝塚で大小二基が確認されている。近接する位置で石囲炉も検出されているが、石囲炉の内部や周囲の礫が焼けているのに対して石槨墓とされる遺構には被熱の痕跡が認められていない。大型の石槨墓は縦横二五〇㌢程の範囲に大小の礫が広がる集石内部に内法で長さ一三〇㌢、幅七〇㌢、深さ三〇㌢の規模で長方形に礫を一段あるいは二段程度積み上げた石槨を伴っている。小型の石槨墓は長さ一〇〇㌢、幅八五㌢の長方形に礫を二段ほど積み上げ、内法は長さ六五㌢、幅五〇㌢、深さ三五〜四〇㌢、長さ八五㌢で、幅六五㌢、厚さ一〇〜一六㌢の板石で蓋がなされていた。いずれも新石器時代晩期後半に属する遺構とみられる。類似する遺構は山登貝塚Ⅱ区でも調査されているが詳細は不明で、積石墓と同じく現時点での評価はむずかしい状況にある。

以上概観したように、朝鮮半島における墓の存在は新石器時代早期後葉以降はっきりとしてくる。住居と近接して墓が造営されていることもあるが、煙台島貝塚や欲知島貝塚・安島貝塚・獐項遺跡・処容里遺跡など、居住域とは別に墓域が形成される場合が多く、その際に異なる形式の墓が同一墓域内に混在する状況はほとんど確認されていない。墓域は一定程度の定住が行われた結果として残されたものと推定され、南海岸地域における貝塚形成もほぼ同時期に始まることから興味深いが、現状での墓域形成期間はいずれも新石器時代早期後葉から前期に集中しており短期間である。埋葬遺構の中では掘り込みの浅い土坑墓が主体となっており、伸展葬と屈葬(屈肢葬)の別があることを特徴として指摘できる。土坑墓の中には遺体を安置して、上部を礫や土器片で覆ってあるものがあり、それが埋葬に伴う儀礼行為であった可能性もあるが、そうすることによって景観的には土坑墓上部が盛土状に隆起し、地上標識となっていたものと想定される。また、土器や(軟玉製)玉製品・玦状耳飾・貝輪などの副葬および装着埋葬については、東海岸地域を介して東北部地方・沿海州地方とのつながりが注目される。特に、厚浦里遺跡の集骨墓、校洞遺跡の洞穴墓は広義の土坑墓(土葬墓)に含まれるが、特徴的な大型磨製石斧が東海岸地域から東北部地方にかけて散見されており、今後、東海岸地域を中心に同様の埋葬遺構が発見される可能性は十分に考えられる。時期的な変遷について、土坑墓は新石器時代早期後葉以降に認められるが、同時期の甕棺墓の存在については資料の増加を待って判断する必要がある。中期になると少数ではあるが火葬人骨を納骨した甕棺墓(埋設土器棺墓)が認められ、上村里遺跡で調査された大型集石遺構が火葬のための施設であったとする見解もある(儀礼行為の場であったとする意見もある)。土坑墓はおそらく後・晩期まで継続的に使用されたものと考えられるが、晩期になると(墓であるか不確実ではあるが)積石墓や石槨墓状の遺構も一部認められるようである。

参考文献　李相均「韓半島新石器人의墓制와死後世界観」(『古文化』五六、二〇〇〇)、任鶴鐘「韓半島南海岸新石器時代の埋葬遺構」(平郡達哉訳、『古代文化』五九ノ二、二〇〇七)

(田中　聡一)

青銅器・初期鉄器時代の墓

韓国の考古学では、紀元前二千年紀の後葉から紀元前千年紀中ごろを青銅器時代、その後紀元前二世紀ごろまでを初期鉄器時代と呼ぶのが一般的であるが、日本ではこれらの時代をまとめて無文土器時代と呼ぶことが多い。他の時代同様、この時代の発掘調査件数や遺跡数は朝鮮民主主義人民共和国と大韓民国の間に大きな隔たりがあり、特に近年では大韓民国における緊急発掘の増加による新知見が相ついでいる状況である。これに基づき、以下では墓制の種類、副葬品、そして葬送儀礼についてそれぞれ概略を述べる。

当該時期の朝鮮半島の墓制の種類には、支石墓、甕棺墓、石棺墓(箱形・石積)、石槨墓、木棺墓、石蓋土坑墓、土坑墓、周溝墓があり、これらは単独で分布したり、互いに組み合わさって墓域を形成したりする。また、配石などにより特定の墓域を表示するものを、区画墓として区別している。これらの墓制について、以下で個別的に述べる。

支石墓は青銅器時代における代表的な墓制であり、地表に露出した巨大な上石(現在のところ最大のものは慶尚南道金海市亀山洞一号支石墓の上石で、重さ約三五〇トン)の下にそれを支える支石や墓域施設、墓壙などを持つ墓である。朝鮮半島内に約三万基が分布するが、そのうち一万九千基余りが全羅南道に集中している。基本的には墓であるが、墓域内において墓標や祭壇の役割を果たす場合もある。支石墓は中国東北地方の石棚に連なるもので、青銅器時代の前期から出現し、初期鉄器時代のはじまりとともにほぼ消滅するが、下限の細かな年代については議論の決着を見ていない。埋葬主体部には、甕棺以外のすべての同時代に存在する墓制を取り入れており、中には慶尚南道昌原市徳川里一号支石墓や全羅南道宝城郡東村里二号支石墓などのように、墓壙を二段に掘り込む大規模なものもある。構造上の特徴から卓子式、碁盤式、蓋石式、囲石式に区分されたり、あるいは分布状の特徴から北方式、南方式と区分されたりするが、型式ごとの先後関係や年代は、出土遺物がきわめて少ないために論拠を欠き、諸説混交している。代表例としては右記の二遺跡のほかに、青銅器時代前期の銅剣を副葬した大田市比来洞支石墓や、琵琶形銅剣や石剣を副葬した墓群が集中して確認された全羅南道麗水市積良洞支石墓などがある。

甕棺墓は文字通り土器を棺に用いたものであり、墓壙を掘ってこれを安置する。棺の大きさは、容量で十数～一八五リットルと多様であるが、二〇～七〇リットル程度の中・小型が一般的であるため、幼児墓あるいは再葬墓と考えられている。青銅器時代前期の終りごろに現れ、初期鉄器時代まで継続して見られる。初期には直立して上に石で蓋をするものが流行するが、後期には斜置や土器で蓋をするものが現れ、さらに初期鉄器時代には二個体を向かい合わせて横置する合口式へと変化する。管玉を副葬する事例もある。分布は南西部に集中しているが、近年は嶺南地域でも事例が増加してきている。代表例として、石蓋を持つ忠清南道扶余郡松菊里遺跡の例、青銅器時代前期に遡る全羅北道益山市石泉里遺跡の例、同一墓群で八基の甕棺が確認された忠清南道論山市麻田里遺跡の例などがある。

石棺墓は、箱形のものと積石を用いるものとに二分される。箱式石棺墓は、中国吉林省を中心とする地域の興城文化や西団山文化、これにおおむね平行する時期のロシア沿海地方、日本の九州地方などでも見られる。青銅器時代前期から後期まで継続して盛行する。列状分布が確認された慶尚南道晋州市大坪里遺跡や、琵琶形銅剣が副葬された扶余松菊里一号石棺墓、磨製石剣および石鏃が副葬され人骨が良好な状態で残っていた慶尚北道達城郡坪村里遺跡の例などが代表的である。

もう一方の石積石棺墓は、板石を用いずに川原石や塊石で壁を積み上げる型式である。以前はこの後に述べる石槨墓と混同されて呼ばれていたが、棺槨構造が明確でないという問題点が認識されてか、最近ではこのように呼ばれている。青銅器時代前期、特に支石墓の主体部によく見られる。箱式石棺墓と墓域内で共存する場合がほとんどである。晋州大坪里遺跡玉房一地区などが代表例である。

石槨墓は、細形銅剣の登場とともに出現した墓制と考えられており、初期鉄器時代の青銅器副葬墓に多く見られる墓制である。比較的大型の墓壙を掘り、割石で槨を設置する型式である。槨内で木質が確認される例があることからも、この名称がふさわしい。忠清南道礼山郡東西里遺跡、大田市槐亭洞遺跡、忠清南道牙山市南城里遺跡、平壌市新成洞遺跡などの青銅器副葬墓が代表例である。

木棺墓は、晋州大坪里玉房一地区や同八地区の調査においてその存在が指摘されていたが、近年ではさらに慶尚南道泗川市梨琴洞遺跡、金海市栗下里遺跡などで土層の堆積状況や平面での基礎溝、木質痕跡などを根拠に土坑墓とは区別されており、石と木を併用しているものが報告されている(積石木棺墓)。また、終末期琵琶形銅剣の出土した慶尚北道金泉市文唐洞遺跡一号木棺墓では、棺の痕跡とともに炭化した木蓋の存在も確認されている。

石蓋土坑墓は、長方形の土坑を掘ってその上に板石で蓋をする構造の墓であり、床に割石や川原石、土器などを敷く場合もある。錦江中下流域に集中して見られ、松菊里類型との関連が深いものと考えられているが、それ以前の青銅器時代前期にも確認されている。代表的な例として、論山麻田里遺跡、全羅北道鎮安郡如意谷遺跡などがある。

土坑墓は、内部から石や木の構造物が明確に確認されないものの総称で、大型のものでは長軸三メートル程度のものもある。本来木棺のあったものが確認されずに土坑墓に分類されている可能性もある。平面形では長方形と楕円形に大別され、これに対応して墓壙の掘削方法なども異なっている。全羅北道完州郡葛洞遺跡では、土層の様相から二段墓壙をもつ木槨や、割竹形木棺、板材式木棺などの存在が想定されている。国宝に指定された青銅器群の出土した全羅南道和順郡大谷里でも、再調査によって割竹形木棺の上に積み石を施した二段墓壙の存在が明らかになっている。さまざまな型式を内包している可能性が高いものの、土坑墓は、初期鉄器時代の青銅器・鉄器副葬墓に多く見られる墓制であり、近年全州から完州にかけての地域で、豊富な副葬品とともに集中的に確認されており、完州郡新豊遺跡・徳洞遺跡などがその代表的な例である。

周溝墓は、長方形、方形、円形の溝を埋葬主体部の周囲にめぐらせる墓である。主体部は周溝内の空間に石棺墓ないし土坑

全羅北道高敞郡竹林里支石墓

慶尚南道昌寧郡幽里支石墓

慶尚北道達城郡坪村里遺跡20号石棺墓(『達城坪村里・礼峴里遺跡』より)

墓を設けるが、ほとんどの場合は一基のみで、まれに二基みられる場合がある。晋州大坪里遺跡などで以前から見つかっていたが、近年類例が増加して注目を浴びている。青銅器時代前期後半から後期にかけて、江原道・忠清道・慶尚道と広い地域で見られるが、特に江原道春川市泉田里遺跡では、十六基が規則的に近接して分布している。また忠清南道舒川郡烏石里遺跡では、周囲を見下ろす丘陵斜面に周溝墓が一基見つかっており、銅剣や石鏃・管玉が副葬されていた。いずれの地域においても、副葬品を伴う頻度が高い。初期鉄器時代にも、全羅南道霊岩郡弓洞遺跡で方形の周溝墓が知られているが、副葬品は土器のみである。

区画墓は、石などによって方形や円形の墓域を表示しているもので、主に支石墓で確認されているため墓域式支石墓とも呼ばれているが、前述の周溝墓をこれに含む見解もある。慶尚南道昌原市徳川里遺跡、馬山市鎮東里遺跡、金海市栗下里遺跡、山清郡梅村里遺跡、泗川市梨琴洞遺跡などで確認されており、有力者の墓と想定されているが、青銅器時代後期に盛行した後、初期鉄器時代には見られない。

次に、副葬品について述べる。青銅器時代には、上述の二段墓壙を持つような大規模な墓において副葬品が貧弱であったり、逆に小規模な墓から琵琶形銅剣などの青銅器が出土したりと、副葬品による明確な階層性は現れていない。初期鉄器時代になると、細形銅剣の複数副葬やさまざまな青銅儀器の複数副葬など、副葬品においては階層差が顕在化するが、逆に可視的に大規模な墓は姿を見せなくなる。また、副葬品はあらゆる種類の墓制において見られるため、墓制の種類による副葬品の差も顕著ではない。

墓から副葬品が発見される確率は非常に低い(たとえば全羅南道の支石墓のうち、副葬品を持つものは一五%程度)が、例外的に、麗水積良洞遺跡のように、一連の墓群において集中的に青銅器が副葬される場合もある。副葬品の種類としては、琵琶形(遼寧式)銅剣や銅鑿、銅鏃、磨製石剣、磨製石鏃、赤色磨研土器、天河石や碧玉製の玉などが確認されている。中でも管玉は時として大量副葬される(泗川梨琴洞遺跡C九号墓で二百八点、昌原徳川里遺跡二号支石墓で百六十五点)場合がある。ただし、大量の副葬品をもつ墓は少数に限られる。

初期鉄器時代の石槨墓や土坑墓からは細形銅剣(把頭飾を伴う場合もある)や銅矛、銅戈などの武器や銅斧・銅鑿《どうのみ》・銅鉇《やりがんな》などの工具、多鈕鏡や小銅鐸、双頭鈴、その他異形青銅器などの祭儀具といった各種青銅器に加え、鋳造鉄斧、鉄鎌、鉄鑿、鉄鑿などの鉄器、砥石、ガラス管玉、ガラス環、ガラス小玉、石製の管玉・臼玉、円形粘土帯土器、黒色磨研土器などが副葬される。前時期に比べ、一つの墓から出土する副葬品の種類や点数が圧倒的に多くなる。この時期の最も基本的な副葬品は細形銅剣である。

このほか、青銅器製作のための石製鋳型の副葬例も完州葛洞遺跡で確認されている。なお、鋳型を墓に副葬する習慣はシベリアから遼東を経て朝鮮半島に至るまで広く見られるが、日本列島では確認されていない。

最後に、葬送儀礼についてもふれておく。考古学的証拠から葬送儀礼を復元するには多くの困難が伴う。しかし、断片的ではあるが、さまざまな発掘調査成果から、当時の墓の周辺で行われた葬送儀礼を思わせる状況が確認されている。

全羅南道麗水市平呂洞タ群三号支石墓では、天河石丸玉や碧玉管玉が、棺内だけでなく棺外からも大量かつ散在的に出土した。このような状況は、葬送儀礼におけるばらまき行為を示唆するとの解釈もある。春川泉田里遺跡六号周溝墓の周溝内部からは、炭化アズキが石包丁とともにまとまって出土し、やはり儀礼行為との関連が想定されている。麗水市五林洞支石墓では、石剣と考えられる短剣とこれを仰いでいるかのような二体の人物の岩刻画が支石墓の上石に描かれていた。支石墓の副葬品に石剣が多いことと考え合わせると、石剣が葬送儀礼において一定の役割を演じていた可能性は高い。石剣に関しては、これを意図的に破砕したと考える事例も存在するが、これをアメリカ北西海岸の民族誌に見られるポトラッチと関連づける見解もある。

地域ごとの副葬品の分析からは、葬送儀礼に地域的なまとまりがあった可能性が議論されている。副葬用に特化した形態の有節柄式石剣の一部の型式が、大邱・清道・密陽一体の地域に密集することや、副葬された管玉の規格や用いられ方が地域間で異なることから、一定の地域的な範囲内での埋葬儀礼の共有が想定されている。

朝鮮半島においても、日本列島同様に土壌の化学的性質のために人骨の残存状態は良好ではない。しかし、まれに残存する墓出土人骨の中には、火葬の痕跡を示すものも存在する。黄海北道沙里院市広成洞ソンムン一地点支石墓群では、第四号で二個体、第五号で一個体の火葬人骨が確認されている。また、春川市中島一号支石墓では側臥屈葬された人骨が直接墓壙で火葬されたものと報告されている。このほか、慶尚北道慶州市錫丈洞八七六-五番地遺跡の土坑墓、京畿道平澤市土津里遺跡の石棺墓、水月岩里の支石墓でも火葬人骨が確認されている。現在のところ、例外的なものと見てよいであろう。

これらのほかに、竪穴住居からの人骨の出土を根拠に、家屋葬の存在も指摘されている。慶州市千軍洞遺跡では、青銅器時代前期後半ないし後期に属する長方形の竪穴住居の床面に、長壁に沿うように一体分の人骨が確認され、さらにその頭側および足元には土器や石庖丁などが置かれていた。この事例ほど明確ではないが、このほかに咸鏡北道茂山郡虎谷遺跡や慶尚北道浦項市虎洞遺跡、大邱市西辺洞遺跡でも家屋葬の可能性が指摘されている。

参考文献　平郡達哉「朝鮮半島青銅器時代墓制研究の動向と課題」(『みずほ』四二、二〇一二)、同『墓資料からみた青銅器時代の社会』(二〇一三、書景文化社)

(庄田　慎矢)

原三国時代の墓

原三国時代は、三国時代の原初期・原史段階にあたり、青銅器の減少と鉄器の発達・普及、鉄製農具による農耕の発展、灰色土器の出現などに基づいて考古学的に設定された時代区分である。朝鮮半島南部に馬韓・弁韓・辰韓など三韓諸国が存在した時代であり、半島西北部には漢の郡県である楽浪郡（三世紀以降は楽浪郡の南に帯方郡が設置される）、中国東北部から半島北部にはすでに高句麗が存在していた。この時代は木棺墓や木槨墓からなる墳墓群が造営され、その中には次の三国時代まで継続するものも少なくない。これら原三国時代における墳墓の特徴を整理すると以下の通りである。

前二世紀後葉から前一世紀前葉になると、慶尚南道昌原市茶戸里遺跡、同金海市良洞里遺跡、同咸安郡道項里遺跡、大邱市八達洞遺跡、慶尚北道慶州市朝陽洞遺跡、同慶山市林堂洞遺跡などのような木棺墓を主体とする墳墓群が半島東南部の弁韓・辰韓地域で造営されるようになり、原三国時代が始まる。この時期の木棺墓は墓壙の平面形が細長方形を呈するものが主体を占める。八達洞四五号墳のように木棺の上部や周囲に積石をもつものもみられるが、これらは初期鉄器時代の積石石棺墓や積石（囲石）木棺墓の系統を引くものである。副葬品は巾着袋形壺・組合式牛角形把手付壺・黒色磨研壺などの土器類が主体であり、これに初期鉄器時代以来の細形銅剣や銅矛などの青銅器が伴う。ただし、八達洞四五・五七号墳では前時期以来の鋳造鉄斧に加えて、鉄剣・鉄矛などの鉄製武器類や鉄鑿《てつのみ》・鉄鉇《やりがんな》・鍛造鉄斧・板状鉄斧などの鉄製農工具類が副葬されており、すでに鍛造鉄器の副葬が始まっている墳墓群もみられる。

前一世紀中葉から後葉も弁韓・辰韓地域では長方形木棺墓が主体を占めるが、この時期から墳墓数が急増するとともに、茶戸里一号墳や朝陽洞三八号墳のように多くの副葬品をもつ厚葬墓が造営され始める。茶戸里一号墳では長方形墓壙（二七八×一三六センチ）の床面に円形の腰坑が掘り込まれ、その中に多数の副葬品を入れた竹篋（六五×五五センチ）が納められ、その上に割竹形木棺（二四〇×八五センチ）を埋葬していた。副葬土器では前時期以来の無文土器に加え、還元焔焼成されたいわゆる瓦質土器が増加する。器種では巾着袋形壺と組合式牛角形把手付壺がセットで副葬される場合が多くなり、短頸壺なども加わる。前時期に鉄器の副葬がみられなかった墳墓群でも、鉄製短剣・鉄矛・鉄鏃などの武器類、鉄刀子・鉄斧・鉄鎌・鉄鑿などの農工具類、鉄製鑣轡《はみえだくつわ》が副葬されるようになり、鉄器の副葬が急速に普及する。また、茶戸里一号墳や朝陽洞三八号墳のような上位階層の墳墓には、星雲文鏡や異体字銘帯鏡などの前漢鏡や五銖銭のような漢式遺物が副葬されており、楽浪郡との交流を示している。前七五年の大楽浪郡の成立を契機として、弁韓・辰韓との交流が始まったと考えられる。漢式遺物のうち、前漢鏡の副葬は弁韓・辰韓地域に集中する傾向がみられ、朝陽洞三八号墳や慶尚

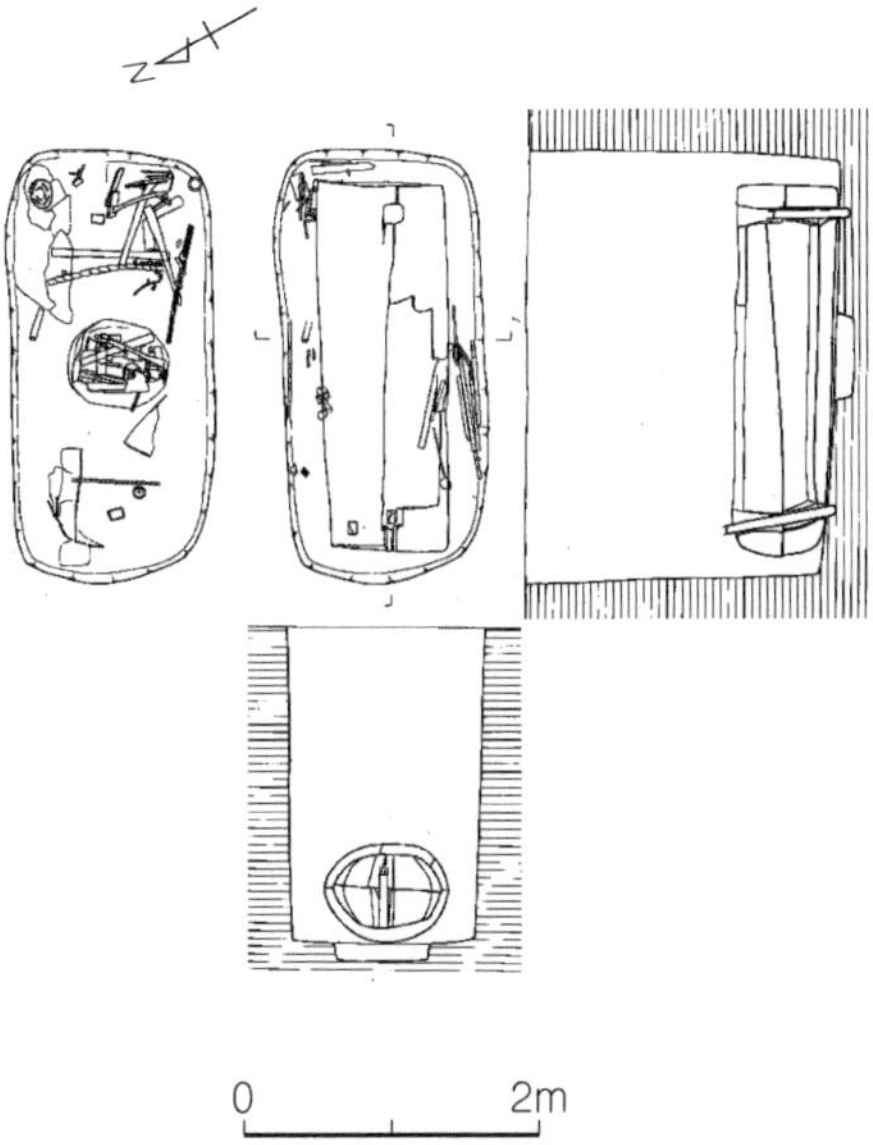

同茶戸里１号墳(木棺墓)

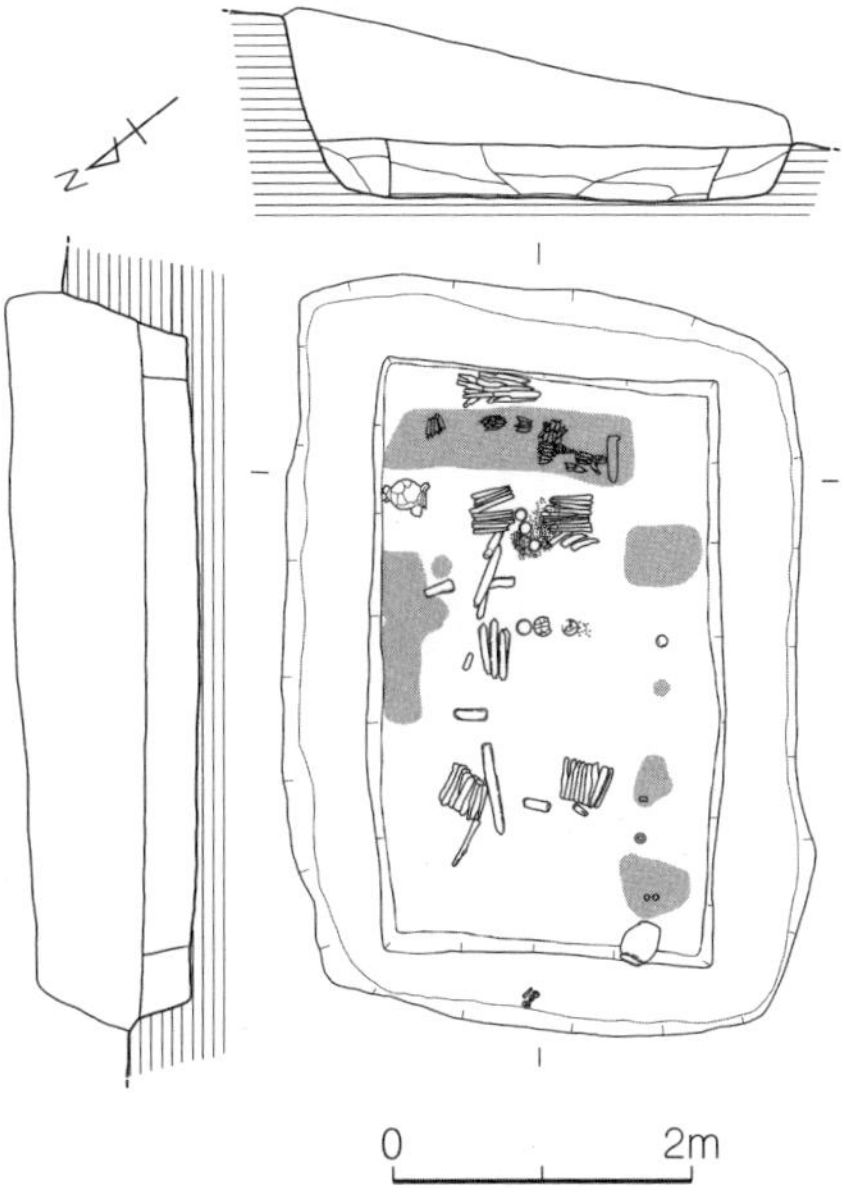

慶尚南道良洞里162号墳(木槨墓)

北道永川市魚隠洞出土一括遺物のように一墳墓内に複数面の漢鏡を副葬した例がみられる。被葬者一人に対して鏡一面が基本である楽浪郡の墳墓とは大きく異なる。

半島西南部の馬韓地域では、前一世紀ごろから周溝土坑墓が造営されるようになる。全羅南道霊光郡元興里軍洞遺跡A地区一八号墳は、長方形木棺墓の周囲に七七六×六七六センチの方形周溝がめぐる周溝土坑墓である。埋葬主体部内から黒色磨研短頸壺が出土しており、前一世紀ごろに造営されたものと推定される。一方、光州市新昌洞遺跡・雲南洞遺跡のような甕棺墓群も造営されている。これらの甕棺の多くは合口式であり、青銅器時代の松菊里式土器の系譜を引く甕や三角形粘土帯甕、把手付壺などから構成されている。

弁韓・辰韓地域では後一世紀後葉も良洞里四二七号墳や道項里二六号墳のような長方形木棺墓が造営されている。良洞里四二七号墳は長方形墓壙(二三〇×九〇センチ)内に、木棺(二〇〇×六〇センチ)を埋葬しており、小型仿製鏡、ガラス小玉、深樋式銅剣、鉄鏃、鉄斧、鉄鎌などが副葬されていた。これらに加えて大型の木棺墓も造営されている。慶州市舎羅里一三〇号墳は三三二×二三〇センチの墓壙の中に二〇五×八〇センチの組合式木棺を埋葬し、墓壙床面の中央には腰坑を設置している。副葬品は木棺と墓壙間の充塡土内から銅鍑と土器が、床面から土器類、漆器類、仿製鏡、鉄鏃、鉄鎌、鉄斧が出土した。木棺内部には六十一枚の板状鉄斧が七列に敷かれ、仿製鏡、ガラス小玉、水晶切子玉、青銅釧、虎形帯鉤、銅ボタン、漆鞘銅剣、青銅剣把鉄剣、青銅柄鉄小刀などが副葬されていた。また、封土内には馬具類、鉄矛、土器類が埋納されていた。

後二世紀前半になると、弁韓・辰韓地域では従来の木棺墓に加えて、茶戸里六四号墳や良洞里七号墳（文化財研究所調査）のような長方形小型木槨墓が出現する。良洞里七号墳は長方形墓壙（三二三×一五六センチ）内に木槨（一二三×九八センチ）を設置し、その中に木棺（幅六五センチ）を埋葬している。木棺内にはガラス管玉・小玉、鉄製短剣、鉄矛、鉄鎌が、木槨内には鉄矛、鉄鏃、鉄斧が、木槨外に鉄鏃、土器が副葬されていた。この時期、馬韓地域でも忠清北道鎮川郡松斗里一号墳のような長方形小型木槨墓が造営されている。また、軍洞遺跡や全羅南道咸平郡月也スンチョン遺跡では方形の周溝土坑墓が造営されている。

後二世紀後葉になると良洞里遺跡、慶尚北道浦項市玉城里遺跡、蔚山市下垈遺跡など、弁韓・辰韓の各地域で大型木槨墓が造営されるようになる。良洞里一六二号墳（東義大学校調査）は大型墓壙（四九四×三四四センチ）内に木槨（三八八×二四〇センチ）を設置し、その中に木棺を埋葬している。木棺下の四隅にはそれぞれ板状鉄斧が十本セットで置かれており、棺台として使用されていた。木棺内には後漢鏡、仿製鏡、玉類、鉄剣が、木槨内には鉄矛、鉄鏃、台付広口壺、鉄鍑が副葬されていた。墓壙と木槨の間からは環頭刀子と鑣轡が出土している。下垈四三号墳も大型墓壙（六六〇×三八四センチ）内に木槨（五一二×二六〇センチ）を設置しており、墓壙と木槨の間の充塡土内に柱穴をもつ。木槨は火を受けて炭化していた。木槨内には環頭大刀、鉄製長剣、鉄製短剣、鉄矛、鉄柄鉄矛、鉄鏃、曲刀、鍛造鉄斧、鉄鎌、鉄鑿、三叉鍬、U字形鋤先、鑣轡、台付広口壺、櫛、水晶切子玉、ガラス小玉などが副葬され、木槨内に陥没していた封土層から大壺、短頸壺、台脚、鉄矛、鋳造鉄斧、銅環などが出土した。鉄矛や鉄剣など鉄器類の副葬量が増加し、環頭大刀、鉄製長剣、U字形鋤先など新たな鉄器類が出現する。土器の副葬量も増加し、台付広口壺、炉形土器、双耳短頸壺など新たな器種が現れ、前時期までの巾着袋形壺や組合式牛角形把手付壺は姿を消していく。後漢鏡は楽浪郡との交流を、仿製鏡は北部九州との交流を示している。

後三世紀に入ると、木槨墓はさらに大型化していく。良洞里二三五号墳（東義大調査）は全長七六〇センチの大型墓壙内に木槨（長さ六八五センチ）が設置されていた。下垈四三号墳と同様に木槨は火を受けていた。木槨内の副葬品は、頸飾、環頭大刀、鉄剣、鉄矛、鉄柄付鉄矛、鉄鏃、鉄刀子、鉄鉇、鉄斧、板状鉄斧、銅鍑、高杯、短頸壺、有蓋台付長頸壺、両耳付壺、砥石などである。被葬者の頭部側に板状鉄斧が敷き並べられ、足部側に土器が集中的に配置されている。土器は従来の瓦質土器に加え、陶質土器の双耳付壺や短頸壺などが現れる。玉城里ｎａ-七八号墳は五七二×三三〇センチの墓壙内に木槨（三八〇×一五〇センチ）を設置し、木槨内に百四本の鉄矛が集中副葬されていた。鉄矛を中心として鉄器類の集中副葬がさらに顕著となる。良洞里三二二号墳・下垈ｋａ-二三号墳出土の銅鼎や良洞里三一八号墳出土の鉄鍑など、大型木槨墓には郡県との交流を示す漢式遺物が副葬されている。後二世紀後葉から三世紀前半の郡県は公孫氏や魏によって再編成が行われる復興期であり、これを契機に再び三韓との交流が活発化し、新たに漢式遺物がもたらされたと考えられる。これら弁韓・辰韓の大型木槨墓は三国時代の加耶の主・副槨式木槨墓や、新羅の積石木槨墳へと継承され、半島東南部地域では木槨墓の要素が六世紀代まで残存する。また、弁韓・辰韓の木槨墓は、楯築墳丘墓や西谷三号墓など弥生時代後期後半に瀬戸内・山陰地域で造営された木槨墓とも関連がある。

馬韓地域でも後二世紀後葉になると、忠清南道天安市清堂洞遺跡、同公州市下鳳里遺跡、忠清北道清州市松節洞遺跡などで木槨墓が造営されている。これらの墳墓群では周囲にコ字形の周溝をもつ周溝土坑墓が多くみられる。清堂洞二二号墳は長方形の墓壙(五〇二×二三七センチ)内の東側に主槨を、西側(被葬者足部側)に副槨を設け、主槨内に木棺を埋葬していた。墓壙外の斜面上部にはコ字形の周溝がめぐり、墓壙と周溝の間で封土の痕跡が確認されており、本来は方台形を呈する低墳丘が存在していた。木棺内に瑪瑙玉、環頭大刀、鉄刀子が、主槨内の木棺周囲に鉢形土器、鉄矛、鉄鏃、鉄鑿、鉄鎌、鍛造鉄斧、円筒形鉄器が、主槨天井板上部には鉄鏃が副葬されていた。副槨には短頸壺、有孔円筒形土器、漆器など主に容器類が副葬されていた。木槨の平面形が長方形を呈し、短壁側に別個の副槨を設けるなど、同時期の弁韓・辰韓とは異なっている。また、下鳳里八・九号墳や松節洞九三B-二・三・六号墳などのように同一周溝内に二基の埋葬主体部を並列に配置した併穴合葬墓も存在する。副葬品では短頸壺と平底鉢形土器をセットで副葬する場合が多く、環頭大刀も副葬されるようになる。また、清堂洞遺跡からは多くの青銅製馬形帯鉤が出土しており、馬韓地域の装身具であることを示す。青銅曲棒形帯鉤や金層ガラス玉などの漢式遺物も副葬されており、弁韓・辰韓と同様に、郡県との活発な交流が行われていたことを示している。

忠清南道保寧市寛倉里遺跡、同舒川郡堂丁里遺跡、全羅北道益山市永登洞遺跡では方形周溝墓群が造営されている。寛倉里KM-四二三号墓は方形周溝の中央に石槨が残存しており、内部から鉄矛が出土している。墳丘構築後に上部から墓壙を掘り込んで埋葬主体部を造る、いわゆる墳丘先行型の墳墓である。これに対し、前述した周溝土坑墓は地山面に墓壙を掘り込んで木棺・木槨墓を設置し、その上に低墳丘を築く、いわゆる墳丘後行型であり、築造方式が異なっている。その後、これらの方形周溝墓は全羅南道咸平郡万家村古墳群のような異形墳丘をもつ墳墓を経て、新村里九号墳のような方台形・円形墳丘内に専用大型甕棺を埋葬する古墳が成立する。

参考文献　高久健二「三韓の墳墓」(後藤直・茂木雅博編『東アジアと日本の考古学』一所収、二〇〇一、同成社)、高田貫太「朝鮮半島原三国時代における墓制と日本列島との比較」(設楽博己・藤尾慎一郎・松本武彦編『古墳時代への胎動』所収、二〇一一、同成社)

(高久　健二)

三国時代の墓

高句麗古墳は積石塚と石室封土墳に大別される。積石塚には、無基壇式、基壇式、そして階壇式がある。無基壇式は地面に人頭大の割石や川原石を敷き、その中心に屍身を安置し、その上にさらに石を積み上げるもので、原三国時代から墓制として採用されている。その次にあらわれる基壇式は、まず平面方形の墓の周囲に加工した大型石材を置き、その内部を礫で充塡することで方形壇に整える。次に竪穴系の埋葬施設を設け被葬者を安置し、さらに上部に積石を行うものである。階壇式は数段の方形壇を階段状に重ねたものであり、積石塚としてもっとも発達した形態である。積石塚の変遷については、無基壇式から基壇式、階壇式へ変化したと考えられている。ただし、四、五世紀には各類型が併存する時期もあるようで、その場合、被葬者の階層差を反映している可能性も考慮される。

積石塚は、四二七年まで高句麗の首都が置かれた現在の中国吉林省集安市を中心に、鴨緑江中・下流域に分布する。西大塚、千秋塚、太王陵、将軍塚など王墓に比定される古墳は、いずれも大型積石塚である。墳丘周辺から瓦磚類が出土する点も特徴的で、墳丘上の瓦葺建物、あるいは方形壇の装飾に用いられたと想定されている。また、近年の発掘調査によって、横穴式石室(太王陵、将軍塚)の構造、副葬品の内容の一端が明らかとなった。

一方で、石室封土墳は、朝鮮半島北部地域から中国東北地域にかけて広く分布し、積石塚とは対照的である。その広がりは、高句麗勢力圏の伸長とからめて解釈されている。石室封土墳は横穴式石室を埋葬施設とし、盛土によって高大な墳丘を築くもので、石室の壁面や天井に壁画を描くものもある。その多くは羨道《せんどう》と玄室によって構成される単室墓であるが、壁画古墳の中には前室や側室、龕室(石室側壁にもうけられた小室)を備えた複室構造のものもある。壁画の図案は多様で時期的に変化するが、天井に日月や星座などの星宿図、壁面に墓主像、さまざまな生活風俗、蓮華文や亀甲文などの装飾、あるいは四神(青竜、白虎、朱雀、玄武)図などを描く。石室封土墳は四世紀代には出現し、特に壁画古墳については中国東晋の年号である「永和十三年(三五七)」の墨書紀年を有する黄海南道安岳郡安岳三号墳が初期の事例として著名である。

新羅は朝鮮半島中南部を流れる洛東江の以東地域に位置する。四世紀代までの新羅古墳は低墳丘もしくは明瞭な墳丘を有さない木槨が主流である。単槨の木槨のほかに、副葬品を納めるための副槨を伴い、同じ墓壙の中に主槨と副槨を設置するものが盛行する。槨の平面形が細長方形で、大型である点が特徴的である。このような慶州型とも呼ばれる大型木槨墓は、新羅の首都たる慶州を中心に分布し、新羅の圏域を反映するものと評価されている。また、この時期以降、木槨と墓壙の間を石で充塡する構造、墳丘の周囲をめぐる護石の出現、墳丘の高塚化などの動きが確認でき、積石木槨の出現段階として評価できる。

四世紀後半から五世紀初には慶州の墓制は積石木槨が主流となり、六世紀に至るまで皇南大塚のような高大な高塚古墳（積石木槨墳）が盛行する。積石木槨墳は地上に木槨を設置し、その周囲と上部を石で完全に覆い積石部を設け、さらに盛土によって高大な墳丘を築くものである。典型的な墳丘後行型の墳墓である。慶州とその周縁にのみ分布し、被葬者に着装された状態で出土する華麗な装身具や各種の副葬品とあわせて、新羅中央を表象する墓制として評価される。慶尚北道慶州市皇南大塚では王墓たる南墳にその妃を葬った北墳を連接していたことが確認されたが、このような双円墳あるいは連接墳は数多く認められている。また、高塚古墳の周囲には、低墳丘の中小古墳群が築かれる状況が明らかとなりつつある。一方、慶州以外の各地域には、交通の要衝地に高塚群が築かれる。埋葬施設は竪穴式石槨墳や横口式石槨墳などであり、その構造に地域的な多様性が読み取れる。

六世紀前半以降になると、新羅にも追葬が可能な横穴式石室墳が本格的に採用されるようになる。慶州普門洞合葬墳では積石木槨墳に連接して横穴式石室墳が築かれ、その代替過程がわかる。のちに穹窿状の天井をもち、玄室平面が正方形の忠考里式石室が主流となる。

百済は漢江下流域の漢城（ソウル）に最初の都を置いた。四七五年に陥落するまでを漢城期と呼ぶ。この時期の墳丘を有する高塚古墳としては、階壇式積石塚と葺石封土墳がある。階壇式積石塚の事例としてはソウル市石村洞古墳群が代表的である。外見は高句麗のものと同様であるが、墳丘全体を石で積み上げたもの（石村洞三号墳）のほかに、墳丘内部を盛土によって築き、その外周に積石を行なったもの（同四号墳）など多様である。最大の平面規模を有するものは石村洞三号墳で、東西辺五〇・八《メートル》、南北辺四八・五《メートル》と、高句麗の王墓に匹敵する。埋葬施設については未だ不明な点が多いが、竪穴系の埋葬施設を考える見解と、高句麗の事例を参照としつつ横穴系の埋葬施設を考える見解がある。

葺石封土墳は土壙（木棺）や甕棺などの埋葬施設を順次設置しつつ、それに伴い盛土墳丘を加え、最終段階で墳丘表面に葺石を施した墳墓である。石村洞五号墳やソウル市可洛洞一・二号墳などの事例はあるが、存続期間や詳細な築造過程は未だ不明とせざるを得ない。現状では、その出現は積石塚に先行し、両者が共存する時期が存在したようである。

漢城期に、百済の中心地たる漢江下流域に横穴式石室が展開していたかどうかについては議論が分かれる。ただし、朝鮮半島西南部の各地では、明らかに漢城期と判断できる横穴式石室が確認されている。その形態は多様ではあるが、低丘陵の稜線上に位置し低墳丘であること、また、中国製陶磁器や装身具類など百済中央とのつながりを示す副葬品などの共通性も確認できる。ほかにも、木槨、竪穴式石槨、甕棺などが営まれている。

漢城陥落の後、百済は公州（熊津）に都を移し、さらに五三八年に扶余（泗沘）に遷都した。この時期の墓制はおおむね横穴式石室が主流となる。熊津期の中心勢力の墓制は、宋山里式横穴式石室である。玄室の平面形が正方形に近く、穹窿状の天井をもち、外側からみて右側に羨道が取り付く。忠清南道公州市宋山里古墳群が代表的で、公州周辺に集中的に分布している。一方、武寧王陵や宋山里六号墳は横穴式塼室を採用している。側面に蓮華文や銭文などの文様を装飾した塼を用いて、トンネル状に天井を積み上げており、当時の中国南朝における横穴式塼室と同様の構造である。ほかにも錦江流域の諸地域には、玄室の平面形が長方形で、羨道の取り付け位置が左右いずれかにかたよる横穴式石室が広く分布する。また、在地的な竪穴式石槨

集安市太王陵(高句麗)

慶州市皇南大塚(新羅)

ソウル市石村洞4号墳(百済)

や竪穴系横口石室を埋葬施設とする墳墓も確認されている。近年、公州丹芝里遺跡では横穴墓群が確認され、日本列島の横穴墓との関わりが指摘されている。

泗沘期の代表的な墓制は陵山里式横穴式石室である。玄室の直立した側壁の上部に内傾するように石材を積み、その上に天井石をのせており、玄室断面が六角形を呈する。特に、中心勢力の墓域たる忠清南道扶余郡陵山里古墳群の石室は、丁寧に加工された花崗岩製の切石で構築されている。陵山里式石室は、朝鮮半島西南部に広く分布し、その導入に伴い墓制の地域性は認めにくくなる。また、各地域の陵山里式石室あるいはそれを志向する石室は、石材加工の精粗や構築技術の違いによって序列が想定されている。木棺の装飾や銀花冠飾と合わせて、被葬者の階層差や百済の地方支配を反映するものと評価されている。

栄山江流域の地域では、六世紀後半以降に陵山里式石室が導入されるまで独自性の高い墓制が営まれ続けた。四、五世紀代の墳墓を最も特徴づけるのは専用甕棺の使用である。それ以前は土坑墓が主流であったが、専用甕棺の採用以降、周溝をめぐらせた楕円形もしくは梯形の墳丘墓が出現する。埋葬施設は甕棺墓と土坑墓が混在する場合が多い。五世紀中ごろ以降になると、大型の墳丘を有する高塚古墳が造営されるようになる。また、埋葬施設の追加に伴って墳丘を付け足し、長期間墓として機能し続ける。たとえば、全羅南道羅州市伏岩里三号墳では高塚墳丘を造営する以前の低墳丘の甕棺墓(三世紀代)から始まり、六世紀後半から七世紀ごろの陵山里式石室の段階に至るまで、継続して墳墓を営んでいた。

六世紀前半ごろの栄山江流域の墓制を考えるうえで、最大の問題は前方後円墳の存在である。これまでのところ、各地で十三基以上が確認されている。前方後円形という墳丘の形態、埴輪に類似した円筒形土製品や木製立物の樹立、九州北部に系譜を求め得る横穴式石室、さまざまな倭系副葬品などからみて、当時の日本列島において築造された前方後円墳との関わりの中で築造されたことは確かである。一方で、冠や飾履などの装身具、釘や飾り金具を用いた木棺などは百済中央との関わりをうかがわせる。また、円筒形土製品の製作に在地の土器工人が関わっていた点、九州北部との関わりの中でも独特な石室構造が認められる点にも注意が必要である。六世紀後半になると栄山江流域にも陵山里式石室が導入される。

三国時代に入ると朝鮮半島南部の洛東江以西地域において、金官加耶(金海)、大加耶(高霊)、阿羅加耶(咸安)、小加耶(固城)などが有力な政治体として台頭する。慶尚南道金海市大成洞古墳群は、四世紀から五世紀の初めごろに営まれた金官加耶の中心勢力の墓域である。原三国時代から墳墓は築造されていたが、この時期は多量の副葬品を納める副槨を備えた大型木槨墓が営まれる。洛東江以東地域とは様相を異にし、主槨と副槨それぞれに墓壙を備え、主槨の平面形は幅広の長方形となる。中小型墓とともに低丘陵上に群集して営まれ、明瞭な高塚墳丘を有さない。金海地域を中心に、洛東江以東の釜山市福泉洞古墳群にも認められる。

大成洞古墳群の大型墳墓は五世紀初めごろまでには築造を停止するが、このころから洛東江以西地域の各地において円形の高塚古墳が出現する。その中でも五世紀中ごろ以降の大加耶の中枢たる慶尚北道高霊郡池山洞古墳群は特徴的である。平面細長方形の竪穴式石槨を中心的な埋葬施設とし、副槨を伴う場合が多く、さらにその周囲に殉葬者を葬ったと考えられる数基の小型石槨が配置される。これらを覆う形で盛土による高塚墳丘が造営される。池山洞古墳群に類する古墳群は各地で確認され、大加耶系土器や金工品などの副葬品の共通性と合わせて大加耶の圏域をおおむね反映すると評価されている。また阿羅加耶圏においても、慶尚南道咸安郡道項里古墳群のように平面細長方形竪穴式石槨を中心埋葬施設墳として設置した後に墳丘を盛り土する高塚群が営まれる。一方で、小加耶圏の中心である固城地域では高塚墳丘を先行して造営した後に、その頂部に墓壙を掘り竪穴式石槨を設置する高塚群が確認された。

光州市月桂洞１号墳（栄山江流域）

釜山市福泉洞古墳群（金官加耶）

　六世紀以降になると、洛東江以西地域に本格的に横穴系埋葬施設が導入される。慶尚南道晋州市水精峯二、三号墳のように在地の竪穴式石槨に羨道を取り付けたようなもの、高霊古衙洞壁画古墳のようにトンネル状天井をもち百済との関わりが認められるもの、固城郡松鶴洞一号墳B-一号石室や巨済市長木古墳のように北部九州の石室と構造が類似するものなどがある。

（高田　貫太）

参考文献　韓国考古学会編『韓国考古学講義』（二〇〇七、社会評論）

高霊郡池山洞古墳群（大加耶）

咸安郡道項里古墳群（阿羅加耶）

統一新羅から高麗時代の墓

統一新羅時代の墓制には、横穴式石室や横口式石室、竪穴式石室、土坑墓、骨蔵器を埋納した火葬墓などがある。まず、王京周囲に散在する王陵、もしくはそれに準ずる大型の横穴式石室墳を中心にまとめる。

これらは直径一五〜二〇メートルほどの墳丘を有し、横穴式石室を埋葬施設とするものが主体である。三国時代の王陵級古墳が、慶尚北道慶州市内の平地中央部に群集している状況とは対照的に、統一新羅時代の王陵級古墳は、慶州盆地西側の山すそにあたる西岳洞、南山のふもと、盆地平野部の北側など、盆地の周縁部に主に分布している。西岳洞古墳群や三陵など、三、四基の古墳が近接して築かれる場合もあるが、多くは単独で築かれている。

これまで調査された比較的大型な横穴式石室墳としては、伝神徳王陵、伝憲康王陵、忠孝洞古墳群、双床塚、馬塚、障山土偶塚、龍江洞石室墳、九政洞方形墳(いずれも慶州市内)などがある。その多くは円墳であるが、九政洞方形墳のように方墳の事例もあり、慶州市内の平地に位置する双床塚についても墳丘形態が方形である可能性が指摘されている。

墳丘の周りには外護石をめぐらせるものが多い。外護石には大きく二つの種類がある。一つは、人頭大の割石を二、三段積み上げてめぐらせるものである。もう一つは、精巧に加工した板石をめぐらせるもので地覆石、面石、甲石、束石などを備えるものである。後者の場合、特に獣首人身の表現をとる十二支像を彫刻した板石をめぐらせたり、墳丘の外側に欄干をめぐらせるものもある。王京とその周辺に位置する横穴式石室の形態はさまざまではあるが、大きく以下のようにまとめることができる。まず、これまで調査された事例に基づけば、埋葬施設の主軸方向は基本的に南北方向をとる。玄室の平面形態は一辺二〜三メートル未満の方形を呈するものが多い。ただ、七世紀後半ごろの事例には、たとえば隍城洞九〇六-五番地石室墳(二・五×一・八メートル)のように、長方形を呈するものもある。玄室平面の一辺が三メートルをこえる事例は、双床塚、馬塚、伝神徳王陵など限られている。

玄室の四壁は、その上半が徐々に内側に傾くように塊石を積み上げ、一〜数枚の板石状の天井石を架けた、いわゆる穹窿状天井を呈する。壁面には漆喰が塗られている。羨道《せんどう》は玄室の中央につくものと、左右にかたよって取りつくものがある。

基本的には羨道の入り口付近に割石を積んで石室を閉塞するが、それに加えて、羨道の中間付近や玄室近くに軸を有する門扉石が設置され、それと玄室の間が扉道となる事例がある。比較的大型で精緻な石室の多くには門扉石が設置されており、それをはめこむ軸擦穴も備わっている。この点は、統一新羅時代の横穴式石室を特徴づける要素の一つである。玄室には屍床が一〜四基ほど設置される。門扉石を備える石室では、玄室中央に屍床が設置される場合が多く、主被葬者の頭位は基本的に東向きである。屍床には石枕と足座をのせたり、人形にくりぬいたものなどがある。

代表的な古墳の一つとして、障山土偶塚の概要をまとめておく。西岳洞古墳群の南端に位置する直径約一六メートルの円墳である。割石を積みめぐらせた外護石を備える。穹窿状天井の横穴式石室を埋葬施設とし、その玄室は平面が二・九三×二・八五メートルと方形に近く、高さは三・五メートルである。中央羨道だが、他の横穴式石室と比較して羨道の長さが四・二三メートルほどと長い点が特徴的である。また玄門から一・五メートルほど離れた位置に軸を有する門扉石を設置する点も独特で、その結果、やはり他の石室よりも扉道が長い。玄室には三つの東枕の屍床が置かれている。奥壁側のものは当初から二人用として設計されており、おそらく二回の追葬が行われたものと判断される。遺物は土俑、印花文が施文された椀類、無文の有蓋椀などが出土した。これらの副葬品や石室の形態から、造営時期が八世紀後半ごろで、追葬が九世紀代に行われたとみる意見と、造営自体が九世紀代に下るとみる意見がある。古墳の内容がある程度明らかとなっている王陵あるいはそれに準ずる人物の墓の中で、新しい時期のものと評価されている。

先に述べた外護石に十二支像を彫刻した古墳は、王京周縁部にのみ分布し、その数も少ない。王族や有力貴族層に採用された墳墓型式と考えられており、切石を用いた外護石の構造とともに、中国唐からの影響が指摘されている。その出現時期は必ずしも確定はしていないが、代表的な事例である伝聖徳王陵を指標として、八世紀中ごろ以降と考えられている。それ以前は、基本的に割石積の外護石であったようである。十二支像の彫刻は、ほかに伝金庾信墓、掛陵、九政洞方形墳などにも備わっている。

ただ、それ以前に十二支像が副葬品として納められる事例がある。代表的なものとして、龍江洞古墳で確認された青銅製の十二支像がある。龍江洞古墳は直径一六メートルほどの円墳で、墳裾に割石を二、三段積み上げてめぐらせた外護石を備える。穹窿天井の横穴式石室を埋葬施設とし、玄室平面形は二・六×二・五メートルと方形に近く、長さ一・五メートルの羨道が取りつく。門扉石は確認されていない。石室内からは、土俑、土馬、ガラス小玉、各種の土器のほかに、青銅製十二支像が七点確認された。獣首人身で平服を着用した姿であり、おおむね七世紀後半から八世紀前葉ごろの築造と推定されている。統一以前の古新羅の段階、七世紀ごろには十二支の思想が中国から伝わり、七世紀後半以降、墓制を構成する副葬品や外護石の彫刻として採用されたものと評価されている。この点で、奈良県キトラ古墳壁画に描かれた十二支像とも思想的に密接な関連をもつものと判断される。

最近の調査によって、王京周囲の山麓に大小の墳丘を有する古墳が多く確認されるようになっている。慶州市芳内里古墳群のように、直径一〇メートルほどの中小の円墳が密集して古墳群を形成するものは、横口式石室や竪穴式石室も埋葬施設として採用している。その他に、一基が独立的に位置する場合もある。

慶州市西岳洞古墳群(統一新羅)

慶州市九政洞方形墳(統一新羅)

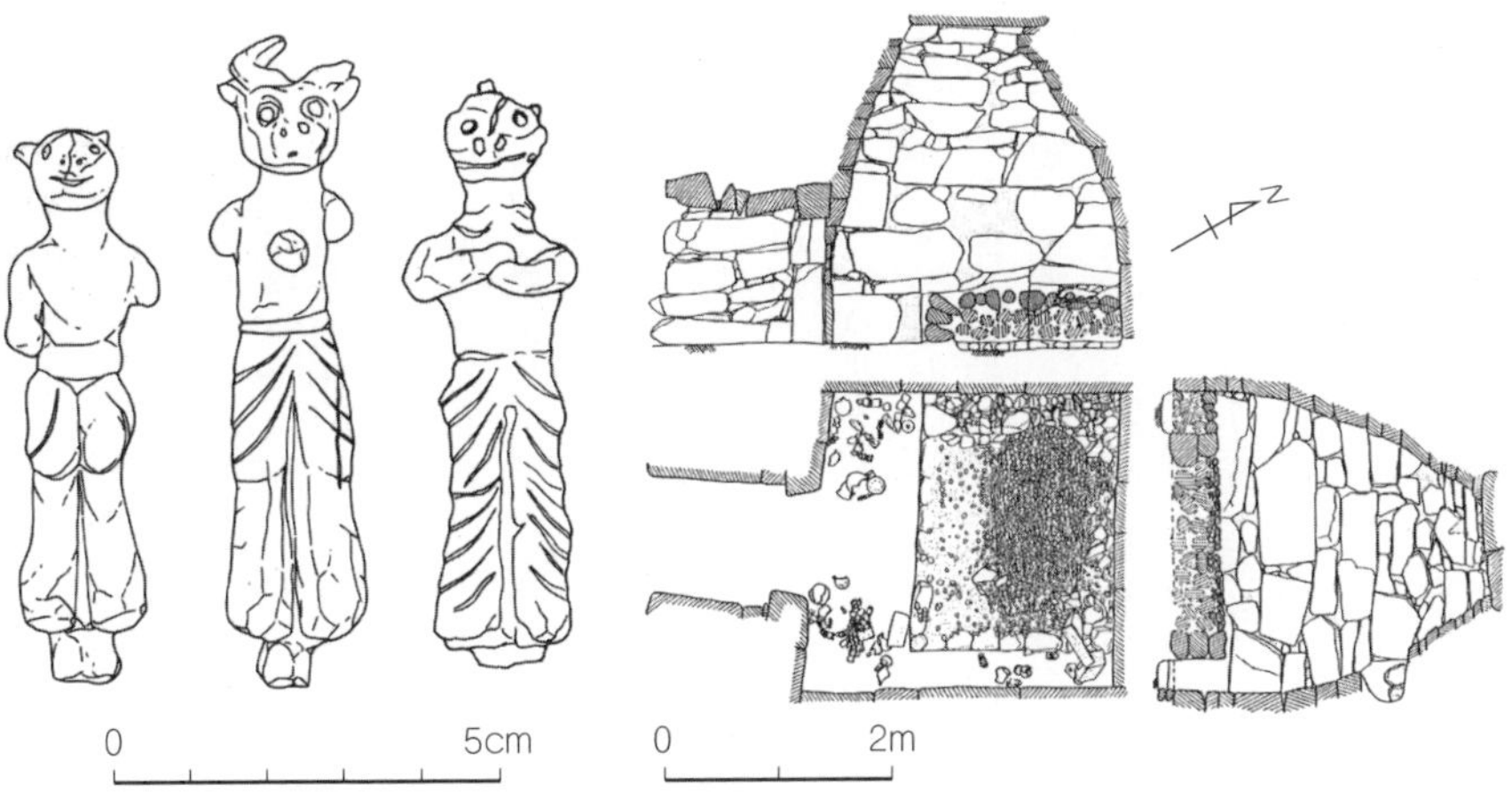

慶州市龍江洞石室墳(統一新羅)　(左)青銅製十二支像　(右)石室

慶州以外の諸地域の場合、統一新羅時代の数十基規模の古墳群が新たに形成されるような状況は確認しにくく、多くても十数基程度である。また、三国時代の古墳群と立地を同じくして数基の古墳が築かれる場合や、あるいは単独で立地する場合などがある。全体的に埋葬施設の数も前代と比較すると、数が少ない。

新羅における仏教受容に伴い、新たな葬法として火葬が採用されるようになる。はじめて火葬された王は、文武王(?—六八〇)である。『三国史記』文武王二十一年(六八一)条には「庫門の外庭で、西国の式に依り火を以て焼き葬る」と記されており、『三国遺事』によれば、慶州東方の日本海(東海)の大王岩に遺骨が納められたとされる。その後、七人の王が火葬で葬られている。火葬には、遺骨を直接、もしくは骨蔵器に納めて地中に埋める以外に、孝成王(?—七四二、東海に散骨)などのように散骨という葬法をとる場合もある。

遺骨を納める骨蔵器には、施釉陶器、日常容器類の転用、木や布などの有機質製がある。特にさらに骨蔵器を納める外容器が備わる場合もあり、専用に製作された石櫃や、日常容器の転用などが確認されている。それらを地中に納める際には、素掘土坑に納める場合と小石室を構築する場合とがある。統一新羅の火葬は、慶州市東川洞遺跡や慶尚南道昌寧郡友江里遺跡など、六世紀にさかのぼるとされる事例もあるが、その中心年代は七世紀後半から九世紀前半ごろである。この時期の骨蔵器は、印花文によって華麗に装飾したものが主流で、王京周辺の横穴式石室墳と混在している状況が特徴的である。火葬墓は十世紀に入ると徐々に衰退する。

高麗時代の墓は、基本的には統一新羅時代の墓の構造を受け継いでいる。その埋葬施設は多様で、横口式石室墓、竪穴式石槨墓、土坑墓が主体を占め、一部に火葬(骨蔵器)も確認されている。この中で、切石を主体的に用いた精美な横口式石室や竪穴式石槨は、王や王族、有力貴族の墳墓に用いられている。一方で、割石積で中小型の竪穴式石槨や土坑墓は、各地域において丘陵尾根部や斜面に群集して確認される場合が多く、より下位の階層の墓と考えられる。

王陵の立地は、主に南へと下る丘陵斜面に位置し、その背後にはより高い山がそびえる。また、東西には谷を挟んで尾根筋がのび、前方に小河川が走るなどの共通性がある。いわゆる風水地理説にのっとって、選地が行われたと考えられている。

王陵の造営はおそらく墓域を定めることから始まる。墓域は地形に沿いつつ、平面長方形に造成する。墓域の規模は、長辺二〇～六〇メートル、短辺一五～三〇メートルほどである。この墓域を石列によって三、四段に区分する。最上段には墳丘と埋葬施設を配置し、さらにその周囲に「⊓」字状の石垣をめぐらせる場合もある。その前方の各段には、石燈(長明燈)、文人石や武人石、礎石立建物(丁字閣)、陵碑などを配置する。

墳丘は基本的に円墳で直径六～一二メートルほどである。墳丘裾部には十二支像を彫刻した板石(面石)をめぐらせるものも多い。また、その周囲に欄干をめぐらせたり、四方に石獣を配置する場合もある。埋葬施設は平面方形もしくは横口式石室である。平面規模は一辺二～四メートルほどである。墓壙を掘り込んで設置した地下式もしくは半地下式で、切石加工の横長の石材を垂直に数段積み上げたものが主流であるが、横長の割石を用いた事例もある。天井は平天井で、三枚ほどの石材によってふさいでいる。壁面には漆喰を塗っており、天井に星宿図、壁面に四神や十二支、あるいは松竹梅などの壁画が描かれることが多い。王陵以外にも、墓誌から高麗末期の官僚であった権準（一二八〇―一三五二）の墓であることが判明した京畿道坡州市瑞谷里壁画墓などが著名である。

一方で、各地方には、竪穴式石槨墓や土坑墓が群集する墳墓群が盛んに営まれている。ほぼ同大の土坑墓が丘陵の稜線に沿いつつ、規則的に分布する点や、青銅製の鋺、匙と箸、髷留め、あるいは青磁など、副葬品の種類に定型性が認められる点などが特徴的である。その中で、忠清南道天安市に所在する南山里高麗墓群は、土坑墓、横口式石室墓、竪穴式石槨墓、火葬墓（推定）、灰槨墓など、高麗後半期から朝鮮時代にかけての多様な墓が群をなして造営されており、注目される。墓群の中心たる一号墓は、方形の墓域（八・一×九・九メートル）を石垣と瓦敷きで区画し、その内側に護石を有する方墳を造営している。埋葬施設は木棺であり、釘によって組み合わせている。出土した銅銭から十二世紀初め以降に造営されたと考えられる。ただし、瓦敷きから粉青沙器が出土し、瓦も朝鮮時代と推定されることから、被葬者の末裔によって朝鮮時代初めごろまで管理されていた可能性が考えられている。

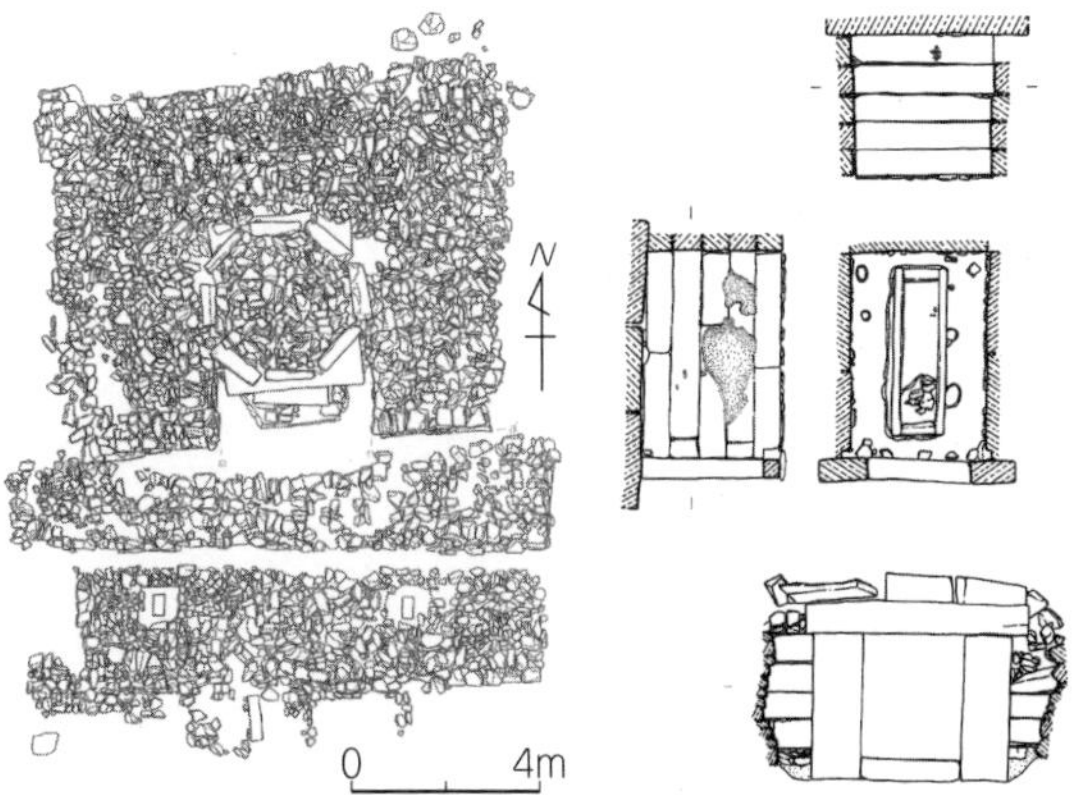

江華郡嘉陵（1244年，被葬者は
高麗24代元宗妃の順敬太后）

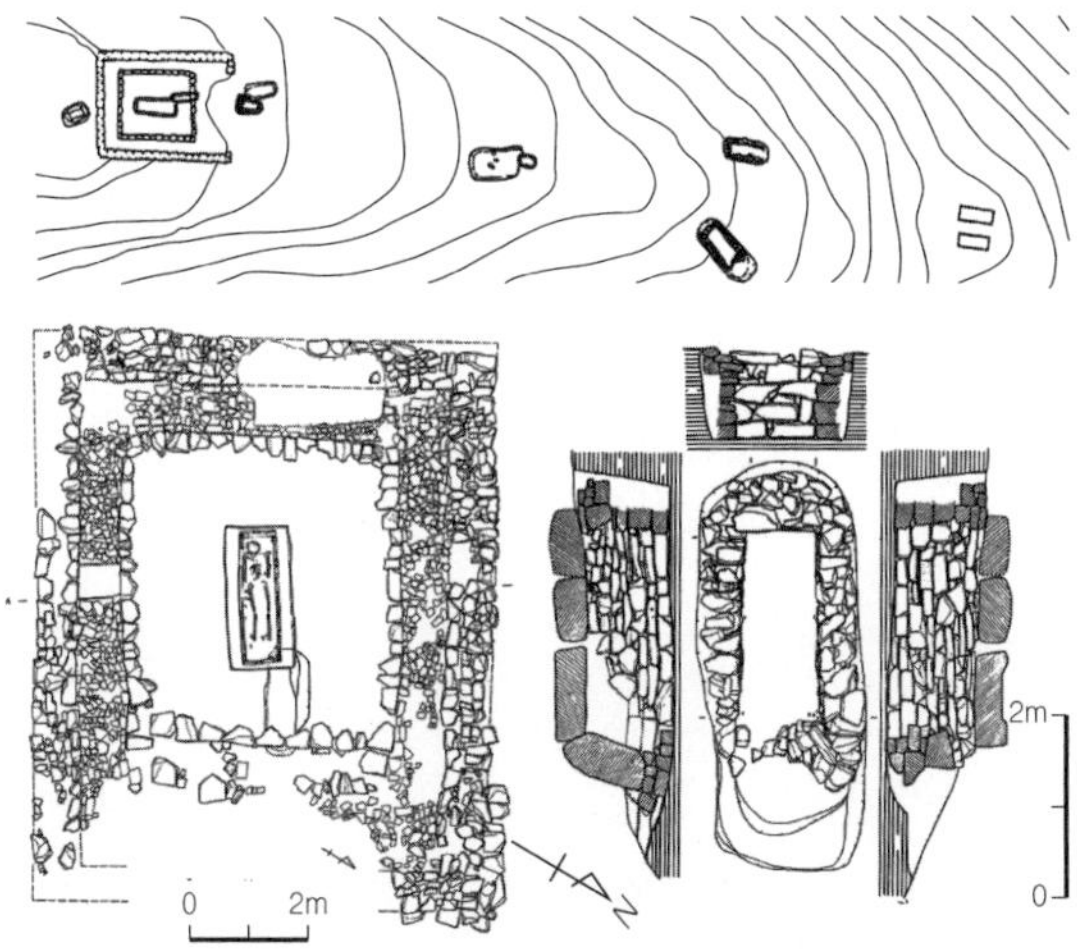

天安市南山高麗墓（12世紀初以降）

参考文献　韓国考古学会編『韓国考古学講義』（二〇〇七、社会評論）、国立文化財研究所編『江華高麗王陵』（二〇〇七）

（高田　貫太）

第Ⅷ章　中国の墓

新石器時代から春秋戦国時代の墓

中国の歴史は旧石器時代に始まるが、現在までこの時代の墓は発見されていない。したがってこれに続く新石器時代（前八〇〇〇年ごろから前二〇〇〇年ごろ）から記述を始め、二里頭文化（前二〇〇〇年ごろから前一五〇〇年ごろ）、殷（前一五〇〇年ごろから前一〇〇〇年ごろ）、西周（前一〇〇〇年ごろから前七七〇年）、春秋戦国時代（前七七〇年から前二二一年）といった順で各時代の墓の様相を見てゆくこととする。

新石器時代は前期、中期、後期に区分されるが、最も古い墓は前期の早い時期に位置づけられる北京市東胡林遺跡、広西壮族自治区甑皮岩遺跡などで確認されている。いずれも土坑墓で死者を屈葬で葬っている。前期でも時代が下がると河南省裴李崗遺跡などで集団墓地が見つかっている。前期の墓には地域や時期により土坑墓や甕棺墓、伸展葬や屈葬、一次葬や二次葬、単人葬や複数遺体の合葬など、多様な埋葬形態が認められる。副葬品は日常品の土器や石器、簡単な装飾品などに限られる。このような前期墓の様相は、中期に引き継がれている。

前期から中期にかけての墓のなかで、一般的な墓と比べて群を抜くような規模や副葬品をもつ墓は確認されていない。このような墓のあり方は、社会の階層差が小さかったことの反映と考えられている。

新石器時代の墓は、その後期に大きな変化を見せる。たとえば長江下流域良渚文化の浙江省反山遺跡では人工の墳丘上に墓地が営まれ、一二号墓からは精巧に彫刻した製品を含む六百点余りの玉器が出土している。また黄河下流域竜山文化では山東省西朱封遺跡二〇二号墓のように墓坑に木槨・木棺を置き、玉器や大量の土器を副葬する大型の竪穴木槨墓が出現している。このように後期になると一般的な墓と比べて規模が大きい、あるいは副葬品の点数が多い、質的に勝っているといった墓が黄河流域から長江流域の広い範囲で確認されるようになる。

新石器時代後期には社会の階層化とともに地域ごとの政治的な統合が進み、地域の中心となる集落は囲壁のような防御施設を備え、一般的な農村集落とは明確に区別されるようになる。上記の反山遺跡や西朱封二〇二号墓の被葬者は、このような地域における首長たちであったと考えられる。

新石器時代後期の次の時代が二里頭文化時代である。二里頭文化時代には社会の階層化と政治的統合がより進み、河南省二里頭遺跡に代表されるような都市が姿を現し、さらに都市を中心とした国家が成立する。このような国家は一般に都市国家と呼ばれるが、中国史では邑制国家と呼ぶ。つまり二里頭文化時代とは、中国において都市と国家の成立が明確となった画期となる時代なのであり、そのためこの時代を『史記』で最古の王朝とされた夏王朝の時代とする説もある。

ただし二里頭文化時代の墓については資料が乏しく、小型の土坑墓が報告されているのみである。そのなかで二里頭遺跡で青銅器と玉器を副葬した墓が確認されたことは重要である。出土した青銅器には容器と武器があるが、このうち容器は祭祀や儀礼に使われたと考えられ、礼器と呼ばれる。玉器には装飾品もあるが、武器の青銅戈《か》を模倣した玉戈のように呪術的な性格をもつものも副葬されている。これら青銅器や玉器は被葬者の身分を表す威信材として用いられ、秦始皇帝による統一以前の先秦時代の墓では副葬品の中心をなすものである。つまり二里頭文化時代の墓のあり方が、以後の時代の墓の原型になったのである。その意味でこの時代の墓がもつ意義は大きい。

　二里頭文化時代に続くのが殷時代で、考古学的に二里崗期とされる前期と、殷墟期とされる後期に区分される。近年、前期と後期の間に中期が設定されているが、資料が少ないこともあり、ここでは省略する。

　前期を代表する大型の都市遺跡として河南省鄭州商城遺跡が知られており、青銅器や玉器を副葬した土坑墓が報告されている。しかし前期で最も規模が大きい墓は、より小型の都市遺跡である湖北省盤竜城遺跡で発見された李家嘴二号墓である。この墓は竪穴木槨墓で、墓坑底部で南北長三・七七メートル、東西長三・四〇メートルを測り、青銅礼器、武器、玉器などが副葬されていた。

　後期を代表する遺跡は、殷王朝の都城とされる河南省殷墟遺跡である。殷墟遺跡は多数の遺跡からなる遺跡群であり、遺跡西北部の侯家荘で一般の墓葬とは隔絶した規模・内容をもつ墓が、十三基まとまって発見されている。これらの墓は殷王のものとされ、この地区は王陵区と呼ばれる。王墓はいずれも竪穴木槨墓で、墓道が付設される。規模は、墓坑の四辺に墓道が設けられた一〇〇一号墓を例にすると、墓口で南北長一八・九メートル、東西長一三・七五メートル、墓坑底部で南北長一六メートル、東西長一一メートルを測り、深さは一〇・五メートルある。さらに墓道を含めると東西長六九・一メートル、南北長四六・六メートルになる。前期で最大の李家嘴二号墓と比べれば、王墓の規模がいかに巨大なのかがわかる。

　これら王墓では大規模な殉葬があったことが発掘で確認されている。先の一〇〇一号墓では墓坑底部に九基の殉葬坑があり、戈を持った殉葬者と犬が埋葬されていた。また木槨上面からは十一名の殉葬者が発見されている。墓道では頭部を切り落とされた殉葬者が見つかっており、出土した頭骨は七十三個にのぼる。さらに墓坑東部で三十七基の人や馬を埋葬した殉葬坑が検出されており、殉葬者六十八人が検出されている。以上を合計すると一〇〇一号墓の造営に関連して少なくとも百六十人余りが殉葬されたことになる。殉葬は王墓以外の墓でも確認されており、特に墓坑中央に人や犬を埋葬した殉葬坑が多く認められ、腰坑と呼ばれる。腰坑は殷墓の特徴とされる。

　このように殷墟遺跡の王墓はこれまでにない規模をもつが、いずれも盗掘を受けており、副葬品はほとんど残っていなかった。これまで発掘された未盗掘の墓で最大のものは殷王武丁の妃とされる婦好を被葬者とする墓である。婦好墓は墓道が付設されず、規模は墓口の南北長五・六メートル、東西長四メートル、墓口から底部までの深さ七・五メートルで、殷墟遺跡では王墓に次ぐ中型墓に位置づけられるが、それでも王墓との間の差は歴然としている。

それにもかかわらず、婦好墓からは青銅礼器二百点余り、玉器七百五十五点を含む千九百二十八点の副葬品が出土しており、婦好墓を遙かに凌駕する王墓の副葬品の豪華さが偲ばれる。

殷時代の副葬品は二里頭文化時代を継承し、それを発展させている。青銅礼器は煮炊器、盛食器、酒器で構成され、なかでも煮炊器の鼎と酒器の比重が高い。それ以外の主な副葬品には青銅武器、車馬具、玉器などがある。武器は青銅製で戈、矛、鏃、鉞《えつ》などがある。このうち鉞は呪術的な性格を持つ象徴的な武器と考えられている。

殷に続く西周時代では、周王朝の都城があった陝西省灃鎬遺跡では周王朝に関連した、それ以外の各地では封建された諸侯国のものと考えられる墓地が見つかっている。ただし周王のものと考えられる墓はこれまで発見されていない。

西周時代の大型墓は、構造は竪穴木槨墓、主な副葬品は青銅礼器、青銅武器、車馬具、玉器であり、基本的には殷時代の墓を継承している。同時に西周時代になってからの変化も認められ、たとえば青銅礼器では酒器の器種が減少する反面、盛食器の器種が増えている。また青銅製の編鐘《へんしょう》や石製の編磬《へんけい》といった楽器が副葬されるようになる、殉葬が一般的でなくなる、といったことも西周時代に現れた変化である。

西周時代の墓については、古典文献の記載を基に身分により副葬することができる青銅礼器、特に鼎の数に規定があったとする説がある。確かに規模の大きな墓ほど青銅礼器の点数が多くなる傾向はあるが、厳密な規則性は確認できない。したがって西周時代の墓制に身分により明文化された規定が存在したと考えるよりも、被葬者の身分により副葬する青銅礼器を制限するような社会的な規範が働いていたと考えるべきである。

西周時代に続く春秋戦国時代は各地で諸侯が自立し、対立抗争を繰り広げた時代である。前半の春秋時代は多数あった諸侯国が淘汰されて少数の強国に収斂してゆく時代であり、後半の戦国時代は「戦国の七雄」と呼ばれる強国が対立抗争する時代である。この春秋戦国時代を通して、中国は邑制国家の時代から領域国家の時代へと移行することになる。

諸侯墓の例としては河南省固囲村遺跡を挙げることができる。この遺跡では戦国の七雄の一つである魏の王とその配偶者のものと考えられる三基の大型墓が調査されている。このうち最大の二号墓は墓坑南北に墓道が付設された竪穴木槨墓で、墓口の南北幅一九・五メートル、東西幅一七・七メートル、深さは一四メートルを測り、殷墟遺跡の王墓に匹敵する規模をもつ。盗掘のため副葬品はほとんど残っていなかったが、墓坑上には建物基壇があり、建築物があったことが判明している。墓上建築物は殷時代に報告例があり、それ以来の伝統と考えられる。

これに対してやはり戦国の七雄の一つである斉の都であった山東省臨淄遺跡の南方では、斉の王墓とされる大型墳丘墓が複数確認されている。これら墳丘墓の内部構造は不明だが、王陵に墳丘が採用された例として注目される。墳丘墓は長江下流域の中小墓で早くから見られるが、諸侯墓クラスの大型墓に墳丘が採用されることは戦国時代に始まる新しい変化である。

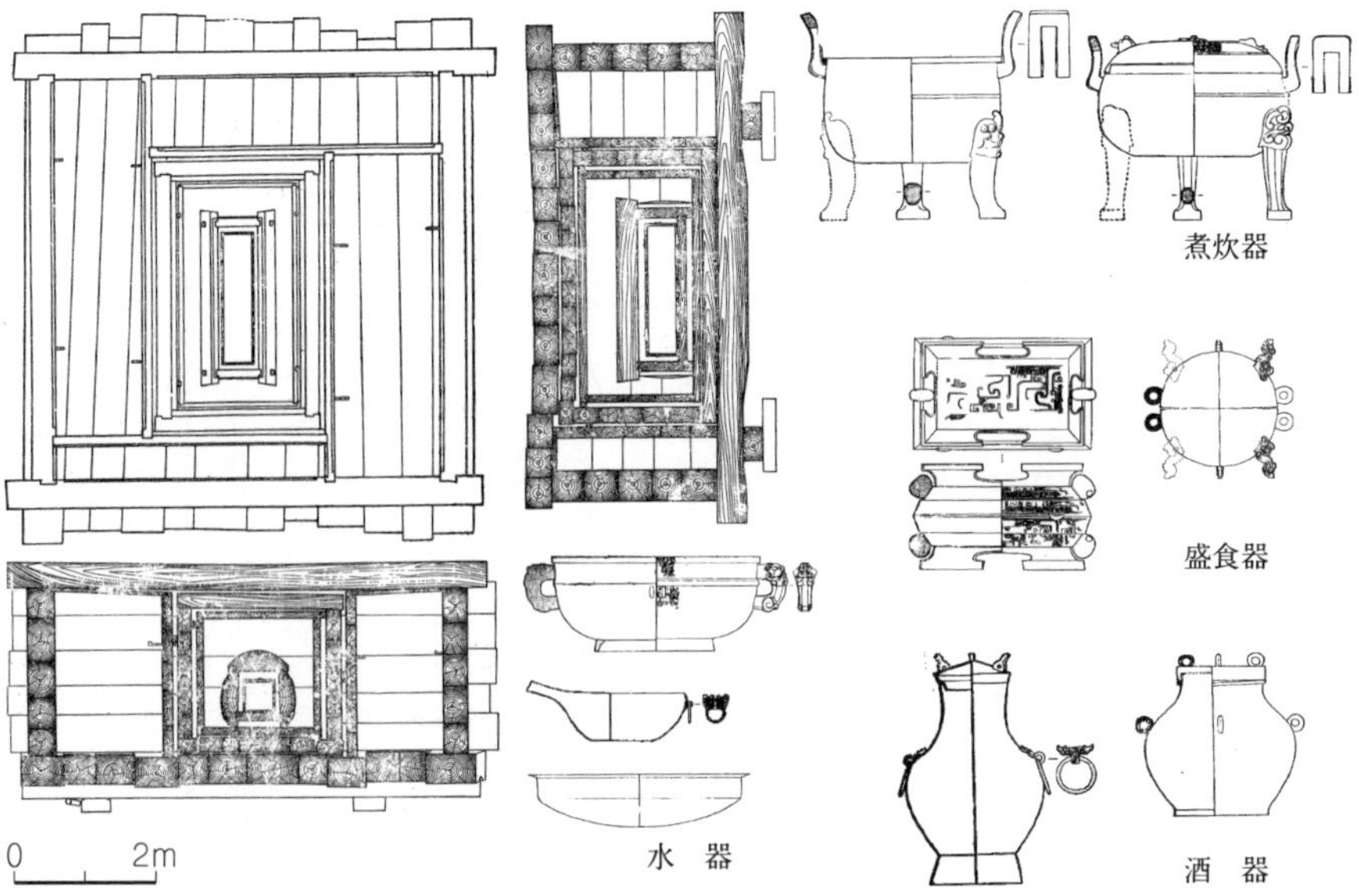

戦国時代の木槨と青銅礼器(湖北省包山2号墓)

春秋戦国墓は西周墓を継承しており、構造は竪穴木槨墓、副葬品は青銅礼器、青銅武器、車馬具、玉器が基本となっている。変化としては、青銅礼器を模倣した土器が副葬されるようになることが挙げられる。同時に、それまで主に日常土器を副葬していた小型墓に青銅器模倣土器が副葬されるようになっており、葬送に対する社会規範に変化が生じたことが窺える。

さらに墓と葬送の変化といった点では、戦国時代の分裂を統一することになる秦の動向が注目される。秦の小型墓でも青銅礼器模倣土器の副葬が見られるが、戦国時代中期になると副葬品の中心は日常的な土器へと移行してしまう。墓の構造も竪穴土坑木槨墓に代わり、竪穴を掘った後、横方向に墓室を造る洞室墓が普及するようになる。このような秦の小型墓の動向は、竪穴木槨墓と青銅礼器を典型とするこれまでの墓の伝統が、大きく変化しつつあることを物語っている。

以上みてきたように二里頭文化時代に原型ができ、殷時代に確立した竪穴木槨墓に青銅礼器や玉器などを副葬する墓制は、西周時代を経て春秋戦国時代まで継承されてゆく。しかし戦国時代には大型墓への墳丘の採用や秦の小型墓での青銅礼器模倣土器の放棄などに象徴される変化が現れる。この変化は統一を果たした秦へと引き継がれ、やがて秦漢時代の新たな墓制の成立へとつながることになるのである。

(小澤　正人)

参考文献　松丸道雄・永田英正『中国文明の成立』(『〈ビジュアル版〉世界の歴史』五、一九八五、講談社)、飯島武次『中国考古学概論』(二〇〇三、同成社)

秦漢から三国両晋期の墓

秦漢時代の墓は、当時の現実世界を色濃く反映している。それは、時期や地域、あるいは被葬者の階層を越えて共通する漢代の特徴といえよう。兵馬俑坑で著名な秦の始皇帝陵をはじめ、俑などの造形物や画像石などの図像表現を通じて、墓にはさまざまな情景を表現している。それ故、墓の構造や副葬品から、生活や習俗、思想や観念、政治や経済など、漢代社会のさまざまな側面を豊かに描きだすことが可能だ。こうした墓は、身分秩序と墓の形態が結びついた古い葬制とは異なり、祭祀儀礼に用いる青銅器(彝器)を主要な副葬品とした秦漢以前の墓とは直接つながらない。そして、漢代以後の三国時代や両晋時代(三・四世紀)には、漢代の墓の形態を受け継いだ。西晋以後は、儒教的理念に基づく伝統的な社会紐帯が喪失した混乱期であり、仏教の受容が象徴するように、墓の意義や葬送に対する理解も新しい局面を迎える。秦漢期の墓と三国両晋期の墓は、古代中国世界の到達点である古代帝国の墓とその変容として評価できよう。

墓とは、狭義には遺骸を埋葬する施設のことを指すが、漢代の墓は埋葬施設以外のさまざまな施設を加えて構成する複合体であった。大きくは、埋葬施設(地下施設)と外表施設(地上施設)に分けることができる。

棺や副葬品を埋納する埋葬施設は地下に設置することが多く、漢代を通じて竪穴構造から横穴構造へと変化した。竪穴構造の代表は木槨墓であり、横穴構造の代表は磚室墓である。そして、地上と埋葬施設をつなぐ墓道は、大型の埋葬施設にはスロープ状の墓道が、中小型には竪穴状の墓道が付くことが多い。竪穴構造の埋葬施設では、棺を埋納する施設のほかに、副葬品の埋納を目的とした陪葬坑と呼ぶ施設が別に存在することもある。同時代の文献では、埋葬施設を便房・梓宮と表現し、陪葬坑を外蔵槨と表現している。埋葬施設には、地下に構築したもののほかに、天然の岩山を利用した崖墓も限定的に存在した。崖墓は岩山に横穴を穿ち埋葬施設を造り出したものであり、河北省満城一号漢墓(中山靖王劉勝墓)などの前漢諸侯王陵と、四川省綿陽何家山一号墓など後漢から南北朝時代にかけて四川地域で広がった崖墓とがある。

地上施設は、後世の改変が著しく、現存するものはきわめて少ない。比較的残りのよい皇帝陵では、埋葬施設の所在を顕示する墳丘(封土)と、陵園や闕などの陵域を区画する施設、陵寝や祠堂などの慰霊や祭祀の儀礼を執り行う施設が残存する。秦始皇帝陵では、方錐台形の墳丘を二重の城垣が囲んで陵園を形づくり、その内側には慰霊のための官署(飤官)や陵園の管理施設を置いた。前漢景帝の陽陵や前漢宣帝の杜陵でも、形態は異なるものの、こうした諸施設が存在する。なお、盛土によって構築した墳丘は、秦と前漢の帝陵では方錐台形の形状であり、後漢以後の帝陵では円丘であった。陵園を構成する諸施設は、河南省永城の前漢梁王陵など諸侯王陵にも見られる。その他の墓でも、墓域を画する方形の溝や、墓域の正面を荘厳する闕、祠堂や被葬者の事績を記した墓碑などの地上施設は確認されている。早くから存在が知られていた山東省嘉祥の後漢の武氏一族の墓域は、こうした地上施設の好例である。帝陵や王陵に限らず、慰霊や顕彰を目的とした地上施設が存在したのである。

埋葬施設は、漢代を通じて木槨墓から磚室墓へと転換した。それは、竪穴構造から横穴構造へという構造の変化と、木材から磚へという構築材（外壁材）の変化という二つの動きを象徴する。前漢を境にして、木槨墓が象徴する竪穴の底に埋葬施設を設置する竪穴構造は姿を消し、磚室墓が象徴する埋葬施設に広い内部空間を確保した横穴構造が地域や社会階層を超えて広汎に普及した。大型墓の諸侯王陵では、北京大葆台漢墓（広陽王陵）などのように木槨の埋葬施設の造営が前漢後期まで継続するが、後漢には河北省定県北荘漢墓や同定県四三号漢墓（ともに中山王陵）などのように磚槨の埋葬施設へと転換したのである。中小型墓では、前漢末・王莽期まで木槨の埋葬施設を造営する山西省朔州や江蘇省揚州などと、前漢中後期より磚槨の埋葬施設の造営が普及し始める陝西省西安や河南省洛陽などのように、前漢には地域差があったが、後漢には各地で磚室墓を造営するようになる。前漢には、地域の事情を反映して構築材（外壁材）は木材、磚、空心磚、石材と多様であったが、後漢には磚を用いることが一般化したのである。もっとも構築材を欠く土坑墓・土洞墓は、漢代を通じて併存した。これ以後、磚室墓は中国の墓を代表する存在となったのであり、漢代における磚室墓の出現は大きな転機であったといえよう。

河北省満城１号漢墓

埋葬施設には、副葬品を置き、時には画像装飾を加えた。湖南省長沙馬王堆漢墓や河北省満城漢墓のように、古く副葬品は実用可能な品々を中心にしていたが、時期とともに葬送専用の明器の比率は高くなってゆく。陶器で模倣した供膳具や調度品は、より多くの墓で用いられるようになる。明器のなかでも、模型は漢代を特徴づける存在であり、井や竈、猪圏（便所）など身近な存在や、倉庫や楼閣、水田模型など情景、そして、動物や人物を表現したものがあった。兵馬俑は人物表現の一つであり、ほかにも侍女や農夫、雑技舞楽などの俑が存在する。こうした明器化(仮器化)の傾向は、秦始皇帝陵での等身大の兵馬俑と、前漢景帝陽陵でのミニチュアの兵馬俑との比較からも理解できよう。多様な副葬品は、外の風景を表現する模型群と、建物内部の情景を演出する供膳具や調度品とに分かれる。画像装飾には、壁面に漆喰を塗り彩色を重ねた壁画と、構築材である石や磚に図像を刻した画像石と画像磚があった。いずれも前漢後期には出現しており、後漢を通じて盛行した。画像磚石は集中する地域がいくつかあり、山東・江蘇省地域の画像石や四川省地域の画像磚は早くから著名である。その画題は多岐にわたるが、四神や西王母など星宿や神仙界という宇宙観を反映した観念的情景と、屋敷や行列など当時の世界を描写した写実的情景とに分けることができよう。なお、観念的情景は壁面上半や天井に描くことが多い。磚室墓にあるアーチ形状(弧頂)とドーム形状(穹窿頂)の異なる天井構造は、こうしたものとも関連しよう。

副葬品と画像装飾は、立体と平面という表現形態の違いはあるが、ともに被葬者身辺の生前の情景を再現する道具であった。画像装飾の写実的情景は、身分を顕示する車騎行列、農耕や牧畜などの生産と、被葬者が執務した官署など、そして郷里の荘園などに分かれている。埋葬施設の中には、被葬者の公的空間と私的空間、そしてそれをとりまく外の世界という三つの空間構成が意識されていたのだ。外なる風景と内なる風景を演出する副葬品も、同じ空間構成を意識して配置されている。墓道から奥へと向かって、外なる世界から公的空間へ、そして私的空間(棺室)へとつながる、家を模倣した空間構成が共通している。埋葬施設は、生前に被葬者が保有した世界、すなわち家を中心に展開する一つの完結した世界を体系的に再現したものなのだ。複数の空間がつながり多様な形態をもつ磚室墓では、その意識がより鮮明にあらわれている。しかし、馬王堆漢墓のような竪穴構造の木槨墓でも、内部の区画ごとに副葬品の構成は異なっており、家を模倣した空間の意識は早くから存在したようである。「被葬者をとりまく生前世界の再現」は社会階層を超えて共通していたのであり、皇帝も高級官僚も地方属吏(下級役人)もそれぞれに相応の世界を再現したのである。

埋葬施設に生前の世界を再現することには、当時の霊魂観念が大きく作用している。霊魂観念を簡約することは難しいが、漢代には昇天する魂と地中に留まる魄とを意識していたようである。魂が昇仙する様については、馬王堆漢墓より出土した帛画が詳しく、さまざまな画像装飾にその表現がある。一方で、前漢前期の湖北省江陵鳳凰山一六八号墓から出土した遣策や後漢墓より出土する買地券などには「敢告地下丞」という表現があり、地下世界への意識がみえる。また、鎮墓瓶という瓶には、荒ぶる霊魂を慰めることを記したものがあり、現世に留まる霊魂を意識した行為を示している。二つの霊魂は陰陽二元論に基づくものであるが、先に整理した埋葬施設に描く観念的情景と写実的情景は、こうした性格を異にする魂魄に対応するものとも考えられよう。また、霊魂観念だけでなく、葬送観念も漢代を通じて変化した。夫婦合葬の普及は、それを象徴するものである。前漢の帝陵や王陵など大型墓のように、夫婦はおのおの独立した埋葬施設をもつ単葬を基本としていたが、後漢には、墓の規模を問わず夫婦合葬が普遍化する。同一の埋葬施設へ夫婦を合葬することは、河南省洛陽焼溝漢墓などのように、中小型墓では前漢後期に普及し始めていたようである。なお、後漢後期には、一埋葬施設に二体以上の埋葬を行う例が増加するようになる。

墓を造営することは、故人の慰霊とは別に、もう一つの社会的意義が存在した。漢代社会を維持した秩序は、礼や孝などと表現する儒教理念であった。官吏として現実世界で立身するためには、この儒教理念を実践する存在であるという評価こそが重要であった。墓の造営は、「孝」の実践を可視化する場でもあり、こうした社会背景も、厚葬に拍車をかけたのである。一方で、後漢には、中央政府が高官などの死に際して葬銭を賜う記録があり、墓碑には造墓を援助した門生故吏という縁故の者たちが名を連ねるなど、他者による賻贈が頻繁に行われ、造墓は遺族だけの手に限らなかったのである。この時期には、護烏桓校尉という高官の地位にふさわしい内蒙古自治区和林格爾壁画墓などがある一方で、墓の規模や副葬品の優劣を社会階層の上下のみに帰して解釈することが難しいことを示していよう。

漢代の墓に持ち込んだ現実世界としては、簡牘資料は重要な意味をもつ。山東省臨沂銀雀山漢墓出土の『孫臏兵法』や、湖北省江陵張家山漢墓出土の『二年律令』、あるいは江蘇省東海尹湾漢墓出土の簡牘などは、当時の漢人直筆の文書類であり、『漢書』などの正史では伝わらない詳細な情報を提供してくれる。こうした発見は、現実世界を埋葬施設に持ち込む、再現するという漢代にあってこその現象であろう。いずれも規模の小さな地方属吏の墓ではあるが、漢代社会の実態解明に果たす役割は大きい。

墓の造営も漢代には、社会的な規制を受ける対象でもあった。漢律には墳丘の規模を規制する記述があり、『漢書』では文帝陵での薄葬を記し、中央政府が下賜する葬具の玉衣について、『後漢書』礼儀志では金鏤玉衣、銀鏤玉衣、銅鏤玉衣の序列が存在したことを伝えている。

三国時代から西晋・東晋期にかけては、漢墓の系譜を引く墓の造営が継続した。中原地域では河南省洛陽正始八年墓や同洛陽西晋墓や陝西省咸陽十六国墓など、東方では山東省臨沂洗硯池晋墓など、南方では江蘇省南京上坊村孫呉墓や同宜興周処墓や同南京王氏墓群など、西方では甘粛省酒泉十六国壁画墓など、各地でアーチ天井もしくはドーム天井の磚室墓が造営されたのである。漢墓と比べると粗略という印象が強いものの、副葬品や画像装飾の基本コンセプトは共通しており、埋葬施設に意識した空間構成はおおむね共通しているといえよう。こうした漢墓の系譜は、やがて混乱期を経て成立する南北朝という時代に新たな変化が生じ、その姿は大きく変容してゆくこととなる。

参考文献　曾布川寛・谷豊信編『世界美術大全集』東洋編II（一九九八、小学館）

（上野　祥史）

南北朝の墓

三一一年に匈奴族や羯族に洛陽を攻略されて西晋王朝が滅びると(永嘉の乱)、北部中国は異民族が小国家を立てて攻防を繰り返す時代に突入した。五胡十六国時代(三〇四―四三九年)と呼ばれるこの混乱期にあって、洛陽城の近郊に後漢時代から営まれ続けてきた官人墓の伝統は衰退したが、地域によっては小国家の支配者層が特色ある墓の文化を生み出した。河西回廊の嘉峪関・酒泉・敦煌を中心とする五涼(前涼・後涼・南涼・西涼・北涼)の文化や遼西の竜城(遼寧省朝陽市)を中心とする三燕(前燕・後燕・北燕)の文化である。五涼の墓は地下式の甎室墓で、大型墓は券頂や穹窿頂の墓室を前後に二室もしくは三室連ねている。甎面に壁土を塗って大幅の壁画を描いたものもあり、酒泉丁家閘五号墓(四世紀末から五世紀中葉)の例では、前室の四壁に収穫や宴飲などの荘園生活を描き、天井部に東王公・西王母を中心とする神仙世界を描いていた。一枚の甎に一つのモチーフを描く画像甎墓が主流であった地域にダイナミックな壁画世界が現れた例として注目される。ちなみに、丁家閘五号墓と平壌の徳興里高句麗墓(四〇九年葬)が墓室構造や壁画構成において多くの共通点をもつのは、五世紀初頭の東西交流を示す一例である。

五涼文化の墓地では、地上に築地を巡らせて四角い墓域をつくり、数代の夫婦合葬墓を斜行もしくは横行に配列した例が多く、それぞれに小規模な方墳や円墳と墓道を設けて位置を表示している。このような形態を墳院式塋域《えいいき》といい、トゥルファンの唐代アスターナ古墓群にも継承された。院内での墳墓の配置は唐宋以後の陰宅風水で墓地の吉凶を占う要素となり、墳墓の斜めに並べる配置は昭穆貫魚《しょうぼくかんぎょ》葬と呼ばれ、吉兆とされた。後漢時代の洛陽城近郊には矩形の墓域を溝によって囲む家族墓が営まれ、囲溝墓《いこうぼ》と呼ばれている。囲溝墓は洛陽を含む中原地区において、戦国時代から隋唐時代まで伝統が続く。五涼文化の墳院式塋域も囲溝墓とは築地と溝の違いがあるものの、四角い塋域を設ける点で共通する。ちなみに、弥生時代前期から古墳時代初頭にかけて九州から東北南部まで分布の推移した方形周溝墓は異なる地域における類例として注目される。

環渤海文化圏の要となる三燕文化の墓を代表するのは北燕馮素弗墓である。馮素弗(四一五年没)は北燕太祖馮跋の弟で、宰輔を務めた重要人物である。墓は「長谷陵」という馮氏の陵墓区にあり、一つの墳丘に三基の竪穴式石室が並び、馮素弗と妻と某人物を埋葬した同墳異穴合葬墓であった。扁平な石材を布積みした石室は平面が梯形に築かれ、収められた棺も頭部の幅と高さが足部よりも大きくなる梯形の漆塗木棺であった。馮素弗と妻の石室は内面に石灰が塗られ、天井面に星宿、壁面に人物像が描かれていた。墓室構造や壁画に高句麗墓との類似性がみられる。このほか、三燕文化の墓から出土した鞍金具は大阪府誉田丸山《こんだまるやま》古墳や奈良県藤ノ木古墳から出土した馬具との共通点が多く、いずれも六角形の枠に神獣を収める透かし文様を基調としている。文様の原型は河南省滎陽市の萇村後漢墓や河南省密県の打虎亭二号後漢墓の壁画にあり、三燕文化が中原文化の影響下に発展した一例が求められる。

五胡十六国時代の長江流域では東晋王朝(三一七—四二〇年)が漢民族国家の体制を維持し、建康(南京市)を都として独自の文化を発展させた。書の王羲之、画の顧愷之、詩の陶淵明を輩出した時代であり、文化の深化が進んだ。三国・西晋時代に世俗を離れて清談に没頭した「竹林の七賢」をモチーフにした芸術作品が好まれ、儒家思想を敬遠し老荘思想を尊ぶ風潮が生まれた。墓地の選定においても「隠棲」を好む風潮が反映され、谷を墓域として、谷奥に墳丘を造る伝統が生まれた。南京市北郊外の象山では、東晋の貴族である琅邪王氏のうち、王彬と家族の墓が三代にわたって谷の奥に築かれていた。家族墓は父子長幼の順に従って前後左右に配列され、宗廟制度において祖位の左右に子孫の位牌を振り分ける昭穆の制が墓地の配置に反映されている。

四二〇年に東晋王朝を滅ぼした劉裕は宋王朝(劉宋)を樹立し、四三九年に鮮卑族拓跋部の北魏王朝が北部中国を統一した。この時から五八九年に隋が全国統一を成し遂げるまでの百五十年間を南北朝時代という。北魏の時代は都が盛楽(内蒙古自治区ホリンゴル県)にあった前期(三一三—九八年)、平城(山西省大同市)にあった中期(三九八—四九三年)、洛陽にあった後期(四九三—五三四年)に区分される。前期は鮮卑族の民族性が強く残り、中期は民族主義と漢化政策が対立し、後期は漢化政策が急速に進行した。中期における二極対立は仏教と道教との争いになって表面化し、太武帝の時期(四二三—五二年)には仏教が徹底的な弾圧を受けた。しかしながら、曇曜による雲岡石窟の開鑿に象徴されるように、仏教は劇的な復興を遂げ、陵墓制度にも多少なりとも影響を与えた。孝文帝の祖母にあたる文明太后馮氏(四九〇年葬)は仏教を信奉し、寿陵である永固陵に仏教寺院を建立させた。永固陵は大同市北方の方山に築かれ、直径約一〇〇メートルの円墳と祭祀建築や仏塔の遺構が現存する。墓室は地下式で、石門をもつ隧道の奥に一つの墓室をもつ。胴張り正方形の平面と四《し》角《すみ》攢尖《さんせん》式の天井を特徴とする墓室は、孝文帝の洛陽遷都後も皇帝陵や貴族墓に採用された。洛陽北郊の北邙台地に広がる北魏陵区では中央を流れる瀍河を境として、西側が帝陵区、東側が陪葬墓区となる。このような配置は北魏陵区の東方に広がる後漢陵区の例に倣ったものである。帝陵区では孝文帝長陵、宣武帝景陵、孝荘帝静陵が北東から南西へ斜行に並び、陪葬墓区では皇族や高官たちが氏族を単位として墓群をなす状況が認められる。新石器時代以来の族葬制は秦漢時代に家族葬制へ変わり、中国内地では伝統が途絶えていた。北魏陵区に見られる族葬は鮮卑族が独自に継承してきた原始族葬制の名残であることが指摘されている。北魏の族葬制は東魏・北周の陵区にも見られ、唐代の陪葬制度にも引き継がれた。孝文帝の長陵(四九九年葬)は直径約一〇〇メートルの円墳で、墳丘を中心にして周囲に東西四四三メートル、南北三九〇メートルの築地と空堀を巡らせて陵園を設けていた。四辺の中央には牌坊、墳丘の南東には陵寝建築の遺構が発見されている。墳丘の南には一対の石座があり、元来は景陵や静陵と同様の武官石像が立てられていたものと推測される。北魏陵で定型化した武官石像は六世紀初頭の築造と推定される福岡県八女市の岩戸山古墳に立てられた石人像と時期的に重なる。宣武帝の景陵（五一五年葬）は洛陽古墓博物館が併設され、墓室が公開されている。スロープ式の墓道と隧道式の甬道《ようどう》の奥に四角攢尖式天井の胴張り正方形墓室が甎積みされ、墓道入口から墓室奥壁までの全長は五四・八メートルもある。墓室の高さも九・二六八メートルと、他の北朝墓に比べて格段に高い。墓室構築後に築かれた直径一一二メートルの円墳は墳頂が墓室の直上になるように設計されている。

　北魏の皇室は五三四年に分裂して東魏と西魏に分かれ、東魏は五五〇年に高氏の北斉となり、西魏は五五七年に宇文氏の北周となった。北周は五七七年に北斉を滅ぼして北部中国を統一したが、五八一年に軍閥の楊堅に皇権を簒奪された。ここに成立した隋王朝は五八九年に南朝の陳王朝を滅ぼして全国を統一した。西魏・北周の両朝は長安を都としたが、近郊にまとまった陵区をもたなかった。一方、東魏・北斉の両朝は都である鄴城の北西台地に陵区を構え、族葬が認められる北魏陵区と同じく、陪葬墓には氏族ごとのまとまりがある。北斉文宣帝高洋（五五九年没）の墓と推測される磁県湾漳大墓は北魏景陵と同様の地下式単室墓で、スロープ式墓道の側壁には大幅の儀仗出行図が描かれていた。墓道の入口に描かれた青竜と白虎は南朝陵墓の甎画に類似する姿態をもち、南北両朝の文化交流を思わせる。湾漳大墓の墓室には四角攢尖式天井に天の川が描かれ、四壁との境に設けられた帯状の画面に十二支の獣像が方位に従って描かれていた。山西省太原市で発見された北斉婁叡墓（五七〇年葬）も墓道に大幅の出行図、墓室天井に星宿と十二支の獣像が描かれていた。このような北斉陵墓の壁画様式は隋代から初唐の墓室壁画に継承された。

　長江流域では四二〇年から五八九年までの百七十年間に劉氏の宋王朝、蕭氏の斉王朝、蕭氏の梁王朝、陳氏の陳王朝がめまぐるしく交替したが、いずれも都は建康に置かれ、各朝の陵墓区は南京市の郊外に設けられた。斉梁の帝陵は蕭氏の本拠地である南蘭陵（江蘇省丹陽市）にある。南朝陵墓は東晋陵墓に引き続き、谷を墓域として、墳墓を谷奥に築くものが一般である。谷の開口部には門闕式の神門が設けられ、門外には華表（石柱）・石獣（麒麟・辟邪）・石碑などの石造物が左右対称に置かれた。墓室は甎積みで、平面は宋斉時期に長方形から胴張り長方形に変わり、梁陳時期には繭形に発展した。帝陵クラスの墓室も単室であるが、甬道に二重の石門を立てて一般墓との格差をつけている。墓室の壁面は幾何学文甎を積み上げて装飾とするものが多く、斉陵と目される大墓では多数の甎を組み合わせて拼鑲《ほうじょう》甎画という大幅の絵画を表出している。甎画の題材には青竜・白虎・獅子・門衛などに加え、「竹林七賢と栄啓期」図が見られる。世俗を離れた山林で憩う高士を配して墓室に隠棲もしくは神仙の風情を醸し出す手法は、山東省で発見された北斉の崔芬墓(五五一年葬)にも見られる。南朝陵墓も北朝陵墓も、墓室装飾に高い芸術性と深い精神性が感じられる。

谷を兆域として最奥部に墳墓を築く南朝陵墓の立地は、明清時代の風水師が墓地選定の理想形を図示した風水点穴図に類似する。点穴図では墓地の後方に聳える高山を主山もしくは大帳、

南朝宋長寧陵石麒麟像

墳墓の後背となる丘を来竜、兆域側面の壁となる尾根を左砂と右砂、開口部の前方を横切る河川を水法、開口部外の視界を遮る丘を案山、墓地の前方に聳える山を朝山と呼び、蔵風得水の宝地であるための要素としている。南朝陵墓は全体としてそれらの要素をすべて具え、風水術がこの時期に定型化してゆく過程を見ることができる。南朝陵墓の選地法は頻繁に交流のあった百済の墓制に影響を与えたようで、六世紀前半に築かれた忠清南道公州市の宋山里古墳群や扶余郡の陵山里古墳群が同様の立地をしている。六世紀後半に築かれた奈良県明日香村の真弓《まゆみ》鑵子塚《かんすづか》古墳にも南朝陵墓や百済陵墓と類似した選地法が用いられ、その伝統は七世紀後半に築かれた明日香村の牽牛子塚《けんごしづか》古墳、天武・持統天皇陵、中尾山古墳にも引き継がれた。

副葬品の方面では、壺の肩部に四つの小型壺を貼り付けた五聯罐と呼ばれる特殊な陶器が江蘇省・浙江省の後漢墓や孫呉墓から出土し、日本の六世紀の古墳から出土する装飾須恵器の子持壺との関連で注目される。五聯罐は魂瓶《こんぺい》とも呼ばれ、被葬者の冥界での安定生活を願う呪術性遺物である。中原・関中・河西地区の後漢墓から出土する解讁瓶《かいたくへい》は道教の呪文を朱書した土器であり、魂瓶と役割が類似する。江浙地区の孫呉・西晋墓から出土する青磁穀倉罐(神亭壺)は被葬者の住まいを思わせる楼閣模型を五聯罐に付加し、役割を際立たせたものである。古墳出土の須恵器子持壺も特殊な意味をもたせた副葬品であることは間違いなく、当時の文化交流を物語る遺物である。

(来村多加史)

隋・唐の墓

北周の皇権を受けた軍閥の楊堅が隋王朝を開き、五八九年に南朝の陳を滅ぼして全国を統一したのち、九〇七年に唐王朝が滅びるまでの三百年あまりの期間は、隋末唐初の戦乱や安史の乱など、激動の時期を挟むものの、中国社会は比較的安定し、墓の文化は途切れることなく続いた。隋唐時代の皇帝陵は陝西省中部の関中平原に分布し、貴族墓や官僚墓も隋大興城（唐長安城）の近郊に集中して分布する。隋文帝楊堅の泰陵（六〇四年葬）は内部が未発掘であるものの、東西一六〇メートル、南北一五三メートルの方墳が大興城の西方約八〇キロ、渭河北岸の上位段丘上に現存する。洛陽の北魏陵が円墳であったのに対し、隋が秦漢時代以来の伝統である方墳を採用したのは同じく関中平原に築かれた秦漢時代と北周時代の皇帝陵がいずれも方墳であり、それらを模範したためであろう。時代のかけ離れた王朝の陵墓制度が地域のつながりをもって継承された事例は多い。

皇帝陵に方墳を築く伝統は唐代にも引き継がれた。唐の初代皇帝である高祖李淵の献陵（六三五年葬）は長安城の北北東五〇キロにあり、三原県を東西に走る断層崖上に東西一三四メートル、南北一一二メートルの方墳が現存する。墳丘をやや横長に築くのは隋文帝泰陵や前漢高祖劉邦の長陵に前例があり、立地は同一断層崖上の東方七・七キロにある前漢太上皇（劉邦の父）の陵に倣ったものと考えられる。献陵の西四・二キロには第十五代武宗の端陵、さらにその西六・三キロには第十三代敬宗の荘陵があり、いずれも方墳である。このように墳丘を築く起墳形式の唐代皇帝陵は末代僖宗の靖陵（八八八年葬）を含めて四基ある。一方、山陵形式の唐代皇帝陵は十四基あり、あわせて「唐十八陵」と総称されている。山陵とは山の斜面に墓穴を穿ち、山全体を陵とするもので、正式には「依山為陵」という。第二代皇帝の太宗李世民が自己の寿陵を定める際、前漢文帝が薄葬の精神をもって築いた覇陵の例に倣い、関中平原を一望できる標高一二二五メートルの唐王嶺に奥行き約二〇〇メートルの墓穴を穿って陵とした。この昭陵（六四九年葬）を嚆矢とする山陵制度は、他の歴代皇帝陵の中で唐陵を際立たせる独特の制度となった。山陵形式の皇帝陵は五代十国時代に乾陵を除いて墓室が盗掘され、封門の切石が撤去されて墓道の位置が明確にわかる。岩山の斜面を「L」字形に掘削したのち、奥に向けて甬道《ようどう》を穿ち、内部に墓室を掘り広げている。未盗掘の乾陵では切石の封門石が密に積まれ、鎹《かすがい》で固定されている状況が確認された。起墳形式の唐陵では僖宗の靖陵が近年の盗掘を受けて地下の墓室が発掘され、獣頭人身の十二支像壁画が確認された。唐末の混乱時に築かれたため、墓室の等級は高くない。

唐陵の陵園設計はおおむね前漢時代の例に倣い、陵体（方墳もしくは山体）の周囲に高い神墻《しんしょう》（築地）を巡らせて陵園の区画を設けている。起墳形式の場合は、方墳を中心にして正方形の陵園を設定し、平面形状が「回」字形になるように設計している。山陵形式の陵園設計は、第三代皇帝の高宗李治の乾陵（六八四年葬、のち七〇六年に則天武后を追葬）において定型化した。乾陵では標高一〇四七メートルの梁山を取り囲むように神墻が巡らされて、おおむね正方形の陵園が設定されている。陵園の四方には神門が建てられ、門外に獅子一対が置かれる。門外の左右には楼閣が建てられ一対となる。これを門闕という。そのうち南門が正門となり、門と門闕の間には蕃酋像が多数配置されている。南門闕から南へは尾根にそって幅の広い神道が通され、左右に北から石碑・武官・鞍馬・駝鳥・翼馬・石柱などの神道石刻が並ぶ。石柱の左右にある丘の上には、それぞれ楼閣が建てられて一対となる。これを乳台という。乳台の南二・六キロの位置には神道を挟むように一対の楼閣が建てられている。これを鵲台《じゃくだい》という。南門闕は陵園内区、乳台は陵園外区、鵲台は陵域（柏城）を標示する施設であった。陵園外区と陵域を区画する神墻もしくは柵は簡単な施設であったようで、地上に痕跡を留めない。

　神門外や神道の左右に石刻を並べる墓制は後漢時代の豪族墓に始まり、南北朝時代には皇族の陵墓に継承された。当初は獅子や麒麟といった守護の神獣だけであったが、北朝では北魏時代に武官が加わり、南朝では石碑・華表（石柱）が加わった。唐陵の石刻は数や種類が増えた。昭陵に始まる蕃酋君長像の配置は突厥や吐蕃などの異民族を懐柔した唐の羈縻《きび》政策を象徴するものである。石碑は乾陵の述聖記碑と無字碑を特例として、他の唐陵には立てられないが、かえって陪葬墓にはよく見られる。皇帝陵においては、玄宮に収められる白玉金字の哀冊と諡冊が石碑や墓誌石よりも等級の高いものとされたからである。北魏陵から始まる武官像の樹立は乾陵において十対二十体の石人列に発展し、第六代玄宗の泰陵以後は東列が文官像に変わり、「左文右武」の配列となった。鞍馬は五対十体が並べられ、馬の側面に控馬官がつく。鞍馬は北門外にも三対六体が並び、皇帝の私的な出行を思わせる。ちなみに、六世紀前半に築造された福岡県八女市の岩戸山古墳に残る武人・鞍馬石刻の配列は唐陵に先行する例である。駝鳥像は矩形の石版に半肉彫りしたレリーフである。駝鳥が仙山を踏む図柄が定型化するが、北宋陵では唐制を継承しながらも駝鳥が馬頭の大鳥に変化する。翼馬は富平県何家村にある西魏文帝元宝炬の永陵（五五一年葬）に祖型となる馬蹄の石獣が見られる。古くは前漢武帝陪葬墓の霍去病墓、西安碑林博物館蔵の大夏石馬（四二七年造）に四足で立つ馬の造形が求められる。馬は制覇の象徴である。有翼獣は南朝陵墓に見られ、翼部の表現法が乾陵の翼馬に類似する。南北朝文化の融合が感じられる。石柱は高祖の献陵に石獅子を戴き蟠獣座に立つ八面体の石柱一対が見られる。南朝陵墓の華表に類似するが、乾陵以後は柱頭が獅子から宝珠に変わった。神道の石柱はそれ以北が聖域であることの標識である。唐陵の陪葬墓区は西を上位、東を下位とする関中地区の伝統に従い、陵域内の神道よりも東に寄せて設けられている。このような配置は昭陵で漫然と行われ、乾陵以後に定型化した。陪葬墓は昭陵に百六十七基、乾陵に十七基、中宗定陵と睿宗橋陵にそれぞれ十五基が現存するが、玄宗泰陵以下は王朝の衰微に伴って陪葬はほとんど実施されなくなった。

隋唐時代の官僚や貴族の墓は、陵域への陪葬資格をもつ皇族や功臣を除き、大半は長安城南郊や東郊の黄土台地、渭河北岸の咸陽原に築かれた。墓は氏族ごとに墓群をつくり、北魏・東魏・北斉などの鮮卑族王朝に特有の原始族葬制の名残が見られる。公的な墓地である帝陵の陪葬墓区においても、陪葬資格のない官吏が父墓に従って葬られる「従葬」の例が見られる。隋唐墓の墓室構造は、ほとんどがスロープ式墓道、隧道式の甬道、穹窿式天井の墓室をもつ地下式墓で、多くは内壁に漆喰を塗り、壁画を描いている。墓の規格は墓道と甬道との間に穿たれた明りとりの吹き抜け竪穴(「天井《てんせい》」という)の数と墓上に築かれた墳丘の高さで定められた。墓室は皇帝陵が三室、太子墓が二室、それ以下が単室という規定があり、大半は単室墓である。墓室の軸は墓道・甬道の軸より奥から前方に向かって右に偏る。南に口を開ける墓が大半であるため、大抵は墓室が西側に偏り、そこに棺台や石槨が置かれ、漆棺が収められた。唐代の殯礼では梓宮《しきゅう》(棺)を室内の西側に寄せて安置し、奠礼《てんれい》は東側に坐して行うのが決まりである。墓室の西側(右側)に棺を寄せる習慣は殯礼に倣うものであり、西を上位、東を下位とする関中の伝統がこの点にも反映されている。石槨は入母屋造りの屋敷に似せて作られ、内外面に半肉彫りや線彫りの人獣図像で飾る。献陵陪葬墓の李寿墓(六三一年葬)や乾陵陪葬墓の永泰公主李仙蕙墓(七〇六年葬)にすぐれた線刻が見られる。石材で邸宅に似せた小型家屋を作る伝統は山東省長清県孝堂山の後漢石祠堂に端を発し、洛陽の北魏寧懋墓(五二七年葬)、太原の隋太原虞弘墓(五九二年葬)、西安の隋李静訓墓(六〇八年葬)など、唐代に至るまでにいくつかの類例がある。それらは祠堂・石槨・石棺の別があるものの、死者のタマシイないしは肉体を生前の生活空間の中で憩わせる施設であることは共通する。ちなみに、奈良県橿原市の菖蒲池古墳に収められた二つの家形石棺は、形態の上で、これらの系統を引く可能性がある。

関中の隋唐墓を特徴づけるものは墓道や墓室に描かれた壁画であり、被葬者の等級や築造の時期を推定するための指標ともなる。墓室壁画を唐詩の時期区分である初唐・盛唐・中唐・晩唐の四期をもって分ける習慣があったが、実情と合わないため、壁画の画風によって、隋代から太宗の貞観年間までを第一期(五八一―六四九年)、高宗と則天武后の執政期間を第二期(六五〇―七〇四年)、中宗から玄宗の開元年間までを第三期(七〇五―四一年)、玄宗の天宝年間から唐末までを第四期(七四二―九〇七年)とする区分が提唱されている。第一期は北朝文化の伝統が残り、唐文化が開花するまでの前段階である。群像の密度が高く、武人の表情には剛直の気風が漂う。画面は全体に引き締まり、威風堂々の感がある。北周時代の気骨を残す時代の画風である。代表的作品は李寿墓や昭陵陪葬墓の長楽公主墓に見える。第二期は唐文化の発達時期にあたり、北朝文化から脱却した新たな様式へ移行する。壁面が木造建築のシルエットで縁取られ、柱間に背景のない人物像が描かれた。人物の表情は第一期よりもゆるみ、群像の間に空間もとられて画風は開放的になった。代表的作品は昭陵陪葬墓の新城公主墓や房陵公主墓に見える。キトラ古墳や高松塚古墳の画風はこの時期の唐墓壁画に近い。第三期は玄宗の開元の治に重なり、唐文化が洗練された時期である。第二期に出現した唐風の人物像が洗練され、

唐乾陵蕃酋君長群像

西方趣味の異国情緒も盛り込まれた。代表的作品は乾陵陪葬墓の章懐太子墓・懿徳太子墓・永泰公主墓に見られる。武韋の禍で衰えた李氏王朝の復活を顕彰するため、これらの壁画には一流の画家が動員された。そのため、墓室壁画の芸術性は高いが、芸術全般はすでに隆盛期を過ぎて停滞の兆しが見える。第四期は安史の乱による唐王朝の衰退が芸術にも暗い影を落とした時期である。深奥の世界に精神的な安らぎを求め、壁画においても自然への回帰を感じさせる山水画が出現した。華やかな宮廷生活を反映するシルエットの建物は身近な屏風絵と変わり、楽舞図も私的なスケールで描かれている。代表的作品は蘇思勗墓(七四五年葬)・長安南里王村墓・陝棉十廠墓・僖宗靖陵に見える。

副葬品で特筆すべきことは群をなす陶俑や鉄俑の配置である。墓道の脇部屋に儀仗出行を示す騎馬俑が置かれる一方、墓室には鎮墓獣俑や武官・文官・十二支・奇怪人獣などの俑を規則正しく並べて被葬者を狙う邪気を殺す「明器《めいき》神煞《しんさつ》」の陣が布かれた。配置は陰陽五行説に基づき、墓室に方位を与えるための仕掛けとして十二支俑が用いられた。十二支俑は棺の四方に配置される場合と壁面の小龕に置かれる場合がある。十二ヵ所の小龕に十二支俑を配置した例は湖北省湘陰県の隋大業六年(六一〇年)墓、重慶市万県(万州区)初唐墓、河南省偃師県唐李景由墓(七三八年葬)などに見られる。そのような十二支俑の役割はキトラ古墳の獣頭人身十二支像を考察する際の参考になる。

(来村多加史)

唐代壁画墓

西周時代に起源をもち、漢代の貴族・官僚墓に流行し始めた墓室壁画は、魏晋南北朝時代を通じて芸術性を高め、唐代に昇華した。壁画をはじめとする墓室装飾は、皇族や貴族たちが死後に送る享楽生活を華やかにするための装飾、あるいは被葬者の栄えある一生を記念する絵巻物として独自の発展を遂げた。唐墓壁画においては、華やかさを添える意味合いが強く、喪葬儀礼とは乖離した境地において、絵師たちの独創と画才が大いに発揮されている。とはいえ、壁画の全体的な構成においては、漢代以来の伝統に束縛される点も多く、そのため壁画絵師の芸術的欲求と伝統の制約がせめぎ合って複雑な画面を呈することになった。

壁画をもつ唐墓の大半は、陝西省・山西省・河南省・山東省・寧夏回族自治区・新疆ウイグル自治区などの中国北部地域に分布し、例外的に広東省や湖北省で発見されている。わけても、唐都長安を含む陝西省での発見例は多く、都の絵師が制作に携わったためか、芸術的水準も高い。『唐代名画記』などに名を連ねる唐代画家二百人余りのうち、半数以上のものが壁画の制作経験をもつ。このような出土例と文献記載によって、宮殿・邸宅・墓室の壁画が絵画芸術の一部門をなし、才能のある絵師が壁画の制作にあたったことがわかる。

陝西省の関中平原に分布する唐墓は、高宗乾陵と僖宗靖陵のある乾県地区、太宗昭陵と粛宗建陵のある醴泉地区、徳宗崇陵と宣宗貞陵のある雲陽地区、太祖永康陵・高祖献陵・敬宗荘陵・武宗端陵のある三原地区、中宗定陵・代宗元陵・順宗豊陵・文宗章陵・懿宗簡陵のある富平地区、睿宗橋陵・玄宗泰陵・憲宗景陵・穆宗光陵のある蒲城地区、世祖興寧陵と則天武后母楊氏順陵のある咸陽地区、長安城周辺の長安地区、妃嬪墓区である酈山地区に分かれる。このうち、壁画をもつ唐墓には、乾県地区では乾陵陪葬墓の薛元超墓(六八五年)・懿徳太子墓(七〇六年)・永泰公主墓(七〇六年)・章懐太子墓(七一一年)ならびに靖陵(八八八年)、醴泉地区では昭陵陪葬墓の楊温墓(六四〇年)・長楽公主墓(六四三年)・李思摩墓(六四七年)・段蕳璧墓(六五一年)・新城公主墓(六六三年)・鄭仁泰墓(六六四年)・李震墓(六六五年)・韋貴妃墓(六六六年)・李勣墓(六七〇年)・燕妃墓(六七一年)・阿史那忠墓(六七五年)・契苾夫人墓(七二一年)・安元寿墓(七二七年)、三原地区では李寿墓(六三一年)や献陵陪葬墓の房陵公主墓(六七三年)・李鳳墓(六七五年)、富平地区では定陵陪葬墓の節愍太子墓、蒲城地区では橋陵陪葬墓の恵荘太子墓(七二四年)・譲皇帝李憲恵陵(七四一年)や泰陵陪葬墓の高力士墓(七六三年)、咸陽地区では順陵陪葬墓の蘇君墓(六六八年)や万泉県主薛氏墓(七一〇年)、長安地区では執失奉節墓(六五八年)・韋氏家族墓(七〇八年)・蘇思勗墓(七四五年)・高元珪墓(七五六年)などがある。また、陝西省以外では、山西省太原市南郊の金勝村唐墓(則天武后時期)、寧夏回族自治区固原県の梁元珍墓（六九九年）・山西省万栄県の薛儆墓（七二一年）、河南省洛陽市の睿宗貴妃豆盧氏墓（七四〇年）などで壁画が検出されている。

画像石墓の流行した後漢時代には、木造住宅の構造を石組で表す墓室が築かれた。唐墓においては、壁画をもって住宅の室内構造を描く手法に変わったが、伝える意味は漢代の画像石墓とさほど変わらない。いずれも墓室を宮廷や邸宅になぞらえ、死者の空間に生前の豪奢な生活を反映させるものであった。唐墓が漢墓と異なる点は、長い羨道《せんどう》や墓道がつくことであり、そこには全面に漆喰が塗られ、邸院の通路や門、郊外の風景が描かれた。墓道はスロープ式で、一五度から二〇度の傾斜をもって掘削され、突き当たりが高い垂直壁となる。墓道の両側面には、地上に近い部分に青竜と白虎、その後ろには邸宅の門外に並ぶ儀仗出行の群像が描かれる。垂直壁の下部から奥に向けて羨道が掘られ、入り口の上部壁面には門楼が描かれる。羨道は採光のために掘られたいくつかの天井《てんせい》（竪穴）の底部をつなぐように貫通し、天井と天井の連接部分を過道という。羨道部分は宮殿や邸宅の大門から閨門《けいもん》に至るまでの敷地が表現され、過道は門道、天井は中庭にあたる。過道には門衛図や狩猟の場面が描かれる。狩猟図は宮殿や邸宅の門道に描かれていた壁画を墓に投影したものである。天井の下部には儀仗用の列戟が描かれ、戟の本数をもって被葬者の身分を表す。スロープの羨道が水平に転じる所から墓室に至るまでは甎積みの隧道となり、甬道《ようどう》と呼ばれる。甬道にも漆喰が塗られ、壁面は茶褐色の絵具で柱や梁を描いて縁取り、柱間には宦官・侍女・庭木・庭石などが描かれる。閨門と寝殿をつなぐ軒廊の外に宮人たちが並ぶ光景を表現しているように見える。甬道の頂部には室内を表す格天井か屋外を表す流雲が描かれる。正方形の平面をもつ墓室は四壁を着色の柱と梁で縁取り、室外に侍る宮女や仕女を描く。穹窿頂には天文が表現され、天の川・日月・星座などが描かれる。

発見された唐墓壁画の年代幅は、李寿墓の六三一年から僖宗靖陵の八八八年に至る二百五十年余りもあり、その期間に壁画の内容や画風は大きく変化した。様式の変化から次の四時期に区分される。

㈠第一期（高祖・太宗時期、六一八―四九年）　高祖の武徳年間から太宗の貞観年間にあたり、建国当初の国勢が太宗のすぐれた政治によって右肩上がりに増していった時期である。ただし、芸術の方面では、依然として北朝文化の伝統をひきずり、唐文化が開花するまでの前段階にあった。壁画では群像の密度が高く、武人の表情には剛直の気風が漂う。画面は全体にひきしまり、威風堂々の感が醸し出されている。長安の唐人に北周時代の気骨が残っていた時期の特徴が表れている。代表的な作品に李寿墓と長楽公主墓の壁画がある。

㈡第二期（高宗・則天武后時期、六五〇―七〇四年）　則天武后の執政によって皇族の李氏が迫害された時期であったが、国家経済は安定し、高句麗遠征を完遂させるなどの対外的成功もあって、唐は最盛期を迎えた。そういう時代を反映して、北朝文化から脱却した独自の文化が花開いた。墓室壁画では、壁面が木造建築のシルエットで縁取られ、柱間に背景のない人物像が描かれた。人物の表情は前時期よりもゆるみ、群像の間に空間も広くとられて、画面は開放的になった。代表的な作品に新城公主墓や房陵公主墓の壁画がある。

㈢第三期（中宗・玄宗開元時期、七〇五―四一年）　則天武后の死によって武氏が排斥され、つづく韋后らによる政変も玄宗の活躍によって鎮静化された。いわゆる李氏政権復活の時期から玄宗の開元年間にかけての段階である。第二期に出現した唐風の人物像が洗練され、典型的な唐文化が壁画に反映されている。墓が発掘された懿徳太子・永泰公主・節愍太子・章懐太子などは、いずれも武韋の禍によって非業の死を遂げたものたちであり、彼らの名誉を回復するため、墓室壁画の制作にも一流の絵師が動員されている。そのため、壁画の芸術的水準は前後の時期に比べて一段高いが、芸術の全体はすでに隆盛を過ぎて、停滞の兆しを見せ始めた。

㈣第四期（玄宗天宝時期から唐末、七四二―九〇七年）　名君の玄宗も晩年には政治を誤り、安禄山・史思明による全国的な大乱を招いた。乱が鎮圧されたのちも、節度使の台頭によって王朝はかつての求心力を失い、文化も停滞した。人々は煌びやかに外面を飾ることはせず、深奥の世界に精神的な安らぎを求め始めた。壁画においては、自然への回帰を感じさせる山水画が出現し、華やかな宮廷生活を反映する建物のシルエットは消失した。かわって、より身近な屏風絵が壁画に現れ、表現される風景のスケールは縮小化していった。私家楽舞図や鎮墓の十二支像などが現れるのもこの段階である。代表的な作品に蘇思勗墓・長安南里王村墓・陝棉十廠墓・僖宗靖陵の壁画がある。

高松塚古墳とキトラ古墳の壁画は明らかに唐墓壁画の直接的な影響を受けている。高松塚古墳の発見された当初は、その時期に日本国内でも公表された永泰公主墓壁画と比較されたが、唐墓壁画の変遷を見ると、第二期である高宗・則天武后時期の壁画との共通性がより強い。両古墳の壁画は、この段階に長安へ留学した人物が唐の画壇で修得した技術や画風をもって描いたものと推測される。六五一年の段蕳璧墓では色彩によって縦縞を強調した裳をつける女子群像が描かれている。第二期における長安での服飾の流行を反映するものであるが、第三期では単色の裳に変化する。高松塚壁画の女子群像が着用する裳は第二期に流行した裳の姿に近い。六六三年の新城公主墓では、柱間の画面ごとに四人一組の女子群像が描かれている。その数や人物の重なり、顔の向き、持ち物（団扇・杖・払蝿）、裳の縦縞などは、いずれも高松塚古墳壁画の女子群像と類似する。壁画の女子像は顔立ちが丸みを帯びているが、あごのラインは鰓張りを残している。また、鼻下の人中が鋭く表現されている。そのような特徴は新城公主墓の仕女群像に模範を見ることができる。新城公主墓を含む唐墓壁画の第二期は、北朝時期の面長な顔立ちから盛唐の肥満顔に変わる過渡期であり、顔の表現をもってしても、高松塚壁画人物像の手法が第二期の唐墓壁画に近いことがわかる。

キトラ古墳については、四神図と獣頭人身の十二支像が特徴

新城公主墓壁画

李憲墓奏楽図壁画

的である。墓室壁画ではないが、キトラ壁画の青竜図は乾陵無字碑の線刻青竜図に絵柄が最も近い。無字碑は則天武后が建立したもので、時期は墓室壁画の第二期にあたる。獣頭人身の十二支像については、墓室壁画では七六三年に築かれた高力士墓の十二支像壁画がこれまで発見された中では最古の例であるが、十二支俑は北斉墓や隋墓に副葬された例がいくつか見られる。キトラ古墳壁画十二支像の寅像がもつ鉾には半円形の装飾板に短冊を連ねた幡が表現されている。このような鉾飾りは五五〇年の東魏茹茹公主墓壁画に見られ、唐墓では六三一年の李寿墓壁画列戟図に見えるが、七〇六年の懿徳太子墓壁画を最後に描かれなくなった。つまり、キトラ古墳壁画十二支像の模範も唐墓壁画第三期以前の壁画に求められる。総じていえば、高松塚古墳とキトラ古墳の壁画は高宗・則天武后の時期に長安で絵画を学んだ人物によって描かれた可能性が高い。

（来村多加史）

第Ⅸ章　隣接分野からのアプローチ

火葬と散骨

　土井卓治によれば、葬法とは死体処理の方法で、古来、土火水林の四葬、土火水野林の五葬などと称されてきた。その他、風葬・空葬・洞窟葬・崖葬・樹上葬・台上葬・ミイラ葬といった区分法もあげられている。あるいは単純葬・複葬、一次葬・二次葬という葬制における時間空間的な配置からの分類や、屈葬・伸展葬といった身体姿勢からの分類も可能である。このように多様な葬法分類の中で、火葬とは死体を焼いて処理することであり、散骨とは遺骨を山や川などに散じてしまうことをいう。ここでは散骨を現代的な用法に限定し、火葬後の焼骨を細かく粉砕し、それを散布する葬法と定義する。火葬後の焼骨の扱い方において散骨は納骨に対応しており、火葬の一バリエーションであると考えられる。

　土井によれば、歴史的にみて日本では土葬が基本的な葬法として縄文時代から採用されており、広い地域において行われてきたとされる。しかし前近代における都市の発展によって火葬は徐々に庶民レベルにおいても取り入れられた。高度経済成長期以降近代的な火葬場が普及したため、現在では日本人のほぼ一〇〇%が火葬によって埋葬されるようになってきた。これは世界的にみても最も高い普及率である。以下その歴史を概観する。

　わが国における火葬の始原は、『続日本紀』文武天皇四年(七〇〇)三月条に僧道昭が没した際に、弟子らがその遺骸を奉じて栗原で火葬を行い、その後天下の火葬はここから広まったとする文献史学からの説が流布している。しかしすでに昭和十年代から浅田芳朗はこの説に疑義を唱えている。仏教の影響以前からの火葬の存在についての考古学的研究の成果が俟たれる。

　堀一郎は火葬の民間受容について、地域的な多様性について紹介している。前近代において京都などの都市部のほかには、富山、石川、山口の三地域は主要な真宗地帯であり、火葬の風習が真宗門徒から次第に他宗に及んだという説を紹介している。しかし真宗門徒が多いにもかかわらず、火葬が行われていなかったり、火葬地帯であるにもかかわらず、必ずしも真宗が多くない地域もあり、葬法のちがいは宗教的な影響によると同時に、社会的、経済的、生活様式の差異に由来すると、慎重に単一要因説を避けている。

　近世社会における火葬の実態について、木下光生は、厳密な実証研究を経ないままに民衆葬送像についての通説が流布している現状を強く批判している。近世民衆の葬送において火葬より土葬が多かった、真宗は火葬が多かったなどは、誤った常識であると退ける。木下が研究対象とする大坂においては、道頓堀、鳶田、小橋《おばせ》、蒲生、葭原《よしわら》、浜、梅田に事実上火葬場に特化した七墓があり、そのうちの六墓には三昧聖《さんまいひじり》あるいは墓所聖が生活していた。彼らは火葬を中心とする葬送と墓所管理の役目を担っており、江戸時代後期に彼らが残した文書によれば、道頓堀墓所では多い年で一万体、少ない年でも五千体の葬儀が行われ、土葬は一割弱に過ぎず、ほかは火葬によって葬られていたことがわかる。

近世の江戸においては、小塚原に幕府の許可を得て開かれたのがはじまりで、その他千駄谷、桐ヶ谷、渋谷、炮録《ほうろく》新田を併せて江戸の五三昧と称されていた。このように近世都市にはすでに火葬場が存在していたことが検証されている。その一方で、四谷鮫河橋大覚山円応寺跡では整列した土葬墓のかたわらに、人骨と棺桶の残骸の堆積が発掘されており、投げ込み同然の遺体処理の存在も明らかになっている。また都市域以外の火葬地帯では野焼きによって遺体処理がなされていたと考えられている。近世においてさえ葬制についての実像は必ずしも明瞭ではない。

一方、ヨーロッパにおいては火葬の伝統はなかったが、十九世紀の後半から火葬を推進しようとする火葬主義運動が展開されていた。イタリア、ドイツ、スイス、オランダ、イギリスなどに火葬場が建設されるのは一八七〇年代以降である。ヨーロッパでの最初の近代的火葬場は一八七六年に建設されたミラノのそれであり、同年に最初の火葬が行われた。時を同じくしてドレスデンでは火葬主義者の大会が開催され、七八年にゴータにドイツ地域ではじめての火葬場が建設された。フランスでは、初めはパリで先進的な医師や科学者たちを中心に、やがてプチ＝ブルジョアジーや著名人をも巻き込んで、火葬運動が徐々に拡大していった。一八八九年にパリのペール＝ラシェーズ墓地に設置された第一号機において、フランスで最初の火葬が行われた。とはいうものの、運動を推進する火葬主義協会の会員数が急激に増えたというわけではなく、一九一三年にようやく千人を突破した程度であったと記録されており、カトリック教国においては火葬への動きが鈍かった。一九七〇年代までフランスには九つの火葬場しか存在せず、火葬数が漸増するのはその後のことである。

明治時代初期における日本の火葬政策は紆余曲折をたどる。明治政府は明治六年(一八七三)「火葬之儀自今禁止候条此旨布告候事」という布告を出し、火葬は全面的に禁止されることになる。火葬が仏教的であり、神道国教化政策に反するというのがその理由であった。政府は市街地に墓地を整備する方針を提示したが、すべての死者を土葬するだけの空間的な余裕はなく、大きな混乱が生じた。また民間からは『火葬便益論』という文書が発せられ、火葬の再開を求めている。その文書によれば、㈠土葬よりも火葬のほうが費用が少なくて済む、㈡埋葬用の墓地面積が少なくて済む、㈢焼骨であれば墓地移転が容易である、㈣焼骨は持ち運びが容易で、故郷への搬送が楽である、㈤分骨が容易である、などの利点が列挙してある。しかし同時に火葬時の異臭が弊害として挙げられている。その結果、明治八年には政府は火葬禁止の布告を廃止することになる。衛生上の見地と都市域における土地の狭さが原因であった。この後、明治十七年の太政官布達「墓地及埋葬取締規則」や明治三十年の伝染病予防法などが発布され、伝染病で死亡した者の遺体は火葬しなければならないことが定められ、その後火葬率は上昇していく。以下火葬率と括弧内に火葬場の数を示す。大正四年(一九一五)には三六・二%(三万六四五四)、昭和十年(一九三五)に五一%(三万四七一八)、高度経済成長を経て同四十年には七二%(二万四一五三)、同五十五年には九一%(一万五三九三)、平成七年(一九九五)には九八・五%(八四九九)、同十九年には九九・九%(五〇〇四)と推移する。火葬率は約九十年で四〇%から一〇〇%に達した。一方火葬場は統計上最大値で三万七〇〇〇ヵ所以上にまで達した時期があるが、火葬率の上昇と反比例して減少する。その理由は、近代的な火葬場に地域の焼き場が統合され、広域化、大規模化、効率化されていったからである。国民の火葬率がほぼ一〇〇%に達することにより、葬法における身分や階級の差異はなくなり、完全なる平等が訪れたといえよう。

火葬が完全普及する一方で、散骨という新しい動きが注目されるようになってきた。散骨は平成三年に発足した「葬送の自由をすすめる会」によって社会運動として推進された。こうした運動の背景には、都市近郊の墓地不足がある。経済成長は都市に人口を集めるが、地方から移住してきた新住民には墓がなく、この結果墓地の高騰を招いた。また永代供養という前提で使用者に墓地を貸し出す日本的慣習では、後継者がいない夫婦や単身者は、墓地を借りることができないという問題を引き起した。そうしたなかで焼骨を墓に納骨しない、すなわち墓を必要としない葬法としての散骨が注目され始めたのである。そうした動きに水源林保護を目的とした自然保護運動が結びつくことで「葬送の自由をすすめる会」が組織され、散骨は人間を自然に還すという意味での「自然葬」と命名されていくことになる。

こうした運動に対して、当時の厚生省は墓地埋葬法は公衆衛生上の目的にもとづくものであり、同法の策定当時は遺灰を海、山にまくという発想はなかったと静観の立場を取り、また法務省は節度を持ち、社会秩序を乱すことがなければ、問題はないという姿勢を示すことで、散骨への要請は政府によって事実上追認された。しかし日本の火葬習慣においては、収骨のために焼骨は形を残すように燃焼管理をされてきたので、散骨に適した粉末状にするための機械がなく、初期の散骨実施者は自力で骨を粉砕しなければならないという事態も生じた。

現在では散骨のバリエーションとしての樹木葬も定着してきたが、これも社会運動の一つの結果である。墓を継承する子孫を持たない人たちのための墓地、納骨堂が各地に作られていき、持たない独身女性などのための永代供養墓が新潟県に作られたのは一九八〇年代の終りであった。これと並行して継承者を九〇年代の終りには岩手県に「樹木葬」を始めた寺院が登場することになる。樹木葬も火葬後の焼骨を墓への納骨ではなく、自然環境への散布という意味で、散骨の一類型となる。

明治以降二十世紀後半までの近代日本における葬儀は、イエ制度を背景とした家単位で一つの墓石を共有し、そこに焼骨を納骨する家墓の形式に収斂してきた。ほとんどの成年男女が結婚することを前提に組み立てられてきた家族形態が、離婚や未婚、あるいは少子化や子供を持たない夫婦の登場によって多様化してきた。このことが火葬後の骨の行方を、継承されるべき家墓への納骨から自然への散骨へと解放していったのである。最後に火葬率がほぼ一〇〇％に達したことによる日本人の意識の変化を、平成二十三年三月に起った東日本大震災での死者への対応から考えてみたい。東日本大震災では一万六千人弱の死者がでた。最大の被害を出した宮城県の一部地方では火葬場が壊滅し、火葬業務が停止したため、二千百八体の遺体を土葬した。当初土葬期間は二年程度、すなわち土中での身体の完全変形を目途として行われた。しかし火葬炉の機能が回復すると、遺族の強い希望によって遺体は掘り起され火葬場に送られた。一部地域では近年まで土葬が行われていたので、土葬についての忌避感は強くないものと思われたが、最終的には短期間の「土中安置」の後、全遺体が荼毘に付されることになった。これは同地域の葬送観が、数十年という短い期間に土葬から火葬に転換されてきたことを意味していよう。上記の事例は明治以降の近代化のなかで、火葬という葬法が民衆によって完全に受け入れられたことを示している。

樹林墓地（東京都町田市）　墓地の一角にあり，NPO法人エンディングセンターが管理する．一般の関心は高く，他地方にも広がっている．

参考文献　土井卓治・佐藤米司編『葬法』（『葬送墓制研究集成』一、一九七九、名著出版）、浅香勝輔・八木沢壮一『火葬場』（一九八三、大明堂）、東京都公文書館編『江戸の葬送墓制』（『都史紀要』三七、一九九九）、日本建築学会編『弔う建築』（二〇〇九、鹿島出版会）、木下光生『近世三昧聖と葬送文化』（二〇一〇、塙書房）、井上治代『桜葬』（二〇一二、三省堂）、勝田至編『日本葬制史』（二〇一二、吉川弘文館）

（嶋根　克己）

現代における墓地の存在意義

日本人の伝統的習俗と心性を深く考察し、現在にも大きな影響を与えている学説に柳田国男の民俗学がある。柳田は「日本人の墓所《むしょ》というものは、元は埋葬の地とは異なるのが普通であった」として「両墓制」なる概念を提唱した。これは実際に遺体を埋葬する「いけ墓」「棄て墓」と、参拝するためだけの「参り墓」「祭り墓」「内墓」「寺墓」に、日本の本来の墓は機能的に分けられていたというものである。「先祖の話」では、葬送だけで碑を建てない古来の埋葬法が両墓制へと発展し、柳田の時代には「石碑はもともと墳墓ではなかったのだが、両者を一つにする習わしが偶然に盛んになった」ので、現在のように遺骨を収納した墓石を拝むような単墓制になったのだと述べられている。

民俗学者の岩田重則は、柳田民俗学における両墓制・単墓制・無墓制という概念を批判しつつ、遺体の処理形態(土葬か火葬か)、処理方法(埋葬か非埋葬か)、石塔を建立するか否か、という三軸によって墓制研究を進めることを提唱している。その根拠として、日本各地の埋葬法に関する彼自身によるフィールドワークに加えて、近年発達しつつある墳墓に関する考古学的な知見が取り込まれている。

二十世紀を通じて庶民間において主流となった家墓《いえばか》は、明治時代以降の近代社会の産物であることは常識的な見解となりつつあるが、近世においてさえも庶民の墓制が実際にどのようなものであったのか、明確な資史料は十分であるとは言い難い。この分野においても考古学的な知見がもたらしつつある影響は大きい。たとえば東京都公文書館(執筆は西木浩一)が編さんした『江戸の葬送墓制』では、江戸四谷鮫河橋に存在した黄檗宗寺院大覚山円応寺寺域の発掘により得られた、江戸時代都市住民の埋葬にかかわる詳細な情報を提供している。特に興味深い点は、同寺では墓地域が二分されており、一方は人骨などが整然と出土し、きちんと埋葬された墓地域であったことがわかる。しかしもう一方は「埋葬遺構の密集度が際立って高」く、いわば「墓標なき墓地の光景」を推測させるという。つまり出土品は人骨と円形木棺のみであり、死体を入れた棺桶が次から次へと積み重ねられて堆積したものと考えられている。すなわち人口の稠密な江戸においては、この寺院の一角は下層民のための「遺体処理場」にほかならなかったという事例である。また木下光生は、近代化以前にはわが国の葬法の主流は土葬であったという通説に疑問を投げかけ、近世大坂においては圧倒的に火葬が主流であったことを詳細な史料分析から明らかにしようとしている。つまり日本の葬送墓制は各時代、各地域、各社会階層において多様性に富んでおり、日本の伝統的な葬送墓制を定式化してとらえることは困難であろう。

わが国の葬送墓制の多様性は、高度経済成長以降、火葬、石碑を伴う家墓への多重埋葬(納骨)へと急速に収斂されてきた。

しかしそれは法令による強制ではなかった。現下において墓地に関する法令は、昭和三十三年(一九五八)に制定された「墓地、埋葬に関する法律」(以下、「墓埋法」)のみである。そこには、墳墓とは、「死体を埋葬し、又は焼骨を埋蔵する施設」であり、墓地とは「墳墓を設けるために、墓地として都道府県知事の許可をうけた区域」と規定されている。現実には墳墓は墓地以外の区域に建造することはできないので、墓が集合した場所が墓地なのではなく、現代日本においては墓地域として許可を受けた場所に、遺体を埋葬、埋蔵することを目的として建築されたものが墓(墳墓)ということになる。

これ以外に、墓地の形式や制度について規定した条文はなく、いまだに埋葬の形式や墳墓の形態は、原則として習慣に則った各個人の自由にまかされている。墓埋法には、「墓地、納骨堂、又は火葬場の管理及び埋葬等が、国民の宗教感情に適合し、且つ公衆衛生その他公共の福祉の見地から、支障なく行われることを目的とする」と掲げられているように、国民感情、公衆衛生、社会福祉など公共的な目的のために死者の埋葬などが行われることを定めているにすぎない。しかしながら厚生省生活衛生局長から発せられた「墓地経営・管理の指針等について」という通達では、より具体的に「墓地は、国民生活にとって必要であり、公共的な施設である」として、都道府県知事は、墓地経営許可の権限を有するとともに、街づくりの中で計画的な墓地供給について配慮する必要性に言及している。さらには「地方公共団体が墓地を設置経営することも重要な住民サービスである」とまで述べている。法令や行政による指導からすれば現代社会における墓地の存在意義は、社会的に生み出されるおびただしい遺体を、衛生的に処分し、かつ国民の感情を十分に慰撫しながら統制するという公共の目的にあるといえよう。

一九九〇年代以降、火葬後の焼骨の処理方法は急激に多様化し始めている。山海への散骨や共同墓への納骨などが少しずつ普及して、墓地公園や寺院墓地内に造成された家墓への納骨が必ずしもスタンダードな埋葬法とは限らなくなり始めている。明治以降の家族政策による家墓の流行、都市人口の急増による火葬率の増加と墓地公園の整備、これらによって家墓主体の墓地の景観は形成されてきたが、近代家族像の変動とともに今後急速に変貌していく可能性がある。

社会学者の井上治代は、家の系譜的ラインを重んじた家的先祖祭祀よりも、家庭内領域における夫婦・親子関係を主とする近親の故人への追悼行為が重視されてきていることを明治以降の家族継承と墓の継続性との関連についての実証的研究から論証している。産業構造の変化、社会的移動の増大、家族の縮小の結果、一代限りの夫婦性家族が主流になり、さらに未婚者やこどもを持たない夫婦が増加することにより、墓の継承性が不可能になってくる。その結果平成二年(一九九〇)前後からの家墓の継承に変わる代替システムの登場につながってきたと主張している。

それでは墓の機能とはなんであるのか。本質的には墓とは遺体を自然に返すまでの一時的な保管場所と定義できよう。土葬

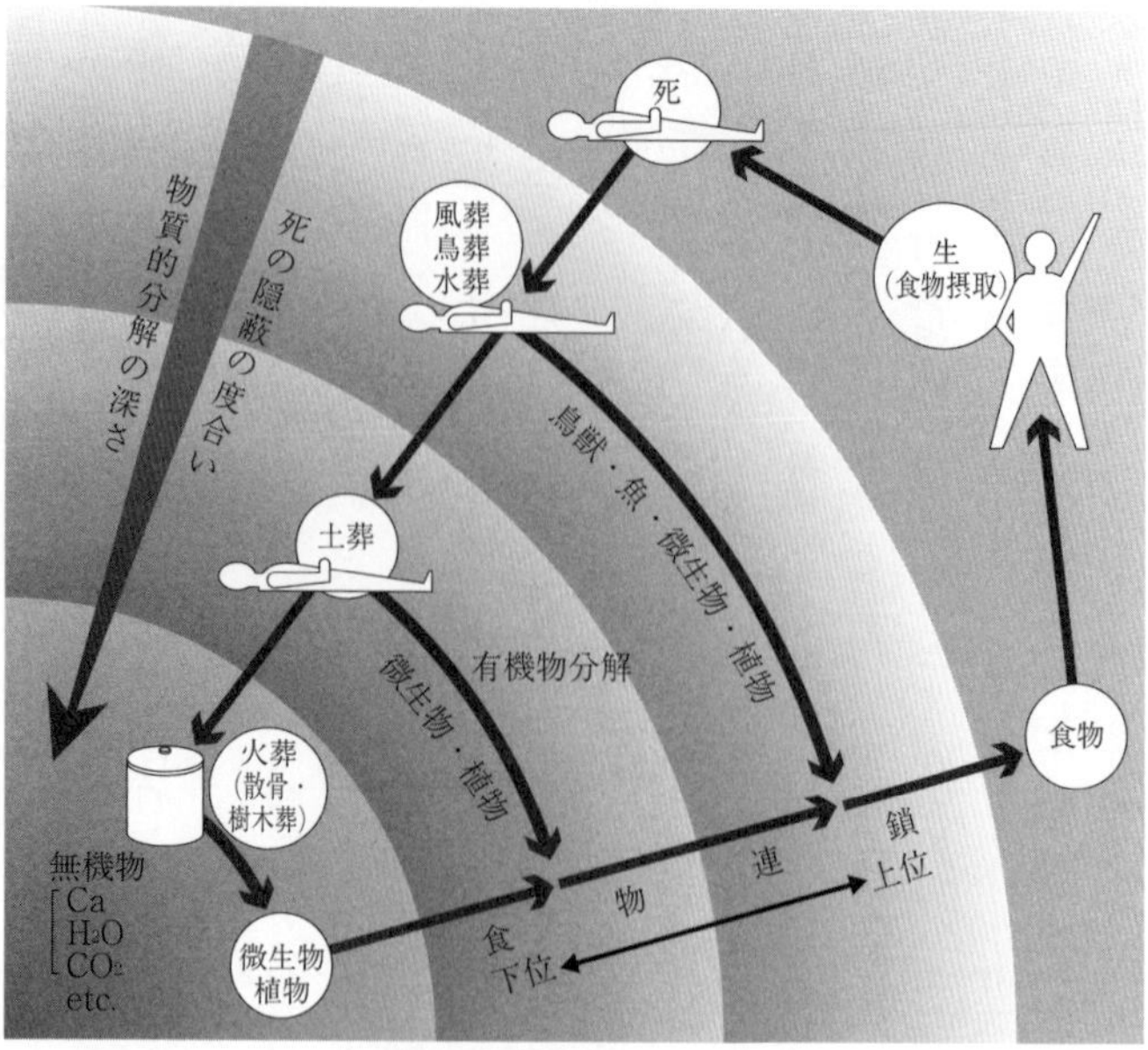

各種葬法と生態環境システム

という葬法をとれば、埋葬された遺体は、骨を除いて速やかに微生物などによって分解される。骨も長時間かけて分解されつくしてしまえば、後に残るものはなにもない。すなわち墓地は死骸を自然に還元するまで、生者と死者を分離しておくための文化的な装置であると考えられる。

　死体を野ざらしにするモンゴルの風葬やチベットの鳥葬、あるいは死体を川や海に投棄する水葬においては、有機物で構成された人体を長期に保管することなく直接に自然の循環、すなわち食物連鎖のなかに返す葬法であるといえよう。こうした葬法では、遺体は直接に自然に返されることになるので、一定期間遺体を保存するための墓は存在しないことが多い。

　現在日本人のほとんどが採用している火葬においても、焼却時に二酸化炭素や水蒸気あるいは窒素酸化物として空気中に拡散する部分と、焼骨に分解され、後者は骨壺に収められている。火力によって分解されて空気中に拡散される元素もいずれは植物に同化されて、食物連鎖の円環に帰っていくことになる。また墓などに保存された焼骨も長期的に見ればいずれは自然にもどるはずである。現在の墓地はそうした焼骨を大量に長期間保存しておくために人間の生活圏の一部に区画された場所である。

　遺体を自然に還元するために一定期間保存するという機能は、この要件を欠いた場合には原理的には「墓」とは呼び難いという意味で、第一義的な機能である。

　さらに墓には、記憶の伝承という機能が備わっている。石碑のように長期間の保存にたえる場合には、姓名、生没年など故人に関する情報について確認できることがある。その場合、墓石は死者についてのなんらかの情報を後世に伝えるメディアとなっている。個人的なレベルでいえば、墓標は故人を追悼するための記憶を喚起させるシンボルであり、墓地とは死者を追悼するための公共の空間である。また墓地が集合的な意識形成に果たす極端な事例として戦没者慰霊墓地がある。ヨーロッパで

青山霊園の一角(東京都港区)　明治初期の埋葬政策の混乱期に開設され，現在も都心に残る．明治22年(1889)に東京市への移管後，霊園の都市計画が行われた．

は第一次世界大戦をきっかけに現在に至る戦没者慰霊の原型ができ、国民意識を鼓吹してきたとモッセは述べている。個人レベル、集合レベルの両面において、墓地は当該社会にとっての「記憶の場」(P・ノラ)となる。

以上のように、墓地はある社会についての記憶が集積された空間でもある。墓の考古学的研究とは偶然に現在まで存在し続けている墓地のありようから、当該社会の生活や意識を探り出そうとする営みであろう。柳田国男は墓制研究において考古学と民俗学はその境界をなくして提携していくべきだと主張したが、墓地研究においては両者に加えて歴史学、社会学などの隣接分野を交えた研究の発展が期待されている。

参考文献　佐藤米司・土井卓治編『葬法』(『葬送墓制研究集成』一、一九七九、名著出版)、『柳田国男全集』一三(『ちくま文庫』、一九九〇、筑摩書房)、斎藤磐根・養老孟司『脳と墓』一(『叢書死の文化』一三、一九九二、弘文堂)、東京都公文書館編『江戸の葬送墓制』(『都史紀要』三七、一九九九)、G・L・モッセ『英霊』(宮武実知子訳、『パルマケイア叢書』一五、二〇〇二、柏書房)、井上治代『墓と家族の変容』(二〇〇三、岩波書店)、岩田重則『「お墓」の誕生』(『岩波新書』、二〇〇六、岩波書店)、嶋根克己「葬送儀礼と墳墓の社会的変容」(川崎市民ミュージアム編『墓から探る社会』所収、二〇〇九、雄山閣)、勝田至編『日本葬制史』(二〇一二、吉川弘文館)

(嶋根　克己)

挽歌と中国殯斂歌

ここにいう「挽歌《ばんか》」また「殯斂歌《ひんれんか》」は、人の死から殯（モガリ）の時期を経て斂（最終的な埋葬）に至るまでの期間に、葬礼の進行の中で、死者を悼んで献げられる言辞のこととする。したがって葬礼に組み込まれない、死者に対する哀傷を私的に述べる文学は含まれないものとする。

日本に独自の死者を弔うためにとなえられる葬礼の言辞（葬礼文体）は、すでに歴史の黎明期に萌芽していたらしい。『三国志』三〇、魏志倭人伝に「其の死すれば、棺有るも槨無く、土を封《も》りて冢《はか》を作る。始めて死するに喪を停むること十余日、時に当りて肉を食らわず、喪主は哭泣し、他人は就きて歌舞飲酒す」とある。魏志倭人伝は、中国とは異質な土俗を描くことに主眼をおくので、この「喪主の哭泣」と「他人の歌舞」は中国の影響が浸透する前の習俗であり、その中に「日本に独自の葬礼文体」の素朴な萌芽があったと見てよい。

日本古代における葬礼文体は柿本人麻呂の一連の「殯宮挽歌」において大成されるが、そこには三つの源流があったと考えられる。第一は、『万葉集』二のいわゆる「天智挽歌」として一括される額田王らの九首の挽歌である。これらは殯宮の内部で女たちが取り交わす哀悼の歌であり、「女たちの挽歌」と称される。第二は、「しのいごと（誄）」といわれる、男たちが殯庭で身体表現を伴って唱えられたと見られる言辞で、多分に原始的な習俗を留めていただろう。第三は、中国の葬礼文体（誄《るい》・哀辞・哀策・挽歌など）の影響である。

ここで事情を複雑にするのは、日本に本来の「女のしのいのウタ」と「男のシノイゴト」に、『万葉集』や『日本書紀』の編者がそれぞれ「挽歌」「誄」の漢語を配当したことである。㈠この配当によって、両者が中国の挽歌や誄に変身したわけではない。㈡それでいて両者を挽歌・誄と称したことには必然性もあった。中国の葬礼文体の中で歌唱されるのは「挽歌」だけであり、「女のしのいのウタ」に相当する漢語は「挽歌」しかなかった。一方「男のシノイゴト」には、朗誦される葬礼文体の代表格である「誄」を配当するのが穏当だった。㈢この結果、両者は後世、中国の「挽歌」と「誄」をなぞる形で解釈されることになる。しかも「男のシノイゴト」は、制作のレベルでも中国の「誄」の影響を積極的に受け入れることになったと思われる。以下、中国の挽歌と誄、および墓碑・哀策・哀辞・墓誌について説明したい。

中国の狭義の挽歌は、霊柩を挽くときに歌う葬礼文体である。古くは春秋時代に、魯の武将公孫夏が決死の戦を前に、部下に「虞殯《ぐひん》」を歌わせたとある（『春秋左氏伝』哀公十年（前四八五）条）。また、戦国時代になると、柩を挽くときの辛さを忘れるために「紼謳《ふつおう》」を歌ったとある（『世説新語』の劉孝標注所引の『荘子』佚文）。この「虞殯」「紼謳」は、いずれも挽歌と見られる。

前漢の初期では、斉の田横が高祖劉邦に召し出され、誅殺されるものと覚悟して自刎して果てた時、門人たちは主人の死を悼んで、悲歌を作った。それが後世「薤露《かいろ》」「蒿里《こうり》」の二つの挽歌に編曲されたという(『文選』二八、陸機「挽歌詩三首」の李善注所引の崔豹『古今注』佚文)。この二篇は歌辞が残る最古の挽歌であり、王公貴人の葬礼では「薤露」、下級貴族と庶民では「蒿里」が歌われたという。「薤露」を掲げる。

薤上露　何易晞　薤上の露、何ぞ晞《かわ》き易き
露晞明朝更復落　露は晞くも、明朝、更に復た落つ
人死一去何時帰　人死して一たび去れば、何《いず》れの時にか帰らん

さらに後漢になると、挽歌は朝廷の葬礼の中に定着し、大臣以上の葬礼に必須のものとなった(『後漢書』礼儀志下所引の丁孚『漢儀』)。しかしその当時の挽歌は、修辞的鍛錬が不足していたためか言語作品として残されていない。下って魏晋になると、『文選』二八に魏の繆襲、西晋の陸機、東晋の陶淵明の「挽歌詩」を収録するが、これらはいずれも死者の視線から詠出される虚構の創作抒情詩であり、「柩を挽く」場面で歌われるべき葬礼文体としての実質を失ったものである。

誄は、中国の葬礼文体の中心に位置するものであり、その重要性は挽歌をはるかに凌ぐ。誄の重要性は、第一に、啓殯という殯宮から最終的埋葬地への出棺の儀礼の場で、謚《おくりな》を定めるために宣読される正規の葬礼文体であり、第二に、後漢以来、文人が心血を注ぐ表芸として重視された文体だったことからもわかる。

現存する最古の誄は、魯の哀公が孔子のために作ったとされる誄で、「天不遺耆老、莫相予位焉、嗚呼哀哉、尼父(天は私を助けるために老人を生かしてはくれなかった。ああ哀しい哉。尼父よ)」(『礼記』檀弓上)という、わずか十六字の素朴な言辞に過ぎない。「尼父」の尼は、哀公が孔子に与えた謚、父は、男子の美称とされる。誄を読み上げて謚を定めるのは、啓殯、つまり殯葬が終了して埋葬地に向かって出棺するときである。誄は吹き流し(旌《せい》)に書かれて、野辺送りの行列に掲げられ、埋葬の際には柩の上にかぶせる。この段階の誄は、口誦性が強く、また実用的機能(謚の決定)に重きが置かれていたために、言語作品として記録保存されることもなかった。

誄は後漢に至って、言語芸術へと成熟することになる。揚雄(前五三―後一八)が、新の皇帝王莽の皇太后に献げた「元后誄」において、誄は対句を駆使し、典故をちりばめる修辞的な美文となり、当時の文学の主流であった賦にも拮抗する文学ジャンルへと成長する。この中で、誄を作る目的は、当初の謚を定めるという実用性から離れて、喪葬儀礼を荘厳に飾るための演出へと重点を移すことになる。

魏晋から南朝にかけてが、誄の黄金時代となる。後漢の時代に誄と競合関係にあった「墓碑」が、魏の曹操が奢侈厚葬の風潮を抑止するために発した墓碑禁令(二〇五年)によって突如禁制され、文人の創作エネルギーが誄に傾注されたためである。禁令の効果は明瞭で、墓碑の大家蔡邕(一三三―九二)を見ると、

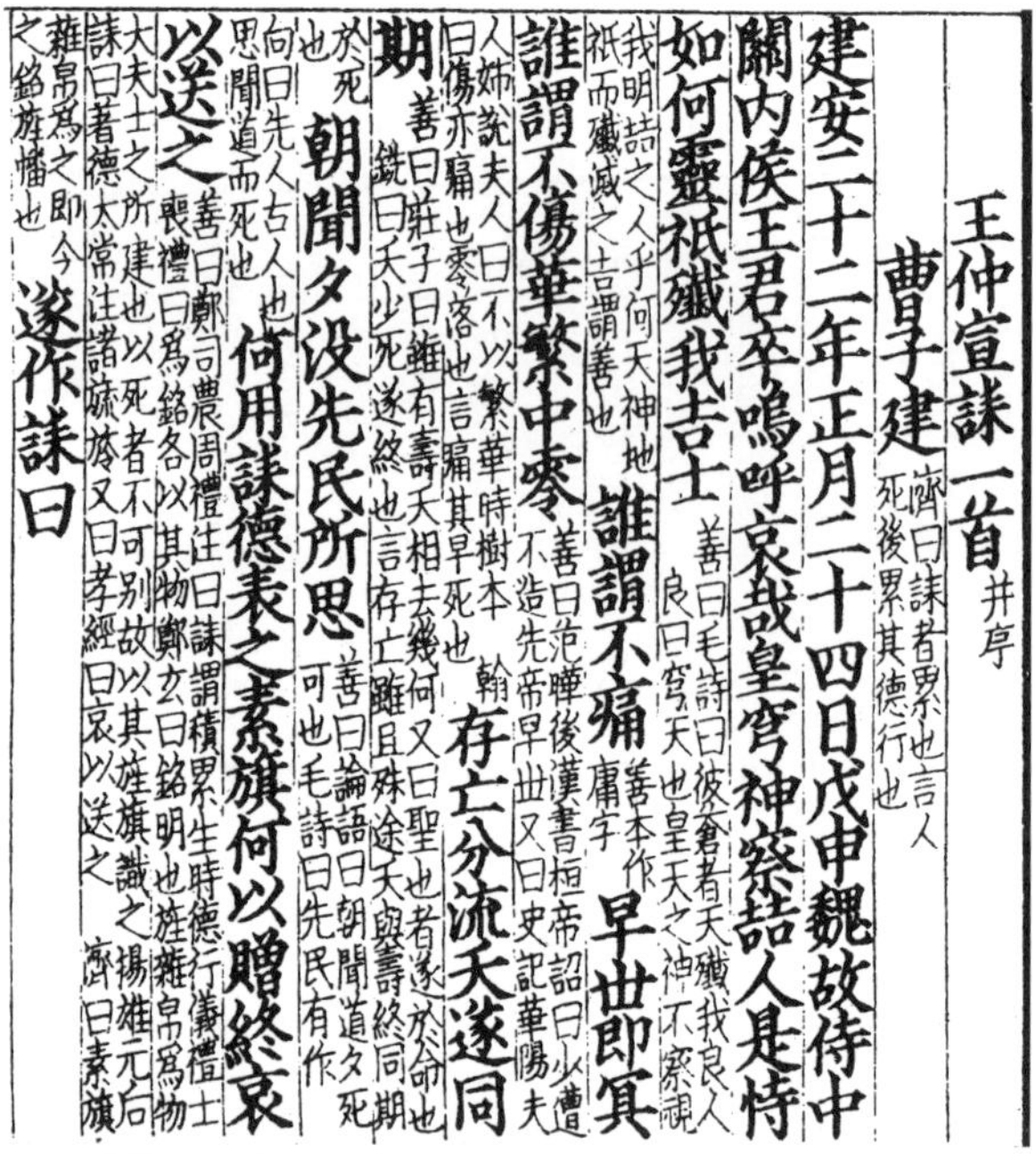
王仲宣誄一首并序
曹子建 濟曰誄者累也言人死後累其德行也
建安二十二年正月二十四日戊申魏故侍中
關内侯王君卒嗚呼哀哉皇穹神察喆人是恃
如何靈祇殲我吉士 善曰毛詩曰彼蒼者天殲我良人 良曰穹天也皇天之神不察視
我明喆之人乎何天神地祇而殲滅之吉謂善也 誰謂不痛 善本作庸字 早世即冥
誰謂不傷華繁中零 善曰范曄後漢書桓帝詔曰少遭不造先帝早世又曰史記華陽夫
人姊説夫人曰不以繁華時樹本 翰曰傷亦痛也零落也言痛其早死也 存亡分流夭遂同
期 善曰莊子曰雖有壽夭相去幾何又曰聖也者遂於命也 銑曰夭少死遂終也言存亡雖且殊途夭與壽終同期
於死也 朝聞夕没先民所思 善曰論語曰朝聞道夕死可也毛詩曰先民有作
向曰先人古人也思聞道而死也 何用誄德表之素旗何以贈終哀
以送之 善曰鄭司農周禮注曰誄謂積累生時德行儀禮士喪禮曰爲銘各以其物鄭玄曰銘明也旌雜帛爲物
大夫士之所建也以死者不可別故以其旌旗識之揚雄元后誄曰著德太常注諸旒旐又曰孝經曰哀以送之 濟曰素旗
雜帛爲之即今之銘旌幡也 遂作誄曰

曹植「王仲宣誄」(四部叢刊本『六臣注文選』56より)

墓碑は三十余篇(断片含む)、誄は一篇。これに対して墓碑禁令後の曹植(一九二—二三二、曹操の第三子)では、墓碑は皆無、誄は九篇、また誄の派生型である哀辞は三篇となっている。

魏晋南朝の約三百年は誄の全盛期であり、その中から、皇帝に対する「哀策(哀冊)」、私人に対する「哀辞」という文体を派生する。とりわけ天子の勅命を受けて制作する哀策は「大手筆」と称され、文人が国家のために一世一代の力を振るうべき晴れの舞台となった。王珣(三四九—四〇〇)の逸話を紹介したい。東晋の簡文帝(司馬昱)は学芸に理解があり、王珣は文学の才能によって可愛がられ、尚書令となった。ある時、椽《たるき》のごとく太くて立派な筆を授けられる夢を見た。王珣は、目覚めてから人に語ると、「きっと国家の重要文書を起草する仕事が回ってきますよ」と予言された。果たせるかな、三七三年、突然簡文帝が崩御すると、哀策や諡議《しぎ》はどれも王珣が起草する運びとなった(『晋書』王珣伝)。

誄は、公的性格を厳格化して哀策となり、その一方で、私的世界にも領域を広げて哀辞となった。潘岳(二四七—三〇〇)の「哀永逝文」(『文選』五七)は、妻の死を送る葬礼文体である。冒頭の「啓夕に宵興《よるお》く(啓殯の前夜は夜明け前に目が覚めた)」から、この作品は誄と同様に、啓殯・出棺の際に宣読されたものと推定される。ちなみに潘岳ではやはり妻の死を哀傷した「悼亡詩三首」(『文選』二三)が有名だが、これは葬礼の進行の中に固有の位置を持たない点で、葬礼文体の「哀永逝辞」とは異なる。柿本人麻呂の「妻死にし後に、泣血哀慟して作る歌二首幷せて短歌」は、「悼亡詩」ではなく、この哀辞「哀永逝辞」との影響関係を考える必要がある。文体には、定められた機能があり、影響は表面の字句文句ではなく、その機能を通して伝わるからである。

しかしその誄の盛行も、六世紀(南朝の梁の時代)以降になると、墓誌の流行によって下降局面に入る。地上に立てられる墓碑は禁止されたが、それに代わって墓中に埋める墓誌が盛んに作られるようになり、誄の三百年の黄金時代は終焉を迎える。

誄をはじめとする中国の葬礼文体の日本への伝来を考えてみよう。誄は、天武朝以前に、詞華集の『文選』(無注本)と、百科項目を備えた類書の『華林遍略』(五二四年成書)によって日本に伝来したと推定される。『華林遍略』そのものは佚しているが、『芸文類聚』の南朝梁代以前の部分は、基本的に『華林遍略』を抜粋したものと考えられる。『文選』には、誄として曹植・潘岳・顔延之(三八四—四五六)・謝荘(四二一—六六)らの八篇、哀辞は潘岳「哀永逝文」、哀策は顔延之「宋文皇帝元皇后哀策文」、謝朓(四六四—九九)「斉敬皇后哀策文」が収められる。また揚雄の「元后誄」は『華林遍略』(『芸文類聚』一五)に収められる。天武朝の知識人は、誄・哀辞・哀策について、すでに十分に理解を持ちうる環境にあり、柿本人麻呂もその中にいたと見てよい。

「誄」が日本の文献に初出するのは、『日本書紀』敏達天皇十四年八月条である。敏達天皇の殯宮が広瀬に営まれ、蘇我馬子は太刀を佩び、物部守屋は手足をわななかせて、誄を献げた。この時、守屋は馬子に向かって矢で射られた雀のようだと嘲り、馬子は守屋に向かって鈴を付けたらさぞや面白かろうと、互いに嘲った。この「誄《しのびごと》」には、すでに中国の「誄」の影響が及んでいるであろう。第一に、「殯宮」で誄が献げられるのは、中国の誄と同様である。第二は、誄を献げるときに、蘇我馬子の装束と、物部守屋の所作が滑稽視されていること。その種の身体表現は日本の葬礼の伝統であろうが、すでに乗り越えられるべき陋習と位置づけられている。その背後に想定されるのは中国的葬礼の浸透であり、中国の「誄」の影響であろう。

中国的な「誄」の受容の最終段階が、天武天皇の葬儀である。『日本書紀』持統元年(六八七)から翌年にかけての天武殯宮の記事には、多くの官人が誄を献げる中で、三ヵ所、「礼也」の二字が見えている。これは、礼制に準拠した執行を確認する、中国の定式術語である。『日本書紀』は実質的に天武天皇の勅撰であり、また天武の葬礼と『日本書紀』の成書時期の接近を考慮すれば、『日本書紀』の編者は当然のこと、天武の殯宮で誄を奏上した当人においても「礼也」の指し示す中国的礼制は明瞭に意識されていたであろう。

柿本人麻呂の殯宮挽歌は、この天武天皇葬礼の直後、すなわち持統称制の時期に出現している。「女のしのいのウタ」と「男のシノイゴト」と「中国の誄」とを統合するのに、これ以上に相応しい時期はないだろう。しかし殯宮挽歌は、柿本人麻呂の後、少数の例外を除いて作られなくなる。こうした殯宮挽歌の消滅は、持統天皇に端を発する火葬の普及と、つまり土葬を前提として営まれる殯宮の消滅と対応するものである。

参考文献　黄金明『漢魏晋南北朝誄碑文研究』(二〇〇五、人民文学出版社)、松原朗「誄と哀辞と哀策」(『中国詩文論叢』二六、二〇〇七)、同「柿本人麻呂の殯宮挽歌と中国古代の誄」(川崎市市民ミュージアム編『墓から探る社会』所収、二〇〇九、雄山閣)

（松原　朗）

宮廷挽歌と葬送儀礼

宮廷挽歌と葬送儀礼との関連を考察するにあたり、まず宮廷挽歌という概念について確かめておかなければならない。挽歌は後代でいえば哀傷歌にあたるものだが、哀傷歌は、そのほとんどが妻子・兄弟・朋友といった個人としての人の死を個人の立場から悼むものなのに対して、万葉挽歌のばあい、そのほかに、天皇や皇族の死を公的なたちばから悼むような作品を多く含む。そうした公的な挽歌は、宮廷社会の構成員の共通感情を代弁するものとなり、また必然的に儀礼的な性格を帯びるものとなる。万葉宮廷挽歌とは、そうした公的・儀礼的な性格を有する、天皇や皇族に対する挽歌のいいにほかならない。

万葉宮廷挽歌の展開過程をたどってみると、さきに述べたような定義にてらして、宮廷挽歌の始発を告げる作品としては天智天皇の死を悼む「近江朝挽歌群」があげられる。これを「初期宮廷挽歌」と位置づけてよいだろう。そのあとに、天武天皇死後の挽歌作品、さらには次代を代表する歌人柿本人麻呂による、天武天皇の皇子女に対する殯宮挽歌作品などが続く。こののち、奈良朝にも、皇族の死を悼む挽歌作品として、笠金村《かさのかなむら》による志貴《しき》親王挽歌や大伴家持による安積《あさか》親王挽歌などがあるが、そこには明らかな性格の変化が見てとれる。そのことはまた、それらの挽歌が実際に享受された機会、公表の場などの変化をもものがたるだろう。その意味では、万葉宮廷挽歌は人麻呂の作品において完成を見、かつ人麻呂の作品をもって終った、といっても過言ではない。その点に鑑みるとき、人麻呂の殯宮挽歌群こそ、宮廷挽歌の中核をなすものといえようし、葬送儀礼との関わりも、この殯宮挽歌を中心に考察されるべきだろう。

その殯宮挽歌とは、どういったものなのか。実は、『万葉集』中に「殯宮挽歌」という名称が出てくるわけではない。巻二の挽歌部に、いずれも柿本人麻呂によって制作された「日並《ひなめし》皇子尊殯宮之時」「明日香皇女木瓲殯宮之時」「高市《たけち》皇子尊城上殯宮之時」という記載を題詞に有する三つの長歌作品が収められている。「殯宮之時」にあたって制作されたということから、これらの作品を殯宮挽歌と呼びならわしているわけだ。しかし、この命名は大きな問題をはらんでいる。というのは、この名称からはこれらの作品が殯宮において誦詠されたかのようにとられてしまいやすいが、実際のところはどうだったのか、必ずしも明確ではないからだ。だが、この問題に取り組むためにも、殯宮挽歌以前の宮廷挽歌の性格をつかんでおく必要があるだろう。さきにも述べたように、宮廷挽歌の嚆矢と見られるのは天智天皇の死に際して制作された挽歌群(近江朝挽歌群)だ。この挽歌群(『同』二)は、題詞の記述から推定するに、天皇が危篤に陥って、ついに崩じ、遺骸を殯に付し、山科の山陵に埋葬するまでの期間に制作された作品をふくむ。その特徴としては、作者が大后をはじめすべて天智後宮などに仕えた女性たちだったという点だ。またその多くは、天皇としてというよりは、夫君としての天智の死を妻の立場から悼むというものになっている。したがって、その誦詠の場の性格は、ある程度まで儀礼的・集団的ではあっても、公的というには遠く、むしろ私的な、うちわのものだったといってよい。またそれは、『古事記』景行天皇段においてヤマトタケルの死後后妃たちが歌ったとされる「大御葬歌」を想起させる。西郷信綱の提唱した「女の挽歌」の伝統だ。ただ、これらの作品の中にあって、最後の額田王の制作にかかる「山科御陵退散挽歌」(『万葉集』二)は、天皇に仕えた人々の悲嘆のさまを、なかば客観的ともいえる筆法で描いており、次代の人麻呂の殯宮挽歌につながる様相を示している。しかし、年代的に次に来る宮廷挽歌は天武天皇崩後の挽歌(同)で、伝えられる作者はやはり女性(大后、のちの持統天皇)だ。ただ、このうちの長歌の実作者は柿本人麻呂だった可能性がある。古代的な代作のありようをここに想定することができるだろう。しかし内容的には、この挽歌も「女の挽歌」本来のありかたとして夫君の死を悼むものといってよいだろう。

そしていよいよ、殯宮挽歌が登場する。先にあげた三作すべてが男性のしかも専門的な宮廷歌人柿本人麻呂の手になる。また内容的に見ても、各作品により違いはあるものの、特に皇太子・太政大臣といった地位にあった天武天皇の皇子二人に対する挽歌のばあい、死者に直接仕える者というよりは、ひろく宮廷人全体の意志を代弁するかのような視座から発想されていて、ある時期に唱えられていたような「舎人の挽歌」的な内側からの描きかたはされていない。ここに殯宮挽歌の新しさが見てとれる。

この殯宮挽歌の、儀礼とのかかわりはどのようなものだったのだろうか。この時代の喪葬儀礼、なかんずく殯宮の儀礼については、『日本書紀』が天武殯宮に際してのそれを伝えており、安井良三によってその詳細な分析も行われている。しかし、二年二ヵ月にわたるその殯宮記事の中に、さきにあげた大后の挽歌の誦詠に関する記載はいっさい見られない。また挽歌作品の方にも、題詞に「天皇崩之時」とあるばかりで儀礼としての具体的な叙述の裏づけを欠く。そこに、殯宮挽歌は殯宮儀礼として誦詠されたものではなかったのではないのか、という疑念が生まれる余地がある。この問題を最初にとりあげたのは吉永登だが、その論は殯宮挽歌が殯宮儀礼とどのような関わりにおいて位置づけられるべきか、というところまでは及んでいない。

この問題を解く鍵は、初期宮廷挽歌(近江朝天智挽歌群)から得られるだろう。さきにも見て来たように、この挽歌群では作者が女性に限られている。ならば、女性は葬送儀礼においてどう位置づけられているのだろうか。この点に関して、『日本書紀』用明天皇元年条の記事が伝えるところの、敏達天皇の殯宮時に起きた事件が注目される。「夏五月、穴穂部皇子、欲奸炊屋姫皇后、而自強入於殯宮、寵臣三輪君逆、乃喚兵衛、重璅宮門、拒而勿入」とあり、これによれば、死者(敏達天皇)の近親女性は、殯宮の内部で直接遺骸に奉仕していたことがわかる。事実、かの天武殯宮では殯庭での儀礼に近親女性たちの姿は見られない。ならば、女性によって制作された挽歌はやはり殯宮の儀礼として(殯庭で)公表されたものではないのだろう。むしろ、女性たちが遺骸のすぐ近くで奉仕する殯宮の内部にこそ、挽歌の誦詠の「場」があったのではないか。死者を天皇としてというより夫君として悼む歌い方がそれを支持する。

では、こうした宮廷挽歌のありかたを受け継ぎつつ、一方でより公的性格を強め、「男の挽歌」として出現した人麻呂殯宮挽歌はどうなのか。「殯宮之時」という表示からは、その挽歌が殯宮(殯庭)で誦詠されたとも解される。またたしかに、そうした解釈が有力だったことも事実だ。殯に関する史学の側からのもっとも基本的な考察として知られる和田萃の研究もこの立場をとる。「女の挽歌」から「男の挽歌」への転換が、殯宮の表舞台での挽歌の誦詠への展開ということと重ねて解釈されたのだろう。だが、詳細を極めた天武殯宮記事に挽歌の誦詠の記事は皆無だ。殯宮挽歌の誦詠の場も、やはり初期宮廷挽歌と同様に殯庭での儀礼とは一線を画すものとして位置づけられなければならないのではないか。また一方、「女の挽歌」から「男の挽歌」への変化についても、その原因が考えられなければならない。そこには、挽歌を、ひいては葬送儀礼をめぐる状況の変化が想定される。すなわち、殯および殯宮儀礼の変質がそこに横たわっているのだ。いわゆる大化薄葬令(『日本書紀』大化二年(六四六)条)の浸透に伴い、殯宮の設営の方式に変化が生じたのではなかろうか。具体的には、従来は生前居所に設営されていた殯宮が、そこことは別の、陵墓の建設予定地に営まれる方式に変化したと思われる。そのことは、各殯宮挽歌やそれに付随する作品(『万葉集』二「日並皇子舎人慟傷歌群」)の表現から確認できる。日並皇子(草壁皇太子)のばあい、その殯宮は生前居所たる島の宮ではなく真弓(佐田)の岡に営まれている。高市皇子の殯宮もやはり、香具山の山麓、埴安の池に近い「香具山の宮」ではなく、「木上《きのへ》の宮」だ。明日香皇女のばあいまた然り。また、これは「殯宮之時」の挽歌の枠には入らないが、同時期の作の一つ、いわゆる「川島皇子挽歌」(同)のばあいも、歌い方から見て殯宮は生前居所とは別の地に設けられたと思しい。これらの地を単に葬地と解し、殯宮は依然として生前居所に営まれたと解する説が少なくないが、それは誤りで、生前居所とは別の地に殯宮が営まれ、それがそのまま埋葬の地と定められたのだ。

ではその時、殯宮の内部にあって死者に奉仕していた近親女性たちは、どうしたか。彼女たちは、女性としての立場上、生前居所としての「宮」を離れることができなかったのではなかろうか。かくして、「女たちの挽歌」の座は消滅を余儀なくされることになった。しかし、挽歌の誦詠はともかくとして、死者に奉仕する役割は誰が担うのか。そこに、同じく死者の生前に親しく仕えた、男性官人としての舎人が登場する。彼らは、近親女性に代わってもっぱら死者への奉仕を担う存在となった。そして、死者を悼む挽歌の制作をも受け持つに至ったのではないだろうか。このことを如実に示している作品が、先にもふれた、草壁皇太子の死に際して制作された「日並皇子舎人慟傷歌群」だ。この二十三首の短歌からなる歌群は、生前居所たる

「島の宮」と殯宮の設営地「真弓(佐田)の岡」との二つの地を表現上の「ここ」としている。そのことは、挽歌の誦詠の場自体もその双方にあったことをものがたっているだろう。生前居所と殯宮設営地との分離に伴い、「歌の場」も二つに別れたのだ。前者が挽歌の誦詠の地として維持されたのには、「宮」にとどまる近親女性たちへの報告と哀悼の「場」の共有、といった意味合いも含まれているかもしれない。

「真弓丘陵」と推定される奈良県束明神古墳

しかし一方で、天武・持統朝の王権伸長の気運は宮廷挽歌にも新しい役割を要求するに至った。より公的・儀礼的な(殯宮儀礼に伍するような)挽歌への期待だ。こうした状況に対応すべく誕生したのが、専門的宮廷歌人柿本人麻呂による殯宮挽歌だったのではないか。ただ、三作品の題詞には「殯宮之時」とあるから、これらが殯宮期間のいずれかの時点で制作され誦詠されたことはほぼまちがいないが、殯宮期間のいつ、またどのような機会に、そして何の目的で、すなわちどのような儀礼として誦詠されたのかが問題となる。これらの点に関しては渡瀬昌忠の究明の試みがあるが、特に機会・目的の点については(渡瀬は仏教行事との関連を重視する)まだ検討は尽くされていないように思われる。今後の課題とすべきだろう。

参考文献　西郷信綱『詩の発生』(一九六〇、未来社)、安井良三「天武天皇の葬礼考」(三品彰英編『日本書紀研究』一所収、一九六四、塙書房)、吉永登『万葉』(『創元学術叢書』、一九六七、創元社)、和田萃「殯の基礎的研究」(森浩一編『論集終末期古墳』所収、一九七三、塙書房)、渡瀬昌忠『柿本人麻呂研究島の宮の文学』(一九七六、桜楓社)、身﨑壽『宮廷挽歌の世界』(『塙選書』九六、一九九四、塙書房)

(身﨑　壽)

死と墓

死の意識　死を意識することはヒトとヒト以外の動物の境界を画すものだといわれる。この意識に基づいて人間の死は特別な意味での社会的・文化的領域のなかで起きる現象となり、これこそが人間の存在をその他の動物から質的に分かつごく少ない特性の一つだということである。近年の霊長類研究のめざましい進歩によって、ヒトと高等類人猿の垣根は、そのかなりの部分が取り払われてしまった。道具の使用といった文化に関わる面から、相互の他者認識に基づく社会関係の面に至るまで、人間的とされてきた文化や社会の基本的要素は、ヒト以外の高等霊長類ももっている要素の、質的というよりも量的な拡張にすぎないと思われるようになってきた。そのなかで死の意識は、ヒトの特異性を守る主張にとって、最後の壁ともいえるのである。

人間の死のあり方が他の生物の死と異なるのは、それが、さまざまに定義されうる肉体的な「死の瞬間」を越えたところで、広大な意味の領域をもっているからにほかならないからである。人間以外の動物でも身近な個体の死に対しては、明らかに特殊な、場合によっては悲しみといってよいような反応を示す。だが死者を意図的に葬るということは、ほかの点ではきわめて人間に近いチンパンジーでも行わない。またどのような動物でも、身にふりかかる生命の危険を回避する行動をとる。彼らが死を恐れているという言い方はある意味では可能である。しかし、彼らが自分たちの死後のことを思いわずらうということはありそうにない。死後残される者たちの生活を心配するとか、あるいは死後、自分は無となってしまうのか、それとも何らかの存在としてありつづけるのかといった問いに苦しめられることは、人間以外には考えられない。

文化における死の受容と解決　人間にとっての死とは、本来「死の瞬間」のみならず、「死の前」「死の後」を含む、大変幅広い領域を占める現象である。われわれは生活のなかで他者の死を見聞きすることによって、間接的ながら死というものを体験している。この体験によって、死の前も、死の後も、いわば同時に存在することになる。間接的な体験はまた、死についての語りを生み出す。われわれの知る死とは、基本的には死についてのこうした語りの集積の上に成り立っている。こうした集積が個々の民族なり社会なりがそれぞれの成員の間で共有している特有の文化のもつ死の意味を構成することになるわけである。文化によって死の受容のしかたが異なるということは、このことである。民族学は世界の各地から変異に富んだ死の文化的受容の例を報告してきた。それを大きく四つの主要な形式に分けてみたい。

㈠観念の中で個人の死を何らかの代替を用いて否定する形式。この形式は、霊魂の不滅、死後の世界(あの世)といった表象にはっきりと表現されている。多くの伝統社会でこれに類する考えが認められるが、哲学的には肉体と精神(霊魂)の二元論として今日に至るまで暗黙裏に受け継がれているともいえる。(二)儀礼行為による死への対処。死者を記念して遺族あるいは生者の共同体が大きな出費と労力を伴う儀礼を執り行う。それによって死者がこの世に生きていた証を世間に知らせることになる。(三)人が生きているうちにみずから大きな儀礼を開催したり、何か永遠に人々の記憶にとどまる功績なり事業なりを達成することによって、生の証を死後にまで残そうとする形式。地上に知られた巨石文化のなかには、こうしたかたちで儀礼の記念として建設されたものも数多くある。(四)個人を超える集団のなかに個人を位置づけることによって、個人の死を集団の永続性に置き換えるという形式。伝統的なアフリカの諸社会においては、こうした集団は親族の集団であったし、集団といえるほどはっきりとしたかたちをとらなくとも、子供や子孫を残すことによって、たとえば家とか血筋を保存するというのも、この形式の一つのあり方である。社会によっては、死者の「名」を新生児につけるといったことも同じ機能をもつ。

個別の文化がこれらの形式のうち一つだけを選択しているというわけではなく、社会構成や文化が複雑になればなるほど、複数の形式が並存している。注意したいのは、これらの死への対処形式はわれわれの時代と社会においても、なおも十分な意義を担っているということである。依然として多くの日本人は何らかのかたちで死後の存在というものに、はっきりとした形象を描くことはできないものの、実在性に近いものを与えている。そうでなくとも、生きているときの営為の結実が死後にまで残るという保証があることは、個人というものがしっかりと確立したといわれる近代人にとっても、大変大きな充足感を与えるものである。集団の存続による個人の死への対処法に至っては、高野山に作られた多くの会社墓の例をあげるまでもなく、日本人にはなじみ深いものといえる。各国にある無名戦士の墓、英霊の碑なども、国家が個人の死という断絶をみずからの永続性の名のもとに救済するという意図を表したものにほかならない。その意味では、人類の文化は、未開であれ文明であれ、その基本的な構えにおいては大差ないということができる。

死体の処理　上述の死の文化的受容の諸形式は個々の社会の具体的な葬制の前提となる論理のようなものであって、実際の葬制は死体の処理から、儀礼、他界観、社会における死者の位置づけまで含む総合的なものである。

葬制のなかで最もめだつ要素はさまざまな方法での死体の処理(狭義での葬法)である。火葬、土葬、水葬、風葬、鳥葬などが世界的に広く分布している葬法であり、それぞれ民族文化のまとまりとほぼ一致している。しかし文化史的に葬法の変化あるいは進化を位置づけることは困難であり、せいぜいのところ狩猟採集民のもとでは単純な死体の遺棄が、また初期の農耕民のあいだでは土葬が卓越しているといえる程度だが、この中でも変異はきわめて大きい。論理的に種々の葬法を見た場合、これらを死体の処理において死体の破壊をはかるものとその保存をはかるものとに分けることができる。大多数の社会においては、死体は何らかの方法で破壊される。火葬と土葬は一見大きく異なっているように見えながら、死体破壊を自然にまかせるか人為的に促進するかの違いがあるだけだともいえるのである。これに対してミイラの作成は典型的な死体保存の方法である。現代日本における火葬後の遺骨の安置は破壊と保存が相半ばしている例と考えることができる。これとの関連で興味深いのは、しばしば洗骨の実践を伴って行われるいわゆる複葬の慣習である。これは、死体は一時的に土葬・風葬などの処理を受け、その後肉体軟部の腐敗の完成を待って、あらためて骨部を保存するやり方である。複葬は死体の処理が時間的に長くかかることによって単純葬と区別されるが、その内実は死体の破壊と保存とを一連の儀礼的処理過程のなかで組み合わせることにある。

死体の処理から進んで、葬制全体の意味を分析するときに浮上するのは、死と死者にかかわる儀礼としてすべての葬制が含みもつ二面性である。葬制においては嫌悪すべきものとしての死とともに、情緒的愛着の対象としての死者が儀礼行為の目的にある。したがって、そこには死に対する忌避、死の穢れが拡散することを防ぐという要素が見られると同時に、それと相反するようにして親しき死者との別離の悲哀、あるいは死者との再会の可能性を強調的に表現するという要素が見られることになる。葬制が伴う演技の一部分として多くの社会に見られる儀礼的涕泣(しばしば雇われた泣き女による)はこうした悲哀の典型的な表現であり、また日本の盆行事のように死者をこの世に一時的に呼び戻す儀礼も死者に対する愛着という同様の心理的基盤に立つものである。一般的にいって死の穢れという観念は死体の処理段階で最も顕著に現れ、葬制の後半部では死者が祖先として生者とのつながりを維持するために必要とされる儀礼的措置が主要なものとなる傾向があるが、この葬制の二面性の現れ方は個々の文化によって相当異なっている。

葬制は通過儀礼の一つとして固有の時間的な構造をもっている。この構造を最もはっきりと表しているのは上述した複葬の例である。フランスの社会学者エルッは、ボルネオの原住民諸族の複葬の分析において、これが死者の肉体と霊魂、および生者という三者のそれぞれが安定から不安定へ、そしてそこから再びある種の安定へと移行するという段階的な構造をもっていることを明らかにした。彼によれば、これらの社会において死は瞬間的な出来事ではなく、一連の儀礼を通してはじめて完成される持続的な過程である。死者の肉体は洗骨をうけるまで、一時的に地上に安置されるが、その間、死者の霊魂は祖先の住む他界に入ることができずにこの世にとどまり、しかも生者にとって危険な存在であると考えられている。同様にこの期間は、生者が喪の禁忌を守らなければならない期間でもある。この移行期はしばしば盛大な祭を伴う洗骨の儀礼によって終る。死体が清められて骨部のみが保存されるとともに、死者の霊魂は祖先の世界に入って安住の地を見いだし、一方、生者は服喪を終えて日常生活に復帰する。ここに見られる構造は、この種の葬制が生と死の分離の強調だけで終ることなく、中間的移行期を経た後に、死者と祖先、服喪者と日常性といった統合の過程が

エルツの理論「死の集合的表象」

時の経過	経過としての死の始まり	中間的移行の時期	過程の最終段階と死の完成
死者(遺体)の様態	文化の定義に応じた死 (呼吸の停止など) 死体処理の第1段階 (土葬，地上葬ほか)	遺体の一時的保管 仮安置の継続 肉体軟部の腐敗過程の進行	肉体軟部の無化と骨化の完成 社会によっては洗骨を伴う最終的納骨
死者(霊魂など)の状態	肉体と霊魂の分離など	この世の近くにとどまる霊魂あるいは人格としての死者	あの世に落ち着くこと，往生
生者の共同体の社会的状態	成員の死による衝撃 強い禁忌 死のけがれの回避 最近親者の隔離など	謹慎などさまざまな程度での服喪の義務， 死者への供物	最終的な弔い挙げ， 場合によっては配偶者の再婚禁止の解除 死者のための最終的な祭宴

ロベール＝エルツは，伝統社会では死は瞬間的なものではなく，一定の期間持続する時間経過として現れる現象であると語っている．とりわけ東南アジア島嶼部やマダガスカルなどに見られる多くの民俗文化においては，死の時間過程が，死者の身体(遺体)，死者の霊魂あるいは死後も存続するとされる何らかの人格的存在，残された生者の共同体，という3つの要素が平行的に状態を変えてゆくとしている．これを簡略に表にすると，以上のようになる．

続くことを示している。複葬以外の葬制においては、生者の状態と死者の状態とのあいだにこれほど時間的な整合関係は見られない。それでも死者の霊魂が死後しばらくのあいだこの世に執着を残すという観念は一般的であり、また生者(遺族)が日常の社会生活に戻るために相当の期間を必要とし、この復帰にあたって死者と関係するなにがしかの儀礼(たとえば墓参、供物、法事)が行われるのも常である。

ヴァーチャルな死者と墓　人間の死の意味領域の中心には「死者」なる存在がある。これによって葬制は死体の処理にとどまることなく、長い過程として位置づけられるのである。個人としての死者を表象する仕方には、大きく分けて二つの類型がある。その第一は人間の全体的身体性をその部分によって表象することであり、第二は身体性に代わる別の全体性をもつ実体によって表象することである。前者を提喩的ないし換喩的な表象、後者を隠喩的な表象ということができる。いっさいの外的な表象によることなく死者への思念を内的想起(記憶)にゆだねることは、集合的な習俗としては不可能に近い。

第一のものに関しては、身体のあらゆる部分が全体を表象するものとなりうる。なかでも遺骨や遺灰といった死体の全体から生成するものは、たとえば生前に残された髪や爪のような本来的に部分的・周辺的であるものよりも、われわれの多くにとって死者の表象としては優位にたちうると考えられる。実際こうした死者の身体的表象のアピール力の強さにはうち消しがたいものがある。ミイラ作りの習俗は、身体全体を表象としてその可視的永続化をはかるという点で最も顕著な極をなすものだが、その対極にあって、通常は死体の破壊的処理と考えられる火葬の習俗、あるいは自然葬や散骨といった今日的な実践の試みにしても、死後のある一定の期間、残された身体の部位は処理対象としての単なる雑物ではなく、やはり死者を表すもの、あるいはそれ以上に死者そのものとしての取り扱いを受けるのである。それどころか、遺灰をわざわざ山や海に撒くという行為(いわゆる「自然葬」)には、単なる合理的処理という動機を突き抜けて、死者と同一視されるものとしての遺灰に対する過度の思い入れすら感じられる。提喩的・換喩的表象は隠喩的表象に比べてはるかに直接的な連関(連想)にもとづくだけに、文化的な特定性はおそらく弱い。そのぶん人類社会に広く認められる表象のあり方といえよう。

これに対して第二の隠喩的表象は文化的特定度の高い表象である。典型的には日本における位牌がそれである。位牌は物理的には文字記号の書かれた木片にすぎないが、場合によっては死者そのものといった扱いを受ける。こうした同一視の地平においては、隠喩的表象は死者の全体性そのものとなり、それゆえに死者が死者として今もあることを保証することになる。この現実はヴァーチャルな現実ともいうべきものであることに注意しよう。今日、インターネット上の「ヴァーチャル霊園」なるものがニュース、つまり新奇なものとして話題にされることもある。だがヴァーチャル性に関するかぎり、位牌は、あるいは仏壇、さらには個人名・家名を刻み込んだ墓碑・墓石でさえ、それとたいして遠いところにあるものではない。

死と社会　死は本来的に社会的な出来事である。どのような微少な個人の死であろうとも、そのことにかわりはない。そしてしばしば死は政治的な出来事でもある。死のあらゆるかたちの統制は最も政治的な事柄に属するし、ある個人の死は政治状況を変える。あるいは死は生き残った人によって政治的に使われる。アメリカ太平洋岸インディアンのもとで行われるポトラッチと呼ばれる財貨の大消費を伴う儀礼は、その消費によって政治的な卓越を求めるものであるが、本来は葬儀の一部として行われるものである。文化人類学者が「劇場国家」と形容した十九世紀のバリの王国で、すべての文化行為の頂点に位置するものが、王の火葬を伴う葬儀であることはさほど不思議なことではない。王権というもののあり様はおそらく本質的なところで死と結びついている。究極的な暴力としての死が、共同体の外に立ち、かつ共同体を支配する王の聖性の根源にあることは否定すべくもない。王権と死の最も直接的な結合の例が、マダガスカル島の旧サカラヴァ王国に見られる。この国の真の統治者は現職の王ではないといわれていた。彼の地位は名目的なものにすぎず、しかもこの世にあって一時的なものである。王国にかかわる重大事にあたって、最終的決定は死んだ先代以前の王たち、つまり現王の先祖の言葉によってなされる。いわば、これらの死んだ王たちこそが本来の王であり、生きて王であることは真の王になるための一里塚のようなものなのだ。死んだ王の言葉を伝えるのは霊媒者である。こうした意志決定のあり方は、国政にまでかかわった古代ギリシアのデルフォイ神託のようなものである。ちがいはアポロンの地位にあるものがかつての王だということである。サカラヴァ王は死によって神となり、神として現世の政治に関与するわけである。

葬制と死の問題　葬儀(葬制)という演出された時間があればこそ、生きている人々にとって死は外因的・経験不可能なものであることを止め、人間の経験領域の内部にある何ものかになる。さまざまなかたちでの死後の生を説く宗教的他界観もまたしかりである。だが、その有効性の及ぶところが無限だとは思えない。イスラーム教徒のジャワ人は葬式に臨んで死への無感動ともいえる態度をとるという。それをジャワ文化における社会秩序と精神秩序に関する理念(しばしばジャワ教とも呼ばれる)あるいは運命論的思考から解き明かしていくことはできる。だが、宗教儀礼の場においてあからさまな悲嘆の表現を欠くことが、はたして無感動と呼ぶにふさわしいものなのか。こうした素朴ともいえる問いかけは、結局のところ、われわれの語るべきものが死という出来事なのか、それともそれを契機とする葬儀という演出的儀礼なのかというところに帰着してしまうことになる。ここでいえる一つのことは、葬制によって死の全問題領域の解決をカバーするわけではないということである。儀礼やそれと結びついた死者観・他界観でも覆いきれない死の領域は、実際現実の生活過程のおりおりに姿を現わすことになる。ある人類学者は、肉親の死に際してさえ平静な態度で臨むことが美徳とされるジャワ人のあいだで、墓地の移転に伴う遺体の掘り起し作業中に直面する屍臭が惹き起した嫌悪と衝撃について語っている。本来ならば人の目に触れることのない腐敗過程にある屍体の出現が、統制のきかない死の姿をつきつけ、ジャワ人の構えとなっている自己防壁をつき崩してしまったのである。文化のほころびともいうべきものを表すこの出来事は、たしかに儀礼的に演出される機制の限界を示している。

世界中のすべての宗教は、死の問題を教えの中心においている。その意味では「葬式宗教」と揶揄される宗教こそが最も宗教らしい役割を果たすものである。だが、おそらくはそれすらも、死の広大な意味領域のわずか一角を占めるにすぎないのである。

参考文献　Maurice Bloch and Jonathan Parry, eds., Death and Regeneration of Life, (Cambridge University Press: 1982)、森山工『墓を生きる人々』(一九九六、東京大学出版会)、大林太良『葬制の起源』(『中公文庫』、一九九七、中央公論社)、ナイジェル＝バーリー『死のコスモロジー』(柴田裕之訳、一九九八、凱風社)、ロベール＝エルツ「死の宗教社会学」(板橋作美・内藤莞爾・吉田禎吾訳、『右手の優越』所収、二〇〇一、筑摩書房)、内堀基光・山下晋司『死の人類学』(『講談社学術文庫』、二〇〇六、講談社)、Effie Bendann: Death Customs(Kegan Paul, Reprinted: 2007).

(内堀　基光)

墓のない民族と葬法

墓と呼ばれる場所あるいは構築物の機能には大別して二種類ある。一つは何らかのかたちで処理された遺体あるいはその一部をそこに収納するという機能であり、もう一つは遺体との関連はないが死者の印としての機能である。これを遺体収納の墓、死者の標としての墓とまとめておこう。日本の民俗習慣では埋め墓と拝み墓に位置のちがいがある両墓制のようなものであるといえば、わかりやすいだろう。両墓制は墓の二種類の機能が別個に存在している例である。これに対して、日本民俗学で単墓制と称されるものの場合、一つの墓が両方の機能を同時に果たしていることになる。一方、第一の遺体収納の機能を十分に果たしていても、それが死者の印としてはさほど意味をもたない場合、墓の定義によっては、これを墓とは考えないこともありえよう。たとえば死体を表土の下に埋葬処理(土葬)した後、一切その場の保存あるいは管理、あるいはそこへの訪問をしない場合がそれである。とりわけそうした場所が集中しておらずに、個々の死者ごとに分散している場合には、この場所はまったくそれとして標《しるし》づけられないものとなり、時を経ずして一般の場所と変わりないものになるからである。

このように見ると「墓をもたない」あるいは「墓を作らない」という習俗は、二つ以上のかたちに分けて考察する必要がある。最も強いかたちが、㈠上記の二機能の場所あるいは構築物のどちらをも欠く場合であることは明白であるが、弱いかたちのものとしては、㈡遺体を納める場所・施設を欠くが、死者を記録する施設(構築物)を有するというかたちと、㈢逆に遺体を納めた場所はあっても、それが時間的耐久性をもたないかたちの二つを分けなければならない。さらにこれらの三つのかたちに加えて、㈣遺体収納と死者記録の二機能、あるいはその一方をもつ場(構築物)が、本来的にまた日常的に他の機能を果たすものである場合、を挙げる必要もあろう。これら複数のかたちを分別しなければならないのは、墓という言葉が思いのほか多義的だからである。

この多義性を表す最古の考古学事例がイラクのシャニダール洞窟から発掘されたネアンデルタール人骨の例である。この遺骨が儀礼的な取り扱いを受けた証拠のある最古の死者として喧伝されたのは一九七〇年代のはじめであった。有名になった「最初の花人 the First Flower People」という称号の由来は、洞窟内の人骨の傍に見出された花粉の存在である。花を供された遺体＝死者という現代人の理解のなかで落ち着きのよいイメージを喚起したわけだが、その後四十年間の多岐にわたるネアンデルタール人論争は、象徴的にはこの「花人」イメージの否定(破壊)と部分的な回復とのあいだの振動によって代表されてきた。焦点は花粉あるいはその元となった花が自然に風によって運ばれてきた可能性が高いということであった。その論争の個々を追いかける余裕はないが、あえて現時点での中間的到達

沈黙の塔（イラン　ヤズド）

点を要約すると「ネアンデルタール人は死体の埋葬はしていたが、それを儀式的な取り扱いとしたのは現生人類であるホモ＝サピエンスになってからである」といったことになろう。ではシャニダールの洞窟はこの地のネアンデルタール人にとって墓といえるのかどうか。すべては墓の定義にかかっているわけである。

上記㈠から㈣のいずれのかたちによるにせよ、「墓をもたない」という言葉を使いうる習俗は、風葬、火葬、水葬といった、遺体の無化ないし遺棄を強調する、あるいはそれをめざす処理という意味での葬法との結びつきが強いとはいえる。だが傾向としての結びつきは弱いが、後述するように土葬においても「墓をもたない」といいうる場合もあり、また風葬・火葬などにおいても、死者を標づける墓が作られることは多い。したがって葬法と墓の存否を一義的に論じることはできない。また現代日本社会で広がりを見せつつある散骨・自然葬は、㈡の意味での墓を欠く葬法ということになるが、これが㈠のかたちのものとなるかどうかは未だ判然としないところがある。

厳密な意味での鳥葬とは、ハゲタカやハゲワシなどの肉食鳥に死体の処理をさせることを意図して死体を特定の場所に置く葬法のことで、現代ではチベット人と西インドのムンバイ近郊に住むゾロアスター教徒パールシーのあいだで見られるものだが、チベット人のあいだでも燃料用の木が豊富な地方では火葬が頻繁に見られる。チベット人が鳥葬をする場合、死体を山上に運んで解体し、鳥が肉部を食いつくしたのち骨を埋葬するのが普通であるが、ときにはさらに骨も砕いて食物と混ぜて鳥に与える。このように死体の全部を鳥に食いつくさせる方法は富裕な階層で行われることが多い。パールシーは死体を不浄なものとみなし、土葬あるいは火葬は不浄が拡散させるものとみなす。鳥葬はこれを回避するための最良の方策と考えられていて、泥や石で建てた円筒形の塔の内部に裸の死体を横たえ、鳥が食べたあと残った骨はそこで風化させる。この塔は「沈黙の塔」と呼ばれるが、遺体の処理場ではあっても墓ではない。チベットおよびパールシーの場合は、上記(一)および(二)の意味で「墓のない」民族であるといってよい。これらの鳥葬は、チベット仏教あるいはゾロアスター教の教義に取り入れられているとはいえ、習俗としては中央アジアの遊牧民における死体遺棄から発達したものとの説がある。現実に、教義内容をのぞけば、死体遺棄あるいは風葬と鳥葬との境界は後述するように連続的である。

死体の処理の方法としての火葬には著しい特質がある。いうまでもなくそれは死体を徹底的に破壊、消滅させる最も効果的な手段だということである。火葬を行う動機はこの特質に関連している。先史時代のインドに起源をもつ系統の火葬は、死体の消滅によって魂が迅速に浄化されることを動機としていると思われる。これが現代の仏教、ヒンドゥー教にも継承されている。そのほかにも、敵や妖術師の危害から遺体を守るため、移動民のあいだで保存に便利なように灰のみを残すため、あるいは死者の害力を除去するため、といった理由から火葬が行われる。ベトナムの少数民族マン＝コック人のもとでの火葬は焼畑農耕による移動と関連づけられているが、火葬と焼畑農耕の結びつきは一般的ではない。先史青銅器時代では、黒海北西部に住んでいた農耕スキタイ人のもとでの火葬がよく知られているが、遊牧スキタイ人では墳墓が作られていたことから、遊牧移動と火葬の関連も一義的に語ることはできない。東南アジアではボルネオ島の南部に住むマアニャン人で火葬の習俗があったが、これは歴史時代におけるヒンドゥー教(あるいは仏教)の影響かと考えられている。このほか北米・中米の多くの先住民社会のもとでも、火葬はかなり頻繁に行われていた。火葬によって死体が完全に滅却される場合には、いうまでもなく遺体を納めるという意味での墓は存在しない。遺体の一部が焼かれた骨あるいは遺灰というかたちで残される場合にも、ヒンドゥー教徒のあいだで見られるように、河に流されるなどして破棄されることが多いが、しばしばその一部が壺に入れられて保管される。この場合には墓の構築を伴う火葬ということになる。マアニャン人の火葬は、死後一定期間にわたる仮安置を経た後、複葬の最終段階で行われたものであり、遺骨の一部は親族の遺骨とともに保存された。仏教における火葬は、タイなど上座部仏教社会では死体の滅却が基本であり、したがって死体収納の墓も存在しない。それに代わって、死者の存在を証し標づけるものとして、仏教寺院の建物の内部に記念品や写真を置いたり、境内に仏塔を建てて菩提を弔ったりする。上述のようにこれをもって墓とみなす考え方もありうることを指摘しておきたい。

古代から中古にかけての日本の宮廷貴族の火葬も同様のものであり、墓に代わって寺院そのものが建立されたりもしたのである。その点では現代日本における火葬は、広大な墓地を確保することの困難さや衛生学的見地が理由であり、一般的に遺骨(遺灰)を家族墓に収納する点で、本来の仏教系火葬とは性質を異にするといわざるをえない。

火葬に近い含意をもつ葬法に水葬がある。これは死体を海または陸水に流したり、沈めたりする葬法であり、航海民にしばしば見られる舟葬を含む。メラネシアの諸民族やアメリカ＝インディアンのあいだで散発的に見られる。死体を舟に乗せて流す例はポリネシアの諸民族で見られる。さらにその変形として、バイキングは死体を舟に置き、舟ごと焼くという水葬と火葬の混合形態を採り入れていた。太平洋のビスマルク諸島では、生前とりわけ人々に愛されていた人の遺体は舟に乗せられて沖合に運ばれ、そこで舟とともに海中に沈められた。チェロキー＝インディアンは死体を近くの川に流していた。このほか特殊な場合として、チベット人のあいだでは罪人やハンセン病を患っていた人あるいは妊娠中の女性の遺体を川に投げ捨てることが行われていた。ガンジス河に流すことを最良の葬法と考える現代ヒンドゥー教徒の場合も同様であり、水が自然的にも超自然的にも浄化作用をもつと信じられていることに基づいて行われている。いずれの場合も、火葬における以上に遺体収納という意味での墓は存在しないことになる。

墓をもたないとされる民族の葬法として典型的なものは、死体を野や藪のなかに放置する風葬である。棺を用いない場合は死体放棄による葬法ともいいうる。死体を洞窟内や森林、野原、山上などに放置し、自然の腐敗にまかせ、あるいは野鳥や野獣が食いつくすままにして処理する。結果的に死体は野鳥や野獣によって食われることになる点では、鳥葬との区別はあいまいである。風葬はエスキモー(イヌイト)の一部、シベリアに住む若干の民族などの狩猟採集民、チベット人や一部のモンゴル人、ボルネオの狩猟採集民、東アフリカのケニアの遊牧民マサイ人などの牧畜民のあいだで行われている(あるいは、いた)。マサイ人のあいだでは、遺体はアカシアなどの「涼しげな樹」の下に置かれ、夜中にこれがハイエナによって略取されて、翌朝にはなくなっていることがよいこととされている。これらの民族では死者の標としての墓も存在しないことが普通である。マサイ人に言語・文化的に親縁のケニアのチャムス人のあいだでは、少なくとも現在では居住地に近い地点での土葬が一般的になっているが、土葬地点はいっさい管理保持されず、死者とその埋葬場所との結びつきは人びとの記憶から時を経ずして消えてゆく。先述した㈢の意味で墓がないといえる例である。

参考文献　ラルフ、ソレツキ『シャニダール洞窟の謎』(香原志勢・松井倫子訳、一九七七、蒼樹書房)、ナイジェル＝バーリー『死のコスモロジー』(柴田裕之訳、一九九八、凱風社)、Effie Bendann: Death Customs(Kegan Paul, Reprinted: 2007)

(内堀　基光)

アフリカの墓

植民地化以前のサハラ以南アフリカにおいて諸王国で営まれた王家の墓は、地域固有の文化的遺産である。他方、そうした諸王国を除いて、多くの社会では、死体処理のプロセスにおいて恒久的な墓の造営は必ずしも不可欠の条件ではなかった。そして、墓への埋葬をふくむ広義の死体処理法について、言語圏や文化圏を単位にした単純な地域間比較をすることはできないことが、サハラ以南アフリカの諸社会を比較した二十世紀初頭の古典的研究において指摘された。すなわち、ミイラづくりの技術をもつ社会が西アフリカにみられる、水葬がマダガスカルやその対岸地域ならびにナイル川やコンゴ川の上流地域にみられる、といったおおまかな地域的傾向を把握することがなされた。しかし、そのほかの地域においても類似の死体処理法がみられるし、逆に同一社会の内部での多様性も観察された(たとえば死体処理法における支配者層と平民層との区別)。樹上葬や台上葬、野外放置による死体処理については、さまざまな地域に不規則に分布していた。

同一社会内部での死体処理法の多様性の実例として、たとえば二十世紀初頭のチャガ人(タンザニア)は既婚男性のみを小屋の内部に埋葬した。埋葬の二年後に遺骨を掘り起し、バナナ畑内の聖地に移動した。子孫がいない大人の死体は所有物とともに原野に放置され、若者と子どもの死体はバナナ畑におかれた。埋葬後に掘り起された遺骨のうち頭部は地表におかれ、それが土地に対する子孫たちの権利を示すものとされた。土地を不当に使用する者に対しては、そこに葬られた祖先が制裁を加えるものと考えられていた。野外放置による死体処理については、たとえば伝統的に埋葬慣行をもたないキプシギス人(ケニア)の事例がある。だが、キプシギス人は、遺体を放置することで死者を忘却していたわけではなく、死者の名を新生児に与えることで、死者は祖先として子孫に記憶された。小馬徹は、キプシギス人にとって子供の身体こそが墓石に、子供の名前が墓碑銘にあたると述べている。野外放置による死体処理と子孫への名付けによって死者を祖先として記憶する点は、二十世紀初頭のメル人(ケニア)も同様である。メル社会では植民地化以降に遺体の埋葬が義務づけられたが、現在でも墓が長期にわたって保全されることはなく、時間の経過とともにその存在自体が忘却される。

フォーテスは、タレンシ人(ガーナ)の社会では、死の事実によって死者が無条件に崇拝の対象としての祖先になるわけではないことを指摘した。サハラ以南アフリカの他の諸社会についても、上記のキプシギス人の事例と同様に、死後に適切に処理されることで死者(死霊)が祖先(祖霊)になると考えられているとする民族誌的報告は多い。そうした社会では死亡直後の比較的迅速な死体処理(たとえば埋葬)とは別に、死者に祖先としての地位を与えるために時間をかけて特別な葬送儀礼を行うこと

メル社会の墓(ケニア　イースタン州イゲンベ地方，2012年８月)

時間の経過とともに存在が忘却されていく墓(同)

がある。

アフリカには、被埋葬者の社会的属性によって埋葬体位を区別する社会がある。たとえば、一九七〇年代のグシイ人(ケニア)は、女性は母屋に向かって右側の「女の庭」に、男性は左側の「男の庭」に埋葬する。また、埋葬する際の遺体の置き方は、男性は左脇を下に、女性は右脇を下にする。これは、夫婦間での性交渉の体位と同じである。グシイと同様に、性交体位と埋葬体位が一致する民族はほかにもある。一九七〇年代のカンバ人(ケニア)は、死後一日は小屋内に安置し、死後二日目に死体から「死」を取り除いたうえで屋敷地内に埋葬される。七日目に儀礼的性交(カンバ社会では、出産・割礼・死などをめぐる儀礼において性交が力の根源とみなされ、儀礼を完了させる力を与える手段とされている)が行われて葬式が完了する。死を取り除いた死体は危険な存在ではなくなるため、屋敷地内に埋葬できる。埋葬する際、男性は入口から中に向かって右側、女性は左側に埋葬される。グシイとは逆に、男性は右手を下に、女性は左手を下に、横向きの姿勢で埋葬される。出戻り女性や未婚女性は叢林に埋葬される。

シハナカ(マダガスカル)の人々は死後に集合墓に埋葬される。特定の個人が死後に埋葬されるべき墓は、双系的に系譜をたどることによって行き着く複数の「祖先の墓」のうちどれでもよい。そのいずれになるかは個々人の死においてはじめて確定する。他方、日常生活を統制する規範として父・母のいずれかを通じて単方的に継承される「祖先の禁忌」は、それだけでは被埋葬権の決定の原理にはならない。このように、社会関係に無限の広がりを与える双系出自(被埋葬権)と、居住によって規定される単方的な親子間の継承関係(祖先の禁忌)とは明確に区別されている。森山工は、シハナカ社会において個々人が特定の墓とのつながりを得る過程を、情緒的要因に着目して考察している。

植民地化以降、サハラ以南アフリカ各地の死体処理法にさまざまな変化が生じた。たとえば、植民地行政による公衆衛生政策の一環として、野外放置による死体処理が各地で禁止され、棺使用・埋葬の義務化と墓穴の深さについて法律で規制されるようになった地域もある。伝統的に埋葬慣行がなかったケニアのベーレ社会では、植民地化以降、土地所有権の証として祖先の墓の存在が重要視されるようにもなった。

参考文献　大森元吉「二次葬の社会学的意味」(『アフリカ研究』五、一九六七)、松園万亀雄「グシイの葬礼」(『同』一八、一九七九)、M・フォーテス『祖先崇拝の論理』(田中真砂子編訳、一九八〇、ぺりかん社)、上田冨士子「ウクー儀礼」(和田正平編『アフリカ』所収、一九八七、同朋舎出版)、小馬徹「夫の父を生む妻」(『月刊アフリカ』三四ノ一二、一九九四)、森山工『墓を生きる人々』(一九九六、東京大学出版会)、加藤泰『文化の想像力』(二〇〇一、東海大学出版会)、松園万亀雄「民族誌と個性」(『社会人類学年報』二八、二〇〇二)、R. Lee and M. Vaughan: Death and Dying in the History of Africa since 1800, Journal of African History. 49(2008).

(石田慎一郎)

東南アジアの墓

東南アジアの墓制について一般化するのは容易ではない。東南アジアとは、共通の諸属性に裏打ちされた文化的統合体であるというよりは、ASEAN諸国を中心とした地域的かつ政治・経済的なまとまりとしての性格をより強く持つからである。それぞれの土地での土着信仰とバラモン＝ヒンドゥー的観念が混合した基層文化を持つという点は、(一部地域を除けば)おおむね共通しているが、歴史的な過程においてさまざまなタイプの宗教がそこに覆いかぶさることにより、各地で多様な文化的ヴァリエーションが生み出された。墓制についても同様である。

イスラーム系、仏教系、キリスト教系の各宗派がもたらした強い影響はもとより、華人系の移民が持ち込んだ道教的、あるいは朱子学的な世界観や慣行もまた、華人との通婚関係を持つ諸集団の墓制に色濃く反映されている。さらに、数の上では希少だが、これらの大宗教と一定の距離を置いてきた、各地の先住民や少数民族が培ってきた独自の慣行にも目を向ける必要があろう。ここでは安易な一般化は避け、相対的によく知られた三つの地域の墓および墓制について紹介するにとどめる。

首都ジャカルタを擁すインドネシアのジャワ島のムスリムは、やはりイスラームの教義に則った墓制を持つ。まず、死とは神の審判を経ての再生へ向けた機会であり、墓とは審判を待つための仮の居場所である。そのため、なるべく早く審判を受けるために死後二十四時間以内に土葬されることが望ましい。火葬は審判前に地獄の業火で焼かれることを意味するために、強く忌避される。墓地は、白い花をつけるフランジバルの木々(遺体を食べにくる動物が嫌う臭いを発するとされる)に囲まれている場合が多く、またメッカの方向を向く。沐浴を受けた上で白布に包まれた遺体は、体の右側を下にして横向きに、そして頭がやはりメッカを向くかたちで墓穴に安置される。通常はその上に板蓋をしてさらに土を盛り、一定の供養期間を経てそこに人体大の直方体の墓石を置く。イスラーム圏の大半の地域では通常墓標は一つだが、インドネシアのムスリムの墓では、墓石の上の頭側と足側の二ヵ所に墓標が取り付けられることが多い。一般的にムスリムはその死生観に基づき遺体や墓には拘泥せず、墓参を行う地域は少ないが、ジャワのムスリムの間ではラマダーン(断食月)の前後に墓参を行うことが慣習化している。

原始仏教を最も忠実に受け継いでいるといわれるタイの上座仏教徒の間では、現在でも輪廻転生にまつわる観念が諸儀礼に色濃く息づいており、葬儀もまた、死者が滞りなく輪廻のサイクルに入っていくための遺族による介添えという側面を強く持つ。遺体浄め、死装束の着装、霊界での路銀としての口中への金銭含ませ、棺開き、糞掃衣《ふんぞうえ》(タイ語では「バンサクン」)の献上、そして火葬に至るまで、そこには一連の洗練された儀礼的手続きがある。対照的に、遺灰の処理はいたって簡素である。現生における魂(ウィンヤーン)の容れ物に過ぎなかった遺体に

仏教寺院内の共同納骨塔（タイ）

対して強い執着を持たないことからも、火葬後の遺灰の処理もまた鷹揚であり、一般的な意味合いでの墓や共同墓地は存在しない。多くの場合、遺灰の一部は花とともに川へ流され、残りは仏教寺院の境内にある小仏塔（チェーディー）や門柱、壁に故人の遺影とともに埋め込まれるか、あるいは遺族によって自宅で保管される。

フィリピンのカトリック教徒の間では土葬が主流であり、地下墓、地上墓の双方があるが、雨季の地下浸水を考慮して地上墓を作るケースが多い。一人につき一つの棺と墓標を用意するが、用地不足もあり、棺を上下に重ねて配置することも少なくない。裕福な家庭の場合には、前面に鉄格子が施された一軒家のような霊廟を建て、そのなかに複数の棺を並べることもある。家族の絆が何よりも強く強調されるフィリピンのカトリック社会にあっては、墓がそうした絆を強化する重要な機能を担っている。十一月一日の万聖節には、各地に散らばった家族が墓参のために帰郷し、墓の前で会食をしながら故人を偲び合う。

参考文献　プラヤー＝アヌマーンラーチャトン『タイ民衆生活誌』二（森幹男訳、一九八四、勁草書房）、Henri Chambert-Loir and Anthony Reid eds., *The Potent Dead* (Allen & Unwin: 2002)、中島マリン『タイのしきたり』（二〇一二、めこん）

（綾部　真雄）

南米の墓

今から一万年以上前に南米に移住した人類はインカ帝国に代表される古代アンデス文明を創りだした。強大な支配者のいる社会では、権力を示す巨大な墓が作られることが多い。しかし南北四〇〇〇キロの広大な範囲の約一千万の人々を治めたインカ帝国の王の墓は作られなかった。その遺体はミイラとされ、祭の時に担ぎ出され、生前と同じように臣下に傅《かしず》かれた。

アンデスにおけるミイラ製作は、紀元前五八〇〇年ごろからペルーの南海岸からチリの北部海岸の砂漠地帯で栄えたチンチョーロ文化に遡る。伸展葬で顔に泥のマスクが施された。

紀元前三〇〇〇年ごろからペルーの海岸地帯を中心に大規模な神殿建設が始まる。紀元前八〇〇年ごろに大改造された、ペルー北部高地に位置するクントゥル＝ワシ神殿では、中央基壇の床下に四つの墓が作られた。断面がブーツ形をした土坑墓で、座位屈葬の遺体と冠や耳飾りなどの黄金製品を含む副葬品が奥の墓室に置かれ石でふさがれた。四人同時に亡くなったのではなく、すでに死んでいた人のミイラが、新たな神殿の建設に合わせて埋められた建立儀礼と考えられる。埋葬されたのは神官を含む社会の重要な役割を担った人々であったろう。また同神殿では神殿更新に伴い墓を作るという行為はその後も継続し、黄金製品を伴う墓だけでもさらに四基確認されている。

神殿のような基壇型建築物に墓が組み込まれるというパターンはその後の時代にも繰り返し認められる。ペルー北海岸に繁栄したモチェ王国(一―八世紀)では多くの伸展葬の墓が見つかっている。簡素な土坑墓から日干しレンガで作られた墓室まで墓の作りに差異が認められる、階層化社会であった。最も荘厳な墓はランバイェケ川流域に位置するシパン遺跡の日干しレンガで作られた複数の建造物の一つから見つかった。墓は伸展葬で耳飾りなどの大量の黄金製品を伴っていた。墓の建設と同時に建物の改修も行われており、同じ建物の中で十基以上の墓が見つかっており、建築の改修も少なくとも六回はされている。一人の被葬者の墓として単独の建物が建設されたわけではない。

同じくペルー北海岸に繁栄したシカン王国(八五〇―一三七五年)の首都バタン＝グランデには、日干しレンガ製の建造物が多くある。その中のロロ神殿の麓で巨大な仮面、投槍器などの黄金製品を含む墓が見つかった。墓よりもまず神殿が先にあり、それに付随し、建物の一部をなすように墓が建設された。

先スペイン期の最終期に台頭したインカ帝国でも、首都クスコの中心を占めるのは神殿であり、政治的権力を表す王の宮殿や墓は明確ではない。代わりに身体そのものを強調するミイラ製作が行われた。各王のミイラは親族集団パナカによって管理された。他の人々は、山地では洞窟やチュルパと呼ばれる地上式の塔状墳墓に埋葬された。チュルパは平面の形が四角や円形であり、多くは東に窓状の出入口を伴い、そこから遺体を出し入れした。足を折り曲げた姿勢で布を巻かれて縛られたミイラ

ペルー　クティンボ遺跡のチュルパ（インカ期（1400-1532）の塔状墳墓）

は、一基のチュルパに複数安置された。しかし副葬品の種類などに階層差を認めることはできず、均質であった。海岸地帯では、ミイラは地下式の集合墓地に埋められたが一つの包みの中に二体以上の遺体が入れられた場合もある。

チュルパの起源は、インカの祖型とされるワリ国家（六―十世紀）の時代に遡り、ペルー北高地を中心に首都ワリ遺跡では複数の部屋が連結された地下式構造があり、支配者層の墓と考えられている。

このようにアンデスでは、政治的権力を示す物質的装置として大規模で荘厳な墓が単独で作られることはなかった。建築物や工芸品などの物質的表象は権力よりも儀礼と結びついていた。権力を示す富の概念は一義的に労働力に関係し、富は支配下に何人の人々がいるかで示された。墓は権力よりもまず祖先崇拝とつながっており、それが各文化で異なった形で表現された。荘厳な墓であっても、神殿などの建築物に組み込まれる形で建設されており、副次的であった。

インカ帝国はスペイン人に征服され、その植民地支配下で、キリスト教が布教された。先住民はそれまでの埋葬習慣を放棄することを余儀なくされ、腕を胸の前で交叉させた伸展葬というキリスト教式の埋葬を受け入れ、教会の墓地に埋められた。

（渡部　森哉）

参考文献　T. D. Dillehay, ed, Tombs for the Living (Washington D.C: Dumbarton Oaks Research Library and Collection: 1995)、関雄二・青山和夫編『岩波アメリカ大陸古代文明事典』(二〇〇五、岩波書店)

ケガレ

人間が社会生活を営む上で経験する死や出産、月経といった重大な生命現象などに対して、人間が抱く感情や観念に対する総称であり、日本の学術用語である。関根康正の指摘のとおりケガレ観念は死への観念を最基底におくと考えられるため、以下では死を中心に考える。まず、ケガレの捉え方には大きく二つの立場、ケガレを不浄とは異なる観念とする立場と、その点が不明確かあるいは両者を同一視する立場があるが、前者の立場によらなければケガレは捉えられない。その理由は、ケガレと観念される事態は生きていれば必ず起り必ずそれに対処する人間が存在するからであり、ケガレを担う人間の立場に立つ時、死を決して「汚らわしい」ものとはしない前者の考えが当然現れてくるからである。片仮名のケガレを不浄の意味を含まない語として用い、不浄の意を含む漢字の「穢」と明確に区別するのは前者である。この立場の代表である関根は、「人が死んだ」「人が生まれた」という現象そのものへの観念をケガレとし、本来驚きの感情を含む、肯定も否定もない観念だと捉えるが、社会のあり方により、死を否定し排除する不浄の観念が現れるという。タミール語のティーットゥ(死、出産、初潮、月経)や韓国済州島のビリダ(人と動物の死・出産、月経、火事、神事前の肉食)はケガレにあたる現地語である。関根はインド南部タミルナードゥ州の一村落において、大多数の人々の行動の基本に、不浄とは異なるケガレ観念を見いだしている。たとえば、村の神には動物の死を伴う供犠を行い、火葬よりも土葬を選ぶ。葬儀では強いケガレが観念される死者の供物のお下がりを共食したり、強いケガレ空間である出棺後の死者の寝室で儀礼を行なったり、死者の手に握らせた種子を大地に蒔いて豊作を祈る。また未亡人の再婚も否定せず女性への不浄意識が薄い。このように死や死者に積極的に触れ女性のケガレも否定しない実態があり、これらは、インドのカースト制社会には浄不浄の観念が貫かれているというルイ＝デュモンの見方では到底捉えきれない。これら不浄とは異なるケガレの観念や経験が蓄積された習俗をケガレの文化と呼べば、日本の殯《もがり》(本葬前、仮安置の死者への儀礼)や沖縄や奄美の別れ遊びやナーチャミー(死後直後の墓参)、喪屋生活(葬式後近親者が長期間村外れで別火生活する)も含まれ、沖縄・奄美では、記紀神話が描くイザナミのように刻々と腐れゆく死者に、臭気の中で語りかけ歌いともに過ごした。喪屋や女性の産屋や月経小屋は不浄観ゆえの隔離小屋ではなく、死者とともにケガレた近親の、籠もりの場だった。洗骨(埋葬ないし風葬後、遺骨を取り出し洗い改めて納骨する)も、時に十分に白骨化せず血肉と腐臭を伴う骨にも触れ洗うことを厭わず、死を骨化まで見届けた、ケガレを生きる文化といえる。世界に分布する複葬(洗骨を含む)を、エルツは死の開始から終了までの「あいだの期間」(ケガレの時間)を長く大切にする文化と捉えている。この観点から火葬は、その時間を短縮させケガレの経験は希薄となる。

しかし一方で、死や誕生の事態に対して、それを不浄とみなす観念が現れる。九世紀前半の『弘仁式』による穢の定式化(死・産、六畜の死・産、肉食などの穢の内容と忌む日数の規定)は、ケガレの不浄化を示す。さらにケガレは実体化する。しかし本来ケガレは観念であり実体ではなく、M・ダグラスが、ケガレは「みるものの眼の中に存在するにすぎない」と述べたように、主体が認識してはじめて成立する観念であった。それが日本や韓国では気体のイメージを持ち、はじめは日数を経れば消滅するとされたが、次第に物質化して観念され(『続日本後紀』承和三年(八三六)条に名詞の「穢」が初出)、こうして不浄化・物質化したケガレと職業上・生活上共存した人々(出産や月経を経験する女性、人間や動物の死に関わるインドの不可触民、斃牛馬を屠り細工した日本の穢多や朝鮮半島の白丁など)が継続的な不浄の存在とされ、不浄化・物質化したケガレが血筋により継承されるという意識が形成され、「生まれながらにして不浄な民」なるきわめて差別的な表現も生まれた。しかし「不浄の民」「永続的不浄」の表現は、浄不浄の価値観で序列化するカースト制度下の上位カーストや、一元的支配と清浄化のため浄不浄観念を強めた日本の天皇貴族や寺社勢力など、支配する側、差別する側の見方に過ぎずその実体などない。差別の社会的あり方はケガレが不浄化する個々の社会の実態から追究される必要がある。

葬儀における埋葬(1978年，韓国済州島西帰浦市，姜昭全提供)　強いケガレを伴う埋葬を共同体全体が担う．

ケガレは社会の中で生きる人間が生む観念である。社会を「人と人、人と自然の間で結び合う関係の総体」と定義すれば、ケガレとは、人と人、人と自然の関係の安定(秩序)が、人や身近な動物の死・出産、病、失火、天災などにより、揺らぎ崩れたと人が感じる時の観念である。死に直面した人間は、かけがえのない人との関係の喪失からその存在の重みに気づき、大切な遺体が自然に帰ってゆく変容を見つめながらその人生を心に刻み、亡き人との絆の証としてあの世や魂を感じ、哀悼の心から文学や歌や音楽を生み出し、死を生に繋げた。社会の文明化、近代化により人間はケガレの観念や経験を弱めているが、人間社会を支えたその基本的意味を思い出す必要がある。

[参考文献]　関根康正『ケガレの人類学』(一九九五、東京大学出版会)、阿部年晴・綾部真雄・新屋重彦編『辺縁のアジア』(二〇〇七、明石書店)、新谷尚紀・関根康正『排除する社会・受容する社会』(二〇〇七、吉川弘文館)

(網野　房子)

死の担い手

社会生活において死を担うことがとりわけ重大視されたことは、日本の伝統社会では葬式と火事が、村八分の八分に含まれない最重要の相互扶助の項目であったことからもわかり、死は、どんな状況下でも助け合わなければ乗りこえられない非常な事態だった。そうした死への重い感情は、ケガレの観念に表現されており、死の現場の担われ方にもこのケガレ観念が深く関わっている。韓国済州島においてケガレとは、不浄とは異質の、死や出産に対する脅威の観念を意味する（現地語はビリダ）が、死者の遺体こそ、ケガレの源泉と捉えられ、葬儀の参加者の死の担い方を決定づけ、脅威の念ゆえに危険な状態をつくる原因になるとされた。死者が出ると、地域社会は遺体を中核に一定の範囲がケガレと観念される時空間となり、そのただ中で遺族、友人とケガレ空間内に住む近隣の人々、宗教者の三種類の人々が死を担う。死を担うことにおいて最も重要なのは遺体への関わりで、強いケガレが観念される横たわる遺体には近親者が寄り添い続けた。出棺後は、遺体の移動とともにケガレの空間は移動し、最後は遺体の埋葬地たる墓が強いケガレの場になる。棺担ぎと墓掘り・埋葬など遺体に触れ近接する仕事は、家族・親族とともに近隣男性が担う。日本でも湯灌や墓掘りが葬儀で最も重く危険な仕事とされるのは、この遺体へのケガレ観に起因するが、重要なことは、危険な遺体や墓を家族・親族はもちろん一般の人々も忌避しなかったことだ。喪家（死者の家）や埋葬地は状況（神儀礼参加、厄年など）により人間に災いをもたらす危険な場所だと認識しながら、人々はそういう危険な場に身を置き続けた。日本でも韓国でも湯灌（朝鮮で襲）は近親、墓掘りは近隣男性の仕事で、専業者の登場は日本ではごく最近だった。近隣女性たちは、一見男性に比べ遺体に接近しないが、ケガレ空間での共同飲食こそ葬儀において遺体に次ぐ関心事であり、喪家での食事準備はケガレ空間の中での大仕事であった。最後に、済州島の死の担い手として宗教的職能者シンバンの役割も重要で、シンバンは埋葬後も強いケガレ観の残る死者の部屋で口寄せと死のケガレの祓いを行う。土着的信仰が消滅しつつある現在も、最重要視されている根強い慣習だが、遺族や近隣住民は死者をよく知る馴染みのシンバンとともに、たった今墓に埋葬された死者との喜怒哀楽の生活を振り返り、感情を吐露し、苦しみを乗りこえようとした。涙と対話によるシンバンに対し、韓国全羅道の宗教者タンゴルは遺体を前に置き、遺体・生者・霊魂に向けて歌舞音曲を捧げ見事な芸能を創造した。そしてこれらの口寄せや歌舞音曲も専門的職能者の専売特許でなく、奄美では共同体成員自身が、死者との対話を歌にして死を悼み宗教者の役割を担った。煌々と火が灯る喪家を花札遊びで賑わす韓国の慣習も、共同体成員の遊びによる死の担い方の一つといえる。

こうしてみると、伝統社会では専業者だけが死の担い手ではなかったといえる（古く『魏志』倭人伝には他人は歌舞音曲と飲酒を担うとあり『日本書紀』にも高彦根は「汚穢《けがらわ》しきに憚らず」に弔うのが朋友の道だと語る）。遺族はもちろん近隣の人々も、死のケガレによる身の危険を感じながら、遺体に触れ関わり、ケガレの食事をともにし、ケガレを分配して担うことで死を乗りこえようとした。新谷尚紀は、遺体の処理には、共同体内で当番制で分担する方式（自前処理）と特定の職能集団に委託する方式（他者依存）の二つがあり、日本での三昧聖への委託は、天神地祇の祭祀を基盤とする天皇・貴族中心の朝廷権力とその後の公武政権と顕密体制の権力の影響を受けた近畿地方特有の社会的事情によるという。死穢忌避は神社祭祀における清浄性確保の拘束により現れるとの関沢まゆみの指摘からも、死穢忌避を理由に死を専業者へ一任する方式は特定の歴史的社会的条件から形成されたもので、人間本来のあり方とはいえない。洗骨に関し家族や親族の非専業者が担う韓国や沖縄に対して専業者が関わる社会との相違、宗教者が死を担う者と死を忌避する者へ分化する社会（沖縄本島のユタとノロ）と分化しない社会の差違などの問題には、歴史的社会的背景からの解明が必要である。日本の葬祭業者の成立は明治期であり、湯灌を専門に扱う会社もごく最近誕生したという。共同体の相互扶助機能の衰えや自宅死から病院死への変容を背景としながら、死は、次第に葬祭業者により一元的に担われるようになり私たちから遠いものになっていった。しかし、そのような中で平成二十三年（二〇一一）三月十一日東日本大震災は起った。石井光太の『遺体』、吉田典史の『震災死』は、震災の現場で遺族、消防団員、警察署員、医師、歯科医、防災学者、潜水士、市役所の職員、民生委員、救助犬調教師などさまざまな人々が死に対処した姿を伝えるが、これはまさに前述した地域社会の共同体成員による死の担い方と重なる。死の担い手の問題は、ケガレ観のあり方とも関わる社会の共同意識や連帯のあり方に注目して考えてゆく必要がある。

参考文献　酒井正子『奄美歌掛けのディアローグ』（一九九六、第一書房）、新谷尚紀『柳田民俗学の継承と発展』（二〇〇五、吉川弘文館）

（網野　房子）

葬儀における墓掘り（1978年，韓国済州島西帰浦市，姜昭全提供）　強いケガレに触れる仕事．神事参加が制限され，病になることもある．

葬送と阿弥陀堂

奥州藤原氏清衡は阿弥陀如来のもとで眠る——中尊寺金色堂では、本尊阿弥陀如来像のすぐ下、須弥壇の中に清衡の遺体が安置されている。平安時代、人々は死後の極楽往生、つまり阿弥陀如来の浄土に往生することを切に願い、多くの阿弥陀堂を建てた。それは仏の空間であり、現世を生きる者が来世を祈る場である。そして、ときに死者のための空間ともなった。

極楽往生のための祈りといえば、阿弥陀の周囲を行道しながら念仏を唱える、常行堂での常行三昧(不断念仏)がよく知られる。常行堂は、中央に阿弥陀如来像を安置する求心的な平面形態をとり、平安時代に数多く建立された一間四面の阿弥陀堂はその展開形とされる。しかし、阿弥陀堂は念仏の場だけでなく、多様な意味をもつ、豊かな空間が展開したことを見落としてはならない。

たとえば、平等院鳳凰堂(天喜元年(一〇五三)建立)の建築と園池からなる造形は、『観無量寿経』にもとづいて現世につくりだされた極楽浄土である。同経には極楽往生のための修行として、極楽浄土のさまを観想(イメージ)せよと説かれているが、外観としての鳳凰堂は、まさにそのための建築といえよう。しかし、鳳凰堂の意味はそれだけではなかったと考えられる。

堂内の壁と扉には九品往生図(臨終のとき極楽浄土から阿弥陀と菩薩たちが迎えに来るさまを九つの階級であらわしたもの)が描かれている。さらに、須弥壇に安置された本尊阿弥陀如来像と周囲の壁にとりつけられた雲中供養菩薩像(雲に乗って奏楽・舞踏する菩薩の小像)も、仏後壁画と一体になって九品往生の世界をつくりだしていると考えられる。すなわち、鳳凰堂の中に入って礼拝する者は、本尊と雲中供養菩薩像からなる阿弥陀聖衆来迎に抱かれることになる。こうした彫像からなる来迎世界は、京都の即成院の阿弥陀二十五菩薩像にもみることができる。

また、定印を結ぶ本尊阿弥陀は、両界曼荼羅にあらわれる密教の阿弥陀で、その胎内には密教の阿弥陀法という行法にもとづく心月輪が納められている。雲中供養菩薩像には密教の菩薩の名前が記され、堂全体で九品曼荼羅・阿弥陀五十二身像(阿弥陀仏五十菩薩像とも呼ばれる)という密教の阿弥陀曼荼羅をも構成していたと考えられる。すなわち、阿弥陀堂は極楽往生を祈る阿弥陀法のための密教の阿弥陀曼荼羅でもあった。こうした阿弥陀曼荼羅としての阿弥陀堂は、往生極楽院(三千院)本堂にもみることができる。建立の翌年、鳳凰堂には宣旨によって四人の阿闍梨がおかれたが、その中に真言密教の覚源もいた。彼らは、鳳凰堂で読経や供養法(密教修法)など顕密の行法で、願主の極楽往生を祈っていたと考えられる。

ところで、これら二つの阿弥陀曼荼羅は『覚禅鈔』などの図像集にとりあげられ、当時広く知られていたのであるが、絵画作品としては一つものこっていない。おそらくは、経説のみで

平等院鳳凰堂内部

伝わったものが、阿弥陀曼荼羅として阿弥陀堂を建立する際の典拠になっていたと考えられる。

また、九体の阿弥陀如来像を安置する九体阿弥陀堂は、『観無量寿経』に説かれる九品往生にちなんで建立されたとみなされる。なかでも、白河天皇の御願寺である法勝寺や、堀河天皇の尊勝寺の九体阿弥陀堂では常行堂と同じ不断念仏が修されていた。尊勝寺阿弥陀堂では、中尊のまわりに行道路を設けるため、須弥壇が分割されていた。通説にいうような建築形式の近い一間四面の阿弥陀堂ではなく、まったく異なる九体阿弥陀堂に常行堂の空間が取り込まれていたのである。さらにこれらの阿弥陀堂では、九体の阿弥陀それぞれに護摩壇を設ける、密教の九壇阿弥陀護摩も修されていた。

このように、顕密のさまざまな行法によって極楽往生が祈られた阿弥陀堂であるが、特に異彩を放つのが中尊寺金色堂(天治元年(一一二四)建立)である。この阿弥陀堂には三つの須弥壇があり、それぞれに阿弥陀如来像が安置され、そのすぐ下には奥州藤原氏三代すなわち清衡・秀衡・基衡の遺体が納められている。

そもそも、仏堂が墓所とされることは、京都ではしばしばみられることであった。仏堂と墓所との結びつきは、藤原道長が木幡浄妙寺の藤原氏歴代の墓所が荒廃していることを嘆き、先祖の極楽往生のため、ここに滅罪の法華三昧を修する法華堂を建てたことに始まるといえよう。

法金剛院三昧堂では、その「石穴」に待賢門院の遺体が安置された(『台記』久安元年(一一四五)八月二十三日条)。後白河法皇もみずからのために蓮華王院東の法華三昧堂を用意していた。ところが、建春門院滋子が急死し、ここにはその遺体が埋葬された。待賢門院の葬送にならい、遺体は法華堂の下を掘って「石辛櫃」に納められたといい(『玉葉』安元二年(一一七六)七月十日条)、待賢門院の「石穴」も床下の石櫃となろう。

塔に埋葬される事例もある。白河・鳥羽・近衛の三天皇はいずれも鳥羽の塔の下に埋葬された。これらのうち鳥羽天皇の塔では法華三昧が修され、法華堂としての意味をもそなえていた。

では、堂塔での葬送は具体的にどのようなものだったのか。久寿二年(一一五五)の藤原宗子(関白藤原忠通の室)を事例として(『兵範記』同年九月十六日条)、当時の葬送の作法について記した『吉事次第』『作法集』で補いながらみていくことにしよう。

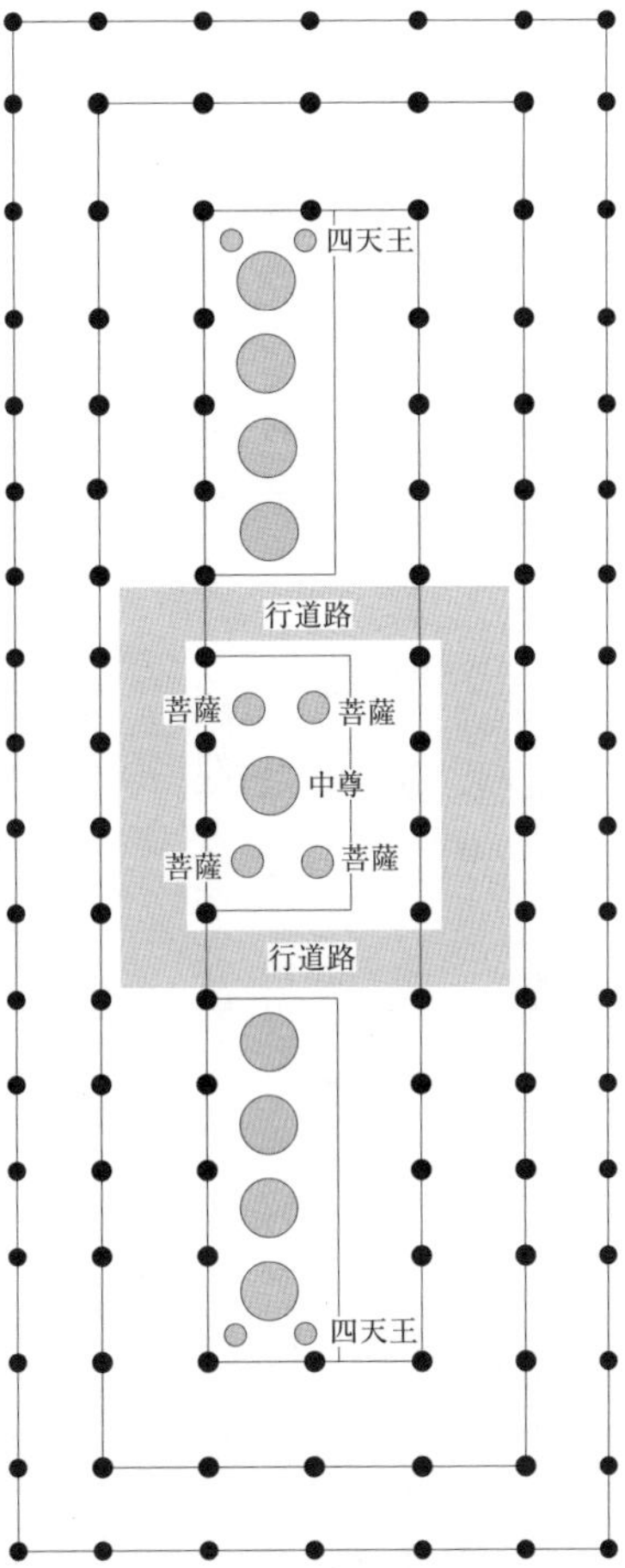

尊勝寺阿弥陀堂空間構成概念図

宗子の遺体は火葬されず、棺のまま法性寺東の山の塔の下に埋葬された。『吉事次第』によれば、臨終後まず御座を北首になおし、御衣・袈裟を着せ、念珠をもたせる。遺体が筵の上にある場合はそのまま、もし畳の上にある場合は畳表の筵を切り取り、筵をもって棺に遺体を納める。筵の上に枕がある場合はそのまま棺に入れる。

宗子の入棺では、遺体とともに御衣、袈裟、御裳、素服、糸針の私筥、念珠、そして経典や真言が納められた。女性の棺には衣服、枕、墨筆、針筥などを、男性ならば男の衣服、枕、弓箭、太刀、墨筆を入れるとされる。

次に、梵字を書いた野草衣《やそうい》で遺体を覆い、頭と胸、足の三ヵ所に土砂を散じた。野草衣は曳覆《ひきおおい》曼荼羅ともよばれ、『作法集』には小野の真言密教僧仁海が藤原頼通のために書いたとされる。悪魔を降伏し、臨終に際して阿弥陀の来迎を受けるためのもので、行者は常に身につけていなければならない。曳覆曼荼羅は鳥羽天皇や白河天皇の葬送でも確認できる。後世には民衆にも広がり、版本の曼荼羅や版木がいくつも伝わっている。

棺に入れられた土砂は、滅罪・往生のため密教の光明真言によって加持されたもので、『往生要集』の著者源信(九四二—一〇一七)も参加した念仏結社である二十五三昧会においてすで

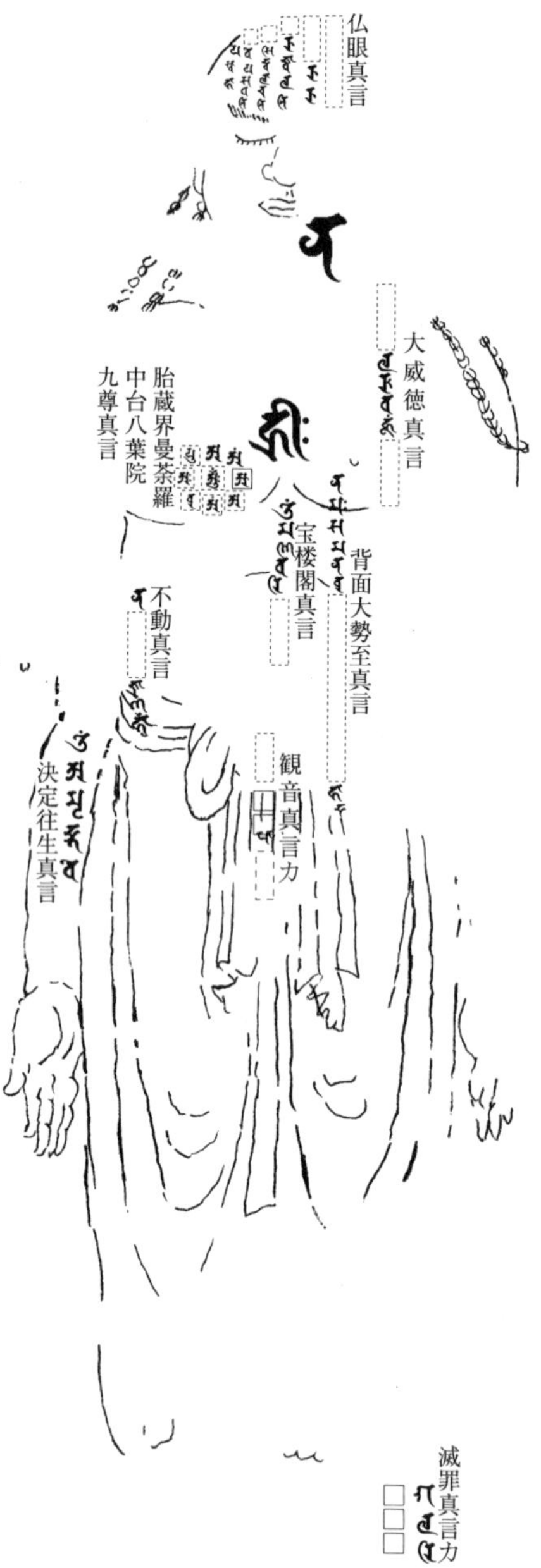

中尊寺金色堂藤原清衡棺曳覆曼荼羅書起図

になされていた。『作法集』には、生前から加持した土砂を小箱に入れて仏前に安置し、念仏を唱えるとされる。

宗子の棺を塔まで運ぶと、塔の中では仏壇の板を取り払い、その下の穴に北首に納めた。そして、板の蓋をした上に石の蓋をかぶせ、白土を築き固め、さらにその上を石灰で塗り籠めた。埋葬が終ると、仏壇の上に三尺の阿弥陀如来立像を安置した。この仏像は臨終念仏の本尊であり、日頃から枕元で五色の糸を引いていたという。阿弥陀如来像と五色の糸で結ばれるのは、『栄花物語』に語られる法成寺阿弥陀堂での藤原道長と同じである。塔とはいえ、ここは被葬者を極楽浄土に導く場であった。

一方、金色堂はといえば、その遺体が同じ東北地方の即身仏とも重なり、ミイラ信仰と結びつけてとらえられてきた。しかし、棺の中の遺品を詳細に検討していくと、清衡の葬送は京都の貴族の葬送と同じであったことがわかる。

まず、清衡の棺に納められていた曳覆曼荼羅である。この曼荼羅には剃髪し、下半身のみに衣をまとい、静かに目を閉じて眠る男が描かれ、頭部から足に至るまで多くの梵字が記されている。これらの梵字は、『作法集』に仁海が藤原頼通のために書いたとされる曼荼羅と同じなのである。また、清衡棺の底にはかなりの量の砂があったとされ、これは光明真言で加持された砂を入れる葬送の作法によるとみなされよう。

次に枕の下面では全面に畳目がつき、藺草らしきものも付着していたという。清衡棺の敷物は畳表とみられ、この点も『吉事次第』に説かれた入棺作法と一致する。医学的調査においても、清衡の遺体に大がかりな処置がほどこされたことは確認されておらず、畳表を切って、そのまま棺に納められたとみるのが妥当である。そして棺には太刀、刀子が納められていたが、これも先にみた男性の副葬品に一致している。このように清衡の葬送は、当時の京都の貴族と同じであったとみるのが妥当なのである。

清衡棺の遺品からは、金色堂で本尊阿弥陀の前に加持された土砂を置き、曳覆曼荼羅を身につけ、念仏をとなえる清衡の姿が想像されよう。くわえて注目すべきは、須弥壇の四隅に立つ巻柱、すなわち四天柱に描かれた菩薩である。

菩薩像は各柱に十二体ずつ、計四十八体ある。これらの菩薩像については、胎蔵界曼荼羅の諸尊に共通するもの、あるいは似ているものがあるため、胎蔵界曼荼羅とする説があった。しかし、胎蔵界の菩薩に一致しないものがあり、さらにはまったく同じ姿の像が何度もあらわれることから胎蔵界曼荼羅とは考えられず、阿弥陀の四十八願になぞらえて独自に描かれた尊像と推定する説も提示された。とはいえ、阿弥陀四十八願を菩薩像としてあらわした事例も知られていない。

図像的な特徴や、同時代の阿弥陀堂と阿弥陀曼荼羅の関係からみて、金色堂巻柱の諸尊は、図像的な典拠のない阿弥陀仏五十菩薩像(五十二身像)を、胎蔵界曼荼羅の諸菩薩を参考にして創作したと考えるのがもっとも妥当であろう。金色堂では、本尊阿弥陀三尊および四天柱の四十八菩薩からなる阿弥陀曼荼羅を本尊とした阿弥陀法によっても、清衡たちの極楽往生が祈られたと考えられるのである。

とはいえ、金色堂には京都の貴族と決定的に異なるところがあった。それは遺体との距離である。京都の貴族は、藤原宗子の入念な埋葬にみるごとく、遺体と堂塔は空間として完全に隔離されていた。それに対して中尊寺金色堂では、阿弥陀堂の地下ではなく、阿弥陀のすぐ下、つまり堂内に遺体がある。金色堂では仏の空間と、死者の空間が一体化している。

その後、死者と仏の距離はさらに近づく。山中忠親の母の遺骨は大日如来像の胎内に納められ、高野山遍照院の仏堂に安置された(『山槐記』保元三年(一一五八)九月二十九日条)。ここにおいて、死者は仏と一体化している。以降、遺骨や歯・遺髪を、大日をはじめ阿弥陀や地蔵など仏像の胎内に納めることが広がっていく。

このように堂塔や仏像に納められた遺骨を、仏舎利のごとくとらえる説もある。しかし、実際には法会などで遺体が舎利としてあつかわれた事例は確認されておらず、葬送史の中で、極楽往生や即身成仏など別の視点から実証的に検討する必要があろう。

参考文献　冨島義幸「九体阿弥陀堂と常行堂」(『仏教芸術』二八三、二〇〇五)、同『平等院鳳凰堂』(二〇一〇、吉川弘文館)、同「中尊寺金色堂再考」(入間田宣夫編『兵たちの極楽浄土』所収、二〇一〇、高志書院)

(冨島　義幸)

近世大名家の墓所・霊廟

近世における大名家の墓所・霊廟は、領国支配の象徴であった城郭と同様に、死後もなお藩主の存在を領国内に示すものとして重要な施設であった。徳川将軍家においては、初代家康を「東照大権現」としてまつった日光東照宮（元和三年（一六一七）創建）を筆頭に、菩提寺である芝増上寺と上野寛永寺に、歴代将軍や夫人の墓所が造営されたが、全国の諸藩においても、城下町の菩提寺や近郊の山麓に壮大な墓所が営まれた。

徳川将軍家の墓所を特徴づけるのは、霊をまつるための霊廟（霊屋《たまや》）が建てられた区域と、遺骸を埋葬した区域が別々に設けられている点で、日光東照宮の場合、壮麗な社殿群（本社）が配置された一郭とは別に、奥まった位置に家康の墓所（奥社）が設けられ、家康の神柩を納めた宝塔と拝殿が建てられている。二代秀忠以降も同様で、霊廟と墓所は別々の区域に設けられた。

それに対して、地方大名家の場合は、基本的に一つの区域に墓所が設けられており、尾張藩徳川家の源敬公廟（承応元年（一六五二））のように、墳丘墓と拝殿（焼香殿）の組み合わせになるものから、仙台藩伊達家の瑞鳳殿（寛永十四年（一六三七）、戦災で焼失）のように、伊達政宗の木像を安置した御影堂の前面に拝殿を備え、日光東照宮のごとく華麗な装飾で彩ったものまで、その形式と形態は各藩さまざまである。

現存する大名家墓所の建築については、昭和五十年代から始まった近世社寺建築緊急調査の成果により、その全体像が把握されるようになったが、その多くは、方一間から方三間規模の霊屋のなかに石塔を納めた形式である。造営のピークは近世初期の慶長（一五九六―一六一五）・元和年間から寛永年間にあるが、将軍家でも八代吉宗以降は新規の霊廟が建設されなくなるように、近世後期になると霊屋の簡素化や合祀化が進む。

たとえば米沢藩上杉家では、元和九年に上杉景勝が没すると、城外の武器屋敷（現在地）を上杉家代々の墓所と定め、以降、十一代斉定（一七八八―一八三九）までの歴代藩主の霊屋が建てられた。霊屋はいずれも方一間で、内部には石造の五輪塔が納められ、十一棟の霊屋が整然と横一列に並んでいる。

初代景勝から七代宗房までの葬儀は火葬とされ、墓所には入母屋造の霊屋が建てられ、高野山清浄心院にも遺骨と位牌が納められた。五代吉憲の場合、遺体は一昼夜にわたって墓所で荼毘に付されたのち、日を改めて葬儀が行われ、死者を納めた龕を中心とした葬列が、多くの見物人の見守るなか菩提寺の法音寺を出発して葬場へと向かった。こうした葬礼自体が、藩主の権力を再認識するための象徴的な儀式であった。一方、八代重定以降は土葬へと変更され、それに伴って霊屋も簡素な宝形造となり、高野山への納骨も行われていない。

上杉家にかぎらず、近世初期には多くの藩主の墓所が、中世以来の信仰に従って高野山にも設けられており、大名家の墓所は決して国元だけで完結していない。参勤交代によって多くの時間を過ごした江戸にある菩提寺もまた重要な墓所である。十八世紀末にはおよそ八割の藩が国元と江戸の双方を葬地としており、大名家の墓所としては、国元・江戸・高野山という複数の場所を複合的に捉えることの重要性が指摘されている。

一方で近世後期には、地域における歴史意識の高まりのなかで、地誌の編纂や石碑の建立とともに、藩祖の顕彰を目的とした墓所の整備が行われるようになる。明和七年(一七七〇)の洞春公(毛利元就)二百年祭をきっかけとした藩祖元就の墓所修復に始まり、歴代藩主や遠祖の墓所を創出していった長州藩の例は、その代表的なものである。

上杉家墓所(山形県米沢市)

こうした近世後期の歴代藩祖の顕彰事業は、幕末の神仏分離の流れを受けて、藩祖をまつる神社の創建として展開する。上杉家の上杉神社、前田家の尾山神社、毛利家の豊栄神社、島津家の照国神社など、明治時代初期から二十年代にかけて、旧大名家の先祖をまつる神社が各地の城下町に誕生している。

米沢を例にとると、明治九年(一八七六)、旧城址に現在の上杉神社の母体となる社殿が竣工する。これを受けて、長らく城内の御堂にまつられていた上杉謙信の遺骸は、城外の上杉家墓所へと移され、謙信の霊屋を筆頭に歴代藩主の墓を従える配置へと改造されている。現在の上杉家墓所の景観は、上杉神社の創建を受けて近代に改変されたものなのである。

これらの神社創建の背景として共通しているのは、廃藩置県に伴って旧大名家が東京に移住したのち、国元の旧藩士らの請願によって創建されている点である。地域支配の象徴であった旧大名家の葬礼を失ったことで、新たな地域統合の装置として必要とされたのが、藩祖をまつる神社であった。かつては藩主の葬送儀礼が担っていた領国内の支配を確認するという機能は、城下町の近代都市化のなかで、藩祖をまつる神社の祭礼として受け継がれていくのである。

参考文献　村上訒一『霊廟建築』(『日本の美術』二九五、一九九〇)、坂詰秀一監修『近世大名墓所要覧』(『考古学調査ハンドブック』四、二〇一〇、ニューサイエンス社)、岩淵令治編『江戸の都市と文化』(『史跡で読む日本の歴史』九、二〇一〇、吉川弘文館)

(青木　祐介)

外国人墓地

外国人専用の共同墓地の歴史は、西欧諸国との交易が始まった近世初期に遡る。元亀元年(一五七〇)、長崎が貿易港として開港すると、長崎にはポルトガル船に加えて中国船も入港するようになり、中国人たちはキリスト教会の支配が弱い港の対岸地区に多く住むようになる。慶長七年(一六〇二)、彼らは長崎唯一の仏教寺院であった稲佐山の浄土宗悟真寺を菩提寺と定め、その裏山の一角を彼らの墓地とした。これが現在の稲佐山国際墓地の原点である。中国人墓地のなかで確認される最古の墓碑は、寛永四年(一六二七)に埋葬された蘭見江のものである。

慶長十四年には、平戸に東インド会社によるオランダ商館が設置されるが、当時の商館日誌には、亡くなったオランダ人は「会社の島」に葬られていたと記されている。これも最初期の外国人墓地と捉えてよいであろう。この島は、近年の調査で平戸市田平町沖の横島に比定されており、商館の付属施設とみられる遺構が確認されている。

その後、幕府が鎖国政策を進めるなか、寛永十八年には平戸のオランダ商館が閉鎖され、商人たちは長崎の出島へと移転させられた。当初は陸上での埋葬が認められず、遺体は水葬に付されていたが、承応三年(一六五四)に幕府から埋葬の許可が下りると、悟真寺の中国人墓地に隣接してオランダ人墓地が設置された。しかし、当時は墓が荒らされることを懸念してか、埋葬後、数日のうちに遺体の埋葬場所がわからないようにされたと、オランダ商館付きの医師ケンペルは記している。墓碑の設置が許可されるのは貞享元年(一六八四)のことで、現存するオランダ人の墓碑では、安永七年(一七七八)に亡くなったオランダ商館長デュルコープのものが最古である。

出島でのオランダ人の葬儀の状況は、安政二年(一八五五)に長崎に滞在したリンデン伯の回想録をはじめ、複数の記録に残されている。オランダ人が亡くなると、棺は船に積まれて出島から対岸の稲佐山へと運ばれ、オランダ商館長や商館員、御検使、通詞らの一行は別の船で後に従った。山の中腹にある悟真寺まで棺が運ばれると、中国人僧侶によって葬儀が営まれ、そののち寺で茶菓がふるまわれたという。禁教下にあっては、仏式の葬儀によらざるを得ない状況であった。

外国人墓地開設の第二の画期は、幕末の開港である。安政五年の五ヵ国条約により、すでに開港していた箱館(函館)に加えて、長崎・神奈川(横浜)・新潟・兵庫(神戸)に開港場の設置が定められると、艦隊の水夫や攘夷事件の被害者の埋葬問題をきっかけに、各地で墓地の整備が求められるようになった。

横浜では、文久元年(一八六一)に元町増徳院の境内を中心とした区域が外国人専用の墓域とされ、以後、段階的に拡張を重ねていった。これが現在の山手の外国人墓地にあたる。長崎では、それまでの悟真寺に加えて、文久元年に外国人居留地のある大浦地区に新たに墓地が開設された。神戸と大坂では慶応三年（一八六七）に、函館では明治三年（一八七〇）に、それぞれ諸外国との交渉のなかで墓域が定められた。

　こうして各開港場で外国人墓地が整えられていくが、その性格はコスモポリタンと呼べるもので、「国籍や宗教の違いによって絶ち切られることのない居留民の間の絆を記念するもの」というイギリス公使オールコックの言葉に象徴されている。国籍や宗派による区画が存在するとしても、それは便宜上のものであって、排他的なものではなかった。各地の外国人墓地の研究が、膨大な墓碑の解明にもとづいた文化交流史的視点からなされているとおり、墓碑の一つ一つに、居留地という限られた区域で活動していたさまざまな国籍・宗派の外国人たちの社会の歴史が刻み込まれている。

明治時代初期の横浜外国人墓地（『ファー＝イースト』明治4年（1871）8月16日号より，横浜開港資料館所蔵）

　例外的なのが、中国人墓地の存在である。横浜では、当初中国人は西洋人と同じ山手の墓地に埋葬されていたが、埋葬習慣の違いもあり、明治六年には居留地から離れた根岸村の土地に、独自の中国人墓地が開設される。これが現在の中華義荘にあたる。彼らの埋葬習慣とは、帰葬あるいは回葬と呼ばれるもので、「骨を故山に埋める」という落葉帰根（葉が落ちれば根に帰る）の思想に支えられていた。一度は埋葬されるものの、それはあくまで仮のものであり、数年に一度、迎えの船が来ると棺を掘り起し、故国へと送り返していた。横浜では古くは明治十一年の記録があり、神戸でも明治二十一年を初回として、昭和十一年（一九三六）までに六回実施されている。現在ではこの風習はみられないが、それは日本生まれの中国人が増えたことで、落葉帰根から落地生根（地に落ちて根を生やす）の時代へと変わったことの現れといえる。

参考文献　岸上興一郎『海港場横浜の民俗文化』（二〇〇五、岩田書院）、木下孝『長崎に眠る西洋人』（二〇〇九、長崎文献社）、斎藤多喜夫『横浜外国人墓地に眠る人々』（二〇一二、有隣堂）

（青木　祐介）

古代ヨーロッパのネクロポリス

ネクロポリスnecropolisとは、ギリシア語で「死者nekrosの町polis」の意味である。語源からもわかるように、古代ギリシア・ローマの地中海古代世界で、都市の周辺に隣接して作られた墓地を指す。英語のcemetaryないしgrave yardに相当するといえる。古代都市は通常の場合、城壁で囲まれているが、城壁内は建物が建てこんで墓地のための場所はなく、また衛生上もよくないことから墓は城外に区画を決めて作られた。しかし、ペロポネソス半島のメッセネなどでは、城内の比較的公共建築の多いところつまり人目に付くところに、単独に家形墓が建てられているような例もある。このように群として領域の拡がりを見せない場合、ネクロポリスと呼ばれない。ネクロポリスはいわば共同墓地であり、一定の領域内に多くの墓が集合している場所をさす。その意味ではカタコンベも墓地には違いないが、これは地上ではなく地下にいわば蚕棚状の埋葬棚が細い通路の両側に連続する地下墓群である。ローマにあるカタコンベのように広大な面積に及ぶ例もあり、広い意味でネクロポリスといえようが、通常の場合両者は区別される。

ネクロポリスは古代都市の城門を出た付近に形成されることが多い。城門は都市の出入口であるため道には多くの人々が行き交うので、両側一帯に広がる墓群の中でも道沿いの墓は特に人目に触れる。したがって、その道沿いにはその都市にとって重要な人々、たとえば戦争で死んだ英雄、重要な仕事で貢献した政治家や有力者、あるいはその家門の墓が、その名誉を讃えるようにあるいは競い合うように建てられた。実際、円柱やアーチのついた建築様式を備えた立派な家形墓、故人の肖像の浮彫りの付いた墓標、花綱で装飾した豪華な石棺など、建築的に格式高いものが多く、これらの墓には明らかにこれらの人々や家門の名誉や誇りを誇示する意図があったと考えられる。

墓の形式にはいくつかあるが、最も簡素なもので墓標だけを建てたものから、円形の土盛りをして外側を石材で固め頂部に彫刻や壺を置いたもの、柱やアーチを用いて建築的な形にしたもの、あるいはエトルリアで見られるような生前の住宅を模して造られた地下墓など数種類がある。

アテネには、市域西側の城壁にあるディピュロン(二重門の意)と聖門という二つの城門の外側付近に、約一五〇メートル四方にわたるケラマイコス地区があり、これは古代の公共墓地でまさにネクロポリスである。門を出た道沿いには、英雄や有力者の墓群が立ち並び、「墓通り」とも通称され、土盛りして外周を石材でとめ頂部に彫刻を載せた円形墓、浮彫り付きの墓標群を並べた墓などが並んでいた。小アジアのアッソスでは、西門を出たところに、側面に花綱の浮彫りを付けた石棺を高々と設置した墓が、長さ二五〇メートルほどの「墓通り」の両側に、何基も並んでいた。中には円柱付きの建築様式を備えた柱廊や神殿のような立派な墓も作られていた。その中でも特に目を惹くのは、紀元二世紀のプブリウス＝ヴァリウスの墓で、これは六・七×六・八メートルの矩形の本体にピラミッド状だが反りのついた屋根をもち、その頂部には彫刻を載せたもので、全体としては高さ一二メートルにもなる壮麗な墓であった。

イタリア中部にあったエトルリアのネクロポリスは少し特殊で、城壁外には違いないが必ずしも城門の近くというわけではなく、広い面積にそれぞれ独立した石窟地下墓が分布して一つのネクロポリスを構成していた。石窟地下墓は複数の部屋からなる住宅の部屋の構成を模したもので、家具や調度品などは壁画や浮彫りとして描かれており、死後の世界でも生前同様の生活ができるように考えられた。

アッソスの「墓通り」にあるプブリウス＝ヴァリウスの墓復元図(紀元２世紀，“Investigations at Assos”より)

ローマ都市の中では、ヴェスビオス火山の爆発で埋まったポンペイのネクロポリスが、最もよく往時の状況を彷彿とさせる例であろう。エルコラーノ門やノチェーラ門などの城門を出た外側の舗装された道沿いに、半円形の石造ベンチからなる前庭(エクセドラ)をもち、建築的意匠を凝らしたいくつもの墓群が隣接して立ち並ぶ。立派な記念碑が軒並みに連続しているかのようで、都市の日常生活の中に墓のある町並み景観を形成していた。

地中海古代のネクロポリスは、生きている都市に隣接しており、しかも城門の近くの人通りが集中する場所に位置していることが多い。したがって古代人たちは、市民たちはもちろん、訪れる外国人たちも含め日常生活の中で、こうした墓や、それに附属する故人の肖像の浮彫りや彫刻、また生前の業績に関する碑文なども目にしていたわけで、死者たちが住む町つまりネクロポリスに自然な形で接していたに違いない。そこで肖像を見ながら死者と対話したり、碑文を読んで自分の町の歴史に触れたりしていたと思われる。死者と生者が分離されずに、両者が日常の中で共存していたことを思わせる。

参考文献　J. T. Clarke and others: Investigation at Assos (London: 1902); A. Boethius: Etruscan and Early Roman Architecture (Penguin Books: 1985).

(伊藤　重剛)

イスラームの墓

厳格な一神教であるイスラームにおいては、人間は死後も現世にとどまり、「最後の審判」の後に、生前の行いによって天国あるいは地獄という来世が到来すると信じられている。遺体は清潔に洗浄され、白い布にくるみ地下に埋葬される。そのとき、右わき腹を下にし、顔が毎日の礼拝の方角たるメッカの方角を向くように葬られる。最後の審判の時、死者は墓場から起き上がって神の前に引きずり出されることになっているので、遺体は、火葬することなく地中に保持されねばならない。したがって、墓は死後、いつ訪れるかわからない最後の審判を待つ場となる。それゆえ、墓は次第に死後の家、権力者にとっては死後の宮殿という意味をもつようになる。

神の言葉を預かり、イスラーム教を創始したムハンマド(?―六三二)は、生前のメディナの家(現在の預言者のモスク)の最愛の妻の部屋に葬られた。その後、墓の上にはドームが築かれ、多くの人々が参詣する場となる。聖なる力を与えられた人(聖者)が死後も現世にとどまり、参詣に来る人々に恩恵(バラカ)を与えるという思想は、聖なる死者への信仰を生む。ムハンマドばかりでなく、多くの聖者の墓が参詣の対象となったこともイスラーム教の一特色である。聖者は生きる人々の崇拝を集めるだけでない。死者たちもその恩恵を被ろうと、聖者の墓の周囲には、広大な墓地が建設される。

イスラームの墓において特筆すべきは、墓建築の発生と普及である。ムハンマドの言行を綴ったハディースは、墓に華美な建造物を建てることを否定する。また、墓に対する禁忌も多く、墓場での礼拝の禁止、モスクに墓を付設することの禁止などが綴られる。それにもかかわらず、タージ＝マハルをはじめとし、モスクをも含む壮麗な墓建築が数多く建設された。

現存する実例の中で、最初の墓建築は、イラクのサーマッラーにあるクッバ＝スライビーヤ(八六二年ごろ)だとされる。墓室の周りに八角形の周廊を持つ形は、エルサレムの岩のドーム(六九四年)と類似する。岩のドームは、預言者ムハンマドが生前に天国へと旅立った岩とされ、聖なる岩を記念する建造物が建てられた。とはいえ、その形は、キリスト教の集中式教会堂の形を模したものだった。この岩を記念した形が、死者を記念する建造物、すなわち墓建築の祖形となった。

次に古い遺構は、ウズベキスタンのブハーラにあるサーマーン廟(九一四―四三年)である。四角い平面にドームを冠した簡潔な形で、ゾロアスター教の拝火壇(チャハール＝ターク)に倣ったといわれる。この天蓋墓ともよべる墓建築は、東はインド、中国から西は北アフリカまでも広まる。

さらに、塔のような形が、イランのゴルガーンにあるガーブース廟(一〇〇六年)に現れる。多角形の塔身に錐状の屋根を載せた形態は、遊牧民のテントの造形と結び付けられる。こうした墓塔はトルコ族の進出に伴って、カスピ海岸からアナトリア

サーマーン廟

へと分布する。

　こうした墓建築は、遺体を覆う建築だけで事足りていたが、次第に墓建築の中や外にメッカの方角を指し示すミフラーブが造られ、死者にとってだけでなく、参詣者にも礼拝の方角を示す役割を果たすようになる。十二世紀以後、トルコ族の活躍とともにモスクや学院（マドラサ）など宗教施設を建設する際、寄進者が自身の墓建築を付設する例が増える。これは宗教施設の永遠性に、寄進者自身の墓を託したと解釈できる。さらに十四世紀以後、イラン、中央アジア、インドで墓建築は数多くの部屋をもつようになる。その場合、被葬者が聖者か権力者かによって差異が生じる点も興味深い。

　有徳な聖者の墓は、教団と結び付き、聖者の血をひく歴代の後継者の墓を備える場合もある。モスク、大集会室、学院、迎賓室、図書室、お籠りの部屋、宿泊所、台所などが整備され、巨大な宗教複合体となる。墓室は重要な要素ながら最奥部におかれ、むしろ生きる人々のための施設が中心となる。

　一方、権力者の墓は、死後の宮殿という思想からか、墓室が大規模化し、壮麗に飾られる。また、大規模な墓建築を数多く建設したムガル朝において、墓室を中心に部屋数を増していく様は、ティムール朝やサファヴィー朝の宮殿建築と類似した方向性をみせる。加えて、天国を想起させるような四分庭園（チャハール＝バーグ）を伴い、地上の天国の様相を表現する。

（深見奈緒子）

参考文献　深見奈緒子編『イスラーム建築がおもしろい』（二〇一〇、彰国社）

近代日本軍隊と墓地

明治維新により成立した新政府は軍事力を各藩に頼り、独自の軍隊を持たなかった。明治四年(一八七一)に薩長土三藩から献兵された兵力で御親兵(近衛兵)を組織、その後、六年に徴兵令を公布した。独自の軍隊を持った結果、政府は平時の死亡者と戦時の戦死・戦病死者のため、兵役従事者の埋葬地を設けることが必要となった。埋葬地の名称は、陸軍は陸軍埋葬地、のちに陸軍墓地と称し、海軍は海軍埋葬地、のちに海軍葬儀場と称した。敗戦後は両者を軍用墓地と総称する場合がある。

最初の陸軍埋葬地は明治四年に設定された大阪府の真田山陸軍埋葬地で、ついで六年に東京府の音羽護国寺近傍に埋葬地が設けられた。六年に鎮台が四ヵ所から六ヵ所(東京・仙台・名古屋・大阪・広島・熊本)に増加すると、八年七月の陸軍省達によって、鎮台所在地と各陸軍営所に陸軍埋葬地が設定された。海軍は六年、東京白金に海軍埋葬地を設け、その後、鎮守府が置かれた横浜(のち横須賀に移転)、舞鶴、呉、佐世保に埋葬地を設定した。六年に陸軍・海軍ともに最初の埋葬規則が制定された。陸軍の場合、当初の埋葬対象者は下士官と兵卒で、士官以上は希望者のみ埋葬を許した。一方の海軍は将官以下兵卒に至るすべての死者を埋葬することを原則とした。陸軍埋葬規則では、下士官・兵卒が死亡した際、遺言で埋葬寺院を指定した場合または親戚が満二日以内に遺体引取を願った場合は、その意思を尊重したが、それ以外は軍服を着せ棺に納め、陸軍埋葬地に土葬した。葬儀は神祭または仏祭、墓標は木製で位記・官等・姓名・年齢・死亡年月日を記した。安価であれば石製墓標も可能であった。墓標の規格は、下士官は高さ二尺五寸・太さ六寸四方、兵卒は高さ二尺・太さ五寸四方であった。

日清戦争の発生により、平時に死亡した軍関係者の埋葬を前提とした埋葬規則が変化した。陸軍・海軍ともに戦死者・戦病死者を対象とした戦時埋葬規則・戦時死亡者取扱規則を制定、陸海軍埋葬地以外に戦場や寄港地を想定した墓地に埋葬できるとした。さらに陸軍は将校を含む埋葬規則に改め、遺体・遺骨がない場合も含め、戦時の死亡者は陸軍埋葬地に葬ることとし、この結果、陸軍埋葬地に戦死者の墓標が林立する景観が誕生した。戦争終了後、台湾以外の戦場の遺体を発掘・火葬して遺骨を内地に送還、国内の陸海軍埋葬地に埋葬した。この際に個人墓標ではなく、合葬者全員の「官位勲功氏名及死亡年月日」と死亡地を刻んだ巨大な日清戦争戦没者の合葬墓を建立した例があり、広島・名古屋・丸亀などの陸軍墓地に保存されている。なお西南戦争と日清戦争では臨時雇いの軍属である軍夫を多数使用したため、軍夫の墓標や合葬墓が建立された。

日露戦争では、衛生面の配慮と予想外の大量の戦死者が生じたため、陸軍は戦死・戦病死者を戦地で火葬し、遺族に少量の遺骨または遺髪を送還した。日露戦争後、各部隊は戦場の遺骨を回収し、各陸軍埋葬地に改葬したが、合葬墓に戦死者全員の

広島県比治山軍用墓地内の日清戦争戦没者合葬墓　側面と裏面に戦没者名を刻む

氏名などを彫刻すると、墓石が巨大になりすぎて「異形」となり、費用が嵩むために、氏名などの彫刻を略して合葬者のデータを「合葬ノ原簿」に記録するにとどめた。昭和十二年（一九三七）の日中戦争開戦とともに、日露戦争を超える未曾有の戦死者が生じると、十三年陸軍は四十年ぶりに陸軍埋葬規則を全文改正して陸軍墓地規則を制定し、呼称を陸軍埋葬地から陸軍墓地に改め、白色陶器または木製箱に納められた戦没者の遺骨・遺髪を合葬する合葬墓塔の建立を規定した。その後、忠霊塔運動が展開すると、陸軍墓地内に合葬墓塔の替わりに忠霊塔または忠霊堂を建設し、遺骨・遺髪などを納めた例がある。アジア・太平洋戦争敗戦で陸軍・海軍が消滅すると、軍用墓地は国有財産として大蔵省に移管され、整理・移転し消滅したものもあるが、残った軍用墓地の管理と慰霊は民間で維持された。

現存する一部の軍用墓地には、抑留中に死亡または殺害された、清国・ロシア・ドイツ・米国などの捕虜の墓標がある。これは収容設備と警備上の都合から、捕虜収容所が師団または連隊所在地に置かれたためで、死亡者の多い日露戦争の捕虜の場合は、松山や泉大津に独立したロシア軍人墓地が設定された。特異な事例として、広島比治山軍用墓地に、北清事変の際に広島陸軍予備病院で死亡したフランス兵の墓標と記念碑がある。

[参考文献]　新井勝紘・一ノ瀬俊也編『慰霊と墓』（『国立歴史民俗博物館研究報告』一〇二、二〇〇三）、原田敬一『兵士はどこへ行った?』（二〇一三、有志舎）

（大谷　正）

古代の墓に対する意識の変化

三世紀の日本列島の習俗を記した『魏志』倭人伝によれば、当時の日本人は家族が死ぬと、墓に遺体を埋葬し、それが終ると、全員で川におもむいて沐浴し、死の穢れを祓ったと記されている。

また、『日本書紀』大化二年(六四六)条の詔によれば、役民が都への往来に際して、病などによって路辺で死去すると、友《とも》伴《がき》(同行者)をとどめて祓え(罰金)を科したという。死穢がみずからの村に及ぶことを怖れての行為と考えられる。このように死穢を忌みその対象である墓を怖れる観念は、世界各地に普遍的に見られるが、なかでも日本人はことのほか「清浄」を尊び、墳墓などの死穢に触れることを忌む傾向が強かったともいわれている。

しかし、その一方で、『日本後紀』延暦十六年(七九七)正月二十五日条によれば「山城国、愛宕《あたご》、葛野《かどの》郡の人、死者あるごとに便ち家側《かたわら》に葬り、積習常となす。」(原漢文)とあって、八世紀の山城盆地の中央部では死者を家の近くに埋葬することが、ごく一般的に行われていた。これは考古学の調査でも、弥生から鎌倉時代には、各地の住居の区画のなかに数基の土坑墓が営まれた例(大阪府高槻市宮田遺跡)や中世でも屋敷地のなかに墓を持つ例(屋敷墓)が数多く見受けられる。そこには墓や死穢に対する畏怖はみられず、むしろ死穢に対して無頓着であったとさえ考えられるのである。

このように墓をめぐる意識やその変化は、必ずしも時代や地域、さらには階層によって明確に区分することはむずかしい。たとえば大化二年に定められた大化薄葬令には、石室や墳丘の造営に関する役夫・日数・葬具などを、王以下、上臣、下臣、冠位十二階三・四等の大仁・小仁、同五―十二等の大礼から小智、庶民の六等級に分け、あわせて殯や殉葬が禁止されている。しかし各地の終末期古墳や墓制の諸様相を見る限りこうした規定が列島規模でどの程度受容されていたかははなはだ疑わしい。また奈良時代の天皇の葬儀も『養老』喪葬令の規定では諒闇《りょうあん》に伴う服限(喪服を着す期間)は一年と定められていたが、多くは「総て万機(政務)を摂り断《ことわ》ること一《も》ら平日に同じくせん」(『続日本紀』養老五年(七二一)十月条、原漢文)、「宗廟軽からず、万機是れ重し、一日として官を曠《むなし》す可からず」(『同』天応元年(七八一)十二月条、原漢文)との理由で釈服従吉(服を釈き吉に従《よ》る)とされている。

これに対して墓の立地(葬地)に関しては、かなり事情が異なっている。なかでも古代王権の発展とともに藤原京において都城制が採用されて以降、中世に至るまで、王都から凶穢の一つである墓地を排除し、天皇や国家(あるいは神社)の「清浄」や「神聖性」を維持しようとする政策がとられている。以下、この点を軸に墓に対する人々の意識を探ってみよう。

養老二年(七一八)に編纂された『養老令』の喪葬令第九条に

は「凡そ皇都及び道路の側らに近きは、並びに葬埋することを得ず」(原漢文)とあって、天皇の居住する京師とその周辺、および諸国の大路の近辺には墓を営み遺体を埋葬することが厳禁された。『令集解』の引く「古記」にもほぼ同文が見られるところから、大宝令制下の藤原京時代にも同様の規制が存在したと考えられる。なおこの「道路」とは、『令義解』の説くごとく、官道一般を意味しているが、何よりも山陽道を念頭においてのものと思われる。山陽道は、東アジア諸国の「蕃客」が往来する大路であり、外国の使節の目から墓などの「穢悪之事」を遠ざけようとしたものであろう。なお平城京以下日本の都城制のモデルとなった唐の長安城にこうした規制が存在したかいなかは唐令に相当条文がなく、つまびらかではない。

平城京の墓地については、遷都の詔の翌年、和銅二年(七〇九)十月に造平城京司に対して「造平城京司、若し彼の墳隴《つか》、発《あば》き掘られれば、随即《すなわち》埋み斂《おさ》めて、露《あらわ》し棄てしむること勿れ。普《あまね》く祭酹《さいらい》を加へて、幽魂《ゆうこん》を慰めよ」(『続日本紀』和銅二年十月条、原漢文)との勅が出された。平城宮造営に伴う整地事業の際に露呈した宮域予定地の古い墳墓を大胆に取り壊したのである。これは皇都条の適用という側面とともに、帝都造営という一大国家事業の前には被葬者不明な墳墓などさしたる問題ではないとする、律令国家形成期の強い意志が感じられる。もっとも、平城遷都に着手した元明天皇をはじめとして、藤原宮子・聖武天皇・光明皇后・称徳天皇などの墓は、いずれも北一条大路のさらに北、いわゆる奈良山や外京の東に広がる春日野・高円野や田原など、いずれも京外に造営された。また墓誌の発見で有名となった太安万侶の墓は田原、藤原不比等・藤原武智麻呂の墓も佐保山など、いずれも京外に分布している。これは平城京においては喪葬令皇都条が厳格に遵守されていたことを物語っている。

さらに長岡京は、延暦三―十三年までの約十年間存続したが、この間、十一年八月に「山城国紀伊郡深草山の西面に葬埋することを禁ず。京城に近きに縁《よ》りて也」との禁制が出されている。これは遷都後それほど年月を経ておらず、当時、貴賤を問わず深草山の西面に墓を営む風習のあったことを示唆している。もっとも深草山は長岡京からかなりの距離を隔てており、京外とはいえないが、長岡宮のほぼ真東にあたり、長岡宮の内裏から遠望できる位置にある。おそらくこうした理由で深草山の西面に墓を営むことが禁止されたのであろう。また翌年には「京下に葬瘞《そうえい》し、樹木を伐るを禁ず」との禁制が出されている。これは長岡京の想定域の北西、西、南西部に広がる丘陵をさすもので、いずれも京外であり、これも皇都条による規制にとみなすべきであろう。

延暦十三年十月、桓武天皇は長岡から平安京へと遷都し、平安京は明治天皇の東京行幸まで千年余にわたって「万代の宮」となった。『延喜式』諸陵寮によれば、平安京の葬地は紀伊郡深草、宇治郡山科・小野・木幡《こはた》、愛宕郡鳥辺野・白河・神楽岡、葛野郡嵯峨野・宇多野・大原野、乙訓《おとくに》郡高畠・石作・宇波多などに造営されている。このうち木幡は「藤氏一門埋骨之処」(京

墓の諸相(『餓鬼草紙』より)

都府木幡寺鐘銘)として知られ、『栄華物語』は木幡の墓地のありようを「真実の御身(骨)を斂《おさ》め給えるこの山には、ただ標《しるし》ばかりの石の卒塔婆一本ばかり立てれば、又、参り寄る人もなし」と記している。死穢を忌む気持ちの発露と考えられる。こうした木幡をはじめとする葬地はいずれも京外であり、ここにも皇都条の規制をうかがうことができよう。

また皇都そのものではないが、その出先機関としての地方の国府などにおいても皇都条の影響をうかがうことができる。静岡県磐田市の一の谷中世墳墓群では、平安時代の「墳墓」が六十基、鎌倉時代の「集石塚」が千六百基、時代未詳の土坑墓が千四百基ほど確認されていて、最後は十七世紀、江戸初期に及んでいる。この一の谷は遠江国の古代から中世にかけて国府が置かれたところで、中世の境界を指す地名とされる「化粧坂《けわいざか》」をはさんで、西北の方角に位置している。明らかに国府内を避けての造営と考えられる。また仁治三年(一二四二)正月に出された『新御成敗状』には、豊後国府内において墓を作ることが厳禁されているが、これも皇都条の中世における展開ともみることができよう。なお、こうした地方官衙と墓地の関係について付言すれば、大宰府の場合はわずかだが府内に墓が営まれた例が見られ、平城京や平安京にくらべ規制が緩やかであったとの見方もある。しかし、この点については福岡県太宰府市宮ノ本遺跡出土の買地券《ばいちけん》(一号墓)との関連が注意される。買地券とは、中国古代の道教思想に由来するもので、新たに墓を営む時に、地の神に対してその地を墓地として使用することへの許可

弘仁９年(818)の疫病による野捨ての風景(『弘法大師行状絵詞』７より)

を求める、神と人の契約書のことである。宮ノ本遺跡は政庁の西南約二・三キロ、府内の縁に添った丘陵に立地しているが、こうした微妙な立地があるいは買地券を必要としたのではなかろうか。

ところで平安京は最盛時庶民を含めて十五万余もの人々が居住した。こうした庶民の墓がどこに営まれたかは看過しえない問題といえよう。その一例として『類聚三代格』一六、貞観十三年(八七一)閏八月廿八日の太政官符は、次のように記している。「定葬送幷放牧地事　山城国葛野郡一処(在五条荒木西里六条久受原里、四至、東限西京極大路、西南限大河、北限上件両里北畔)、紀伊郡一処(在十条下石原西外里十一条下佐比里十二条上佐比里、四至、東限路幷古河流末、西南並限大河、北限京南大路西末幷悲田院南沼)、右被右大臣宣偁、奉勅件等河原、是百姓葬送之地放牧之処也、而今有聞愚暗之輩不顧其由、競好占営専失人便、仍遣勅使臨地撿察所如件者、事須国司屢加巡撿一切勿令耕営、若寄事王臣家、強作者禁身言上、百姓者国司任理勘決、但葛野郡嶋田河原、今日以往加功耕作為熟地、及紀伊郡上佐比里百姓本自居住宅地、人別二段已下者不在制限、其四至之外若有葬斂者尋所由糺責、勤加撿挍不得踈畧」

山城国愛宕郡の庶民の墓は、荒木西里と久《く》受《ず》原《はら》里に所在し、東を西京極大路、西南は大河に接していたという。この「大河」とは桂川のことで、その河川敷が放牧地であると同時に当時の庶民の葬地に利用されていたのである。また紀伊郡は石原西外里と佐比里にあって西南を桂川に限り、悲田院の沼を南限としていた。いずれも京外で平安遷都以前から百姓が利用を認められた桂川およびその旧河道の河川敷、すなわち「公私共利」(雑令)の地であった。古代の庶民の墓はおそらく、こうした河川敷などの山野河海に営まれることが多かったと考えられる。桂川は淀川と合流し、最後は難波の海へとそそいでいる。洪水のたびにこうした庶民の墓は流失し、その都度自然に清掃される形で新たな葬地へと更新されていったのであろう。

ところで、こうした百姓「葬送地」にはどのような型式の墓が営まれたのであろうか。中世の『餓鬼草紙』『病草紙』などによれば、「盛土塚」や「積石塚」、さらには塚の上に卒塔婆を立てたものや、周囲に「忌垣《いがき》」を伴うものが見られる。もっともただ棺に入れただけで放置されたり、菰などにくるんで遺棄(野捨て)されるものも少なくなかった。しかし両書はあくまでも中世のものであり、庶民に限らず墓の上に墓標を立てるなどの型式が存在したかどうかは不明といわざるをえない。ただ徳島県名西郡石井町の中王子神社から出土したと伝えられる粟凡《あわおおしの》直弟臣《あたえおとおみ》の墓碑、『日本霊異記』上一の小子部栖軽《ちいさこべのすがる》の墓に「碑文の柱」を立てた話が見られ、まったく例がない訳ではない。

このように日本人の墓を忌む観念は、古代天皇の居住する宮都を死の穢れから守るために定められた皇都条を法源とし、形を変えながら中世に至っている。ただ、ここで注意しなければならないのは、皇都条はあくまでも皇都を死穢から守るために定められたものであり、それ自体としては日本人の死穢などの心性史の深淵に及ぶものではなかったことである。しかし平安時代の中期以降、相ついで日本列島を襲った疾病や飢饉は人々に死への恐怖を増幅していった。有名な鴨長明の『方丈記』には、古代と中世が交わる養和元年(一一八一)の飢饉の時は左京だけで四万三千三百余の餓死者をかぞえたと記されている。これに都周辺や畿内をくわえれば、その死者はおびただしい数にのぼったであろう。

さらに、注意しなければならないのは一見無関係に思われる平安中期以降の律令国家の国際的な立ち位置の変化が、こうした死穢の観念を増幅するもう一つの契機となったことである。平安中期にはこれまで大唐帝国と冊封関係にあった東アジアの諸国が衰退・滅亡するなか、平安王朝は次第に孤立を深め、それと反比例するかのように、異国人や他人に対する排他的で狭隘なケガレ意識が急速に滲透していった。

十世紀末に施行された『延喜式』神祇、穢悪之事によれば、人の死穢は三十日の間、内裏への出仕はいうに及ばず、神事などの公式行事への参加が一切禁止されることとなった。奈良時代には存在した「一日として官を曠す可からず」との合理主義的考えはいつか影をひそめていたのである。それだけでなくケガレは驚くほど広範囲に及び、産穢は七日、六畜(馬・牛・犬・鶏など)の死穢は五日、その産穢は三日と拡大されていた。しかも、こうしたケガレはさながら疫病のように人から人に伝染するものとされ、甲の家族が死去した場合、甲の家族はもとより、家族ではない乙が甲の家を訪問するだけで、乙のみならず乙の家族にも伝染すると観念された。おそらくは平安時代の疫病の流行と過敏なケガレ意識が結びついて形成されたものであろう。しかし律令本来の条文には『延喜式』穢悪之事に相当する規定はなく、十世紀末に相つぐ自然災害と王朝国家の国際的孤立のなかで形成されたものと考えられる。左大臣で「天下一の学生」といわれた藤原頼長の『宇槐雑抄』が「穢れの事、律令には載せず、式より出ず、明法博士の申し状、信用すべからず」としているのは興味ぶかい。

こうしたケガレ観の異常なまでの高まりと広がりを最も端的に示すのが、荷前使《のさきのつかい》の闕怠であろう。荷前使とは、毎年十二月に時の天皇からみて血のつながりの濃い十人の天皇の陵と四〜八人の外戚の墓に幣帛をたてまつる追善供養のことで、天安二年(八五八)に十陵四墓の制が定められて以降、天皇の代替わりごとに少しずつ差し替えられて室町期に及んでいる。この荷前使闕怠は五十回ほどみられるが、大きな問題となったのは、天暦元年(九四七)ごろのことで、闕怠者のなかには三蹟で有名な小野道風(侍従)も含まれていた。その闕怠の理由には、足の病や朝衣の不備、さらには前夜自宅に泥棒が入り衣裳が盗難にあったなどの噴飯ものの理由があげられていた。これは「忌み負け」といわれ、何らかの理由で活力が衰退した時に、霊威の強い陵墓や死穢に触れることを忌避し、ひたすら家に閉じこもり、活力の回復を待つためであった。諸説あるが、死者を埋葬する「埋め墓」と「参り墓」を区別する両墓制が始まったのもこのころのことと考えられる。

寛平六年(八九四)、菅原道真の上奏によって第二十次遣唐使は停止されることとなった。長く東アジアに君臨した唐はこの十三年後に滅亡し、すでに新羅との正式な外交関係は奈良時代の末に途絶していた。唐滅亡後も続いていた渤海との関係も延長四年(九二六)に同国が契丹に滅ぼされたことによって終焉する。こうした平安王朝の孤立化は九世紀までの唐風文化に対して仮名の成立による国文学の発達や、やまと絵・和風書道の成立など十世紀以降の文化の国風化を促進したといわれている(国風文化)。しかし正確にはむしろ東アジアの民間貿易は活発化し、中国文物の流入が増大していることから、中国の文化の影響が弱まったとするのは正しくない。むしろ中国の文化を咀嚼・吸収するなかで日本(本朝・自土)に対する自意識が生まれていったと考えられる。またこうした物品の流通の拡大は、唐や新羅のみならず、平安京と地方、すなわち都鄙間の交通も活発化させていった。こうした『延喜式』にみられる極端なケガレ意識や墓を忌む観念は、現世＝穢土に対して浄土への信仰を生み出し、末法思想を流布させていった。日本人が墓を怖れる意識もこうした自土の文化の普及とともに、全国にひろがり、人々の意識の深層部に根付いていったと考えられる。

(矢野　建一)

参考文献　高取正男『神道の成立』(『平凡社選書』六四、一九七九、平凡社)、和田萃「東アジアの古代都城と葬地」(『日本古代の儀礼と祭祀・信仰』上所収、一九九五、塙書房)、高田陽介「中世都市堺の墓地」(『史学雑誌』一〇四ノ四、一九九五)

第X章　人物墓

継体天皇陵

継体天皇は名をオホドノオウといい、応神天皇五世孫と伝える(『古事記』、一方、『日本書紀』では五世孫彦主人王《ひこうしのおう》の子とする)。前代王統と直接的な血縁関係がなく、第二次大戦後、頻繁に王朝交代説も提示された。陵が前王朝の本拠地である大和や河内ではなく、摂津国三島に所在することも出自との関係で説かれることが多い。『古事記』では「三嶋藍御陵」、『日本書紀』は「藍野陵」、また『延喜式』では「三嶋藍野陵」とほぼ一貫した名称で、混乱はない。現在宮内庁は大阪府茨木市太田茶臼山古墳(前方後円墳、全長二二六メートル)を継体天皇陵に比定している。ただし、『延喜式』では所在地が摂津国嶋上郡とあるが、太田茶臼山古墳は嶋下郡に所在しており、早くから嶋上郡所在の今城塚古墳(前方後円墳、全長一八一メートル、周濠も含めた総長は三五〇メートル、高槻市)を真の継体天皇陵とする所説が提示されてきた。近年の調査によって、太田茶臼山古墳の埴輪が五世紀中葉、今城塚古墳の埴輪は六世紀前半に収まることが判明している。また、周辺地域にはほかに有力古墳がなく、今城塚古墳が真の継体天皇陵であることはほぼ確実である。西園寺公衡《さいおんじきんひら》の日記『公衡公記』の正応元年(一二八八)条には、

大阪府今城塚古墳

継体天皇陵盗掘の記事があるが、所在地は摂津島上郡とあり、鎌倉時代に至るまで所在地の認識に混乱はなかった。

今城塚古墳は戦国時代に砦として利用されて破壊を受けたが、二重堀(内堀は水をためた濠であったが、外堀は空堀である)を含む築造当初の様相はよく保っていた。近年、高槻市教育委員会の整備に伴う調査によって、ほぼ全体像が明らかにされた。それによれば規模の割に高さが低い墳丘(一〇メートル)は、伏見地震(慶長元年(一五九六))によって上段が崩落した結果であること、しかし横穴式石室の基礎地業(封土中に石室を築造するため、石室床面下に人頭大の石材を厚く置いて基盤の弱さを克服する仕様)や排水溝はなおよく保たれていた。石室の規模は不明であるが、地業範囲(東西一七・七メートル×南北(現存)一一・二メートル)のほか、検出された石材の破片から三基の大型石棺が埋納された大掛かりなものであったことが想定される。副葬品の詳細は不明であるが、内堤の後円部北側に設けられた形象埴輪配列区から家、塀、動物、人物、器材形など多数の大型埴輪が発見された。今後、被葬者論にとどまらない、古墳における儀礼研究の良好な資料としての活用が期待される。

参考文献　高槻市教育委員会編『継体天皇と今城塚古墳』(一九九七、吉川弘文館)、森田克行『よみがえる大王墓今城塚古墳』(『シリーズ「遺跡を学ぶ」』〇七七、二〇一一、新泉社)

(土生田純之)

筑紫君磐井墓

福岡県八女市に位置する岩戸《いわと》山《やま》古墳をあてる説が有力である。筑紫君磐井は、大和王権に反逆し殺されたと記された北部九州の地方豪族である。『日本書紀』には、「継体天皇二十一年に大和王権が朝鮮半島出兵を計画したとき、磐井が新羅から賄賂をもらい、火・豊二国で海路をふさぎ妨害した。そこで翌二十二年、大将軍物部大連《もののべのおおむらじ》麁鹿火《あらかひ》を派遣し、筑紫三井郡で激戦の末、磐井を斬り殺し、反乱を鎮圧した。磐井の子、葛子は連座を恐れ、糟屋屯倉《かすやのみやけ》を献上した」とあり、『古事記』には、「竺紫君石井が天皇の命に従わず無礼が多かったので物部荒甲大連と大伴金村連を派遣して殺させた」とある。

しかし、『筑後国風土記』逸文には、「上妻県《かみつやめのあがた》、県の南二里に筑紫君磐井の墓墳がある。高さ七丈、周六十丈で、墓田は南北各六十丈、東西各四十丈である。石人石盾各六十枚が交互に列をなして並べられている。東北の角に別区があり、衙頭(政所)という。そこに解部《ときべ》という石人と裸形で地に伏せた偸人《ぬすびと》の石人がある。側らに彼が盗んだ四頭の石猪がおかれ、そして石馬、石殿、石蔵などがある。雄大迹天皇《おほどのすめらみこと》(継体天皇)の御世、筑紫君磐井は豪強暴虐で、皇風に従わず、生前この墓を造っていたが、官軍が攻めてきて、勝てないことを知り、独り豊前国上膳県《かみつみけのあがた》の南の山に遁れた。それで官軍は怒りが収まらず、石人の手を撃ち折り、石馬の頭を撃ち墜とした」とある。

福岡県岩戸山古墳出土石人

このような記録から武装石人で有名な広川町石人山古墳(墳長一〇七メートル)が磐井の墓と考えられていた。しかし昭和二十一年(一九四六)、岩戸山古墳の周辺が開墾され、方形区画や石人などが発見され、この区画が『筑後国風土記』の「別区」にあたり、岩戸山古墳が磐井の墓ではないかとより考えられるようになった。そして森貞次郎がこれらの新資料を踏まえ、『風土記』の記事と比較検討し、岩戸山古墳が磐井の墓であることがほぼ定説となった。

岩戸山古墳は墳長約一三五メートルの前方後円墳である。後円部北東側に一辺四三メートルの方形区画が存在する。墳丘の周囲には周壕と外堤が巡らされている。内部主体は未確認であるが、レーダー探査により横穴式石室が想定されている。遺物は武装石人、裸体石人、猪・馬・鶏・靫・大刀、壺などの石造物、埴輪、須恵器などが出土している。古墳の時期は六世紀前半と考えられている。

磐井の子、葛子の墓としては、乗場古墳(墳長六〇メートル)や鶴見山古墳(墳長八五メートル)が候補に挙がっている。

参考文献 森貞次郎「筑後風土記逸文に見える筑紫君磐井の墳墓」(『考古学雑誌』四一ノ三、一九五六)、九州大学文学部考古学研究室編『岩戸山古墳』(一九七二、八女市教育委員会)

(亀田 修一)

黒売刀自墓

群馬県高崎市に所在する山ノ上古墳の傍らには、古墳と関係すると考えられ、辛巳歳(天武天皇十年(六八一))の紀年銘を有する山ノ上碑がある。それらの検討から、古墳の造営者、築造時期、被葬者などを具体的に類推できる数少ないものとして、全国的にも注目されてきた。

古墳の所在地は、平地部から少し入り込んだ山間の地で、高台の頂上部である。古墳は、径約一五メートル、高さ約五メートルの円墳で、壁石・天井石のすべてが丹念に加工された凝灰岩使用の切石積両袖型石室である。周辺一帯を見渡してみると、同じ山間の西側近接地に、類似の石室を有する次世代の山ノ上西古墳がある以外はまったく古墳は認められない。六世紀後半から七世紀にかけての多数の中・小型円墳と六世紀後半の前方後円墳山名伊勢塚古墳からなる山名古墳群が所在するのは、本墳の南東方約一キロの平地部である。

群馬県山ノ上古墳　㊨墳丘　㊧山ノ上碑覆屋

石室は、丹念に立方体あるいは長方体に加工された比較的大ぶりの壁石材と同じ切石の天井石材から構成されている。当地域には、やや粗い加工を施した壁石と自然石の天井石で構成される六世紀後半の横穴式石室があるが、これらとは系譜を異にするものである。新たに畿内地域から切石積石室の構造・技術がもたらされて成立したものと考えられる。一方、七世紀第三四半期の築造が推定される前橋市宝塔山《ほうとうざん》古墳などの切石積石室とくらべると、上下左右に隣り合う壁石相互の接合部分に多用される切組積の手法がほとんど認められないこと、玄門構造が羨道《せんどう》壁面から内側に突出しない点などから、これらに先行することがわかる。当古墳の築造時期は、七世紀第二四半期ないし中葉の所産と考えられる。

碑文からは、放光寺僧の長利が母黒売刀自《くろめとじ》のために書き記したものであることがわかる。さらに、大児臣《おおごのおみ》と結ばれた黒売刀自の出自は、佐野の三家《みやけ》であり、その地は山ノ上古墳の所在する一帯に比定されている。黒売刀自が天武天皇十年に近い時期に亡くなったとするならば、七世紀中葉前後に築造されていた父方の古墳に、のちに追葬された可能性が考えられてくる。

放光寺は、上毛野地域を代表する白鳳期の本格的寺院である前橋市山王廃寺であることが確認されており、七世紀の当地域で首位の座を占めるようになった総社古墳群の勢力が、宝塔山・蛇穴山《じゃけつざん》古墳と並行して造営を進めたものである。

山ノ上古墳は、ヤマト政権との直接的関係を有していたミヤケ勢力の古墳に、上毛野地域で先駆的に切石積石室が採用されたことを示している。また、この時期進行した中央集権化と律令制の国家機構の整備を当地域で主導した総社古墳群の勢力と強いつながりを有していたことを物語るものである。

（石島　和夫）

欽明天皇陵

奈良県橿原市五条野町・見瀬町に位置する古墳時代後期の前方後円墳である五条野丸山古墳をあてる説が有力である。古墳は国指定史跡、後円部は陵墓参考地として宮内庁の管理にある。見瀬丸山古墳と呼ぶこともある。

欽明天皇は、欽明天皇三十二年四月に崩じ、五月に河内の古市で殯を行い、九月に「檜隈坂合陵《ひのくまのさかあいのみささぎ》」に葬られる。

五条野丸山古墳は江戸時代終りごろには、天武・持統合葬陵とされてきたが、明治十三年（一八八〇）、『阿不幾乃山陵記《あおきのさんりょうき》』の発見により、野口王墓古墳に指定換えとなり、その後は後円部のみが陵墓参考地となっている。

欽明天皇陵については、『日本書紀』などにみられる「檜隈坂合陵」「檜隈大陵」や「檜隈陵」などの解釈から明日香村平田に所在する平田梅山古墳をあてる説もあるが、檜隈の範囲の再検討や「檜隈坂合陵」の「坂合」を境と解釈して「軽境」、すなわち軽と呼ばれる地にあったものと解釈して、まさにその地に立地する五条野丸山古墳こそが相応しいという意見が有力である。

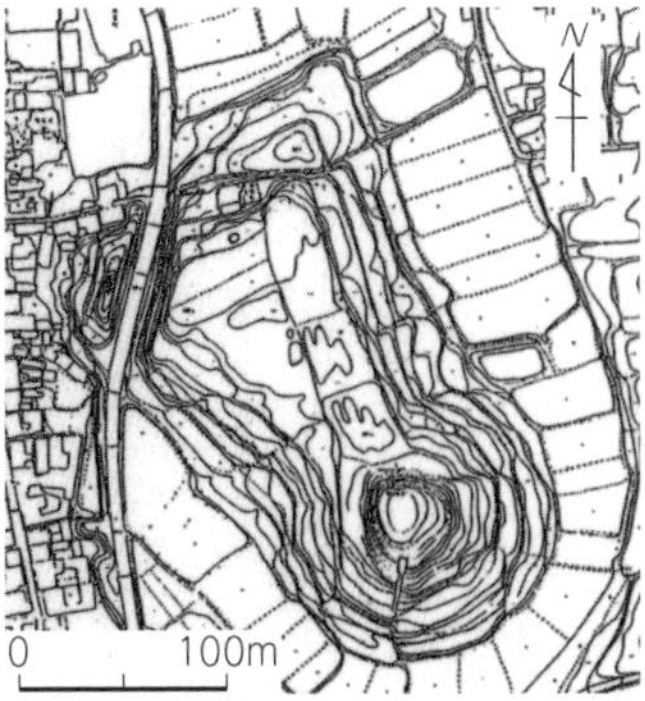

奈良県五条野丸山古墳墳丘図

五条野丸山古墳は、全長三一八メートルの前方後円墳である。後円部径約一五〇メートル、前方部全面幅は約二二五メートル。周囲には周濠と外堤がめぐる。葺石や埴輪などは確認されていない。奈良県で最大のものであり、六世紀の前方後円墳としては全国最大規模である。

後円部に横穴式石室がある。平成三年（一九九一）に偶然、その入り口が開き、翌年、宮内庁による現況調査が行われた。横穴式石室は全長二八・四メートル、玄室の長さ八・三メートル、幅四・一メートル、羨道《せんどう》の長さ二〇・一メートル、幅は最大で二・五メートルで、日本最大の横穴式石室である。

玄室には二基の刳り抜き式の家形石棺が置かれている。奥の棺が石室に直行するように置かれ、手前の棺が東壁によせて平行に置かれる。ともに竜山石製である。

五条野丸山古墳は、石室、石棺の形態から六世紀後半から末のものとみてよい。

ところで、奈良盆地には、南北につらぬく、三本の直線道が敷設されている。その一番の基本となる下ッ道が、五条野丸山古墳の前方部を基準に設置されていることは、改めてこの古墳の重要性を示しているといえよう。

ところで、宮内庁の治定では、平田梅山古墳を欽明天皇陵とする。

なお、この古墳を蘇我稲目の墓とする意見もある。

（林部　均）

参考文献　徳田誠志・福尾正彦「畝傍陵墓参考地石室内現況調査報告」（『書陵部紀要』四五、一九九三）

蘇我馬子墓

奈良県高市郡明日香村島庄に位置する石舞台古墳をあてる説が有力である。奈良盆地東南部の飛鳥と呼ばれた地域の東南、多武峯《とうのみね》に至る細川谷の入り口に位置する。国指定の特別史跡である。

蘇我馬子は、推古天皇三十四年(六二六)に亡くなり、「桃原墓」に葬られる。馬子は飛鳥川の辺に居宅をつくり、庭に池を掘り、その中に嶋をつくったので、嶋大臣と呼ばれたという。古墳に隣接して位置する島庄遺跡は、その居宅の跡と推定されている。

石舞台古墳は江戸時代から天井石が露出していたらしく、この名称がある。古くから蘇我馬子の「桃原墓」や推古天皇陵、天武天皇の殯宮とする伝承があった。

奈良県石舞台古墳

昭和八年(一九三三)と十年の京都帝国大学考古学研究室による発掘調査で方形墳であることが確認され、同三十七年、五十九年の保存整備による発掘調査で周濠や外堤の状況が明らかとなった。

古墳は、東西約五五メートル、南北約五二メートルの方墳である。周囲には底部幅約八・一メートルの周濠がめぐり、さらにその外側に基底部幅約一〇メートルの外堤がある。外堤南辺外側の長さは約八七メートルである。この古墳の造営にあたっては、六世紀末につくられた細川谷古墳群の小円墳を破壊していることが明らかとなっている。

内部主体は、巨大な花崗岩を使った横穴式石室である。全長は約一九・一メートル。玄室は長さ七・七メートル、幅約三・四メートル、高さ四・八メートルである。奥壁は二段積み、側石は三段積みである。天井石は二石であるが、そのうち南側のものは本石室最大のもので、重さ約七七トンの巨石である。床面には長さ約七・五メートル、幅約三・〇メートルの石床をつくり、その周囲に排水溝をめぐらす。玄室東南隅から凝灰岩の破片がみつかっており、凝灰岩の家形石棺が置かれていたと推定される。

羨道《せんどう》は全長約一一・五メートル、幅約二・四メートル、高さ約二・六メートルで、基本的に一段である。

古墳は早くに盗掘を受けていたが、須恵器、土師器、鉄鏃、金銅製金具などが出土している。

墳丘が方形であること、横穴式石室の形態などから、七世紀前半のものとみて問題はなく、蘇我馬子の「桃原墓」である可能性は高い。

参考文献　浜田耕作他編『大和島庄石舞台の巨石古墳』(『京都帝国大学文学部考古学研究報告』一四、一九三七)

(林部　均)

聖徳太子墓

大阪府南河内郡太子町太子に位置する古墳時代後期の古墳である叡福寺古墳が該当する可能性が高い。磯長《しなが》谷と呼ばれ、周囲には、用明天皇陵(春日向山古墳)、推古天皇陵(山田高塚古墳)などがある。現在は「磯長墓」として宮内庁の管理を受けている。

聖徳太子(厩戸王子)は、『日本書紀』によると、推古天皇二十九年(六二一)二月に斑鳩宮で亡くなり、「磯長墓」に葬られる。また、法隆寺金堂釈迦三尊像光背銘、天寿国繡帳銘などでは壬午年、すなわち推古天皇三十年二月に亡くなったことになっている。後者の方が正しいといわれる。

古墳は丘陵の南斜面につくられた円墳で、直径五四メートル、高さは一一メートル、三段築成である。

古墳の内部主体は明治時代初めまで開口していたらしく、平安時代以降のさまざまな記録が残る。なかでも、明治十二年(一八七九)四月、宮内省による修理が行われ、その時の記録が「聖徳太子磯長墓実検記」として残されている。それによると内部主体は、切石を用いた「岩屋山式」の横穴式石室である。全長は約一六・五メートル以上である。玄室は長さ約五・四メートル、幅約三・〇メートル、高さ約三・〇メートルである。

大阪府叡福寺古墳

近年の宮内庁による羨門部の調査により、ていねいに加工した花崗岩の切石であることが確認された。

石室内には、奥に聖徳太子の母である穴穂部間人《あなほべのはしひと》皇女の石棺が置かれ、手前には格狭間《こうざま》が彫り込まれた棺台が二つあり、右が聖徳太子、左が妃の膳部菩岐々美郎女《かしわでのほききみのいらつめ》のものとされる。夾紵《きょうちょ》棺が置かれていて、「三骨一廟」形式であったとされる。

ところで、叡福寺古墳は、その前面に叡福寺という聖徳太子をまつる御廟寺(墓前寺)があり、聖徳太子墓であることは確実とされてきたが、叡福寺の成立が十二世紀末から十三世紀前半までしか遡らず、さらに、考古学的にも、聖徳太子墓の年代まで遡る遺物などは確認されていない。さらに十一世紀初頭には聖徳太子墓の所在すらわからなくなっていた時期があることが指摘されている。すなわち、叡福寺が成立した以降は、叡福寺古墳は聖徳太子墓であったことは確実であるが、それ以前については、慎重な検討が必要となる。また、「三骨一廟」形式についても阿弥陀信仰とのかかわりが考えられる。聖徳太子墓は、太子信仰とも深くかかわるので、それらとは明確に区別した議論が必要であろう。

ただ、考古学的にみて、墳丘の形態、「岩屋山式」石室の存在から、古墳は七世紀前半から中ごろのものとみて誤りはない。また、周囲の大型円墳、方墳の分布のあり方からも、叡福寺古墳が聖徳太子墓である可能性は否定できない。

参考文献　梅原末治「聖徳太子磯長の御廟」(『日本考古学論攷』所収、一九四〇、弘文堂書房)

(林部　均)

斉明天皇陵

奈良県高市郡明日香村越に位置する古墳時代終末期の牽牛子《けんごし》塚《づか》古墳が近年の発掘調査の成果から、その可能性が高いといわれる。国指定史跡である。

斉明天皇は、斉明七年(六六一)正月、みずから百済救援のため、西に向かい、五月には朝倉橘広庭宮(福岡県朝倉市)に遷居する。この時、朝倉社の木を伐った祟りで奇怪なことが、つぎつぎと起る。その中で、斉明天皇も七月に崩御する。十一月には飛鳥の川原で殯が行われ、天智六年(六六七)に娘の間人《はしひと》皇女と「小市岡上陵《おちのおかのえのみささぎ》」に葬られる。

奈良県牽牛子塚古墳

牽牛子塚古墳は、真弓丘陵の尾根の平坦部に位置する。対辺間の距離は約二二メートル、高さ約四・五メートル以上の二段築成の八角形墳である。平成二十二年(二〇一〇)から始まった発掘調査で、墳丘の裾をめぐって八角形に凝灰岩の切石が敷かれていることが確認され、八角形墳であることが確定した。

埋葬施設は、凝灰岩を刳り抜いた横口式石槨で、内部は中央の間仕切りを境に二つの部屋に分けられる。それぞれの規模は長さ二・一メートル、幅一・二メートル、高さ一・二三メートルで、ほぼ同じ大きさである。それぞれの床面には、長さ約一・九メートル、幅約〇・八メートル、高さ約〇・一メートルの棺台がある。石槨の開口部は、凝灰岩の切石とさらに外側に石英安山岩の巨大な切石によって二重に閉塞される。また、石槨全体を石英安山岩の巨石を二段に積んで包みこむという厳重なつくりとなっている。

内部は早くに盗掘を受けているが、亀甲形七宝飾金具や棺飾金具、ガラス製丸玉などが出土している。また夾紵棺《きょうちょ》の破片も多数見つかっている。

横口式石槨の形態や夾紵棺を採用していることなどから、七世紀後半のものとみて問題はない。

牽牛子塚古墳は、二つの埋葬施設が並列してあるため、斉明天皇と間人皇女の合葬墓の可能性がいわれてきた。さらに、発掘調査により八角形墳であることが確定したことから、天皇陵であると推定されるので、その可能性がより高まったといえる。

ところで、近年の調査で牽牛子塚古墳の前面で、越塚御門古墳が検出された。同じ横口式石槨で、牽牛子塚古墳の基盤版築土を切って墓壙を掘削しており、越塚御門古墳が後から造営されたことがわかる。『日本書紀』天智六年二月条にみられる斉明天皇の孫である大田皇女の埋葬記事と見事に一致している。

なお、斉明天皇陵については、明日香村越にある岩屋山古墳をあてる説、岩屋山古墳から牽牛子塚古墳への改葬を考える説、牽牛子塚古墳での改修を考える説がある。宮内庁は、奈良県高市郡高取町にある車木ケンノウ塚古墳を斉明天皇陵としている。

参考文献　明日香村編『史跡牽牛子塚古墳』(一九七七)

(林部　均)

天武・持統天皇陵

奈良県高市郡明日香村野口に位置する古墳時代終末期の野口王墓古墳が該当する可能性が強い。奈良盆地の東南部、いわゆる飛鳥と呼ばれる地域の西南にあたる。現在も、宮内庁によって天武・持統天皇の「檜隈大内陵《ひのくまのおおうちのみささぎ》」として管理されている。

天武天皇は朱鳥元年(六八六)九月に飛鳥浄御原宮で崩御し、二年四ヵ月にも及ぶ殯期間を経て、持統二年(六八八)十一月に「大内陵」に埋葬される。一方、持統天皇は大宝二年(七〇二)十二月に藤原宮で崩御し、翌年十二月に「飛鳥岡」で火葬され、天武天皇の「大内陵」に合葬される。なお、持統天皇は、天皇としては、はじめての火葬の例である。

野口王墓古墳は、江戸時代中ごろから後半にかけての山陵探索では、天武天皇陵、武烈天皇陵、倭彦命墓の可能性が考えられたが、幕末には、五条野丸山古墳が天武・持統合葬陵にされた関係で、文武天皇陵となる。ところが明治十三年(一八八〇)六月、京都栂尾《とがのお》山の高山寺で、嘉禎元年(一二三五)三月に野口王墓古墳の盗掘を受けたときの記録である『阿不幾乃山陵記《あおきのさんりょうき》』が発見され、その記載内容から天武・持統合葬陵に合致するということで、明治十四年二月にあらためて天武・持統合葬陵となる。

奈良県野口王墓古墳

古墳は、西にのびる丘陵の頂部に位置し、五段築成の八角形墳とされる。相対する二辺の長さは約三九メートル、高さ約七メートル。墳丘の各段の裾には、凝灰岩が列石状にめぐるといわれている。

内部施設は、『阿不幾乃山陵記』の記述によると、内陣(玄室)と外陣(羨道《せんどう》)に分かれる。玄室は長さ約四・二メートル、幅約三メートル、高さ約二・四メートル、羨道は長さ約三・五メートル、幅約二・四メートル、高さ約二・二メートルである。凝灰岩の切石を使った精緻な横穴式石室に復元できる。また、別の記録から床面にも切石が敷かれていたことがわかり、横口式石槨の形態であった可能性もある。いずれにしても、古墳時代最終末(飛鳥時代)の埋葬施設の形態であったとみてよい。

玄室と羨道の間には金銅製の扉があり、その内部には、金銅製の棺台と礼盤《らいばん》形の台座が置かれ、棺台には天武天皇の遺骸をおさめた夾紵《きょうちょ》棺がおさめられ、台座の上には「金銅桶」と記録された持統天皇の火葬骨をおさめた金銅製の蔵骨器が置かれていたと復元できる。夾紵棺は古墳時代終末期の最高の棺であり、金銅製蔵骨器の存在とともに、この時期の最高権力者の墳墓とみて問題はない。

古墳は藤原京の南面中軸線、朱雀大路の延長線上に正しく位置している。藤原京の造営が天武天皇によって始められたことを考慮すると、意識的に選地されているとみて間違いない。古墳の墳丘が八角形を採用していることも、天武天皇による「天皇」号の創出と無関係ではなく、律令国家の「天皇」として、それを可視化したものとみる意見が強い。

(林部　均)

文武天皇陵

奈良県高市郡明日香村平田に位置する古墳時代終末期の中尾山古墳が、それにあたる可能性が強い。奈良盆地東南部、飛鳥と呼ばれた地域の西南にあたる。国指定史跡である。

文武天皇は、慶雲四年(七〇七)六月、藤原宮で崩御する。十一月に持統天皇と同じ「飛鳥岡」で火葬され、「檜隈《ひのくまの》安《あ》古山陵《このやまのみささぎ》」に葬られる。

江戸時代に欽明天皇陵や文武天皇陵の候補とされるが、結局、未定陵とされた。

中尾山古墳は、天武・持統合葬陵である野口王墓古墳の南の丘陵の頂部に位置する。発掘調査で墳丘の裾を八角形にめぐる二重の石敷きが検出されているので、八角形墳とみてよい。対辺約二〇メートル、高さ約四メートルである。石敷きを含めると対辺約三〇メートルとなる。また、沓形《くつがた》石と呼ばれる石が二点出土しており、墳丘を飾ったものと推定される。

奈良県中尾山古墳

内部主体は、凝灰岩と花崗岩を組み合わせた横口式石槨である。内部の大きさは長さ、幅、高さともに約〇・九メートルと小さく、通常の棺を納めることは困難である。火葬した骨を入れた金銅製蔵骨器を納めたものと推定される。底面中央に、一辺約〇・六メートル、深さ約一センチの彫り込みがみられ、ここに蔵骨器を置くための台が設置されていたと考えられる。

早くに盗掘に遭い、出土遺物などはない。

古墳時代終末期の横口式石槨でも最終形態のものであり、すでに棺を入れることができず、火葬した骨を納める蔵骨器をおさめる形態となっており、七世紀末から八世紀初めに位置づけられる。

八角形墳であること、火葬墓であることなどから、文武天皇陵である可能性がきわめて高いといわれている。

なお、橿原市和田町古宮から出土した金銅製四環壺は、本来、中尾山古墳に納められていた蔵骨器ではないかとする伝承がある。

ところで、宮内庁は明日香村栗原に所在する栗原塚穴古墳を「檜隈安古岡上陵」としている。

参考文献　明日香村教育委員会編『史跡中尾山古墳　環境整備事業報告書』(一九七四)

(林部　均)

藤原鎌足墓

近年の科学的な分析などから、大阪府高槻市奈佐原に位置する阿武山古墳が有力視されている。現在は国指定史跡である。

藤原鎌足は天智天皇八年（六六九）に近江の私邸で亡くなる。『日本書紀』には墓の記載はみられない。『藤氏家伝』の『大織冠伝』によると「山階精舎」に葬ったとある。さらに『日本三代実録』天安二年（八五八）の十陵四墓を定めた記事では、鎌足の墓は大和国十市郡の多武峯《とうのみね》にあるとしている。建久八年（一一九七）に成立した『多武峯略記』では、鎌足の子定慧が摂津国島下郡阿威山から鎌足の墓を多武峯に移したという記事がみられる。もともと鎌足の別業は三島地域にあったといわれることから、阿威山（阿武山）は、その墓の所在地の候補となっていた。

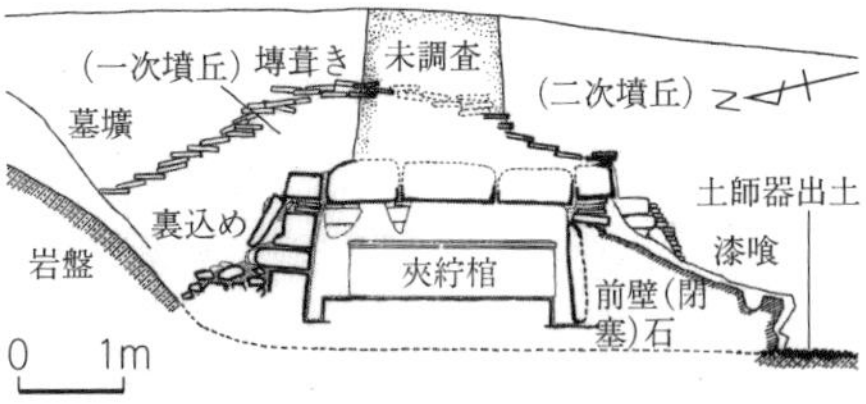

藤原鎌足墓塼葺き・横口式石槨実測図

阿武山古墳は、阿武山山頂から南に派生する尾根の先端に位置する古墳で、昭和九年（一九三四）、京都帝国大学理学部地震観測所が地下室をつくるために掘削をしていたときに偶然に発見された。その時は、十分な調査が行われることなく、埋め戻されたが、近年、その当時の遺物の一部や棺内を撮影したX線写真やガラス乾版が発見され、金糸で刺繍された冠帽の存在が確認され、織冠である可能性が考えられ、にわかに藤原鎌足墓の可能性が高まった。

古墳には明確な墳丘はなく、深さ約三メートルの墓壙を掘削し、内部施設を設置後、それを覆うように盛土を行い、塼を葺く。そして、さらに盛土をするが、地表には明確な高まりは設けない。内部施設を中心として直径八〇メートルの範囲が浅い溝によって囲まれ墓域を形成する。

内部施設は横口式石槨で、花崗岩を積み上げ、墓室内面に漆喰を塗る。長さ二・五八メートル、幅一・一六メートル、高さ一・一六メートルである。床面中央には塼を積み上げて高さ〇・二五メートル、長さ二・三一メートル、幅〇・八二メートルの棺台をつくる。棺は夾紵《きょうちょ》棺でほぼ完全に残っていた。外面には黒漆を塗り、内面は朱塗りである。棺内の遺骸は仰向けに体をのばして納められ、全身の骨格や織物などが良好なかたちで残されていた。X線写真の分析で、四十～六十歳の壮年男性の人骨であることが判明した。また、ガラス小玉を銀線で綴り平絹が巻かれた玉枕や、金糸で刺繍が施された冠帽の存在が確認された。さらに、近年の調査で、七世紀中ごろの土器が出土した。

古墳は、古墳時代終末期特有の横口式石槨であること、地下深くに丁重に埋葬していること、夾紵棺というこの時期、最高の棺を使用していることから、最有力者の墓とみて問題はない。さらに、出土土器の年代を考えると、藤原鎌足墓である可能性は高い。

参考文献　梅原末治『摂津阿武山古墓調査報告』（『大阪府史蹟名勝天然記念物調査報告』七所収、一九三六）

（林部　均）

文禰麻呂墓

壬申の乱の功臣として知られる文忌寸《ふみのいみき》禰麻呂《ねまろ》の墳墓が、大和国宇陀郡八滝村(奈良県宇陀市榛原区八滝字米山、通称笠松耕地)で発見されたのは、天保二年(一八三一)九月のことだった。発見の経緯は、奈良町奉行への届書「和州八滝村地内ニ而古銅器掘候儀ニ付伺書」に詳しい。その後明治十二年(一八七九)までは地元の竜泉寺で墓誌などの遺物は保管されていたが、それ以後は帝室博物館に移され国宝に指定され、現在は東京国立博物館蔵品となっている。

昭和五十七年(一九八二)三月から四月にかけて、橿原考古学研究所によって、現地の再発掘調査が行われ、あいまいだった墓の正確な位置、構造などが明らかになった。

墓壙の位置は、以前から建っている石碑の東三㍍の丘陵南斜面にあり、規模は東西二・五五㍍、南北現在長二㍍(推定二・五㍍)の隅丸方形で、上部は削られていたが、北端部では三〇㌢ほどの深さで残っており、中は木炭と粘土で覆われていた。構造を復元すると、垂直に掘った土壙の底に粘土と砂質土を敷き、その上に木炭を並べ、骨蔵器と墓誌を置く基台部を設け、遺骨を安置した後、木炭、粘土、粘質土で覆ったようである。木炭層から鉄釘二本が見つかり、骨蔵器は木櫃に安置されていた可能性が強い。

文禰麻呂墓墓壙全景

墓壙内外から、骨片、焼土、焼木などが見られないことから、火葬地はほかに求めるべきだろう。

遺物は墓誌とその外容器の銅箱、火葬骨を直接納めた緑色ガラス製の骨蔵器と、それを容れた金銅製の壺である。

墓誌は鋳銅製で、縦二六・二㌢、横四・三㌢の表面に二行、計三十四字の銘文「壬申年将軍左衛士府督正四位上文祢麻／呂忌寸慶雲四年歳次丁未九月廿一日卒」を刻んでいる。

慶雲四年(七〇七)九月二十一日に亡くなった文禰麻呂は、渡来系の西文氏《かわちのふみうじ》を出自とする官人である。『日本書紀』によれば大海人皇子(天武天皇)が近江朝廷に反旗を翻した、いわゆる壬申の乱(天武天皇元年(六七二))に舎人として挙兵に参加し、功績を挙げたことが記されている。墓誌にある「壬申年将軍」はこの記事に合致する。また『続日本紀』慶雲四年条には十月廿四日に、禰麻呂が亡くなったので使いを送り、正四位上の位と賻物《ふもつ》(葬儀に関わる品物)を賜るとある。墓誌にはこの位階が刻まれていることから、少なくとも墓地は亡くなってから一ヵ月以上は後に造られたことがわかる。

藤原京時代の墓地ではあるが、都との位置関係は、のちの平城京と太安万侶墓との関係によく似ている。律令官人墓のさきがけといえよう。

参考文献　奈良国立文化財研究所飛鳥資料館編『日本古代の墓誌』(一九七九、同朋舎)、泉森皎「文禰麻呂墓発掘調査概報」(奈良県立橿原考古学研究所編『奈良県遺跡調査概報一九八一年度』所収、一九八三)

(前園実知雄)

伊福吉部徳足比売墓

徳足《とこたり》は因幡国の豪族、伊福部《いふきべ》氏の女。墓は、安永三年（一七七四）、同国法美郡宮ノ下村（鳥取市国府町宮ノ下）の現稲葉山南麓の一支脈、無量光寺背後の岩常山中腹から骨蔵器とともに発見された（『因幡志』）。北東から南西に走る丘陵尾根端（標高約一〇〇メートル）に位置し、南側に因幡国府が置かれた鳥取平野を望む。六〇〇メートル東側に武内宿禰命《たけうちのすくねのみこと》をまつり、伊福部氏が神官を務めた宇倍《うべ》神社が鎮座する。

発掘調査を行なった斎藤忠は、納骨施設は土坑（長辺四・五×短辺二・八×深さ一・五メートル）を掘った底に粘土を張って、凝灰岩製の蓋石（長さ一四〇、幅八六、厚さ四七センチ）と台石で構成する石櫃を安置したとする。さらに墳丘は径八メートル、高さ一メートル余の盛土などを有した厚葬の墓であったと推定している。

納骨容器は、蓋石中央に円形の穴（径二九×深さ二五センチ）を掘って、合せ蓋式の鋳銅製骨蔵器（径二六・四、高さ一六・五センチ）を納める。蓋の表面には、次のように経歴と葬送経過を漢文で百八文字、十六行にわたって放射状に刻む。

伊福吉部徳足比売墓跡
（因幡万葉歴史館提供）

「因幡国法美郡の伊福吉部徳足比売臣は、藤原大宮御宇大行《さきの》天皇の御世慶雲四年（七〇七）歳次丁未の春二月二十五日、従七位下を賜わり仕へ奉る。和銅元年（七〇八）歳次戊申の秋七月一日に卒する也。三年庚戌の冬十月に火葬し即ちこの処に殯《もがり》す。故に末代の君等まさに崩壊すべからず。上の件、前の如く謹んで錍に録す。和銅三年十一月十三日己未」（原漢文）。

銘文は、徳足が法美郡出身の采女《うねめ》（女官）として出仕し、文武天皇の御世に従七位下に昇進、和銅元年七月一日死去し、和銅三年十月に火葬、殯の後、十一月十三日に葬送終了と伝える。

大宝二年（七〇二）持統天皇は、みずから清浄化された遺骨となる火葬を望んで葬送儀礼や墓制を変革する。孫の文武天皇の陵墓に比定される中尾山古墳は、石槨に骨蔵器を納めたと推定できる。そこで共通要素を備えた徳足の納骨施設は、同時期の威奈大村《いなのおおむら》墓とともに中央官人層に浸透した墓制だったといえる。また、組紐で十文字に縛った徳足の骨蔵器は、法隆寺五重塔の舎利容器の埋納例との関連性が推定できるなど、葬送儀礼の一端を垣間見る。因幡においては、近侍した天皇の意思を忠実に体現する采女としての役割を果たしたのかもしれない。

法美郡では、第二十七代伊福部国足《くにたり》（『因幡国伊福部臣古志』）が郡司を務めたと推定でき、岡益《おかます》の石堂などの仏教文化が華開く。

その故郷の期待を一身に集める一方で、律令国家体制を推進する中央官人として先進文化をいち早く伝えた采女徳足の「死」を破格の「卒」と刻んだのであろう。

参考文献　斎藤忠「鳥取県伊福吉部徳足比売の墓について」（『日本古代遺跡の研究』論考編所収、一九七六、吉川弘文館）

（中山　和之）

太安万侶墓

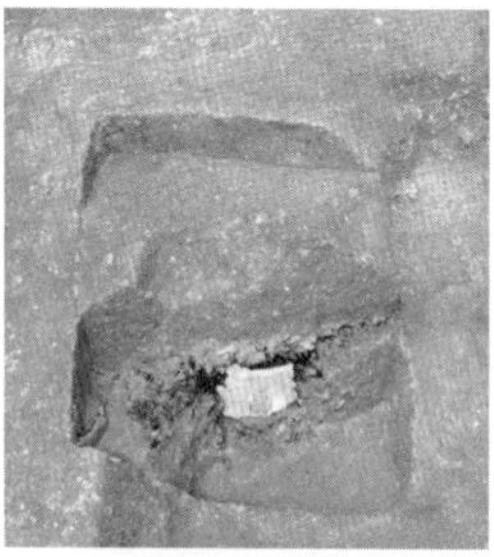
太安万侶墓墓壙

『古事記』の編者として知られる太安万侶の墓誌を伴う墓は、昭和五十四年(一九七九)一月二十二日、奈良市此瀬町の通称トンボ山と呼ばれている丘陵の南斜面で、茶の改植作業中に発見された。発見者の竹西英夫・初枝夫妻の話によると、畑の急斜面に大量の木炭に囲まれた空洞が現れ、その中に人骨とともに銅製墓誌が置かれていたようだ。

江戸時代以来偶然の機会に発見されることの多い墓誌の中で、本例は出土状態の明らかな稀有な例で、著名な被葬者とともに、奈良時代の火葬墓を考える重要な基本資料といえる。墓誌発見後直ちに橿原考古学研究所によって発掘調査が行われた。

墓は、東西にのびる丘陵の南斜面の中腹よりやや高いところに立地している。墳丘については現状では封土はまったく残っていなかったが、墓壙の北約一・四メートルのところで幅三〇センチの浅い弧状の溝が見つかったことから、復元すると直径約四・五メートルの円形をしたものであった可能性が強い。

墳丘のほぼ中央に現状で東西一七〇センチ、南北一九〇センチのほぼ垂直に掘られた墓壙があり、最も深い北端部で約一六〇センチ。墓壙内の中央北寄りに遺骨を納めていた木櫃が安置されていたようだが、そこは木炭によって囲まれた空洞になっており、櫃の底外部に粘土で張り付けた墓誌を安置していたが、その墓誌に触れる一部分の木質が残っていただけだった。

この空洞から、木櫃は四隅を面取りした方形で、幅、高さともに三八〜四二センチ、長さは現状で七八センチの規模のもの。腐朽した木櫃の中央部に残っていた火葬骨は、熟年男性のもので、死後間もなく荼毘に付されたことがわかっている。

墓誌は銅製で、縦二九・一センチ、横六・一センチ、厚さ〇・一センチの薄い短冊形。唐風の楷書で、すくい鏨《たがね》の技法を用いて墓誌の一面に二行にわたって計三十九字の銘文「左京四条四坊従四位下勲五等太安萬侶以癸亥／年七月六日卒之養老七年十二月十五日乙巳」を刻む。

平城京内における居住地、位階勲等、没年月日、埋葬年月日と考えられる日付を記している。癸亥年と養老七年は同年で七二三年にあたる。

他の遺物は遺灰の中から真珠四粒、小さくなった板状の漆喰片八点が出土しただけだった。

この墓誌に記された内容だけでは太安万侶と『古事記』の関係を証明することはできないが、律令官人として活躍した人物の墓の実態が知られたことによって、古墳時代がなぜ終ったのか、また奈良時代の墓制とのつながりを具体的に考えることができるようになったことの意義は大きい。

参考文献　奈良県立橿原考古学研究所編『太安万侶墓』(『奈良県史跡名勝天然記念物調査報告』四三、一九八一、奈良県教育委員会)

(前園実知雄)

叡尊と西大寺歴代墓

　中世の戒律復興に尽力した西大寺中興叡尊の墓所は、奈良市西大寺野神町の西大寺奥之院(躰性院)に現存する。叡尊は正応三年(一二九〇)八月二十五日、九十才で遷化し、現在の墓所の位置で荼毘に付され、直後に同所への石塔建立を評定している。おそらく、それほど時を経ずして石塔は完成したものと思われる。

　叡尊の墓塔は花崗岩製の巨大な五輪塔で、塔の高さ三三七センチを測り、地輪はやや裾広がりの台形状で最大幅一三一センチ、高さ七九センチ、水輪は最大径一一九センチで、その部分が中央よりやや上位にくる球形を呈する。火輪は軒口が厚めで、軒反りは端部に向かうにつれて緩く反り上がって隅棟端部へ取り付く。軒幅一二五センチ、高さ七七センチを測る。空風輪は一石で作られ、半球形の風輪は最大径七〇センチ、高さ三六センチで、ほぼ球形を呈し頂部をわずかに尖らせる空輪は最大径六五センチ、高さ五三センチを測る。塔は、高さ二一センチ、最大幅一八四センチの繰形座と呼ばれる台座上に載り、さらに幅六四七センチ、高さ九〇センチの壇上積基壇上に安置される。塔の表面は無文で何らの銘文も記載されていないが、これが叡尊塔の最大の特徴である。発掘調査は行われておらず銘もないが、入滅から葬送や荼毘、拾骨などの状況を記録した『西大寺叡尊上人遷化之記』の記載と、石塔の規模が一致することや葬列の行程が現在の地図からも読み取れることから、この塔が叡尊の墓所であることは疑いない。

奈良県西大寺叡尊五輪塔

　さて、西大寺奥之院には叡尊塔以外に、規模は小さいながら類似した五輪塔が四基建っている。叡尊塔の東側で南北に二基並び、西側で共同墓地となっている一角に東西に二基が並んでいる。いずれも塔高は一九〇センチ前後で、叡尊塔の五七～五八%程度の規模である。伝承では西側の二基が慈真、宣瑜《せんゆ》の墓所とされ、他の二基も含めて西大寺の歴代高僧のものと思われる。石塔や基壇細部の形状比較から西側の二基が十四世紀初頭、東側の二基が十四世紀前半から中ごろのものだろう。

　この歴代墓は、叡尊塔と形状は酷似しているが細部の比率に多少の異なりがあり、叡尊塔では水輪最大径より火輪幅が大きいが、他の塔はすべて水輪最大径より火輪幅が小さい。のちに律宗系(西大寺様式)五輪塔として各地に広まる無銘無種子の五輪塔は、叡尊塔が祖形とされているが、厳密には歴代墓五輪塔の比率に近い。この点を評価するならば、叡尊塔は一品製作されたものであり、各所へ普及した塔は細部を意識的に変化させていると考えられる。祖師の塔のすべてを模倣することが憚られたのであろうか。

参考文献　狭川真一「西大寺奥ノ院五輪塔実測記」(『元興寺文化財研究所研究報告二〇〇二』所収、二〇〇三)

(狭川　真一)

忍性墓

良観房忍性は、鎌倉時代に律宗弘布と民衆救済に活躍した僧侶で、『性公大徳譜』などに行跡を記す。建保五年(一二一七)大和国城下郡屛風里に生まれ、延応元年(一二三九)、西大寺叡尊に入門した。建長四年(一二五二)常陸三村寺に入り、文永四年(一二六七)、鎌倉極楽寺開山となった。嘉元元年(一三〇三)七月十二日に八十七歳で入滅し、遺言により遺骨は三分され分骨塔が造立された。三ヵ所すべてが学術調査されている。

極楽寺忍性塔(神奈川県鎌倉市)は伊豆安山岩製で総高三九三・九㌢、本体高三〇七・七㌢を測り、複弁反花座を伴う。昭和五十一年(一九七六)の解体修理に際し、土壇上で火葬後、地覆石材で囲う基礎構造が判明した。五輪塔の地輪下面の穴に忍性と俗弟の賢明房慈済の骨蔵器が納められていた。忍性舎利瓶は蓋付瓶形で、高さ二〇・七㌢。銘文は『良観上人舎利瓶記』として知られる。極楽寺の西畔で荼毘に付し、三寺に分骨した旨を記す。末尾に「嘉元元年歳次癸卯十一月日　付法住持沙門栄真石塔願主比丘禅意」とある。

神奈川県極楽寺出土骨蔵器

額安寺忍性塔(奈良県大和郡山市)は額安寺境内北西の鎌倉坂に八基あるうち最大の五輪塔Ⅰで、花崗岩製、頂部を欠くが、現状で二九二・一㌢、本体高二八五・二㌢を測る。後世の改変をうけていたが、塔下から花崗岩製の外容器を伴って忍性の舎利瓶が出土し、周囲に追納骨蔵器三点があった。鋳銅製舎利瓶は総高二九・二五㌢、優美な宝瓶形で、蓮弁状の台座を伴う。刻銘は極楽寺とほぼ同じだが、額安寺・竹林寺の刻銘には八月、極楽寺には十一月の刻銘があり、まず大和で納骨した後、極楽寺奥の院での埋葬が行われたとわかる。額安寺は、忍性が十六歳で仮出家した寺で、聖徳太子四十九院の熊凝精舎の跡でもある。

竹林寺忍性塔(奈良県生駒市)は花崗岩製で複弁反花座を伴う。五輪塔は破壊され寄せ集め塔となっていたが、格狭間《こうざま》を伴う須弥壇状の基壇が残っていた。昭和六十一年(一九八六)に橿原考古学研究所が調査した。墳墓は一辺一〇㍍、高さ一㍍弱の方形の墳丘を築き、西寄りに大規模な土壙を設け、内部に石製外容器を納置する。墓塔を覆う瓦葺墳墓堂の柱跡も検出された。石製外護容器は花崗岩製で、径約七六㌢の台座に高さ七五・三㌢の八角柱状部がのり、内部に忍性舎利瓶を安置する。この上部の磚室に収められた追納蔵骨器のうち極楽寺比丘尼妙覚の容器に正和二年(一三一三)銘があり、五輪塔の造立時期を示す。『竹林寺略録』は、竹林寺忍性墓が人々の納骨・参詣の対象となっていたこと、文暦二年(一二三五)の行基廟発掘の顚末を記す。同年より三年間忍性は竹林寺へ月詣でをしており、竹林寺忍性塔の納骨施設は行基菩薩墓の八角石筒を模したと推定される。忍性の三分骨塔は、四分律《しぶんりつ》の祖である隋唐の高僧、南山道宣の三所造塔に倣ったと推定される。

(桃崎　祐輔)

足利氏墓所

栃木県樺崎寺跡建物１全景

栃木県足利市樺崎町の谷あいにある樺崎寺跡は、源姓足利氏二代目義兼により、奥州合戦の戦勝祈願のため文治五年(一一八九)に伊豆走湯山の理真上人を開山として創建された。義兼はここで入場し、その廟堂は朱で彩色されたので赤御堂と呼ばれた。遺構は未確認だが、樺崎八幡宮本殿の床下が有力である。

建久四年(一一九三)の願文がある下御堂には、義兼の子供とされる同日に死去した瑠璃王御前と薬寿御前の兄弟が仏壇下に埋葬された。この遺構は、建物九とする三間四方の礎石建物で、中央の石組遺構には、別地点へ改葬された白磁四耳壺の蔵骨器二基が埋納されていたと推測される。この赤御堂・下御堂には運慶作の金剛界大日如来がまつられていたとされ、それぞれ現在は光得寺と真如苑にまつられている。

また境内には、二世住持法円房隆験廟所の一切経蔵や義氏の叔父鷹司禅門朝季の菩提を弔った多宝塔などが建立された。多宝塔は赤御堂跡の南で東面して建ち、さらにその南で確認された一間四方の礎石建ち小堂は、義兼供養塔跡にあたるので石塔の覆堂だったとみられるが、東側山麓の浄土庭園にある中島が正面に位置しており、この遺跡内での重要度がうかがえる。

山腹南端に複数の建物跡があり、最下層の建物一六は、五メートル四方の礎石建物で十三世紀初頭ごろと推定され、周辺出土の古瀬戸四耳壺蔵骨器はこの建物付近から改葬されたという。十二世紀後半から十三世紀前半ごろは、足利氏所縁の人々を供養した堂塔や火葬骨を床下に埋納した墳墓堂的な建物が点在していた。

この風景が改変されるのは、建物一六廃絶後に建てられた建物一八とそれに関連する基壇の拡張である。建物一八は十四世紀前半ごろの一間四方礎石建物で、建物内および左右に拡張された基壇上に、光得寺へ移転した五輪塔群が置かれた。石塔の特徴から十三世紀後半から十四世紀前半ごろに造営されたものと考えられる。

建物一六に代表されるように、初期に建てられた墳墓堂の多くは失われ、十四世紀前半から中ごろに大規模な墓地改修が実施された。墳墓堂から石塔墓群への転換である。そこには改葬された骨を埋納したものもあろうし、まったくの供養塔も存在しただろう。そのことは、石塔の内部構造が物語っている。

これらは十五世紀前半に間口十間の長大な建物一に改修され、主要な石塔群には覆屋が設けられた。その整備は満兼の十三回忌法要(応永二十八年(一四二一))にあてる説が有力である。樺崎寺は以後、明治の廃仏棄釈まで足利氏の廟所として長くまつられてゆく。

参考文献　大沢伸啓・峰岸純夫他『法界寺跡発掘調査概要』(二〇〇五、足利市教育委員会文化財課)、大沢伸啓『樺崎寺跡』(『日本の遺跡』四一、二〇一〇、同成社)

(狭川　真一)

源頼朝墓

神奈川県鎌倉市に所在する。頼朝の死については『吾妻鏡』正治元年(一一九九)が欠巻のため、荼毘に付したかどうかなど葬法は不詳である。没後の供養が「持仏堂」でなされ、一周忌は「法花堂」でとみえるので、現在の「源頼朝墓」が持仏堂・法華堂と同一の場所かが議論されてきた。石橋山の合戦の際に岩窟中にのこした銀の正観音像をとりもどし、奥州攻め出陣に際して「御所の北の山」に仮の梵宇を建て安置させたとの記事からは、現在地が持仏堂の可能性が高い。のちに北条義時の墓(新法華堂)が頼朝墓の「東の山上」に造られたこととも合致する。また宝治合戦(宝治元年(一二四七))で三浦一族が自害した法華堂が「石階」の上にあり、寺の承仕が天井裏に隠れたとの記事とも一致する。天井のある堂というと、立派な堂舎を備えた、独立の寺となっていたであろう。のちの文献にも法華堂は寺として出てくる。寛喜三年(一二三一)、弘安三年(一二八〇)、延慶三年(一三一〇)に火災の記事があり、そのつど再建されたらしい。

神奈川県源頼朝墓

現在の頼朝墓は安永八年(一七七九)、島津重豪《しまづしげひで》の命で整備・改変されたもので、墓標とされる層塔はもとは勝長寿院(頼朝建立の寺で、義朝の首級、実朝・政子を葬った)にあったものと伝える。近世の『新編鎌倉志』(貞享二年(一六八五))では五輪塔を描いているが、また安永八年の『鎌倉勝概図』では層塔が描かれ、今日の白旗神社にあたる法華堂は両者ともに描かれる。

考古学的には、現在の頼朝墓のある平場は東半が岩盤削平面で、西半は大きく崩れており、東半は近代の茶店のため削平され、層塔を囲む玉垣下を除いて遺構の残存は想定しづらい。西方の崩落土中からは瓦片や陶片が採集されており、何らかの中世遺構があったと思われる。昭和四十四年(一九六九)平場下の白旗神社内の試掘では、近世以降の岩盤削平面や参道跡が検出された。近世・近代層から出土した軒丸瓦には宝塔文がみられ、京都府六勝寺との関係が指摘されている。軒平瓦では中央に梵字「ア」を配した下向陰刻剣頭文のものもあり、永福寺Ⅰ期(十二世紀末以降)や静岡県伊豆韮山願成就院との関係が考えられる。その他、三巴文軒丸瓦は永福寺Ⅱ期(十三世紀中葉以降)と、平瓦は永福寺Ⅲ期(十三世紀末以降)と平行する。かわらけは十三世紀末から十四世紀前半のものとみられる。鎌倉時代を通じて、頼朝の墳墓堂を中核とする「法華堂」という寺が存在したと考えられる。

現在の玉垣東南隅には、土佐(高知県)の源稀義の墓から近年贈られた玉砂利が置かれている。

参考文献　貫達人・川副武胤『鎌倉廃寺事典』(一九八〇、有隣堂)

(河野眞知郎)

北条義時墓

神奈川県鎌倉市に所在する。『吾妻鏡』によれば、鎌倉幕府第二代執権北条義時は、貞応三年(一二二四)六月十三日に没し、同十八日に「故右大将家(源頼朝)法華堂東山上」に葬られたとある。同年八月八日には「新法華堂」にて供養がなされた。遺体を茶毘に付したかなど葬法についてはふれられていないが、墓は頼朝と同様の法華堂(墳墓堂)形式とみられる。この堂は貞永元年(一二三二)に火災で焼失し、法華堂は再建しないものという前例を破って、北条泰時により再建されたという。現在源頼朝墓の東隣の小支谷内の中段平場が、古くから義時法華堂の地に比定されていた。谷奥の上方には安永八年(一七七九)に造られた島津忠久《しまづただひさ》墓、文政六年(一八二三)に造られた大江広元《おおえひろもと》・毛利季光《もうりすえみつ》墓があり、これにのぼる石段の西麓には三浦やぐらと伝える窟もある。

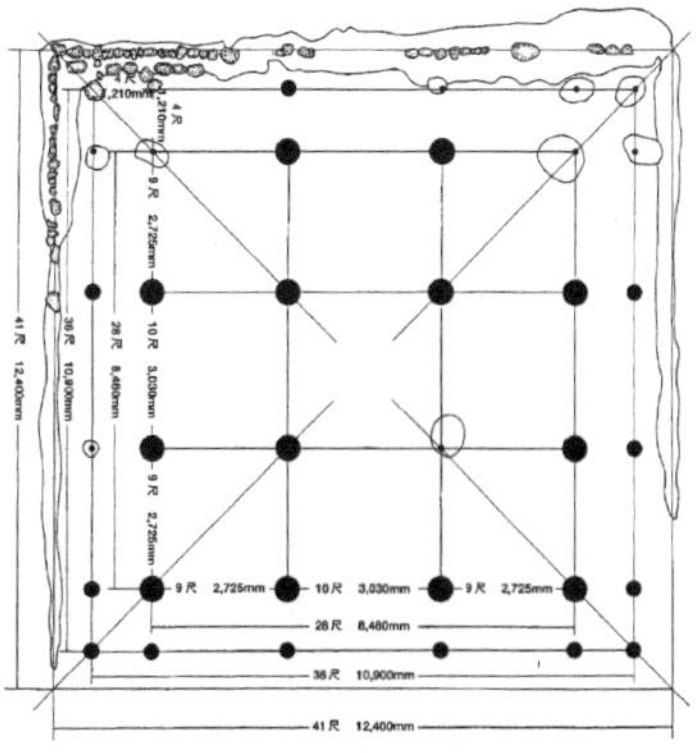

北条義時墳墓堂復元平面図

平成十七年(二〇〇五)度の確認(発掘)調査で、中段平場は支谷を削平・盛土造成したもので、谷奥側から安山岩(伊豆石)円礫(径〇・一～〇・三メートル)を並べた雨落溝、縁束礎石(径〇・四メートル)および礎石の抜き取り穴が検出され、法華堂の北・西面と考えられた。南方の谷開口部は土砂流出のため遺構はのこっていなかった。残存遺構から三間四方の堂(中央間十尺、両脇九尺の方形造り)で、四面に四尺の縁の付く堂が考えられている。堂の中央床下にあたる部分は後世の攪乱に遭っており、遺骸の埋納の有無は確認できなかった。発掘区内から瓦片が相当量出土し、鎌倉時代末期にあった堂は瓦葺きと推定される。十三世紀前葉のものも少量あったが、瓦の大部分は永福寺Ⅲ期(十三世紀末以降)のもので、少量出土したかわらけは十三世紀中葉から十六世紀のものであった。そのほかに高麗青磁梅瓶片や青白磁水注片や、常滑・魚住の擂鉢片などの生活遺物も出土している。

『北条九代記』には弘安三年(一二八〇)、延慶三年(一三一〇)にも火災記事がみられ、出土遺物と併せると、鎌倉時代のうちは幕府による維持管理がなされ、恒常的に仏事が営まれていたようだ。法華堂形式の墓は鎌倉では、義時の息泰時の「粟船御堂」まで続いていたと考えられる。仁治三年(一二四二)に出された幕府法で府中の墓が禁止されることとの関係を考える必要もあろう。

現在は源頼朝墓および周囲の山稜を併せ、国史跡「法華堂跡」に指定されている。

参考文献　鎌倉市教育委員会『北条義時法華堂跡確認調査報告書』(二〇〇五)

(河野眞知郎)

北条氏墓所

鎌倉幕府の実権をになった北条氏だが、その墓がはっきりしている者は意外に少い。時政(初代執権、一一三八—一二一五)墓は静岡県伊豆韮山願成就院にあるが後世の造作であろう。神奈川県鎌倉市内では、義時(二代執権、一一六三—一二二四)墓は「右京兆法華堂」で、源頼朝墓の東方の谷戸で遺構が検出されている。泰時(三代執権、一一八三—一二四二)は「粟船御堂(大船常楽寺)」に葬られたが遺構は不詳である。経時(四代執権、一二二四—四六)は佐々目に葬られたというが遺構はやはり不詳。重時(連署、一一九八—一二四六)墓とされる五輪塔が極楽寺内の忍性墓の近くにあるが、後世の付会かもしれない。時頼(五代執権、一二二七—六三)墓は明月院にあるが、本来のものではない。時宗(八代執権、一二五一—八四)、貞時(九代執権、一二七一—一三一一)の廟所は円覚寺内の塔頭《たっちゅう》にあるが、遺構としては不詳である。

横浜市称名寺北条実時墓

菩提寺にあって墓の姿を留めているのは、称名寺(横浜市金沢区)境内の金沢(北条)氏のものくらいであろう。「称名寺絵図」(鎌倉時代末)には「本願」と注記された所には宝篋院塔が、「当寺檀那」と記された所には五輪塔が描かれる。境内北東奥の「本願」とされるのは開基金沢(北条)実時(一二二四—七六)墓で、安山岩製の宝篋院塔(高一・〇〇メートル)が現存する。ただ塔の様式は十四世紀に降る関東式で、塔身も別個体が組み込まれ、実時没年に近いものでなく、後年組み上げられたもののようである。境内西側の山裾中段テラス部分の「当寺檀那」の所には、蓮弁座を伴う安山岩製の大型五輪塔二基が、数基の小五輪塔を伴い現存する。火輪軒端の反りに差があり、絵図の注記(近世に降るか)とは逆の、向かって右側が顕時(一二四八—一三〇一)の塔(高二・三八メートル)、左側が貞顕(一二七八—一三三三)の塔(高二・一四メートル)と考えられている。貞顕は鎌倉幕府滅亡時に北条高時らとともに東勝寺で死亡しているので遺骸の有無は不詳だが、顕時墓と考えられる五輪塔の下からかつて、竜泉窯青磁鎬文酒会壺が出土し、顕時の火葬骨を納めた蔵骨器と考えられている。蔵骨器に中国産磁器を用いるのは鎌倉でも数少く、貞顕の時代に「唐物」がはやったことがその書状で知られることからも、北条一門の墓にふさわしいといえる。古絵図や『金沢文庫文書』などから、金沢顕時墓は北条一族の墓葬のわかる数少い例といえよう。なお火葬骨を蔵骨器に納め塔下に埋置する葬法は、鎌倉に多数みられる「やぐら」と共通する。また墓に巨大な五輪塔を据えるのは、西大寺律宗の僧(極楽寺忍性、多宝寺覚賢など)の墓と関連があると考えられている。

参考文献　神奈川県立金沢文庫編『称名寺の石塔』(二〇〇二)

(河野眞知郎)

京極氏墓所

宇多源氏の系譜を引く佐々木氏が、四つに分家した一つで、京都の京極高辻に屋敷があったことから名乗るようになった。分家後は六角氏が本家筋だったが、南北朝の動乱を勝ち抜いた後は勢力を持ち、幕末まで大名家であり続けた名族である。

その墓所は滋賀県米原市の清滝寺徳源院にあり、上下二段の墓地で、上段は中世の石造宝篋印塔の一群、下段は近世の大名墓で構成される。中世の石塔群は現在横一列に並ぶが、十七世紀後半ごろ、所々に散在していたものを移転したようである。

宝篋印塔は、花崗岩、砂岩、石灰岩の大きく三種類があり、積み直した時に混乱・紛失したものもあるようで後補部材も多い。花崗岩製のものは、基礎の各面に三茎蓮の文様があり、笠部の隅飾りは三孤式となり、表面には月輪に収まる梵字を彫出する。近江地方に多い特色である。ただ細かな点では違いもみえ、基礎では格狭間《こうざま》を有するものと方形枠に直接三茎蓮を彫出するものがあり、系統を異にする。また、基本的には基礎上面を反花座とするが、二段の階段状とするものもある。笠部では隅飾りの輪郭の巻き方で細分類でき、最古の塔をのぞきほかは大きく二系統に分かれる。基礎との共通性がみえて興味深い。

滋賀県徳源院宝篋印塔群

続く砂岩製のものは、格狭間と三茎蓮文様では系譜を引くように見えるが、反花座の蓮弁構成は異なり、笠部も二孤式となるなど変化が見える。石灰岩製は砂岩製の系譜をおおむね引いているが、細部で異なるものもあり個々に特色がある。時代の変遷と採用石材の変化は何を物語るのか注意する必要がある。

この資料で注目すべきは『尊卑分脈』宇多源氏の京極系図や『佐々木系図』(『続群書類聚』一三二)にみえる何人かの没年が、石塔記載の年号と一致または近似することである。たとえば、最古の銘文に「永仁三年乙未／八月十三日」「相当百ヶ日／忌辰造立之」とあり、『尊卑分脈』の氏信の項に「永仁三五三死」とみえ、永仁三年(一二九五)五月三日に死去したことを記すが、銘文の八月十三日から百日遡ると五月三日となる。ほかの事例を細かく記載する余裕はないが、花崗岩製の塔では、二代宗綱、三代貞宗、四代宗氏でほぼ一致し、砂岩製は五代高氏と六代高秀に、石灰岩製は十代高数で一致する。つまり、花崗岩製塔は十三世紀末から十四世紀中ごろまでに該当し、無銘の塔もこの範囲に含まれる。次は砂岩製で十四世紀後半の二基(天正期の一基を除く)、最後は石灰岩製で十五世紀代へと変遷する。

こうした銘文と記録、石塔の形式が符合する事例はきわめて珍しく、武士の墓所の実態を知るうえで重要な存在である。

参考文献　肥後和男・黒田惟信『滋賀県史蹟調査報告』五(一九三三、滋賀県)、田岡香逸『近江の石造美術』一(一九六八、民俗文化研究会)

(狭川　真一)

修験者墓

修験道は山岳修行によって験《げん》力《りき》を身につけ、その力で呪術的な活動を行う宗教で、その担い手が修験者である。

修験道では、修行中に死んだ者を、石子詰にしたと伝えるが、遺跡は確認されていない。しかし、修験者の墓には石が使われることが多く、とりわけ自然石の墓標を建てた例が多い。福岡県添田町英彦山《ひこさん》大河辺山伏墓地では、約五十基の墓の大部分が石組墓や集石墓で、その上に自然石を利用した墓標が建てられていた。大河辺山伏墓地は、副葬品の貧弱さなどから、身分の低い庵室山伏の墓地である可能性が高い。また、自然石の上部に胎蔵界大日如来の種子《しゅうじ》である梵字アなどを書き、その下に修験者の官位を冠した法名、脇に造立年月日などを記した墓標は、埼玉県比企郡ときがわ町多武峰《とうのみね》の本山派修験福寿坊の墓地や群馬県安中市松井田の本山派修験九蔵坊の墓地でみられる。

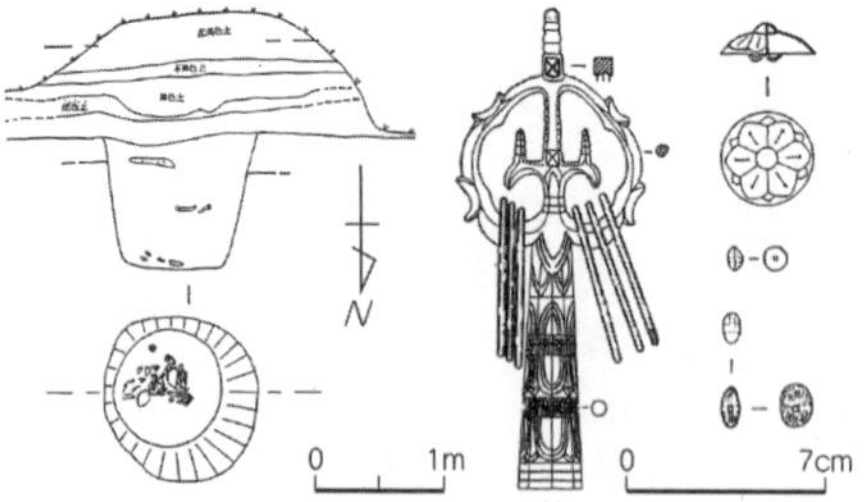

島根県檜山古墓と出土遺物

修験者の墓からは錫杖や袈裟金具が出土することが多いが、それは死者に山伏装束を身につけさせて埋葬する習俗があったからである。島根県松江市檜山古墓では、中世末期から近世初期に営まれた、上部に塚を築いた土坑墓が約十七基発見されたが、その大部分から錫杖・袈裟金具・法螺・念珠など修験者の仏具が検出された。群馬県前橋市茂木の西小路遺跡では、江戸時代中期の火葬墓から袈裟金具が発見されたが、墓標には権大僧都法印英玉や権大僧都法印重慶の名が確認できる。袈裟金具は輪宝形で、修験道独自の結袈裟の一種である磨紫金《ましこ》袈裟に取り付けられたが、それは当山派修験がおもに使用した袈裟である。

江戸幕府は修験道を祈禱宗教と規定し、修験者が独自に葬儀を営むことを禁止し、他宗の寺院の檀家となり、他宗の僧侶による引導を受けることを義務づけていた。そのため、修験者の間に自己の宗派の作法によって修験者の葬儀を行う「自身引導」の正当性を主張する動きが起り、その執行の可否をめぐり檀那寺と修験者の間で争われることがしばしば発生した。領主から、修験者自身や家族に限り、修験道の作法による葬儀を行うことが承認された場合もあったが、修験者が葬儀に関わることを禁じる幕府の基本姿勢は近世を通じて変わらなかった。そうしたなかにあって、死者に山伏装束を着けさせ、あるいは塚を築いた墳墓や自然石の墓標などを造営することで、修験者としての自己主張を明確化し、幕府の宗教政策に抵抗したのである。

参考文献　江戸遺跡研究会編『江戸の祈り』(二〇〇四、吉川弘文館)

(時枝　務)

相良氏墓所

墓所とされる西安寺五輪塔群は、熊本県玉名郡玉東町の中世寺院跡、西安寺字白山宮に所在する。西安寺は、遠州相良を本貫とする御家人相良氏を祖とする山北相良氏の菩提寺で真言寺院である。熊本平野と玉名平野を隔てる金峰山系の最北に位置する三ノ岳麓、西安寺川流域の谷間の奥に白山宮がある。墓所は社殿から西南方向に五〇メートルほど入った竹林の中にある。

五輪塔群は、南北に細長い石造基壇上に、北側から一号塔(嘉元二年(一三〇四)銘)、二号塔(正嘉元年(一二五七)銘)、三号塔(正応元年(一二八八)銘)、四号塔(文仲二年(一三七三)銘)、五号塔(無銘)、六号塔(嘉元二年銘)の順に並ぶ。

一・三号塔の基壇は、一段高く造られている。さらにその中央にもう一段高い方形の基壇が作られ、その上に最大の二号塔が安置され、五輪塔群のなかでも最も威厳に工夫が図られている。また、基壇上には、玉石が敷かれ、一・六号塔は、この上に据えられている。五輪塔は阿蘇溶結凝灰岩製で、良好に遺存しているが、三号塔の地輪下部には一部銘文の剥落がある。刻銘は一号塔の東面(涅槃門)、二・三・四・六号塔が西面(菩提門)に刻む。ただし当初の方位かは不明である。これらの五輪塔群の銘文については、『肥後国誌』『肥後地誌略』『新撰事績通考』『古塔調査録』『宝篋印塔の起源』など諸書で釈読に相違があったが、平成十九年(二〇〇七)の正式報告で以下のように確定された。

熊本県西安寺３号塔

一号塔(一六七・五センチ)「奉造立/五輪塔婆一基/嘉元二年甲辰八月日/(月輪アク種子)/当寺大檀那/遠江国住人相良三郎/左衛門入道浄位」。二号塔(二三一・七センチ)「奉造立/五輪率都婆一基/正嘉元年丁巳八月日/(月輪アン種子)/当寺大檀那/遠江国住人相良五郎/左衛門入道浄信」。三号塔(一五四・六センチ)「奉造立/五輪率都婆一基/正応元年歳次戊子七月日/(月輪アン種子)/当寺大檀那/遠江国住人相良三良/左衛門入道浄□」。四号塔(寄せ集め塔)「右意趣者三宝□□/沙方爾/為現当之□地子/安念(月輪アン種子)/旹文仲二年咲丑八月中二日」。五号塔(無銘塔)。六号塔(寄せ集め塔)「洛陽六波羅住/諸罡三郎左衛門/入□沙方爾定智(月輪バン種子)/嘉元二年壬辰七月/九日酉刻入滅生年八十九」。

以上より、正嘉元年から嘉元二年の約五十年間に、大型塔三基が造立され、その後文中(仲)二年を含む南北朝から室町時代までに六基となったと判明する。なお、正応元年塔と嘉元二年塔の銘文は、紀年銘と「率都婆」「塔婆」の表記差のほかはまったくの同文である。従来は前者が墓塔、後者は供養塔とみられていたが、現在は相良三郎左衛門入道浄位が正応年間に逆修供養を行いみずから造立したものと、没後に造立された墓塔と理解されている。

(桃崎　祐輔)

金剛寺中興開山墓所

大阪府河内長野市天野町所在の金剛寺は行基の創建と伝えるが、史資料により確認できるのは平安時代後期からで、承安年中(一一七一—七五)の阿観上人による再興以降である。

その阿観上人の廟所とされる開山堂は、境内の西側で丘陵の中位にある。現在の建物は元禄十三年(一七〇〇)の再建で、桁行一間、梁間一間の一重宝形造、柿葺である。正面を東に向けており、堂内には凝灰岩製層塔二基が安置されている。

この堂の解体修理に伴って地下遺構が発掘調査された。その結果、開山堂の中央付近に南北に並んで二群の埋葬遺構があり、ほぼ中央に口径三四センチほどの常滑焼大甕(十二世紀後半)を据え、蓋には常滑焼の片口鉢を転用している。甕内には石と人骨が納められていたが、土葬骨と火葬骨とが混在していたとされる。図面を見る限り、土葬骨は整理されて納められており、甕の規模も考慮すると再葬により拾骨したものとみられる。

金剛寺開山堂地下出土青磁水注

この大甕の北側に接して、蔵骨器を積み上げた一群がある。最下層は高麗青磁水注(十二世紀後半から十三世紀初頭)の蔵骨器で、地山を少し掘り込んだ小穴に据え、上半部は焼け面を内側に向けた石で囲っていた。蔵骨器内には火葬骨が充満していた。この直上には内部に頭蓋骨を埋納した瓦質の甕(十三世紀末から十四世紀初頭)を安置する。甕は口縁部分を打ち欠いて口を広げ、中に納まる頭蓋骨は南面し、頸椎の一部が残存した状態であったことから、生首を埋納した可能性が強い。そしてこの直上には軒平瓦(十一から十二世紀)を置いて蓋とし、その上には東海系の壺を使用した蔵骨器を置いている。この蔵骨器内にも火葬骨が充満していた。この一群は時期差があるものの一連の作業とみなされ、地山上での寛永通宝の出土から、現在の開山堂再建時に整理したものとみられている。ただ、移動の痕跡を感じさせないものもあり検討の余地も残る。

最下層は直径約一メートルの炭層で焼土や焼骨を含んでおり、火葬場の跡とみられているが未調査である。

この調査では、宗教的事情から人骨の調査や埋葬施設下部の確認はなされていないが、蔵骨器の年代観を踏まえると、中央の常滑焼大甕と高麗青磁水注が阿観上人の没年(承元元年(一二〇七))に近く、上部の石造層塔も近似した年代であることは注意される。さらに最下層が火葬場であるうえに蔵骨器の一つは火葬骨を埋納し、いま一つは改葬の可能性が高い。開山廟整備の事情を物語るが、その事情はかなり複雑なようである。また、前身堂の記録もあるが蔵骨器と同時期まで遡る建物遺構は確認されず、当初は墳墓と石塔だけの姿も想定すべきである。

参考文献　小林和美『大阪府指定有形文化財金剛寺開山堂保存修理工事報告書』(二〇〇八、天野山金剛寺)

(狭川　真一)

徳川秀忠・江墓所

東京都港区の増上寺に所在する。徳川秀忠は天正七年(一五七九)四月七日遠州浜松に徳川家康の三男として生まれ、幼名を長松と名づけられた。母は三河の豪族西郷氏の出身であり、同母弟には四男松平忠吉がいる。慶長十年(一六〇五)四月十六日に二十七歳で二代征夷大将軍に任じられる。元和九年(一六二三)七月二十七日に四十五歳で将軍職を嫡子家光に譲り、みずからは大御所と称して西の丸に住み、寛永九年(一六三二)正月二十四日に五十四歳で死去する。死去の翌日二十五日には江戸城において、天海と金地院崇伝を交えて葬儀の内議がもたれ、秀忠の遺言「葬儀法要は倹約を旨として、霊牌以外は何も新調してはいけない」のとおりに、二十七日に密かに増上寺に設けられた幽宮に納められた。法名は台徳院殿興蓮社徳誉入西大居士である。

秀忠の墓所は増上寺本堂の南側に位置し、遺体を埋葬した奥ノ院をはじめ、華麗かつ壮大な霊廟建築群が営まれていたが、昭和二十年(一九四五)五月の戦災ですべてが灰燼に帰してしまった。

秀忠墓所の発掘調査は昭和三十三年七月十二日から八月十六日まで行われた。宝塔は木製円形宝塔であり、外面全面には細かな彫刻や金箔・彩色が施され、八角形を呈した覆堂内に納められていたが、戦災で宝塔および覆堂を焼失し、地上には八角形の外陣とその中央に宝塔を載せた蓮華台座を残すのみであった。

蓮華台座を撤去するとその直下から石室蓋石が検出される。蓋石は二石から成り、二石で長さ約三メートル×幅・厚さ約一メートルを測る。蓋石下には大谷石の板石を七段積んで石室を形成している。石室外径は約二・五メートル四方×高さ約一・七メートルを測る。石室底部中央に遺体を納めた早桶《はやおけ》が安置されていた。歴代将軍で遺体を早桶に納めたのは秀忠のみである。早桶の大きさについて報告はない。

遺体は三枚の小袖を重ね着し頭には冠を載せ、早桶底部に敷かれた布団上に胡座の体位で納められていた。遺体の周囲には夜着や座布団が詰められ、笏・扇・刀などが副葬されている。また早桶の北側には副葬品を納めた輿が置かれ、内部からは火縄銃・玉入れ・火縄入れ・手箱が出土した。

秀忠の埋葬施設は簡素な板石積みの石室内に早桶を棺とした質素な構造であるが、宝塔直下に埋葬施設を築き、石室蓋石に二つの巨石を使い、石室全体で宝塔を支えるなど、のちの将軍墓や正室墓などの埋葬施設と共通する構造を見出すことができるが、礫石経《れきせききょう》(小石に経典を墨書したもの)の埋納と水銀朱の封入は見られない。遺体は発掘調査終了後、境内北西部に移築された江の宝塔に合祀されている。

江は天正元年(一五七三)浅井長政(近江小谷城主)を父、市(織田信長妹)を母として三姉妹の末子に生まれた。姉妹には茶々(豊臣秀吉側室)、初(京極高次正室)がいる。非常に数奇な生涯を送り、二度の結婚を経て、文禄四年(一五九五)九月十七日に

東京都増上寺
徳川秀忠宝塔

同江宝塔

徳川秀忠に嫁し御台所となる。秀忠との間には三代家光、和子(明正天皇生母)など二男五女を儲け、御台所として将軍を産んだのは江のみである。

寛永三年九月十五日に五十四歳で死去する。十八日には霊柩が増上寺に葬送され、十月十八日に麻布野に設けられた荼毘所で火葬される。崇源院の火葬の様子は『徳川実紀』に詳しく記されている。増上寺から荼毘所までは「千間」を測り、その間の道の両側には「大竹」の「埒」を結い廻らし、地面には「こも」を敷き、さらにその上に「白布」を敷いている。一間ごとに「竜幡」を立て、「燭」を掲げている。この道を通る葬列は長大であり、「大松明」を先頭に僧侶を中心とした十五段(番)編成の葬列が並び、「霊牌」と「御龕(霊柩)」の後ろには鉄砲百挺、弓八十挺、長柄百本、徒士百人、女房輿六十挺が続いた。荼毘所は「丹」の塗られた檜垣がめぐり、「百間四方」を測り、四方には扁額のかかった門が設けられていた。内部には火葬する「火屋」のほかに「歓喜堂・利人堂・柔軟堂・転痴堂・済飢堂・大悲堂」などの諸堂が建ち並ぶなど、火葬のための一時的施設とは思えない規模である。火葬時には火屋の周囲に「沈香」を「三十二間余」積み重ね、火を放つと「香烟十町余」に及んだという。徳川将軍家において火葬は古い時期の埋葬方法である。法名は崇源院殿昌誉和興仁清大禅定尼である。

墓所は秀忠墓所の北隣に位置する。墓標は当初宝篋印塔が建てられていたが、寛文年間(一六六一—七三、五代綱吉治世)に石製八角形宝塔に建替えられたとされる。この形状の宝塔は御台所のみに許されている。江の埋葬施設は不明な部分が多い。報告書によると八角形宝塔を撤去後、その下を掘削すると五点の宝篋印塔部材が出土した。この宝篋印塔は八角形宝塔に建替えられる以前の墓標である。その塔身部内部が削られ、石櫃状に加工されていた。内部にはヒノキ製の木箱があり、火葬骨・木炭・鉄釘が納められていた。宝篋印塔から八角形宝塔への建替え時に、宝篋印塔塔身部を加工して石櫃に転用し、再埋葬したと推測される。特異な埋葬方法であり、後代の御台所の埋葬と比較すると徳川将軍家の葬制が確立していなかったことがわかる。

[参考文献] 鈴木尚・矢島恭介・山辺知行編『増上寺徳川将軍墓とその遺品・遺体』(一九六七、東京大学出版会)、『徳川実紀』二、『徳川諸家系譜』一、寛永寺谷中徳川家近世墓所調査団編『東叡山寛永寺徳川将軍家御裏方霊廟』(二〇一二、吉川弘文館)

(今野　春樹)

仙台藩主伊達政宗・忠宗・綱宗墓所

　仙台藩主初代伊達政宗（一五六七―一六三六）・二代忠宗（一五九九―一六五八）・三代綱宗（一六四〇―一七一一）の墓所は、広瀬川を挟んで仙台城の対岸、中世以来の霊地である経ヶ峯（仙台市青葉区霊屋下《おたまやした》）に所在する。東峰頂部の埋葬部に築かれた本殿（厨子内に政宗木製座像安置）と拝殿などから成る「霊屋」である。九代周宗《ちかむね》、十一代斉義《なりよし》および五代藩主吉村以降の藩主公子公女の墓所とともに「経ヶ峯伊達家墓所」として仙台市指定史跡となっている。

　昭和二十年（一九四五）の仙台空襲により各本殿が焼失し、霊廟再建のため、四十九年に瑞鳳殿跡（政宗）、五十六年に感仙殿跡（忠宗）、善応殿跡（綱宗）の発掘調査が行われた。五十八年には善応殿跡の石室調査が行われた。一・二代の墓所は霊廟形式で埋葬施設は石室に駕籠に載せた座棺を納める。埋葬後の葬礼において空の棺を荼毘に付す火葬場の遺構である灰塚を築く点で三代は共通性が認められるとともに、十八世紀初頭の三代綱宗の棺は甕棺に変化する。

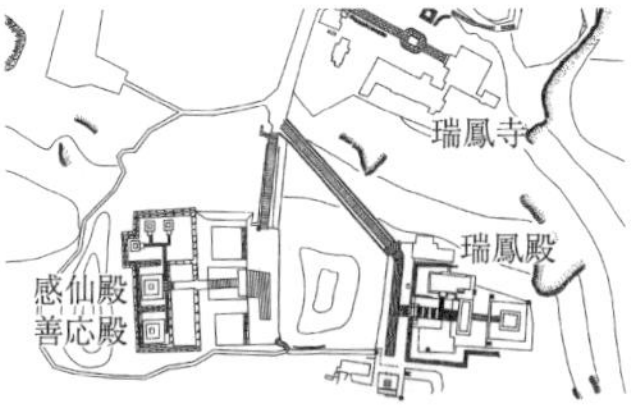

経ヶ峯概念図

　伊達政宗は、寛永十三年（一六三六）、江戸桜田藩邸で死去した（享年七十）。法名は、瑞巌寺殿貞山禅利大居士。

　発掘調査の結果、本殿跡に基礎工事とみられる方形土坑（一辺約一〇・五メートル、深さ一・七メートル（最大））があり、その底面から掘りこまれた墓坑に長方形の石室（凝灰岩切石）を設ける。底面長軸（内法）は、約一・八八メートル、短軸は、一・二四メートル、深さ約一・四五メートルである。中に楕円形の棺桶（長径約〇・八三メートル）が白木の駕籠（高さ一メートル前後）に乗った状態で納められていた。棺には石灰（牡蠣灰）が詰められ、遺体は座位、東向き状態で埋葬されていた。身長推定一五九・四センチ、血液型B、頭骨は長頭型。四肢骨から筋肉の発達が強く、戦乱期の武将にふさわしいとされる。

　副葬品は、石室西北隅に置かれていた。鎧櫃（具足一式、采配）、糸巻太刀、脇差、黒漆白梅蒔絵箱、梨地梅竹蒔絵硯箱（石硯（雄勝石）、黒漆塗筆入、青銅製水滴）、梨地菊蒔絵印籠、梨地鉄線蒔絵香合、梨地煙管箱（煙管二、竹製ヘラ・ひご竹）、黒漆衣装箱（冠（箱入り）、石帯、鞭）、漆塗紙入（懐中鏡、櫛二、毛抜）、黒漆葛蒔絵箱（墨、筆十三、文鎮）、鉛筆（キャップ付）、梨地梅笹硯箱、革袋（金製ブローチ（小箱入り）、日時計兼磁石、慶長一分金三）、銀製服飾品、香道具（菜板五、金菜一、銀菜二）である。

　伊達忠宗は、万治元年（一六五八）、仙台城にて死去した（享年六十）。法名は、大慈院殿義山崇仁大居士。

　発掘調査の結果、墓坑（約三・五×三・八メートル、深さ三メートル）底面のほぼ中央に蓋石（板碑の転用含む）のある長方形の石室（安山岩割石乱石積）を設ける。規模は、上端で長軸二・二一メートル、短軸一・五八メートル、深さ約一・六五メートルである。中に楕円形の棺桶が駕籠内に納められていた。棺には石灰（牡蠣灰）が詰められ、『義山公

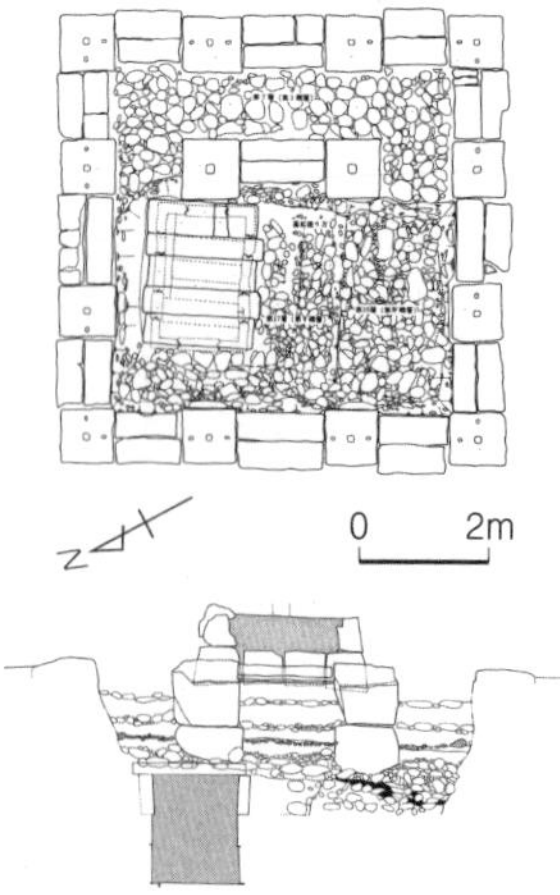

瑞鳳殿石室の位置と断面および見通図

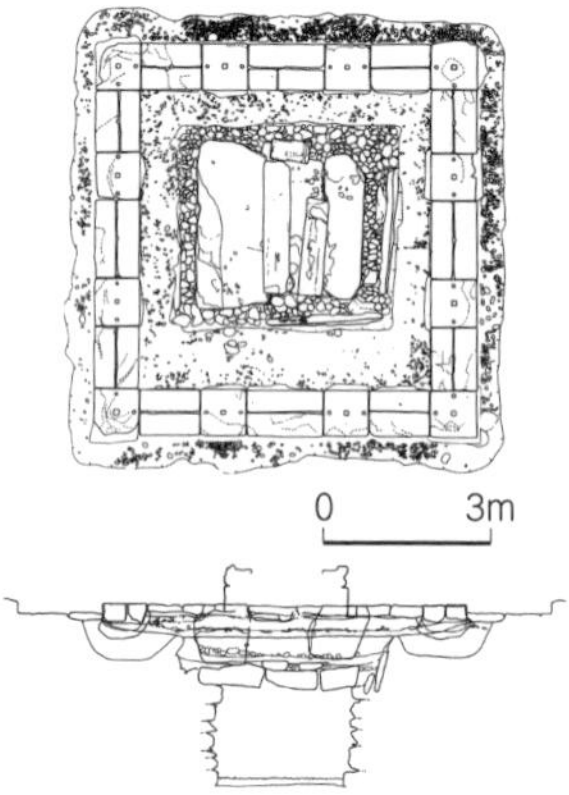

感仙殿石室と断面図

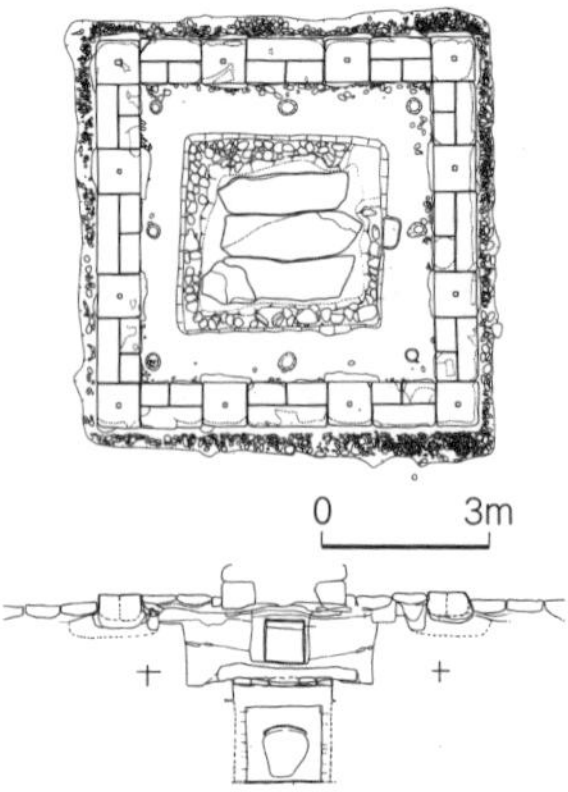

善応殿石室と断面図

治家記録』にある水銀も確認された。遺体は座位、東向き状態で埋葬されていた。身長推定一五六・三センチ、血液型A、頭骨は短頭型で面長。

副葬品は、棺内より黒漆塗烏帽子、扇、毛抜(推定)、石室内より糸巻太刀、脇差、打刀、具足櫃(外箱付)、具足、黒漆塗細長箱などがある。

伊達綱宗は、正徳元年(一七一一)、江戸品川藩邸にて死去した(享年七十二)。法名は、見性院殿雄山全威大居士。

発掘調査の結果、本殿跡中央部の墓坑(三・五×三・二メートル)の中に蓋石(粘板岩製)を伴う石室(安山岩間知石《けんちいし》の切石積　一・七七メートルの正方形)があり、木室(外法一・三二〜一・三五メートル)が納められていた。石室内部、石室と木室の間には石灰が詰められていた。木室内部には遺体を納めた常滑の大型甕(器高八〇センチ)を納めた釣金具付木箱(高さ推定一〇六センチ)が入れられていた。

遺体は腹部で両手を組み、座位、東向き。推定身長一五六・二センチ、頭骨は短頭型、血液型Aである。

副葬品は、木箱と甕棺内に分かれる。木箱内に打刀、煙管二、眼鏡および鞘、遺髪(綱宗以外のもの)。甕棺内に柄鏡、蒔絵鏡架、紙入(懐中鏡、鋏、毛抜、折込ナイフ、刀子、鉄錐、定規、竹製規《ぶんまわし》、牙製ヘラ二、香包、香木、合子、衛士籠、竹筒(耳かき、楊枝))、風呂敷入り蒔絵網代籠手箱(長手箱、合子、櫛三、牙製ヘラ二、鋏、紅皿二)、扇子、脇差、数珠、巾着(寛永通宝六)、宝永小判十(遺体下)などである。また、着衣等として小袖、下帯、帯、褥などがある。万治三年に逼塞を命じられ、二十一歳で隠居した後、趣味や芸術活動に専念したことを物語る日用品と考えられている。

参考文献　伊東信雄編『瑞鳳殿伊達政宗の墓とその遺品』(一九七九、瑞鳳殿再建期成会)、同編『感仙殿伊達忠宗・善応殿伊達綱宗の墓とその遺品』(一九八五、瑞鳳殿)、小井川和夫「経ヶ峰伊達家三代墓所」(江戸遺跡研究会編『墓と埋葬と江戸時代』所収、二〇〇四、吉川弘文館)、小林義孝「伊達政宗の葬墓」上・下(『大阪文化財研究』三一・三四、二〇〇七・〇九)

(田中　則和)

加賀藩主前田家墓所

　百万石の代名詞で知られる加賀藩前田家は、藩祖前田利家をその頂点に位置づけて、歴代藩主、室、子女を被葬者とする前田家墓所を石川県金沢市の野田山丘陵に造営している。通称野田山墓地と呼ばれるこの墓域には、前田家一族だけでなくそれを取り巻くように加賀八家とよばれる有力家臣団をはじめとする藩士の墓や有力町人の墓が累々と営まれており、近世大名家を頂点とする階層性が墓所に投影されている。

　前田家が野田山に墓地を築いたのは、天正十五年（一五八七）に利家が兄利久を埋葬したことに始まるとされるが、改変の可能性もあって詳細は不明である。それはさておき野田山への埋葬を願ったのは利家自身であり、慶長四年（一五九九）この地に葬られている。以降、歴代藩主は基本的に野田山に埋葬され、その伝統は現在に続いている。野田山以外の前田家の墓所は、金沢市内に所在する宝円寺（前田家菩提寺）、天徳院（三代利常正室珠姫菩提寺）や富山県高岡市に所在する二代前田利長墓があるが、利長墓を除く墓は後世の野田山への改葬を経て本墓に位置づけられている。

金沢市前田利家墓

　現在、野田山前田家墓所には藩主・当主墓十六基、正室墓十四基、側室墓十基、子女墓三十四基、殉死墓七基の計八十一基の墳墓があり、土盛り成形した三段造成の方形墳墓をその基本形態としている。

　墳墓の構造や立地状況を整理すると、その様相は大きく三時期に区分できる。一期は、三代利常以前である十六世紀末から十七世紀初頭にあたり、藩主墓と室との格差が少なく主要家臣墓を周囲に配するなど織豊大名的性質を有している。越前式の石廟を墳丘正面に配するのもこの時期である。二期は、利常以降十二代斉広正室真竜院が没する、十七世紀中ごろから明治三年（一八七〇）にあたり、墳丘規模において藩主墓を頂点とする近世大名墓所としての性質を有している。三期は、近代以降現在に至るもので、仏式から神式に変化し、墳丘も小型の土饅頭形態に代わり、改葬墓も多く見られるなど、近世とは大きく隔絶したものとなる。

　個々の墓の規模を比較検討すると、藩祖利家の墳墓は一辺約二〇メートル、高さ五・七メートルの大きさを誇るが、以降の藩主墓は一辺一六メートル程度に留まっており、造墓原理とでもいうべき利家への遠慮を指摘できる。近年の調査により、天徳院にあった四代前田光高墓や高岡市にある利長墓では、利家墓を上回る墓域面積や堀を持ちながら、墳墓そのものの大きさは、利家墓を上回らない規模で造営されていることや墳墓装飾の実態が明らかにされており、造墓規制の濃淡をそこに読み取ることができる。

参考文献　栗山雅夫他『高岡市前田利長墓所調査報告』（二〇〇八、高岡市教育委員会）、栗山雅夫「加賀藩主前田家墓所」（坂詰秀一監修『近世大名墓所要覧』所収、二〇一〇、ニューサイエンス社）

（栗山　雅夫）

和宮墓

東京都港区の増上寺に所在。和宮は弘化三年(一八四六)閏五月十日、仁孝天皇の第八皇女として誕生した。孝明天皇の異母妹にあたる。なお「親子《ちかこ》」の名は、文久元年(一八六一)の内親王宣下に際して賜わった諱である。嘉永四年(一八五一)に、有栖川宮熾仁《たるひと》親王と婚約するも、老中安藤信正により御台所として皇女の降嫁が画策され、万延元年(一八六〇)、孝明天皇は和宮の降嫁を勅許、文久二年二月十一日、和宮と十四代将軍徳川家茂の婚礼が江戸城において行われた。しかし慶応二年(一八六六)七月二十日には、大坂城で家茂が薨去。和宮は同年十二月九日に落飾し、静寛院宮と号す。以後は倒幕運動の中にあって天璋院らとともに徳川家存続に尽力し、江戸城無血開城への道筋をつくった。維新後は一時上京したが、麻布市兵衛町(港区六本木一丁目)にある元八戸藩主南部信順の屋敷に居住した。しかしこのころより脚気を患い、明治十年(一八七七)八月、箱根塔ノ沢温泉へ転地療養に向ったものの、同年九月二日、脚気衝心のため療養先の塔ノ沢の旅館環翠楼において三十二歳で薨去した。

東京都増上寺和宮墓

当初、政府は皇族専用墓所である豊島岡墓地への埋葬を想定していたが、御新葬御用掛となった山岡鉄太郎らの建議により、増上寺への「仏葬」となったといわれている。『静寛院宮御事蹟』によれば、静寛院宮が昭徳院(十四代家茂)の傍に埋葬するよう上臈《じょうろう》たちに伝えていた点が考慮されたという。喪主には洋行中であった徳川家達に代わり、松平確堂(斉民)が指名され、九月十三日に葬儀が行われた。午前七時より大導師石井大宣権大教正のもと棺前法要が行われ、午前十一時に出棺。麻布御殿より霊南坂に出て、虎ノ門、桜田門を通り、日比谷御門から愛宕下通を過ぎ、御成門より増上寺境内へと至り、徳川家墓所の家茂廟南隣りに埋葬された。「静寛院宮二品内親王好誉和順貞恭大姉」と号される。

戦後、空襲で焼失した徳川家墓所の改葬に伴う調査が昭和三十三年(一九五八)八月より開始され、和宮の墓所も同年十二月末から翌年三月にかけて発掘が行われた。上部構造は将軍墓に準じた青銅製の宝塔形態だが、地下に切石積を数段構築している点が特徴的である。石室内にはさらに石槨が作られ、ヒノキ材になる三重の木棺が納められていた。遺体は、左側臥位の伸展葬であった。なお鈴木尚が回想するように、前腕附近から出土したガラスの湿板写真には、「長袴の直垂に立烏帽子」姿の若者が写っていたが、一夜にしてその姿は消えてしまったという。くわえて左手首から先の骨が棺内で検出されず、こうした謎多き点も和宮らしい逸話といえよう。

参考文献　鈴木尚『骨は語る徳川将軍・大名家の人びと』(一九八五、東京大学出版会)

(石神　裕之)

松前藩主松前家墓所

「無高の大名」あるいは「蝦夷島主」の異名を持つ松前家の墓所は、国元は北海道松前郡松前町の曹洞宗大洞山法幢寺、江戸は東京都文京区本駒込の曹洞宗諏訪山吉祥寺にある。法幢寺の松前家墓所は、近世墓標五十基のうち二十四基に越前式石廟が伴い、特色ある近世大名墓所として国史跡に指定されている。

法幢寺墓所にある五十基の近世墓標には、松前家の祖である一世武田信広の父蠣崎季繁から十八世徳広まで歴代の当主十九名、当主室(後室含む)十三名、側室二名、子息女二十一名、子息室(側室含む)二名、当主実父一名、召使一名、不明三名の計六十二名が確認される。このうち三十八名が「松前家御過去帳写」(北海道大学附属図書館蔵『奥平家文書』)と照合可能で、それによれば、八世氏広・十世二男富広・十三世道広・十四世側室・十五世良広は江戸吉祥寺に埋葬されており、法幢寺の墓は分霊墓である。また、六世室椿姫は松前の宗円寺、公家の大炊御門家から嫁いだ七世室桂子は松前の竜雲院、同じく公家の高野保光の娘で、十一世後室の房子は松前の光善寺にそれぞれ埋葬されており、法幢寺の墓標は後代に再建されたものである。

北海道法幢寺松前家墓所

法幢寺松前家墓所の造営は、寛永十八年(一六四一)に没した七世公広の石廟に始まるとみられ、それ以前の年号を有する墓標はすべて十八世紀末以降、おそらくは文政四年(一八二一)の復領以後、墓所が整備されるなかで建てられたものであろう。石廟内に納められた墓標は、別石五輪塔が十七基と最も多く、一石五輪塔五基がこれに次ぎ宝篋印塔も一基みられる。

七世公広・八世氏広・九世高広の石廟は、すべて屋根は切妻・妻入で、壁と柱は別材である。三基とも内壁に四十九院塔婆、四隅の柱に四門八塔を刻み、内法に天女を陽刻するなど共通性が高い。藩主に次ぐ実力者蠣崎友広の娘で、九世高広の母でもある八世室清姫の石廟は、歴代の藩主室のなかでは床面積が格段に大きいが、七世後室藤姫と九世室高姫の石廟は、藩主の石廟に比べ規模が小さい上、柱と壁が一体型であるなど、格が下がる。十一世邦広以降は藩主の石廟も柱と壁が一体型となる。十三世道広以降の歴代藩主の石廟は、それ以前の石廟に比べ幅に対する高さの値が大きく、縦長のプロポーションとなる。

石廟内壁の四十九院塔婆は、薬研彫(七世・八世)→線刻(九世)→線刻枠内に金・朱書(七世公広後室藤姫・八世氏広室清姫)→枠・文字ともに金・朱書(十一世邦広・十二世資広)と、次第に省略化が進む。なお、石廟の材質は、明和二年(一七六五)に没した十二世資広までは福井産の笏谷石《しゃくだに》が主流で、それより新しい石廟はすべて瀬戸内産の花崗岩に変わる。

参考文献　関根達人編『松前の墓石から見た近世日本』(二〇一二、北海道出版企画センター)

(関根　達人)

儒学者林氏墓地

東京都新宿区市谷山伏町に所在する。大正十五年（一九二六）に国が指定したこの史跡は、昭和五十年（一九七五）に新宿区が取得し、現在、同地に残る林家の四基の儒葬墓および八十一基の墓碑などが保護・保存されている。

林家は、江戸時代に朱子学をもって幕府の学政を司った家柄である。一世羅山は天正十一年（一五八三）京都に生まれ、藤原《ふじわら》惺窩《せいか》から朱子学を学び、徳川家康のもとで学問、法制、外交に参画し、家綱まで四代の将軍に仕える。上野忍ヶ岡の屋敷地に家塾を設け、尾張徳川家からは孔子廟を寄附された。

二世鵞峰《がほう》、三世鳳岡《ほうこう》も傑出した人物で、鳳岡の代に大学頭に任じられた。元禄三年（一六九〇）には将軍綱吉の命により、上野忍ヶ岡の学問所が湯島に移され、その後拡張されて昌平黌となった。

東京都林氏墓地

元禄十一年には、忍ヶ岡の屋敷が大火により焼失したため、牛込に二千九十坪の土地を与えられた。林家の墓地はこの時、上野忍ヶ岡から羅山やその夫人、鵞峰らの墓を改葬したもので、牛込の屋敷地の北西に設けられたと考えられる。現存する墓碑からは、林宗家のほか、鵞峰の弟、春徳（読耕斎）を祖とする第二林家、四世榴岡《りゅうこう》の弟、信智を祖とする第三林家の当主やその家族が葬られていたことがわかる。林家は、牛込の屋敷を明治時代以降も所有するが墓地は次第に縮小されたようで、昭和六年には東京市が墓域の修築を行い、これが現存する墓地の原形となっている。

現在の林氏墓地は、北側の四基の儒葬墓と南側の墓地縮小に伴いまとめられた多数の墓碑・墓標などからなる。北側の儒葬墓四基は、幕命により林家を継いだ美濃岩村藩主松平能登守乗《のり》薀《もり》の三男八世述斎《じゅっさい》、述斎の子九世檉宇《ていう》、檉宇の子十世壮軒、述斎の六男十一世復斎のもので東西に並ぶ。これらの儒葬墓は短冊状の石組区画の南側に墓碑を配するもので往時の面影を留め、述斎、復斎の墓には墓標も残る。

南側の墓碑・墓標群は、西端に羅山、その南に第二林家の祖春徳の墓碑が独立するが、これ以外の墓碑は四〜五列に並んで配されている。これらの墓碑の中には、当時一流の学者、書家や上杉鷹山といった高名な人物の撰文、書が認められる。また、昭和五十一年・五十二年の新宿区文化財総合調査では、羅山と第二林家春徳の墳墓の土留めとして用いられた墓誌および蓋十四件が確認され、この中には鳳岡、榴岡の墓誌など、貴重な資料が確認されている。

参考文献　新宿区教育委員会編『国史跡林氏墓地調査報告書』（一九七八）、松原典明「国指定史跡林氏墓地の実測調査」（石造文化財調査研究所編『石造文化財』五所収、二〇一三）

（栩木　真）

キリシタン墓

キリシタン墓の研究は大正六年（一九一七）に京都府延命寺での四基の慶長の年号や洗礼名を刻んだ立碑形と蒲鉾形の墓碑の発見に始まる。さらに新たに京都と大阪府茨木で発見された五基を加えて、墓碑の成立について浜田耕作は立碑形が中世板碑の系統を引き、蒲鉾形は西欧式石棺に由来するとした。この研究がキリシタン文化に対する考古学的研究の嚆矢となる。以降キリシタン文化に対する研究は文献や伝世資料を中心に展開したが、キリシタン墓研究において、大きな転換点となったのは平成十年（一九九八）に行われた大阪の高槻城内で発見された二十七基のキリシタン墓である。

高槻城はキリシタン大名の高山飛騨守と右近の居城であり、墓地は教会堂が存在したとされる野見神社東隣に位置し、墓地の形成年代を高山氏が城主の天正元年（一五七三）―元和三年（一六一七）としている。キリシタン墓は長方形木棺に遺体を伸展位で納め、棺蓋に「二支十字架」の墨書やロザリオが副葬された墓が確認されている。平成十三年には東京駅八重洲北口遺跡において土坑墓六基、木棺墓四基のキリシタン墓の調査が行われている。遺跡は江戸城内東部の外堀内側に位置し、墓は天正十八年―慶長十年（一六〇五）の生活面で確認された。土坑墓の平面形は隅丸長方形、木棺は長方形を呈し、遺体は伸展位で納められている。木棺蓋の「二支十字架」墨書やメダイやロザリオ玉が副葬された墓が確認されている。平成十三年の大分県中世大友府内町跡第十次調査区調査では戦国時代の『府内古図』に「ダイウス堂」と記されたイエズス会府内教会墓地跡調査が行われた。墓地は天文二十二年（一五五三）から天正十五年の間に形成され、報告では全十七基をキリシタン墓とするには慎重だが、うち四基が長方形木棺内に伸展位で遺体を納めていたことから、キリシタン墓と判断できる。副葬品や木棺蓋上に十字架の墨書はみられない。

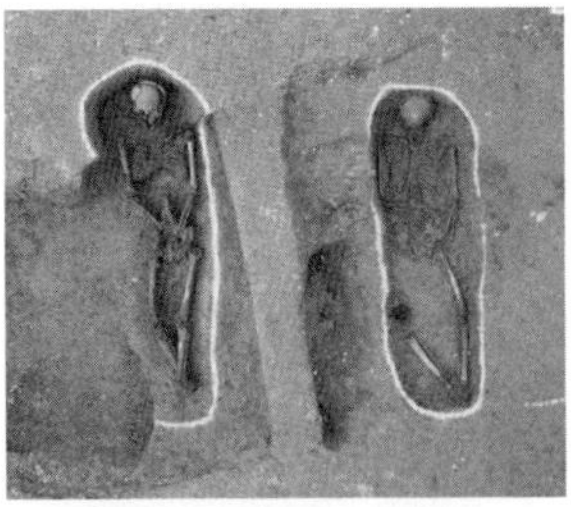

東京駅八重洲北口遺跡キリシタン墓（東から㊧S-1351と㊨S-1349）

以上の三事例がキリシタン墓の発掘調査事例であるが、すべて偶然的発見であり、しかも墓碑などの上部構造を失っており、完全にキリシタン墓の構造を解明したとはいえない。しかし平成二十三年から大分県臼杵で始まった下藤共有墓地調査では地上に残る伏碑形墓碑から埋葬部まで一括して発掘調査が行われ、キリシタン墓の総合的構造解明が行われている。

参考文献　新村出・浜田耕作「京都及其附近発見の切支丹墓碑」（『京都帝国大学文学部考古学研究報告』七所収、一九二三）、高槻市教育委員会『高槻城キリシタン墓地』（『高槻市文化財調査報告書』二二、二〇〇一）、千代田区東京駅八重洲北口遺跡調査会編『東京駅八重洲北口遺跡』一・二（二〇〇三）、大分県教育庁埋蔵文化財センター編『豊後府内』六（『大分県教育庁埋蔵文化財センター調査報告書』一五、二〇〇七）

（今野　春樹）

華族墓

　華族とは、明治二年（一八六九）六月、公卿諸侯の名称に代わって設けられたものであったが、明治十七年七月には華族令により、公・侯・伯・子・男の爵位が制定され、公家や大名家のほか、明治維新に貢献した人々に対しても、家格や勲功に応じて位が与えられた。その総数は当初五百九家で、昭和二十二年（一九四七）の廃止までに千十一家の華族が誕生した。彼らは特権とともに国民の範として、明治国家建設におけるさまざまな役割を担わされたが、その一つに新政府による神葬祭の推奨政策があげられる。明治五年九月『葬祭略式』の制定を契機として、神葬祭の制度的な確定がなされたが、明治十七年十月の自葬解禁により、政府による葬祭式の統制がなくなるまで、その影響を直接的に受けたのが華族墓であったといえる。

　華族の神葬墓地として設立された現青山霊園（東京都港区）など、現存する墓所において、その上部構造の形態を確認できる。おおむね石垣台に土饅頭を円墳状に築き、自然石の墓標を傍らに建てる形態や兜巾形角柱の墓標などが確認される。墓碑銘には、戒名を用いず官位姓名などを刻む点が特徴的である。発掘事例は多くないが、肥前鍋島家十代藩主直正（一八一四—七一）墓（港区旧麻布鍋島家墓所、石垣台に土饅頭、自然石墓標）では、地中に石槨を設け、木炭と石灰が充填されたなかに長方形の二重木棺が納められ、遺体は右側臥位で埋葬されていた。副葬品として飾大刀や脇差とともに懐中時計、眼鏡にくわえ、銅板墓誌も計四枚発見されている。公家大原重実（?—一八七七）墓（同文京区伝通院裏貝塚遺跡（墓標は改葬）、石垣台に土饅頭、自然石）でも石槨とサワラ材を用いた二重木棺が出土している。肥前大村家十二代藩主純熙（一八二五—八二）墓（青山霊園（現在は改葬）、基壇に兜巾形角柱）では、地下に切石積八段を形成するのが特徴的で、石室には木炭が充填され、木棺は消滅していたが、短刀や懐中時計などが認められた。隣接する正室嘉庸子（?—一八九七）墓では、墓碑（香箱形角柱）に戒名を刻み、石室に漆喰・木炭が充填された伸展葬であった。明治二十五年没の伯爵山田顕義（一八四四—九二）墓（文京区護国寺、駒形角柱）も、葬儀は仏式だが石槨にスギ材を用いた一重木棺に木炭が充填され伸展葬であった。このように近代初期における華族墓のあり方は、近世以来の各家独自の古式を踏襲したものであり、そこに新たな神葬祭的要素を含めつつ近代葬制・墓制の形態へと変化していったと考えられる。

東京都青山霊園大村純熙墓

参考文献　高山優他「鍋島家旧麻布墓所改葬に伴う立会調査概報」（『東京都港区教育委員会編港区文化財調査集録』五所収、二〇〇〇）、小田部雄次『華族』（『中公新書』、二〇〇六、中央公論新社）

（石神　裕之）

移民墓

明治期以降、日本はハワイ、北米、中南米、東南アジアなど世界各地に移民を送出していた。日本を離れて遠い異邦の地で亡くなった日本人が墓に何を求めたのかという問題は、日本人の死生観を考える上で重要である。また、移民により、日本とは異なる文化的・社会的脈絡の中で、日本文化の伝統を維持・変容していくかについて知ることができる。

移民墓に見られる変化については、移民の定着過程（ステップ＝マイグレーション）に従ってホスト社会に同一化していくとする立場から説明されることが多い。すなわち、各母国から到来した移民は当初、おのおのの伝統的な物質文化を作っていたが、次第に交通・流通手段、宣伝・広告産業の普及によって、広く普及するホスト社会の文化の影響を受けるようになると考えられている。一方、日本人移民の一世たちは、多くの場合、日本式の墓標を立てようとする。これは、自己の文化とアイデンティティーに基づいた慰霊と自分たちの死生観を限られた枠のなかで最低限表現しようとしたものとして理解できる。こうした移民墓の実態を、ニューカレドニア日本人移民の事例で見てみる。日本最初の私約移民として明治二十五年（一八九二）に六百名が渡航して以後、大正八年（一九一九）までに五千五百七十五名が移民したニューカレドニア日系移民の場合では移民当初の期間だけ最低限の情報を刻んだ簡素な墓標が先行し、その後にニューカレドニア各地に移民が拡散して以降は、独特な「日本式」のコンクリート製墓標が造立される。二世以降の世代になると現地の墓と同一の形態になるため、大まかにはステップ＝マイグレーションの過程にあり、彼らの文化や死生観は世代を通じて変化してきている様子が看取できる。一方、「からゆきさん」や農業移民など多様な移民形態である西マレーシアおよびシンガポール移民では、「日本式」の墓標へのこだわりはあまり看取されず、移民の墓制が一定の傾向性を持って推移することもないことが指摘できる。小規模で多様な移民形態が累積して全体として多くの日本人がいる場合と、契約移民として集団で移住し結束していた場合とでは、移民社会の形成過程が異なるため、日本文化の保持の仕方も異なっていたといえる。このように、移民や移住に伴う文化変容といっても、歴史的社会的状況に応じて複雑な様相を呈している。日本人移民の墓標研究は端緒についたばかりで、事例研究の蓄積も少ないので、一層進展することが望まれる。

日本人移民の「日本式」墓標（ニューカレドニア　ヌメア４km墓地）

参考文献　後藤明「「ことば」と「かたち」の狭間で」（『物質文化』五九、一九九五）、前山隆『異邦に「日本」を祀る』（一九九七、御茶の水書房）、朽木量「物質文化からみたマレー半島の日本人移民」（『国府台経済研究』一九ノ三、二〇〇八）

（朽木　量）

冬寿墓

安岳三号墳(冬寿墓)は朝鮮民主主義人民共和国黄海南道安岳郡五菊里に位置し、一九四九年に発掘調査が行われた。墳丘は南北三三メートル、東西三〇メートル、高さ六メートルの方形を呈し、内部に横穴式石室が構築されている。横穴式石室は南側に開口し、羨道、羨室、前室へとつづく。羨室と前室の間には二枚の石扉が設置されている。前室の東西にはそれぞれ東側室と西側室が付き、前室北側に後室がある。後室の南北にはそれぞれ三本の八角石柱が立ち、東側から北側へL字形の回廊がめぐる。羨室、前室、東西側室、後室の天井は、高句麗の横穴式石室にみられる隅三角持ち送り天井を呈する。

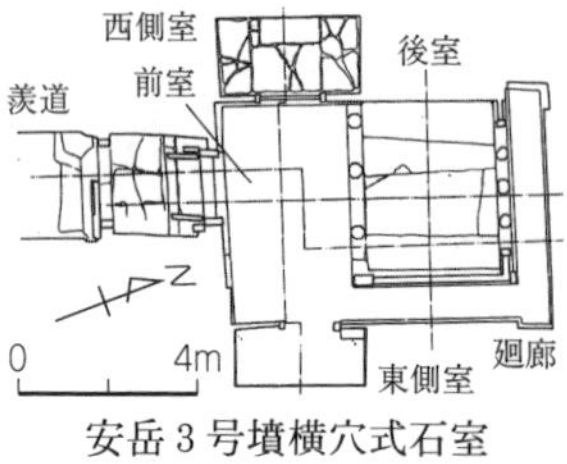

安岳3号墳横穴式石室

石室内には彩色壁画が描かれている。羨室西壁に盾と戟、前室西壁(西側室入口)に男子像、前室南壁に男子像・武人像・舞踊婦人像、前室東壁に力士像と武人像、西側室に墓主人夫婦像、東側室に厨房図・肉庫図・井戸図・厨房図・厩図・牛舎図・車庫図、後室に舞楽図、回廊に行列図、天井部に蓮華文・日象図・月象図が描かれている。石室内は盗掘を受け攪乱されていたが、前室と後室に漆棺板・棺釘が残っており、人骨も出土した。副葬品は土器類と鉄矛のみであった。

前室西壁の西側室入口両側に男子像があり、北側男子像に「帳下督」という官職が朱書されている。南側の男子像の上部に、次のような七行六十八文字の墨書がある。「[永]和十三年十月戊子朔廿六日／[癸]丑使持節都督諸軍事／平東将軍護撫夷校尉楽浪／□昌黎玄菟帯方太守都／郷侯幽州遼東平郭／都郷敬上里冬寿字／□安年六十九薨官」。

朝鮮民主主義人民共和国の学界では、安岳三号墳の被葬者について、高句麗の美川王(三〇〇―三三一)説や故国原王(三三一―七一)説が主張されてきたが、この墨書を墓誌ととらえ、被葬者が遼東郡平郭県の出身で、東晋の永和十三年(三五七)に六十九歳で亡くなった「冬寿」という人物であるとする見解が主流である。この「冬寿」については、『資治通鑑《しじつがん》』九五に記された「佟寿」と同一人物と考えられている。佟寿はもともと慕容皝に仕え、慕容仁を攻めるが、これに大敗し、仁に帰してしまう。その後、仁が皝の攻撃を受け大敗したため、佟寿は三三六年に高句麗に亡命した。安岳三号墳の石室構造や壁画内容が遼東地域の板石造石室墓の系譜上にある点も、冬寿の出自と矛盾しない。安岳三号墳が位置する黄海道一帯はもと帯方郡の領域であるが、高句麗によって滅亡した後に冬寿のような亡命豪族が存在していたことを示す。

参考文献　科学院考古学および民俗学研究所『安岳第三号墳発掘報告』(一九五八、科学院出版社)、岡崎敬「安岳第三号墳(冬寿墓)の研究」(『史淵』九三、一九六四)、朝鮮画報社出版部『高句麗古墳壁画』(一九八五、朝鮮画報社)

(高久　健二)

武寧王陵

韓国忠清南道公州市宋山里に位置する三国時代百済の武寧王の墓。丘陵斜面に位置し、公州に都を置いた熊津期の王や王族の墓域たる宋山里古墳群に属する。一九七一年七月五日に発見され、当時の文化財管理局によって発掘調査が行われた。その過程において二枚の閃緑岩製の誌石が確認され、その銘文の内容から、癸卯年(五二三)に六十二歳で没し、乙巳年(五二五)に埋葬された百済斯麻王と、丙午年(五二六)に没し、己酉年(五二九)に埋葬された王妃の夫婦を合葬した王陵であることが明らかとなった。武寧王は生前には斯麻、斯摩あるいは隆と呼ばれ、死後に武寧という諱号を受けている。

丘陵斜面をL字状に掘削することで平坦面を設け、そこに埋葬施設たる横穴式塼室を構築し、その上部に円形墳丘を築く。墳丘規模は直径二〇メートルほど、高さ七・七メートルである。墳丘の東南裾部では割石を四、五段積み上げた護石が確認された。

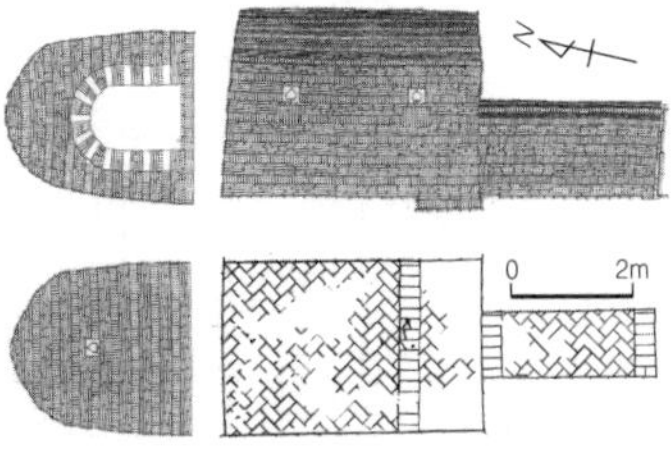

武寧王陵石室

横穴式塼室墳は南向きで、側面に蓮華文や銭文などの文様を装飾した塼を積み上げることで構築している。平面長方形の玄室(南北四・二×東西二・七二メートル)の中央に羨道《せんどう》が取りつき、天井をトンネル状に積み上げている。玄室の羨道寄りの長さ一・〇五メートルの部分が、一段低くなっており、玄室の残りの部分に塼を用いて合葬用の棺台を設けている。また、両側壁にそれぞれ二基、奥壁に一基の計五基の龕を備えている。そこには青磁の燈明皿を置いている。さらに龕の周囲には火炎文の彩色が確認できる。羨道もトンネル状の天井を備え、床面には鎮墓獣と誌石、五銖銭が置かれていた。王妃の墓誌の裏側には、墳墓を築造するために土地を買い上げるという記録(買地券)が刻まれており、五銖銭は土地の代価として納められたものと考えられる。羨道の閉塞にも塼が用いられた。当時の中国南朝で盛行した横穴式塼室とほぼ同様のものであり、中国からの技術者の派遣が想定される。武寧王陵は盗掘を免れたため、木棺などの内部施設や副葬品がほぼ完全な形で遺存していた。王の木棺は東側に、王妃の木棺は西側に安置された。王や王妃が身にまとった各種の装身具をはじめ、豊富な副葬品や付属具が出土した。

武寧王と王妃は没してから二年以上の間、別の場所に安置された後に、正式に「大墓」に葬られた。この期間には、特に王妃の誌石に記された「居喪在西地」とあるように、正式な埋葬以前の仮埋葬やさまざまな儀礼、すなわちモガリ(殯)が行われたと考えられる。殯所の有力な候補地として、王宮たる公山城から西地(西方向)にあたる艇止山遺跡が想定される。ここでは、大壁建物や木柵など特異な遺構群が確認された。

参考文献　文化財管理局編『武寧王陵発掘調査報告書』(一九七三)、国立公州博物館編『艇止山遺跡』(一九九九)、同編『武寧王陵新報告書』Ⅰ(二〇〇九)

(高田　貫太)

武烈王陵

新羅の第二十九代太宗武烈王（在位六五四―六六一）の墓とされる古墳。韓国の史跡第二〇号。慶尚北道慶州市西岳洞に所在し、仙桃山から東へ伸びる丘陵の裾に位置する。直径三五・五メートル、墳高約八メートルの円墳で、墳裾には外護列石がめぐるが現在は整備された墳丘内に取り込まれており、列石の外周にもたせ掛けた石材が一部露出している。古墳の前面には石材を組んだ祭壇が設けられており、新羅の王陵級古墳では最も古い例となっている。埋葬施設の詳細は不明であるが、平地に造営された前段階の積石木槨墳とは異なり、丘陵の裾に築造されている点や、周辺に分布する古墳に瓢形墳が見られない点などから、横穴式石室を持つ古墳と推定されている。武烈王陵の後方の尾根上には四基の大型円墳が連なり、周辺の多数の中小古墳と合わせて西岳洞古墳群を形成する。また、国道四号線を挟んで東側には金仁問墓、金陽墓、西岳洞亀趺《きふ》などがある。

武　烈　王　陵

武烈王の名は金春秋で、前代の善徳女王・真徳女王の代に多くの外交活動を展開し、唐との同盟（羅唐同盟）を結ぶにあたって重要な役割を果たした。金春秋は加耶系の貴族である金庾信と協力して新羅内の旧貴族勢力を排し、内部統治体制の整備を進めた。同時に唐との同盟を背景に朝鮮半島に新羅とともに鼎立していた高句麗と百済を攻め、六六〇年には百済の都である泗沘城を陥落させて滅亡に追い込み、三国統一の礎を築いた。

本古墳は新羅の王陵としては唯一被葬者が確定しているものであるとされるが、その根拠となっているのが現在古墳の手前に置かれた陵碑の存在である。唐の陵墓制に習い、新羅で最初に陵碑が設置されたもので、現在亀趺と螭首《ちしゅ》のみが残存する。従来は中間に碑文を刻んだ碑身があったと思われ、近世まではその存在をうかがわせる記録がみえるが、現在は失われている。亀趺は方形の台石の上に乗る亀形の土台で、背の頂部に碑身を嵌め込む部分が蓮華文とともに彫り込まれている。甲羅には全面に亀甲文が施され、周囲に雲文が配されている。後代の竜頭化した亀趺とは異なり、本資料の亀は全体として写実的に表現されており、亀趺の型式としても初期のものである。螭首はもともと碑身の上に置かれた装飾を兼ねた題額であるが、碑身が失われた本資料では亀趺の上に直接置かれている。螭首の左右両側には三頭ずつ計六頭の竜が絡み合って頭・脚・尾で大地を支え、別の脚で珠をいただいている。螭首の正面には「太宗武烈大王之碑」の八文字が二行にわたって陽刻されており、至近の距離にある古墳の被葬者を示している。亀趺は国宝。

参考文献　東潮・田中俊明編『韓国の古代遺跡』一新羅篇（一九八八、中央公論社）

（山本　孝文）

文武王陵

新羅の第三十代文武王（在位六六一―八一）の遺骨を埋葬した水中陵とされる岩礁。韓国の史跡第一五八号。慶尚北道慶州市奉吉里の海岸から約二〇〇メートルの沖にあり大王岩と呼ばれるが、実際に埋葬の痕跡は確認されていない。いくつかの岩からなる自然の岩礁で、中央部は比較的広い空間があり、四方から海水が流れ込む形態となっている。特に東西方向の水路には、海水の流入・流出のための人為的な掘削の痕跡が見られるという。中央の空間には石棺を思わせる扁平な岩が存在する。

文武王陵とされる大王岩

文武王は太宗武烈王の子で、その後を継いで王位に就き、朝鮮半島三国の統一事業を引き継いで完成させ、内的発展を図った。対外的な活動としては、武烈王の代に滅亡した百済の遺民による百済復興運動および倭軍の救援の鎮圧、六六八年の高句麗の征討、百済・高句麗滅亡後の唐による半島進出に対する排斥戦争などを行い、最終的に朝鮮半島を平定した。また、対内的には統一後の半島に北原小京・金官小京を設置して各地における統治機能の充実を図り、九誓幢《せいどう》のうち白衿誓幢と緋衿誓幢を設置して中央の軍事組織を整えるなど、統治体制を整備している。また文武王は新羅においてはじめて火葬によって葬られた王として知られ、その際の逸話が『三国史記』新羅本紀などに記されている。文武王は六八一年七月の死に際して仏教式の火葬に付すことを遺言し、遺骨を東海に埋葬すれば竜となって外敵から国を守るとした。後を継いだ神文王はこの遺言を実行し、火葬を行なった後、遺骨を東海の入口にある大きな岩に納めたとされており、この記事が水中陵の根拠となっている。

大王岩については、高麗時代や朝鮮時代の文献にも関連記事がみられ、これを実際の文武王陵とみる見解も多いが、その場合にも蔵骨の場であったとする説と散骨の場であったとする説に分かれる。従来、蔵骨されていると考えられていたが、現存する文武王陵碑の内容に「粉骨鯨津」の文字がみられる点から散骨であったとの主張も根強く、国立慶州文化財研究所の調査でも蔵骨施設は確認されていない。さらに、大王岩の名称およびその伝承についても、単に海岸部に多い「大王岩信仰」に関わるもので文武王陵とは関連がないとする否定的な見解もある。ただし、慶州をはじめ周辺の陸地にはこの時期の一般的な古墳形式をとる文武王陵とされるものは存在しない。また大王岩の近隣には、文武王が発願し子の神文王が完成させたとされる感恩寺址がある。

参考文献　国立慶州文化財研究所「文武大王水中陵精密実測調査および物理探査」（『年報』一二、二〇〇一）

（山本　孝文）

婦好墓

殷時代後期の都城であった殷墟遺跡の中央部に位置する。この墓は殷の墓を考える上で二つの大きな意義を持つ。

一つは被葬者の名前と身分が判明していることである。出土した多数の青銅器に「婦好」の銘があることから、これが被葬者の名前と考えられた。婦好の名は殷墟遺跡出土の甲骨文に殷王武丁の妃として記載があり、武丁の在位年代が出土遺物による墓の推定年代とも一致することから、この墓の被葬者こそが甲骨文に記載のある武丁妃の婦好であると推定された。

いま一つは殷墟遺跡で発掘された未盗掘墓の中で、被葬者の身分が最も高い人物の墓である点である。殷墟遺跡では婦好墓よりも遥かに規模の大きな墓が多数発見されており、殷王の墓と考えられている。しかしこれら王墓はすべて盗掘を受けており、副葬品はほとんど残っていなかった。そのため婦好墓は、殷王墓の副葬品や埋葬状況を考えるうえで、重要な材料を提供してくれるのである。

婦好墓出土象牙杯

婦好墓の発掘は一九七六年である。墓は竪穴木槨墓で、報告書では墓坑上に建築物があったとされるが、懐疑的な見解もある。墓坑は方形で、南北五・六メートル、東西四メートルを測る。墓口からの深さは七・五メートルで、墓壁はほぼ垂直であった。調査時には墓底から一・二メートルの高さまで水没しており、ポンプで水を汲み出しながら発掘したようである。そのため墓室発掘時の条件はかなり悪かったようで、報告書にも小型遺物の出土位置は大まかなものであるとの記載がみられる。同様に木槨・木棺の詳細も不明だが、木槨の規模については、長さ五メートル、幅三・四～三・五メートルといった推定がなされている。殷墟の墓では殉葬がよく見られるが、婦好墓でも人十六名と犬四匹の殉葬が確認されている。

副葬品は合計千九百二十八点が出土しており、主なものに青銅器、玉器、石器、骨器、宝貝などがある。青銅器は容器と武器を中心に、楽器、農工具、車馬器など四百六十八点が出土し、その総重量は一六〇〇キロ余りにのぼっている。このうち容器は儀礼に使われたと考えられており、礼器と呼ばれ、玉器とともに副葬品の中でも中心となるものである。出土した青銅礼器は煮炊器、盛食器、酒器からなり、なかでも酒器の点数が総点数の七四%を占めていた。このことは当時の儀礼が食物と酒を使った飲食儀礼であり、なおかつ酒が重要な役割を果たしていたことを示している。玉器は七百五十五点が出土しているが、特に動物や鳥を彫った製品は細やかなもので、殷墟の人々の造形感覚が窺え、興味深い。

現在殷墟遺跡は世界遺産に登録されており、その中心である殷墟博物苑で婦好墓の復元展示を見ることができる。

参考文献　中国社会科学院考古研究所編『殷墟婦好墓』(一九八四、文物出版社)

(小澤　正人)

孔子墓

孔子は紀元前五世紀から四世紀に活躍した春秋戦国時代魯国(山東省)出身の思想家であり、儒教の祖である。漢代以降儒教が国家の基本理念となったため、孔子の子孫は歴代王朝から保護を受けるとともに、孔子の墓を守り、孔子への祭祀を続けてきた。

孔子が生まれ、そして亡くなった魯国の都城は現在の山東省曲阜市にあった。孔子の子孫たちもこの地に居住し、その邸宅は「孔府」と呼ばれ、これに隣接した孔子をまつる廟は「孔廟」と呼ばれた。さらに曲阜には孔子とその子孫が眠る墓苑があり、これは「孔林」と呼ばれた。この三ヵ所は「三孔」と総称されており、一九九四年には世界文化遺産に登録されている。

孔子墓がある孔林は曲阜県城の北一・五キロに位置し、総面積は二平方キロにのぼる。周囲は全長七キロに及ぶ壁で囲まれ、内部はうっそうとした森になっており、その中に大小十万余りの墓が点在している。

孔　子　墓

孔子墓は孔林の入り口に近い場所にある。曲阜の北門を出て北に延びる道を進み、孔林の入り口となる門を過ぎ、小川位の川幅の洙水を渡ると孔子墓への参拝路に入る。参拝路に沿って石柱、石獣、石人が立てられ、奥には祭祀が行われた享殿がある。この享殿の裏が墓域で、孔子の墓のほかに、孔子の子の孔鯉、孫の孔伋などの墓がまとまっている。

孔子墓は円墳で、墳丘は径三〇メートル、高さ五メートルを測り、墳丘下部は石垣で覆われている。墓は南側を正面とし、モンゴル帝国時代の一二四四年に立てられた石碑と明の正統八年(一四四三)銘で「大成至聖文宣王墓」の文字を刻んだ石碑が立てられ、さらに明代の祭祀台や清代の石製鼎などが置かれている。

孔林は孔子墓の周囲に子孫たちが墓を造営することで、徐々に形成されていったようで、南北朝時代の『水経注』にはすでに五十基余りの墓があったことが記されている。その後宋代に現在の参拝路が整備され、これに続く元・明・清時代を通して孔林では拡張と整備が続けられた。中華民国に入り王朝の保護がなくなるが、中華人民共和国の成立とともに文化財として保護され、一九六一年に公布されたはじめての全国重点文物保護単位(日本の特別史跡にあたる)の中に孔林も含まれている。しかし一九六六年に始まる文化大革命では孔廟・孔府とともに、孔林や孔子墓も破壊を被ったとされている。一九七〇年代に入ると三孔では修復が行われ、もとの姿を取り戻していった。現在は世界文化遺産に登録されたことや、近年の孔子の再評価などから、曲阜と三孔は泰山と並ぶ山東省の重要な観光地となっており、孔林や孔子墓を訪れる人も途切れることがない。

(小澤　正人)

秦始皇帝陵

古代中国世界を統一した始皇帝の墓は、黄河支流の渭水の南岸に位置し、陝西省臨潼県に所在する。一九七四年の兵馬俑坑発見は、その存在を一躍有名にした。

始皇帝陵は、一辺が約三五〇メートルの台形(截頭方錐形)の墳丘を中心に、諸施設が複合して一つの体系的世界を構築している。近年の磁気探査やボーリング調査などによって、高さ三〇メートルで九層に及ぶ台榭《だいしゃ》建築(木造建築)遺構が墳丘の内部に存在することが明らかになった。この台榭建築は、地下の埋葬施設(墓壙)を取り囲む形態で、墓道により東西に二分される。そして、この墳丘を取り囲む二重の城壁が陵園を形成し、墳丘と内外の城壁の間には、さまざまな施設が密集する。外城壁は、南北二一八八メートル、東西九七一メートルの規模である。墳丘と内側の城壁の間では、西側に始皇帝が坐乗する車馬を象る銅車馬を埋納した銅車馬坑が存在し、北側に始皇帝の近親者を埋葬した可能性のある陪葬墓が存在する。内外の城壁の間では、西側には文官俑を埋納する中央官署を象ったK〇〇〇六号陪葬坑や珍禽異獣坑が存在し、北辺で飤官という陵園の管理や儀礼にかかわる官署が存在していた。東側には、銅鼎と力士俑が出土したK九九〇一号陪葬坑や、石片を銅糸で綴じた甲冑が出土したK九八〇一号陪葬坑が存在する。外城壁の外側では、馬を埋納する竪穴を連ねた馬厩坑が東方に存在し、さらにそれを遠く離れて当時の軍陣を忠実に模した兵馬俑坑群が存在する。北方には、苑池を象ったと思しき青銅製の水鳥が出土した青銅水禽坑(K〇〇〇七号陪葬坑)が存在する。

秦始皇帝陵出土銅車馬

これらは、始皇帝を中心に展開する秦のみやこ咸陽の姿を地下世界に表現したものである。内城壁が囲む世界は皇帝の私的な空間としての宮域であり、外城壁が囲む世界は皇帝支配を実行する統治機関が象徴する公的な空間としての都城であり、外城壁の外側は、禁苑の所在や禁軍の駐屯が象徴する城外の世界であった。数々の陪葬坑群は、みやこを構成する機関・機能を個別に表現する場である。それは、戦国時代の王墓の延長線上だけでは理解できない、皇帝に相応しい新たな世界の創出であった。なお、こうした皇帝の世界観とは別に、陵墓の造営に関わる生産工房や、造営に従事した刑徒の墓地が、外城壁の西側に広がっている。

始皇帝陵で現出した、皇帝を中心とする実在のみやこを模した三重構造の世界観は、景帝陽陵など前漢の皇帝陵にも継承されてゆく。始皇帝陵の陪葬坑は形状が不定形であり、形状や配置が整然とした陽陵に比べると、新たに創出した荒削りな実態が浮かび上がる。この被葬者の現実世界を地下に再現するという思考は、皇帝や王侯にとどまらず、社会階層を超えて漢代社会に広く普及してゆく。始皇帝陵は、その原点として位置づけられる墓と評価できよう。

(上野　祥史)

長沙馬王堆墓

湖南省長沙市の湘江東岸に所在する前漢初頭の墓である。隣接する三基の墓が一九七二年から七四年にかけて発掘調査された。一号墓と三号墓は、埋葬当時の様子がうかがえる遺存状況のきわめて良好な墓である。発見時に、老年女性の遺骸が王前のみずみずしさを保っていたことは有名である。二号墓では「長沙丞相」亀鈕金銅印と「軑侯《だいこう》之印」亀鈕銅印、「利蒼」玉印が出土しており、一号墓と三号墓では「軑侯家」銘の漆器や「軑侯家丞」銘の封泥匣をもつ竹笥が出土した。三基は漢代軑侯家(列侯、諸侯)の墓である。二号墓には呂后二年(前一八六年)に卒した長沙国丞相(王国の行政長官)の軑侯利蒼を埋葬し、一号墓にはその妻辛追を、三号墓にはその子息を文帝十二年(前一六八年)に埋葬した。

墓の構造は三基とも同じで、地表下に竪穴を掘削し、木槨の埋葬施設を構築する。地表上には墳丘をもつ。木槨は、全面を木炭と白膏泥(粘質土)で覆われていた。木槨は、一号墓が長四・八四×幅二・九二×高一・五二メートルであり、三号墓が長五・五×幅四・二五×高二・〇八メートルであった。木槨の内部は、棺を安置する空間を中央に据え、間仕切り板で四つに区分した周囲の空間には多様な副葬品を置く。棺は四重(一号墓)や三重(三号墓)の木棺であり、棺室には葬送行列で掲げた昇仙図(一・三号墓)や車馬儀仗図(三号墓)などの帛画が副えられていた。棺室周辺の空間では、前方(墓道側)の空間に伎楽俑や楽器類、宴席の膳や屏風、社会的地位を象徴する武装や身嗜みを整える化粧具を置いており、両側の空間や棺室後方の空間には、供膳のための漆器や食材を収納した竹笥を置いている。棺室を中心に公私(内外)を区分する空間の意識は、生前の邸宅を埋葬施設の内部に投影したものである。副葬品は、長江中流域周辺の漢墓と同じく、漆器や竹木器が多く土器や青銅器は少ない。この地域特有の環境は、紗や羅や錦など多様な絹製品を保存し漢代の染色や印花、刺繡に紡織など稀有な情報を提供する。馬王堆漢墓で出土した文字資料は非常に豊富である。副葬品目録の遣策や、竹笥に付けた内容物を記す木楬(付札)は、漢代の名称・呼称を今に伝える。三号墓では『十問』『合陰陽』など四種の古代医書(竹木簡)と、『老子』や『周易』など総計十数万字に及ぶ帛書という漢代の書そのものが出土した。その他にも、駐軍図や地形図などの帛書も出土している。馬王堆漢墓の出土品は実に多様であり、漢代の葬送観念にとどまらず、物質文化や社会経済、そして文字や知識体系に至る幅広い情報を、現代に直接提供してくれるのである。

(上野 祥史)

馬王堆墓(『長沙馬王堆2，3号漢墓』より)

参考文献 湖南省博物館・中国科学院考古研究所編『長沙馬王堆一号漢墓』(一九七三、文物出版社)、湖南省文物考古研究所『長沙馬王堆二、三号漢墓』(二〇〇四、文物出版社)

曹操陵

二〇〇八年に、盗掘に伴って河南省安陽市安陽県西高穴村にて二基の大型墓が確認された。その二号墓が三国魏の武帝曹操を葬る高陵に推定されている。

西高穴二号墓は、塼（レンガ）で構築した複室墓であり、ドーム天井（四角攢尖頂）の前室と後室を中心に、それぞれに左右の副室が付帯している。前室も後室も同じ構造で、平面は正方形に近く一辺は約三・八五メートルであり、墓室床面から天井頂部までは六・四メートルであった。地上と墓室は、スロープ状の墓道（斜坡墓道）が連結する。墓室には数度の盗掘が及び、室内に堆積した土量も三メートルという相当な厚さであり、副葬品は散在する状況であった。前室からは、金銅製蓋弓帽（蓋《きぬがさ》の先端金具）や鉄製甲冑、刀剣・鉄鏃などとともに、「魏武王常所用挌虎大戟」などと刻した縦長の石牌が七点出土した。後室からは、漆器や石璧、金糸をはじめとする金銀飾片や雲母片、鉄鏡や銅印が出土した。後室入口付近には、「渠枕一」「書案一」「鏡台一」「胡粉二斤」「黄綾袍錦領袖一」などと刻した矩形六角形の石牌が五十数件出土した。副葬品の付札にある「魏武王常所用」という銘が魏武王曹操との関係を示すものとして注目されたのである。なお、前室では六十歳代の男性の頭骨が、後室では五十歳代の女性と二十歳代の女性の人骨が出土した。

西高穴村二号墓出土石碑（『曹操墓真相』より）

井や竈などの明器や案・耳杯などの容器類、青磁の罐（短頸壺）など陶磁器の形態や組成は後漢末の様相を示しており、「七女復仇」などの故事や鳳凰・白虎を描いた後漢時代の画像石の存在が、西高穴二号墓の年代に一つの定点を与える。「魏武王常所用」銘の石牌は、字体が後漢末に流行した六分体であり、特徴ある「魏」の字形が袁盎碑など後漢末の碑文に限られること、「常所用」という用語表記が三国時代初頭に通用していたことから、後漢末から三国初頭のものであることが確認できる。副葬品や文字に関する情報は、西高穴二号墓の年代を後漢末三国初頭と示しているのである。そして、魏武王曹操との結びつきは、石牌の「魏武王常所用」銘だけではない。近隣で発見された後趙の魯潜の墓誌に、高陵との位置関係を明示した記述があり、それが墓誌の出土地点と西高穴二号墓との関係によって現状でもおおむね確認できることは、魯潜の没した建武十一年（三四五）に近い時期に西高穴二号墓を曹操墓と認識していたことを証する。こうした複数の根拠を背景に、西高穴二号墓を曹操の高陵とする見解が有力である。

参考文献　河南省文物考古研究所編『曹操墓真相』（二〇一〇、科学出版社、渡辺義浩監訳、二〇一一、国書刊行会）、河南省文物考古研究所・安陽県文化局「河南安陽市西高穴曹操高陵」（『考古』二〇一〇年第八期）

（上野　祥史）

太宗陵

陝西省醴泉県に所在する。太宗李世民(五九八—六四九)は唐を建国した高祖李淵の次子であり、六二六年に即位して第二代皇帝となった。その治世は「貞観《じょうがん》の治《ち》」と称され、中国史上屈指の名君として知られる。陵は醴泉県に聳える九嵕山を穿って造営され、昭陵と呼ばれた。六三六年に崩じた文徳皇后の先葬を理由として建設が開始されたが、山頂付近の絶壁に深い玄宮(墓室)を穿つ作業は難航を極めた。太宗は父高祖の献陵を造営する際に、厚葬を主張して墳丘型式の陵園としたが、自身の寿陵は前漢文帝覇陵の例に倣い「依山為陵」の山陵制度を創始した。漢文帝の薄葬精神に則った倹約を標榜する改革であったが、実情は墳丘型式の陵よりも工費がかさんだ。

昭陵を構成する施設は玄宮・陵園・南北神門・寝殿・寝宮・祭殿・陪葬墓などである。玄宮は岩盤を穿った隧道式の墓室であり、『新五代史』温韜伝に記される盗墓記録によれば、内部は正寝を象り、東西側室の石床には王羲之の真跡などを収めた石函が置かれていたという。その後、盗掘口は塞がれたが、断崖の窪みとなって確認することができる。海抜一一八八メートルの九嵕山山頂を取り囲む陵園の築地跡は消失しているが、南北の神門は門闕跡が残り、北神門の内側にある祭殿跡には蕃酋君長《ばんしゅうくんちょう》像や「昭陵六駿《りくしゅん》」像の台座が並んでいる。蕃酋長君長像の台座には突厥・薛延陀・吐蕃・于闐・焉耆・高昌など、唐に帰順した新疆から中央アジアにかけての諸国王の名が刻まれている。昭陵六駿は太宗が建国時の戦いで失った六匹の愛馬、徳勒驃・颯露紫・青騅・拳毛騧・什伐赤・白蹄烏のレリーフであり、西安碑林博物館とペンシルヴァニア大学博物館に分けて展示されている。それらは軽装騎兵の機動力を生かした太宗の勇敢な戦法を顕彰する記念碑でもある。寝殿は玄宮直下の尾根上にあり、招魂と慰霊の儀式を行う祭殿である。蕃酋君長や貢物が献上されたため、後世には「献殿」と呼ばれたが、俗称である。寝殿の祭祀を掌る人員が詰めた寝宮の遺跡は山頂より南西に下る広い尾根上に残存する。陪葬墓は山上の平坦地や山下の平野部に分布する。『唐会要』『長安志』などの文献記載にみえる陪葬者は百八十名ばかりであり、分布調査で確認された墓は百八十八基にのぼる。その数は次いで陪葬墓の多い高祖献陵の三十基を大きく引き離し、太宗の偉勲と貞観の治における唐王朝の国力や人材の豊富さを反映している。陪葬墓は一九七〇年代から継続的な調査によって三十基以上が発掘され、そのうち山上にある長楽公主墓(六四三年)・段蕳璧墓(六五一年)・新城公主墓(六六三年)・韋貴妃墓(六六六年)・燕妃墓(六七一年)には、宮女や宦官などの人物群像壁画が豊富に残されていた。それらは高松塚壁画の人物群像を分析する上で最も貴重な資料である。

太宗昭陵

(来村多加史)

高宗・則天武后陵

陝西省乾県に所在する。唐高宗李治（六二八―八三）は太宗の第九子であったが、母方の伯父であり政界を握る長孫無忌の推挙によって第三代皇帝の座に就いた。李治は太宗妃であった武照（六二四―七〇五）を六五四年に入宮させ、六五五年に王皇后を廃して武照を皇后とした。その後、武皇后は病弱の高宗にかわって垂簾《すいれん》政治を行い、皇族の李氏一族や反対派をことごとく粛清し、六九〇年に史上初の女帝となり、国号を周とした。のちに武照は則天武后あるいは武則天と呼ばれ、漢の呂太后、清の西太后とあわせて三大女傑といわれる。高宗の乾陵は太宗昭陵の制に倣った山陵であり、陝西省乾県の梁山に造営された。高宗は六八三年十二月に洛陽で病没し、二百四十四日目に葬られた。乾陵は寿陵ではなく、死後に葬地が決められ造営が開始された。乾陵には高宗の葬儀から二十二年を経て、則天武后が合葬された。合葬は武后の遺志であるが、合葬にあたっては、密閉した乾陵の玄宮を大がかりな工事で開くことになり、「卑（下位）をもって尊（上位）を動かさず」の原則に立って同穴合葬に異議を唱える官僚も少なからずいたが、七〇六年五月、洛陽での死後百六十九日目にして、則天武后の遺体は乾陵に合葬された。

乾陵（梁山南西方向から）

乾陵を構成する施設には、玄宮・内陵園・四方神門・寝殿・神道石刻・外陵園・乳台・鵲台《じゃくだい》・下宮・陪葬墓などがある。玄宮は海抜一〇四八メートルの梁山南山腹に穿たれ、墓道は多数の切石を積んで塞がれている。切石は鉄製の鎹《かすがい》で繋がれ、石材と鎹の隙間は熔かした鉄や錫を流し込んで固められていた。発掘によって閉塞石の表面が精査されたが、乱れた箇所はなく、未盗掘であることが確かめられた。陵園の築地は内外二重に巡らされ、内陵園の四方には神門が開けられた。それぞれの神門には、外に石獅子一対が立てられ、門闕一対が築かれた。南神門の内側には寝殿が建ち、外には南へのびる神道をはさんで蕃酋君長群像（残存六十四体）、無字碑（東）・述聖紀碑（西）、武官十対、鞍馬五対、駝鳥一対が並ぶ。さらに、外陵園の正門である神午門には翼馬一対、石柱一対が置かれ、東西の丘には乳台と呼ばれる三出闕が築かれている。また、神午門の南二八五〇メートルに鵲台と呼ばれる三出闕がもう一対築かれ、柏城（陵域）の南限が標示されている。陵域内の西側は下宮（寝宮）、東側は陪葬墓の敷地としてあてられた。陪葬墓は十七基が現存し、そのうち懿徳太子墓（七〇六年）・永泰公主墓（同年）、章懐太子墓（七一一年）からは芸術性の高い豊富な壁画が発見された。懿徳太子と永泰公主は中宗の子女、章懐太子は則天武后の実子であるが、武后に迫害されて命を落とした。武后の没後、李氏政権が復活するとともに名誉を取り戻し、墓は乾陵陪葬墓区に破格の規格で造営され、壁画も当代一流の画家が制作に動員された。

（来村多加史）

玄宗陵

陝西省蒲城県に所在する。玄宗李隆基(六八五―七六二)は睿宗の第五子。武韋《ぶい》の禍《わざわい》による李氏政権の危機を救い、国家体制を確立した中興の皇帝であるが、晩年は楊貴妃との享楽生活に溺れて国政を怠り、安史の乱を誘引し、節度使の台頭を許した。前半の善政時期は「開元の治」と称され、唐文化が昇華した時代である。遣唐使との交流や白楽天の長恨歌によって奈良・平安朝の貴族にも威光と事績が伝えられ、日本人に最も馴染みのある皇帝となった。七六二年四月に七十八歳で病没し、三百六十八日目に葬られた。その際、先に没した元献皇后楊氏を同穴合葬している。陵は泰陵と呼ばれ、海抜八一九メートルの金粟山に玄宮(墓室)を穿った山陵であり、東西一二〇〇メートル、南北一三〇〇メートルの正方形に近い陵園によって山頂を取り囲む。墓道は山頂から南に下る短い尾根に穿たれ、五代十国時代に盗掘を受けたのちに埋め戻されたが、山腹の窪みとなって麓からも目視できる。山頂から東西に下る尾根は墓道のある尾根よりも前方に大きく突き出て、陵前の敷地を抱え込むような姿をしている。それによって山陵の景観は仰ぎ見るものに閉ざされた印象を与える。このような山の選び方は、全方位に裾を広げる山体を使った太宗昭陵のように開放的な選地とは大きく異なる。これと同様の選地は陝西省富平県の鳳凰山を使った中宗の定陵(七一〇年)に見られ、唐代後半の皇帝陵にいくつかの例を求めることができる。選地の発想は墳墓を谷の奥に築いて閉鎖的な墓域を設定する南朝陵墓の選地法に共通するが、唐陵の場合は山腹に玄宮を穿つため、墓道から前方を眺めたときの景観は南朝陵墓と比べてはるかに開放的である。開放性と閉鎖性をあわせもつ山陵の姿は後世に影響を与え、明清時代の皇帝陵にまで引き継がれた。玄宗の泰陵はその典型としてとらえられる。

玄宗泰陵

泰陵の陵園は他の唐陵と同じく、四方に神門をもち、南北の神門を結ぶ線は正確に玄宮の軸線と重なる。東西の尾根上に設けられた東門と西門を結ぶ線は南北線に直行する。このような陵園のあり方は平坦面に設けられた墳丘型式の唐陵と同様であり、矩形の陵園が山の地形でゆがむことなく設定されている。神道石刻は乾陵(高宗・則天武后陵)の制に倣い、北から石人十対、鞍馬五対、駝鳥一対、翼馬一対、石柱一対が配列されるが、石人は左(東)列を文官、右(西)列を武官として文武に分けている。「左文右武」の配列は泰陵が嚆矢である。陪葬墓は高力士墓(七六三年)の一基だけであり、直径三五メートル、高さ一二メートルの墳丘が陵園の東南に現存する。高力士(六八四―七六二)は幼くして則天武后に仕えた宦官であったが、のちに玄宗に重用された。安史の乱後に地方へ左遷され、赦されて帰京する途中、玄宗の死を聞き、悲嘆し血を吐いて死んだ。墓は発掘され、壁画には獣頭人身の十二支像が描かれていた。

(来村多加史)

付図１　古墳石室の各部名称

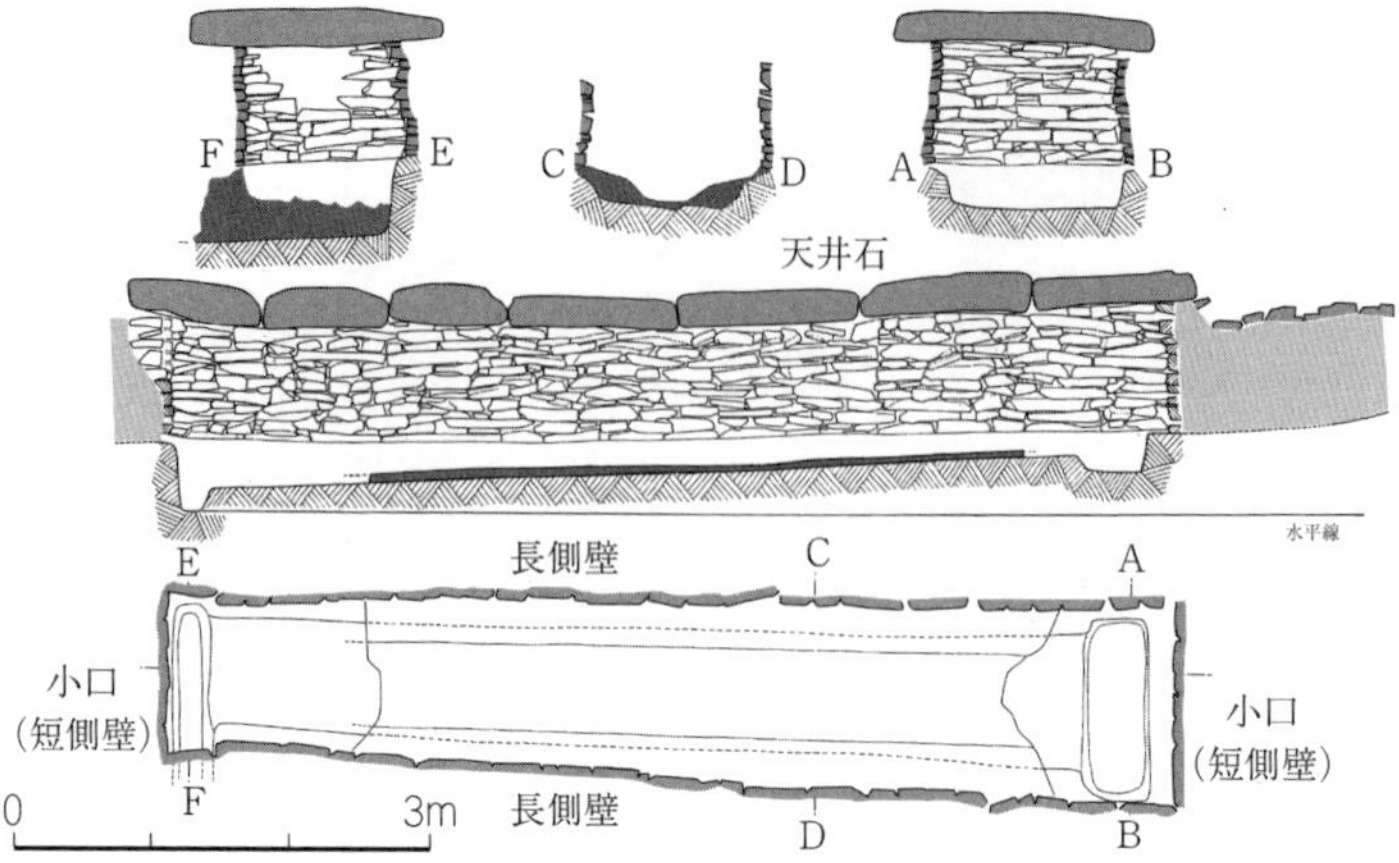

竪穴式石室　金蔵山古墳南石室(岡山市)

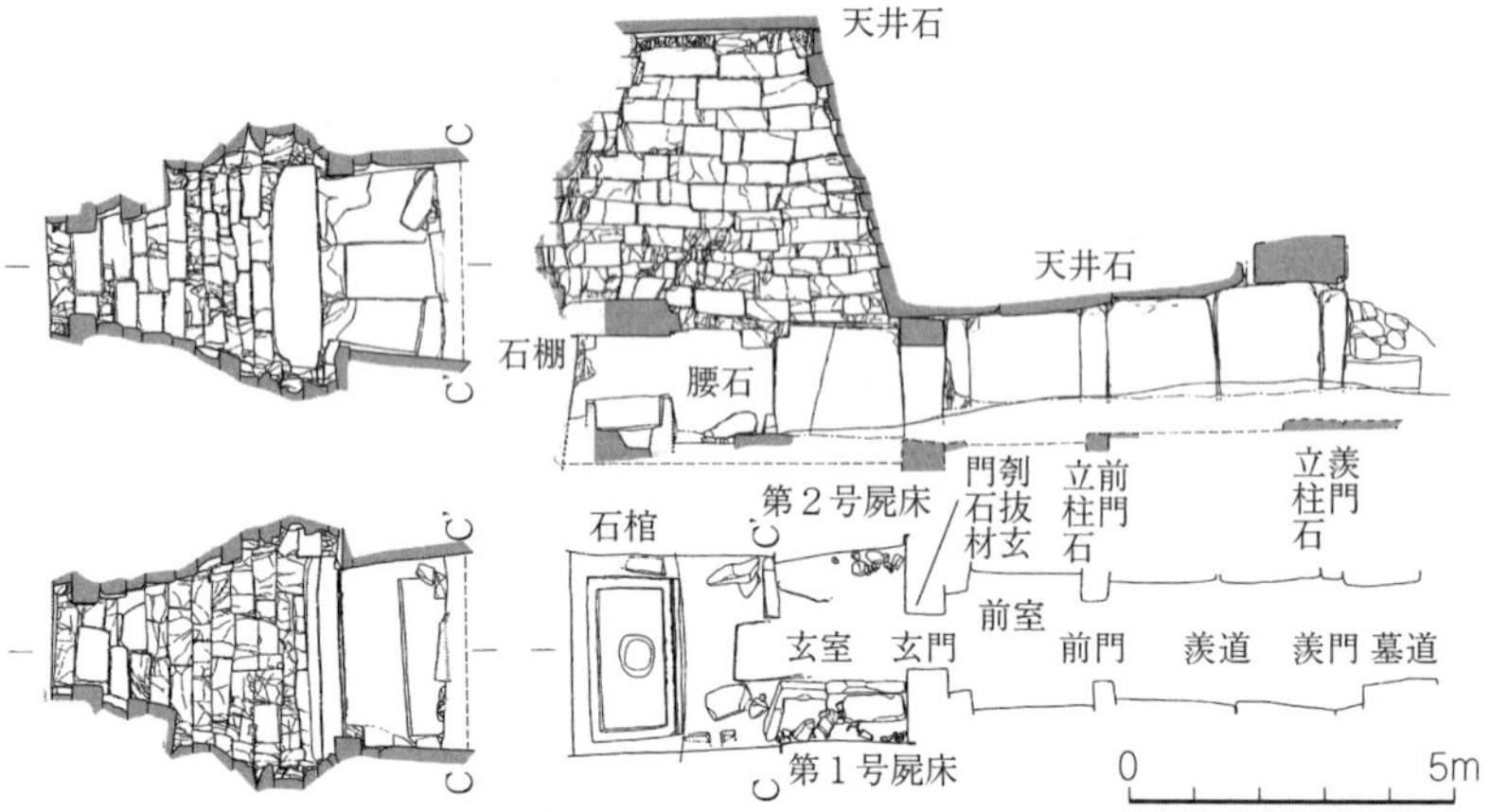

九州の横穴式石室　大野窟古墳(熊本県氷川町)

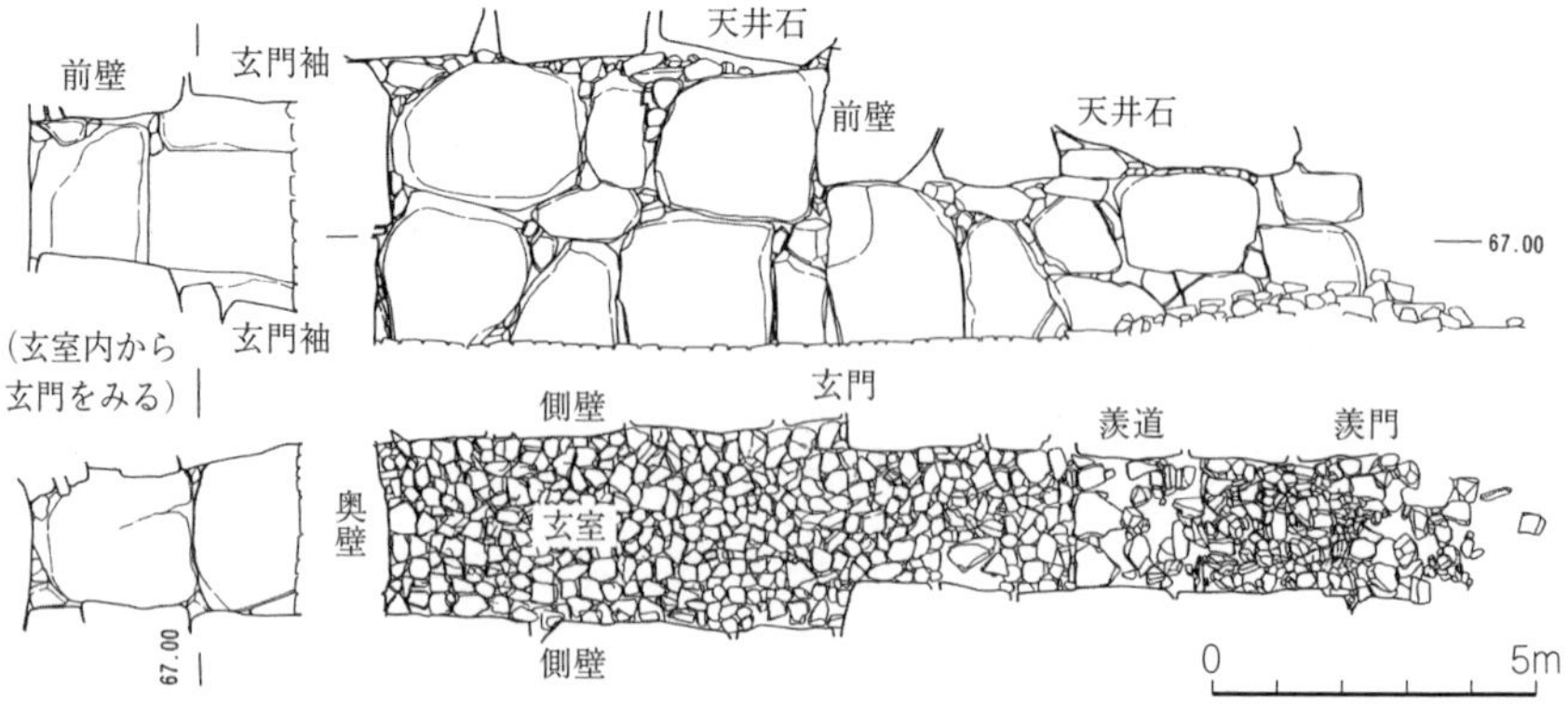

畿内型横穴式石室　河内愛宕塚古墳(大阪府八尾市)

付図 2　墓塔の各部名称

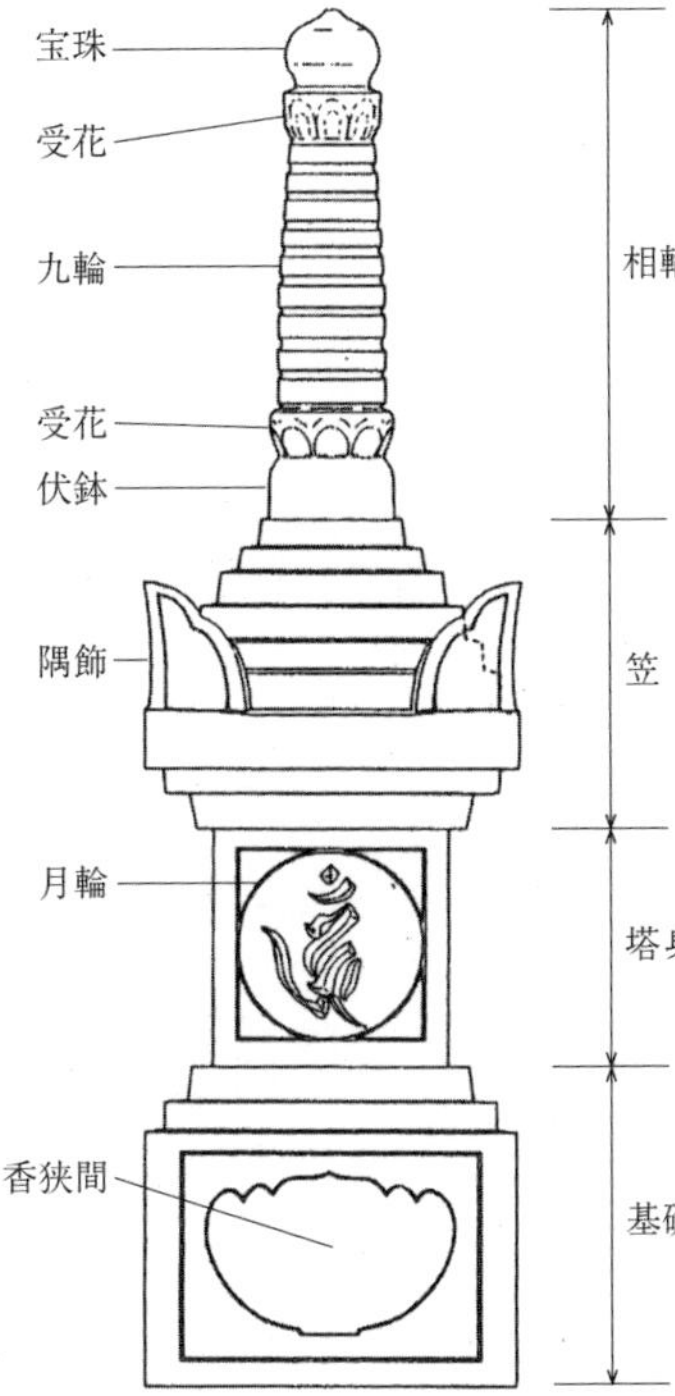

宝篋印塔　石穴神社(三重県伊賀市)

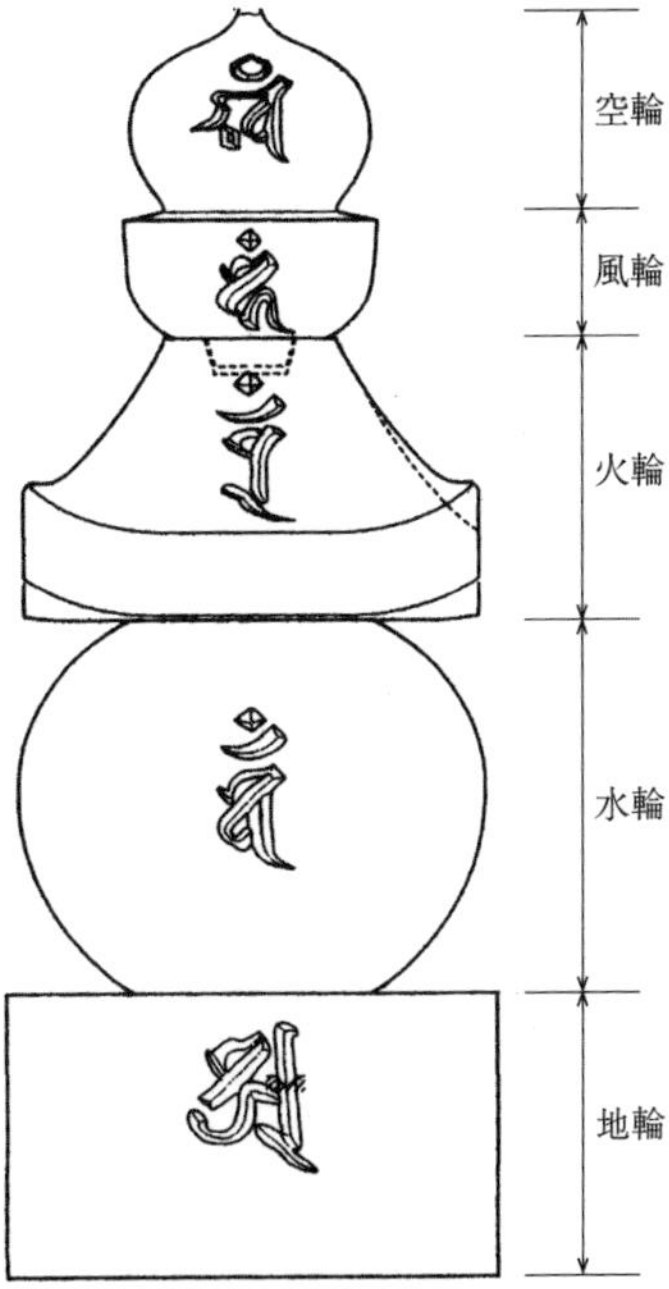

五輪塔　蓮華寺(三重県度会町)

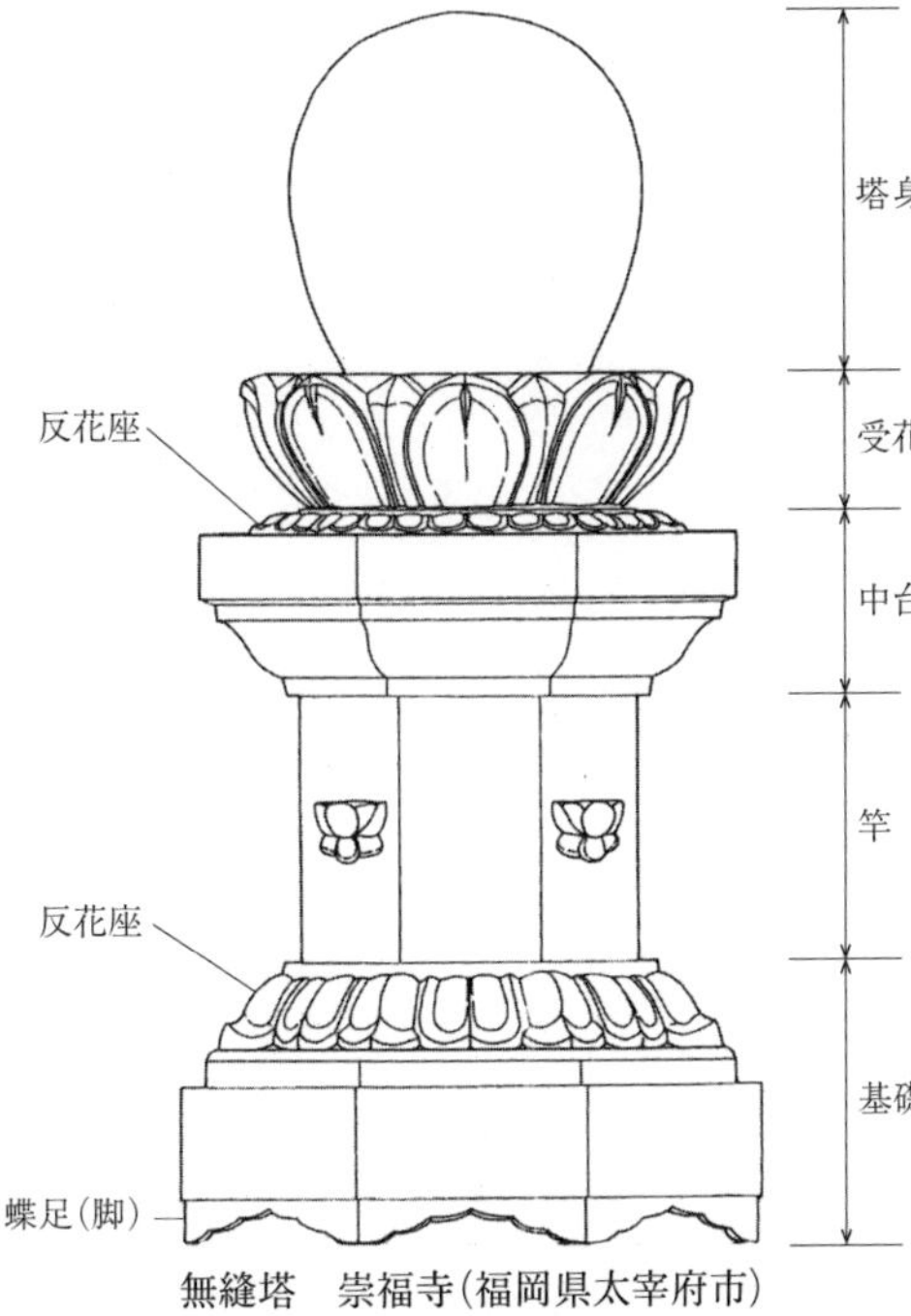

無縫塔　崇福寺(福岡県太宰府市)

索　引

＊本索引は，項目名と本文中より抽出した主要な語句を，読みの五十音順に配列した.
＊数字はページを，abはそれぞれ上段・下段を示す.
＊索引語の別表記は〘　〙内に適宜まとめ，同じ表記については-を用いて省略した.
＊朝鮮半島，中国の地名については，便宜漢字の音読みの五十音順に配列した.
＊特定の人物の陵墓に比定されている遺跡・史跡については，それが解説されている項目名との対応を適宜検索できるよう→で示した.

あ

か

さ

た

な

は

ま

や

ら

わ

図版目録

＊　口絵および本文中の図版を掲出順に示した.
＊　掲出図版のうち出処，提供者名のない図版は，原則として執筆者提供によるものである.

場建設に伴う発掘調査報告』1，2002，高崎市教育委員会)より ……………………… 139
大阪府シショツカ古墳の横口式石槨　大阪府教育委員会編『加納古墳群・平石古墳群』図版編(2009)より ……………………………… 142
奈良県・京都府石のカラト古墳全景　飛鳥資料館編『飛鳥の奥津城』(2005)より ……… 142
大化2年3月甲申詔による石槨規模 ……… 143
福岡県鋤先古墳の横穴式石室 ………………… 146
群馬県綿貫観音山古墳出土埴輪　三人童女 …………………………………………………… 146
同石室出土金銅製透彫杏葉 …………………… 146
竪穴式石室(滋賀県雪野山古墳)　福永伸哉・杉井健編『雪野山古墳の研究』(1996，八日市市教育委員会)より ………………………… 149
横穴式石室　畿内型石室(奈良県牧野古墳) …………………………………………………… 151
大阪府百舌鳥古墳群　末永雅雄『古墳の航空大観』(1975，学生社)より ………………… 153
群馬県保渡田八幡塚古墳と埴輪群像　高崎市教育委員会提供 ……………………………… 155
福岡県竹原古墳(横穴式石室奥室奥壁) …… 157
武器・武具(兵庫県茶すり山古墳)　兵庫県立考古博物館編『史跡茶すり山古墳』(『兵庫県文化財調査報告』383，2010，兵庫県教育委員会)より ……………………………………… 159
短甲と武器(静岡県森町文殊堂11号墳) …… 160
装飾付大刀の復原品(奈良県藤ノ木古墳)　奈良県立橿原考古学研究所附属博物館所蔵 …………………………………………………… 160
京都府物集女車塚古墳出土馬具　向日市教育委員会編『物集女車塚』(『向日市埋蔵文化財調査報告書』23，1988)より ……………… 162
島根県国富中村古墳出土馬具　出雲市提供 …………………………………………………… 163
長野県宮垣外遺跡SK64出土馬具　飯田市教育委員会提供 ……………………………………… 163
腕輪形石製品　宮内庁書陵部所蔵 ………… 165
　鍬形石(伝奈良県巣山古墳) ………………… 165
　車輪石(伝同県巣山古墳) …………………… 165
　石釧(奈良県新山古墳) ……………………… 165
福岡県芦屋町山鹿貝塚2～4号人骨出土状態　九州大学医学部解剖学教室編『山鹿貝塚』(1972，山鹿貝塚調査団)より ………… 167
大分県中津市上ノ原遺跡48号墓人骨出土状態　大分県教育庁管理部文化課編『一般国道10号線中津バイパス埋蔵文化財発掘調査報告書　上ノ原横穴墓群』2(1991，大分県教育委員会)より ……………………………… 169
愛媛県松山市葉佐池古墳2号石室1　松山市教育委員会・松山市生涯学習振興財団埋蔵文化財センター編『葉佐池古墳』(『松山市文化財調査報告書』92，2003)より ………… 171
大阪府柏原市田辺古墳群と田辺墳墓群　柏原市教育委員会編『田辺古墳群・墳墓群発掘調査概要』(『柏原市文化財概報』1986ノ4，1987)より ……………………………………… 179
飛鳥時代の古墳分布図(飛鳥時代はじめから中ごろ) ………………………………………… 184
飛鳥時代の古墳分布図(飛鳥時代中ごろから後半) …………………………………………… 185
飛鳥時代の古墳分布図(飛鳥時代末から奈良時代はじめ) …………………………………… 187
藤原京と平城京の葬地　金子裕之「都城における山陵」(考古学研究会編『文化の多様性と比較考古学』所収，2004)より作成，一部改変 ……………………………………… 190
平安京周辺の葬地　山田邦和「墓地と葬送」(古代学協会・古代学研究所編『平安京提要』所収，1994，角川書店)より作成，一部改変 …………………………………………… 191
平安・鎌倉時代の天皇陵分布図 …………… 194
岡山県美咲町出土陶棺形蔵骨器(高さ42.5cm)　倉敷考古館提供 ………………………… 200
岡山県倉敷市出土陶棺形蔵骨器(高さ30.5cm) …………………………………………………… 200
日本古代の墓誌一覧　田中和弘「日本古代の墓誌とその周辺」(大阪府立近つ飛鳥博物館編『古墳から奈良時代墳墓へ』所収，平成16年度春季特別展図録，2004)より作成，一部改訂 ………………………………………… 202
伊福部徳足比売蔵骨器・同蓋裏拓本 ……… 203
火葬墓より出土した金銅製外容器とガラス製内容器による蔵骨器(8世紀前半) ……… 205
　文禰麻呂墓出土蔵骨器　帝室博物館編『天平地宝』(1937)より作成，一部改変 …… 205
　宮地嶽火葬墓出土蔵骨器　池ノ上宏・花田勝弘「筑紫・宮地嶽古墳の再検討」(『考古学雑

編者略歴

一九五一年　大阪に生まれる
一九七八年　関西大学大学院文学研究科修了
博士(文学)
宮内庁書陵部陵墓調査室主任研究官を経て、現在、専修大学文学部教授

〔主要著書〕
『日本横穴式石室の系譜』(学生社、一九九一年)
『古墳時代の政治と社会』(吉川弘文館、二〇〇六年)
『古墳』(吉川弘文館、二〇一一年)

事典　墓の考古学

二〇一三年(平成二十五)六月十日　第一刷発行

編　者　土生田《はぶた》純之《よしゆき》

発行者　前田求恭

発行所　株式会社　吉川弘文館
郵便番号一一三—〇〇三三
東京都文京区本郷七丁目二番八号
電話〇三—三八一三—九一五一(代)
振替口座〇〇一〇〇—五—二四四番
http://www.yoshikawa-k.co.jp/

印刷=株式会社 東京印書館
製本=誠製本株式会社
装幀=伊藤滋章

ISBN978-4-642-01470-0